S. FISCHER

Gerd Schwerhoff

# Verfluchte Götter

## Die Geschichte der Blasphemie

S. FISCHER

Aus Verantwortung für die Umwelt hat sich der S. Fischer Verlag zu einer nachhaltigen Buchproduktion verpflichtet. Der bewusste Umgang mit unseren Ressourcen, der Schutz unseres Klimas und der Natur gehören zu unseren obersten Unternehmenszielen.

Gemeinsam mit unseren Partnern und Lieferanten setzen wir uns für eine klimaneutrale Buchproduktion ein, die den Erwerb von Klimazertifikaten zur Kompensation des $CO_2$-Ausstoßes einschließt.

Weitere Informationen finden Sie unter:
*www.klimaneutralerverlag.de*



Originalausgabe
Erschienen bei S. FISCHER

Hedderichstraße 114, D-60596 Frankfurt am Main

Satz: Fotosatz Amann, Memmingen
Druck und Bindung: CPI books GmbH, Leck
Printed in Germany
ISBN 978-3-10-397454-6

# Inhalt

# Einleitung

Rückblickend betrachtet markiert der 14. Februar 1989 eine wichtige Zäsur der jüngeren Geschichte. An diesem Tag veröffentlichte Ayatollah Khomeini, das geistliche Oberhaupt des Iran, sein Todesurteil über Salman Rushdie und alle seine Unterstützer. Niemand solle künftig mehr die heiligen Güter der Muslime so verächtlich machen, wie es der Verfasser des Romans »Die satanischen Verse« getan habe.[1] Die Nachricht fand weltweit Aufmerksamkeit, sie begeisterte die Anhänger des Ajatollah und empörte seine Gegner. Trotzdem hätte damals kaum jemand das Verdikt des Greises mit dem langen Bart als epochemachend betrachtet, eher als eine skurrile Arabeske der Weltgeschichte. Schon bald richteten sich alle Augen auf den atemberaubenden politischen Wandel in Osteuropa. In Polen und Ungarn war er am Jahresanfang bereits deutlich erkennbar, und am 9. November sollte er mit der Öffnung der Mauer zwischen Ost- und Westdeutschland seinen dramatischen Höhepunkt erreichen. Bereits im Sommer dieses Epochenjahres rief der amerikanische Politikwissenschaftler Francis Fukuyama »Das Ende der Geschichte« aus und verkündete den dauerhaften Sieg der liberalen Demokratie und Wirtschaftsordnung.[2] Kurzfristig konnte er sich mit seiner Prophetie angesichts des dramatischen Endes der Ost-West-Konfrontation bestätigt fühlen. Schon bald allerdings sollte sie sich als kapitale Fehldiagnose entpuppen.

Fukuyamas ehemaliger Lehrer Samuel P. Huntington stellte ihr deshalb wenige Jahre später seine ebenso plakative These über den »Kampf der Kulturen« entgegen: Für ihn waren widerstreitende kulturelle und religiöse Identitäten der Motor dieses *clash of civilizations*, nicht der alte ideologische Gegensatz zwischen Kapitalismus und Kommunismus. Vor allem der Gegensatz zwischen ›der‹ westlichen Welt und ›dem‹ Islam rückte ins Zentrum der Debatte. Zum schrecklichen Sinnbild des globalen Kulturkonflikts wurden am 11. September 2001 die einstürzenden Türme des New Yorker World Trade Centers. An seinem Beginn aber hatte die Blasphemie-Anklage gegen Rushdie gestanden, als Menetekel eines neuen, ganz und gar nicht glorreichen Zeitalters. Das Motiv der Gotteslästerung blieb auch in den nächsten Jahrzehnten ein zentraler Kristallisationspunkt des vermeintlichen Kulturkonflikts zwischen Okzident und Orient. Die Konfrontation wurde sogar zunehmend dramatischer, von den Mohammed-Karikaturen im Jahr 2005 bis zum grausamen Fanal des Attentats, das zwei Islamisten am 7. Januar 2015 auf die Redaktion der französischen Satirezeitschrift *Charlie Hebdo* verübten.

Blasphemie – ein Thema von ›vorgestern‹ ist uns schnell wieder sehr gegenwärtig geworden, ja es lässt sich sogar als eine typische Signatur der Gegenwart lesen. Bis vor wenigen Jahrzehnten wurde es vornehmlich in gelehrten Studierstuben verhandelt. In öffentlichen Debatten schien es allenfalls im Zuge von Rückzugsgefechten einiger unverbesserlicher Traditionalisten aufzutauchen. Gesetzliche Regelungen zum Schutz der Religion, wie in Deutschland in Gestalt des Paragraphen 166 StGB, führten ein wenig beachtetes Schattendasein. Im Zuge der Rushdie-Affäre belebte sich die Diskussion innerhalb des westlichen, christlich geprägten Kulturkreises wieder. Vielen Beobachtern erschien dabei die Gotteslästerung als eine Art Wiedergänger aus vormodernen Epochen, ein Zombie, dem mit einigen kräftigen Hieben des aufklärerischen Flammenschwertes endgültig der Garaus gemacht werden müsse. In den aufkeimenden Debatten wurde die Möglichkeit blasphemischen Sprechens und Handelns meist als eine genuin moderne Erscheinung betrachtet, als eine Frucht von Säkularisierung und Liberalismus. »Als das Christentum noch groß und stark war«, so formulierte es der Religionsphilosoph Christoph Türcke, »bedeutete Verhöhnung der Religion so viel wie Widersetzlichkeit gegen die höchste Wahrheit – und schien deshalb so ungeheuer verwerflich, weil vollkommen unvernünftig und selbstzerstörerisch.« Das habe sich mit der Aufklärung geändert: Zwar seien Aufklärung und Blasphemie nicht identisch, aber »Aufklärung sieht Blasphemie manchmal zum Verwechseln ähnlich. Spott dringt, wenn er ins Schwarze trifft, tiefer als jede andere Form von Kritik.« Oder anders: »Aufklärung, die etwas taugt, tut weh; sie kommt bisweilen nicht umhin, religiöse Gefühle zu beleidigen.«[3] Aber, so räumte der Philosoph ein, für Muslime sei der blasphemische Spott womöglich ein westlicher Zwangsimport, der in ihrem Erfahrungshorizont nur schwer von Imperialismus und Kolonialismus zu unterscheiden sei.[4]

Türckes Text zur ›Blasphemie‹ erschien wenige Jahre nach der Rushdie-Affäre. Er war Auftakt einer Serie von Essays zur ›Religionswende‹, die ihrerseits wiederum als Indikator verstanden werden kann für eine neue Bedeutung des Religiösen im öffentlichen Diskurs. Seither wurde die Diagnose, dass rund um den Globus eine Renaissance der Religionen stattgefunden habe, wissenschaftliches und publizistisches Allgemeingut. Sie verdichtete sich in der schon sprichwörtlichen »Wiederkehr der Götter« (F. W. Graf). Dass die Gotteslästerung als Thema in den Fokus der öffentlichen Aufmerksamkeit zurückkehrte, ist auch vor diesem Hintergrund zu sehen. Beide Diskussionsstränge, eine erhöhte Sensibilität für Religiöses und eine Debatte um kulturelle Identitäten, verstärkten sich gegenseitig. Christliche Stimmen, die Schutz vor Blasphemie anmahnten, artikulierten sich wieder vernehmlicher.

Die Blasphemie, so wird direkt deutlich, ist mehr als eine Randerscheinung. Wer über Gotteslästerung debattiert, verhandelt zugleich zentrale Probleme der Gegenwart: Fragen der religiösen und kulturellen Identität ebenso wie der Meinungsfreiheit und Toleranz. Die Geschichte ist bei all diesen Debatten – mal offen, mal hintergründig – präsent, oft als dunkles Gegenbild, vor dem sich die helle Gegenwart umso besser in Szene setzen lässt. Schon das ist Grund genug, diese Geschichte genauer zu betrachten. Der Blick zurück hält Einsichten bereit, die mit gängigen Bildern nur schwer in Einklang zu bringen sind. Mit ihrer Hilfe wird auch die Gegenwart besser verständlich.

**Blasphemie-Geschichte(n)**

Nun gibt es bereits etliche historische Darstellungen über Gotteslästerung, und ihre Zahl hat angesichts der Geschehnisse der jüngsten Vergangenheit noch einmal deutlich zugenommen.[5] Ohne diese Vorarbeiten wäre das vorliegende Buch nicht möglich gewesen. Aber wirklich zu befriedigen vermag kaum eine von ihnen. Viele behandeln trotz eines allgemeinen Titels nur einen kleineren Ausschnitt. Hinzu kommen Probleme, das Thema terminologisch und sachlich in den Griff zu bekommen. Vielfach geht es eher um eine Geschichte der Ketzerei oder der politischen Repression, der Meinungsfreiheit und der Toleranz. In diesen Fällen verbinden Autorinnen und Autoren mit ihren Büchern ein aufklärerisches Anliegen, etwa die Verteidigung der liberalen Gesellschaft gegen Unterdrückung und Intoleranz. Daran ist solange nichts auszusetzen, wie nicht moderne Kategorien und Werte in Epochen zurücktransportiert werden, die diese noch gar nicht kannten. Wenn das geschieht, wird das Verständnis für die Vergangenheit eher behindert. Was in früheren Epochen als Gotteslästerung bezeichnet wurde, ist für uns Heutige oft ein fremdes Phänomen. Erst wenn wir uns bemühen, es in seiner Andersartigkeit zu verstehen, werden wir den historischen Wandel hin zur Gegenwart begreifen; das schließt im Übrigen weder Parallelen zwischen damals und heute aus noch Lehren, die man für den interkulturellen Dialog aus der Geschichte ziehen kann. Aus diesen Gründen folge ich hier eher dem Leitbild einer kühlen, jedenfalls distanzierenden Analyse des ›heißen‹ Themas Blasphemie. Werturteile lassen sich aus geschichtlichen Darstellungen ohnehin kaum direkt ›ableiten‹, sie bleiben der persönlichen Beurteilung überlassen. Persönlich würde ich im Zweifelsfall, so viel Bekenntnis zu Beginn darf sein, der Äußerungsfreiheit stets den Vorrang gegenüber dem Schutz individueller oder kollektiver Empfindlichkeiten einräumen. Strafgesetze sind ein untaugliches Mittel, um religiöse Gefühle zu behüten.[6] Gerade deswegen habe ich mich bemüht, den Motiven derjenigen Menschen nachzuspüren, die dazu eine andere Haltung hatten und haben.

Eine distanzierende Annäherung an das Thema Blasphemie verspricht für neugierige Leser Erkenntnisgewinn jenseits eingefahrener Wahrnehmungen, daneben durchaus auch Unterhaltung. Denn es gibt nicht nur tragische Schicksale zu studieren, wie den Fall des jung hingerichteten Chevalier de la Barre 1766 oder des durch seinen Prozess gebrochenen Schriftstellers Oskar Panizza Ende des 19. Jahrhunderts. Gestaunt werden darf über die rüden Lästerungen eines James Taylor 1675 oder über die französische Dichtung jenes Jahrhunderts, in der Religion und Sexualität bisweilen eine blasphemisch anmutende Mischung eingehen. Mindestens ebenso aufschlussreich erscheinen die Reaktionen des sozialen Umfelds und der Obrigkeit auf lästerliche Sprechakte. Schließlich geben auch die kontroversen Debatten über den Charakter und die Strafbarkeit von Blasphemie tiefe Einblicke in das Denken der jeweiligen Epoche.

Rückt man lästerliche Praktiken und ihre zeitgenössische Beurteilung ins Zentrum der Betrachtung und nicht, wie gewohnt, Glaube und Frömmigkeit, dann erscheint die Religiosität der Menschen in der ›Vormoderne‹ in ungewohntem Licht. Auf Schritt und Tritt begegnet uns in dieser Zeit gotteslästerliches Verhalten. Das deutet keineswegs auf Gottesferne hin, im Gegenteil. Denn das Christentum scheint damals eben auf andere Art als heute »groß und stark« (Christoph Türcke) gewesen zu sein.

Das erkannte vor rund einhundert Jahren bereits der niederländische Mediävist Johan Huizinga in seinem großen Zeitgemälde vom »Herbst des Mittelalters«. Er machte gerade die allgegenwärtige Religiosität der Zeitgenossen für die Lästerungen verantwortlich: »Das ganze Leben war so von Religion durchtränkt, dass der Abstand zwischen dem Irdischen und dem Heiligen jeden Augenblick verlorenzugehen drohte.«[7] Huizinga charakterisierte auf diese Weise sehr gut das Verhalten jenes alten maltesischen Fischers mit Namen Giovanni, das dieser noch im 18. Jahrhundert pflegte: Er fastete jeden Montag, Mittwoch und Samstag, und er begann seinen Tag damit, die Jungfrau Maria, die Heiligen sowie die Seelen im Fegefeuer um Hilfe anzurufen. Aber er scheute sich nicht, Gott zu verfluchen, wenn ihm nicht genügend Fische ins Netz gingen.[8] Wer vertraulich mit Gott und dem Heiligen verkehrte, überschritt leicht die Grenze zum Profanen. Dieser vertrauliche Umgang wurde keineswegs, um ein anderes gängiges Klischee anzusprechen, stets mit kapitalen Leib- und Lebensstrafen belegt. Diese waren zweifellos eine reale Gefahr, aber es existierte ebenso eine weitverbreitete Kultur der Entschuldigung und Bagatellisierung, des Wegsehens bzw. Weghörens und der Ignoranz. So ist das Spektrum der Akteure, denen wir bei unserem Gang durch Zeit und Raum begegnen werden, erheblich: Wir treffen Fanatiker und Puristen ebenso wie gelehrte Spötter und raubeinige Spieler.

**Blasphemie als Schmähung**

Blasphemie kann definiert werden als Schmähung und Herabwürdigung des Heiligen. Im Mittelpunkt der vorliegenden Geschichte stehen deshalb herabsetzende Sprechakte und ihre zeitgenössische Bewertung.[9] Dieser Ansatz mag ebenso schlicht wie selbstverständlich anmuten, aber das ist er keineswegs. Oft wird über Definitionsprobleme geklagt und einer klaren Begriffsbestimmung ausgewichen. Oder Gotteslästerung wird in erster Linie als ›Meinungsäußerung‹ verstanden.[10] Das führt vollkommen in die Irre, auch wenn Meinungsäußerungen in der Gestalt der Schmähung daherkommen bzw. als blasphemisch stigmatisiert werden können. Blasphemie ist in erster Linie eine spezielle Variante sprachlicher und symbolischer Herabsetzung, die man in der gegenwärtigen Forschung mit dem Konzept der »Invektivität« zu fassen versucht.[11] So verstanden, wird die Aktualität des Themas noch einmal unterstrichen. Denn Schmähungen und Beleidigungen, Hassreden und sprachliche Diskriminierung erscheinen gegenwärtig geradezu als eine Signatur des angebrochenen Jahrtausends, der angebliche *clash of cultures* ist hier nur eine Facette unter vielen anderen.

Populistische Akteure vom Schlage eines Donald Trump benutzen äußerst erfolgreich eine Strategie systematischer Herabsetzung, um Gegner zu stigmatisieren und die eigene Anhängerschaft zu mobilisieren. Häufig scheint die internationale Politik weniger von diskreter

Diplomatie gekennzeichnet als von lautstarker Feindsetzung. Extreme Schmähkampagnen haben fast allen Krisen der jüngeren Zeit ihren Stempel aufgedrückt, von den Finanz- und Schuldenkrisen bis zum Brexit. In den Diskussionen und Aktionen rund um das Thema »Vertreibung und Migration« sind abwertende Stereotype und rassistische Zuspitzungen allgegenwärtig. Die Konjunktur von *hate speech* und *shitstorms* basiert ganz wesentlich auf den neuen digitalen Kommunikationsformen, insbesondere den sozialen Medien. Allenthalben wird geschmäht, aber allenthalben werden diese Schmähungen auch kritisiert. Mit der Allgegenwart rauer und herabsetzender Sprache scheint zugleich die Empfindlichkeit ihr gegenüber zu wachsen. Im öffentlichen Raum herrscht eine große Sensibilität gegenüber sprachlicher Abwertung und Ausgrenzung von Menschen aufgrund von Geschlecht, Herkunft oder anderer (zugeschriebener) Eigenschaften. Diese Sensibilität ruft ihrerseits wiederum kritische Stimmen gegen eine vermeintlich ideologiegeleitete *political correctness* auf den Plan. Vor diesem hier nur angedeuteten Hintergrund erscheinen die Schmähung Gottes und die Herabsetzung des Sakralen weit weniger exotisch als auf den ersten Blick angenommen.[12]

So einfach die Ausgangsdefinition der Blasphemie ist, so unmöglich ist eine wirklich präzise Erfassung dessen, was als ›Heiliges‹ herabgesetzt wird – zu sehr variieren die Adressaten der Gotteslästerung in Zeit und Raum. Es kann sich um die Verletzung Gottes oder konkreter Heiliger in Person handeln, ebenso aber um die Herabsetzung heiliger Bilder, Gegenstände oder Symbole. Die Adressaten der Schmähungen scheinen, abstrakter gesprochen, in einer Sphäre von Transzendenz angesiedelt zu sein (bzw. zu werden), jenseits jener menschlichen Arenen, in denen gewöhnlich Schmähungen zwischen Normalsterblichen ausgetauscht werden. Insofern liegt in der Blasphemie ein Moment der Anmaßung, eine Verfügbarmachung des Unverfügbaren bzw. eben die Unterstellung einer solchen Anmaßung.[13] Umgekehrt ist mit dem Vorwurf der Gotteslästerung die Anklage verbunden, dass etwas oder jemand Besonderes herabgewürdigt wird. Damit ist eine solche Anklage gewöhnlich zugleich eine Maßnahme, um das angegriffene

Heilige zu erhöhen. Offenkundig wird in den Debatten um Blasphemie also stets über die Grenze zwischen dem Heiligen und dem Profanen verhandelt. Im Streit um Gotteslästerung wird diese Grenze immer wieder neu produziert, definiert, oft auch verschoben. Nicht zuletzt davon handelt das vorliegende Buch.

Auch wenn in der modernen westlichen Welt ein relativer Bedeutungsverlust der Religion verzeichnet werden kann, so heißt das keineswegs, dass zugleich die Schmähung des Heiligen in einem weiteren Sinne generell an Bedeutung verlieren muss. Ich werde im Schlusskapitel auf diesen Punkt zurückkommen.

### Was ist eine Schmähung?

Was bedeutet es nun genau, Blasphemie als Schmähung des Heiligen zu verstehen? Was überhaupt ist eine Schmähung? Im allgemeinsten Sinn lässt sich Schmähung als Verletzung definieren, die Personen durch Worte, Gesten oder andere symbolische Akte zugefügt wird.[14] Bei dieser Verletzung handelt es sich nicht um eine physische Wunde, sie verursacht keinen direkten körperlichen Schmerz. Natürlich gibt es zahlreiche Grenzfälle: So kann eine Ohrfeige körperlich sehr weh tun, aber in vielen Fällen wird die symbolische Erniedrigung, die sie verursacht, schwerwiegender erscheinen als der physische Schmerz. Offensichtlich besitzt der Mensch neben dem physischen Leib auch einen zweiten, einen sozial-symbolischen Körper, der durch Worte verletzt werden kann.

Damit ist aber noch nicht gesagt, wie sprachliche Verletzungen genau funktionieren. Der Sprachphilosophie sind sprachliche Akte vertraut, mit denen man nicht nur eine Aussage macht, zum Beispiel etwas beschreibt, sondern mit denen man etwas »tun« kann. John Austin bezeichnet sie in seinen klassischen Vorlesungen »How to do things with words« als performative Sprechhandlungen. Als Beispiele dienen ihm Taufen (»Ich taufe dich auf den Namen …«) oder Trauungen (»Hiermit erkläre ich euch zu Mann und Frau«). Hier liegt der Vollzug des Sprechaktes gleichsam in sich selbst; mit der korrekten, von der ›richtigen‹ Person gesprochenen Formel ist die Taufe vollbracht bzw. die Ehe geschlossen. Bei einer Schmähung, einer Beleidigung oder einer Gotteslästerung ist das anders. Eine Ansage wie: »Hiermit beleidige ich dich!« würde wohl eher Heiterkeit hervorrufen. Ebenso würde heute eine Ansage wie »Ich lästere (oder blasphemiere) Gott!« kaum funktionieren.[15]

Auch ein gängiges Schimpfwort ist demzufolge keine verbale Waffe in dem Sinne, dass sie bei entsprechendem Gebrauch eine Verletzung hervorrufen wird, wie ein Messer oder eine Pistole. Schon zwischen Sprecher und Adressat gibt es eine breite Palette möglicher Interpretationen derartiger Worte, etwa aufgrund einer großen Bandbreite von Abstufungen (zwischen »Halbdackel« und »Riesenarschloch«). Doch auch die Intentionen des ›Absenders‹ sind sehr vielfältig (»Das soll an die Schmerzgrenze gehen!«, »War nicht so gemeint!«, »Das habe ich nicht gewollt!«), und sie treffen auf unterschiedliche Grade der Empfindlichkeit beim Empfänger. Vermeintlich eindeutige Schimpfworte können schnell ihre klare Bedeutung verlieren, eine rüde Beleidigung kann durchaus als eine vertrauliche Anrede dienen. Umgekehrt können Äußerungen, die oberflächlich neutral erscheinen, ein subtiles, aber dennoch wirksames Verletzungspotenzial in sich bergen, wenn sie Unhöflichkeiten, Anspielungen oder beschämende Geschichten enthalten. So verliert sich die Eindeutigkeit einer Schmähsituation bei näherem Hinsehen schnell.

Hier zeigt sich eine generelle Eigenheit menschlicher Kommunikation: Sie erfolgt – soziologisch gesprochen – unter der Bedingung doppelter Kontingenz. Meist wird das mit dem Bild der beiden idealtypischen Akteure (»Ego« und »Alter«) in der Interaktion von Angesicht zu Angesicht deutlich gemacht: Eigentlich kann kein Handeln und somit keine soziale Ordnung zustande kommen, »wenn Alter sein Handeln davon abhängig macht, wie Ego handelt und Ego sein Verhalten an Alter anschließen will«.[16] Vollkommene soziale Lähmung wäre die Folge. Deswegen sind die beiden Partner gezwungen, sich über den Sinn ihrer Kommunikation in einem tastenden Prozess zu verständigen, in dem sie fortwährend ihre Erwartungen, Erfahrungen und kulturellen Horizonte abgleichen. Erst durch diesen Verständigungsprozess konstituiert sich überhaupt eine soziale Welt. Das Modell macht plausibel, wie groß die Interpretationsspielräume gerade im Fall von (unterstellten) Beleidigungen sind: Sie reichen von der Rechtfertigung (»Sie haben angefangen!«) bis zur Leugnung einer Schmähung, von der demonstrativen Verletztheit (»Das ging jetzt aber wirklich zu weit!«) zur tapferen Erduldung, von der Skandalisierung zur Ironisierung.

Dabei gelangt die modellhafte Vorstellung von »Ego« und »Alter«, die in einer Art sozialem Vakuum kommunizieren, schnell an ihre Grenzen. Denn einerseits handelt es sich bei den jeweiligen Akteuren nicht um abstrakte Personen, sondern um Männer und Frauen, Reiche und Arme, Menschen unterschiedlicher Zugehörigkeit und Herkunft, deren Worte in sehr verschiedener Weise Macht gewinnen können. Zentral ist dabei nicht zuletzt der jeweilige soziale und kulturelle Kontext: Ein extremes Beispiel sind die rituellen Schimpfwettkämpfe junger Afroamerikaner in amerikanischen Metropolen. In einem typischen *sound* versuchen sie, einander mit vulgären und phantasievollen Beleidigungen zu überbieten, die in anderen Kontexten als extrem rassistisch gelten würden.[17] Andererseits sind, wie meist in Kommunikationssituationen, bei Schmähungen und Beleidigungen in der Regel Dritte im Spiel: Diese können Parteigänger einer der beiden kommunizierenden Personen sein, die durch die Schmähungen mobilisiert oder angegriffen werden sollen. Oder es existiert ein zunächst neutrales Publikum (womit Öffentlichkeit hergestellt ist), das vielleicht später Partei ergreift oder auch zu schlichten versucht. Dieses Publikum muss nicht körperlich anwesend sein, denn eine Schmähung kann auch medial, über einen Brief, eine Druckschrift oder einen elektronischen Kommunikationskanal verbreitet werden und eine Vielzahl von unterschiedlichen Menschen erreichen. Schmähungen können sich auf diese Weise vollkommen von ihrem Ursprungszusammenhang lösen und in einem anderen Kommunikationszusammenhang ein Eigenleben gewinnen.

Bereits hier wird deutlich, wie sehr diese Beobachtungen unserem

Alltagsverständnis von verbaler Herabwürdigung widersprechen. Wir neigen dazu, die Intentionen und Motive eines Sprechers zum entscheidenden Maßstab dafür zu erheben, ob überhaupt eine Schmähung vorliegt, als wie gravierend sie einzuschätzen ist, welche Reaktion darauf angemessen erscheint etc. Die vorstehenden Überlegungen dagegen legen den Gedanken nahe, dass die Interpretation einer Schmähung gar nicht so sehr vom ursprünglichen Kommunikationsakt abhängt, sondern viel mehr von den sich daran anschließenden Verhandlungen zwischen vielen möglichen Beteiligten und Betroffenen. Erst diese »Anschlusskommunikation« entscheidet darüber, ob eine verbale oder symbolische Herabsetzung vorliegt und wie sie zu bewerten ist.[18] Nicht erst in der politischen Landschaft der Gegenwart bleibt die Einlassung eines Akteurs, er habe eine Äußerung »gar nicht so gemeint«, weitgehend wirkungslos, wenn einflussreiche Meinungsmacher sie als beleidigend bewerten oder die öffentliche Wahrnehmung in diese Richtung geht. Die Blasphemie war und ist dafür ein treffendes Beispiel.

**Stellvertretung**

Eine neuere Überblicksdarstellung zur Gotteslästerung spricht bereits im Untertitel von der Geschichte eines »imaginären« Verbrechens.[19] Dieses Etikett führt in die Irre. Natürlich sind Schmähungen und verbale Herabsetzungen immer »imaginär«, da sie keine sichtbaren Wunden hervorrufen, sondern stets von den Wahrnehmungen der Betroffenen und des gesellschaftlichen Umfelds abhängen. Dennoch handelt es sich um – sehr »real« wirkende – soziale Tatsachen. Auch der naheliegende Einwand, im Fall der Blasphemie sei das Opfer, also Gott, ja nicht wirklich existent, jedenfalls nicht anwesend, und er könne deshalb keinesfalls persönlich beleidigt werden, sticht nicht. Für jene langen Jahrhunderte, die ich im vorliegenden Buch als das klassische Zeitalter der Blasphemie charakterisiere, war die Gegenwart Gottes für die meisten Menschen eine sehr greifbare Realität. Die Definition von Blasphemie kommt im deutschen Begriff der »Gotteslästerung«[20] sehr plastisch zum Ausdruck – es handelte sich um die Verletzung der Ehre Gottes.

So fremd uns heute das vermenschlichte (anthropomorphe) Gottesbild hinter dieser Definition auch anmutet, es entfaltete große soziale Wirkmächtigkeit. Den Schöpfer bewegten nach der Vorstellung der damaligen Menschen sehr menschliche Motive und Gefühle, und so reagierte er auf die Verletzung seiner Ehre mit unbändigem Zorn. Und er wehrte sich, indem er nicht nur die Täter bestrafte (davon erzählen unzählige Predigtexempel), sondern die gesamte Gemeinde mit Hunger, Krieg und Seuchen zu überziehen drohte, sofern sie nicht ihrerseits streng gegen die Lästerer vorging. Hier sind wieder die »Dritten« im Spiel, die jedoch von vornherein keineswegs unbeteiligt sind, denn die kollektive Schadensdrohung des zornigen Gottes hing wie ein Damoklesschwert über ihren Köpfen. Daraus ergab sich für die Angehörigen dieser Gemeinschaft eigentlich eine klare Rollenbeschreibung: Hörer einer Lästerung hatten diese zu denunzieren und zu bezeugen, Richter harte Urteile zu sprechen usw. Unsere Darstellung wird allerdings erweisen, dass diese Dritten keineswegs immer oder auch nur gewöhnlich den offiziellen Handlungsnormen folgten: Es gab eben auch »ungeschriebene« Gesetze und informelle Verhaltensnormen, die einen anderen Umgang mit Gotteslästerern möglich machten.

Als im Zuge der Aufklärung die Vorstellung einer Ehrverletzung Gottes obsolet wurde, musste das Delikt der Blasphemie neu bestimmt werden. ›Religionsbeschimpfung‹ wurde nun als Angriff auf die Fundamente von Staat und Gesellschaft, als Anschlag auf den sozialen Frieden oder schlicht als Verletzung religiöser Gefühle verstanden. Damit wurde das Delikt keineswegs ›imaginärer‹. Eher war das Gegenteil der Fall: Traten die Ankläger der Lästerer zuvor als Stellvertreter des in seiner Ehre getroffenen Schöpfers auf, so sprachen sie nun für den Staat oder jedenfalls für die religiöse Gemeinschaft. Es ist also nicht zuletzt dieser Mechanismus der Stellvertretung, der die Debatten und Konflikte um Blasphemie in älteren und neueren Zeiten miteinander verbindet. Die stellvertretende Verteidigung heiliger Personen und Objekte, das Engagement gegen die Schmähung der wohlverstandenen Werte und Symbole einer Gemeinschaft, kann den jeweiligen Akteuren Einfluss und Ansehen verschaffen. Als vorgebliche Anwälte des Gemeinwohls haben sie gesteigerte Chancen, Anhänger zu mobilisieren oder bestimmte Personen und Gruppen auszugrenzen.

**Blasphemie als Etikett**

»Blasphemie«, das war und ist zunächst einmal ein Etikett, das bestimmten Sprechhandlungen angeheftet wird, um sie als normabweichend zu kennzeichnen. Kaum ein als Gotteslästerer stigmatisierter Mensch der europäischen Vormoderne dürfte sich dieses Etikett freiwillig an die Brust geheftet haben, gerade dann nicht, wenn er mit einer gewissen Lust die sakrale Macht herausforderte. Auch deswegen ist es unmöglich, durch die historischen Epochen hindurch ein klares Profil ›des‹ Gotteslästerers zu zeichnen. Er ist ganz im Gegenteil eine schillernde und wechselhafte Figur. Ein Mann konnte sich zum Beispiel in der klassischen Epoche der Blasphemie mit seinen Lästerungen ins soziale Abseits katapultieren, er konnte damit aber auch, sozial akzeptiert, männliche Stärke und Souveränität zum Ausdruck bringen. Welche dieser Varianten zutrifft, lässt sich nur mit Blick auf die jeweilige soziale Konstellation entscheiden.

Erst sehr spät in der Neuzeit wurde es denkbar, das Etikett der Blasphemie als Auszeichnung für scharfe Kritik und treffenden Spott zu verstehen, gar ein ›Lob der Blasphemie‹ zu formulieren wie die französische Journalistin Caroline Fourest im Jahr 2015. Dies war erst möglich, nachdem sich eine kritische, politisch legitimierte, ja erwünschte Öffentlichkeit etabliert hatte. Auch dass Gotteslästerer in der Kunst als avantgardistische Tabubrecher inszeniert und gefeiert werden, ist eine vergleichsweise junge Erscheinung. Zu den Pionieren gehörte in der Bundesrepublik Anfang der 1960er Jahre die situationistische Künstlergruppe SPUR. Sie provozierte die Öffentlichkeit und die katholische Kirche mit einer Zeitschrift, deren Beiträge den Mitgliedern der Gruppe Klagen und Verurteilungen wegen Pornographie und Gotteslästerung einbrachten. Ihre Strategie vor Gericht fasste

Dieter Kunzelmann später so zusammen: »Jawohl, Euer Ehren Landgerichtsrat, ich bekenne mich zum Verfassen pornographischer Texte und mit Begeisterung lästere ich Gott. Was soll daran strafbar sein?«[21] Blasphemischer Avantgardismus hatte bereits damals seinen Preis, im Falle der SPUR-Künstler Gefängnisstrafen auf Bewährung und Ausschluss vom Kunstmarkt. Für viele vor und nach ihnen waren die Kosten für Freiheit, Leib und Leben wesentlich höher, wovon die Schicksale von Oskar Panizza und George Grosz ebenso zeugen wie diejenigen von Salman Rushdie oder der ermordeten Redakteure von *Charlie Hebdo*.

Innerhalb des christlichen Kulturkreises wurde das Etikett Blasphemie gewöhnlich Einzelpersonen aufgeklebt. Die Prediger des Mittelalters sahen einen riesigen Skandal gerade darin, dass lästerliche Worte als schlechte, aber kaum zu vermeidende Gewohnheit den Alltag vieler Christen prägten. Empört hielten sie diesen das Vorbild der sonst so vielgeschmähten Juden und Muslime entgegen, welche die Schmähung Gottes konsequent vermieden.[22] Natürlich konnte der Blasphemie-Vorwurf auch trefflich genutzt werden, um einen angeblichen Lästerer als Vertreter einer Gruppe von Abweichlern zu stigmatisieren, als Ungläubigen, als Teufelsanhänger oder als Revolutionär, jedenfalls als Gegner der herrschenden Ordnung.

Vor allem spielte der Vorwurf der Gotteslästerung gegen große Glaubensgemeinschaften aber eine Rolle bei zahlreichen Konflikten innerhalb bzw. zwischen religiösen Formationen. Der angebliche Zusammenprall von christlich-okzidentaler und muslimisch-orientalischer Welt seit 1989 steht hier, unbeschadet seiner neuen Qualität, am Ende einer langen Reihe strukturell vergleichbarer Konstellationen. Gerade im Kontext monotheistischer Religionen wurde das Blasphemie-Etikett gerne eingesetzt, um das skandalöse Verhalten und den falschen Glauben rivalisierender Bekenntnisse zu brandmarken. Das gilt, geradezu prototypisch, für das Gegeneinander von Juden und Christen. Der Vorwurf der Gotteslästerung gegen die angeblichen Christusmörder gehörte zum Standardrepertoire mittelalterlicher Prediger. Mit Vorliebe aber wurde der Vorwurf der Blasphemie auch und gerade gegen konkurrierende Bekenntnisse im Innern der jeweiligen Religionsgemeinschaft vorgebracht. Das gilt für den Streit zwischen Sunna und Schia im Islam ebenso wie für die vielfältigen Ketzereidiskurse innerhalb des Christentums bis hin zur konfessionellen Spaltung im Gefolge der Reformation. Hier liegt die Wurzel für das in der Forschung weitverbreitete Missverständnis, Irrglaube (Häresie) und Blasphemie seien über lange Zeit im christlichen Denken fast Synonyme gewesen.[23] Es wird zu zeigen sein, dass diese Behauptung falsch ist: Bei der Ketzerei ging es um den falschen Glauben, während Blasphemie umgekehrt die Schmähung des richtigen Glaubens meinte. Häresie konnte (musste aber nicht) Ausdrucksformen entwickeln, die von der Gegenseite als lästerlich empfunden wurden; Blasphemie konnte umgekehrt ganz ohne häretischen Subtext daherkommen. Jenseits dieser kategorialen Unterscheidung bleibt aber wahr, dass der Blasphemie-Vorwurf eine wichtige Waffe im Kampf gegen konkurrierende Bekenntnisse sein konnte. Dabei waren die Vertreter aller konfessionellen Lager in der Regel nicht zimperlich, wenn es um die Schmähung und Herabsetzung gegnerischer Positionen und Personen ging. In ihrer Selbstwahrnehmung handelte es sich keineswegs um Gotteslästerungen, sondern um harte, aber gerechtfertigte Stigmata für einen verdammenswerten Irrglauben. Was den einen als ein verwerfliches Schmähen des Heiligen erschien, wurde nicht selten von der Gegenseite als ›heiliges Schmähen‹ ausbuchstabiert, nämlich als legitime Herabsetzung im Dienste einer höheren Sache. Was im politischen Raum der Gegenwart am Beispiel populistischer Führungsgestalten und Bewegungen exemplarisch studiert werden kann, lässt sich durchaus auf religiöse Schmähungen der Vergangenheit übertragen: Die verbale Herabwürdigung gegnerischer Positionen eignet sich hervorragend, um die Affekte der eigenen Anhänger zu mobilisieren und sie bisweilen sogar zum Handeln zu bewegen.

**Blasphemie und Gewalt**

Damit ist der Zusammenhang zwischen Blasphemie und Gewalt angesprochen. Ihn zu betrachten ist hier unvermeidlich, auch wenn es sich nur um eine Facette des sehr viel größeren Problems der Verknüpfung von Religion und Gewalt überhaupt handelt.[24] Seit der Todesdrohung des Ayatollah Khomeini gegen Salman Rushdie 1989 wurden durch Attentate oder im Zuge von Protesten Dutzende von Menschen getötet. In der Wahrnehmung vieler Muslime war physische Gewalt gerechtfertigt, weil dem Propheten Mohammed durch blasphemische Worte und Bilder seinerseits Gewalt angetan worden sei. Natürlich ist es höchst problematisch, die Grenze zwischen symbolischer und physischer Gewalt einzuebnen, wie es hier geschehen ist. Aber man wird der möglichen Wucht und Wirkung der Blasphemie nicht gerecht, wenn man sie auf ›bloße‹ Worte oder Bilder reduziert. Charakterisiert man sie als einen performativen Akt, gelangt man analytisch über die lange dominierende Entgegensetzung von Sprache (als ›vernünftiges‹ Verständigungsmittel) und Gewalt hinaus. Es war bereits von unserem zweiten, sozial-symbolischen Körper die Rede, der durch Worte verletzt werden kann. Wie wir anthropologisch von der Anerkennung des bzw. der anderen abhängig sind, so können umgekehrt Worte auch den Entzug dieser Anerkennung signalisieren, sie können verletzen und zerstören.[25] Für ein angemessenes Verständnis der Gotteslästerung gilt es im Übrigen, die Konzentration auf verbale Äußerungen aufzuweichen und ein erweitertes Feld von symbolischen Herabsetzungen einzubeziehen. So war in verschiedenen Zeiten der Angriff auf religiöse Kultbilder eine besonders markante Form von Gotteslästerung. Dabei lag es durchaus im Auge des Betrachters, ob ein solcher Angriff blasphemisch war oder als besonders fromme Handlung verstanden werden musste, die sich gegen einen als gotteslästerlich verstandenen Bilderkult richtete.[26]

Damit sind einige wichtige Aspekte angesprochen, die im Buch zur Sprache kommen werden. Die angestrebte Geschichte der Blasphemie von der Zeit des Alten Testaments bis zur Gegenwart kann natürlich nur ausschnitthaft realisiert werden, indem zentrale Konstellationen aufgezeigt und in den jeweiligen historischen Kontext eingeordnet werden. Jede dieser Konstellationen lässt wiederkehrende Motive und rote Fäden aufscheinen, aber jede ist zugleich auch einzigartig. Angesichts dieser Komplexität mögen der Gang durch lange Epochen der Weltgeschichte allzu wagemutig und die jeweilige historische Einordnung allzu grob gestrickt erscheinen. Zudem sind die Grenzen des Buches offensichtlich: Es ist aus einer westlichen Perspektive geschrieben und nimmt vornehmlich die christliche Welt in den Fokus. Judentum und Islam rücken dann in den Blick, wenn sie mit dieser Welt in Kontakt bzw. meist: in Konflikt geraten. Diese Form eines reflektierten Eurozentrismus ist sicher kritikwürdig, aber ein weitergehender Anspruch erscheint vor dem Hintergrund des derzeitigen Forschungsstandes kaum möglich, umso weniger für einen Autor, der sich ohnehin in der Antike ebenso wie in der Neuesten Geschichte häufig genug über die Grenzen seiner Kernkompetenzen hinauswagen musste. Verkürzungen und Engführungen mussten unvermeidlich in Kauf genommen werden, um das Ziel einer übergreifenden Darstellung zu erreichen. Ob die Verkürzungen tolerabel sind, müssen die Fachleute entscheiden, ob die übergreifende Darstellung gelungen ist, alle interessierten Leser.

# Antike Fundamente

# 1. Der eifersüchtige Gott

»Es ging aber der Sohn einer israelitischen Frau und eines ägyptischen Mannes mitten unter die Israeliten und der Sohn der Israelitin zankte sich im Lager mit einem israelitischen Mann und lästerte den Namen und fluchte. Da brachten sie ihn zu Moses – seine Mutter aber hieß Schelomit, eine Tochter Dibris vom Stamm Dan – und legten ihn gefangen, bis ihnen klare Antwort würde durch den Mund des HERRN. Und der HERR redete mit Moses und sprach: Führe den Flucher hinaus vor das Lager und lass alle, die es gehört haben, ihre Hände auf sein Haupt legen und lass die ganze Gemeinde ihn steinigen und sage zu den Israeliten: Wer seinem Gott flucht, der soll seine Schuld tragen. Wer des HERRN Namen lästert, der soll des Todes sterben; die ganze Gemeinde soll ihn steinigen. Ob Fremdling oder Einheimischer, wer den Namen lästert, soll sterben« (Lev 24,10–16).

Auf diese Erzählung vom Schicksal des Mannes, der Gott lästert und dafür bestraft wird, sollte im Laufe der christlichen Geschichte immer wieder Bezug genommen werden. Sie ist prominent platziert am Beginn jener Passage, die das bekannte Talionsprinzip des Strafens (»Aug um Aug, Zahn um Zahn«) erläutert. Von den übrigen Geboten unterscheidet sie sich durch ihre Ausführlichkeit. In lakonischer Kürze folgen auf sie weitere Gesetze über die Tötung bzw. Verwundung von Menschen und Nutztieren. Die Platzierung am Anfang und die Ausführlichkeit unterstreichen: Die Lästerung Gottes übertrifft alle anderen Vergehen gegen die Mitmenschen. Gott selbst als Person ist betroffen, und er selbst befiehlt die Todesstrafe. Ihre Vollstreckung folgt der Dramaturgie eines Gemeinschaftsrituals: Der Zug aus dem Lager versinnbildlicht bereits die Ausstoßung aus der menschlichen Gemeinschaft, und mit ihrem Handauflegen bezeugen die Hörer der Lästerung die Schuld des Delinquenten und besiegeln sein Schicksal. Schließlich wird der Ausschluss durch die gemeinschaftliche Steinigung endgültig. Zugleich handelt es sich um eine Sühnehandlung der Gläubigen dafür, dass sie in ihrer Mitte ein solches Verbrechen zugelassen haben.

Der Täter wird als ein Grenzgänger charakterisiert. Zum einen ist er klar als Mann aus der Mitte der Israeliten ausgewiesen, seine Mutter wird sogar mit Namen und Herkunftsangabe benannt. Als Sohn eines Ägypters aber entstammte er ihrer Verbindung mit einem Fremdling, einem Angehörigen jenes Herrenvolkes, das die Israeliten nach dem biblischen Bericht unterdrückt und versklavt hatte, bevor sie von Moses auf Gottes Befehl hin in die Freiheit geführt wurden. Wenn ein solcher Mensch sich despektierlich gegenüber dem Herrn äußerte, so legt der Bericht nahe, gab er damit zu erkennen, dass er in Wahrheit gar nicht zu dessen Anhängern gehörte. Paradigmatisch scheinen hier bereits die beiden Konstellationen von Blasphemie auf, die sich bis heute in immer neuen Mischungsverhältnissen finden: entweder geht es um die Lästerung des eigenen Gottes oder um diejenige des Gottes der »Anderen«.

Was war das für ein Gott, der die Schmähung durch einen Menschen derart ernst nahm, dass er seine gesammelten Anhänger zu dessen ritueller Hinrichtung aufforderte? Sicherlich war es ein Gott, der sich vom modernen christlichen Bild eines gütigen und verzeihenden Vaters im Himmel deutlich unterschied. Es war aber auch ein Gott, der im Kontext des altorientalischen Pantheons ein ganz eigenes Profil besaß. Der Ägyptologe Jan Assmann hat in diesem Zusammenhang von der »mosaischen Unterscheidung« gesprochen, die nicht nur eine wichtige Wasserscheide des Altertums dargestellt habe, sondern eine veritable welthistorische Wende, »entscheidender als alle politischen Veränderungen«: »Nicht die Unterscheidung zwischen dem Einen Gott und den vielen Göttern erscheint mir das Entscheidende, sondern die Unterscheidung zwischen wahr und falsch in der Religion, zwischen dem wahren Gott und den falschen Göttern, der wahren Lehre und den Irrlehren, zwischen Wissen und Unwissenheit, Glaube und Unglaube.« Hier liege die wesentliche Differenz zwischen den lange gewachsenen Kultreligionen der ägyptischen, babylonischen und

**1** Steinigung des Gotteslästerers nach Lev 24 (Druckgraphik, Michael Ostendorfer, 1554)

auch griechisch-römischen Antike einerseits und den Buchreligionen, die einem Akt der Offenbarung entspringen, andererseits. Im Untertitel seines Buches spricht Assmann vom »Preis des Monotheismus«, der für diese »revolutionäre Innovation« zu entrichten sei. Dieser Preis bestand in den neuen Formen von Herabsetzung, Ausgrenzung und letztlich Gewalt, den die mosaische Unterscheidung in die Welt gebracht habe, im »Hass auf Heiden, Ketzer, Götzendiener und ihre Tempel, Riten und Götter«.[1]

Assmanns Thesen lösten einen heftigen Streit unter Forschern verschiedener Disziplinen aus, der insofern produktiv war, als der Autor daraufhin seine Thesen schärfte. In jüngeren Veröffentlichungen setzt er den »Monotheismus der Wahrheit« im oben skizzierten Sinn ab von einem »Monotheismus der Treue«. Nicht die Leitdifferenz »wahr« gegen »falsch« sei hier entscheidend, sondern die Grundunterscheidungen in »Glaube und Unglaube, Bundestreue und Bundesbruch, Loyalität und Apostasie«. Dieser Monotheismus der Wahrheit sei erst in später entstandenen Büchern des Alten Testaments (Jeremia, Deuterojesaia, Daniel u. a.) entwickelt worden, während sich im früher herausgebildeten Monotheismus der Treue die eigentliche mosaische Unterscheidung manifestiere. »Die Idee des eifersüchtigen Gottes, der keine anderen Götter neben sich duldet«, sei dabei lediglich die Kehrseite des liebenden, seinem Volk leidenschaftlich zugewandten Gottes.[2] Diese Eifersucht konkretisiere sich in einer Sprache der Gewalt und finde ihren Ausdruck nach den Erzählungen des Alten Testaments oft genug in physischer Vernichtung der Feinde. Der spätere Monotheismus der Wahrheit hingegen verfolge die als falsch identifizierte Religion eher mit Verachtung und bediene sich des Mittels der Religionssatire, indem er etwa den heidnischen Bilderkult als leeren Wahn verspotte.[3]

Die Kontroverse um Assmanns Thesen war mit dieser Präzisierung keineswegs erledigt. Weiterhin kritisieren insbesondere Kirchenhistoriker und Theologen, dass Assmann einseitig ausgrenzende und gewaltaffine Aspekte des Monotheismus betone. Für eine Geschichte der Gotteslästerung muss das kein Nachteil sein. Sie ist notwendigerweise einseitig: Von göttlicher Liebe, Toleranz, Nachsicht oder gar Nächstenliebe wird im Folgenden kaum die Rede sein, ohne dass damit Aussagen über das tiefere Wesen des Christentums verbunden werden sollen. Für das Verständnis der Erzählung über den Sohn des Ägypters ebenso wie der gesamten Geschichte der Blasphemie bietet die mosaische Unterscheidung eine wichtige Wegweisung. Unabhängig von den notwendigen feinen Unterscheidungen zwischen verschiedenen Überlieferungsschichten des Alten Testamentes, wie sie Assmann in der zitierten Passage vornimmt, bilden die Normen und Erzählungen dieses autoritativen Textes die Bezugspunkte für die Juden und später die Christen der nachfolgenden Jahrhunderte.

**Der Dekalog**

»Ich bin der HERR, dein Gott (…) Du sollst keine anderen Götter haben neben mir. Du sollst dir kein Bildnis noch irgendein Gleichnis machen (…) Bete sie nicht an und diene ihnen nicht. Denn ich, der HERR, dein Gott, bin ein eifernder Gott (…) Du sollst den Namen des HERRN, deines Gottes, nicht missbrauchen (...).« Gleich zweimal (Ex 20,2-7; Dtn 5,6–11) enthalten die fünf Bücher Mose (der Pentateuch) den Text des Dekalogs, jener Zehn Gebote, die Jahwe auf dem Berg Sinai dem Moses offenbart hatte. Schon die doppelte Überlieferung verweist auf eine sehr komplizierte und kaum restlos aufzuklärende Textgeschichte. Die älteste Fassung des Dekalogs stammt aus der Zeit nach dem Untergang Judas im 6. Jahrhundert v. Chr., griff aber wohl auf ältere Elemente zurück.[4] Niedergeschrieben wurde er nach biblischem Zeugnis von Gott selbst auf zwei steinernen Tafeln. Die erste der Tafeln enthielt, folgt man der katholischen und lutherischen Zählung, die drei oben zitierten Gebote, bei denen es um die Beziehung zwischen Gott und Mensch ging; die übrigen sieben regelten das menschliche Zusammenleben.[5]

Eingeleitet wird der wuchtige Text mit einer direkten Rede Jahwes an sein Volk, das er im Kollektivsingular anspricht (»dein Gott«). Schon das zeigt, wie intim und zugleich exklusiv die sich hier konstituierende Beziehung gestaltet ist. Fremde Götter werden nicht geduldet, was damals nicht unbedingt gleichbedeutend damit war, sie prinzipiell zu leugnen. Ganz im Gegenteil wird ihre Existenz »fraglos vorausgesetzt« und selbst ihre Macht nicht gänzlich geleugnet.[6] Aber für das Volk Israel durften sie keine Rolle spielen. Das Bilderverbot im nächsten Satz des Dekalogs bezieht sich deshalb bereits von der Logik her auf das Bild – genauer gesagt: das Kultbild – des eigenen Gottes. Mag sein, dass dieses Gebot in ganz konkret-politischen Tatbeständen des exilischen bzw. nachexilischen Israel gründet und der Jahwe-Religion keineswegs von Beginn an wesenseigen war.[7] Auf was es zielt, ist gleichwohl klar: Das Verbot von Kultbildern sichert die Entrücktheit und Vollkommenheit des eigenen Gottes, der sich gegen jede unvollkommene Materialisierung sperrt. Gott ist einmalig, Gott ist allmächtig, und Gott ist für den menschlichen Geist unfassbar. Zugleich aber besitzt er eine große Nähe zu seinem Volk Israel, und dieses Volk bewegt sein Gemüt. Seine Charakterisierung als ein eifernder, eigentlich (so die Einheitsübersetzung) »eifersüchtiger« Gott (el qannā) ist ein im Vergleich zu anderen Religionen der Zeit einmaliges Attribut. Es kennzeichnet das besondere, affektive Verhältnis zwischen ihm und seinem Volk, dem er in Zuneigung verbunden ist, das er aber auch mit seinem Zorn strafen kann.[8] Andere Götter des altorientalischen oder griechisch-römischen Kulturkreises mochten ebenfalls ihre Affekte ausleben und aufeinander neidisch sein, aber »von der Eifersucht eines Gottes gegenüber seinen Verehrern ist [dort] nie die Rede«.[9]

Wie jede intime Beziehung ist auch die zwischen Jahwe und seinen Anhängern anfällig für persönliche Kränkungen und Herabsetzungen. Bereits die beiden ersten Gebote verweisen deutlich auf eine solche Verletzungsgefahr. In einem weiteren Sinn war ohnehin jede Übertretung des vom Schöpfergott offenbarten Gesetzes eine Herabsetzung seiner Person, die seinen Zorn provozieren konnte. Die Verehrung fremder Götter, Nukleus späterer Vergehen wie Apostasie oder Häresie, bargen ein großes Verletzungspotenzial für den einen und wahren Gott. Das Verbot von Kultbildern, über weite Strecken als ein allgemeines Bilderverbot interpretiert, sollte die Herabwürdigung und Verkleinerung des unendlichen Gottes verhindern.

Zum Kern der meisten Erörterungen über die Verletzung Gottes und zu einem wichtigen Kristallisationspunkt für das Delikt der Gotteslästerung allerdings sollte das Verbot werden, den göttlichen Namen zu missbrauchen. Was genau mit diesem Missbrauch gemeint war, ist umstritten. Eine generelle Tabuisierung des Namens Gottes war, anders als bisweilen zu lesen, sicher nicht beabsichtigt.[10] War damit vielleicht ein Meineid oder ein Fluch gemeint? Beide lagen ja nahe beieinander, denn ein Eid ist nichts anderes als eine »bedingte Selbstverfluchung« im Fall eines Eidbruchs (vgl. Kap. 8). Darauf könnten präzisierende Bestimmungen an späterer Stelle hinweisen, wie etwa das Verbot, Gott zu lästern oder einem Fürsten zu fluchen (Ex 22,27). Wahrscheinlicher aber ist, dass die Verfasser des Dekalogs diesen Satz mit

Absicht unspezifisch und breit anwendbar formulierten, um alle möglichen Fälle abzudecken. Das Gebot wollte der Herabsetzung des göttlichen Namens und zugleich – weil der Name in alten Gesellschaften sicherlich nicht nur als körperloses Symbol angesehen wurde, sondern die Präsenz Gottes selbst in geradezu magischer Weise anzeigte – der Herabsetzung Gottes in umfassender Weise einen Riegel vorschieben.[11] Vieldeutigkeit und Interpretierbarkeit sollten denn auch später zum Kennzeichen aller Blasphemie-Tatbestände werden.

Die eingangs zitierte Erzählung über den Sohn des Ägypters konkretisierte die gotteslästerliche Handlung ein wenig, denn es ist die Rede davon, der Sohn des Ägypters habe geflucht. Vor allem legt er eine erste Spur für die Semantik der Herabsetzung, indem in der Vulgata, der lateinischen Bibelübersetzung der Spätantike, das Verb »blasphemare« verwendet wird. »Qui blasphemaverit nomen Domini, morte moriatur«, so wird am Ende die Botschaft der Erzählung noch einmal beschwörend zusammengefasst: Wer den Namen des Herrn lästert, soll getötet werden. Vielleicht war diese Übersetzung eine Weichenstellung dafür, dass die Herabsetzung Gottes langfristig als »blasphemia« etikettiert und seit dem Spätmittelalter als »Blasphemie« bzw. »blasphemieren« eingedeutscht wurde. Zugrunde liegt hier der griechische Terminus *βλασφημία* bzw. *βλασφημεῖν* (Schmähung bzw. schmähen), der sich wiederum aus *βλάβος* (Schaden, Unheil) und *φάναι* (sagen, behaupten) zusammensetzt. Ursprünglich bedeutet »blasphemía« also »Schlechtes reden«; lange Zeit war der Begriff keineswegs allein auf eine Schmähung Gottes zugespitzt. Der Sprachgebrauch in den griechischen und lateinischen Übersetzungen des Alten Testaments blieb uneinheitlich, und das hebräische Original zog ohnehin Umschreibungen vor.

Rigorismus gegen Gotteslästerer war eine der Kernbotschaften der Gebote des Alten Testamentes. Aber dieser Rigorismus hatte auch mögliche Schattenseiten, die ebenfalls in der Bibel aufscheinen. Die Erzählung von Naboths Weinberg (1 Kön 21) zeigt, wie frommer Eifer sich in sein Gegenteil verkehren kann, wenn böse Mächte ihn für ihre Zwecke missbrauchen. Die Geschichte ist schnell erzählt: Naboth, der sich geweigert hatte, dem König Ahab seinen Weinberg zu verkaufen, fällt einer Verschwörung von Ahabs Frau Isebel zum Opfer. Sie veranlasst zwei nichtswürdige Männer (Söhne des Belial bzw. des Teufels, wie es in der Vulgata heißt), Naboth in der Öffentlichkeit der Gotteslästerung anzuklagen. Umstandslos wurde der Beklagte daraufhin gesteinigt, und Ahab konnte sich den Weinberg aneignen. Die Anklage gegen Naboth lautete im Übrigen, er habe Gott und den König geschmäht, eine Verknüpfung des Vergehens gegen den göttlichen und den weltlichen Herrscher, die uns bereits begegnet ist (Ex 22,27) und vielfach wieder begegnen wird. In der Geschichte vom Weinberg aber sind der König und seine Frau die Bösewichte. Ihre Missetat bleibt nicht ungesühnt. Bereits durch den Propheten Elija verkündet Jahwe dem Ahab, dass er seine Verbrechen missbillige und sein gesamtes Haus ausrotten werde. Der König selbst kann sich durch demonstrative Buße noch einen Aufschub erwirken, aber an Isebel und an seinen Nachkommen lässt Jahwe durch die Hand des Jehu sein Strafgericht vollstrecken (2 Kön 9f.). So bleibt das Erkenntnispotenzial der Geschichte ambivalent. Sie demonstriert die Gefahren einer Anklage, die sich fast vollkommen auf Zeugenaussagen stützen musste, weil ein Corpus Delicti im klassischen Sinn nicht existierte. Sie zeigt aber zugleich, dass Gott die Rache für die Verletzung seiner Ehre stets selbst in die Hand nehmen konnte, auch wenn er von seinen Anhängern verlangte, sich seinen Zorn zu eigen zu machen bzw. zu seiner Besänftigung die Gegner zu töten, wie im Fall des Pinchas (4 Mose 25). Eine der Gelegenheiten, bei denen Gott selbst handelte, ist die Vernichtung der Städte Sodom und Gomorra, auf die er Feuer und Schwefel regnen ließ (Gen 19).

Für sein erwähltes Volk konnte das Eingreifen Gottes aber auch die Rettung bedeuten. Nach einer anderen Erzählung des Alten Testaments musste die Großmacht der Assyrer sehr plastisch erfahren, was es bedeutete, Jahwe herabzusetzen (2 Kön 18 u. 19). Vor den Mauern von Jerusalem beleidigt ihr Feldherr Rabschake nicht nur lauthals und in der Landessprache die Judäer als Männer, die ihre eigene Scheiße fräßen und ihren Urin tränken. Überdies verhöhnte er den Glauben des judäischen Königs Hiskia an die Stärke seines Gottes – auch den anderen eroberten Städten hätten deren Götter nichts geholfen. König Hiskia und seine Gefolgsleute zerrissen daraufhin zum Zeichen ihres Entsetzens über diese Schmähungen ihre Kleider und riefen Jahwe um Hilfe an. Dieser schickte nachts zur Rache seine Engel ins assyrische Lager, die 185 000 Mann erschlugen – vielleicht das Sinnbild für eine plötzliche Seuche. Der assyrische König Sancherib selbst fiel kurz nach seiner Rückkehr, zum Gebet vor seinem Abgott niedergefallen, einem Mordanschlag zum Opfer. Gott ist über die Verhöhnung durch die Gegner Judas, das wird in der direkten Anrede an den assyrischen König deutlich, sehr verletzt: »Weil du gegen mich wütest und dein Lärm meine Ohren erreicht hat, lege ich meinen Haken in deine Nase und mein Zaumzeug an deine Lippen« (2 Kön 19,28). Der eifernde Gott, so wird hier noch einmal deutlich, schützt seine Anhänger und wütet grausam gegen deren Feinde. Er tut dies allerdings nur, wenn sein Volk in unbedingtem Glauben zu ihm steht. Die strenge Trennung zwischen ›uns‹ und ›ihnen‹ ist der jüdisch-christlichen Überlieferung damit eingeschrieben und bildet die Grundlage für eine scharfe Herabwürdigung der anderen.

## 2. Blasphemie im Polytheismus?

Der Zorn der Unsterblichen traf den griechischen Helden Aias auf der Heimfahrt. Frevelhaft hatte er die Königstochter und Seherin Kassandra bei der Eroberung Trojas vergewaltigt, nachdem er die Widerstrebende vom Kultbild der Pallas Athene fortgeschleppt hatte. Dem Gewalttäter drohte die Steinigung, nicht wegen der Vergewaltigung, sondern wegen des Frevels an einem Kultbild. Ihr entging Aias nur, indem er sich seinerseits in das Heiligtum der Athene flüchtete. Der späteren Rache der Zeustochter aber entrann er nicht, in heftigen Sturmgewittern ließ sie sein Schiff untergehen. Mit Hilfe des Meeresgottes Poseidon konnte sich der Schiffbrüchige zunächst auf einen Felsen retten. Übermütig prahlte er, er könne den Göttern zum Trotz den stürmenden Wogen entkommen. Der daraufhin ergrimmte Poseidon spaltete den Felsen und ließ den Lästerer elend ersaufen.[12]

Beleidigte Götter sind prinzipiell keine Eigenheit des Monotheismus, sondern finden sich auch in der klassischen Antike. In der griechischen Mythologie begegnen uns erzürnte und rachedurstige Olympier auf Schritt und Tritt. Homers »Ilias« setzt ein mit dem Zorn des mächtigen Helden Achill (»Singe den Zorn, o Göttin, des Peleiaden Achilleus …«).[13] Ihm ging der Zorn des Gottes Apoll voraus, den sein Priester Chryses gegen den griechischen König Agamemnon um Hilfe angerufen hatte. Daraufhin schickte Apoll seine Pestpfeile in das griechische Lager. Um den Gott zu beschwichtigen, musste sich Agamemnon schließlich bereit erklären, seine Beute, die Tochter des Priesters, zurückzugeben. Als Kompensation erzwang er allerdings die Herausgabe der Konkubine des Achill. Diese Ungerechtigkeit eben weckte den unbändigen Zorn des Heroen: Er boykottierte vorerst nicht nur das Kampfgeschehen, sondern veranlasste auch seine Mutter, die Meernymphe Thetis, Zeus um Siege für die Trojaner zu bitten.

Schmähreden, Zorn, Rache – hier klingen einige der Motive an, die uns in der Geschichte der Blasphemie häufiger begegnen werden. Dabei stellte die herausfordernde Prahlerei eines Aias eher die Ausnahme als die Regel dar. Der Zorn der Götter wird bei Homer oft genug auch durch die Herabwürdigung eines ihrer Schutzbefohlenen erregt, wie im Fall des Priesters Chryses, oder durch Fahrlässigkeit, wie in jener Episode, als Achill durch sein Wüten den Fluss Skamandros mit Leichenbergen füllt und damit den Zorn des Flussgottes hervorruft (Illias 21, 211 ff.). Derartige Geschichten markieren aber direkt auch die Differenz zwischen dem antiken, polytheistischen Götterhimmel und den uns vertrauteren monotheistischen Glaubenssystemen.[14] Fremd erscheinen heute nicht nur die Vielzahl der Götter, sondern auch die vermenschlichten (anthropomorphen) Vorstellungen, welche die Griechen und Römer von ihnen pflegten. Zwar waren die Götter unsterblich, aber sie waren unterschiedlichen Geschlechts und Alters. Sie bildeten Paare und Familien, besaßen verschiedene Fähigkeiten und wurden als hierarchisch angeordnet gedacht, mit Zeus bzw. Jupiter an der Spitze. Vor allem wetteiferten und konkurrierten, ja kämpften sie miteinander. Mit den Menschen teilten sie einen Kosmos, den sie nicht geschaffen hatten, traten mit ihnen in Kommunikation. Oft sind in den homerischen Erzählungen die Götter und die menschlichen Heroen kaum zu unterscheiden, und beide pflegten gleichermaßen den Zorn als einen Affekt, den sich nur der Mächtige und Überlegene leisten konnte und bei dem sich der Schmerz einer Ehrverletzung untrennbar mit dem Verlangen nach Rache verband.[15]

Die klassischen Epen eines Homer oder eines Hesiod geben freilich kaum ein angemessenes Bild von den gewöhnlichen Austauschbeziehungen zwischen Menschen und Göttern. Natürlich war es für alle Sterblichen ratsam, mit den Olympiern eine gute Beziehung zu pflegen, die mit übermenschlichen Fähigkeiten ihr Leben beeinflussen konnten. Aber diese Beziehung war in der Regel ritueller und nicht persönlicher Natur. Ihren Ausdruck fand sie in der Einrichtung von Heiligtümern, in feierlichen Speisegaben und Tieropfern, in der Einkleidung oder Waschung von Kultbildern sowie in Prozessionen.[16] Diese lebenspraktische Kommunikation mit den höheren Mächten und die genaue Durchführung sakraler Rituale waren das Zentrum der gelebten Religion, nicht die Einhaltung moralischer Normen.[17] Die griechische und auch die römische Religion vermittelten keine verbindlichen ethischen Gebote wie der Dekalog des Alten Testamentes. Die antiken Götter waren keine Gesetzesstifter. Ihr Interesse an irdischen Dingen war alles in allem ohnehin mäßig. »Die Götter lieben die Menschen nicht.«[18] Umgekehrt bot ihr Verhalten den Menschen kaum eine moralische Orientierungsmarke. In den griechischen Epen tritt uns vielmehr eine erstaunliche Amoralität entgegen, die bereits im 6. Jahrhundert v. Chr. Xenophanes scharf kritisierte: »Alles haben Homer und Hesiod den Göttern aufgeladen, was bei den Menschen Vorwurf und Schimpf ist: Stehlen, Ehebruch treiben und einander betrügen.«[19]

Insgesamt ist die Aussagekraft der Mythen und Epen für die tatsächliche Ausprägung der antiken Religion ohnehin eher begrenzt. Eine wie auch immer geartete Theologie entfalteten weder Griechen noch Römer. Neuere Darstellungen zur Rolle der Religion in der römischen Lebenswelt richten daher den Fokus nicht auf abstrakte Vorstellungen und Dogmen oder versuchen, einen stimmigen Götterhimmel zu entwerfen. Vielmehr setzen sie bei den jeweiligen Handlungsoptionen an, die Menschen in einer konkreten Situation hatten, um mit den überlegenen Mächten zu verkehren. Es ging dabei, pointiert gesagt, nicht um eine Orthodoxie, sondern um eine ›Orthopraxie‹, um das richtige Handeln. Was die Akteure dabei dachten oder ›wirklich‹ glaubten, spielte keine Rolle.[20] Zum Kreis der rituell Verehrten konnten neben den klassischen Göttern im Übrigen auch Heroen, das heißt nach ihrem Tod verehrte Sterbliche, oder verstorbene Ahnen gehören. Und verehrt wurde gewöhnlich weniger eine Gottheit schlechthin, sondern ihre konkrete Erscheinungsform, also nicht *Iuno*, sondern *Iuno Regina* oder *Iuno Sospita*. In den rund 250 Jahren vor Caesars Tod wurden zum Beispiel im römischen Tempelbau 78 göttliche Mächte adressiert, darunter allein sechs verschiedene Aspekte des Jupiter und vier des Herkules. Aber auch Wertbegriffe wurden in diesen Tempeln verehrt wie die Eintracht *(concordia)*, die Hoffnung *(spes)* oder die Treue *(fides)*.[21] Dabei war die Verehrung sakraler Mächte alles andere als eine exklusive Angelegenheit: Man konnte eine Gottheit durch mehrere Bilder im gleichen Tempel ehren, mehrere Tempel in einer Polis für sie aufstellen, ganze Kultbildgruppen verehren oder auch Statuen ›fremder‹ Götter in einem Tempel platzieren.[22]

Antike Religion, das spiegelt sich in dieser Praxis, war stets konkret verortet. In klassisch griechischer und in römisch republikanischer Zeit hieß das, sie war vorwiegend auf die Polis bezogen, auf das städtische Gemeinwesen. Der dauerhafte, friedliche Einklang mit dem Göttlichen *(pax deorum)*, Ziel aller sakralen Kommunikationsakte, sicherte die innere Ordnung des Gemeinwesens ebenso wie seinen Schutz bzw. seinen Erfolg im Konflikt mit äußeren Mächten. Dabei war der kriegerische Wettbewerb für die Verkörperungen der sakralen Mächte in der Regel weniger riskant als für die sie verehrende menschliche Gemeinschaft. So war es durchaus einen Versuch wert, die sakralen Schutzmächte der Feinde auf die eigene Seite zu ziehen. In rituellen Anrufungen versuchten die Römer, die Götter belagerter Städte herauszurufen und versprachen ihnen Tempel und Kult in der eigenen Stadt, um die von den jenseitigen Mächten entblößte Festung leichter erstürmen zu können. Die Eroberung galt dann nicht als Schwäche der jeweiligen Gottheit, sondern als Ausdruck dafür, dass sie den Sieger favorisiert hatte.[23] Nicht Zerstörung der gegnerischen Götter war das Ziel, sondern deren Integration in das eigene Pantheon. Eine Änderung deutete sich in der griechischen Welt im Zuge der Kriege gegen die Perser an, die man der Zerstörung bzw. des Raubes von griechischen Kultbildern bezichtigte. Als die Krieger des Aitolischen Bundes dann im 3. Jahrhundert v. Chr. auf ihren Plünderungszügen Heiligtümer ausraubten und verwüsteten, vergalt Philip V. von Makedonien bei seinem Rachefeldzug Gleiches mit Gleichem: »Eine Spirale der Gewalt gegen die Sitze der Götter nimmt von hier ihren Ausgang; es zeigt sich, dass man den politischen Gegner jetzt durch die Zerstörung der Sitze seiner Götter stärker treffen kann als früher.«[24]

**Asebeia – Gottlosigkeit**

Eine andere Sache als Kriegszüge war die Herabsetzung der göttlichen Mächte durch einzelne Menschen, wenn sie aus dem Inneren einer Gemeinschaft heraus erfolgte. Bereits in klassisch griechischer Zeit formulierten Aristoteles oder Isokrates die Überzeugung, dass die Götterfurcht den Menschen eingewurzelt sei, um ein geregeltes Miteinander zu bewahren.[25] Insofern kennen auch die antiken Religionen Pflichten und Gebote, deren Überschreitung mit schwersten Sanktionen bedroht ist. Und insofern lassen sich auch in der klassischen Antike Formen der Herabsetzung von Göttern beobachten, die in manchen Zügen mit späteren Blasphemie-Tatbeständen vergleichbar sind. Allerdings haben sich ältere Darstellungen zu sehr von der Vorstellung eines klar ausdifferenzierten Katalogs von Strafrechtsdelikten leiten lassen, wenn sie etwa »Asebeia« umstandslos zum griechischen Äquivalent der christlichen Gotteslästerung erklärten.[26] Was der griechische Begriff der »Asebeia« genau bedeutete, lässt sich in der Konfrontation mit seinem positiven Gegenstück, der »Eusebeia«, bestimmen. Diese spezielle griechische Form der Frömmigkeit meint zunächst die Orthopraxie, die rechte Verehrung der Götter gemäß dem Brauch der Vorfahren. Asebeia bezeichnet dagegen eine Verletzung der Kultregeln in Form von »Tempelraub, Eidbruch, Verletzung von Asyl oder Gottesfrieden«, die den Zorn der jenseitigen Akteure heraufbeschwören konnte und für die Polis insgesamt gefährlich zu werden drohte.[27] Wesentlich weiter sollte später im 4. Jahrhundert v. Chr. der Philosoph Aristoteles den Asebie-Tatbestand definieren, nämlich als »unrechtes Handeln gegen die Götter, gegen die Geistwesen (Daimonas) oder auch gegen die Toten, gegen die Eltern oder gegen das Vaterland«.[28]

Wenn es um die Herabsetzung des Heiligen in der Antike geht, so wird man also zunächst an rituelle Verfehlungen denken können, an das Überschreiten einer räumlichen Grenze etwa oder das Ablegen eines Zweiges auf einem bestimmten Altar.[29] Als ein schwerer Religionsfrevel, der mit dem Tod bestraft werden konnte, wurde der Tempelraub angesehen.[30] Ebenfalls als eine schwerere religiöse Übertretung galt die Missachtung der Rechte von Menschen, die an heiligen

Orten oder bei Götterbildern Asyl vor Verfolgung suchten, wie es nach der homerischen Erzählung die von Aias vergewaltigte Kassandra erfolglos versucht hatte. Lange im kollektiven Gedächtnis der Athener blieb der um 630 v. Chr. verübte Alkmaionidenfrevel, die Tötung der Anhänger des Tyrannisaspiranten Kylon, die in einem Heiligtum Zuflucht gefunden hatten.[31]

Daneben sind auch Fälle von direkter Herabsetzung überliefert. In einem der Göttin Artemis geweihten heiligen Hain nahe der arkadischen Stadt Kaphyai, so berichtet der Schriftsteller Pausanias, hätte einst eine Gruppe spielender Knaben ein Seil gefunden. Daraufhin hätten sie das Seil um den Hals der Götterstatue gebunden und gesagt, »Artemis sei erdrosselt«. Als die Stadtbewohner sahen, was die Kinder getan hatten, so heißt es im Bericht lakonisch, »steinigten sie sie«.[32] Offenkundig schätzten sie die potenziellen Konsequenzen der kindlichen Tat als so dramatisch ein, dass sie umstandslos zur kapitalen Bestrafung schritten. Offenkundige Unmündigkeit schützte ebenso wenig vor den Konsequenzen des Frevels wie der Ruhm des Heroen, wie die Beinahe-Steinigung des Aias zeigt. In den Augen der Bewohner von Kaphyai forderte die Übertretung ganz unabhängig von der dahinterstehenden Intention die Rache der Göttin heraus. Nur mit einer scharfen Sanktion durch die Gemeinschaft war diese Rache abzuwenden. Die eigenen Kinder wurden zu diesem Zweck getötet, und darüber hinaus wurden sie schmählich unbeerdigt gelassen. Die Kollektivstrafe der Steinigung bildet eine auffällige Parallele zum jüdischen Gesetz. Die griechische Gesellschaft kannte sie bei den verschiedensten Vergehen, aber ihr besonderer Doppelcharakter wird doch gerade am Beispiel der Religionsfrevel sichtbar: Zum einen symbolisiert sie den Ausschluss aus der betreffenden Gemeinschaft, zum andern stellt sie eine Sühnehandlung dar, mit der sich das jeweilige Kollektiv zu entschulden sucht.[33]

Mit der Strafe der Steinigung aber endet die Geschichte des Pausanias noch nicht. Nach der Tat nämlich, so berichtet dieser, brachten die Frauen in Kaphyai nur noch tote Kinder zur Welt. Daraufhin habe die Pythia, das Orakel in Delphi, sie angewiesen, die getöteten Knaben zu bestatten und ihnen jährlich Totenopfer darzubringen. Sie seien nämlich nicht zu Recht gestorben. Seither, so schließt der Schriftsteller, heiße, ebenfalls auf Weisung der Pythia, die dortige Göttin Artemis Apanchomene (»die Erwürgte«). Anders als ihre Anhänger scheint die attackierte Göttin in diesem Fall die Frage der kindlichen Unzurechnungsfähigkeit durchaus ins Kalkül gezogen zu haben. Die Episode setzt also ein Fragezeichen hinter die Vorstellung eines rituellen Automatismus.[34] Es gab durchaus Verhandlungs- und Verhaltensspielräume hinsichtlich der Frage, ob eine gravierende Herabsetzung der Götter vorlag oder nicht – Spielräume der jeweiligen Akteure, ihrer Mitmenschen und nicht zuletzt des jeweiligen Gottes selbst.

## Das Beispiel Athen

Schärfere Konturen gewinnt das Delikt der Asebie in Athen zur konfliktreichen Zeit des Peloponnesischen Krieges. Wohl im Jahr 432 v. Chr. brachte der Seher Diopeithes einen Antrag vor die Volksversammlung, nach dem unter Anklage zu stellen sei, »wer nicht an die Götter glaube und sich in wissenschaftlichen Vorträgen mit den Dingen über der Erde befasse«.[35] Der Antrag, so berichtet Plutarch, habe sich nicht nur gegen den Philosophen Anaxagoras gerichtet, sondern indirekt auch gegen dessen Schüler Perikles, den langjährigen ersten Mann und Strategen der Polis. Zugleich sei Perikles' Frau Aspasia wegen Asebie und Sittenlosigkeit unter Anklage geraten. Anaxagoras kann als Exponent eines geistigen Milieus betrachtet werden, das durch intellektuelle Neugier, Skepsis gegenüber herkömmlichen Erklärungen und die Suche nach umfassender Naturerkenntnis gekennzeichnet war. Es heißt, er sei der Gottlosigkeit angeklagt worden, »weil er die Sonne einen glühenden Klumpen nannte«,[36] wegen seiner kosmologischen Spekulationen also, die der herkömmlichen Götterlehre entgegenstanden und als deren Missachtung betrachtet werden konnten. Nach Plutarch handelte es sich eindeutig um eine Instrumentalisierung religiöser Vorwürfe für politische Zwecke – anders glaubten seine Gegner dem mächtigen Perikles nicht beikommen zu können. Tatsächlich geriet dieser in die politische

Defensive: Zwar erreichte er für seine Frau Aspasia unter Aufbietung aller Kräfte einen Freispruch, musste aber Anaxagoras zum Gang ins Exil raten, vielleicht, um ein drohendes Todesurteil abzuwenden. Offenkundig herrschte in der Stadt am Beginn des großen Krieges ein Gefühl allgemeiner Bedrohung sowie die Angst, es sich mit den Göttern zu verderben.

Das Gefühl der Verletzlichkeit begleitete die Athener durch die folgenden Kriegsjahrzehnte. Schon in den Jahren 430/429 erlebten sie eine verheerende Pestwelle, die bis zu einem Viertel der attischen Bevölkerung dahinraffte und zu deren Opfern auch Perikles zählte. Vor diesem Hintergrund mochte der demonstrative Skeptizismus der Naturphilosophen und Sophisten, die Athen zum intellektuellen Zentrum des Zeitalters machten, auf viele Menschen provozierend wirken. Und so folgten weitere Asebie-Anklagen, die wohl vorwiegend Männer aus dem Umkreis bzw. in der Nachfolge des Perikles und des Anaxagoras trafen. So soll dem berühmten Sophisten Protagoras die Meinung zum Verhängnis geworden sein, von den Göttern wisse er nicht, ob sie existierten. Er wurde der Gottlosigkeit angeklagt, floh vermutlich vor Abschluss des Verfahrens aus der Stadt und soll auf der Überfahrt nach Sizilien ertrunken sein.[37] Der bekannteste und am besten dokumentierte Asebie-Prozess schließlich wurde im Jahr 399 v. Chr. gegen Sokrates geführt; er endete bekanntlich mit einem Todesurteil.[38] Drei Anklagepunkte wurden gegen ihn erhoben,[39] nämlich die Ableugnung der vom Staat anerkannten Götter, die Einführung neuer göttlicher Wesen und die Verführung der Jugend. Alle drei Vorwürfe waren nicht besonders präzise und verdeutlichen den Charakter der Asebie als eine Art flexibles Breitbanddelikt im Sinne der Definition des Aristoteles. Ebenso typisch erscheint die in den drei Anklagepunkten sichtbare Verknüpfung von religiösen Anklagen mit politischen Vorwürfen und sozialen Vorurteilen.

Sucht man nach ›dem‹ paradigmatischen Fall von Herabwürdigung des Heiligen im griechischen Altertum, dann verblassen all diese Prozesse gegenüber der schillernden Affäre um den sogenannten Hermenfrevel im Jahr 415 v. Chr., das zugleich das »Jahr der Peripetie in der Geschichte Athens« war.[40] Gerade hatte die attische Polis die größte Flotte ihrer Geschichte aufgeboten. Unter dem Kommando des Alkibiades, ein Schüler des Sokrates, war sie kurz davor, nach Sizilien auszulaufen und gegen Syrakus zu intervenieren – das Unternehmen sollte später in der Katastrophe einer fast völligen Vernichtung enden. Kurz vor dem Auslaufen der Flotte nun wurden in einer mondlosen Mainacht die meisten der Marmorstandbilder des Hermes, die sich zahlreich in den Vorhallen der Privathäuser und Tempel befanden, »an den Köpfen verstümmelt«, so Thukydides (VI, 27.1). Der Historiker berichtet von der Bestürzung der Athener, die darin ein »übles Vorzeichen« für ihr Flottenunternehmen erblickten. Der offenkundig aktive Anschlag bezog seine Wucht gerade aus der Vielzahl der beschädigten Kultobjekte: Er richtete sich nicht nur gegen den Gott Hermes, sondern traf sehr persönlich die jeweilige Schutzgottheit einer Familie bzw. eines Hauses. Überdies sollte Hermes gerade diejenigen beschützen, die zu Wasser (und zu Lande) unterwegs waren. Insofern mochten einige darin geradezu einen Sabotageakt des geplanten militärischen Unternehmens sehen.

Der öffentliche Verdacht konzentrierte sich allerdings schnell ausgerechnet auf den Strategen dieser Expedition, Alkibiades. Man sagte ihm nach, nach Tyrannis zu streben und die Demokratie abschaffen zu wollen. Auch hier waren religiöse Ängste und politische Motive eng miteinander verknüpft. Wer oder was genau hinter dem Hermenfrevel steckte, ob es sich um jugendlichen Übermut, um eine rituelle Mutprobe als Abschluss eines aristokratischen Gelages oder gar um einen kühl geplanten politischen Anschlag handelte, ist nie geklärt worden. Die Flotte lief in einer Atmosphäre der Angst und der Verdächtigungen aus. In Athen wurden Belohnungen ausgelobt, die schließlich zu einer Eskalation von zweifelhaften Denunziationen, Anklagen und Verurteilungen führten. Mehrere Dutzend Personen wurden verurteilt, eine unbekannte Zahl von ihnen hingerichtet. Der Flottenführer Alkibiades wurde als vermeintlicher Haupträdelsführer im August nach Athen zurückgerufen, um ihn vor Gericht zu stellen. Er lief daraufhin zu den Spartanern über und wurde in Abwesenheit in Athen zum Tod verurteilt. Die Denunziationen gegen ihn hatten sich weniger auf den Hermenfrevel als auf ein verwandtes Vergehen konzentriert: Nachgesagt wurde ihm der Frevel des Mysterienkultes von Eleusis. Ursprünglich handelte es sich um einen gesamtgriechischen Anziehungspunkt, der immer mehr als ein athenischer Staatskult betrachtet wurde.[41] Nach der von Plutarch (Alk. 22.3) überlieferten Anklage hatte der Feldherr gegen die Göttin Demeter gefrevelt, indem er die Mysterien nachäffte. Er habe Freunden in seinem Haus eine Vorführung gegeben, bei der er selbst und seine Entourage verschiedene Rollen des Kultes eingenommen hätten. Der Frevel lag hier offenkundig darin, das Geheimnis der Mysterien gebrochen zu haben. Umstritten ist, ob die Verletzung der Göttin noch dadurch gesteigert wurde, dass dies in parodierender Weise geschah.[42] Allerdings ereignete sich der Vorfall, wenn er denn den Tatsachen entsprach, im nicht öffentlichen Bereich des Hauses, also im vertrauten Kreis. Im aufgeheizten öffentlichen Klima des Jahres 415 v. Chr. jedoch bot er ausreichend Grund für öffentliche Anklage und Verurteilung.

Ebenfalls um das Jahr 415 v. Chr. wird eine andere bekannte Asebie-Anklage datiert, die sich gegen einen Mann richtete, der geradezu als Personifizierung des antiken Gotteslästerers gelten kann: Diagoras von Melos, oder mit seinem stigmatisierenden Beinamen, Diagoras der Atheist *(ho atheos)*, auf den ein Kopfgeld ausgesetzt wurde und der ebenfalls nach Sparta floh.[43] Die historische Überlieferung zu seiner Person ist ausgesprochen spärlich. Spekulativ bleibt etwa die These, der vormalig erfolgreiche Diplomat im Dienste Athens habe mit seinem Religionsfrevel die brutale Vernichtung seiner Heimatstadt Melos durch die arrogante attische Hegemonialmacht rächen wollen. Sein Vergehen soll darin bestanden haben, dass er die Eleusinischen Mysterien verächtlich gemacht hatte, und zwar – anders als Alkibiades – nicht nur privat, sondern in der Öffentlichkeit. Andere Erzählungen über seine Skepsis und seinen Spott gegenüber den Göttern stammen wohl aus späterer Zeit. In einer davon soll ein Freund gegenüber Diagoras als Beleg für die Existenz der Götter jene Votivgaben von Menschen angeführt haben, die von den Unsterblichen vor dem Ertrinken gerettet worden waren. Von den Ertrunkenen, so angeblich die trockene Replik des Diagoras, existierten naturgemäß keine solchen Gaben.[44] Autoren aus spätantik-christlicher Zeit überliefern die Geschichte, der Philosoph habe aus Mangel an Brennstoff seine hölzerne Herkulesstatue verbrannt und dem Gott höhnisch zugerufen: »Wohlan nun, o Herkules, vollbringe deine dreizehnte Arbeit, komme und koche mir mein Mahl.«[45] Gerade dieser Frevler Diagoras nun galt als Verkörperung des »Atheisten«, jener neuen Spielart von Gottlosigkeit, mit der die theoretische Skepsis der Naturphilosophen stigmatisiert wurde, die den völligen »Wegfall der Beziehung zu den Göttern« zu signalisieren schien.[46] Die fast schon demonstrative Interessenlosigkeit an einer Kommunikation mit den Göttern wirkte wohl auf viele Zeitgenossen provozierend und ließ rund um seine Person Erzählungen über gottlose Schmähungen wuchern. Schon in der klassischen Antike bildete der Gotteslästerer mithin eine Art von asozialem Gegenbild zur richtigen religiösen Praxis. Dennoch blieben die Unterschiede zur Welt des Monotheismus, wo das Konzept der Blasphemie seine eigentliche Geburtsstätte hatte, erheblich.

# 3. Kampf der Götter

Zwar gab es bereits im antiken Polytheismus zahlreiche Erscheinungsformen einer Herabwürdigung des Heiligen, die als Vorläufer von Blasphemie eingeordnet werden können. Doch gewann die Geschichte der Gotteslästerung erst dann an Fahrt, als sich der unbedingte Alleinvertretungsanspruch des Monotheismus etablierte, wie er im Alten Testament seinen Niederschlag gefunden hatte. Die Jahrhunderte vor und nach der Zeitenwende waren von den Ansprüchen konkurrierender Gottheiten geprägt, deren Anhänger sich untereinander heftig befeindeten. Schmähungen des Glaubens von Gegnern bildeten in diesen Auseinandersetzungen ein ebenso probates Kampfmittel wie die Empörung darüber, den eigenen Glauben von den anderen herabgesetzt zu sehen.

## Judentum

Der eine, eifernde Gott, der seine Herabsetzung unbedingt gerächt sehen wollte, und die ihm treu ergebenen Israeliten – das war ein normatives Ideal, keine historische Realität.[47] Der Glaube an Jahwe schloss die Anerkennung anderer Götter und einen pragmatischen Umgang mit ihnen für eine lange Zeit keineswegs aus. Nach der Schilderung des Alten Testaments wurde die Anbetung des Goldenen Kalbs durch die Israeliten in Abwesenheit des Propheten Moses zum Sinnbild eines gesetzwidrigen Götzenkultes (Ex 32,1 ff.). Im Nordreich Israel blühte unter König Ahab (ca. 871 bis 852 v. Chr.) der Baals-Kult, nicht zuletzt gefördert von seiner Frau, der phönizischen Prinzessin Isebel (vgl. Kap. 1).[48] Der Usurpator Jehu, der Isebel tötete, zog seine Legitimation unter anderem aus dem Kampf für Jahwe und gegen Baal. Er ließ dessen Anhänger brutal abschlachten sowie den Baals-Tempel in der Hauptstadt niederreißen und dort eine Latrine errichten (2 Kön 27). Hier lässt sich ein Muster erkennen, das sich in der jüdischen Geschichte häufiger findet: der Versuch einer Einigung des Volkes unter dem Banner des exklusiven Glaubens an Jahwe. Als markante Gründungserzählung diente der legendäre Auszug aus Ägypten unter Moses trotz der Verfolgung durch die Truppen des Pharaos (Ex 15,21) dazu, die Wunderkraft des eigenen Gottes zu belegen. Später kam die Erinnerung an das Großreich der von Jahwe geleiteten Könige David und Salomon hinzu, das gerade durch seine Kurzlebigkeit mythisch überhöht wurde.

Als der junge Herrscher des Südreichs Juda, König Josia (640–609 v. Chr.), das lange bestehende Abhängigkeitsverhältnis zum mächtigen Großreich Assur aufkündigen wollte, tat er das – gegen die eingesickerten assyrischen Kulte – mit einem weitgespannten religiösen Restaurationsprogramm, dessen Zentrum der Jerusalemer Tempel werden sollte.[49] Jahwe sollte fortan ungeteilte Verehrung zukommen, und dieser Gott sollte nur an einer einzigen Stätte verehrt werden. Nicht nur wurden rivalisierende Kultstätten vernichtet, Tempeldiener und Prostituierte getötet, überdies wurden auch die Jahwe-Heiligtümer außerhalb von Jerusalem zerstört. Kurzfristig mündete die Politik des Josia in die Niederlage, ja sogar in den Untergang des Südreichs Juda. Mit der babylonischen Eroberung Jerusalems 587 v. Chr., der Zerstörung des Tempels und der Deportation der Bevölkerung wurde dieser Untergang besiegelt.

Der Untergang des Staates aber markierte nicht das Ende des Volkes, anders als im Fall des von den Assyrern bereits am Ende des 8. Jahrhunderts v. Chr. liquidierten Nordreichs Israel, dessen Bevölkerung in alle Winde zerstreut worden war. Denn nun gelang es den kompakt siedelnden, autonomen jüdischen Gemeinden im babylonischen Zweistromland, ihre religiöse Identität zu bewahren, ja sogar noch zu schärfen. Auch ohne Opferdienst verehrten sie ihren Gott und hofften auf eine Wiederherstellung des Jerusalemer Tempels. Dabei kam den verbalen Attacken der Propheten auf die Treulosigkeit des jüdischen Volkes gegenüber ihrem Gott eine wichtige Katalysatorfunktion zu, ebenso wie ihrer scharfen Ablehnung traditioneller

Kulte.[50] Die Hoffnung auf eine Wiedererrichtung des Tempels erfüllte sich im Jahr 538 v. Chr. mit einem Edikt des persischen Königs Kyros, der den Juden die Rückkehr aus der babylonischen Diaspora nach Jerusalem erlaubte. Achtzig Jahre später, unter dem persischen Großkönig Artaxerxes I., schnürte der Priester und Rechtsgelehrte Esra im Zuge einer zweiten Rückwanderungswelle ein weitreichendes Gesetzespaket. Es kodifizierte die Kultordnung des Jerusalemer Tempels und legte die Thora als für alle Juden verbindliches Recht fest. Dem Volk nahm Esra den Eid ab, alle im Gesetzbuch aufgezeichneten Vorschriften zu befolgen. Diese sahen insbesondere die Absonderung von den Heiden vor und verboten Mischehen. Damit waren im Prinzip »die Grundlagen für den jüdischen Sonderweg in der Alten Welt gelegt. Die Juden verehrten im Unterschied zu den umwohnenden Völkern des Vorderen Orients ausschließlich den einen Gott, den sie als den universalen Gott schlechthin begriffen«.[51]

Auf die Probe gestellt wurde dieser Sonderweg des kleinen Volkes durch die Konfrontation mit den übermächtigen Hegemonialmächten der Region. Zugleich gab es aufgrund einer Vielzahl innerer Parteiungen große Spannungen unter den Juden. Eine Herausforderung stellte zudem die Begegnung mit der griechischen Kultur unter ptolemäischer und seleukidischer Oberherrschaft dar. Manche Angehörige des jüdischen Volkes hellenisierten sich, einige gaben sogar ihre Religion auf, eine Entwicklung, die auf der Gegenseite zu einer Radikalisierung der jüdischen Orthodoxie führte. Unter dem seleukidischen Herrscher Antiochos IV. spitzten sich die Gegensätze ab 175 v. Chr. zu, wobei die Geschehnisse im Einzelnen unklar sind und die Grenzziehung zwischen den realen Ereignissen und den nachträglichen Deutungen umstritten ist.[52] Nach der gängigen Version des Geschehens bereitete eine hellenistisch orientierte Laienaristokratie eine Verfassungsänderung vor: Danach sollte Jerusalem in eine griechische Polis umgewandelt werden. Geplant war unter anderem die Einrichtung eines Gymnasiums, ein Ort der Körperertüchtigung – nackte Athleten, die unter dem Schutz von Herakles und Hermes Kampfspiele betrieben, das musste für die thoratreuen Bevölkerungsteile eine unerträgliche Provokation darstellen! Nach der Darstellung des Flavius Josephus in seinen »Altertümern« (XII, 5,1) habe die Hellenistenpartei »die väterlichen Gesetze aufgeben« wollen.[53] Als sich der Hohepriester Menelaos schließlich am Jerusalemer Tempelschatz vergriff, um seine Tributverpflichtungen gegenüber dem König zu erfüllen, provozierte er damit einen Aufstand. In den folgenden Wirren verübte Antiochos IV. unter Beihilfe des Menelaos einen weiteren Religionsfrevel: Er entweihte das Tempelheiligtum, indem er es betrat, um sich die kostbaren Gerätschaften anzueignen[54] – ein klassisches Kultvergehen, das auch im Kontext griechischer oder römischer Tempel als frevelhaft empfunden worden wäre.

**Abgrenzung und Judenhass**

Als Höhepunkt der Hellenisierungsbestrebungen gelten die berühmten Religionsedikte des Seleukidenherrschers: Allen Juden in Jerusalem und Judäa wurde darin bei Todesstrafe die Abschaffung der alten Sitten und Gebräuche wie des Sabbats befohlen, weiterhin das Schlachten von Schweinen und die Errichtung von Opferstätten für fremde Götter.[55] Auch in diesem Punkt sind die Tatsachen umstritten: Die neueste Forschung stellt eine systematische Religionsverfolgung in Abrede und interpretiert entsprechende Berichte als Gründungsmythos des Makkabäeraufstands. Bestimmend für die weitere Entwicklung aber wurde ein religionspolitischer Schachzug von Antiochos IV.: Der durch seinen – von den Römern erzwungenen – Rückzug aus Ägypten gedemütigte und durch Aufstände herausgeforderte Seleukide reagierte »auf den Verfall seiner Legitimität mit einer weiteren Sakralisierung seiner Herrschaft«. Er inszenierte sich bei einer Feier »als erschienener Gott im Kreis aller bekannten Götter und forderte (…) seine Verehrung als Gott im Rahmen der städtischen Kulte als Loyalitätsakt ein«.[56] Diese Verehrung eines lebendigen Gott-Königs war im Kontext polytheistischer Kulte unproblematisch; in Jerusalem aber löste sie den Makkabäeraufstand aus und führte zur Etablierung der Hasmonäerdynastie. Für das folgende Jahrhundert konnten die Hasmonäer einen weitgehend unabhängigen Staat regieren, in dessen Innerem sich freilich die verschiedensten Fraktionen (etwa Pharisäer, Sadduzäer oder Essener) keineswegs freundlich gegenüberstanden.

Unter den Hasmonäern wurden Nichtjuden vertrieben, zwangsbekehrt und getötet, Maßnahmen, die ihren Ruf bei den Nachbarn nachhaltig negativ prägten. Die erstarkende jüdische Gemeinschaft grenzte sich von ihrer ägyptischen, griechischen bzw. später römischen Umwelt immer stärker ab.[57] Spätestens in dieser Zeit bildete sich zum ersten Mal jener starke Judenhass mit seinen vielfältigen Negativstereotypen heraus, für den später die Begriffe des Antijudaismus und des Antisemitismus stehen sollten. Hier können die komplexen politischen, rechtlichen, ökonomischen und religiösen Entstehungsursachen des Judenhasses nicht angemessen dargelegt werden, dennoch lässt sich festhalten, dass dieser Hass das Ergebnis wechselseitiger Ab- und Ausgrenzungsprozesse war. Gegenseitige verbale und symbolische Herabsetzungen befeuerten diese Dynamik. Sie kulminierten im Massaker des Jahres 38 n. Chr. in der ägyptischen Metropole Alexandria.[58] Folgt man dem Bericht des jüdischen Gelehrten und Zeitzeugen Philo, dann eskalierte in diesem Zentrum der jüdischen Diaspora ein Streit um das alexandrinische Bürgerrecht zwischen den Juden einerseits, den Griechen und Ägyptern andererseits. Auch der schwache römische Präfekt trug einen guten Teil der Verantwortung. Zunächst, so Philo, sei der durchreisende Herrscher Herodes Agrippa I. vom städtischen Pöbel geschmäht bzw. sein Hofstaat parodiert worden. Sodann habe man die Synagogen durch die Aufstellung von Kaiserbildnissen geschändet. Auf dem Höhepunkt der Auseinandersetzung seien die jüdischen Häuser geplündert und ihre Bewohner auf grausamste Weise abgeschlachtet worden. Die Rädelsführer des Pogroms wurden später vom römischen Kaiser bestraft.

Bei derartigen Pogromen wurden tiefsitzende Stereotype und religiöse Feindbilder mobilisiert. In Worte gefasst wurden diese Bilder unter anderem vom ägyptischen Literaten Apion, der auch im Umfeld des alexandrinischen Massakers eine Rolle spielte. Sein verlorenes Werk kann durch die Verteidigungsschrift »Contra Apionem« des Flavius

Josephus rekonstruiert werden.[59] Warum verehrten die Juden, wenn sie alexandrinische Bürger sein wollten, nicht dieselben Götter wie die übrigen Bewohner, so hatte Apion provozierend gefragt (2,65). In ihren Tempeln, so hatte er an anderer Stelle behauptet, verehrten die Juden einen Eselskopf (2,79 f.). Die vielleicht stärkste Verleumdung bestand in einer Ritualmordlegende, die mit dem Sakrileg des Seleukiden Antiochos IV. verbunden wurde. Dessen frevelhaftes Eindringen in den Jerusalemer Tempel rechtfertigte Apion als angebliche Gefangenenbefreiung: Der Herrscher habe dort einen gefangenen Griechen gefunden, der für das alljährliche Menschenopfer der Juden gemästet worden sei. Dieser kannibalistische Ritus sei stets mit der eidlichen Bekräftigung abgeschlossen worden, immerwährende Feindschaft mit den Griechen zu halten (2,89–97). Weitere Steine des Anstoßes bei Apion (wie bei anderen antijüdischen Polemikern der Antike) bildeten rituelle jüdische Bestimmungen wie das Schweinefleischverbot, der Sabbat oder die Beschneidung.

Unter den Römern verstärkten sich die Ressentiments gegenüber den Juden noch weiter, auch aufgrund bestimmter Sonderrechte gegenüber den Griechen, die ihnen von Rom garantiert wurden. Aber auch die inneren Spannungen verstärkten sich, denn der Beginn der römischen Herrschaft in Palästina 63. v. Chr., mit der zugleich die autonome Selbstregierung endete, galt den jüdischen Frommen als Strafe Gottes. Hatte nicht auch der Eroberer Pompeius das Allerheiligste durch sein Betreten entweiht, was sein schmähliches Ende im Jahr 48 v. Chr. ebenfalls als gerechtes göttliches Verdikt erscheinen ließ?[60] Ähnliches galt für die eigentlich erfolgreiche Herrschaft des Königs Herodes, der der römischen Besatzungsmacht gegenüber äußerst loyal auftrat. Dass er versuchte, seinen Untertanen einen Treueeid auf Rom und auf seine Person abzufordern, war für fromme Juden, die jeglichen Eid scheuten, ein Ärgernis.[61]

Im Zeichen eines wachsenden Messianismus, der Naherwartung auf einen Retter am Ende aller Zeiten, wuchs über die Jahrzehnte der latente Widerstand gegen die römische Oberherrschaft. Dieser wäre beinahe offen ausgebrochen, als Kaiser Caligula – in Reaktion auf die

Zerstörung einer Kaiserstatue in der Provinz durch die Juden – den Statthalter in Syrien anwies, seine Statue im Jerusalemer Tempel aufzustellen. Nur der hinhaltende Widerstand dieses Publius Petronius, der keinen Krieg provozieren wollte, und die Ermordung des Kaisers in Rom verhinderten für dieses Mal eine Eskalation.[62] Aber auch eine Entspannungsphase unter Kaiser Claudius, der zum Beispiel die Alexandriner Bürgerschaft ermahnte, »keine ihrer [jüdischen] Riten zur Verehrung ihres Gottes in den Schmutz zu ziehen«,[63] konnte den Weg in die endgültige Konfrontation in Palästina nicht verhindern. Provozierende Vorfälle rund um den Tempel häuften sich, römische Soldaten entblößten demonstrativ ihre Geschlechtsteile oder zerrissen eine Thorarolle.[64] Mit der Ermordung der römischen Garnisonstruppe im Jahr 66 n. Chr. begann der offene Aufstand der Juden gegen Rom. Er endete mit ihrer völligen Niederlage, mit der Einnahme Jerusalems, der Vernichtung des Tempels und der vollständigen Eingliederung Judäas als römische Provinz. Es war eine Niederlage, die nicht zuletzt durch die innere Uneinigkeit der Juden beschleunigt worden war. Als besondere religiöse Demütigung ordneten die römischen Sieger an, dass die jährliche Tempelsteuer weiterhin von allen Juden zu zahlen war, allerdings jetzt zugunsten des heidnischen Gottes, der besonders über die Hauptstadt Rom wachte – des Kapitolinischen Jupiter. Weitere Aufstände waren die Folge. Der letzte und größte jüdische Widerstandsakt, der Bar Kochba-Aufstand in den Jahren 132 bis 135 n. Chr., wurde nach dem Bericht des Historikers Cassius Dio dadurch ausgelöst, dass Kaiser Hadrian auf dem Platz des zerstörten Tempels ein Jupiterheiligtum errichten wollte. Hartnäckigen Widerstand leisteten die todesbereiten Gotteskrieger des Messiasprätendenten Bar Kochba. Seinen Namen kann man nach einer Prophezeiung in Numeri 24,17 als »Sternensohn« übersetzen, in der späten rabbinischen Überlieferung firmierte er dagegen als »Lügensohn«, als falscher Messias. Am Ende wurden die aufständischen Juden völlig aufgerieben. Mit der Neugründung Jerusalems als römische Kolonie *Aelia Capitolina* endete die Geschichte Judäas als geschlossenes Siedlungsgebiet und als Kernland der Juden. Die Herabwürdigung des Heiligen der jeweils anderen Seite hatte den Aufstieg und den Fall jüdischer Eigenstaatlichkeit über lange Zeit begleitet.

## Herrscherkult

Das Judentum mag mit seiner Zentrierung auf den einen Gott Jahwe für lange Zeit in der Antike allein gestanden haben. Doch existierte auch in der römischen Welt bereits vor der Karriere des Christentums eine vereinheitlichende religiöse Klammer, die die zerklüftete Welt regionaler und sektoraler Kulte zusammenhalten sollte: der Herrscherkult. Schon der makedonische König Alexander der Große hatte bei seinem Eroberungszug in Asien derartige Kulte kennengelernt. Besonders virulent wurde dieses Phänomen aber in der Spätphase der römischen Republik im Übergang zur Einherrschaft.[65] Sicherlich spielte es eine Rolle, dass Caesar und seine Römer in Ägypten, dem »klassischen Land des Gottkönigtums«,[66] den Pharaonenkult kennengelernt hatten. Früh war der Pharao dort und in anderen östlichen Reichsteilen als Gott verehrt worden. Seit Caesar wurden die meisten Kaiser zum »Staatsgott« *(divus)* erhoben. In der Regel wurde der Kaiser nach seinem Ableben zunächst durch Senatsbeschluss divinisiert und danach von seinem Nachfolger, der daraus zugleich eigene Legitimität gewann, in einem Weiheakt endgültig vergöttlicht.[67] Bildnisse eines solchen waren vor Herabsetzung besonders geschützt. So war es nach einer Anordnung des Tiberius unter Androhung der Todesstrafe verboten, den Kopf einer Augustusstatue durch einen anderen zu ersetzen, wie es bei normalen Bildnissen durchaus üblich war. Ebenso wenig war es erlaubt, sich vor einer solchen Statue nackt zu zeigen oder beim Besuch einer Latrine oder eines Bordells das Porträt des Kaisers auf einer Münze oder einem Ring mit sich zu führen.[68]

»Wie die Menschen Gottheiten machen konnten, so vermochten sie auch solche wieder zu beseitigen. War die Gottheit bereits verstorben, so dass man sie selbst nicht mehr töten konnte, griff man die Attribute ihrer Göttlichkeit an, ihren Namen und ihren Kult.«[69] Natürlich konnte man einfach die Kulthandlungen einstellen und den betreffenden *divus* der Vergessenheit anheimfallen lassen. Oder man wählte die offensivere Variante und zerstörte die Kultstätten des verstorbenen Gottes, wie es etwa im Fall Caligulas geschah; im Extremfall schritt man zur *damnatio memoria*, der völligen Vernichtung aller erhaltenen Zeugnisse, wie es wohl im Fall des Domitian angestrebt war. Ein besonderer Fall von literarischer Herabsetzung eines vergöttlichten Kaisers ist jene bekannte Satire auf die Apotheose (Vergöttlichung) des verstorbenen Kaisers Claudius, die unter dem Titel »Verkürbissung« *(Apocolocyntosis)* überliefert ist. Ihr Entstehungskontext ist so unklar wie ihre Botschaft eindeutig: Dem unwürdigen Claudius wird im Himmel die Aufnahme in den Kreis der Götter verweigert, stattdessen wird er in die Unterwelt verbannt, wo er seine künftige Existenz als Sklave eines Freigelassenen fristen muss.[70] Keine Divinisierung wartet mithin nach seinem Tod auf ihn, sondern eine regelrechte Ent-Göttlichung.

Aufs Ganze gesehen erfüllte der Herrscherkult eine wichtige Integrationsfunktion für das aus einem kleinen Stadtstaat heraus gewachsene riesige Römische Reich, das kaum andere überregionale Identifikationsangebote vorzuweisen hatte. Zudem musste es die Legitimität des weltlichen Herrschers erhöhen, wenn er sich mit einer göttlichen Aura umgeben konnte. Je größere Verbindlichkeit aber der Staatskult beanspruchte, umso mehr musste er mit Religionen auf Kollisionskurs geraten, die ein Kult- und Wahrheitsmonopol für sich beanspruchten. Das waren zunächst die Juden, in deren Jerusalemer Tempel Kaiser Caligula seine Statue hatte platzieren wollen. Nach einem Bericht Philos von Alexandrien hatte dieser Kaiser vor einer Delegation der jüdischen Alexandriner deren Verweigerung recht rüde angesprochen: »Ihr also seid die Gotteshasser (oder Gottesverächter, *hoi theomiseis*)«, so sprach er sie ungnädig an, »die nicht glauben, ich sei ein Gott, ich, der ich schon bei allen anderen anerkannt bin, sondern ihr glaubt an den für euch unbenennbaren Gott!«[71] Unter den Vorzeichen einer solchen Kultkonkurrenz konnte den Römern bzw. speziell den römischen Kaisern die aktive Gewinnung von Bekehrungswilligen durch die Juden bedrohlich erscheinen. Manche antijüdische Maßnahme der römischen

Kaiserzeit mag dadurch motiviert gewesen sein, insbesondere das Verbot der Beschneidung von Menschen nichtjüdischer Herkunft.[72] Sueton will als junger Mann während der Regierungszeit des Domitian dabei gewesen sein, als bei einem Neunzigjährigen überprüft wurde, ob er beschnitten sei. Derselbe Kaiser hat angeblich einen Verwandten, den Konsul Flavius Clemens, unter dem Vorwurf des Atheismus hinrichten und dessen Frau Flavia Domitilla in die Verbannung schicken lassen, mutmaßlich, weil beide zum Judentum neigten.[73] Mehr und mehr aber zeichnete sich ab, das eine andere, neue Religion eine wesentlich größere Herausforderung für den Staatskult darstellte: das Christentum.

## Christentum

Die Herausbildung und Verbreitung des Christentums in der frühen römischen Kaiserzeit steht für die Attraktivität eines ortsungebundenen Glaubens an einen Gott.[74] Darin ähnelte es anderen Angeboten auf dem Markt der Religionen, die damals eine Konjunktur erlebten, vor allem dem Mysterienkult des Mithras, ein im Römischen Reich seit dem 1. Jahrhundert v. Chr. populärer elitärer Geheimkult. Von Beginn an sah sich das Christentum in Auseinandersetzungen mit anderen religiösen Gemeinschaften. Bereits in der Frühzeit kam es zur Konfrontation mit dem Judentum, war es zunächst doch nichts anderes als eine weitere Strömung des Judentums neben anderen. Als erster Glaubenszeuge erlitt nach dem Zeugnis der Apostelgeschichte der Jerusalemer Diakon Stephanus das Martyrium, indem er wegen Blasphemie gesteinigt wurde. Vor dem Hohen Rat waren zuvor falsche Zeugen gegen ihn aufgeboten worden, die behaupteten, sie hätten gehört, wie Stephanus Schmähworte *(verba blasphemiae)* gegen Moses und Gott ausgestoßen habe (Apg 6,11). Stephanus antwortete mit einer langen Rede, die damit endete, dass er in einer Vision den Menschensohn im Himmel zur Rechten des Vaters erblickt. Gerade mit dieser Behauptung, dass er an Jesus als den erwarteten Messias glaube, erfüllte er offenkundig die Anklage gegen ihn: Die Juden schrien laut auf, hielten sich die Ohren zu, stießen den Diakon zur Stadt hinaus und steinigten ihn zu Tode (Apg 7,57 f.). Ein ähnliches Schicksal sollte später, 62 n. Chr., den ›Herrenbruder‹ Jakobus ereilen, und auch Paulus war mehrfach von Lynchmord bedroht.

Die Entfremdung führte einerseits zu einer ›Verketzerung‹ des Christentums durch weltliche und religiöse Repräsentanten des Judentums. Sie denunzierten die Christen bei den römischen Machthabern nicht zuletzt aus Sorge um die eigenen Privilegien; keinesfalls wollten sie mit einem neuen Aberglauben, mit den Anhängern des schmählich am Kreuz umgekommenen Unruhestifters Jesus von Nazareth, in einen Topf geworfen werden.[75] Auf der anderen Seite emanzipierten sich die Christen schnell von ihren jüdischen Wurzeln, intensivierten die Heidenmission und verschärften Schritt für Schritt ihre Polemik gegen die Juden. Als Erster formulierte bald nach der Mitte des 2. Jahrhunderts der christliche Apologet und Märtyrer Justin in seinem Dialog mit Tryphon folgenreiche Vorwürfe gegen die Juden, die später von Tertullian und dem Kirchenhistoriker Eusebius aufgegriffen werden sollten: An den jüdischen Händen klebe nicht nur das Blut vieler Propheten, sondern auch des Herrn Jesus selbst: »Christus habt ihr getötet und kennt trotzdem keine Reue.«[76] Der jüdische Aufrührer Bar Kochba habe Christen schwerste Strafen angedroht, wenn sie nicht »Jesus Christus verleugneten und lästerten«.[77] Die Zerstörung des Jerusalemer Tempels und die endgültige Vertreibung der Juden von diesem Ort galt den christlichen Polemikern fortan als gerechte Strafe Gottes. Spätestens mit Augustinus wurde der Vorwurf des Christusmordes um 400 kanonisiert, ein verhängnisvolles Erbe für kommende Jahrhunderte.[78]

Aber auch die Auseinandersetzung mit den Heiden wurde von Beginn an scharf geführt. Schon zu apostolischer Zeit begann die riskante Missionsarbeit. Fast hätte der Apostel Paulus in Ikonion das Martyrium erlitten. Auf eine wundersame Heilung hin verehrte das dortige Volk ihn und seinen Begleiter Barnabas als Götter, und die Menschen begannen, ihnen zu opfern. Die beiden Missionare zerrissen ihre Kleider, betonten ihren Status als sterbliche Menschen und predigten gegen die alten heidnischen Götter. Daraufhin sei es den Juden gelungen, so die Apostelgeschichte, die Menschen gegen Paulus aufzuhetzen. Sie hätten ihn gesteinigt und zur Stadt hinausgeschleift, allerdings sei er wieder zu sich gekommen (Apg 14,8 ff.). In Ephesos geriet Paulus durch seine Predigten gegen die Götzenbilder (»Was mit Händen gemacht ist, das sind keine Götter«) abermals in Gefahr (Apg 19,23–40). Ein Silberschmied namens Demetrios habe seine Handwerkerkollegen aufgewiegelt, die wie er mit Kultbildern der Artemis ihr Geld verdienten: »›Aber es droht nicht nur unser Gewerbe in Verruf zu geraten, sondern auch der Tempel der großen Göttin Artemis wird für nichts geachtet werden; und sie selbst, die verehrt wird in der ganzen Provinz Asia, ja auf dem ganzen Erdkreis, wird ihrer Hoheit beraubt.‹ Als sie das hörten, wurden sie von Zorn erfüllt und schrien: ›Groß ist die Artemis der Epheser!‹« (Apg 19,27 f.). Nur mit Mühe konnte das Volk davon abgebracht werden, gewaltsam gegen die Missionare vorzugehen.

Vielen Anhängern alter Kulte erschien der neue Christenglauben suspekt, im besten Fall verschroben, im schlimmeren verbrecherisch. Noch Augustinus berichtet aus seiner nordafrikanischen Lebenswelt um 400, wann immer ein Heide einen Christen treffe, zeige er mit dem Finger auf ihn, verlache und beleidige ihn als dumm und verrückt.[79] Vor allem die göttliche Natur Christi und die Vorstellung der Wiederauferstehung stießen auf Vorbehalte und Spott. Oft kursierten massive Verschwörungstheorien gegen die Christen im Römischen Reich, die jenen stark ähnelten, mit denen sich bereits die Juden konfrontiert sahen. Etwa 200 n. Chr. stellte der christliche Apologet Minucius Felix einen Katalog der gängigen Verleumdungen gegen seinen Glauben zusammen: geheime Zusammenkünfte, sexuelle Orgien, Verehrung eines Eselskopfes, rituelle Schlachtung eines lebendigen Kindes und das Trinken seines Blutes. Hinzu kamen Vorwürfe der Zauberei und der Magie, wie man es überhaupt gewohnt war, den Wunderheiler Jesus als Zauberkünstler zu betrachten.[80] Zum Jahr 196/197 berichtet Tertullian, ein zum Judentum konvertierter Mann habe – wohl als eine Art bezahlter Werbeträger – ein Bild durch die Straßen von Karthago

**2** »Alexamenos betet seinen Gott an«. Ritzzeichnung in einem Gebäude auf dem Palatin in Rom, 2. Jahrhundert n. Chr.

getragen, auf dem eine in eine Toga gekleidete Gestalt mit Eselsohren und einem Huf zu sehen war, die eine Schrift in der Hand hielt. Unter dem Bild stand geschrieben: »DEUS CHRISTIANORUM – ONOKOITES«, also in etwa: »Der Christengott – (ein) Eselficker«.[81]

Von den Juden und den frühen Christen sollten diese Vorwürfe und Gerüchte später auf andere Gruppen übertragen werden, auf die mittelalterlichen Ketzer ebenso wie auf die imaginäre Sekte der Hexen.[82] Vielleicht wurzelte schon der von Tacitus (Annales 15,44) im Zusammenhang der ersten Christenverfolgung unter Kaiser Nero im Jahr 64 n. Chr. überlieferte Vorwurf, die Christen seien des Hasses auf das Menschengeschlecht überführt, in derlei Gerüchten. Freilich reichten die Vorbehalte und Vorwürfe, mit denen sich die Christen in den ersten Jahrhunderten ihrer Existenz konfrontiert sahen, weit über derartige sinistre Verschwörungstheorien hinaus.[83] Neben ihrer eingeschränkten Teilnahme am öffentlichen Leben und ihrem sittlichen Rigorismus wirkte auch die ihnen eigene aggressive Sprache abstoßend auf ihre nicht christliche Umgebung. Die Schriften von Apologeten wie Clemens von Alexandria oder Tertullian sind voller Häme und Sarkasmus gegenüber den konkurrierenden Religionen. Und bereits der Apostel Paulus hatte sich überschlagen in der Charakterisierung heidnischer Gottlosigkeit als »voll von aller Ungerechtigkeit, Schlechtigkeit, Habgier, Bosheit, voll Neid, Mord, Hader, List, Niedertracht; Ohrenbläser, Verleumder, Gottesverächter, Frevler, hochmütig, prahlerisch, erfinderisch im Bösen, den Eltern ungehorsam, unvernünftig, treulos, lieblos, unbarmherzig« (Röm 1,29–31) – keine sehr einladende Redeweise!

In den ersten rund 250 Jahren zeugen vorerst vereinzelte Verfolgungen und lokale Pogrome von der Wahrnehmung der Christen als einer fremden, ja feindlichen Gruppierung. Eine neue, systematischere Qualität erlangte die Verfolgung wohl erst während der kurzen Regierungszeit des Kaisers Decius (249–251), der mit seinem Opferedikt dem Kaiserkult eine neue reichsweite Verbindlichkeit verleihen wollte. Möglicherweise sollten damit die erzürnten Götter besänftigt werden. Vor allem aber wurde der religiöse Kult hier offenbar sehr gezielt zur politischen Klammer für ein überdehntes und von schweren Krisen heimgesuchtes Weltreich genutzt. »Es ging dabei vor allem um die Erlangung von Zustimmung und die Herstellung von Konformität, weniger um die Ausgrenzung illoyaler Bürger.«[84] Aus staatlicher Sicht war das Opfer für den Kaiser somit »ein Akt der Religiosität und Zeichen der Loyalität zugleich«.[85] Jeder Einwohner des Römischen Reichs hatte vor einer Kommission zu erscheinen und ein Opfer zu vollziehen; anschließend erhielt er darüber eine Bescheinigung. Das war keine Maßnahme, die sich exklusiv an die Adresse der Christen richtete. Viele von ihnen konnten sich durch einen pragmatischen Umgang – etwa, indem sie einen heidnischen Sklaven zum Opferritual schickten – möglichen Sanktionen entziehen. Für Hardliner wie den Bischof Cyprian von Karthago oder Tertullian waren jedoch Kompromisse unmöglich, jeder Götzendienst sei als »höchste Beleidigung« Gottes anzusehen.[86] In der Konfrontation mit den staatlichen Instanzen leugneten Märtyrer wie der Bischof Carpus die Existenz der alten

Gottheiten, schmähten sie als machtlos und ihre Bilder als Menschenwerk. Der Ruhm der getöteten Märtyrer und das Ansehen der überlebenden Bekenner verschärften den fundamentalistischen Wahrheitsanspruch der frühen Kirche. Zugleich gab es Streit und erste innere Spaltungen über die Frage, wie mit den Abgefallenen *(lapsi)* umzugehen sei. Zugleich verschärfte sich phasenweise die repressive Religionspolitik des römischen Staates: Kaiser Valerian erlegte 257/258 insbesondere christlichen Bischöfen, Diakonen und Presbytern einen Opferzwang auf. Höhe- und zugleich Wendepunkt der Verfolgungen bildeten dann die Edikte Kaiser Diokletians und seiner Nachfolger gegen die Christen, die in der zurückliegenden Zeit viele Missionserfolge erzielt hatten, zugleich aber wegen innerer Streitigkeiten als Unruhepotenzial wahrgenommen wurden.[87] Die angeordneten Maßnahmen umfassten die Zerstörung christlicher Kirchen ebenso wie Repressionen gegen Kultverweigerer bis hin zu ihrer Folterung und Hinrichtung. Stellten sie an Schärfe auch alles Bisherige weit in den Schatten, so vollzog allerdings bereits Diokletians Nachfolger Galerius eine spektakuläre Kehrtwende und gestand das Scheitern des Versuches ein, die Christen zur Rückkehr zu den alten Gesetzen und zur alten Ordnung der Römer zu veranlassen. In seinem sogenannten Toleranzedikt von 311 gewährte er den Christen wieder das Recht, »Christen zu sein und ihre Versammlungsstätten wieder aufbauen« zu können. Von nun an solle es zu ihren Pflichten gehören, für das Wohl des Staates zu ihrem Gott zu beten.[88] Kaiser Konstantin sollte dann schnell einen entscheidenden Schritt weiter gehen: Dass er unter dem Zeichen des Christengottes seine Alleinherrschaft errang, verstand er als ein Mandat dieses Gottes, als Schiedsrichter alle innerchristlichen Streitigkeiten zu regeln. Der Weg für das Christentum als Staatsreligion war gebahnt. Damit erreichte die Herabsetzung anderer Religionen eine ganz neue Qualität.

# 4. Das Christentum an der Macht

Innerhalb weniger Jahrzehnte entwickelte sich das Christentum im Römischen Reich von einem tolerierten Bekenntnis zur dominierenden Staatsreligion.[89] Schnell begann umgekehrt die Herabsetzung und Ausgrenzung anderer Kulte. Constantius II., ein Sohn Konstantins, ordnete in seiner Zeit als Alleinherrscher ab 354 bei Androhung der Todesstrafe an, sämtliche Opferungen einzustellen und die heidnischen Tempel zu schließen. Die Phase einer Restauration der alten Religion unter seinem Nachfolger Julian (der deswegen in der christlichen Überlieferung als »Apostata« stigmatisiert wird) blieb nur eine kurze Episode zwischen 361 und 363. Kaiser Theodosius I. verschärfte ab 380 die Bekämpfung des Heidentums und bezeichnete die Ausübung heidnischer Kulte erstmals als *crimen*, also als Verbrechen (Cod. Theod. 16,10,12).[90] Seine Nachfolger riefen in ihren Edikten sogar zur aktiven Zerstörung paganer Tempel auf, hartnäckige Vertreter der alten Kulte wurden körperlicher Bestrafung unterzogen oder ausgewiesen. Unter Theodosius II. schließlich wurden 436 die kaiserlichen Edikte der vorangegangenen Epoche zu einem einzigen Codex Theodosianus systematisiert. Dessen letztes, 16. Buch versammelte alle die Religion betreffenden Bestimmungen und verkörperte so den neuen Ansatz staatlicher Religionspolitik. Ging es früher um die Anerkennung überkommener Traditionen und Gebräuche, so stand nun die religiöse Wahrheit im Zentrum: Damit waren »Gedanken-Verbrechen« möglich geworden, die sich in der Abweichung von dieser Wahrheit manifestierten. In dieser neuen römischen Ordnung hatten Häretiker und Juden ebenso wenig einen legitimen Platz wie die »törichten Irrtümer der Heiden« (Cod. Theod. 15,5,5).[91]

## Die Ausgrenzung der anderen

Die Durchsetzung des Christentums war ein Prozess, bei dem die systematische Herabsetzung der alten Götter, ihrer Kultstätten und ihrer Anhänger, entscheidend unterstützt durch den staatlichen Herrschaftsapparat, eine zentrale Rolle spielte. Natürlich sind auch andere Faktoren für den Aufstieg dieser neuen Religion verantwortlich, etwa die Attraktivität ihrer Heilsbotschaft für potenzielle Anhänger. Dass jedoch vorwiegend oder gar ausschließlich diese Anziehungskraft auf Männer und Frauen aller Schichten den Erfolg des Christentums ausgemacht habe, dass es seinen Siegeszug nach einer Phase harter Verfolgungen und heldenhafter Martyrien gleichsam automatisch angetreten habe, während das Heidentum allmählich und gleichsam ganz von selbst abgestorben sei – dieses in vielen älteren Darstellungen vertretene Bild ist lange obsolet. Obrigkeitlicher – verbaler wie physischer – Zwang begleitete die Etablierung des Christentums als Staatsreligion in vielfältiger Form.[92] Die Logik dieser Entwicklung wurzelt in jener mosaischen Unterscheidung, die der christlichen Botschaft von Beginn an mitgegeben war und die sie von vielen anderen Angeboten auf dem antiken Markt der Religionen unterschied. Denn auch wenn die religiösen Kulte der Kaiserzeit und die neue Erlösungsreligion der Christen viele Berührungspunkte hatten,[93] bleibt doch ein fundamentaler Unterschied zwischen beiden erhalten: »Der heidnische Kult benötigte Adepten. Das Christentum verlangte nach Gläubigen. [...] Der christlich-monotheistische Glaube bedeutete Ausschließlichkeit, Konzentration und Selektion zugleich. Im Bewusstsein, den einzig gangbaren Weg zu kennen, wehrte er sich gegen falsche Götter und Irrlehren.« Dabei bedienten sich christliche Würdenträger seit der zweiten Hälfte des 3. Jahrhunderts ungehemmt der Macht des Staates und benutzten »Glaubenspositionen als politische Waffe«.[94]

Die Dimensionen und Facetten der Herabsetzung sind vielfältig und lassen sich kaum erschöpfend beschreiben.[95] Christliche Polemiker brachten es zu hoher Meisterschaft darin, ihre paganen Widersacher mal apokalyptisch, mal ironisch zu attackieren. »Pagani«, schon diese Bezeichnung für Nichtchristen (und Nichtjuden) als »bäuerlich« bzw. »ungebildet« ist eine begriffliche Abwertung.[96] Der Terminus ist jedoch noch feinsinnig zu nennen gegenüber anderen argumentativen Operationen der christlichen Vordenker. »Millionen von Predigten gingen während des 4. Jahrhunderts Hand in Hand mit einer heftigen Polemik gegen den ›Feind‹« und legten eine Saat, die bald schlagartig aufgehen sollte. »Als in den achtziger Jahren des 4. Jahrhunderts die ersten Angriffe auf heidnische Tempel und auf Kirchen der ›anderen‹ Christen erfolgten, war eine Lawine losgetreten. Die Predigten zum Hass und zur Gewalt gegen Häretiker, Heiden und Juden sowie Vergleiche Andersdenkender mit Schlangen, Skorpionen oder Schweinen hatten dafür über Jahrhunderte eine Grundlage geschaffen.«[97] Eine Idee vom christlichen Wahrheitsfuror vermittelt die Schrift »Vom Irrtum der heidnischen Religionen« (»De errore profanarum religionum«), die der römische Senator Julius Firmicus Maternus nach seiner Bekehrung verfasste. Wie andere christliche Autoren variierte er die Grundthese, dass sich hinter den vielfältigen Kulten und Götzenbildern teuflische Dämonen verbergen, die von der Verehrung des einen, wahren Gottes ablenken wollen. Nach einer Beschreibung der verschiedensten paganen Kulte mündete seine Schrift in einen wortmächtigen Appell, ihre Kultobjekte einzuschmelzen und ihre Tempel zu vernichten. Er steigerte seine Strafphantasie noch, indem er nicht nur den Frevlern selbst, sondern ihren gesamten Familien die physische Vernichtung androht (De errore 28, 6; 10). Ja, er scheute nicht davor zurück, den Kaiser selbst mit den Worten des Alten Testaments (Dtn 13,6–18) zu ermahnen, alle mit dem Tod zu bestrafen, die zum Götzendienst auffordern.

Gegenüber diesen hochfahrenden christlichen Stimmen befanden sich die heidnischen Apologeten in der Defensive – soweit man ihre Stimmen überhaupt noch vernehmen kann, denn die meisten sind unter einer dicken Schicht christlicher Propaganda verschüttet oder schlicht vernichtet. Eine symbolträchtige Auseinandersetzung zwischen Heidentum und Christentum entspann sich in der alten Reichshauptstadt Rom um die Statue der Siegesgöttin Victoria, die von ihrem angestammten Platz im Senatssaal entfernt worden war. Mit aller Kraft stemmte sich der römische Pontifex maior Symmachus Anfang der 380er Jahre gegen diesen Beschluss.[98] Als Sprecher einer Gesandtschaft der heidnischen Senatsaristokratie an den Kaiser in Mailand zog er alle rhetorischen Register. Er ließ sogar die Personifikation der Göttin Roma zu Wort kommen, die Respekt vor ihrem hohen Alter einfordert (Sym.rel. III, 9–10). Der Erfolg des römischen Gemeinwesens, so das Kernargument, war eng mit der Achtung vor den überkommenen Göttern verknüpft, militärisch durch den Triumph über viele Feinde, aber auch rechtlich insofern, als der Schwur am Altar die Treue der Senatoren verbürge. Umgekehrt hätten Missachtung und Frevel *(sacrilegium)* gegenüber den alten Göttern Dürren und Missernten gebracht (Sym.rel. III, 16). Auffällig ist, wie defensiv Symmachus argumentierte. Die Verteidigung der alten Religion war in seiner Darstellung nur sehr indirekt mit einem Angriff auf die neue verbunden – zweifellos Spiegelbild der herrschenden Machtverhältnisse, aber doch auch Reflex der traditionellen Offenheit polytheistischer Kulte. Die Bitte um »Frieden für die Götter unserer Väter« schließt die Anerkennung anderer Götter ein, denn letztlich gebe es viele Wege zur Wahrheit (Sym.rel. III, 10).

Ganz anders der Mailänder Bischof Ambrosius, der mit seinen energischen Interventionen beim jungen Kaiser Valentinian den Wiedereinzug der Statue in den Senatssaal letztlich erfolgreich verhinderte. Nur die Verehrung des einen und wahren christlichen Gottes sichere das Heil, die Götter der Heiden dagegen seien allesamt böse Dämonen. Ihnen einen Altar zu errichten, könne nicht ohne Frevel *(sine sacrilegio)* geschehen (Ambrosii ep. 17, 10). Mit grimmigem Sarkasmus macht er sich über die Argumente des Symmachus lustig: Es sei nicht die Macht der Götter gewesen, die Roms Rettung vor Hannibals Belagerung gebracht hätte, sondern ihre Kriegstüchtigkeit (Ambrosii ep. 18, 4–6). Und die Hungersnöte? Die habe es unter der Herrschaft der heidnischen Götter früher ebenso gegeben, sie seien ohnehin nur regional aufgetreten, und überhaupt: Schon viele Jahre hindurch seien überall heidnische Tempel aufgehoben worden – warum seien die

Götter erst jetzt darauf gekommen, sich dafür zu rächen (Ambrosii ep. 19)? Wo der Zorn Gottes in der christlich-jüdischen Tradition ein überaus plausibles Motiv werden sollte, machte man sich über den angeblichen Zorn der heidnischen Götter unverhohlen lustig.

Die Auseinandersetzung um den Victoria-Altar wurde lediglich mit Worten ausgetragen, doch dabei blieb es nicht. Zum Symbol für den endgültigen Triumph des neuen Glaubens über seine heidnischen Widersacher wurde die demonstrative Zerstörung des Heiligtums des ägyptisch-hellenischen Stadtgottes Serapis in Alexandria, die im Jahr 392 auf Betreiben des dortigen Bischofs Theophilos erfolgte und den Höhepunkt schon länger ausgetragener Konflikte zwischen Christen und Heiden darstellte.[99] Theophilos ließ zunächst heidnische Kultobjekte, die bei Ausschachtungsarbeiten für einen neuen Kirchenbau gefunden worden waren, in einer Spottprozession durch die Stadt tragen. Die dadurch provozierten blutigen Straßenschlachten zwischen den beiden Religionsparteien wiederum gaben dem Bischof die Legitimation, den Serapis-Tempel – und mit ihm wahrscheinlich viele weitere Kultstätten – durch einen gewalttätigen Mob schleifen und das darin befindliche Kultbild zerstören zu lassen. Nach dem Bericht christlicher Chronisten zerbrach der hölzerne Koloss in viele Einzelteile, der verbliebene Torso wurde im städtischen Amphitheater verbrannt[100] – der Beginn einer entschiedenen Christianisierung der ägyptischen Metropole. Zu einem weiteren Fanal des Glaubensstreites wurde dort der grausame Lynchmord an der neuplatonischen Philosophin und Lehrerin Hypatia im Jahr 415 durch einen christlichen Mob.[101] Auch wenn neuere Forschungen ergeben, dass sie wahrscheinlich einem politischen Machtkampf zum Opfer fiel, zeigt die bischöfliche Propaganda doch den entscheidenden ideologisch-religiösen Resonanzboden: Hypatia wurde als Hexe stigmatisiert, die mit ihrer schwarzen Magie den angeblichen Atheismus des kaiserlichen Präfekten bewirkt habe.

Die Anhänger der alten Kulte waren nicht die Einzigen, die dem christlichen Wahrheitsfuror zum Opfer fielen und herabgesetzt, bedroht und verfolgt wurden, ebenso erging es beispielsweise den Manichäern, Anhänger einer von Persien ausgehenden Offenbarungsreligion. Zum Ziel von Herabstufung und Ausgrenzung wurden überdies die Juden, denen sich das Christentum schon lange entfremdet hatte.[102] Vordringlich blieb für die Christen des 5. Jahrhunderts jedoch der Kampf gegen heidnische Tempel und Kultbilder. Oft ergriffen die örtlichen Bischöfe die Initiative. In Gaza, einem wichtigen urbanen Zentrum Palästinas, hatte sich die heidnische Gesellschaft im 4. Jahrhundert zunächst ebenso hartnäckig wie erfolgreich den Christianisierungsbestrebungen widersetzt. Beim Amtsantritt des Bischofs Porphyrius 395 war womöglich nur ein Prozent der städtischen Bevölkerung christlich. Porphyrius intervenierte am Kaiserhof in Konstantinopel und erwirkte schließlich einen Beschluss zur Zerstörung der heidnischen Infrastruktur. Detailliert schildert die Vita des Bischofs die Zerstörung oder Verbrennung der insgesamt acht Tempelanlagen und die Vernichtung ihrer Kultbilder, die entweder ebenfalls verbrannt oder in Latrinen geworfen wurden.[103] Aber auch gewaltbereite Mönche und Asketen betätigten sich im syrischen oder ägyptischen Hinterland als Bilderstürmer. Um 400 führte der koptische Abt und Eremit Schenute von Atripe, Vorsteher eines großen Klosters in der Nähe der ägyptischen Stadt Panopolis, regelrechte Feldzüge gegen pagane Kulte, Tempel und Götterstatuen sowie gegen deren Anhänger. Zusammen mit militanten Anhängern scheute er nicht vor gewalttätigen Hausdurchsuchungen bei den Bewohnern des Umlands zurück.[104] Und im Bericht des Rhetors Libanius an Kaiser Theodosius I. über die Horden der »schwarzen Mönche«, die Syrien unsicher machten, heißt es, diese attackierten Tempel mit Holzbalken, Steinen und eisernen Werkzeugen, oft auch mit bloßen Händen; sie zerstörten die Dächer, rissen Wände ein und stürzten Altäre und Statuen. Die Priester dieser Heiligtümer hätten zu schweigen, sonst seien sie ihres Lebens nicht sicher.[105]

Die Konzentration der antiheidnischen Maßnahmen auf die Vernichtung von Tempeln und besonders Kultbildern war nicht zufällig. Ihren Anhängern galten sie als Orte, an denen die Götter sich niederlassen konnten; nach christlicher Sicht waren Tempel Orte zur Anbetung von Dämonen, wie der Kirchenvater Augustinus eindringlich predigte: »Wenn ich einen Heiden frage: ›Wo ist dein Gott?‹ Dann wird er mit dem Finger auf seine Bilder zeigen (…) Ich verlache den Stein. Ich nehme ihn. Ich zerschmettere ihn. Ich werfe ihn weg. Ich verachte ihn.«[106] Archäologische Untersuchungen haben eindrucksvolle Zeugnisse des christlichen Wütens gegen heidnische Kultbilder zutage gebracht. Die Enthauptung von antiken Kultstatuen oder das Abhauen von Nasen und Gliedern deuten auf das Wirken christlicher Ikonoklasten (Bilderstürmer) hin, auch wenn diese Zuschreibung nicht immer eindeutig ist. Entsprechende Spuren finden sich in Ostgallien (im heutigen Elsass) ebenso wie im ägyptischen Tempelbezirk Dendra, nördlich von Luxor am Nil gelegen.[107] In Athen, das vor Jahrhunderten den Hermenfrevel mit harten Strafmaßnahmen sanktioniert hatte, legen unversehrt vergrabene Statuen den Schluss nahe, dass die letzten Heiden ihre Kultstatuen vor den Christen in Sicherheit gebracht hatten.[108] Auch in den folgenden Jahrhunderten blieb der Ikonoklasmus aufgrund seiner kraftvollen Symbolik ein wichtiges Bekehrungsinstrument für die Heiden an der Peripherie der nun christlichen Welt. Missionare wie der fromme Diakon Vulfilaicus in den Ardennen hieben kleinere Götzenstatuen eigenhändig in Stücke oder stürzten große Idole mittels Stricken. Sie setzten die Götzen in Brand oder versenkten sie in Seen wie die irischen Missionare Kolumban und Gallus um 610 am Zürich- bzw. Bodensee.[109] Derartige Methoden lassen sich bis zur rüden Missionsarbeit des Bonifatius Anfang des 8. Jahrhunderts verfolgen: 723 fällte er im hessischen Geismar die Jupiter- bzw. Donareiche mit der Axt und ließ aus ihrem Holz eine Kirche errichten.[110]

## Die innere Spaltung – Orthodoxie und Heterodoxie

Der christliche Furor gegen die Anhänger alter Kulte und Religionen stellte nur die eine Seite christlicher Ab- und Ausgrenzungsbemühungen dar. Die Suche nach der einen, unteilbaren Wahrheit rief auch und gerade im Innern des Christentums von Anfang an Spaltungen hervor. Die Streitigkeiten begannen bereits in den Gemeinden des frühen Christentums, etwa mit den Auseinandersetzungen zwischen »Judenchristen« und »Heidenchristen« oder im Konflikt mit gnostischen Strömungen. Sie setzten sich fort in den Kontroversen über den Umgang mit den »Abgefallenen« *(lapsi)* bzw. »Verrätern« *(traditores)* während der Christenverfolgungen, die zum Donatistenstreit des 3. Jahrhunderts führten. Und sie fanden ihren spätantiken Höhepunkt im Ringen um die wahre Natur Christi, das heterodoxe Strömungen wie den Arianismus, den Monophysitismus, den Nestorianismus und andere generierte. Jenseits der komplizierten theologischen Standpunkte, die hier nicht weiter ausbuchstabiert werden müssen, bildet die Herabsetzung des gegnerischen Lagers und seiner Führungsfiguren einen roten Faden, und zwar unabhängig davon, ob es sich um Mehrheits- oder Minderheitspositionen handelt. Die jeweilige Mehrheit hatte, nach Konstantin, allerdings den Vorteil, die staatlichen Machtmittel mobilisieren zu können. Ob der exklusive Wahrheitsanspruch und die rabiate Abwertung alternativer Standpunkte sinnvoll als eine Spielart des religiösen Fundamentalismus verstanden werden können, ist umstritten.[111] Dass aber mit dem Christentum eine neue dichotome Weltsicht etabliert wurde, die scharf zwischen »richtig« und »falsch«, »wir« und »die Anderen« unterschied, scheint unstrittig. »Wie könnte man annehmen, dass die Kirche der Märtyrer und die Konventikel der Verräter ein und dieselbe Angelegenheit sind?«, so fragte der Autor eines Berichts über die Märtyrer, die während der Diokletianischen Verfolgung im nordafrikanischen Abitia 304 ihr Leben gelassen hatten. »Die beiden stehen absolut feindlich gegeneinander. Sie widerstreiten einander so grundsätzlich wie das Licht der Dunkelheit, das Leben dem Tod, der Heilige Geist dem Teufel oder Christus dem Antichristen.«[112]

Generationen von Theologen übten sich in dem, was als »Ars Maledicandi«, als Kunst der Verfluchung der Alten Kirche gegen die Häretiker bezeichnet worden ist.[113] Die Äußerungen des meinungsstarken Bischofs Cyprian von Karthago über seine Gegner in einem Brief an Papst Cornelius aus der Mitte des 3. Jahrhunderts lesen sich zum Beispiel kaum so, als sei es um Glaubensbrüder in Christo gegangen. Im Streit über die Behandlung derjenigen, die während der Christenverfolgungen vom Christentum abgefallen waren, versuchte er den offenbar zögernden Papst vielmehr mit einem wahren Feuerwerk von Schmähungen auf seine Seite zu ziehen.[114] Seinen Gegenspieler Felicissimus stigmatisiert er als schweren Verbrecher und verdammten Feind Christi, der Geld unterschlagen, Jungfrauen geschändet und Ehen zerstört habe. Er und seine Anhänger gelten Cyprian als verurteilte Verbrecher, Verschwörer, Ehebrecher, Gottlose, kurz als »lügenhafte Söhne des Teufels«. Angesichts dieser Häufung abwertender Attribute mutet es einigermaßen seltsam an, dass ein Hauptvorwurf Cyprians gegen die gegnerische Partei war, ihn und die rechtgläubigen Vertreter der Kirche zu schmähen und zu verleumden. Die Drohungen und Vorwürfe der Gegner seien ein untrügliches Zeichen der Verworfenheit: »Denn auch die Heiden und Juden drohen, und die Ketzer und alle, von deren Herz und Sinn der Teufel Besitz ergriffen hat, bezeugen durch ihre wütende Stimme täglich ihre giftige Raserei.« Solche Menschen seien vor Gott wie Totschläger. Das alles verrate den »Geist des Antichristen«, der die Kirche spalten wolle. Allerdings vernichteten die Schmähredner vor allem ihr eigenes Leben, denn »nicht wer Schmähungen zu hören bekommt, sondern wer sie ausstößt, ist bedauernswert«. Denn das Unrecht, dass sie anderen zufügten, falle auf die Sünder zurück.

Natürlich waren nicht alle Wortmeldungen von derart heiligem Eifer beseelt. Aber die Entgegensetzung von wahrer Kirche einerseits und abtrünnigen Ketzern mit ihren falschen Anschauungen und Praktiken andererseits zieht sich doch als Leitmotiv durch die frühe Kirchengeschichte. Zahllos sind die verdammenden Adjektive und die Vergleiche mit reißenden Bestien oder Wölfen. Es handelt sich um eine Rhetorik nicht nur der Sünde, sondern des Verbrechens und der Gottlosigkeit. »Das Lieblingsbild des Bischofs Epiphanius von Salamis (310/320–403) in seinem ›Arzneikasten gegen alle Häresien‹ sind Schlangen und Skorpione, mit denen er die Häretiker vergleicht.«[115] Der herabsetzende und aggressive Sprachmodus der frühen Christenheit spiegelt sich in den zahlreichen Titeln, die den eigenen Standpunkt verteidigten (»Apologie«) bzw. sich gegen gegnerische Positionen richteten (»Adversus«- bzw. »Contra«-Schriften). Als ein roter

Faden zieht sich dieser Sprachmodus vom Neuen Testament über Kontroverstheologen wie Irenaeus und Tertullian bis zu den Kirchenvätern Augustinus und Hieronymus, und er weist darüber hinaus ins Mittelalter.[116] Oft blieb es nicht bei aggressiver Sprache: Der Streit der christlichen Bekenntnisse konnte sich steigern bis zu gewalttätigen Pogromen, einschließlich Bischofsmord und weiterem Blutvergießen, wie im Alexandria des späten 5. und frühen 6. Jahrhunderts.[117]

Der spätrömische Historiker Ammianus Marcellinus berichtet, dass der von ihm verehrte Kaiser Julian die Vorsteher der zerstrittenen Christen habe zu sich rufen lassen, um ihnen ins Gewissen zu reden: Sie sollten jeden ungestört seine Religion pflegen lassen. Er sei um die Eintracht seines Volkes besorgt gewesen, weil er aus Erfahrung wisse, »dass keine wilden Tiere den Menschen so gefährlich sind wie die meisten Christen in ihrem tödlichen Hass aufeinander« (res gestae 22, 5, 4). Bezeichnend für das dualistische Weltbild der Christen allerdings ist im Gegenteil die Tatsache, dass sich der Hass untereinander verwob mit der Stigmatisierung anderer, nicht christlicher Positionen. In den polemischen Schriften ebenso wie in den Gesetzestexten findet sich eine geschlossene Phalanx heterodoxer Positionen.[118] Zu diesen verdammenswerten »Anderen« gehörten nicht nur die Heiden und die Juden, sondern auch, ja vielleicht sogar vor allem, die Abweichler in den eigenen Reihen, die Häretiker. Sie alle standen gleichsam im Dienst der eigenen Identitätssicherung qua Abgrenzung.[119] »Häretiker, Juden und Heiden bilden eine Einheit gegen die Einheit«, so sollte es Augustinus formulieren.[120] Der Kirchenvater fixierte damit eine »Geometrie des Hasses«, die sich später auch in der römischen Gesetzgebung eines Justinian niederschlagen sollte.[121]

Zu dieser Fixierung gehörte eine begriffliche Schärfung, um die Formen der Abweichung terminologisch eindeutig zu machen. Zum Leitbegriff der Stigmatisierung abweichenden religiösen Verhaltens avancierte die »Häresie«.[122] Ursprünglich hatte der Begriff unter anderem die Bedeutung von »Wahl« oder »Entscheidung«, woraus sich der zunächst noch neutrale Sprachgebrauch im Sinne von »Lehre« oder »Sekte« entwickelte. Aber schon im Urchristentum wurde der Terminus schnell negativ besetzt, und im Laufe des 2. Jahrhunderts verfestigte sich dessen Doppelsinn als »falsche Lehre« und »kirchliche Abspaltung«. Ein Häretiker beharrt hartnäckig und gegen die Orthodoxie auf seiner Meinung. Er zeichnet sich damit ebenso durch intellektuellen Hochmut wie durch moralische Verdorbenheit aus.

Spätestens mit der Justinischen Gesetzgebung tritt eine politische Dimension hinzu, indem der Kaiser die Rechtgläubigkeit definiert und Häresie somit auch den Charakter eines Vergehens gegen die weltliche Obrigkeit erhält. »Apostasie« dagegen, ein weiterer vielbenutzter Begriff, beinhaltete den völligen Abfall vom christlichen Glauben.[123] Beide Begriffe tauchen prominent und an verschiedenen Stellen im Codex Theodosianus von 436 auf (z. B. Cod. Theod. 16, 5; 7). Das gilt auch für einen dritten Terminus zur Kennzeichnung religiöser Abweichung, das »Sakrileg«. Bereits in vorchristlicher Zeit bezeichnete er Vergehen gegen Stätten und Gegenstände, die religiöse Verehrung genießen. Im christlichen Kontext wird damit vor allem der Kirchendiebstahl, aber auch die Entweihung von Kirchengebäuden durch profane Handlungen wie etwa Blutvergießen bezeichnet.[124] Der Götzendienst, ein weiterer prominenter Vorwurf christlicher Polemiker an die Adresse ihrer heidnischen Gegner, wird variantenreich umschrieben, die Verehrung von Götzenbildern (»Idolatrie«) erfasst hier nur eine Facette. Ähnliches gilt für Begriffe wie Gottesfeindschaft oder Gottlosigkeit.[125] Der Blasphemie-Begriff erscheint im traditionalen Arsenal christlichen Kampfvokabulars deutlich seltener. Das änderte sich im 6. Jahrhundert.

## Justinian und die Geburt eines Delikts

Die Geschichte der Blasphemie als Kriminaldelikt beginnt in der christlichen Welt mit Kaiser Justinian. Dessen Novelle 77 verbietet Wollust gegen die Natur und Lästerungen gegen Gott *(blasphemare in Deum)*.[126] Diese gesetzliche Bestimmung hatte Pioniercharakter und eine weitreichende Ausstrahlung. Immer wieder wurde sie im Mittelalter und in der Frühen Neuzeit zitiert. Im unmittelbaren zeitlichen Umfeld der Spätantike dagegen erscheint sie eher als ein Solitär, so eigen- und einzigartig wie jener Kaiser selbst, dessen lange Regierungszeit von 38 Jahren heute als eigenes Zeitalter angesehen wird.[127] Für einen kurzen Zeitraum dehnten sich die äußeren Grenzen des Römischen Reichs erneut in wahrhaft imperialer Weise aus, während es im Innern zu einer intensiven Verdichtung der Herrschaft kam. Dem entsprach ein Selbstverständnis des Kaisers, das in der Einleitung zur Novelle 77 zum Ausdruck kam. Sein ganzes Streben, so proklamierte Justinian dort, sei darauf gerichtet, die ihm von Gott anvertrauten Untertanen zu veranlassen, ein sittliches, gutes Leben zu führen und so die Gnade Gottes zu erlangen. Gott wünsche nicht das Verderben, sondern die Bekehrung der Sünder und verzeihe ihnen. Der Gesetzestext beginnt mit der Hervorhebung kaiserlicher Fürsorge und der Anrufung der Gnade Gottes. Am Ende jedoch steht obrigkeitliche Strenge, denn den hartnäckigen Sündern werden die höchsten Strafen angedroht, im Klartext: die Todesstrafe.

**Justinian – Ordnung durch Ausgrenzung**

Umfassende Fürsorge und möglichst durchgreifende Kontrolle waren tatsächlich die entscheidenden Eckpunkte der Regierung Justinians in den Jahrzehnten zwischen 527 und 562.[128] Bis heute ist seine monumentale Systematisierung und Kodifizierung des römischen Rechts bekannt, die er binnen weniger Jahre, zwischen 529 und 534, ins Werk setzte. Sie ging als »Codex Iustinianus« in die Geschichte ein und wurde in der Folge durch weitere Rechtsakte ergänzt. Die Kraft für eine solche Politik bezog der Kaiser aus seinem Selbstverständnis, seine Herrschaft sei unmittelbar von Gott eingesetzt.[129]

Das Feld der Religionspolitik pflegte Justinian so intensiv wie kaum ein Herrscher vor ihm. Programmatisch stand am Beginn seiner Regierungszeit im Jahr 527 ein scharfes Edikt gegen Häretiker. Verfolgte der Kaiser in den ersten Jahren seiner Alleinherrschaft zunächst eine nachgiebigere Linie gegenüber den Monophysiten, der wichtigsten häretischen Strömung im Reich, so ging er gegen Heiden und Juden von Anfang an scharf vor. Die spektakulärste Maßnahme gegen heidnische Philosophen und Astrologen war die Schließung der Akademie in Athen. Als Grund gibt ein Chronist an, in Konstantinopel seien heidnische Würfelorakel entdeckt worden, »die sich in furchtbaren Blasphemien verstrickt hatten«. Mit abgehackten Händen wurden die Missetäter auf Kamelen in einer Schandprozession durch die Stadt geführt. »Was hier geschah«, so ein moderner Kommentator, »erschien vielen offenbar als Terrorregime. Tatsächlich ging es jetzt um mehr als bei den meisten früheren antiheidnischen Gesetzen der römischen Welt: Es sollten nicht allein Kulte ausgelöscht, sondern Menschen geändert, ihre Gesinnungen gewandelt werden. Ein totalisierender Ansatz der Religionspolitik zeichnete sich ab.«[130] Dieser totalisierende Ansatz obrigkeitlicher Disziplinierung bezog auch die Sexualpolitik mit ein; verstärkt wurden Homosexuelle und Päderasten verfolgt. Was in der paganen Welt der Antike unter bestimmten Bedingungen als sozial legitim galt, wurde nun, im christlichen Kontext, als Herausforderung der Schöpfungsordnung verstanden. Justinian ging strafrechtlich insbesondere gegen beschuldigte Bischöfe vor. So wurde einer von ihnen kastriert und auf einer Bahre (vielleicht nackt) zur Schau gestellt, während ein Herold rief: »Bischöfe seid ihr, schändet nicht das heilige Gewand!« Der dem Kaiser feindlich gesinnte Historiker Prokop kommentierte, die Anti-Homosexuellengesetzgebung sei ein probates Mittel für den Kaiser gewesen, um lästige Gegner auszuschalten.[131]

Justinians Regierungszeit wird seit jeher als janusköpfig angesehen, wobei einem ersten Jahrzehnt des Erfolgs eine anschließende Zeit der Krise gegenübergestellt wird. Hier markiert das Jahr 536 einen tiefen Einschnitt. Die Krisensymptome werden aus der Rückschau von Prokop eindringlich geschildert: »Die Sonne, ohne Strahlkraft, leuchtete das ganze Jahr hindurch nur wie der Mond und machte den Eindruck, als ob sie fast ganz verfinstert sei. (…) Seitdem aber das Zeichen zu sehen war, hörte weder Krieg noch Seuche noch sonst ein Übel auf, das den Menschen den Tod bringt.«[132] Bei diesem spektakulären Naturphänomen könnte es sich um einen Vulkanausbruch oder einen Meteoriteneinschlag gehandelt haben, der der nördlichen Hemisphäre eine dramatische Abkühlung, eine spätantike »kleine Eiszeit« bescherte.[133] Der Kälte folgten Missernten und Hungersnöte sowie – durch die verminderten körperlichen Abwehrkräfte zumindest begünstigt – eine furchtbare Pestepidemie. Sie erreichte 542 die Hauptstadt Konstantinopel und forderte zahllose Tote. Die Zeitgenossen sahen darin weniger eine natürliche Erscheinung als das untrügliche Zeichen für den Zorn Gottes. Dieser Spur folgend sehen heutige Historiker in vielen Gesetzgebungsakten nicht allein eine konsequente Herrschaftsideologie, sondern die flexible Reaktion des Kaisers auf die erlebte Katastrophe, eine Reaktion, die zwischen religiösem Fundamentalismus und kühl kalkulierter Sündenbockpolitik angesiedelt war.

### Die Novelle 77

Nach einer plausiblen Interpretationslinie kann die Justinianische Novelle 77 als Paradebeispiel für ein solches politisches Katastrophenmanagement gelten.[134] Als einer der wenigen Gesetzestexte des Kaisers spielt sie ganz direkt auf die krisenhaften Phänomene der Zeit an, indem es heißt, aus den inkriminierten Vergehen erwüchsen »Hungersnot, Erdbeben und Pest«. Dieser Befund sowie weitere Indizien legen es nahe, die Novelle als eine unmittelbare Reaktion nicht nur auf Sonnenverfinsterung, Klimakatastrophe und Ernteausfälle zu deuten, sondern ebenso auf den Einzug der Pest in Konstantinopel. Sie wäre somit nicht, wie bisher, auf die Zeit um 538 zu datieren, sondern um 542. Dabei verknüpft Justinian hier das sündige Verhalten einzelner Menschen mit dem »gerechten Zorn« eines Gottes, der ganze Städte zusammen mit seinen Bewohnern zugrunde gehen lassen könne. Insofern geht es nicht allein um das im Text ebenfalls beschworene Seelenheil der Missetäter, sondern um die physische Existenz aller Untertanen, die der Herrscher durch seine Strafandrohungen gegen die Sünder zu sichern sucht.

Um welches Fehlverhalten geht es im Einzelnen? Zunächst steht eben die Gotteslästerung im Fokus, die hier – erstmalig in einem Gesetzestext – ausdrücklich begrifflich fixiert wird. Neben allgemeinen Wendungen wie »frevelhafte Handlungen« (*impios actos* bzw. *asebeīs práxeis* im Griechischen) taucht jetzt mehrfach auch im lateinischen Text das griechische Lehnwort »Blasphemie« *(blasphema verba)* auf, zum Teil noch mit dem erklärenden Zusatz *blasphemare in deum*. Noch handelte es sich eben bei Blasphemie nicht um einen *terminus technicus* für Gotteslästerung, wie eine andere Passage des Textes verdeutlicht: Wenn schon Lästerungen gegen Menschen *(contra homines factae blasphemiae)* nicht unbestraft blieben, um wie viel mehr sei dann derjenige einer Strafe würdig, der Gott lästert *(qui ipsum deum blasphemat)*.[135] Der Text belässt es aber nicht mit allgemeinen Hinweisen auf Lästerworte, sondern er wird konkret, indem er als Beispiele dafür das Schwören bei Gott bzw. – noch genauer – bei den Haaren und dem Haupt Gottes nennt. Gotteslästerliche Schwüre sollten in der Gesetzgebung des Mittelalters eine große Karriere machen (vgl. Kap. 8).

Charakteristisch für die Novelle 77 ist aber weiterhin, dass der Gotteslästerung ohne weitere Erklärung ein anderes Sittenvergehen zur Seite gestellt wird. Denn zugleich mit den Gotteslästerern werden jene Menschen genannt, die sich durch teuflische Verführung in schwerste Ausschweifungen stürzten und Dinge täten, die ihrer Natur zuwider seien. Mit diesem Verbrechen *contra naturam* ist nichts anderes gemeint als die gleichgeschlechtliche Sexualität, die bereits in anderen Justinianischen Gesetzen kriminalisiert worden war. Der mittelalterliche Jurist Accursius, der im 13. Jahrhundert eine einflussreiche Glosse zum römischen Recht verfassen sollte, belegte die Täter zur Erklärung für seine Leser mit dem Begriff *sodomiticis*, Sodomiten. Damit wurden zu seiner Zeit alle Formen illegitimer, weil nicht auf Zeugung ausgerichteter Sexualität bezeichnet.[136] Der Begriff ist nicht zuletzt deshalb aufschlussreich, als er den *locus classicus* für die Bestrafung einer gesamten städtischen Gemeinschaft infolge des göttlichen Zorns über die Sünden ihrer Angehörigen evoziert: In Gen 19,24 lässt Gott die biblischen Sündenpfuhle Sodom und Gomorra durch himmlisches Feuer vernichten. Dieser göttliche Zorn und seine Gefahren für die weltliche Gemeinschaft bilden offenbar auch einen gemeinsamen

Nenner von Blasphemie und Sodomie, weshalb sie in einer Novelle zusammengebracht wurden.

Welche christliche Gemeinschaft der Kaiser mit seiner Novelle konkret vor Augen hatte, macht der Text ebenfalls klar: Konstantinopel. Denn seine Anweisung richtet er ausdrücklich an den Präfekten der Hauptstadt: Er solle alle diejenigen, die nach dem Erlass des Gesetzes weiterhin in ihrem Vergehen beharren, festnehmen und sie der höchsten Strafe unterwerfen, sie also hinrichten lassen, damit nicht für die Stadt und das ganze Gemeinwesen durch ihre Vergehen Schaden erwachse.[137] Insgesamt steht die Novelle 77 zugleich für das allgemeine Herrschaftsverständnis eines nach eigenem Selbstverständnis von Gott begnadeten Kaisers wie für seine Fähigkeit, auf konkrete Krisen und Katastrophen zu reagieren. Gerade Offizialdelikte wie Blasphemie und Sodomie eigneten sich gut für Symbolpolitik. Justinian kannte und praktizierte hier »den Mechanismus der Kanalisierung von Unwillen und Kritik gegen seine Person in Richtung auf Minderheiten« und verband damit geschickt eine öffentliche Demonstration seiner eigenen Frömmigkeit.[138]

## Blasphemie – die frühchristliche Tradition

Der Begriff der Blasphemie in der Novelle 77 kommt keineswegs aus dem Nichts.[139] Schon das Neue Testament bietet eine Vielzahl von Belegstellen: So firmiert die »blasphemia« als ein Vergehen in den einschlägigen Lasterkatalogen (so Mk 7,22), ebenso wie der gottlose Saulus vor seiner Bekehrung zum Paulus als »blasphemos« charakterisiert wird (1 Tim 1,13). Im Matthäusevangelium findet sich jene dunkle, häufig ausgelegte Stelle über die Unvergebbarkeit der Lästerung gegenüber dem Heiligen Geist (Mt 12,31 f.).[140] Und für die Apokalyptiker spielte die Polemik gegen Gotteslästerung eine wichtige Rolle (Offb 13, 1,5,6; 17,3). So trägt die dem Meer entsteigende vielköpfige Bestie Lästernamen auf den Häuptern und redet Schmähungen gegen Gott – vielleicht eine Spitze gegen den römischen Kaiserkult.[141]

In den verschiedensten Kontexten inter- und innerreligiöser Herabsetzung der Antike, so wurde bereits deutlich, waren Lästerungen bzw. Lästerungsvorwürfe an der Tagesordnung. Die Christen, so der Vorwurf des heidnischen Apologeten Celsus, lästerten heidnische Götter, um ihre Machtlosigkeit zu belegen.[142] Tertullian seinerseits rechnete die *blasphemia* unter die sieben heidnischen Kapitalverbrechen, neben dem Götzendienst *(idolatria)*, dem Mord, dem Ehebruch und der Unzucht sowie dem falschen Zeugnis und dem Betrug (Adversus Marcionem IV, 9, 6). Auch Juden und Christen bezichtigten sich gelegentlich wechselseitig der Gotteslästerung. Dass die Orthodoxie vermeintliche Irrlehren wie die Gnosis, den Markionismus oder auch den Arianismus als Gotteslästerungen anprangert, scheint nachgerade logisch. Aber nicht allein zwischen den Bekenntnissen war die Blasphemie eine häufige Erscheinung, sondern auch und gerade im Inneren des eigenen Glaubens: »Immer wieder beklagen Lehrer und Theologen der Alten Kirche, dass auch Christen, oft durch persönliche Unglücksfälle veranlasst, sich zur Gotteslästerung hinreißen lassen. (…) Origines spricht von Christen, die Gotteslästerung zu ihrer täglichen Gewohnheit werden lassen.«[143]

Sogar ein Bischof namens Basilides, so berichtet Cyprian von Karthago (Epistel 67,6), habe sich dieses Delikts auf dem Krankenbett schuldig gemacht. Nach seinem entsprechenden Schuldbekenntnis habe er sein Amt freiwillig niedergelegt. Zur Buße dürften solche Menschen bei entsprechender Reue durchaus zugelassen werden. Die überraschende Milde des Scharfmachers Cyprian ist durchaus nicht untypisch für den ambivalenten Umgang mit dem Phänomen der innerchristlichen Gotteslästerung und insofern zukunftsweisend. Der Kirchenvater Hieronymus sollte später in einem Kommentar zu Eph 4,31 unterscheiden zwischen solchen Lästerern, die im Zorn ihre Zunge nicht im Zaum halten konnten, und solchen, die vorsätzlich, gleichsam kalten Blutes, Gott oder die Lehren der Kirche schmähen.[144]

Über Sanktionen gegen Gotteslästerer wurde vor Justinian freilich nur gelegentlich nachgedacht.[145] Nach Papst Gelasius I. führen öffentliche Gotteslästerungen zur Exkommunikation. Der wortmächtige Johann Chrysostomus schlug um 400 eine andere, direktere Form der Reaktion vor: »Hörst du jemand auf der Straße oder mitten auf dem

Markte Gott lästern, so tritt hinzu, schelte ihn; und wenn du ihm Schläge geben müsstest, weigere dich dessen nicht; haue ihm ins Gesicht, zerschmettere ihm den Mund, heilige deine Hand durch den Schlag; und wenn jemand dich verklagt und dich vor Gericht zieht, so folge ihm; und wenn der Richter auf dem Stuhle Rechenschaft fordert, so sage mit Freimut, dass er den König der Engel gelästert. Denn wenn die, welche den König auf Erden lästern, bestraft werden müssen, wie viel mehr die, welche jenen verhöhnen!«[146] Bei alldem blieb die Terminologie unscharf. Auch *maledicere* (eigentlich: verfluchen) wurde entsprechend dem biblischen Sprachgebrauch verwendet, wenn allgemein das schlechte Reden über oder Schmähworte gegen Gott gemeint waren. Erst nach und nach verfestigte sich ein Verständnis der Blasphemie als *mala verba de deo dicere*, wie es Augustinus ausdrückte.[147] Es müssten allerdings nicht unbedingt Worte sein, mit denen man Gott verletzte, führte der Bischof von Hippo an anderer Stelle aus. Wie man Gott lobe, wenn man gute Werke vollbringe, so werde Gott durch die bösen Werke gelästert.[148]

Insgesamt existierten so in der Spätantike zahlreiche Anknüpfungspunkte für einen Tatbestand, den Justinian erstmals in einer gesetzlichen Bestimmung klar fixierte und zugleich kriminalisierte. Bevor daraus ein Hauptthema christlicher Theologie und obrigkeitlicher Politik wurde, sollten allerdings noch einige Jahrhunderte vergehen. Die wenigen Bestimmungen des Frühmittelalters lassen sich an einer Hand abzählen und sind inhaltlich eher diffus.[149] Eine Ausnahme macht am Anfang des 11. Jahrhunderts die Bestimmung gegen das Schwören bei den Haaren oder dem Kopf Gottes im *Corrector Burchardi*, einer wichtigen Kompilation des Kirchenrechts; von dort gelangte sie in das kanonische Recht (*Decretum Gratiani*, um 1140). Wahrscheinlich hatte der Kompilator Burchard von Worms in seinem *Corrector* schlicht aus der Justinianischen Novelle 77 abgeschrieben. Erst mit der Geburt der Zungensünden um 1200 sollte sich auch die Blasphemiegesetzgebung entscheidend beleben. Von Bedeutung war und blieb das Thema Gotteslästerung allerdings bereits im Verhältnis zwischen Christen und Juden.

# Streit unter den Kindern Abrahams

## 5. Juden – das gotteslästerliche Volk

Nicht nur innere Konflikte um den rechten Glauben und das richtige Verhalten kennzeichnen die Geschichte des etablierten Christentums, sondern auch die Auseinandersetzungen mit anderen religiösen Bekenntnissen. Bestimmend war hier vor allem das Konfliktdreieck der ›abrahamitischen Religionen‹: Als herausragendes gemeinsames Merkmal dieser drei Religionen, die sich alle auf den biblischen Stammvater Abraham zurückführen, gilt ihr Monotheismus. Dieser verbindende monotheistische Wahrheitsanspruch trennt die drei Bekenntnisse aber zugleich, ja er begründet sogar eine erbitterte Gegnerschaft, die nicht zuletzt in Blasphemie bzw. Blasphemie-Vorwürfen ihren Ausdruck fand. Das trifft für die jüdische Religion in stärkerem Maße zu als für die islamische. Christliche Gotteslästerungsvorwürfe gegen einzelne Juden bzw. gegen das gesamte jüdische Volk ziehen sich wie ein roter Faden durch die abendländische Geschichte. Denn der Vorwurf der Blasphemie war eng bereits mit den christlichen Gründungserzählungen verknüpft.

### Jesus, der Gotteslästerer

Im Zentrum des Konflikts zwischen Christen und Juden steht die Person Jesu Christi und deren Anspruch, der von den alttestamentlichen Propheten verheißene Messias zu sein. Weil er, ein Mensch, sich selbst zum Gott gemacht habe, drohten die Juden ihm nach dem Bericht des Johannesevangeliums (10,31–33) die Steinigung an. Und auch in der Passionsgeschichte bildet später die Anklage Jesu als Gotteslästerer durch den Hohepriester Kaiphas (Mt 26,65 f.; ähnlich Mk 14,63 f.) einen zentralen Punkt.[1] Als er sich nach einigem Zögern schließlich als Messias bekennt – zurückhaltend nach dem Wortlaut von Matthäus (Mt 26,64: »Du sagst es«), offensiver nach dem des Markus (Mk 14,62: »Ich bin's«) –, reagiert Kaiphas umgehend mit dem rituellen Ausdruck von Trauer und Entsetzen: Der Hohepriester zerreißt seine Kleidung und belegte die Äußerung Jesu mit jenem Verb, das bereits im Alten Testament gelegentlich zur Charakterisierung für den Missbrauch des göttlichen Namens verwendet wurde. »Blasphemavit!« »Er hat Gott gelästert!«, so rief Kaiphas aus. »Was bedürfen wir weiterer Zeugen? Siehe, jetzt habt ihr die Gotteslästerung gehört. Was meint ihr?« Prompt erhält er von den Umstehenden die erwünschte Antwort: »Er ist des Todes schuldig.«

Folgerichtig schließt sich an die Feststellung der Gotteslästerung gemäß dem mosaischen Gesetz das Todesurteil an. Allerdings geht die Geschichte nicht so weiter, wie man es vor diesem Hintergrund erwarten würde: Es folgt keine kollektive Steinigung durch die jüdische Gemeinde. Vielmehr vollzieht sich im Anschluss der tatsächliche Prozess vor Pontius Pilatus als dem Repräsentanten der römischen Besatzungsmacht. Das ist bei weitem nicht der einzige Grund für ernste Zweifel an der Faktizität des Prozesses Jesu.[2] Ganz unabhängig aber von ihrem Wirklichkeitsgehalt hat die neutestamentliche Geschichte eine sehr reale, kaum zu überschätzende Prägekraft für das jüdisch-christliche Verhältnis entwickelt. Die ganze Passionsgeschichte gewinnt von diesem Angelpunkt her ihre suggestive Kraft: Christus, der angebliche Gotteslästerer, wird selbst zum Objekt einer langen Serie beschämender Herabsetzungen.

Sie beginnt bereits unmittelbar im Anschluss an den Vorwurf der Blasphemie, indem die Priester selbst nach den Berichten der Evangelien Jesus ins Gesicht spucken, ja ihn mit den Fäusten traktieren und dann höhnisch aufforderten, er solle weissagen, wer ihn geschlagen habe (Mt 26,67 f.; Mk 14,65 f.). Und sie setzt sich in der gesamten Leidensgeschichte fort, mit der Präsentation Jesu vor der jüdischen Menschenmenge (»Ecce Homo«), der Geißelung und der Dornenkrönung durch römische Soldaten, dem quälenden Weg zur Hinrichtungsstätte mit dem schweren Kreuz auf der Schulter, schließlich mit der ungewöhnlich grausamen Kreuzigung – alle diese Szenen gehörten, zumal seit dem späteren Mittelalter, zu den zentralen Fixpunkten christlicher Frömmigkeit in Text und Bild.

**3** Der Hohepriester zerreißt angesichts der Lästerung Jesu sein Gewand (Lucas Cranach d. Ä., Holzstich, um 1509)

Für diese Formen der Verspottung des Messias in Worten (›König der Juden‹), Gesten und gewaltsamen Taten benutzen die Evangelien ausdrücklich nicht die Semantik der Blasphemie – es soll ja der leidende Mensch Jesus Christus im Mittelpunkt stehen.[3] Genau dadurch aber wird die groteske Umkehr der gerechten Ordnung erst recht sinnfällig: Der Gottessohn wird fälschlich als Gotteslästerer verleumdet, während er selbst seitens seiner Häscher der gröbsten Herabwürdigungen ausgesetzt ist. Der Messias wird vom eigentlich auserwählten Volk nicht nur nicht erkannt, sondern gedemütigt und schließlich ermordet. Natürlich, Täter waren zunächst die römischen Soldaten, aber im tieferen Sinn konnte das jüdische Volk als deren Urheber gelten, die Christus auf die Frage des römischen Statthalters verdammt hatten: »Sein Blut komme über uns und unsere Kinder!«

Auch die Anhänger Jesu waren zur Zeit des Urchristentums nach den – allerdings wesentlich später entstandenen – Berichten des Neuen

Testaments von Verfolgung bedroht, wie wir am Beispiel der Schicksale des Diakons Stephanus oder des Apostels Paulus gesehen haben (vgl. Kap. 3). Schnell entwickelte sich das, was als innerjüdische Auseinandersetzung begonnen hatte, zu einem Konflikt zweier widerstreitender Glaubenssysteme. Mit der Ausprägung neuer religiöser Identitäten, hier der Christen, dort des rabbinischen Judentums nach der Zerstörung des Tempels, verschärften sich die gegenseitigen Narrationen der Herabsetzung, mit denen das eigene Wahrheitsmonopol gegenüber dem religiösen Konkurrenten verteidigt werden sollte. Dabei sorgten die politischen Macht- und Mehrheitsverhältnisse allerdings ziemlich schnell für eine dramatische Asymmetrie zwischen dem im ehemaligen Gebiet des römischen Imperiums dominanten Christentum und dem zerstreuten und politisch machtlosen Judentum. In dieser Konstellation wurden antijüdische Ab- und Ausgrenzungsnarrative bestimmend; sie legitimierten die Diskriminierung und Marginalisierung der jüdischen Gemeinden bis hin zur physischen Vernichtung. Weniger bekannt, aber kaum verwunderlich ist es, dass sich auch die jüdische Seite polemisch mit dem Gegenüber auseinandersetzte.

### Jüdische Gegenerzählungen

Die Spuren der jüdischen Polemiken und Parodien lassen sich mindestens bis in die Mitte des 2. Jahrhunderts n. Chr. zurückverfolgen.[4] In dieser Zeit wirft Justin der Märtyrer seinem Gesprächspartner Tryphon vor, jüdische Gesandte in aller Welt zögen gegen die angeblich gottlose und schlimme Sekte zu Felde, die von dem Galiläer Jesus ins Leben gerufen worden sei. Dieser Verführer, so erzählten sie, sei gekreuzigt, sein Körper aber bei Nacht von den Jüngern gestohlen worden; sie hätten danach den Leuten weisgemacht, er sei von den Toten auferstanden (Justin, Dialogus cum Tryphone, 108,2). Nachdem einige Jahrhunderte hindurch solche Spuren jüdischer Polemiken lediglich durch christliche Quellen überliefert und folglich mit einem Fragezeichen zu versehen sind, findet sich der »erste Fixpunkt einer genuin jüdischen Polemik gegen Jesus im babylonischen Talmud, dessen Endredaktion auf das Ende des 6. oder den Anfang des 7. Jahrhunderts n. Chr. angesetzt wird«.[5]

Anders als die Juden im christianisierten Palästina konnten sich ihre Glaubensgenossen unter persisch-sassanidischer Oberhoheit freier entfalten und so die gelehrten Rabbiner ihre Gegenerzählungen zu den christlichen Testamenten pointierter formulieren. Nach diesen Überlieferungen handelte es sich bei Jesus um ein uneheliches Kind *(mamser)* der Miriam, das zuletzt wegen Zauberei, Götzendienst bzw. Gotteslästerung zum Tode verurteilt und nach jüdischem Recht gesteinigt worden sei. Peter Schäfer hat gezeigt, wie sehr diese Geschichten einerseits als Gegennarrative zu den christlichen Texten fungieren, die sie ironisieren und parodieren, andererseits aber ganz selbstbewusst und offensiv ihre eigene Version vortragen: »Wir, die Juden«, so haben die Talmud-Autoren argumentiert, haben Jesus »vor Gericht gebracht und für das verurteilt, was er war: ein Gotteslästerer, der behauptete, Gott zu sein und nach unserem jüdischen Recht dafür die Todesstrafe verdiente«.[6] Auch über die Höllenstrafe Jesu gab eine Talmud-Stelle Auskunft – er sei dazu verdammt, auf ewig in kochendem Kot zu sitzen.[7]

Spätestens seit dem 10. Jahrhundert lässt sich in Gestalt einer jüdischen Sagensammlung, der Toledot Jeschu, eine zusammenhängende Lebensgeschichte Jesu aus jüdischer Sicht greifen; ihre Wurzeln reichen allerdings weiter zurück, vielleicht ebenfalls bis in das Babylonien des 6. Jahrhunderts.[8] Aus dem Orient wandern die Toledot Jeschu in den Westen, wo wir sowohl hebräische als auch lateinische Textzeugen aus dem Mittelalter besitzen, die gegenüber der Urfassung weiter angereichert wurden. Es handelt sich nun um ein wirkliches »Gegenevangelium« zu den christlichen Berichten, das voller parodistischer Elemente ist, angefangen von Jesu Zeugung als Bastard einer menstruierenden Frau über seine magischen Wundertaten mit Hilfe des gestohlenen Gottesnamens bis hin zu seiner Hinrichtung an einem Kohlstrunk und dem betrügerischen Verstecken seines Leichnams, um eine Auferstehung vorzutäuschen. Neben Talmud und Toledot Jeschu entfaltete sich in Westeuropa ein reichhaltiges Arsenal von jüdischen Polemiken verschiedenster Gattungen, mal als wohltemperiert-gelehrter Dialog zwischen einem Christen und einem Juden, mal als kritischer Bibelkommentar oder als spöttische Sottise gegen den Glaubensabfall des Christentums. Jakob ben Reuben hielt um 1170 einem christlichen Mönch dessen Glauben an die Menschwerdung Gottes vor.[9] Diese Lehre erschien Jakob wie vielen anderen jüdischen Gelehrten angesichts der überkommenen Doktrin von der Körperlosigkeit und Unendlichkeit Gottes schlicht als blasphemisch. Sie deutete in ihren Augen darauf hin, dass das Christentum – anders als der Islam – keine wirklich monotheistische Religion darstellte.

Die jüdischen Polemiken gegen die Überlieferung des Neuen Testaments werfen ein interessantes Licht auf das jüdisch-christliche Verhältnis im Mittelalter. 1320 schrieb der jüdische Philosoph Isaac Pollegar seinem ehemaligen Freund, dem Konvertiten Abner von Burgos (christlich: Alfons von Valladolid), einen beißenden »Brief der Gotteslästerungen« (Iggeret ha-Harifot). Darin beklagte er in Anlehnung an Spr 1,22, stets würden die Unwissenden unter den Menschen die Aufgeklärten verspotten und beleidigen.[10] Diese Selbststilisierung entspricht, wie gesehen, nicht vollkommen den Tatsachen. Trotz oder gerade wegen des wachsenden Verfolgungsdrucks der christlichen Mehrheitsgesellschaft wehrten sich Angehörige der jüdischen Bevölkerung ihrerseits mit Spott und Verhöhnung dessen, was sie als Legenden und Ungereimtheiten des christlichen Glaubens wahrnahmen. Im Aragon des 14. Jahrhunderts, das wissen wir aus frühen Akten der Inquisition, waren die Toledot Jeschu ein Instrument in der Hand jüdischer Gemeindemitglieder, die ihre zum Christentum konvertierten Apostaten überzeugen wollten, auf den rechten Weg zurückzukehren. In der Hand jüdischer Konvertiten konnte das Wissen um diese Gegenerzählung freilich auch zur gefährlichen Waffe werden, um sich an Juden zu rächen und sie an die Inquisition zu denunzieren.[11] Natürlich boten jüdische Kontrovers- und Spottschriften christlichen Autoren Vorwand und Legitimation, um ihrerseits die Juden zu schmähen. Aber christliche Herabwürdigungen kamen sehr gut auch völlig ohne konkreten Anlass aus, oft sogar – nach den zahlreichen Judenvertreibungen aus europäischen Regionen in Spätmittelalter und Früher Neuzeit – ohne die Anwesenheit von Juden überhaupt.

**Blasphemische Juden – gotteslästerlicher Talmud**

Die lange Geschichte des christlichen Antijudaismus birgt ein reichhaltiges Arsenal herabwürdigender Stereotype, die sich als äußerst langlebig erwiesen.[12] Zum Teil hatten sie sich bereits seit der Antike verfestigt, nahmen aber an Vielfalt und Gefährlichkeit im Mittelalter noch erheblich zu. Hostienschändung, Ritualmord, Brunnenvergiftung – das waren nur einige der christlichen Anschuldigungen, die zur ideologischen Rechtfertigung von Pogromen herhalten mussten. Der Vorwurf der Gotteslästerung erscheint demgegenüber weniger spektakulär. Man kann darin jedoch eine Art von Grundmotiv sehen: Mit den anderen antijüdischen Stereotypen mehr oder weniger organisch verbunden, verknüpfte es sie auch untereinander und verlieh ihnen Plausibilität. Dabei setzten viele Theologen bei der Passionsgeschichte an und entlarvten, wie Ludolph von Sachsen in seiner vielgelesenen Lebensbeschreibung Jesu, den Abscheu des Kaiphas vor den Worten des Herrn als pure Heuchelei: »Oh Du Haupt der Unwürdigen und Erbärmlichen« so redet er den Hohepriester an, »Christus hat nicht gelästert, sondern die Wahrheit gesagt. Du aber hast gelästert, indem Du Gottes Sohn für einen bloßen Menschen gehalten hast. Und deine Blasphemie hat Dich ins Verderben gestürzt.«[13] Paul Wann, Rektor der Wiener Universität, adressierte in seiner Passionspredigt aus dem Jahr 1460 gleich die ganze Glaubensgemeinschaft: »O ihr verblendeten Juden! Ihr nennet die Wahrheit, die ihr doch zu hören verlangt habt, Gotteslästerung! Weil ihr selbst verkehrt und gottlos seid, darum ist auch verkehrt und gottlos euer Urteil.«[14]

Seit der Antike fand der Blasphemie-Vorwurf auch jenseits der Passionsgeschichte zuverlässig immer wieder einen Platz im Arsenal antijüdischer Stigmata. Bereits um 400 n. Chr. charakterisierte Johannes Chrysostomus, aus dessen »Goldmund« sich unzählige antijüdische

Schmähungen ergossen, die Juden nicht nur als Gottesmörder und Gottlose, sondern auch als Gotteslästerer.[15] Derartige antijüdische Stimmen und Stimmungen verdichteten sich dann im 11. Jahrhundert im Gefolge der ersten Kreuzzüge, die zu einer stärkeren religiösen Polarisierung und zu ersten großen Judenpogromen führten.[16] 1146 schlug der Cluniazenserabt Petrus Venerabilis, ein notorischer Judenhasser, dem französischen König Ludwig VII. vor, die Juden zur Finanzierung des zweiten Kreuzzuges heranzuziehen. Schließlich könne man nicht gegen die Feinde Gottes in der Ferne kämpfen und die das Christentum lästernden Juden im eigenen Land ungeschoren lassen. Mit den Sarazenen habe man immerhin noch den Glauben an die Geburt Jesu aus einer Jungfrau gemeinsam, während die Juden die Jungfrauengeburt und die Erlösungssakramente lästerten.[17] In Petrus' wenig später beendeter Abhandlung »Adversus Iudeorum« wurde der Vorwurf der Gotteslästerung dann zu einer gängigen Münze.[18] Erstmals wurde hier der »Talmud«, benutzt als Sammelbegriff für die zeitgenössische jüdische gelehrte Literatur, zum zentralen Ziel der antijüdischen Polemik – und zwar noch ohne direkte Referenzen auf jüdische Schriften, sondern gestützt allein auf einige wenige christlich tradierte Textstellen.[19] Die Juden, so seine These, hätten das alte Gesetz der Propheten durch ihre neuen gotteslästerlichen, sakrilegischen, lächerlichen und falschen »teuflischen Bücher« ersetzt.[20] Damit bereitete Petrus Venerabilis eine neue Stufe der antijüdischen Polemik vor. Im 13. Jahrhundert sollte diese dann ihren Durchbruch erleben, vielleicht angeregt durch die verstärkte Erörterung der Zungensünden auch in anderen Zusammenhängen (vgl. Kap. 7).

Den Anstoß zur Verurteilung der jüdischen Schriften gab der jüdische Konvertit Nikolaus Donin. Er führte 1239 bei Papst Gregor IX. Klage, die Juden würden sich nicht mehr an das in der Bibel verankerte mosaische Gesetz halten, sondern einer anderen, mündlich überlieferten Tradition, die zahlreiche Missbräuche und Schändlichkeiten enthalte, höchste Gesetzeskraft zubilligen. Im Juni 1240 wurden die Vorwürfe bei einer öffentlichen Disputation zwischen den christlichen Anklägern und führenden jüdischen Rabbinern erörtert.[21] In doppelter Hinsicht war der Blasphemie-Vorwurf in diesem Rahmen von Bedeutung: Gelästert wurde im Talmud nach Meinung von Donin nicht nur das Christentum in Gestalt von Jesus Christus und seiner Mutter Maria. Zahlreiche schmähliche Behauptungen und Geschichten im Talmud träfen überdies den allmächtigen Gott selbst und verletzten damit die wohlverstandene jüdische Tradition. Hier schwang sich die christliche Seite also zum Interpreten der anderen Religion auf![22] Die Vorwürfe wurden von den jüdischen Rabbinern entschieden bestritten. Unbeschadet dessen gingen sie in den abschließenden Urteilsspruch vom Mai 1248 ein. Die »Bücher, die ›Talmud‹ genannt werden«, so heißt es dort, enthielten »unzählige Irrtümer, Missbräuche, Gotteslästerungen und Frevel (…)«; sie könnten »ohne die Beleidigung des christlichen Glaubens nicht geduldet werden«.[23]

Unter Berufung auf diese Sentenz wurden in vielen Ländern jüdische Schriften konfisziert, schon 1242 wurden die ersten von ihnen öffentlich verbrannt. Bereits ein Jahrzehnt nach der Pariser Disputation von 1240 sprach der Scholastiker Alexander von Hales in seiner *Summa* ganz selbstverständlich vom gotteslästerlichen Charakter der Juden und ihrer Bücher.[24] Wie ein Damoklesschwert hing der Blasphemie-Vorwurf fortan über den Köpfen jüdischer Gelehrter. Auch die christliche Inquisition begann sich der Juden bzw. der jüdischen Schriften anzunehmen. Letztere erregten den Unwillen des dominikanischen Inquisitors Bernhard Gui (gestorben 1331), weil dort unerträgliche Lästerungen gegen Christus und den christlichen Glauben zu finden seien.[25] Dazu zählte Gui vor allem jüdische Gebete, die Gott preisen, »dass er mich nicht als Christ oder als Heide erschaffen hat«; ebenso solche, die die christliche Religion und ihre Anhänger verfluchen und der Idolatrie beschuldigen. In jüdischen Texten würde Christus als illegitimer Sohn einer Hure und Maria als hitziges und zügelloses Weib beschrieben. Andere Schriften würden Jesus verurteilen, der in größerem Irrglauben gefangen gewesen sei als Mohammed; er habe den größten Teil der Welt in Irrglauben gestürzt, indem er die Einzigartigkeit Gottes in Frage gestellt und das gottgegebene Gesetz zerstört habe. Ein drohender Abfall von Christen zum jüdischen Glauben musste vor diesem Hintergrund besonders verwerflich erscheinen, ja selbst als ein Akt der Gotteslästerung.[26]

Mit der Blasphemie-Polemik gegen den Talmud konstruierte die römische Kirche ein neues, ein ketzerisches Judentum und spielte es gegen ein angeblich orthodoxes, ›altes‹, alttestamentarisch legitimiertes jüdisches Bekenntnis aus. Über diese neuen, heterodoxen Strömungen unter den Juden beanspruchte der Papst als Stellvertreter Christi auf Erden die Jurisdiktionsgewalt, um sie zumindest auf den rechten Weg des Alten Testamentes zurückzuführen, besser natürlich ganz zur Konversion zu bewegen.[27] Dabei wurde das Stereotyp von den gotteslästerlichen Juden nicht lediglich in päpstlichen Edikten und in der theologischen Fachliteratur verbreitet. Popularisiert wurden sie auch in häufig abgeschriebenen, bisweilen auch aus dem Lateinischen in die Volkssprachen übersetzten Disputationshilfen und Talmudexzerpten, die unter einheitlichen Titeln (»Pharetra fidei contra Iudeos« bzw. »Errores Judeorum«) überliefert sind, inhaltlich aber durchaus variierten. Was sie einte, war die Anklage gegen die Häresien und Blasphemien der Juden.[28] Orchestriert wurden damit großangelegte Feldzüge gegen die jüdische Literatur, die die südeuropäischen Inquisitionen aufzuspüren und zu vernichten trachteten. So wurde der Talmud in den Jahrhunderten des späten Mittelalters und der Frühen Neuzeit »zum meistverbrannten Buch der Geschichte«.[29]

## Antijüdische Predigtexempel

Das Leitmedium antijüdischer Propaganda im Spätmittelalter war zweifellos die Predigt. Insbesondere die Angehörigen der Bettelorden ließen sich an Judenfeindschaft kaum übertreffen. Ihre Predigten waren gespickt mit Exempeln über die gottlosen und lästerlichen Taten der Juden sowie über ihre wundersame Bekehrung und Bestrafung. Typisch war jene Erzählung vom einäugigen Ritter, der einen Juden ohrfeigte, weil dieser die Gottesmutter verspottet hatte. Der Geschlagene zog daraufhin vor Gericht, um Genugtuung zu erhalten. Als er aber den Ritter unter einer großen Schar von Kirchgängern heraussuchen sollte, konnte er ihn nicht mehr identifizieren – Maria hatte dem Streiter für ihre Ehre zum Dank das Auge geheilt. Natürlich gab sich der Ritter dennoch zu erkennen. Alle lobten daraufhin Maria, und statt einer Genugtuung für den Geschlagenen wurde der Beschluss gefasst, jedes Jahr am Gedenktag des Wunders solle einem Juden stellvertretend für alle vom Bischof eine Ohrfeige verabreicht werden. Zweifellos dienten derartige Geschichten nicht zuletzt für die Rechtfertigung solcher bisweilen tatsächlich praktizierter antijüdischer Schikanen.[30]

Zahl- und variantenreich waren Berichte über die Verhöhnung und Misshandlung christlicher Bilder, die danach regelmäßig zu bluten begannen oder andere Wunder wirkten. Die Juden wurden daraufhin entweder bestraft, oder sie ließen sich – beschämt und bekehrt – christlich taufen.[31] Derartige Erzählungen verdichteten sich am Ausgang des 13. Jahrhunderts zum Stereotyp vom jüdischen Hostienfrevel, das unterstellte, die Juden verlange es danach, den in der Hostie wahrhaft anwesenden Christus abermals zu misshandeln und zu kreuzigen. Erstmals in Paris 1290 erhoben, stieß der Vorwurf der Hostienschändung vor allem im Reich auf Widerhall. Es bildete den Ausgangspunkt für die Pogromwelle des sogenannten Königs Rintfleisch, die 1298 ganz Franken erfasste und bei der Tausende von jüdischen Bewohnern ermordet wurden.[32] Zwei weitere Stereotype bereiteten entscheidend den Boden für die Diskriminierung, Vertreibung und Ermordung jüdischer Gemeinden im Spätmittelalter: die Legende vom jüdischen Ritualmord und der Mythos von der jüdischen Brunnenvergiftung.[33] Diese drei Verschwörungsnarrative waren allerdings nie unumstritten, sie wurden von den höchsten kirchlichen und weltlichen Autoritäten immer wieder einmal in Frage gestellt. Die Beschuldigung der Gotteslästerung dagegen war allgemein akzeptiert. Sie konnte zugleich zur Aktualisierung von Phantasien über Ritualmord und Hostienschändung benutzt werden, bezogen sich doch die Vorwürfe auf das gleiche (unterstellte) jüdische Verhalten und kreisten um den gleichen Fixpunkt, nämlich den gemarterten Körper des Gottessohnes. Als Blasphemiker hatten die Juden den historischen

Messias nicht anerkennen wollen und zu Tode gebracht, wie sie ihn, zusammen mit seiner Mutter und seinen Heiligen, noch in der Gegenwart mit ihren Schmähungen quälten. Als Hostienfrevler marterten sie den in der Eucharistie real präsenten Leib des Herrn erneut. Und auch der rituelle Mord an einem unschuldigen Christenkind sollte nach der verqueren Feindeslogik dem perversen Vergnügen entspringen, das Quälen und die Ermordung des Messias erneut zu inszenieren. Europaweit wurde vor allem der Ritualmordvorwurf gegen die Trienter Juden im Jahr 1475 propagandistisch ausgeschlachtet und der Kult um den wundertätigen Leichnam des Knaben Simon, des angeblichen Opfers, gegen den anfänglichen Widerstand der römischen Kurie verbreitet.[34]

Wie verbale Schmähungen und tätliche Misshandlungen Hand in Hand gehen konnten, schilderten bereits wesentlich früher die antijüdischen Sensationsberichte des Dominikanerpriors Rudolf von Schlettstadt. Bei einem nächtlichen Einbruch in die Kirche von Weikersheim hätten Juden »mit großem Vergnügen« die Hostien durch die Gegend geworfen, sie geschmäht und vielfältig mit Messern misshandelt. Überdies hätten sie vielstimmig den Spruch des Herrn am Kreuz: »Mein Gott, warum hast Du mich verlassen?« (Mt 27,46) intoniert.[35] So haftete diesem Hostienfrevel zugleich etwas Blasphemisches an. Auch Berichte über entehrte und verletzte Marienbilder waren in der christlichen Überlieferung keine Seltenheit.[36] Weite Verbreitung fand Anfang des 16. Jahrhunderts ein Flugblatt mit einer entsprechenden Schilderung: In der Zisterzienserabtei Camberon bei Mons (Hennegau) hätten sich vor langer Zeit fünf Juden einen Spaß daraus gemacht, ein christliches Andachtsbild zu schmähen und tätlich zu attackieren. Deutlich den Passionsszenen nachempfunden, beschimpften und verfluchten die Juden nach dieser Darstellung das »öde verfluchte Weib«, das den »falschen Mann« (gemeint ist der falsche Messias) geboren und von der das ganze Übel seinen Ausgang genommen habe. Sie bespuckten das Bild, entblößten das Hinterteil und vollzogen andere Spottgebärden. Auf dem Titelbild einer Flugschrift gehen die jüdischen Angreifer mit Lanze und Axt auf die Gottesmutter mit Kind

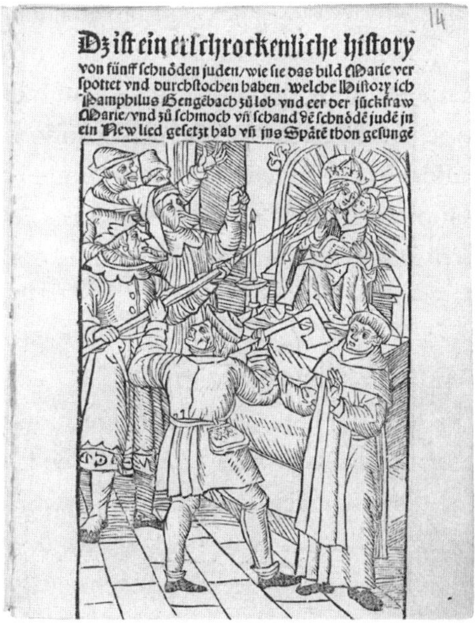


**4** Juden durchstechen ein Marienbild. Titelholzschnitt zu einer Flugschrift von Pamphilius Gengenbach, Basel 1515

los; einer von ihnen streckt den beiden ostentativ den zwischen Zeige- und Mittelfinger eingeklemmten Daumen entgegen und machte so die Schmähgeste der sogenannten »Feige«.

Wer das Christentum und seine Heiligen hemmungslos angriff, verdiente in den Augen frommer Christen keinerlei Schonung. So wurden die Juden nicht nur in Wort und Bild als Anhänger des Teufels dargestellt, sondern auch auf obszöne Weise herabgewürdigt. Seit dem 13. Jahrhundert tauchte in Mitteleuropa, zunächst exklusiv an den Mauern von Kirchen und Klöstern, das Motiv der »Judensau« auf. Dort sind Juden dargestellt, die an den Zitzen eines Schweines saugen, während sich zumeist ein anderer jüdischer Mann am Hinterteil der Sau zu schaffen macht. Das heute bekannteste Exemplar seiner Art befindet sich an der Außenmauer des Chors der Wittenberger Stadtkirche und wird auf das Ende des 13. oder den Anfang des 14. Jahrhunderts datiert. Im letzten Viertel des 15. Jahrhunderts wurde der Turm über die vielbegangene Brücke in Frankfurt am Main ebenfalls mit einer »Judensau«-Darstellung versehen, kombiniert mit dem Bild des angeblichen Ritualmordopfers Simon von Trient.[37] Herkunft und genaue Deutung der »Judensau« sind nicht vollständig geklärt, aber für eine Dechiffrierung des entehrenden Charakters eines Bildes, das Juden in obszönen Posen mit einem unreinen Tier zeigt, bedarf es kaum tieferer Kenntnisse. Auch in der christlichen Tradition stand das Schwein für Maßlosigkeit, Gier und das Wühlen im Dreck.[38]

**Kontinuitäten in die Neuzeit**

Die im Mittelalter entfalteten antijüdischen Stereotype blieben in der christlichen Welt bis weit in die Neuzeit hinein präsent. Das gilt auch für die allfälligen Blasphemie-Vorwürfe. Wenig verwunderlich, dass sie im publizistischen Feldzug des (1504 in Köln getauften) Konvertiten Johannes Pfefferkorn gegen seine ehemaligen Glaubensgenossen eine Rolle spielten. Seine Streitschrift »Der Judenfeind« von 1509 fokussierte stark auf die Verwerflichkeit des Talmuds und auf die Gotteslästerungen der Juden.[39] Überraschender aber kann die Tatsache erscheinen, dass auch für seinen Gegenspieler Johann Reuchlin, den humanistischen Verteidiger der Juden, deren gotteslästerlicher Charakter außer Frage stand. Ja, er hatte selbst 1505 in einer kleinen Gelegenheitsschrift (»Tütsch Missive«) die Blasphemie der Juden zum Angelpunkt einer gelehrten Argumentation gemacht. Aus der Schwere der den Juden auferlegten Strafe, nämlich der dreizehnhundertjährigen Diaspora, schloss der Hebraist messerscharf auf das Gewicht ihrer Sünde. Wegen keiner anderen Sünde würden sie so lange Zeit von Gott gestraft wie wegen ihrer Gotteslästerung, die sie vordem am rechtmäßigen Messias Jesus Christus begangen hätten. Wie die Strafe so dauere noch die Sünde der Blasphemie bis auf den heutigen Tag an, würden die Juden Christus, Maria und die Apostel schmähen und beschimpfen.[40]

Von der Beharrungskraft des Stereotyps von den lästerlichen Juden zeugen auch die Schmähungen eines Martin Luther. Ein »böses, verdrießliches, gotteslästerliches Volk«, so nennt der Wittenberger Reformator die Juden in seiner wüsten Kampfschrift »Von den Juden und ihren Lügen« aus dem Jahr 1543.[41] In diesem Werk gehören »Lästerung« bzw. »lästerlich« zu den meistgebrauchten Vokabeln, und der Reformator widmet der Auseinandersetzung mit den »Lästerungen und Lügen« der Juden ein ganzes Kapitel:[42] Sie würden Jesus einen Zauberer nennen, seinen Namen schänden, indem sie dreimal auf die Erde spien, hießen ihn ein Hurenkind und Maria eine Hure und fluchten allen Christen. Ihre Lügen, Lästerungen und Flüche seien nur Hinweise auf viel schlimmere Taten, die sie eigentlich gerne verüben würden. Es fehlt auch nicht der Hinweis auf Beschuldigungen wegen Brunnenvergiftung und Ritualmorden, Vorwürfe, deren Wahrheitsgehalt nicht in Frage gestellt wird.[43] Luther stützte sich hier auf Berichte jüdischer Konvertiten, insbesondere von Antonius Margaritas, die geprägt waren »von eiferndem Hass (…) auf die verlassene Religion« und nicht selten die Tendenz hatten, »besonders geheimnisvolle, schauderhafte, gefährliche, christenfeindliche und blasphemische Züge des jüdischen Kultes herauszustellen«.[44] Dabei ist es Luther wichtig, die Mutwilligkeit der Lästerungen herauszustellen und die Verstocktheit, mit der sie sich die letzten 1500 Jahre der zwingenden Botschaft Christi versagt hätten. Die strengen Konsequenzen, die der Reformator von den christlichen Obrigkeiten verlangt, sind bekannt: Verbrennung der Synagogen, der jüdischen Häuser und ihrer Schriften, Aufkündigung des Geleits, Arbeitszwang für junge ›starke‹ Juden, letztlich die Vertreibung des gesamten jüdischen Volkes. Mitleid sei fehl am Platz, denn wer einen Juden sehe, solle sich bewusst machen: »Siehe, das Maul, das ich da sehe, hat an allen Sonnabenden meinen lieben Herrn Jesum Christ, der mich mit seinem teuren Blut erlöset hat, verflucht, vermaledeit und verspeit, hat gebetet und geflucht vor (seinem) Gott, dass ich, mein Weib, meine Kinder und alle Christen erstochen werden und jämmerlich untergehen.«[45]

Luthers Urteil über die Juden, bis in die Neuzeit hinein so einflussreich wie das kaum eines anderen Theologen, ist bis heute Gegenstand heftiger Kontroversen, auch angesichts der Tatsache, dass er sich in früheren Schriften wesentlich moderater geäußert hatte. Die maßlose

Polemik seiner späten Schriften, die stellenweise über den seit dem Mittelalter gängigen Antijudaismus hinauswies und »protorassistische« Züge hatte, sticht umso stärker ins Auge.[46] In unserem Zusammenhang sind die Parallelen zwischen den Juden und anderen ›Feindgruppen‹ zu betonen. Martin Luther benutzte den Vorwurf der Gotteslästerung wie kaum ein zweiter, um die unterschiedlichsten Gegner – ob den Papst und die Papisten, ob die Täufer und die Spiritualisten oder die aufständischen Bauern – zu stigmatisieren und zu dämonisieren (vgl. Kapitel 11). Die Juden fügten sich, gerade für den alten Luther, in eine Welt ein, die von zahlreichen Feinden bevölkert war, die zwar unterschiedlichster Couleur waren, sich aber durch die gleichen teuflischen Eigenschaften auszeichneten bzw. entlarvten. Das kommt auch in jenem Pamphlet zum Ausdruck, das er direkt im Anschluss an die besprochene Judenschrift verfasste: »Vom Schem Hamphoras und vom Geschlecht Christi« setzt sich unter anderem mit der antichristlichen Polemik der Toledot Jeschu auseinander, von der er Passagen aus dem Buch des Kartäusermönchs Porchetus Salvaticus aus dem 14. Jahrhundert zur Kenntnis genommen hatte.[47] Die Schrift gipfelt in Luthers Deutung der in Stein gehauenen Wittenberger »Judensau«: Die habe ein gelehrter ehrlicher Mann einst anbringen lassen, um die Lügen der Juden zu entlarven. Der Mann hinter der Sau, der ihr den Schwanz anhebt und in den After schaut, solle nämlich einen Rabbi darstellen: Der kucke »mit grossem Fleiß der Sau unter dem Bürtzel in den Talmud hinein, als wollte er etwas … Besonderes lesen.« Damit sei nichts anderes bezeichnet als jener Dreck, mit dem der Teufel seine Anhänger abspeist und mit dem er sie zwingt, Gott und alles, was Gottes ist, »zu narren, lügen, lästern, auch fluchen«.[48]

Spätestens mit diesen Zeilen Luthers beginnt eine überregionale Karriere der Wittenberger Judensau. Am Ende des Jahrhunderts sollte der Wittenberger Hebraist Laurentius Fabricius ein langes Buchkapitel dem Ursprung und der Bedeutung des »Judensau«-Reliefs an der Pfarrkirche widmen, und von dort aus lässt sich die Spur durch die Traktate und Abhandlungen europäischer Gelehrter verfolgen.[49] Zum antijüdischen Emblem par excellence aber sollte die Frankfurter

»Judensau« werden, die in den verschiedensten Variationen, Kombinationen und Kontexten in Holz gestochen und – angereichert durch höhnische Verse – vervielfältigt wurde, in aller Regel zusammen mit dem Bild des gemarterten Simon von Trient.[50] Wahrscheinlich der Popularität dieser Darstellungen ist es zu verdanken, dass »Judensau« bzw. »Saujude« bis in die jüngste Vergangenheit hinein gebräuchliche Schimpfworte waren. Aber neben dem Judensaumotiv wurden die Lästerungen und die anderen Verfehlungen der Juden auch in anderen Flugblattgenres angeprangert, wie in der Schrift »Der Juden Ehrbarkeit« von 1571. Dessen Titelbild zeigt drei dämonische Gestalten, natürlich auch hier mit Schwein, und ein Text, der – schlecht gereimt – unweigerlich auf die Blasphemien der Juden anspielt: »Allhier siehstu der Juden Tanz / ihre Gotteslästerung und Finanz / Wie sie den Sohn Gotts verspeien / alle Christen vermaledeien.«[51]

Die Reformation, so viel ist bereits deutlich, bedeutete keineswegs einen Bruch mit alten antijüdischen Wahrnehmungen. Vielmehr florierte das Stereotyp von den Lästerjuden und wurde bei den Protestanten ebenso wie bei den Katholiken[52] in den vielfältigsten Medien verbreitet. Charakteristisch dafür war die erstmals 1614 verlegte Hetzschrift des Nördlinger Konvertiten Samuel Friedrich Brentz mit dem bezeichnenden Titel: »Jüdischer abgestreifter Schlangenbalg. Das ist: Gründliche Entdeckung von der Verwerffung aller Lästerung und Lügen / derer sich das giftige jüdische Schlangengeziefer und Otterngezücht / wider den frommen / unschuldigen Christum Jesum (…) gebrauchen«. Systematisch listet Brentz für sein protestantisches Publikum die Gotteslästerungen, den Schimpf, die Verunehrung und die rituellen Flüche gegen Christus, Maria und die christliche Obrigkeit auf. Der Titel erschien offenkundig so erfolgversprechend, dass die Schrift mehrmals neu aufgelegt wurde. Überdies sollte er fast einhundert Jahre später von einem anonymen Autor für ein katholisches Publikum adaptiert werden (»Jüdischer Schlangenbalg: Oder […] Beschreibung der Jüdischen Lästerungen / welche sie täglich wider Christo dem Herrn / seiner hochgebenedeiten Mutter und die ganze Christenheit […] ausstoßen«). Inhaltlich allerdings beruhte diese

Schrift von 1702 auf einem ursprünglich 1573 gedruckten, dem reformierten Rat der Stadt Basel gewidmeten Rechtsgutachten, ausweislich seines Titels ein »Gründlicher Bericht [...] von der Juden Handlungen und Zeremonien / Schelten und Fluchen wider unseren Herren Jesum Christum und seine Kirche«.[53] Es ist nicht leicht, in diesem Verwirrspiel die Übersicht hinsichtlich der inhaltlichen Abhängigkeiten zu erlangen, und es ist für unsere Zwecke wohl kaum nötig – die zentrale Konstante über lange Zeit und über alle konfessionellen Unterschiede hinweg war die Fixierung auf die jüdischen Lästerungen. Diese Beobachtungen deuten – ebenso wie weitere Indizien aus dem Bereich der Gesetzgebung und des Rechts – darauf hin, dass das relative Gewicht der Gotteslästerungsvorwürfe in der Frühen Neuzeit noch zugenommen hat.[54]

Auch im Übergang zur Moderne und im weiteren Verlauf des 19. und 20. Jahrhunderts verloren antijüdische Stereotype, so viel ist leider allzu gewiss, kaum an Bedeutung und gingen neue Synthesen mit einem rassistisch begründeten Antisemitismus ein. Bedrückend ist es zu sehen, wie sehr der alte Ritualmordvorwurf noch im Jahr 1900 aktualisiert werden konnte. Als in der deutschen Kleinstadt Konitz ein junger Gymnasiast ermordet aufgefunden wurde, richtete sich der Verdacht, befeuert von der örtlichen Gerüchteküche und der antisemitischen Presse, gegen einen jüdischen Metzger und zerstörte dessen Existenz; gewaltsame antisemitische Ausschreitungen konnten erst durch das herbeigerufene Militär beendet werden.[55] Über die neuzeitliche Karriere der christlichen Gotteslästerungsvorwürfe gegen Juden ist bisher kaum geforscht worden. Ein Schlaglicht auf deren Langlebigkeit wirft die Geschichte des Karfreitagsgebets im Kontext der römischen Liturgie. Seit dem frühen Mittelalter wurden hier Fürbitten zur Bekehrung von Häretikern, Heiden und eben auch Juden formuliert. Ihre lange gültige kanonische Form fand die Fürbitte für »die treulosen Juden« *(pro perfidis Judaeis)* im Römischen Messbuch von 1570, wo auch eine bereits lange geübte rituelle Besonderheit festgeschrieben wurde: Anders als bei den übrigen Fürbitten solle im Fall der Juden die Kniebeugung unterlassen werden, »um nicht das Andenken an die Schmach zu erneuern, mit der die Juden um diese Stunde den Heiland durch Kniebeugungen verhöhnten«.[56] Immer wieder wurden auf diese Weise in den folgenden Jahrhunderten den katholischen Christen die angeblich archetypischen Lästerungen der Juden vor Augen gehalten. Noch im Jahr 1928 scheiterte ein innerkirchlicher Vorstoß, die Liturgie zu entschärfen, bis in die 1950er Jahre blieb sie kaum geändert gültig. Und auch wenn das offizielle Karfreitagsgebet heute eine andere Gestalt hat, so wirkt das fast archetypisch-christliche Bild von den lästernden, treulosen Juden bis heute nach – nicht zuletzt durch die Wucherungen der sozialen Netzwerke.

## 6. Muslime – den Propheten lästern

Von Beginn an waren Religion und Herrschaft bei der Entwicklung des Islam eng miteinander verknüpft. Mohammed trat nicht nur als Prophet auf, sondern zugleich als politischer Führer, der die Stämme der arabischen Halbinsel einte.[57] Schnell expandierte der Islam über diesen Kernraum hinaus nach Nordafrika und bis auf die Iberische Halbinsel, vor allem aber nach Asien; er wurde bald zur herrschenden Religion verschiedener Reiche und Dynastien. Dabei war aber auch die muslimische Welt von inneren Konflikten gekennzeichnet, durch die Spaltung zwischen den großen Glaubensrichtungen der Sunna und der Schia ebenso wie durch zahlreiche Sektenbildungen.

Im Zuge der islamischen Expansion kam es überdies dazu, dass vielerorts muslimische Kalifen und Sultane über christliche (und auch jüdische) Gemeinden herrschten. Als Angehörige der monotheistischen Buchreligionen waren diese unter islamischer Herrschaft in gewissem Rahmen anerkannt: In der Rechtstradition der *Dhimma* gewährte der Herrscher ihnen Schutz, wofür sie eine Sondersteuer zahlten. Ihnen wurde die freie Ausübung des Glaubens garantiert, doch es gab auch Diskriminierung.[58] Die Bezeichnung der Christen als die »Leute der Schrift« *(Ahl al-Kitab)* war nicht so harmlos oder gar positiv, wie es zunächst scheinen mag. Sie wurde auch polemisch und damit abwertend gebraucht. In diesem Sinn stigmatisierte sie die Christen als Menschen, die vom ursprünglichen, in den heiligen Schriften verankerten Monotheismus abgewichen waren und (fälschlich) den Gottesboten Jesus als Gottessohn verehrten.[59] Muslimische Theologen warfen den Christen vor, die ihnen von Gott offenbarten Schriften durch ihre Ideen von der Inkarnation und Trinität verfälscht zu haben. Es sei die wunderlichste Sache auf der Welt, so schrieb ein anonymer Autor zur Zeit der Kreuzzüge in Aleppo, dass die Christen behaupteten, Jesus sei Gott, und dass sie dann sagten, die Juden hätten ihn verhaftet und gekreuzigt. »Wie kann ein Gott, der sich nicht einmal selbst schützen kann, andere beschützen?« Außerdem müsse jeder, der daran glaube, dass sein Gott aus dem Inneren einer Frau gekommen sei, verrückt sein.[60]

**Blasphemie im muslimischen Verständnis**

Im strikt monotheistischen Denken der Muslime musste die Lästerung Gottes als Kapitalverbrechen erscheinen.[61] Dabei finden sich im Koran selbst verhältnismäßig wenige Passagen, aus denen sich normative Bestimmungen zu dieser Frage ableiten ließen. Ergiebiger sind da schon die kanonischen Hadīth-Sammlungen, in denen die Aussprüche und Handlungen des Propheten Mohammed überliefert sind. Erst im Laufe des Mittelalters setzten sich die Rechtsgelehrten auf dieser Grundlage intensiver mit der Gotteslästerung auseinander und entwickelten klarere Positionen. Begrifflich wurde die Herabsetzung Gottes, des Propheten oder anderer verehrter Persönlichkeiten vorwiegend mit dem Terminus *sabb* im Sinne von »Missbrauch« oder »Beleidigung« gefasst, aber auch andere Begriffe wurden verwendet. Entscheidender als die einzelnen Bezeichnungen war, dass die entsprechenden Vergehen im Kontext von Apostasie *(riddah)* bzw. Unglauben *(kufr)* angesiedelt wurden. Damit bezog sich die Anklage stets auf den Abfall vom wahren Glauben *(takfir)*. Seit der Entstehungszeit der islamischen Gemeinde auf der arabischen Halbinsel war dieses Vergehen mit drakonischen Strafen belegt, mit sozialem Ausschluss und der Todesstrafe.[62] Allenfalls darüber, inwieweit die Reue eines Täters strafmildernd wirken könnte, wurde kontrovers diskutiert.

Die Qualifizierung von Gotteslästerung als Apostasie oder Unglaube zeigt deutlich, wer die Angeklagten waren: Es waren zunächst keine Andersgläubigen, sondern Muslime, die vom Glauben abgefallen waren und damit zugleich Gott bzw. den Propheten Mohammed schmähten. Dabei gediehen religiöser Zweifel und damit blasphemischer Spott offenbar besonders im multireligiösen Klima der iberischen Halbinsel, wo Angehörige der drei abrahamitischen Religionen in enger Nachbarschaft lebten. Jedenfalls sind von dort einige interessante

Fälle überliefert. So hatte Abd al-Rahman II., Emir von Córdoba, in der Mitte des 9. Jahrhunderts über einen Mann zu urteilen, der an einem wolkigen Tag geäußert hatte: »Der Schuster hat begonnen, seine Häute zu wässern.« Einige waren geneigt, diese Äußerung über Gott lediglich als schlechten Witz abzutun, andere bewerteten sie als schwerwiegende Beleidigung Gottes. Der Emir schlug sich auf die Seite der Hardliner. Seinem Urteil entsprechend wurde der Beschuldigte an einem Holzkreuz aufgestellt und zu Tode gestochen, danach wurde sein Körper öffentlich ausgestellt. »Die Furcht, die wir in den Herzen unserer Feinde erwecken«, so begründete der Herrscher nach späteren Berichten seine Entscheidung, »beruht darauf, dass wir die gesetzlichen Strafen ausführen, Gottes Religion stärken und den Heiligen Krieg gegen seine Feinde führen und so abweichende Tendenzen und gefährliche Neuerungen abwehren.«[63] Diese Begründung lag ganz auf der Linie auch anderer muslimischer Herrscher, die religiöse Abweichung demonstrativ bekämpften, um ihren politischen Führungsanspruch zu unterstreichen. Einen prinzipiellen Rigorismus muss man daraus nicht ableiten. Kurz zuvor hatte der Emir Milde gegenüber dem Bruder eines seiner wichtigsten Rechtsberater geübt, der ebenfalls lockere, als blasphemisch interpretierbare Redensarten geschwungen hatte.[64]

Gut einhundert Jahre später, 961, stellte auch der zweite Kalif von Córdoba, Al-Hakam II., gleich zu Beginn seiner Amtszeit seinen Eifer bei der Verteidigung des rechten Glaubens unter Beweis. Er ließ einen prominenten Glaubensabweichler, dem vielfältige Schmähungen gegen den Islam zur Last gelegt wurden, kreuzigen – ohne ihm eine Verteidigung zu ermöglichen. Die Vorwürfe lauteten unter anderem: Herabwürdigung des Korans als Buch voller Fabeln, Unsinn und Aberglauben, Beleidigung der drei ersten Kalifen und Aishas, der Frau Mohammeds, Drohungen gegen die Ka'ba sowie Verspottung religiöser Riten wie der Gebete und der Wallfahrt (Hadsch). Überdies erklärte er, das Weintrinken und die Sodomie seien erlaubt. Schließlich soll er einen Christen nach Schweinefleisch gefragt und erläuternd hinzugefügt haben, er folge nicht der Religion des Mohammed und glaube nicht daran.[65] Noch mal einhundert Jahre später wurde 1072 der in Toledo als Ketzer verurteilte Ibn Hātim in Córdoba hingerichtet, nachdem ihn islamische Sittenwächter sieben Jahre lang unerbittlich bis in die entlegensten Gebiete der Iberischen Halbinsel verfolgt hatten. Im Prozess hatten insgesamt 60 Zeugen den Angeklagten beschuldigt, göttliche Attribute geleugnet, den Propheten Mohammed und andere Mitglieder seiner Familie geringgeschätzt und die Notwendigkeit der Waschung im Zustand ritueller Unreinheit bestritten zu haben – auf jeden einzelnen dieser Vorwürfe stand die Todesstrafe. Der Verurteilte wurde an der Brücke über den Guadalquivir lebendig gekreuzigt und mit Lanzen getötet.[66]

Dass Gott selbst Ziel von Lästerungen wurde, ist im islamischen Kontext eher ungewöhnlich. Meist richteten sich die inkriminierten Blasphemien gegen den Propheten Mohammed und sein Gefolge. Es ist schwer zu entscheiden, wie diese ängstliche Bewahrung der Integrität des Propheten zu bewerten ist: Steht sie nicht in Spannung zum strikten Eingottglauben der Muslime, da hier eine Übersteigerung Mohammeds zu einem quasi-göttlichen Wesen vorliegt? Oder unterstreicht sie gerade die Selbstverständlichkeit dieses Monotheismus, der den Schöpfergott so entrückte, dass dieser kaum je Objekt von Schmähungen wurde und sich der religiöse Spott gleichsam ein Ersatzobjekt schaffen musste? Klar ist, dass der Schutz der prophetischen Ehre vor Herabwürdigung schon früh bemerkenswerte Formen annahm. So wurde 770 ein Mann hingerichtet, der den Hadīth »Ich bin das Siegel der Propheten; es wird keinen Propheten nach mir geben« mit der Ergänzung »… wenn Gott es nicht anders will« versehen hatte.[67] Mohammed selbst schien schon zu seinen Lebzeiten gutgeheißen zu haben, dass ihm ein außergewöhnlich herausgehobener, heiliger Status zugeschrieben wurde. Jedenfalls ist in der Hadīth-Sammlung des Abu Dawud die Geschichte eines blinden Mannes überliefert, der seine Konkubine mit dem Messer erstochen hatte. Er rechtfertigte sich vor dem Propheten damit, dass diese geliebte Frau, die ihm zwei zauberhafte Kinder geschenkt hatte, nicht aufhören wollte, Mohammed zu verfluchen und zu beleidigen. Der Prophet erklärte daraufhin, dass die

Verwandten der Ermordeten keinen Anspruch auf die übliche Ausgleichszahlung (Blutgeld) hätten.[68]

Umstrittener war, wie schwerwiegend Schmähungen gegen Personen aus der Familie bzw. dem Gefolge des Propheten zu bewerten waren. Zu dieser Frage verfasste der Jurist Al-Subkī 1354 einen Traktat, dessen Ausgangspunkt ein Vorfall in der Umayyaden-Moschee in Damaskus bildete. Ein Mann, mutmaßlich ein Schiit, hatte die Teilnahme am Mittagsgebet verweigert und die drei ersten Kalifen in Mohammeds Nachfolge geschmäht. Nachdem er sich geweigert hatte zu widerrufen und zu bereuen, wurde er einige Tage später verurteilt und hingerichtet. Al-Subkī erörterte die Angelegenheit anschließend unter Hinzuziehung aller Quellen und Rechtsmeinungen: Im Ergebnis plädierte er für eine sehr weite Auslegung des Tatbestands der Blasphemie, nach der die Lästerung nicht nur des Propheten, sondern auch seiner Gefährten als schwere Sünde und als todeswürdiger Unglauben gebrandmarkt wurde.[69]

Über mehrere Jahrhunderte des Mittelalters und der Frühen Neuzeit, so scheint es, ereigneten sich Blasphemiefälle innerhalb des Islam vor allem an der Frontlinie zwischen Sunna und Schia. Diese Front zeigte sich noch im 18. und 19. Jahrhundert, besonders deutlich in Persien bzw. im Irak. 1743 wollte Nader Schah in einer ökumenischen Konferenz in Nadschaf die beiden Bekenntnisse unter seiner Herrschaft zu einem Ausgleich bringen, um politische Spannungen zu mindern. Die Vertreter der herrschenden Sunna setzten bei dieser Gelegenheit durch, dass die Verfluchung und Schmähung der ersten Kalifen durch die Schiiten als Zeichen des Unglaubens stigmatisiert wurde. Alsbald forderte man den schiitischen Vorbeter bei einem gemeinsamen Freitagsgebet auf, die Namen der vier ersten Kalifen in der für die Sunniten korrekten Reihung vorzulesen. Dieser zeigte jedoch seine wahren Gefühle, indem er den Namen Omars absichtlich falsch betonte – ein Vorzeichen für das bevorstehende völlige Scheitern der ›ökumenischen‹ Politik Schah Naders.[70]

Gegen neue religiöse Strömungen konnten sich die beiden feindlichen Fraktionen des Islam dagegen durchaus zusammenschließen, wie das Vorgehen einer muslimischen Ökumene gegen die neue Offenbarungsreligion des Babismus Mitte des 19. Jahrhunderts zeigt. Sunnitische und schiitische Rechtsgelehrte saßen 1846 in Bagdad gemeinsam über Ali Bastami, einen Gesandten des Propheten Bab, zu Gericht und verurteilten ihn zum Tode. Die Schriften des Propheten Bab wurden von den Rechtsgelehrten bekenntnisübergreifend als lästerliche Verfälschung des Korans verdammt.[71]

**Christen und Muslime**

Gotteslästerung war zwar zunächst ein innerislamisches Problem, aber der wechselseitige Blasphemie-Vorwurf prägte auch die christlich-muslimischen Beziehungen der Vormoderne. Dabei fanden christliche Bewohner Afrikas und des Nahen Ostens anfänglich durchaus freundliche Worte für die muslimischen Eroberer, gerade wenn sie – wie die Kopten – einer diskriminierten Minderheit angehörten. Von Beginn der Eroberung an wurden aber auch negativ-apokalyptische Töne angeschlagen. Der Jerusalemer Patriarch Sophronius etwa nahm 635/636 entsetzt zur Kenntnis, dass die »Sarazenen« das Heilige Land eroberten wie einst zu biblischen Zeiten die Philister. Das Schlimmste, so der Bischof, seien deren grässliche Lästerungen gegen Christus, die Kirche, ja selbst gegen Gott. Erklären konnte sich der Kirchenmann den Erfolg dieser Anhänger des Teufels nur mit dem göttlichen Zorn angesichts der Sünden der Christenheit.[72] Auch Anastasius, Mönch vom Kloster Sinai, zeichnete das Bild der dämonischen Sarazenen in den schwärzesten Farben: Sie verschmähten, zerträten und zerstörten das Kreuz, die Reliquien und die heiligen Öle der Christenheit, und wenn sie von der Geburt Gottes hörten, begännen sie direkt zu lästern, weil sie an Heirat, Befruchtung und fleischliche Vermischung dächten.[73] Umgekehrt enthielten viele Verträge zur Regelung des Verhältnisses zwischen Muslimen und ihren Schutzbefohlenen Bestimmungen, nach denen sich *dhimmis* gegenüber Muslimen respektvoll zu verhalten hatten und sich insbesondere vor Schmähungen hüten sollten. In einem Mustervertrag des Juristen Al-Māwardi aus der Mitte des 11. Jahrhunderts betreffen von sechs verbindlichen Elementen allein drei Regeln die Blasphemie-Prävention: Von jeder Verleumdung oder Verzerrung des Korans sei Abstand zu nehmen, der Prophet dürfe nicht verleugnet oder verunglimpft werden, vom islamischen Glauben dürfe nicht in abfälliger und verleumderischer Sprache gesprochen werden.[74]

Fanatischen Eiferern unter den Christen bot sich genau an diesem Punkt die Möglichkeit, die in ihrem Umfeld ›herrschende‹ Religion anzugreifen, freilich gegebenenfalls um den hohen Preis des Martyriums. Ein solcher Märtyrer im arabischen Osten war Peter von Capitolias: Er wurde 715 in Transjordanien hingerichtet, nachdem er öffentlich Mohammed als falschen Propheten bezeichnet und sich mehrfach geweigert hatte zu widerrufen.[75] Ein anderer, viel diskutierter Fall findet sich wiederum auf der Iberischen Halbinsel.[76] Anfang Juni 851 erschien ein gewisser Isaak vor dem Quadi von Córdoba, der Hauptstadt des gleichnamigen Emirats. Vielleicht kannte der Richter Isaak persönlich, denn der Mann aus einer vornehmen Familie hatte ehemals, obwohl Christ, ein offizielles Amt eingenommen, vielleicht das eines Steuereinnehmers. Drei Jahre zuvor allerdings war er plötzlich verschwunden und ins nahegelegene Kloster Tabanos eingetreten. Nun stand er vor dem muslimischen Quadi, unter dem Vorwand, Aufschluss über die Lehren des Islam zu erhalten. Als der Rechtsgelehrte mit seinen Erklärungen begann, unterbrach ihn Isaak aber sofort wieder und begann, in arabischer Sprache, den Propheten Mohammed als Lügner zu beschimpfen, der vom Teufel verführt sei und seine Anhänger ins ewige Verderben führe. Der Quadi war geschockt, brach in Tränen aus und schlug den Lästerer. Als er seine Fassung wiedergewann, vermutete er, Isaak müsse krank oder betrunken sein, somit unfähig, die Schwere seiner Worte zu begreifen. Der Christ aber beharrte darauf, völlig bei Sinnen zu sein. Er wurde inhaftiert und bald darauf enthauptet, sein Körper öffentlich ausgestellt. Ein Edikt des Emirs Abd al-Rahman II. verkündete, jeder Christ, der den Propheten beleidige, würde dem gleichen Schicksal anheimfallen.[77]

Isaaks Herabsetzungen des Propheten gründeten in Auffassungen über Mohammed und die von ihm gestiftete Religion, die in der christlichen Polemik jener Epoche verbreitet waren. Sie wurden auch von den beiden christlichen Schriftstellern Eulogius und Alvarus, den Hauptquellen für die sogenannten Märtyrer von Córdoba, vertreten. Eulogius sah Mohammed als einen niederträchtigen, unanständigen und falschen Propheten, als Vorläufer des Antichrist. Insbesondere wegen seiner angeblichen Immoralität wurde der Prophet von beiden Autoren scharf angegriffen: Er habe Zaynab, die Frau seines Adoptivsohnes Zayd, verführt und sei ebenso wie seine Anhänger durch die Vielweiberei ein Ehebrecher.[78] Auf den Straßen von Córdoba waren solche Vorwürfe nicht zum ersten Mal erhoben worden. Gut ein Jahr vor Isaak war bereits ein Priester namens Perfectus hingerichtet worden. Anders als Isaak hatte dieser das Martyrium nicht gesucht. Er war von Muslimen auf der Straße herausgefordert worden, seine Meinung über den Propheten kundzutun. Mohammed, so hatte er nach einigem Zögern gesagt, lehre seine Anhänger, verführt von Dämonen, falsche Doktrinen und führe sie ins Verderben. Auch habe er mit Zaynab, von deren Schönheit verführt, Ehebruch begangen. Er sei ein Sklave der Wollust gewesen, und es sei verwunderlich, wie er angesichts dieser Niederträchtigkeiten als Prophet betrachtet werden könne.[79] Perfectus hatte, wenn auch letztlich vergeblich, versucht, sich vor den Folgen seiner Äußerungen zu schützen, indem er zuvor den Zuhörern einen Freundschaftspakt aufnötigte. Isaak aber erschien aus freien Stücken vor dem Quadi. Sein Beispiel sollte Schule machen, denn die Drohung des Emirs hatte die paradoxe Folge, dass es zahlreiche Nachfolgetäter gab. Insgesamt wurden in den 850er Jahren 48 Christen in Córdoba hingerichtet.[80] Viele waren Mönche und Nonnen aus radikal-asketischen Ordenshäusern außerhalb der Stadt.

Die Aktionen sind Ausdruck einer Identitätskrise der Christen im Zuge der Assimilationsprozesse zwischen Christen und Muslimen in Al-Andalus. Statistisch ist kaum zu belegen, wie viel Prozent der Bevölkerung Mitte des 9. Jahrhunderts bereits zum Islam übergetreten waren. Unverkennbar aber entfaltete der prachtvolle Hof des Emirs von Córdoba eine große kulturelle Ausstrahlung auch auf die christlichen Untertanen, die sich oft gut mit der islamischen Herrschaft arrangieren konnten. Die blasphemischen Selbstmordaktionen erscheinen vor diesem Hintergrund als Ausdruck persönlicher Anfechtungen und Ängste bzw. als ultimative Lösung der daraus entspringenden Identitätsprobleme. Die ›Märtyrer von Córdoba‹ strebten danach, in einem ultimativen Akt der Buße ihre körperliche Existenz hinter sich zu lassen und auf dem kürzesten Weg himmlische Befreiung zu erlangen.[81] Dabei richtete sich der provokative Akt der Lästerung nicht zuletzt gegen christliche Kompromissler in den eigenen Reihen. Eulogius und Alvarus berichten von einer großen Opposition gegen die Märtyrer. Ihre Gegner erblickten in ihnen und ihren Unterstützern »Unruhestifter, die die Schwierigkeiten des Lebens unter islamischer Herrschaft dramatisierten, die die wirtschaftlichen und sozialen Möglichkeiten für Christen in Córdoba ruinierten und die Muslime zu einer großen Verfolgung veranlassten. Die radikalen Christen, so sahen sie es, antworteten nicht auf eine Notsituation, sondern sie schufen sie erst.«[82]

Ähnliche Kritik wurde auch auf einer 852 vom Emir einberufenen christlichen Synode formuliert, bei der die Märtyrer nur knapp der Exkommunikation entgingen. Die Argumente ihrer Gegner scheinen durchaus populär gewesen zu sein: Die Märtyrer würden schnell hingerichtet und erlitten keine Qualen, anders als die klassischen römischen Märtyrer. Ihre Taten seien nicht von Wundern begleitet gewesen. Und während die Römer aktiv nach Christen gefahndet hatten, würden die Christen heute selbst die Aufmerksamkeit auf sich lenken. Überdies handele es sich bei den Muslimen nicht um Heiden, denn sie beteten keine Idole an, sondern den wahren Gott.[83] Auf lange Sicht aber war den eifernden Radikalen durchaus Erfolg beschieden, zumindest sofern sie es auf eine scharfe Scheidung zwischen Christen und Muslimen angelegt hatten. Denn in der folgenden Zeit verschärften die Emire die Repressionen gegen die ganze christliche Gemeinschaft: Christen wurden vom Hof verstoßen, von den Pensionslisten des Militärs gestrichen und zu neuen Steuern verpflichtet. Überdies ordneten die Herrscher die Zerstörung von Kirchengebäuden an.[84] Die Abgrenzung zwischen Christen und Muslimen via Blasphemie hatte funktioniert.

Gotteslästerung war also in der Vormoderne zwischen Muslimen und Christen durchaus ein Thema. Bedeutsam wurde es – soweit bislang erkennbar – vor allem dort, wo diese Glaubensrichtungen aufeinanderstießen, im Osten etwa im heutigen Irak, im Westen auf der Iberischen Halbinsel. Natürlich wurden auch auf die Distanz religiöse Feindbilder gepflegt – nicht umsonst nimmt Mohammed in Dantes »Inferno« (28. Gesang) zusammen mit seinem Schwiegersohn Ali einen hervorragenden Platz unter den Glaubensspaltern ein. Dort werden sie von Dämonen mit den exquisiten Qualen des Immer-wieder-zerteilt-Werdens heimgesucht. Zu einem überragenden, über punktuelle regionale Konflikte hinausweisenden Politikum im Konflikt zwischen Christen und Muslimen sollte die Blasphemie allerdings erst in jüngster Vergangenheit werden (vgl. Kapitel 17).[85]

Das gilt im Übrigen auch für den Umgang mit Bildern und das angebliche totale ›Bilderverbot‹ des Islam.[86] Zwar stimmt es, dass die islamische Geistlichkeit dem Bild gegenüber von Beginn an skeptisch eingestellt war – Ausdruck ihrer Sorge vor dem Rückfall in den Polytheismus und der Anbetung von ›Götzen‹. Bilder galten als unrein, und über allen Bilderproduzenten schwebte die Drohung der ewigen Verdammnis, weil sie sich frevelhafterweise anmaßten, den Platz des Schöpfergottes einzunehmen. Aber bereits in den heiligen Schriften und in den theologischen Erörterungen wird differenziert: An manchen Orten können Bilder eher toleriert werden als an anderen (etwa in der Moschee), und im Gegensatz zur Darstellung von menschlichem oder tierischem Leben war die Abbildung von toten Gegenständen oder Pflanzen erlaubt. Trotz der Verurteilung durch die Geistlichkeit hat es in der ganzen Geschichte des Islam figürliche Kunst jenseits des sakralen Bereichs gegeben, vorwiegend in privaten Räumen. Die Moderne mit ihrer Vielzahl stehender und bewegter Bilder stellte die islamischen Geistlichen dann vor die Herausforderung, ihre Interpretationen den neuen technischen Möglichkeiten anzupassen. Einige reagierten mit flexibler Anpassung, indem sie etwa die Fotografie auf einen rein mechanischen und deshalb erlaubten Vorgang reduzierten: Ein Foto wirke wie ein Spiegel und beinhalte keinen schöpferischen Akt. Fundamentalisten dagegen vertraten rigorose

Positionen. Aber selbst im Iran Ayatollah Khomeinis wurde die revolutionäre Wandmalerei (in der visuellen Tradition der europäischen und lateinamerikanischen Linken) als »heilige Kunst« mit klaren Zielen gerechtfertigt. Und auch die Filmkunst blieb erlaubt, allerdings mit strengen moralischen Regeln versehen.[87]

# Mittelalter: Das Zeitalter der Zungensünden

# 7. Die Beleidigung Gottes als Sünde und Verbrechen

Über Jahrhunderte ist die Gotteslästerung lediglich ein blasser Schemen, dessen Umrisse nur hier und da vage aufscheinen. Um 1200 aber nimmt sie sehr schnell deutlicher Gestalt an. Kirchliche und weltliche Gesetzestexte stellen die Blasphemie unter Strafe. Theologische Enzyklopädien (»Summen«) versuchen, präziser zu bestimmen, was Gotteslästerung eigentlich bedeutet. Und in einer wachsenden Zahl von Predigten und pastoralen Werken, geschrieben als praktische Handreichungen für Seelsorger, werden die Ursachen gotteslästerlichen Verhaltens ebenso diskutiert wie das Ausmaß seiner Verwerflichkeit. Nicht lange danach werden auch die Quellen aus der gerichtlichen Praxis gesprächiger und erlauben Einblicke in die Praxis des inkriminierten Verhaltens. Es beginnt eine Epoche, die man als ›klassisches Zeitalter‹ der Blasphemie bezeichnen kann.[1]

Seit Anbruch des zweiten Jahrtausends zeichneten sich in der Geschichte des Christentums größere Wandlungsprozesse ab. Vor dem Hintergrund einer klimatischen »Warmzeit« vollzog sich ein Aufschwung der Landwirtschaft wie der Bevölkerungszahlen. Neue Städte blühten, Universitäten entstanden. In Kerneuropa war die christliche Mission weitgehend abgeschlossen. Nun aber galt es, der äußerlichen Christianisierung auch eine wirkliche Verchristlichung in Glauben, Denken und Fühlen folgen zu lassen. Während der Jahrhunderte des Frühmittelalters war die Kluft zwischen einer mehr oder weniger gelehrten Geistlichkeit und der Masse von Laien riesig. Kleine klösterliche Gemeinschaften mit ihren religiösen Virtuosen standen einer großen Masse von Durchschnittschristen gegenüber, für die Magie und Ritus zentral waren. Für viele von ihnen »dürfte eine tiefergehende Internalisierung ihrer Religion erst im Laufe des 13. Jahrhunderts (…) begonnen haben«.[2] Denn nun rückten ihr Seelenleben und ihr Denken ins Zentrum kirchlicher Bemühungen. Das zeigen zum

Beispiel die Beschlüsse des IV. Laterankonzils von 1215, das eine jährliche Beichte aller Gläubigen beiderlei Geschlechts zur Pflicht machte und das unbedingte Beichtgeheimnis bekräftigte. Jeder sollte sich fortan in besonderer Weise mit seinem Fehlverhalten auseinandersetzen müssen. Das Konzil musste sich allerdings auch mit religiösen Heterodoxien beschäftigen. Bereits seit einigen Jahrzehnten wurde die Papstkirche durch Ketzerbewegungen herausgefordert: vor allem durch die Katharer, die sich mit ihren radikal-dualistischen Vorstellungen stark von der Orthodoxie unterschieden, und gleichermaßen durch die Waldenser, einer am strikten Armutsideal orientierten Laienpredigerbewegung. Auch diese Ketzerbewegungen zeugen von einem stärkeren Selbstbewusstsein einfacher Christen, die nach neuen religiösen Antworten suchten. Eine Reaktion der Papstkirche bestand darin, die neuen Bettelorden der Franziskaner und Dominikaner zu autorisieren, um in den städtischen Zentren vor großer Zuhörerschaft den rechten Glauben zu predigen. Zugleich sollten diese Mendikanten seit der Mitte des 13. Jahrhunderts als päpstliche Sonderbeauftragte bzw. Inquisitoren Ketzer verfolgen, was nicht in Widerspruch zu diesen pastoralen Aufgaben stand. Es war gleichsam die repressive Kehrseite religiöser Unterweisung. Die Karriere der Blasphemie verdankt sich in gewisser Weise dem pastoral-repressiven Zangenangriff auf den Glauben wie auf das Verhalten der Laienchristen.

### Die Zungensünde der Blasphemie

Bereits antike Autoren hatten sich mit der Sprache beschäftigt, allerdings vornehmlich mit der des Redners. Im frühen Christentum stand dagegen lange eher das Schweigen im Zentrum von Erörterungen, denn es sollte die Stimme Gottes besser hörbar machen. Ordensgesetze reglementierten das Sprechen der Mönche und legten fest, wann sie zu schweigen und wie sie zu reden hätten. An der Wende vom 12. zum 13. Jahrhundert begannen die zeitgenössischen Theologen dann, sich sehr viel intensiver des Sprechens anzunehmen, und entdeckten als eine neue Art von Sünden diejenigen der Zunge. »Seit etwa 1190 mehrten sich die Versuche, in die unsystematische Aufzählung schlechten Redens eine Ordnung zu bringen. Alle Sünden der Zunge sollten erfasst, beschrieben und hierarchisiert sowie ihre inneren Triebkräfte sichtbar gemacht werden.«[3] Das geschah zunächst in den großen enzyklopädischen Gesamtdarstellungen des 13. Jahrhunderts, den scholastischen »Summen«, mit ihrem Anspruch möglichst vollständiger Erfassung aller philosophisch-theologischen Wissensgebiete. Von dort aus fand das Thema Eingang in die breit aufgefächerte katechetische Literatur der beiden folgenden Jahrhunderte, in Predigtzyklen und Exempelsammlungen, in Dekalogauslegungen und Lasterkataloge.

Wegweisend für die Zungensünden wurde, nach einigen Vorläufern, der Dominikaner Guillelmus Peraldus mit seiner großen »Summe der Laster und Tugenden«. Seine Darstellung der sündigen Handlungen folgte im Wesentlichen der Lehre von den sieben Hauptlastern, die Gregor der Große schon im 6. Jahrhundert entwickelt hatte. Als solche galten diesem Kirchenvater der Hochmut *(superbia)*, der Neid *(invidia)*, der Zorn *(ira)*, die Trägheit *(acedia)*, die Gier *(avaritia)*, die Gefräßigkeit *(gula)* und die Ausschweifung *(luxuria)*. Umstandslos ergänzte Peraldus dieses klassische Schema durch eine achte Kategorie, die Zungensünden *(peccata linguae)*. Damit wurde deren Bedeutung enorm aufgewertet. Angesichts der großen Autorität, die seine Schrift in den anschließenden Jahrhunderten genoss, übernahmen die meisten seiner Nachfolger die Idee, sprachliche Sünden gesondert zu erörtern, auch wenn sie in der Terminologie und der Kategorienbildung eigene Lösungen entwickelten. Fortan fehlten die Sünden der Zunge bzw. des Mundes in kaum einem Lasterkatalog, und überdies wurden auch selbständige Schriften »Über die Laster der Sprache« oder über »Die Sünden des Mundes« verfasst.[4] Von derartigen Werken lässt sich die Spur verfolgen bis zu einschlägigen »Zungen«-Traktaten der Frühen Neuzeit.[5]

Auch für den modernen Leser kann es durchaus faszinierend sein, in das vielfältige Universum dieser Zungensünden einzutauchen.[6] Es umfasst ›Weitschweifigkeit‹ und ›Vielrednerei‹ ebenso wie ›falsche Schweigsamkeit‹. Verbales Fehlverhalten kann heimlich und hinterhältig daherkommen, wie das ›Gemurmel‹ der Unteren gegen die Oberen oder die ›Verleumdung‹ von abwesenden Dritten. Oder es kann offen und demonstrativ ausgeübt werden, wie es für die ›Schmeichelei‹, mehr noch für die ›Prahlerei‹ oder die ›vulgäre‹ bzw. ›obszöne Rede‹ typisch ist. Das trifft auch auf die Verspottung *(derisio)* zu, die schon ein starkes Moment verbaler Gewalt beinhaltet. Vor allem ist hier die ›Beleidigung‹ zu nennen, die vor allem als *contumelia* bezeichnet wurde, für die es aber ungewöhnlich viele weitere Begriffe gab, wie *convicium, vituperium* oder *iniuria.* Die Beleidigung wurde in der Öffentlichkeit vorgenommen und oft durch ein anderes Kardinallaster, den Zorn, hervorgerufen. Der ›Fluch‹ *(maledictum)* stellt dagegen noch einmal eine Steigerungsform verbaler Aggression dar, wenn er nicht von Gott und seinen Propheten selbst ausgesprochen wird, sondern sich gegen dessen Geschöpfe oder gar gegen den Schöpfer selbst richtet. Eng verwandt ist er mit dem ›Meineid‹, wobei dieser wiederum auf der ›Lüge‹ aufruht. Ein verbales Fehlverhalten durfte allerdings in keinem einschlägigen Lasterkatalog fehlen: die Gotteslästerung *(blasphemia).* Durch die zunehmende Bedeutung der Zungensünden gewann auch dieses Vergehen erstmals in der Geschichte eine klare Gestalt und wurde eingehend erörtert.

Zunächst einmal wurde präziser definiert, was unter Blasphemie zu verstehen sei. Zentral ist hier die Begriffsbestimmung des Alexander von Hales: *Blasphemare est contumeliam (…) inferre in iniuriam Creatoris.* Kern der Definition ist danach die Beleidigung und Entehrung des Schöpfergotts. Ähnlich fasst der wenig später schreibende Peraldus das Vergehen, nämlich als öffentlich gegen Gott vorgebrachte Schmähworte, entstanden aus dem Zorn und mit der Absicht, sich am Schöpfer zu rächen. Die öffentliche Ehrverletzung Gottes sollte fortan den Kernpunkt vieler Definitionen bilden. Auch die im 14. und 15. Jahrhundert entstehenden volkssprachlichen Werke folgen in ihren Übersetzungen diesen Begriffsbestimmungen: Das Anfang des 14. Jahrhunderts kompilierte »Buch der Tugenden« erklärt, »Plasphemia, das ist also viel gesprochen als wider Gott schalklich (i. S. v. schändlich) reden«, und das Rechtsbuch des Bruders Berthold (entstanden nach

1323 und vor 1390) definiert vergleichbar knapp: »Blasphemie ist Gott an seine Ehre geredet.«[7] Bezeichnend ist, dass hier in einem deutschen Text der lateinische Begriff auftaucht. Ein etwa gleichzeitig entstandenes deutschsprachiges Tugend- und Lasterkompendium macht jedoch schon ›Gott schelten‹ als Übersetzungsbegriff explizit (»Von der Sünde die da heisset Gott schelten, und heisset in Latein *plasphemia*«).[8] Erst an der Wende zur Neuzeit bürgerte sich als Synonym für das lateinische Wort mehr und mehr ›Gotslesterung‹ ein, etwa bei Geiler von Kaysersberg 1518.[9]

Die neue Qualität dieser Definitionen liegt in einer kleinen, aber wichtigen Verschiebung in der Begriffsverwendung. Es muss nicht mehr explizit gesagt werden, es handele sich um eine ›Blasphemie gegen Gott‹, der Begriff Blasphemie selbst wird nun auf die Schmähung gegen Gott reduziert. Zum anderen wird der Angriff auf die Ehre Gottes und mit den Beleidigungen gegen Menschen verglichen, womit das Delikt plastischer wurde – darauf wird zurückzukommen sein. Manche Theologen, zum Beispiel Antoninus von Florenz, verstanden unter Gotteslästerung nicht nur eine Beleidigung, sondern sogar eine Verfluchung Gottes.[10]

Im Zeitalter der Systematisierung des theologischen Denkens bedurfte auch die Gotteslästerung einer noch präziseren Bestimmung. Deshalb unterteilte Alexander von Hales die Blasphemie in drei Arten, die für die folgenden Generationen fast kanonische Geltung erlangen sollten.[11] Gott lästere, wer erstens Gott etwas beimesse, was ihm nicht zukomme, oder wer zweitens Gott etwas abspreche, was ihm zukomme, und schließlich wer drittens sich selbst etwas zuspreche, was nur Gott zukomme. Der Tatbestand ist letztendlich bei allen drei Varianten der Angriff auf spezifisch göttliche Attribute wie Allmacht und Allwissenheit, Unendlichkeit und Ungreifbarkeit, kurz auf die Vollkommenheit Gottes. Die Autoren, die sich in der Folge anhand dieses etwas abstrakt erscheinenden Schemas mit der Blasphemie auseinandersetzten, benutzten sehr unterschiedliche Beispiele. Oft entstammten diese der Welt der Bibel oder der versunkenen Welt spätantiker Ketzereien – hier deutete sich schon eine Verbindung zwischen Blas-

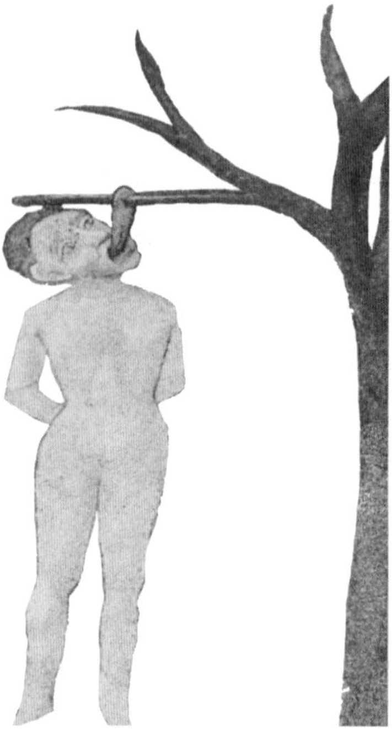

**5** Ein Zorniger in der Hölle. Detail eines Freskos in der Wallfahrtskirche von Montegrazie (Ligurien) von 1483

phemie und Häresie an. Konkreter wird es meist dann, wenn anthropomorphe Gottesvorstellungen als Beispiele angeführt werden. Gott lästere, so heißt es dann, wer ihm körperliche Glieder wie Hände oder Füße, Augen oder Ohren zulege oder ihm menschliche Schwächen und Leidenschaften attestiere. Zweifellos haben wir hier schon einen Hinweis auf die häufigste Variante von Blasphemie vor uns, die den damaligen Alltag tatsächlich prägte, nämlich die bereits von Justinian angeführten Gliederschwüre (vgl. Kap. 8). Nicht weniger interessant sind, nebenbei gesagt, die Blindstellen dieses Diskurses: Offenkundig kam niemand unter den damaligen Theologen auf die Idee, die Vorstellung, Gottes Ehre könne durch Schmähungen angetastet werden oder er könne über diesen Schmähungen in Zorn geraten, ihrerseits als Angriff auf die Vollkommenheit Gottes zu bewerten – und damit selbst als blasphemisch.

In der katechetischen Literatur des späteren Mittelalters wurde die Blasphemie systematisch zum einen im Rahmen von Dekalog-Auslegungen erörtert, wenn es um das zweite bzw. dritte Gebot über den Missbrauch des göttlichen Namens ging. Zum anderen waren Abhandlungen über die Kardinallaster ein bevorzugter Ort für Warnungen vor der Gotteslästerung: Schon Gregor der Große hatte Schmähungen als Früchte des Zorns verstanden, und Albertus Magnus charakterisierte in seiner Tradition speziell die Gotteslästerung als eine Tochter des Zorns.[12] Damit war ein Motiv gefunden, um das eigentlich Unerklärliche zu erklären, nämlich warum sich Menschen gegen den Schöpfergott stellten. Es komme vor, so heißt es in einem anonymen Lasterspiegel, dass der Zorn das Herz eines Mannes so fest im Griff habe, dass er Gott und seine Heiligen schmähe, etwa wegen einer Krankheit, des Verlustes eines Freundes oder eines Unglücksfalles.

**Bewertungen und Exempelgeschichten**

Wichtiger als die Erklärung erschien anderen jedoch die moralische Verurteilung der Gotteslästerung. So türmte Guillelmus Peraldus in seiner »Summe« Argument auf Argument, um die Blasphemie als höchsten Gipfel menschlicher Verworfenheit zu charakterisieren.[13] Viele andere Autoren sollten folgen. Nehmen wir als Beispiel eine Fastenpredigt des berühmten Franziskanerpredigers Bernardino von Siena aus der ersten Hälfte des 15. Jahrhunderts. In vielen rhetorischen Steigerungen stellt der Autor die unvergleichliche Verwerflichkeit der Blasphemie heraus.[14] Keine Sünde ist so schrecklich wie die Schmährede gegen Gott, so das wiederkehrende Leitmotiv des Predigers. Denn kein anderes Vergehen beinhaltete einen direkten Angriff auf den Schöpfer. Nur der Blasphemiker wolle sich vorsätzlich an jenem Gott rächen, der doch keine Schuld auf sich geladen habe. Eine Sünde, so Bernardino weiter, wiege umso schwerer, je weniger sie einem äußeren Motiv entspränge. Alle Sünden seien durch einen solchen außerhalb ihrer selbst liegenden Grund motiviert, nur die Blasphemie nicht: *in blasphemia autem nullum est motivum.* Der Gotteslästerer verging sich demnach an Gott aus reiner Lust an der Sünde. Je direkter die Verletzung Gottes, so heißt es an anderer Stelle, desto schwerer die Sünde. Darauf folgt eine sich steigernde Kette von Angriffen, zunächst gegen die Mitmenschen (Mord, Diebstahl), dann gegen die Märtyrer, gegen die Apostel und gegen die Heiligen. Am Ende steht der Angriff auf Gott, die Blasphemie, als Krone der Verwerflichkeit.

Der Logik des aufwertenden Vergleichs folgen auch die Passagen über Ketzer, Juden oder Heiden. Ausnahmsweise werden die Nichtchristen hier nicht verdammt, sondern dienen zur weiteren Abwertung der Gotteslästerer. Wo die Juden bei dem Hören der Blasphemie vor Trauer ihre Kleider zerrissen, wo Mohammed im Koran die Lästerung verbiete, ja wo selbst ein edler Sarazene einen Untergebenen, wie Bernard von einem Klosterbruder erfahren haben will, wegen Schmähung der Jungfrau Maria streng bestrafte, trete der Schandfleck auf dem Gewand der Christenheit nur umso deutlicher ans Licht! Die finale Intention Bernardinos ist es schließlich, die Untätigkeit von Amtsträgern und christlicher Gemeinschaft anzuprangern und diese abzustellen: »O ihr Könige und Herrscher des Erdkreises, ihr Herren der Städte und Universitätsrektoren, wo bleibt die Gerechtigkeit? Wo der Glaube?« In emphatischen Ausrufen dieser Art gipfelt jedes Kapitel.

In Texten wie diesem findet der moderne Leser ein Mittelalter, wie es den üblichen Vorstellungen entspricht: geprägt von Frömmigkeit, ja von Fanatismus, ebenso vom Ruf nach strengen weltlichen Sanktionen und der Androhung schwerer Strafen für die Gotteslästerer im Jenseits. Überdies zeigten zahlreiche Predigtexempel, dass göttliche Strafen besonders schlimme Schmähredner gegen Gott, Maria und die Heiligen bereits im Diesseits treffen konnten.[15] Ob vornehme Ritter, einfache Fuhrleute oder übermütige Spieler: Wer sich blasphemischer Ausfälle schuldig macht, so die Moral dieser Geschichten, dem drohten Aussatz, gelähmte Gliedmaßen und plötzlicher Tod. Nach dem Prinzip der spiegelnden Strafen ist dabei besonders derjenige Körperteil betroffen, mit dem die Sünde begangen wurde, die Zunge nämlich, die unnatürlich anschwillt und den Schmähredner ersticken lässt. Prominent steht vielfach die Gottesmutter Maria in ihrem Mittelpunkt, die in besonderer Weise Schmähungen auf sich zieht, die dann allerdings auch scharf sanktioniert werden.[16]

Besonders drastische Beispielgeschichten erzählten von Lästerern, die es nicht bei verbalen Attacken gegen Gott belassen wollten, sondern zu anderen Mitteln griffen. Wirkmächtig war eine Erzählung aus der vielleicht bedeutendsten Exempelsammlung des 13. Jahrhunderts, zusammengestellt vom Dominikaner und Inquisitor Stephan von Bourbon: Ein Vagant, so berichtet er, ein gewohnheitsmäßiger Spieler, hatte all seinen Besitz in der Taverne verloren. Er schwor lästerlich, sich bei nächstmöglicher Gelegenheit an Gott rächen zu wollen. Als er nun beim nächsten Markttag wieder Gewinn gemacht hatte, erwarb er Pfeil und Bogen und schoss zur Beleidigung Gottes *(in contumeliam Dei)* einen Pfeil gen Himmel. Der Pfeil kam nicht zurück, er aber ging, wie nach dem Markt üblich, zum Lästern und Spielen in die Taverne. Dort schien es ihm, als stürze sein blutbefleckter Pfeil mit Wucht vom Himmel herab, durchbohre alles und reiße ihn hinab in die Hölle. Er geriet ganz von Sinnen, rief aus, er müsse seinem Pfeil nachfolgen, und wurde nicht mehr gesehen.[17]

Dieser Geschichte war eine lange und variantenreiche Karriere beschieden. Ihre Attraktivität ist offensichtlich: Nicht nur reproduziert sie eine der klassischen Situationen, in denen mit Gotteslästerungen gerechnet werden musste, in diesem Fall das Spiel. Vor allem verfestigte sich hier die normalerweise flüchtige Sprechhandlung der Blasphemie zu einem Akt physischer Gewalt. Dabei handelte es sich, die Vision des blutigen Pfeils zeugt davon, keineswegs um bloße Symbolik, denn der Pfeil hatte offenkundig sein Ziel erreicht und den Schöpfer verletzt.

Für die Praxis in Seelsorge und Predigt bot ein derartiges Exempel den Vorteil, dass es gut visualisiert werden konnte. Einige Holzschnitte des späten 15. und 16. Jahrhunderts zeigen das Motiv des Lästerers, der mit Waffen gegen den Gekreuzigten bzw. sein Abbild vorgeht.[18] Dabei brauchte man Holzschnitte oder Kupferstiche und wirkliche Waffen gar nicht unbedingt, um die Grässlichkeit der Blasphemie zu versinnbildlichen. Es standen starke sprachliche Bilder bereit, um in den Köpfen von Lesern und Zuhörern ihre Wirkung zu entfalten. So hatte der

Diskurs über die Zungensünden das Bild von Übeltätern, die – wie schon im Psalm 64 zu lesen war – ihre Zungen schärften wie Schwerter und mit giftigen Worten zielten wie mit Pfeilen, im Bewusstsein der Menschen verankert. Und die Kirchenmänner des 13. und 14. Jahrhunderts klagten, dass mit den üblen Schwüren bei den Gliedern Gottes bzw. Christi dieser erneut gekreuzigt, ja regelrecht zergliedert werde, wie man es nicht einmal mit einem Schwein in der Metzgerei tue. Auch hierzu existierte ein einprägsames Exempel, nach dem einem gewohnheitsmäßigen Gotteslästerer nachts im Traum die Jungfrau Maria erschien, in ihren Armen das durch die Schwüre übel zugerichtete Christuskind, blutig und mit ausgerissenen Gliedmaßen.[19]

All dies mag dem Mittelalterbild des heutigen Lesers entsprechen, doch ein anderer Umstand wirkt aus heutiger Sicht irritierend. Ganz selbstverständlich nämlich gehen viele theologische Texte von der Gotteslästerung als einer alltäglichen Gewohnheit aus. Auch der eifrige Bernardino von Siena spricht davon, dass viele »aus schlechter Gewohnheit und aus unfrommem Habitus« lästerten – und setzt diese Sünder sogleich mit der Bestie der Apokalypse gleich.[20] Aber der fromme Eiferer Bernardino vertrat in diesem Punkt keineswegs die Mehrheitsposition. So erzählt der Bischof Jacques de Vitry, neben Stephan von Bourbon der große Geschichtenerzähler des 13. Jahrhunderts, die folgende Begebenheit: Eine Frau wurde in der Beichte ermahnt, sich in Zukunft aller überflüssigen und deswegen blasphemischen Schwüre zu enthalten. »Herr«, entgegnete sie dem Beichtvater, »dass mir Gott helfe, ich werde in Zukunft nicht schwören.« »Sieh, gerade hast Du wieder geschworen!«, erboste sich der Priester. Darauf die Frau: »Bei Gott, ab jetzt werde ich mich enthalten«. »Deine Rede sei ja, ja, nein nein«, machte der Beichtiger unter Verweis auf Mt 5,37 einen neuen Anlauf, »alles darüber ist von Übel.« »Herr, Ihr sagt die Wahrheit«, bekannte die Frau, »und ich sage Euch bei der gesegneten Jungfrau und allen Heiligen, dass ich tun werde, wie Ihr mich heißt, und dass Ihr mich nie wieder schwören hören werdet!« Und so, schloss der Bischof ein wenig resigniert, versprach dieses verfluchte Weib fortwährend etwas und handelte gleichzeitig völlig entgegengesetzt.[21]

Ebenso wie der moderne Leser wird wohl auch der mittelalterliche Zuhörer den Dialog als vorwiegend komisch empfunden haben. Er verdeutlicht, wie habituell und unbewusst die Frau ihre überflüssigen Schwüre einsetzte. Die abschließende Moralisierung und die Verdammung der Sünderin dagegen wirken eher aufgesetzt. Auch nach den Maßstäben der Theologen selbst lag doch wohl eher eine lässliche Sünde und keineswegs eine schwere Gotteslästerung vor.

Ganz auf dieser Linie liegt jene Erzählung, die der schwäbische Humanist Heinrich Bebel um 1510 überliefert. Der Rat eines kleinen Städtchens hatte in Abwesenheit seines Fürsten beschlossen, es solle fortan derjenige bestraft werden, der zur Schmach Gottes lästerliche Schwüre tätige. Als dem Fürsten nach seiner Ankunft solches vorgetragen wurde, war er begeistert: »›Botz Fleisch‹ (wie die Unsern schwören) ›das gefällt mir wohl.‹ Als sich aber die Ratsherrn und Zuchtmeister einander ansahen und lachten, so beteuerte er beim Herz und Leib Gottes, er wollt den ohn alle Gnad strafen, der ergriffen würd, dass er schwür, bedacht nicht, daß er alsbald und öfter tät, was er den Seinen verböte.«[22] Der Fürst bedient sich hier so selbstverständlich einer deftigen Sprache, dass es ihm gar nicht in den Sinn kommt, wie sehr diese Gewohnheit den gerade erlassenen Gesetzesnormen widerspricht. Die Ratsherren, so signalisiert ihr Lachen, realisieren den Widerspruch im Verhalten des Herrschers sehr wohl, doch bringt sie dies nicht in Verlegenheit, sondern erheitert sie.

Gotteslästerung tritt uns in diesen Geschichten nicht als Todsünde, sondern oft als *lapsus linguae* entgegen.[23] Natürlich war das in den Augen der Theologen keine angemessene Rechtfertigung, im Gegenteil, sie berichteten empört über das weite Spektrum von Ausreden, mit denen sie konfrontiert wurden. Es sei nur gut, so werden Sünder in einer spätmittelalterlichen englischen Schrift zitiert, Gott so oft wie möglich zu gedenken und seinen Namen im Mund zu führen. Das häufige Schwören, so eine zweite Ausrede, geschehe aus Gewohnheit und Schlüpfrigkeit der Zunge und nicht aus dem Bestreben, Gott herabzuwürdigen. Gott ist gnädig und gerecht, lautet eine dritte Entschuldigung, und er wird mich nicht für ein so geringes Vergehen scharf bestrafen. Ohne die beständigen Schwüre, so schließlich das vierte Argument, fänden die entsprechenden Aussagen keinen Glauben beim Gegenüber. Offensiver noch lässt Thomas Murner am Beginn des 16. Jahrhunderts seinen ›Lästernarren‹ gegenüber seinem Beichtvater auftreten: »Soll ich etwa beten, wenn es mir übel ergeht?« Er könne sich in Notsituationen der üblichen Schwüre einfach nicht erwehren. Und außerdem habe er keine außergewöhnlichen Schwüre erfunden wie die gottlosen Schweizer …[24]

Die Macht der alltäglichen Gewohnheiten wurde von den Kirchenmännern immer pflichtschuldig verurteilt, aber sie blieb nicht ohne Einfluss auf ihre theologischen Bewertungen. Zwar brandmarkte Alexander von Hales in seiner »Summe« die Gotteslästerung zunächst umstandslos als Todsünde, die scharfe weltliche Strafen und die ewige Verdammnis nach sich ziehe. Das gelte jedoch nur für den Fall, so schränkt Alexander dann ein, wenn jemand aus freiem Willen Gott beleidige. Sündige er dagegen aus Fahrlässigkeit, könne es sich – je nach Sachlage und dem Stand der Person – durchaus um eine lässliche Sünde handeln.[25] Auch in der Frage, ob es sich bei der Blasphemie immer um eine unverzeihliche Sünde (Mt 12,31) handele, wird die Motivation des Lästerers als entscheidender Faktor herangeführt. Geschehe die Sünde aus Zwang oder aus Täuschung, dann sei Vergebung möglich. Geschehe sie aber aus Boshaftigkeit und mit dem sicheren Wissen, dass es sich dabei um Gotteslästerung handele, dann könne die Sünde nicht vergeben werden.[26]

Der berühmte Dominikaner Thomas von Aquin folgte der »Summa Halensis« in diesem Punkt. Auch er gestand zu, dass lästerliche Reden in bestimmten Fällen eine lässliche Sünde darstellen können – dann nämlich, wenn jemand den blasphemischen Charakter seiner Rede nicht erkenne, wenn er plötzlich aufgrund einer Gefühlsaufwallung in unüberlegte Worte ausbreche und deren Bedeutung nicht erwäge. Gedeckt durch seine große Autorität, etablierte sich diese Vorstellung in den folgenden Jahrhunderten. Als einprägsame Merkformel hält das deutschsprachige Rechtsbuch des Bruders Berthold aus dem 14. Jahrhundert demzufolge fest: Lästere ein Mensch Gott »mit bedachtem

Gemüt« und sei er sich bewusst, dass er mit diesen Worten Gott in seiner Ehre verletze, dann solle er nach weltlichem Recht sterben. Wer derartige Äußerungen aber unbedacht tue, »aus schnellem Unmut und aus Zorn«, und nicht bedenke, dass es sich um Blasphemie handele, der begehe eine lässliche Sünde.[27] Bei aller Betonung der Boshaftigkeit einiger Gotteslästerer eröffnete sich so die Möglichkeit, die Taten anderer zu bagatellisieren. Hier sollte ein zentraler Anknüpfungspunkt für die weltliche Gesetzgebung und vor allem für die Rechtspraxis liegen, die wesentlich differenzierter ausfällt, als es nach harschen Worten wie denen Bernardinos zu erwarten wäre.

**Gesetzesoffensiven gegen Gotteslästerung**

Die geistliche Gerichtsbarkeit der Bischöfe war im Mittelalter nicht nur exklusiv für kirchenrechtliche Angelegenheiten im engen Sinn und für einen bestimmten Personenkreis, den Klerus, zuständig. Ihr Betätigungsfeld erstreckte sich auch auf ein weites Feld zivilrechtlicher Angelegenheiten (etwa Testamentsfragen) und strafrechtlicher Tatbestände (wozu auch die Häresie oder der Ehebruch gehörten).[28] Im Zeitalter der Zungensünden rückte schnell auch die Blasphemie in den Fokus der geistlichen Gerichtsbarkeit. Zwischen 1227 und 1234 erließ Papst Gregor IX. (1227–1241) eine wegweisende Rechtsweisung (Dekretale c. 2 X de maledicis V. 26), die als Bestandteil seines »Liber Extra« zum Angelpunkt aller Bestimmungen des kanonischen Rechts gegen Gotteslästerung werden sollte. Dort werden die bischöflichen Kirchenstrafen gegen denjenigen spezifiziert, der es wagen sollte, öffentlich gegen Gott, die Heiligen und besonders die heilige Jungfrau seine Zunge gotteslästerlich zu gebrauchen. An sieben Sonntagen hintereinander solle der Blasphemiker während des Hochamtes vor den Türen der Kirche verharren. In der letzten Woche dürfe er sich nur von Wasser und Brot ernähren, und am letzten Sonntag solle er zudem ohne Mantel und Schuhe, mit um den Hals gebundenen Schuhriemen, an der Kirchentüre ausgestellt werden. Verweigere er die Vollziehung der Strafe, dann sollten ihm dauerhaft der Zugang zur Kirche sowie ein kirchliches Begräbnis verwehrt bleiben.[29] Öffentliche Buße und zeitweiser bzw. dauerhafter Ausschluss aus der kirchlichen Gemeinschaft bilden hier die zwei typischen Strafelemente, die sich auch sonst häufig im kanonischen Recht finden. Die Ausstellung vor der Kirchentür sollte die innere Zerknirschung des Sünders deutlich machen, den sein Vergehen vorübergehend vom Gemeindeleben ausschloss – und ihn doch in schmählicher, entehrender Weise vor aller Augen exponierte. Die Drohung mit Exkommunikation und die Verweigerung des kirchlichen Begräbnisses gehörten zu den starken, spezifisch geistlichen Zwangsmitteln, die den Bischöfen zur Verfügung standen.

Allerdings findet sich in der Dekretale Gregors IX. der bezeichnende Zusatz, der Gotteslästerer sei auch durch die weltliche Gewalt mit Geldbußen zu belegen, die je nach Vermögen gestaffelt werden sollten. Durch die Einbeziehung der weltlichen Gerichtsbarkeit kennzeichnet die päpstliche Bestimmung die Gotteslästerung als ein Mischverbrechen *(crimen mixtum)*, für das eine doppelte Zuständigkeit existierte. Wie die Gewichtung zwischen beiden Instanzen in der Praxis aussehen sollte, darüber herrschte Unklarheit, und bisweilen ergaben sich Konflikte wie der zwischen den Bischöfen und dem Rat der Reichsstadt Straßburg am Ende des 14. Jahrhunderts.[30] Aber selbst unter den Kirchenrechtlern gab es Stimmen, die Geldbußen für eine wirksamere Strafe hielten als geistliche Sanktionen. Insgesamt waren die Aktivitäten der Kirchengerichte ebenso überschaubar wie die Befassung lokaler und regionaler Kirchenversammlungen mit der Blasphemie.[31] Das änderte sich erst im 16. Jahrhundert mit mehreren großen apostolischen Konstitutionen, in denen detaillierte Regelungen zur Blasphemie getroffen wurden, angefangen mit der während des V. Laterankonzils im Mai 1514 erlassenen Bestimmung *Supernae dispositionis.* Diese Kirchengesetze vollzogen allerdings meist lediglich das nach, was im weltlichen Recht schon lange gang und gäbe war. Vor allem wurde ein nach Schwere und Häufigkeit gestaffeltes System von Geldbußen installiert – in besonders gravierenden Fällen drohten Kerker oder sogar der Zwangsdienst als Ruderer auf einer Galeere.[32]

Von Beginn an übernahmen im klassischen Zeitalter der Blasphemie die weltlichen Gewalten die Schrittmacherfunktion bei der Sanktionierung dieses Vergehens. Als Pionier darf hier wohl Kaiser Friedrich II. gelten, der im September 1231 für das Königreich Sizilien jene Konstitutionen von Melfi erließ, die als eine der ersten erschöpfenden Rechtskodifikationen des Mittelalters gelten. Dort wird bündig festgelegt, dass mit der Verstümmelung der »Lästerzunge« bestraft werden soll, wer Gott und seine glorreiche Jungfrau lästere.[33] Wenige Jahre später folgte König Alfons X. von Kastilien-Léon mit seiner großen volkssprachlichen Rechtskodifikation der »Siete Partidas«. Sie enthielt ausführliche Bestimmungen über diejenigen, die aus Zorn schlecht über Gott redeten. Die entsprechenden Artikel entfalten einen ausführlichen Strafkatalog, differenziert nach verschiedenen Ständen (hoher Adel, niederer Adel, Bürger und Bauern, Habenichtse) und nach Häufigkeit der verwerflichen Reden. So sollten Hochadlige ihr Land beim ersten Mal für ein Jahr, beim zweiten Mal für zwei Jahre, beim dritten auf ewig verlieren; Rittern werden auf Zeit oder dauerhaft ihr Landlehen oder ersatzweise Waffen, Pferde, Zuggespanne oder neue Kleider genommen, oder sie werden mit Geldstrafen belegt. Bürgern oder Bauern soll beim ersten Mal ein Viertel, beim zweiten ein Drittel und beim dritten Mal die Hälfte ihres Besitzes genommen werden; lästern sie weiter, werden sie verbannt. Einzig die Habenichtse sollen peinlich gestraft werden: beim ersten Mal mit Prügeln, beim zweiten mit einem heißen Eisen, das durch die Lippen gebrannt wird, und beim dritten Mal mit dem Abschneiden der Zunge. Geregelt wird hier auch das Verfahren: Ein potenzieller Ankläger soll den dritten Teil der Geldstrafe eines überführten Lästerers einstreichen dürfen; schlägt der Beweis allerdings fehl, gilt er als Lügner und muss die Kosten tragen.[34]

Zum klassischen Rollenmodell eines frommen Herrschers, der mit seinen Gesetzen auf breiter Front gegen unchristliches Verhalten vorging, wurde in der gleichen Zeit ein französischer König: Ludwig IX. Dass er bereits 27 Jahre nach seinem Tod im Jahr 1270 heiliggesprochen wurde, war seinen vielen Qualitäten geschuldet: Als *rex iustus* betrieb er entschiedene Reformen der Verwaltung und der Gerichtsbarkeit, als *rex christianissimus* profilierte er sich durch Zwangsmaßnahmen gegen Ketzer, Juden und Heiden sowie durch seinen Kreuzzug; und als *rex pius* verkörperte der König auch in eigener Person die proklamierten allgemeinen Moral- und Sittenprinzipien. Nicht zuletzt zeichnete sich der Monarch durch sein persönliches Engagement gegen Gotteslästerer aus. Zum Jahr 1255 berichtet ein Biograph des Königs, dieser habe angeordnet, die Lippen eines lästerlichen Bürgers mit einem glühenden Eisen zu durchstechen. Und nicht nur das, er habe diese Maßnahme auch selbstbewusst gegen das Murren aus seiner Umgebung verteidigt mit dem Hinweis, er wolle selbst mit glühenden Eisen gebrandmarkt werden, wenn dadurch nur alle Flüche in seinem Königreich ausgemerzt würden. »Wenn es um Blasphemie ging, eine der schwärzesten Sünden in den Augen dieses Königs, setzte Ludwig Gerechtigkeit gleich Strenge.«[35] Ein solches Verhalten galt bis weit in die Frühe Neuzeit hinein als vorbildlich. So wurde 1614 auf einem Augsburger Flugblatt eine Art politisches Testament Ludwigs an seinen Sohn verbreitet, wo es unter anderem hieß, er dulde es nicht, »dass jemand von Gott und seinen lieben Heiligen etwas Spöttisches und Gotteslästerliches rede, und (…) lasse es ungestraft nicht hingehen«.[36]

Zum Instrument seiner Politik machte Ludwig IX. spätestens mit der *Grande ordonnance* von 1254 königliche Verordnungen, mit denen die monarchische Gewalt ausgebaut und vertieft wurde. Die »Große Ordonnanz« befasste sich mit der Verwaltungsreform im französischen Süden, thematisierte Gotteslästerung allerdings nur knapp in einer Reihe von Verhaltensanweisungen für königliche Beamte: Neben Blasphemie wurden ihnen auch das Würfelspiel sowie Besuche in Tavernen und Bordellen verboten.[37] Erst spät in seinem Leben, kurz vor dem Aufbruch zum zweiten Kreuzzug und gleichsam als Zeichen der spirituellen Reinigung vor diesem frommen Unternehmen, erließ er 1268/69 eine eigene Ordonnanz gegen die Blasphemie, wahrscheinlich das erste umfassendere Gesetz im Königreich.[38] Es richtete sich gegen diejenigen, die bei den Gliedern Gottes, Marias oder der Heiligen schwören bzw. diese durch rüde Sprache, Eide oder in anderer Weise durch Wort und Tat verächtlich machen.[39] In ganz ähnlicher Weise wie in Kastilien wird in dieser Ordonnanz ein differenzierter Strafkatalog aufgestellt, freilich noch nicht mit feineren ständischen Differenzierungen. Statt der Häufigkeit der Lästerungen werden hier drei Schweregrade unterschieden, die mit abgestuften Geldbußen belegt werden sollen. Zahlungsunfähige sollten in besonders gravierenden Fällen öffentlich ausgestellt (und damit entehrt) und anschließend mit kurzer Kerkerhaft bei Wasser und Brot bestraft werden. Auch Anreize zur Denunziation werden in der Verordnung festgelegt.

Mit der Ordonnanz von 1268/1269 beginnt eine dichte Reihe von Gesetzen gegen Blasphemie, zu der fast jeder französische König bis ins 17. Jahrhundert hinein etwas beitrug, manche auch etwas mehr, wie Karl VI. und Karl VII., die beide jeweils vier Edikte gegen Blasphemie erließen.[40] Dabei wandelten sie ausdrücklich auf den Spuren ihres ehrwürdigen Vorgängers Ludwig IX.[41] Gemeinsam war all diesen Regelungen, dass sie zu einer flexiblen und differenzierten, den möglichen Wechselfällen der Praxis angemessenen Norm beitragen sollten. Sie unterschieden sich aber in Bezug auf die Strafen: Mal dominierten die Geldbußen, mal rückten Ehren- oder sogar Körperstrafen (Brennen bzw. Schlitzen der Lippen) in den Vordergrund. Auch die Kategorisierung der Delikte differierte: Während einige Ordonnanzen wie schon die von Ludwig dem Heiligen die Taten nach ihrem Schweregrad einordneten, steigerten andere die Strafe entsprechend der Tathäufigkeit.

Im Vergleich zu dieser lebhaften Gesetzesaktivität in Frankreich herrschte im Heiligen Römischen Reich Deutscher Nation in Sachen Blasphemie lange völlige Inaktivität. Das sollte sich erst mit dem Reichsabschied von 1495 gegen die Gotteslästerung ändern, der wahrscheinlich nicht zuletzt durch die französische Gesetzgebung angeregt worden war. Er bildet aber eher den Auftakt einer Intensivierung der Gesetzgebung am Beginn der Neuzeit als den Abschluss mittelalterlicher Bemühungen und wird uns später beschäftigen.

Dass Monarch und Fürsten im deutschsprachigen Mittelalter kaum gegen die Gotteslästerung vorgingen, bedeutet jedenfalls nicht, dass sie straflos blieb. Denn es gab andere Akteure, die Gesetze erließen: die Stadtgemeinden. Tatsächlich erließen weder der Papst noch ein Monarch das erste verifizierbare Statut gegen Blasphemie, sondern eine Stadt. Es war womöglich um 1200 – die Datierung ist unsicher – die Kommune von Arles in Südfrankreich, in deren Statuten die Lästerungen gegen Gott vorkommen. Seien schon die gegen Menschen getätigten Beleidigungen strafbar, so heißt es dort, dann müsse es die Blasphemie gegen Gott und die Jungfrau Maria erst recht sein. Wer deshalb beim Spiel Gott lästere, solle 20 Solidi zur Buße geben, die je zur Hälfte dem Ankläger und der Kommune zukommen sollten. Wer die Strafe nicht zahlen könne, solle der Infamie verfallen und aus der Stadt geprügelt werden.[42] Sicher datiert, nämlich auf den 18. Oktober 1221, ist dann das Verbot der Gotteslästerung im Wiener Stadtrecht Herzog Leopolds VI. Wer den Herrgott oder seine Heiligen tadelt (nicht *blasphemare*, sondern *vituperare*), so heißt es dort, dem soll die Zunge abgeschnitten werden; eine Möglichkeit zur Ablösung der Strafe durch eine Geldzahlung gibt es für den Übeltäter nicht. Zusammen mit einer ähnlichen Bestimmung gegen den Meineid sollte das Blasphemieverbot fortan fester Bestandteil des Wiener Stadtrechts bleiben.[43]

Wien war damit im mitteleuropäischen Bereich ein Pionier in Sachen Blasphemie, auch in Hinblick auf die spiegelnde Strafe, das Abschneiden der Zunge.[44] Bis zum Ende des Jahrhunderts kamen mit Brünn, Luzern, Iglau und Würzburg andere Städte hinzu.[45] Mit der wachsenden Zahl städtischer Statuten im Spätmittelalter verdichteten sich die Bestimmungen gegen Gotteslästerung weiter – bis zur Wende der Neuzeit sollte es fast zur Regel werden, dass die städtischen Strafnormen ein Verbot der Gotteslästerung enthielten. Ganz ähnlich verhielt es sich in Italien. Der Prediger Antoninus von Florenz ging Mitte des 15. Jahrhunderts ganz selbstverständlich davon aus, dass in allen wohlgeordneten städtischen Gemeinschaften Statuten erlassen worden seien, um mit Geldstrafen oder anderen Sanktionen den Gotteslästerer entgegenzutreten.[46]

Das Spektrum der angedrohten Sanktionen lässt sich bislang vor allem für Mitteleuropa gut überblicken. Tatsächlich scheinen hier zunächst zwei hauptsächliche Varianten auf, schwere Körperstrafen wie in Wien oder Brünn oder Geldbußen, wie sie in vielen deutschen Statuten hauptsächlich vorgesehen waren. Allerdings sahen auch dort viele Gesetzesnormen schärfere Strafen vor, wenn es sich um schwerere Tatbestände oder Wiederholungstäter handelte. Auch wer zu arm war, um eine Geldbuße zu bezahlen, wurde oft schärfer bestraft – eine offene Klassenjustiz, an der die Zeitgenossen auch bei anderen Straftaten nichts auszusetzen fanden. Zu diesen schärferen Sanktionen gehörten neben der Zungenstrafe auch die Prügelstrafe sowie die Allzweckwaffe der spätmittelalterlichen und frühneuzeitlichen Stadt, die zeitlich befristete oder dauerhafte Verbannung. Zunehmend häufiger wurde den Gotteslästerern in den einschlägigen Gesetzesnormen auch das Anlegen des Halseisens angedroht, die öffentliche Ausstellung am Pranger. Wer Gott entehrte, der sollte damit gleichsam selbst in seiner Ehre angetastet werden.[47]

Die Strafbestimmungen gegen Gotteslästerung in den gesetzlichen Regelungen des Spätmittelalters waren alles andere als Papiertiger. In den zunehmend überlieferten Gerichtsakten finden sich zahlreiche Nachweise für tatsächliche Strafverfolgung und Bestrafung.[48] Sowohl in süddeutschen und schweizerischen Städten als auch in Frankreich reicht das Spektrum der Sanktionen von den zahlreichen Geldbußen bis hin zu Leibesstrafen und zu vereinzelten Hinrichtungen. Nicht selten wurden auch Strafen kombiniert: Vor ihrer Verweisung aus der Stadt wurden Delinquenten häufig an den Pranger gestellt oder der öffentlichen Prügelstrafe unterworfen. Dabei ist zu berücksichtigen, dass härtere Strafen für besonders schwere Vergehen oder als Ersatz für nicht gezahlte Geldbußen in der Regel besser überliefert sind als einfache Geldzahlungen, wobei die ausgrenzenden Strafen oft die Menschen am Rande der Gesellschaft trafen. Innerhalb der spätmittelalterlichen Gesamtkriminalität freilich spielte die Gotteslästerung, soweit wir sehen können, nur eine bescheidene Rolle; sie machte zwischen ein und fünf Prozent der Gesamtkriminalität aus. So standen in der Reichsstadt Konstanz zwischen 1430 und 1460 insgesamt 55 Männer und 2 Frauen wegen Blasphemie vor dem städtischen Niedergericht, das sind ca. 3,3 Prozent aller Delinquenten.[49] Allerdings massieren sich die Zahlen zum Teil in einzelnen Jahren; für das Jahr 1423 ist etwa eine Liste mit rund 20 Delinquenten überliefert, ein Hinweis auf eine regelrechte Kampagne. Hinzu kamen einige gravierende Fälle vor dem Kriminalgericht: 1443 wurde ein Mann zum Tode verurteilt, dessen böse Schwüre gegen Gott und seine liebe Mutter »nit ziemlich sind zu schreiben«. Und 1458 hatte der Bürger Hans Hess bei der »Fotze« der Muttergottes geschworen, wofür er mit der Zunge an den Pranger genagelt werden und dort solange verharren sollte, bis er sich losgerissen hätte. Insgesamt ergibt sich der Gesamteindruck, dass die Gotteslästerung vor Gericht stets präsent war, aber nirgendwo ein Massendelikt darstellte.

### Verfolgungsmotive und Hindernisse

Die Bestrafung der Gotteslästerer eröffnete den spätmittelalterlichen Obrigkeiten interessante Chancen. Die Monarchen konnten damit ihren gesetzgeberischen Eifer und ihre Frömmigkeit anschaulich unter Beweis stellen. Ein oft wiedergegebenes Exempel erzählt von der französischen Blasphemie-Gesetzgebung, die manchmal Philipp II., manchmal seinem Enkel Ludwig IX., dem Heiligen, zugeschrieben wurde. Es handelt von einem frommen Ritter, der, gerade in Paris eintreffend, Ohrenzeuge einer Gotteslästerung wird. Kurz entschlossen züchtigt er den Lästerer, den Sohn eines reichen Bürgers, mit einer Ohrfeige. Er wird verhaftet und vor den König geführt, der erbost nach seiner Rechtfertigung fragt. Der Grund, so erwidert der Ritter ruhig, sei die Treue gegenüber dem höchsten König. Der Herrscher selbst würde doch wohl jemanden für untreu halten, der vor einer Beleidigung gegen ihn die Augen schlösse und sie unbestraft ließe; wie viel stärker schreie dann die Beleidigung des höchsten Königs nach Vergeltung. Der Herrscher war überzeugt und lobte nicht nur die Treue des Ritters, sondern befahl ihm zugleich, bei Bedarf überall in seinem Königreich eine vergleichbare Strafe zu verhängen.[50]

Die suggestive Steigerung vom weltlichen zum himmlischen König (Jacques de Vitry) wurde zu einem Standardargument, um die Schwere des Blasphemie-Verbrechens zu illustrieren. Auch der französische König Philipp IV. sollte später argumentieren, ein Verbrechen gegen die

Majestät Gottes verlange unmittelbar nach dem Einschreiten der weltlichen Majestät, die einen Gutteil ihrer Autorität der göttlichen Gnade verdanke. Diese Parallelisierung zwischen göttlicher und weltlicher Majestät war bereits im Alten Testament angelegt: »Gott sollst du nicht lästern; einen Fürsten in deinem Volke sollst du nicht verfluchen!« (Ex 22, 27 [28]). Sie verdichtete sich an der Wende zur Neuzeit, als die königlichen Ordonnanzen seit Beginn des 16. Jahrhunderts die Blasphemie als Verbrechen gegen die göttliche Majestät *(crime de lèse-majesté divine)* fassten.[51] Der Brüsseler Jurist Jodocus Damhouder griff diesen Vorschlag, der an das römische Recht anknüpfte, in seinem zuerst 1551 erschienenen Kriminalhandbuch dankbar auf. Dort figuriert die Blasphemie, zusammen mit Apostasie, Häresie, Simonie und verschiedenen Spielarten von Magie und Zauberei unter den Verbrechen gegen die göttliche Majestät als den abscheulichsten und größten Untaten überhaupt. Innerhalb dieser Verbrechen ist die Blasphemie besonders hervorgehoben, indem sie als Erste behandelt werden und ihr Charakter als direkter Angriff gegen Gott und als Teufelssünde dargestellt wird.[52]

Der besondere Schutz der göttlichen Majestät vor unverschämten Gotteslästerern erschien den Zeitgenossen nicht zuletzt deshalb geboten, um sich selbst zu schützen. Bereits der Pariser Universitätskanzler Johannes Gerson hatte Anfang des 15. Jahrhunderts den Herrschenden erläutert, die Sünde der Blasphemie sei eine große Ursache von Seuchen, Kriegen, Hungersnöten und anderen Drangsalen, von denen das Christentum heimgesucht werde. Das treffe insbesondere auf das Königreich Frankreich zu, dessen König den Titel *rex christianissimus* führe.[53] Nur wenig später reagierten die allerchristlichsten Könige: Zum ersten Mal im Jahr 1420 war in der Präambel einer königlichen Ordonnanz zu lesen, die Untaten der Blasphemiker könnten daran schuld sein, dass der Schöpfer zahlreiche Leiden und Drangsale über das Königreich kommen lasse. Damit war ein Grundmotiv angesprochen, dass seither immer wieder variiert wurde.[54] Im benachbarten Reich tauchte dieses Motiv zum ersten Mal im Mandat gegen Gotteslästerung von König Maximilian I. aus dem Jahr 1495 (tatsächlich erst 1497 publiziert) auf. Hunger, Erdbeben, Pestilenz und andere

Plagen erwüchsen aus der schweren Beleidigung des Schöpfers bzw. aus dem daraus entspringenden gerechten Zorn Gottes, so heißt es dort.[55] Diese Reihung ist wörtlich aus der Novelle 77 des römischen Kaisers Justinian (vgl. Kapitel 4) entnommen, auf die Maximilian auch explizit als Vorbild verweist. Vor dem 15. Jahrhundert spielte der göttliche Zorn im Kontext gesetzlicher Normen allerdings weder in Frankreich noch im Reich eine besondere Rolle. Erst jetzt wurde er zu einer prominenten Deutungsfigur. Ihren Höhepunkt sollte die sogenannte Vergeltungs- oder Zornestheologie dann im Zeitalter der Reformation und der Konfessionalisierung erreichen.[56]

Bei der Abwehr des göttlichen Zorns waren die Monarchen keineswegs allein, im Gegenteil. In besonderer Weise sahen sich städtische Obrigkeiten herausgefordert. Für den deutschen Fall ist es sogar möglich, dass der städtischen Gesetzgebung wegweisende Bedeutung zukommt. Wenige Jahre vor Maximilian hatte der Rat der Stadt Bern ein Verbot des Schwörens und Fluchens erlassen, das ähnlich begründet war wie dessen Blasphemie-Mandat. Die Herren vom Rat, so heißt es darin, hätten ernstlich erwogen, dass wegen der Übertretung der göttlichen Gebote der allmächtige Gott viele heimliche Strafen und offenkundige Plagen über die Menschheit verhängt, Kriege, Teuerung, Sterben, Hagel, Reif, Missernten und anderes Ungemach. Ganz ähnlich hatte er sich bereits in einem Edikt knapp 40 Jahre vorher geäußert; damit gehörte Bern im deutschsprachigen Bereich zu den Pionieren der später so populären Deutungsfigur.[57] Dass sich die Städte in besonderer Weise herausgefordert fühlen mussten, mag vielleicht auch damit zusammenhängen, dass im Alten Testament das Syndrom von sündigem Verhalten und göttlicher Strafe sehr konkret städtisch verortet war, im ersten Buch Mose (Gen 19) nämlich: Dort wird die Vernichtung der Städte Sodom und Gomorra durch Schwefel und Feuer beschrieben, die Gott vom Himmel regnen ließ, weil er der Sünden ihrer Bewohner überdrüssig geworden war. Und nun waren es, wie die städtischen Obrigkeiten in Köln ebenso wie in Bern in ihren Verordnungen feststellten, die üblen Schwüre und bösen Lästereien, die den Zorn Gottes in besonderer Weise herausforderten.[58]

Doch nicht nur die Abwehr existenzieller Gefahren war ein Grund, warum die städtischen Obrigkeiten Gotteslästerungen bestraften. Sie konnten damit auch ihre – keineswegs immer unangefochtenen – Herrschaftsansprüche über die Angehörigen der Stadtgemeinde symbolisch zur Geltung bringen und ihre Rolle als Stadtväter betonen, die für das Gemeinwohl *(bonum commune)* Sorge trugen. Die Städte spielten, zumindest in Mitteleuropa und in Italien, eine Pionierrolle im Kampf gegen die Gotteslästerung.[59] Denn obwohl sie nach heutigen Maßstäben oft von überschaubarer Größe waren, bildeten sie im Spätmittelalter in einer eher statischen, ländlich geprägten Welt Sammelbecken für Zuwanderer verschiedener Herkunft und Prägung. Die herkömmlichen Mechanismen der Sozialkontrolle in engen Gemeinschaften funktionierten unter diesen Bedingungen weniger gut, das enge Zusammenleben von Menschen verschiedenen Standes und unterschiedlicher Herkunft bedurfte neuer Regeln, nicht zuletzt hinsichtlich des sittlich-moralischen Verhaltens. Daher wurden die Stadtkommunen zu Vorreitern einer Polizeigesetzgebung, die sich erst später auch auf der Ebene größerer Territorien verdichtete. Insofern fügt sich die Bekämpfung der Blasphemie in einen größeren ordnungspolitischen Zusammenhang ein.

Die Gotteslästerung stand dabei für eine besondere Kategorie von Vergehen: Es handelte sich um Offizialdelikte, die »schon von ihrer Natur her keinen Privatkläger kannten« und die »der Inquisitionsmaxime als Einbruchsschneise dienten«.[60] Bei diesen Vergehen agierte, mit anderen Worten, ein amtlicher Ermittler aus eigenem Antrieb gegen potenzielle Straftäter. Im Fall des Gotteslästerers mochten sich alle Angehörigen einer Gemeinschaft durch dessen Tat bedroht sehen. Aber niemand war in besonderer Weise dadurch geschädigt und sah sich deshalb genötigt, als Ankläger vor Gericht zu fungieren, wie es das ältere Recht zwingend erforderte. Also musste die Obrigkeit, gleichsam als Stellvertreter für die bedrohte Gemeinschaft, von Amts wegen tätig werden und gegen den Übeltäter vorgehen. Auf diese Art brachten Delikte wie die Gotteslästerung, aber auch der Verstoß gegen obrigkeitliche Kleider-, Luxus- und Spielverbote, in den spätmittelalterlichen deutschen Städten den Durchbruch zu einem »öffentlichen Strafrecht«, in dessen Rahmen dann auch bei ganz traditionellen Gewalt- oder Eigentumsdelikten auf einen Ankläger verzichtet werden konnte. So archaisch uns heute die Deutungsfigur vom Zorn und der Rache Gottes anmutet, sie bildete einen Ansatzpunkt für eine bemerkenswerte Modernisierung des Rechts.

Wie aber sollten die Vertreter der Obrigkeit vom Normbruch Kenntnis erhalten, wenn es keine förmlichen Ankläger mehr gab? Die offenkundige Lösung hieß Denunziation. Bereits die erste Ordonnanz Ludwigs IX. von 1268/69 hatte von Denunzianten gesprochen, denen ein Viertel der Geldbußen verurteilter Gotteslästerer zukommen sollte. Offenkundig genügte die Angst vor der drohenden göttlichen Strafe vielfach nicht, es bedurfte konkreter monetärer Anreize, um Menschen dazu zu bringen, Gotteslästerer zu denunzieren.[61] Dieser Weg wurde auch in den deutschen Städten des Spätmittelalters beschritten, wobei das Spektrum der Möglichkeiten sehr breit war.[62] So konnten, wie etwa in Frankfurt 1354, alle Stadtbürger bei ihrem Bürgereid verpflichtet werden, Gotteslästerungen zu »rügen« (also anzuzeigen), und umgekehrt mit Strafe bedroht werden, wenn sie es nicht taten. Andere Städte wie Konstanz setzten darauf, Ratsherren und andere Amtsträger als potenzielle Rüger zu verpflichten. Insbesondere die Wirte tauchen häufiger in städtischen Statuten als Personen auf, die besonders auf die Überwachung der Gotteslästerer zu achten hätten. Nicht zuletzt setzten etliche Stadträte auf eigens für die Überführung von Gotteslästerern zuständige (heimliche) Kundschafter oder betrauten niedere Polizei- oder Gerichtsdiener mit diesen Aufgaben. Aber trotz allfälliger Prämien war der Einsatz von Denunzianten oft nicht von Erfolg gekrönt. Das belegt nicht nur die Klage vieler Obrigkeiten darüber, dass die Gesetze nicht eingehalten würden, sondern auch die Tatsache, dass viele der aktenkundigen lästerlichen Schwüre und Flüche einfach ignoriert wurden.[63] Auch die Strafverfolgungspraxis bewegte sich also in einem eigentümlichen Spannungsfeld von Dramatisierung und Verharmlosung der Blasphemie.

# 8. Blasphemie als soziale Praxis

## Lästerliche Worte: Was war Gotteslästerung?

Blasphemie, Gotteslästerung – das sind Etiketten, die Sprechhandlungen anderer aufgeklebt wurden und werden. Kaum jemand in der Vergangenheit dürfte seine eigenen Worte von sich aus als blasphemisch bezeichnet haben. Vom Sprechen über Gotteslästerung zu den blasphemischen Sprechakten selbst vorzustoßen, ist schon deshalb nicht einfach. Oft scheuten nicht nur fromme Seelsorger davor zurück, die Lästerungen durch ausdrückliche Zitierung zu verdoppeln, und begnügten sich mit abstrakten Umschreibungen des Sachverhalts. So hielt der Gerichtsschreiber im Fall des 1443 zum Tode verurteilten Konrad von Hennenhoven lediglich fest, dieser habe Schwüre ausgestoßen »gegen Gott und seine liebe Mutter, die so nit ziemlich sind zu schreiben noch zu hören«.[64] Dennoch kristallisiert sich aus den verstreuten Hinweisen ein dichtes und farbiges Bild der gotteslästerlichen Praktiken heraus. Die folgende Spurensuche dehnt den Betrachtungszeitraum weiter aus, nämlich bis ins 17. Jahrhundert. Viele Sprech- und Verhaltensweisen waren – bei aller Varianz und Veränderbarkeit im Einzelnen, gerade im Zuge der Reformation – ein Phänomen langer Dauer. Dabei sollen im ersten Schritt die Lästerworte selbst betrachtet werden, in einem zweiten die jeweiligen sozialen Kontexte. Erst so wird die tatsächliche kulturelle Bedeutung der Blasphemie wirklich erkennbar.

**Lästerliche Schwüre**

Schon die Justinianische Novelle 77 aus der Mitte des 6. Jahrhunderts nannte als konkrete Ausprägung gotteslästerlichen Verhaltens das Schwören bei Gottes Haaren und Haupt (vgl. Kap. 4).[65] In den Jahrhunderten des späten Mittelalters und der Frühen Neuzeit wurden derartige Schwüre stets an erster Stelle genannt, wenn es galt, Blasphemie näher zu charakterisieren. Um diese spezielle Form der Abweichung zu verstehen, bedarf es zunächst eines Blicks auf den Normalfall des Eides. Er besaß für die alteuropäische Welt, gleichsam als gesellschaftliches Binde- und Schmiermittel, eine kaum zu überschätzende Bedeutung. Dabei unterscheidet die Forschung zwei unterschiedliche Erscheinungsformen. Die eine Form ist der »assertorische« Eid, in dem eine verbindliche Aussage über die Wahrheit eines Tatbestands (etwa vor Gericht) getroffen wird. Die andere ist der »promissorische« Eid, der ein auf die Zukunft gerichtetes Versprechen gibt; zeitweilig hatte dieser Eid sogar quasi-sakramentalen Charakter, indem er Herrschaftsbeziehungen konstituierte.[66] Allerdings stand dieses soziale Bindemittel des Eides unter einem starken religiösen Vorbehalt: Jesus hatte in der Bergpredigt (Mt 5,33–37) mit starken Worten das Schwören untersagt und damit das alttestamentarische Verbot des Meineides verschärft. Seit der Spätantike standen die Theologen damit vor der Herausforderung, dieses Herrenwort mit den sozialen Notwendigkeiten in Einklang zu bringen.

Seine klassische Ausprägung erhielt das christliche Verständnis des Eides durch Thomas von Aquin.[67] Schwören bedeute, Gott zum Zeugen der Wahrheit anzurufen, so definiert er, und einer Aussage damit eine besondere Bindekraft zu verleihen. Ein Schwur dürfe keinesfalls leichtfertig getätigt werden, sondern nur dort, wo er absolut notwendig sei. Ebenso wie eine Medizin nur bei ernster Krankheit verabreicht werde, so dürfe der Eid nur ernsthaft und zurückhaltend eingesetzt werden. Grundsätzlich sei es durchaus ehrenvoll zu schwören, beruhe der Eid doch auf dem unverbrüchlichen Glauben der Menschen an Wahrheit und Allmacht Gottes und ziele darauf, das Recht wiederherzustellen und einen Streit zu beenden. Aber unehrerbietige und profane Schwüre seien verboten.[68] Diese Definition sollte es ermöglichen, zwischen legitimen Eiden und unerlaubten, möglicherweise sogar lästerlichen Schwüren zu unterscheiden.

Welche Schwüre galten nun als blasphemisch? Häufig genannt werden solche beim Haupt (oder Schädel bzw. abwertend Grind) und den Haaren Gottes, ebenso bei seiner Stirn, seiner Nase und seinem Bart. Aber auch bei den Armen oder den Beinen, bei Hand oder Fuß Gottes wurde lästerlich geschworen, bei seinem Bauch und bei seinen inneren Organen wie Lunge und Leber. Wurden diese Schwüre in den Quellen bereits als ungewöhnlich und verboten etikettiert, so weisen viele Edikte gerade aus dem Spätmittelalter eine Sonderkategorie besonders böser und ungeheuerlicher Lästerungen aus. Diese beziehen sich auf tabuisierte Körperpartien oder Tätigkeiten, auf sexuelle Aktivitäten oder körperliche Ausscheidungen. So setzt eine Verordnung des Konstanzer Rates aus dem Jahr 1363 besonders hohe Geldbußen auf Schwüre wie Gottes Scheiß *(bogs schaiss)* oder Gestank *(bogs stank)*. Etwa zur gleichen Zeit wiesen die Mandate des Rates der benachbarten Stadt Zürich Schwüre bei Gottes Schwanz *(Gotz zers)* sowie Gottes Mähre (Stute, Konkubine) oder Gottes Hure als besonders schwerwiegende Verfehlungen aus.[69] Bemerkenswert am letztgenannten Beispiel ist die Tatsache, dass hier unverblümt – und das in offiziellen Ratsverlautbarungen! – »Gott« genannt wird, während andernorts meist, wie in Konstanz, euphemistisch von »bocks«, »box« oder »kotz« geschrieben (und wohl auch tatsächlich dabei geschworen) wurde. Die Verballhornung sollte zumindest oberflächlich den despektierlichen Umgang mit dem Schöpfer überdecken und somit den Tabubruch entkräften. Bis in die Neuzeit hat der Begriff in der Interjektion »potz« (Potzblitz! Potztausend!) überlebt, mehr noch: Puritanische Sittenstrenge und bürgerliche Wohlanständigkeit haben offenbar dazu geführt, dass gerade in der Periode zwischen dem 17. und dem 19. Jahrhundert derartige Euphemismen blühten.[70]

Viele blasphemische Schwüre bezogen sich eng auf die Leidensgeschichte Christi. Geschworen wurde bei Gottes Wunden, beim göttlichen Schweiß, bei Gottes Leiden, Marter oder Leichnam, bei Gottes

Kraft, Macht oder Ohnmacht. Auch hier waren Varianzen und Kombinationsfreude groß. Offenkundig gab es regelrechte Schwurmoden und -konjunkturen. Deutlich zeichnet sich im 16. Jahrhundert eine sprachliche Verengung ab: Die Schwüre beim Körper Gottes kamen außer Gebrauch, und die Passionsschwüre wurden immer stereotyper. Abgelöst wurden sie tendenziell von den Sakramentsschwüren, indem jetzt »tausend Sakrament«, »viel tausend Sakrament« oder gar »hunderttausend Sakrament« geschworen wurden – bis in die Gegenwart hinein haben sich Kümmerformen davon in Gestalt von Interjektionen wie »sapperment« oder »sapperlot« erhalten.[71]

Bemerkenswert an all diesen Schwurformeln ist, dass sie alle mehr oder weniger deutlich auf die Menschengestalt Gottes, auf Christus, anspielen, dass aber immer von Gott die Rede ist. In gewisser Weise handelt es sich bei den Gliederschwüren um ein Spiel mit der göttlichen Trinität, das zugleich den Schöpfer in seiner jenseitig-entrückten Wesenheit und den menschgewordenen, körperlichen und sterblichen Gott adressiert. Kirchenmänner wie der Wiener Professor Nikolaus von Dinkelsbühl sahen darin einen klassischen Anwendungsfall der Blasphemie-Definition: Mit der Nennung göttlicher Gliedmaßen eigneten die Lästerer dem Schöpfer einen Körper zu, der ihm als ewigem, der körperlichen Sphäre entrücktem Wesen nicht zukomme. Mit ähnlichen Argumenten wandte sich ein kirchliches Rechtsgutachten aus der Mitte des 14. Jahrhunderts gegen den Schwur eines Brünner Bürgers bei Gottes Bauch: Nach dem Zeugnis des Johannesevangeliums sei Gott Geist; ein Geist besitze keine Knochen, kein Fleisch – folglich auch keinen Bauch. Immerhin fühlt sich ein Wiener Kollege von Nikolaus zu einer Klarstellung genötigt: Natürlich habe Jesus Christus in seiner Menschengestalt sehr wohl einen Körper besessen, nicht jedoch in seiner Eigenschaft als wahrer Gott.[72]

Die Glieder- und Passionsschwüre gaben den Theologen jenseits derartiger Spitzfindigkeiten ein Bild an die Hand, mit dem sie gegen die Sünder zu Felde zogen: Dass nämlich durch die spitzen Zungen der Blasphemiker Christus ein weiteres Mal gekreuzigt würde. In einer Predigt gegen den Gotteslästerer-Narren von 1498/1499 wendet sich der

Straßburger Münsterprediger Geiler von Kaysersberg direkt an den Schwörer und Flucher. Dieser benutze die schwachen menschlichen Glieder, die Gott der Menschheit zuliebe angenommen habe, um ihn zu schmähen, und zeige so seine Undankbarkeit: »Sag an, Du Gotteslästerer, was Böses hat er dir getan, dass du Hirn, Haupt, Augen, Hals, Herz, Schweiß, Blut und Fleisch unseres Herrn Jesu Christi lästerst?« Habe Christus nicht die Dornenkrone auf seinem Kopf getragen, hätten seine Augen nicht am Kreuz geweint und habe er sein Blut nicht auch für den Lästerer vergossen, damit er erlöst werde?[73] Geilers beschwörende Worte beziehen sich hier nicht nur auf die lästerlichen Schwüre, sondern implizit zugleich auf ihr positives Gegenbild, auf die innige Passionsfrömmigkeit jener Zeit. Im Spätmittelalter stand der Körper Christi in besonderem Maß im Zentrum der religiösen Andacht, nicht nur in der Gestalt der Eucharistie, sondern auch bei den intensiven Meditationen über die Wunden und die Marterwerkzeuge der Passion. Sie wurden als *arma Christi* zum Gegenstand spezieller Verehrung. Sogar eine spezielle Gruppe von Gebeten gab es, die »Begrüßung der Glieder Christi«, die einzelne Körperteile des Menschensohns in frommer Andacht vergegenwärtigten.[74] Nicht nur hier werden blasphemische Wendungen als dunkle Kehrseite frommer Praktiken erkennbar; Euphemie und Blasphemie stehen miteinander in enger Verbindung.

Böse Schwüre finden sich nicht nur im deutschsprachigen Bereich, sondern ebenso in vielen anderen Regionen Europas. Eine ihrer Hochburgen dürfte England in Spätmittelalter und Renaissance gewesen sein – noch die lange gebräuchliche Interjektion »Zounds!« hatte ihren Ursprung in einem Passionsschwur *(wounds)*. Theologen und Moralisten zogen ebenso hartnäckig wie erfolglos gegen diesen Übelstand zu Felde. Thomas Elyot beklagte 1531, der Körper Christi werde in Stücke gehauen und die Kinder spielten mit seinen Armen und Knochen wie mit Kirschkernen. Und in William Dunbars Gedicht *The Sweirers and the Devill* (ca. 1520) veranstaltet Satan einen Wettbewerb um den kräftigsten Schwur auf dem Marktplatz – den Sieg trägt der Priester davon.[75] Auch in Frankreich stellen Schwüre *par aucuns des membres de*

*Dieu* ein zentrales Segment der bekämpften Blasphemien dar, wie schon ihre Erwähnung in der Ordonnanz Ludwigs des Heiligen von 1268 verdeutlicht. Vielfach finden sich in den französischen Gerichtsquellen des späteren Mittelalters Schwüre beim Körper, Kopf oder Fleisch Gottes ebenso wie solche bei seinem Blut oder Tod, bei seiner Dornenkrone oder seinem Kreuz.

Daneben aber lassen sich häufiger andere blasphemische Äußerungen identifizieren, die eine demonstrative Geringschätzung Gottes zum Ausdruck bringen wollen. Typisch sind im französischen Sprachraum Wendungen wie ›trotz Gott!‹ *(Maugré Dieu)* oder ›Ich verleugne Gott!‹ *(je renye Dieu)*.[76] Auf den ersten Blick erscheinen sie für den modernen Beobachter stärker den Tatbestand offener und intentionaler Gotteslästerung zu erfüllen, aber tatsächlich zeigen die jeweiligen Kontexte, dass dergleichen Wendungen in der Alltagskommunikation auf der gleichen Ebene angesiedelt gewesen waren wie im deutschsprachigen Bereich die Glieder- und Passionsschwüre. Ähnlich sah es im Mittelmeerraum aus. Vor den *Esecutori Contro la Bestemmia* in Venedig wurden Gotteslästerungen verhandelt wie *al cospetto di dio* (vielleicht im Sinn von: ›In Dein Gesicht, Gott!‹) oder *al dispetto di dio*, also ›Gott zum Trotz‹. 1646 soll Giovanni Paolo Sorratini geschworen haben bei ›der Hure Gottes‹ *(puttana di Dio)*, ›der Hure des Herren, der Fotze Gottes, dem Blut Gottes‹. Schwüre beim Arsch (*culo*) oder der Fotze *(potta)* Gottes, Mariens oder der Heiligen waren auch in anderen Regionen Italiens gängig.[77] In der spanischsprechenden Welt, ob im Mutterland oder in den Kolonien der neuen Welt, waren ähnliche Schwurformeln zu hören, etwa: ›Ich glaube nicht an Gott!‹ *(descreo de Dios)*, ›Gott sei verdammt!‹ *(pese a Dios)* oder ›Ich widersage Gott!‹ *(reniendo de Dios)*.[78]

**Blasphemische Flüche**

Schwören und Fluchen werden seit jeher als enge Geschwister behandelt, ist doch der Eid nichts anderes als eine bedingte Selbstverfluchung. Mit ihm ruft der Schwörende Gott an, als Zeugen der Wahrheit wie auch als Rächer im Falle der Lüge.[79] Im Vergleich zu anderen Zungensünden war es vergleichsweise einfach, Klarheit über die Bedeutung der *maledictio* zu erlangen. Zu verfluchen hieß, wie Geiler von Kaysersberg um 1500 knapp ausführte, einem anderen etwas Böses wünschen. Er illustrierte es mit farbigen Beispielen wie »dass dich das fallende Übel [die Epilepsie] angehe«, »dass dich Sankt Veits Tanz [die Tanzwut] ankomme« oder dass dich »die Pestilenz überkomme«.[80] Schon diese – per se noch keineswegs gotteslästerlichen – Flüche lassen sich schwer mit dem christlichen Gebot der Nächstenliebe vereinbaren. Doch wurden diese Sprechakte keineswegs in Bausch und Bogen verdammt. Die Genesis zeigt die Verfluchung Adams und Evas durch den Schöpfer, und auch sonst geizte Jahwe, der Gott des Alten Testamentes, nicht mit Racheaktionen gegen die Feinde Israels. Überdies scheuten heilige Männer wie Noah, der seinen Sohn Cham verfluchte (Gen 9,24), Propheten wie Elias, der die spottenden Knaben vermaledeite (2 Kön 2,24), oder der Apostel Petrus, der den Simon Magus verwünschte (Apg 8,20), nicht vor Flüchen zurück. Für die gesamte mittelalterliche Kirche stellte der Bannfluch ein ebenso machtvolles wie legitimes Instrument dar, um Ungehorsame zumindest zeitweilig aus der Heilsgemeinschaft auszuschließen und damit gefügig zu machen.[81] Flüche konnten mithin dann erlaubt – sogar geboten! – sein, wenn sie von Gott oder einer von ihm legitimierten Instanz ausgingen. Ihr Einsatz durch gewöhnliche Zeitgenossen, gar aus persönlicher Rachsucht oder anderen bösen Absichten heraus, war dagegen streng untersagt.

So traten im Spätmittelalter und im Zeitalter der Reformation lästerliche Flüche als eine weitere Hauptvariante der Blasphemie neben die üblen Schwüre. Oft wird zwischen beiden gar nicht genau unterschieden, »Fluchen« und »Schwören« wurde in Deutschland ebenso synonym verwendet wie *swearing* und *cursing* in England.[82] Ein Hamburgisches Mandat von 1515 stellte fest, bei Jung und Alt sei leider die Gewohnheit eingerissen, Gott und seine Heiligen hohnzusprechen, zu schwören, zu fluchen und zu vermaledeien.[83] Einige Fälle aus Überlingen aus der gleichen Zeit zeigen, wie die Kombination von Schwüren und Flüchen aussehen konnte. Täglich, so heißt es da, habe Augustin Bader geschworen, »dass dich Gottes Heilige Leiden schänden«, »dass dich Gottes Ohnmacht« oder »dass dich Gottes Blut schände«. Und Hans Salat von Krähenried habe seinen Gegner mit den Worten herausgefordert, »dass dich Gottes Sakrament, Gottes Kreuz und Gottes Marter schände«.[84] Durch die Häufung verschiedener göttlicher Attribute konnte die Kraft eines Fluchs offenbar gesteigert werden. Nimmt man die Redewendungen wörtlich, sind durchaus auch einige verbale Spitzen gegen den Angerufenen auszumachen, etwa wenn hier gerade die göttliche Ohnmacht (gemeint ist die Ohnmacht Jesu in der Passion) als Kraftquelle angerufen wird.

*Mit* Gott zu fluchen galt vielfach schon als verwerflich genug, aber Flüche *gegen* Gott, seine Mutter und die Heiligen stellten zweifellos eine schwere Form der Blasphemie dar, wie bereits die Kölner Statuten von 1437 konstatierten.[85] Der Schöpfer als Adressat der Verwünschung, als derjenige, dem man Übles wünscht – das war eine Vermessenheit, geradezu eine Rebellion.[86] Folgerichtig erscheint daher jene Bestimmung aus Bern von 1481, die den Fluch als besonders schwere Form der Blasphemie qualifizierte: War für ungewöhnliche Schwüre lediglich eine Geldstrafe zu entrichten, so wurde der Gottesflucher öffentlich ins Halseisen gespannt und damit entehrt.[87] Insbesondere beim Karten- oder Würfelspiel vergaßen sich manche der Beteiligten so weit, dass sie – wie ein Mann in Babenhausen 1403 – »Gott das fallende Übel auf seinem Stuhl [im Himmel]« wünschten. In diesem Zusammenhang konnte dann auch der Antipode Gottes ins Spiel kommen. Teufelsflüche (»dass dich der Teufel hole«) waren an sich nicht ungewöhnlich, aber wenn der Coburger Bürger Ebirhard Störcher 1435 einen Kontrahenten mit dem Fluch traktierte, »da schlage der Teufel und das fallende Übel zu unserm Herrgott und zu dir«, konnten sie sich in schlimme Lästerungen verwandeln.[88]

**Fluchen und Schwören als aggressive Alltagshandlungen**

Welche Bedeutung haben die zahlreichen Schwüre und Flüche, denen wir bisher begegnet sind? Bereits die zeitgenössischen Bewertungen sorgen ja hier für eine produktive Verunsicherung – selbst profilierte Theologen wie Geiler von Kaysersberg schienen zwischen entschiedener Verdammung und nachsichtiger Entschuldigung zu schwanken. Einige moderne Interpretationen stellen den möglichen magischen Gehalt des Fluchens ins Zentrum: Sie unterstellen, der Fluchende habe tatsächlich die Realisierung des herbeigerufenen Übels beabsichtigt und erwartet. Er habe damit den Anspruch erhoben, den Allmächtigen mit seinen magischen Fluchformeln zwingen zu können, und damit die göttliche Weltordnung negiert – ein schwerer Verstoß gegen das erste Gebot! Gotteslästerliches Fluchen bedeutete deshalb, zugespitzt formuliert, eine magische Usurpation göttlicher Macht.[89] Diese Auffassung erscheint mir allzu dramatisierend. Zweifellos gehörten magische Verwünschungen, so viel ist richtig, zur sozial wirkmächtigen Realität alteuropäischer Gesellschaften. Nicht selten vermuteten Menschen hinter diesen Sprechakten sogar Machenschaften des Teufels und sahen sich als Opfer von Hexen, die ihren Schadenszauber mit Hilfe derartiger Fluchformeln verrichteten. Gewöhnlich aber unterschieden die zeitgenössischen Beobachter deutlich zwischen magischen Verwünschungen einerseits, gotteslästerlichen Flüchen aus alltäglicher Gewohnheit oder auch aus zorniger Gefühlsaufwallung andererseits, wobei der Unterschied zwischen beiden weniger im genauen Wortlaut als im sozialen Kontext angesiedelt war.

Andere moderne Interpretationen beschäftigen sich gerade mit jenen alltäglichen, fast trivialen Schwüren und Flüchen: Es handele sich um einen fundamentalen menschlichen Mechanismus zur Verarbeitung von Frustrationen oder zum Abbau von Aggressionen. Angestaute Gefühle wie Schmerz, Überraschung oder Ärger können sich auf diese Art entladen, der menschliche Organismus, der durch plötzliche Außenreize geschockt wurde, kann wieder ins Gleichgewicht gelangen. Dabei erscheint es zweitrangig, ob sich der verbale Ausbruch gegen einen unbelebten Gegenstand (etwa den Hammer, der statt des

Nagels den Daumen getroffen hat) oder gegen einen menschlichen Kontrahenten richtet.[90] Schwüren und Flüchen in älterer Zeit käme damit eine ähnliche Bedeutung zu wie anderen Formen des Schimpfens und Fluchens (»Mist!«, »Scheiße!«). Diese Sichtweise trifft sich mit den vielen Entschuldigungen und Trivialisierungen der damaligen Zeitgenossen, die Gewohnheit, Gedankenlosigkeit oder mangelnde Selbstdisziplin ins Feld führen und stets ein angemessenes Schuldbewusstsein vermissen lassen. Aber sie erscheint doch zu allgemein, um die Besonderheit des lästerlichen Schwörens und Fluchens zu verstehen.

Das gelingt besser, indem wir den jeweiligen situativen Kontext betrachten. In aller Regel drückten die lästerlichen Worte eine Aggression gegen konkrete Personen aus, oft standen sie in Zusammenhang mit einem eskalierenden Konflikt. Während der Turbulenzen der frühen Reformation in Basel im Jahr 1528 wandte sich der städtische Schlüsselverwalter Claus Harnasch z. B. heftig gegen die neugläubigen Bilderstürmer, die die Gebote des Rates missachteten. Er beschimpfte sie nicht nur als Meineidige, Bösewichter und Schelme, sondern bekräftigte das bei mehreren Gelegenheiten auch mit kräftigen Schwüren und Flüchen. »Das sind unsere Evangelischen, dass sie Gottes Wunden schänden«, so wird er z. B. von einem Zeugen zitiert.[91] Für uns sind die Einlassungen von Harnasch nicht leicht verständlich, für die Zeitgenossen waren sie durchaus gängig. Und sie sind auch in der Rückschau höchst aufschlussreich. Als Anhänger des alten Glaubens zog der Schlüsselverwalter heftig über die (in der Gesprächssituation abwesenden) Evangelischen her, wobei er seine rüden Schimpfworte mit einem Schwur bekräftigte. Mit starken Worten präsentierte er sich hier als Anhänger eines Magistrats, der noch am alten Glauben festhielt – noch, denn bald sollte die Basler Obrigkeit unter dem Druck der Verhältnisse ihre Position ändern. In den Tiraden des Schlüsselverwalters schimmert bereits die Angst vor derartigen Veränderungen hindurch. Insofern richtet sich sein verbaler Radikalismus, zumindest indirekt, auch an seine Ratsherren, die er so mahnte, die angedrohten Strafen auch zu vollstrecken. Bei alldem ist zu bedenken, dass sich Harnasch hier gotteslästerlicher Wendungen bediente, die in Basel seit langem mit Strafen bedroht wurden. Offenbar standen nach seinem Empfinden seine üblen Schwüre und Flüche nicht in Widerspruch zu seinem religiösen Anliegen. Seine Umgebung sah das genauso, denn vor Gericht kam er nicht. Natürlich war diese Situation ziemlich speziell, aber verallgemeinerbar ist doch die Beobachtung, dass Schwüre und Flüche in der Regel mit Konflikten zwischen Personen zusammenhingen. Davon zeugen nicht nur viele Gerichtsakten, sondern auch literarische Werke wie die deutschen Fastnachtsspiele, bei denen einfältige Bauern oder tumbe Narren auf der Bühne manchmal hemmungslos schworen oder fluchten, wenn sie in Streit gerieten.[92]

**Blasphemische Worte und Taten**

Jenseits der zahlreichen mehr oder weniger stereotypen Schwüre und Flüche gab es eine ganze Reihe von anderen Varianten der Gotteslästerung.[93] Bei aller Ritualisierung, die auch dort gegeben war, erscheinen sie oft freier, weniger standardisiert. Für die Zeitgenossen handelte es sich daher um bewusstere, vorsätzliche Blasphemien, die härtere Strafen verdienten. Gott als »Schelm« oder »Dieb« zu bezeichnen konnte einen Gotteslästerer das Leben kosten, wie 1569 den Landsknecht Georg Koch in Straßburg. Hart bestraft wurde auch eine parodistische Verballhornung des Vaterunser, die 1507 in Rothenburg ob der Tauber begangen wurde: Dort hatte Max Behr von Wettringen bei einem Zechgelage den Spruch zum Besten gegeben: »Vergib uns unsere Schuld, oder aber gib uns Geld, so wollen wir sie selbst bezahlen.« Ihm wurde am Pranger die Zunge abgeschnitten, dazu wurden ihm mit glühenden Eisen Male auf die Stirn gebrannt; danach wurde er lebenslang der Stadt verwiesen. Auch in der katechetischen Literatur wurden Beispiele blasphemischer Gebetsparodien überliefert (»Vater unser guter, mein Vater hüpft auf meine Mutter …«).[94] Es steht zu vermuten, dass viele der »unerhörten«, »grausamen« und »nicht zu nennenden« Lästerungen, die in den Quellen verzeichnet sind, in die Kategorie dieser ›freieren‹ Lästerungen gehören.

Fäkalinjurien besaßen in der vormodernen Welt keine so überragende Bedeutung wie gegenwärtig in manchen Regionen der Welt, insbesondere in Deutschland, doch wurden skatologische Ausdrücke gelegentlich zur Entehrung Gottes benutzt. Recht rüde und unverblümt äußerte in Sankt Gallen der Schneidergeselle Mathys Spötge am Pfingstabend 1463 im Verlauf eines Gesprächs, er scheiße auf den Heiligen Geist. Ähnliche blasphemische Äußerungen an den folgenden Tagen machten das Maß voll, sie brachten ihm den Verlust seiner Zunge sowie die Verbannung ein.[95] Die Androhung der Defäkation auf heilige Personen bzw. Objekte drückte höchste Verachtung aus und konnte gewöhnlichere Formen der Profanierung wie Gliederschwüre und -flüche steigern. So wurde einem Mann in Sankt Gallen 1513 nicht nur vorgeworfen, beim Spiel übel geschworen zu haben; überdies habe er seine Schmähungen noch gesteigert mit den Worten »Ich schiß unserm Hern in die Wunden«. Auf Fürbitte seiner schwangeren Frau, seiner Schwestern und eines Abtes wurde er freigelassen und lediglich zu einem Spiel- und Wirtshausverbot verurteilt.[96] Skatologische Lästerungen waren im Mittelmeerraum ebenfalls nicht unbekannt, wo Ausrufe wie »Ich scheiße auf Gott« oder Flüche beim Arsch Gottes *(le cul de Dieu)* zu hören waren.[97]

Angriffe auf die sexuelle Integrität, in sozialen Konflikten allgegenwärtig, konnten ebenfalls in blasphemischer Manier angewendet werden.[98] Aus dem deutschen Südwesten besitzen wir Beispiele für die gotteslästerliche Variante dessen, was heute als »Mutterfluch« populär ist. In drastischer Zuspitzung findet sich ein solch »ungewöhnlicher Schwur« bei dem 1376 für alle Zeit aus der Stadt Basel verwiesenen Merckli von Zofingen. Er wurde bestraft, weil er geschworen hatte, »Gott (müsse) seiner Mutter in das Füdeloch hintenrein gehen«.[99] In dreifacher Steigerung verletzte Merckli mit diesem Sprechakt die göttliche Ehre: Dass er Gott und Maria überhaupt mit sexueller Aktivität in Verbindung brachte, war lästerlich genug. Merckli ging jedoch noch weiter, indem er Gott zum Bruch des Inzesttabus aufforderte. Derartige Provokationen gehörten zu den schwersten verbalen Geschützen, die damals aufgefahren werden konnten, um das Gegenüber zu entehren. Meist ging nach solchen Äußerungen die verbale Streiterei in eine handfeste Auseinandersetzung über.[100] In Mercklis Schwur sollte der Inzest überdies in einer damals als widernatürlich aufgefassten Stellung vollzogen werden, von hinten. Insgesamt wird in dieser Häufung von Tabubrüchen eine ebenso maßlose wie wohl kalkulierte Aggression gegen den Schöpfer sichtbar.

In romanischen Ländern, insbesondere in der mediterranen Welt, scheinen sexuell gefärbte Blasphemien noch stärker verbreitet gewesen zu sein als in deutschsprachigen Gebieten. Sie folgten dabei dem Muster weltlicher Ehrhändel, bei denen Frauen als Huren und Männer als Gehörnte beschimpft wurden. In Toledo äußerte 1526 ein junger Knecht aus Neapel sinngemäß: »Ich widersage Gott und unserer Frau, der verfickten Hure, mit ihrem Hahnrei, dem Arschloch.«[101] Ein sizilianischer Gotteslästerer bezeichnete 1586 Gott als geilen Ziegenbock *(cabrón cornudo)* und unsere liebe Frau als faule Hure *(puta vagaza)*.[102]

Manche Blasphemiker drohten dem Allmächtigen direkt Gewalt an. So wünschte in Zürich Ende des 14. Jahrhunderts ein gewisser Kilchmatter Gott nicht nur »das fallende Übel«, sondern äußerte überdies, wenn er ihn hier auf Erden hätte, träte er ihn in den Bauch – eine eindrückliche Allmachtsphantasie![103] Noch weiter gingen drei Gotteslästerer in Straßburg im Jahr 1359, die ihre Gewalt gegen den Schöpfer an einem Objekt ausagierten: Mit Waffen hieben sie auf einen Sessel ein, so hält das »Heimliche Buch« der Stadt fest, und sprachen dabei, »es wäre Gott, sie wollten ihm ein Bein abhauen«. Danach hätten sie Würfeln die Augen ausgestochen und dabei gerufen, »es wäre Gott, sie wollten ihm seine Augen ausstechen«. Während sich die meisten Gotteslästerer damit begnügten, dem Schöpfer Glieder beizulegen, drohten diese damit, seine Gliedmaßen zu verletzen. Einer der Männer soll sogar so weit gegangen sein, »dass er ein Messer in den Himmel warf und sprach: Er wollte es in Gott werfen«.[104]

Zu blasphemischen Schmähungen konnten bildliche Repräsentationen des Heiligen aus Stein oder aus Holz herausfordern. In einer lateinischen Ausgabe von Sebastian Brants »Narrenschiff« von 1497 steht der Narr, ein Zepter in der linken Hand, mit den Füßen in einem Loch oder einem Teich und deutet mit dem Zeigefinger auf einen am Wegesrand stehenden Bildstock des Gekreuzigten. Aus diesem Bildstock wächst gleichsam ein Unterarm heraus, dessen Hand in der gleichen Geste mit ausgestrecktem Zeigefinger gestaltet ist. Die Darstellung kontrastiert die üblen Schwüre des Lästernarren mit ihrer Antithese, dem legitimen Eid.[105] Weniger allegorisch angelegt ist die Illustration des Delikts der Gotteslästerung im Rechtshandbuch des flämischen Juristen Josse de Damhouder aus der Mitte des 16. Jahrhunderts. Zwei Männer wenden sich dort in aggressiven Drohgesten einem steinernen Kreuz zu, der eine zeigt dem Gekreuzigten mit beiden Händen die Schmähgeste der »Feige«, die man salopp als ein frühneuzeitliches Äquivalent des aufgereckten Mittelfingers bezeichnen könnte; der andere zieht provozierend mit beiden Fingern die Mundwinkel auseinander und bleckt dabei seine Zähne.[106]

Angriffe auf bildliche Repräsentationen des Göttlichen waren nicht nur Stoff für moralische Exempel oder Holzschnitte, sie scheinen auch tatsächlich vorgekommen zu sein. In Konstanz soll ein Knabe den auf einem Bildstock am Wegesrand gezeigten Gekreuzigten entehrend angesprochen und angetastet haben.[107] Auch andernorts, etwa auf Malta, finden wir Spuren gestischer Gotteslästerung in Gestalt des »Hörner«-Zeichens, und oberitalienische Statuten des 15. Jahrhunderts drohten demjenigen Strafe an, der Gott, seiner Mutter oder den Heiligen die »Feige« weise.[108] Ging es hier um einen respektlos-profanierenden Umgang mit materiellen Repräsentationen des Göttlichen, so sollte die Frage der Bilder im Zeitalter der Reformation in wesentlich grundlegender Weise aufgeworfen werden (vgl. unten Kap. 11).

In der Habsburgischen Residenzstadt Wien schließlich spielten noch in der Spätzeit des Ancien Régime bestimmte Erscheinungsformen ›tätlicher‹ Blasphemie eine wichtige Rolle, die reihenweise mit dem Tode bestraft wurden. Ihr Leben lassen mussten z. B. Anna Rosina 1702, weil sie eine geweihte Hostie mit dem Messer zerschnitten, Maria Francisca Rosenberger 1705, weil sie ›das Hochwürdigste‹ (Sakrament) mit einer Nadel zerstochen, und eine gewisse Elisabetha 1709, weil sie

**6** Schmähgesten gegen ein Wegkreuz. Illustration zum Kapitel »Gotteslästerung« in einem frühneuzeitlichen Kriminalhandbuch

ein Kruzifix vom Altar genommen und zerschlagen hatte. Letzteres sei »aus Überdrüssigkeit ihres Lebens« geschehen, so vermeldet das zeitgenössische Wiener Diarium. Und tatsächlich beklagt auch vier Jahre später ein Mandat Kaiser Karls VI., dass die Verunehrung und Zerschlagung heiliger Bildnisse durch »junge, verwaiste, herumziehende Leute beiderlei Geschlechts« im Schwange sei, die bereits häufiger gerichtlich abgestraft worden seien und nun von ihrem Leben mit einem einzigen Schwertschlag entbunden werden wollten.[109] Tatsächlich handelte es sich meist um jugendliche Insassen des Wiener Zucht- und Arbeitshauses, die mit der Hinrichtung ihrem tristen Schicksal zu entrinnen trachteten. Derartige »indirekte Selbsttötungen durch Hinrichtungen« waren im 18. Jahrhundert gar nicht so ungewöhnlich. Während Suizid im christlichen Europa als schwere Sünde galt und oft ein unehrenhaftes Begräbnis zur Folge hatte, konnten zum Tode verurteilte Männer und Frauen ihre Tat vor der Hinrichtung gleichsam spirituell bewältigen und als reuige Sünder mit Aussicht auf ewiges Seelenheil das Schafott betreten. Die lästerliche Attacke auf heilige Objekte hat vor dem Hintergrund einer solchen Denkweise eine düstere Logik, denn die Täterinnen belasteten sich hier nicht mit der Tötung eines Kindes oder anderer Menschen, wie es in manchen Fällen durchaus geschah.[110]

**Adressaten der Lästerung: Gott, Maria und die anderen**

Blasphemie umfasste nach dem einhelligen Urteil der gelehrten Kommentatoren nicht nur die Entehrung Gottes in seinen drei Gestalten, sondern auch die Verspottung Marias und der Heiligen.[111] Gott schien sogar besonders sensibel auf die Lästerung seiner Mutter zu reagieren und folgte damit einer auf Erden herrschenden Logik der Ehre, nach der sexuelle Integrität von Frauen besonders verletzbar und schützenswert erschien. So erzählt Stephan von Bourbon von einem Krämer, der lästerlich bei den Gliedern Christi schwor, während er seiner Geldgeschäfte nachging. Zunächst blieb er straflos; als er aber begann, bei den Brüsten Mariens zu lästern, starb er umgehend mit grässlich herausgestreckter Zunge. Eine niederdeutsche Variante dieser Geschichte aus späterer Zeit lässt eine göttliche Stimme das Geschehen kommentieren, die den Übeltäter selbst anspricht: ›Du hast mir viel Schimpf angetan. Das habe ich geduldig ertragen. Das genügte dir nicht, du musstest auch meine liebe Mutter beschimpfen, und das konnte ich nicht mehr hinnehmen.‹[112]

Das christliche Dogma von der Jungfräulichkeit Marias war für die christlichen Kirchen durchaus nicht vernachlässigbar. Zweifel an ihrer Virginität hätten Skepsis gegenüber der göttlichen Qualität Jesu wecken und so einen Grundpfeiler des christlichen Glaubens ins Wanken bringen können. Das galt für alle Konfessionen: Auch die Protestanten hielten im Grundsatz an der Hochschätzung Marias als jungfräulicher Gottesgebärerin fest, wenn sie auch deren eigenständige Verehrung als jenseitige Fürbitterin ablehnten. So muss es nicht wundern, dass gerade in obrigkeitlichen Mandaten von Städten, die sich der Reformation öffneten, Maria unter besonderen Schutz gestellt wurde. Der dem Luthertum zugeneigte Nürnberger Rat verbot 1526, über Maria lästerlich zu reden, als ob sie Jesus nicht als reine Jungfrau geboren hätte. Die Basler Reformationsordnung von 1529 untersagte Schmähungen der »ewigen, reinen, auserwählten Königin«: Unter Strafe gestellt wurde die Behauptung, die Mutter Jesu sei ein Weib gleich anderen Weibern hier auf Erden gewesen, sie habe mehr Kinder als Christus gehabt und sie könne vor und nach der Geburt keine ewige Jungfrau geblieben sein.[113]

Aber auch vor der Reformation bot die Vorstellung von der Jungfrauengeburt für potenzielle Blasphemiker reichlich Anknüpfungspunkte, die keineswegs nur von jüdischen Polemikern oder von Ketzern genutzt wurden. Dass die Mutter Jesu stets ihre Virginität bewahrt haben soll, war mit dem praktischen Alltagsverständnis nur schwer vereinbar. Jungfräulichkeit und Reinheit waren nach den gesellschaftlichen Spielregeln ein zentraler Bestandteil der weiblichen Ehre. Umgekehrt formuliert: Beleidigungen gegen eine Frau waren in der überwiegenden Zahl der Fälle zugleich Angriffe auf ihre sexuelle Integrität, indem ihr zum Beinspiel unzüchtiges Verhalten zugeschrieben und sie als »Hure« bezeichnet wurde. Die Jungfräulichkeit Marias stellte mithin nicht nur eine theologische Achillesferse der christlichen Religion dar, sondern sie war zugleich nach den üblichen Kommunikationsregeln ein trefflicher Ansatzpunkt, um das Religiöse zu profanieren. So trotzte im Jahr 1400 ein königlicher Sergeant in Paris nicht nur gegen Gott, sondern auch gegen »die blutige Hure, seine Mutter«.[114] Auch die blasphemischen Schwüre, die ins Fadenkreuz der italienischen Inquisitoren gerieten, kombinierten die Nennung der Jungfrau mit dem »Huren«-Verdikt: *puttana* bzw. *puttanazza di Dio* oder *puttana di Maria Vergine*.[115] Man muss nicht immer nach tiefergehenden, womöglich häretischen Bedeutungen derartiger Äußerungen suchen. Oft genug ging es allein darum, mit den sexuellen Kraftausdrücken zu schockieren.

Auch die Schmähung von Heiligen fiel unter den Tatbestand der Blasphemie, jedenfalls dort, wo die Reformation deren Bedeutung noch nicht entschieden heruntergestuft hatte.[116] Strafwunder heiliger Männer und Frauen gegen Schmähredner waren seit dem Frühmittelalter oft Bestandteil der Heiligenviten und wurden später auch in Mirakelbücher und Kanonisationsakten aufgenommen. Die prompte Bestrafung der Unglücklichen, die es gewagt hatten, Zweifel oder Spott über den jeweiligen Heiligen zu äußern, diente zur Demonstration von dessen Kraft *(virtus)* und damit seiner Heiligkeit. Der dominikanische Kompilator der bereits erwähnten niederdeutschen Exempelsammlung aus dem 13. Jahrhundert berichtet mit grimmiger Befriedigung, wie Lästerungen gegen die Stifter bestraft wurden: Ein Ritter, der das Gedächtnis des gerade heiliggesprochenen Franziskus beschimpfte und dessen Wirkkraft beim Würfelspiel anzweifelte, bezahlte das mit seinem Leben. Eine Sonntagsschänderin und Schmährednerin gegen Dominikus kam etwas glimpflicher davon – die zur Strafe geschickten Würmer in den Augen wurden durch Reue und Besserungsgelöbnis geheilt. Aus nächster Nähe hatte 1340 der Mindener Dominikaner Heinrich von Herford folgende Geschichte in Mailand erlebt: Ein Knappe aus Monza redete ungehörig über die angeblich wundertätigen Reliquien des Petrus: Das sei nichts anderes als eine »Volksverdummung«. Von quälenden Dämonen befallen, musste er öffentlich Reue über seine Blasphemie bezeugen, worauf er geheilt wurde.

Die Rede von der »Volksverdummung« sollte nicht auf eine falsche Fährte leiten. In derartigen rüden Reden drückte sich in aller Regel weniger Zweifel und Unglauben aus als die sehr konkrete Enttäuschung darüber, von dem angerufenen jenseitigen Helfer nicht ausreichend unterstützt worden zu sein. Eine solche Enttäuschung mag auch bei vielen Gotteslästerern, die vor weltlichen Gerichten verurteilt wurden, entscheidend gewesen sein. Im Rhein bei Speyer wurde 1456 ein Mann ertränkt, weil er alle Heiligen im Himmel verflucht und speziell den »hinkenden St. Peter von Mailand« als Hurenwirt angesprochen hatte. Auch der Spieler Frentzelin hatte in Schlettstadt 1414 geschworen, Gott solle allen seinen Heiligen das »fallende Übel« geben (insbesondere Sankt Urban und Sankt Gallus), und Sankt Peter solle ein Schenkel entzweibrechen.

Schließlich konnten auch die diesseitigen Überreste und Symbole des Heiligen blasphemischem Spott zum Opfer fallen. Am Fastnachtsabend 1441 wurde auf den Straßen der Reichsstadt Köln eine Parodie auf eine Reliquienprozession aufgeführt. Ein Eingesessener mit Namen Johann von Ghynt hatte zusammen mit der Hilfe von drei Männern und einer Frau einen Reliquienschrein gebastelt, den er zusammen mit einer Weihquaste und einer Fahne öffentlich durch die Stadt trug. Diese Form der Mummerei, so fand der Kölner Rat, habe Gott und seine Heiligen sehr entehrt und geschmäht, weswegen die Täter an den Pranger gestellt und danach für immer aus der Stadt verbannt wurden.[117] Vor allem die im Spätmittelalter verbreiteten Fronleichnamsprozessionen, bei denen das *Corpus Christi* durch die Straßen getragen wurde, konnten zum Ziel blasphemischer Attacken werden. Derartige Gefahren wuchsen noch, als mit der Reformation das Altarsakrament verstärkt in die theologische Diskussion geriet; es wurde darüber gestritten, ob Christus dort real präsent sei, und wenn ja, wie sich die Transsubstantiation vollziehe, oder ob es sich lediglich um ein Zeichen für Christi Leib und Blut handele. Die verstärkte Konjunktur von Sakramentsschwüren im 16. Jahrhundert erklärt sich wohl nicht zuletzt vor diesem Hintergrund. Obwohl auch protestantische Obrigkeiten die Profanierung des Sakraments unter Strafe stellten, führten viele Menschen im Alltag das Sakrament ständig im Munde, indem sie »hundert, tausend oder gar hunderttausend Sakrament« schworen. In Brüssel hatte sich das bei einem gewohnheitsmäßigen Schwörer mit Namen Cornelis Vanden Vekene um 1570 so verfestigt, dass er den Spitznamen »Sacrament« führte.[118]

**Gotteslästerung als Gottesleugnung?**

Zweifel und Unglauben sind kein Privileg der Neuzeit.[119] Schon aus dem Mittelalter sind Blasphemie-Fälle überliefert, die auf radikalen Skeptizismus hindeuten. Als ein allgemein bekannter und verstockter Blasphemiker, der nicht zur Beichte und zur Kommunion gehe und trotz vielfältiger Mahnungen nicht von seinem Tun abstehe, wird im August 1336 ein Bürger des böhmischen Städtchens Tschaslau namens Leo von der Inquisition verurteilt.[120] Leo habe Jesus Christus, die heilige Jungfrau und die Heiligen schwer geschmäht, so heißt es im Urteil.

Unter anderem habe er geäußert, die Seele sei nichts als ein Lufthauch, weshalb Bußleistungen überflüssig seien; auch die Existenz der Hölle habe er geleugnet. Die Zeugenaussagen waren eindeutig, und so blieb dem Angeklagten keine andere Wahl, als reuig seine Aussagen einzugestehen und auf die Gnade der Inquisition zu hoffen. Er habe seine Äußerungen aus Leichtfertigkeit vorgebracht und nie daran geglaubt. Tatsächlich zeigten sich die kirchlichen Richter einigermaßen konziliant, indem sie ihn zu einer mehrmonatigen Haftstrafe bei Wasser und Brot verurteilten sowie zu der im kanonischen Recht vorgesehenen öffentlichen Kirchenbuße, bei der er an sieben Sonntagen hintereinander in schimpflichem Aufzug vor der Kirche erscheinen musste. Überdies wurde ihm aufgetragen, ein Marienbild an die Wand der städtischen Pfarrkirche malen zu lassen. Man sieht, so kommentiert ein moderner Beobachter süffisant, »spätmittelalterliche Marienbilder müssen nicht immer ein Ausdruck von Volksfrömmigkeit sein«.[121]

Ein in manchem geistesverwandter Lästerer stand um 1470 in Gestalt des Kölner Bürgers Thonis von Wesseling im Mittelpunkt einer Untersuchung durch Deputierte des Kölner Rates.[122] Viele Bestandteile der christlichen Lehre erklärte er kurzerhand für Narrenmärchen: Es gebe kein Leben nach dem Tod, der Mensch gehe dahin wie das unvernünftige Vieh, außerhalb dieser Welt gebe es weder Hölle noch Himmelreich. Der Glückliche habe hier auf Erden sein Himmelreich, der Unglückliche seine Hölle. Mit grobem Spott machte er sich über die Vorstellung der Auferstehung des Fleisches lustig: Wenn ein Mensch am Abend schlafen gehe und morgens aufstehe, dann könne man von Auferstehung des Fleisches sprechen, oder »wenn ein Mann gern mit einer Frau zu schaffen hätte, dass ihm dann das Fleisch aufsteht«. Überdies habe er die heilige Familie geschmäht und Josef als leiblichen Vater Jesu benannt. Schließlich habe Thonis auf die Teufelspfaffen und den Papst geschimpft, die mit ihren Erfindungen den Gläubigen das Geld aus der Tasche zögen. All diese Angaben beruhten auf Zeugenaussagen. Im Gegensatz zu dem Böhmen Leo verlegte sich der Kölner Thonis auf das konsequente Leugnen und stellte alle ihm zugeschriebenen Worte als verfälscht dar. Seine Verteidigungsstrategie ging offenbar auf, denn eine Bestrafung ist nicht erwähnt. Ob dafür seine guten politischen Kontakte (immerhin hatte er im Rat gesessen) oder die Angst vor einem öffentlichen Skandal ausschlaggebend gewesen war, ist nicht mehr zu klären.

Stehen die Worte des Böhmen Leo und des Kölner Thonis für eine situative Provokation oder deuten sie auf systematischen Unglauben hin? Diese Frage führt mitten hinein in eine seit langem andauernde Debatte zwischen Vertretern verschiedener Disziplinen darüber, ob es einen vormodernen Atheismus gab bzw. überhaupt geben konnte. Bis heute bewegt sie sich zwischen zwei extremen Positionen: Die eine vertrat etwa der französische Historiker Lucien Febvre, der noch die beginnende Neuzeit als ein Jahrhundert bezeichnete, »das glauben wollte«, für die andere stehen Forscher, die ganz selbstverständlich von der Existenz eines Atheismus im Mittelalter ausgehen.[123] Heute erscheinen beide Extrempositionen kaum mehr haltbar: die eine, weil sie von unzutreffenden Annahmen über »die« vormoderne, archaische, glaubensgetränkte Mentalität der Menschen ausgeht; die andere, weil sie diffuse »Gottlosigkeiten« jener Zeit vorschnell mit einem systematischen Atheismus gleichsetzt. Die hier beschriebenen Fälle von Gotteslästerung tragen zu dieser Debatte nur wenig bei. Immerhin zeigen sie, wie weit die Verspottung religiöser Glaubenselemente in der damaligen Zeit möglich war, und sie können überraschende Kontinuitäten offenlegen. So mag die von Leo, Thonis und anderen geführte Rede von der Seele als vergänglichem Lufthauch auf den antiken Philosophen Epikur zurückweisen, der den Zeitgenossen ohnehin als ein verderblicher Pate der Gottlosigkeit galt. Dass der Mensch dahingehe wie das Vieh, wie Thonis gesagt haben soll, war dagegen ein Satz aus dem Alten Testament (Prediger 3,19) – weshalb ähnliche Sätze zu ganz verschiedenen Zeiten und an unterschiedlichen Orten zu finden sind.[124]

Wie gefestigt der Unglaube hinter dem Spott gewesen sein mag, ist heute kaum mehr zu ermitteln. Klar ist nur, was die kirchlichen und weltlichen Obrigkeiten veranlasste, die jeweiligen Sprechakte zu inkriminieren: Es handelte sich um Blasphemie, ein Vergehen, das spätestens mit dem 13. Jahrhundert hinreichend präzise definiert war, um es obrigkeitlich in den Griff bekommen zu können. Für Atheismus, Unglauben oder Glaubenszweifel hingegen galt das keineswegs: Die moderne Annahme, »die Abwesenheit von Glauben als extremste Form der religiösen Devianz« zu betrachten, ist irreführend und lässt sich in den Quellen nicht bestätigen; es existierte lange Zeit keine einzige Norm, »die die These, dass kein Gott ist, unter Strafe stellte«.[125] Erst seit dem 16. Jahrhundert wurde »Atheismus« verstärkt zum diffamierenden Stigma für radikale Religionskritiker bzw. -skeptiker. Doch blieb die Gotteslästerung vielfach ein passendes Etikett, um diese Personen bestrafen zu können.

## Soziale Inszenierungen: Wer waren die Gotteslästerer?

Am 22. Juli 1520 wurden in Basel Belastungszeugen gegen einen gewissen Hans Heintzen, genannt der Pfeifer von Appenzell, zu einem abendlichen Vorfall im Wirtshaus »Zum Hasen« vernommen. Der Pfeifer, der sich eine Zeitlang in Gesellschaft zweier Dirnen aus dem städtischen Frauenhaus befunden hatte, habe später zu randalieren begonnen und dem Wirt Jacob vorgeworfen, ihn zu verachten. Seiner Empörung machte er mit lautstarken Schwüren und Flüchen Luft. Nach der Erinnerung des Hausherrn hatte Hans Heintzen zuerst »Gottes fünf Wunden, Leiden und Macht« geschworen und hinzugefügt, er wollte, dass er eine Kuh angegangen hätte – eine deutliche Anspielung auf Sodomie. Er, Jacob, habe sich gezwungen, ruhig zu bleiben und dem Pfeifer mit guten Worten erwidert, er verachte ihn keineswegs, er sei aber voll Wein und schwöre übel. Das aber brachte sein Gegenüber noch mehr in Rage, er beschimpfte Jacob als Lügner, traktierte ihn mit weiteren Flüchen, die in einem »komm Teufel, dass dich Gottes fünf Kreuze im Himmel schänden« gipfelten. Man habe ihn aus der Wirtsstube komplimentiert, aber auf der Straße habe der Betrunkene weitere starke Worte hervorgestoßen: »Siechstu Jacob, du verachtest mich.« Zum Schluss habe er gerufen, »der Teufel solle ihn holen, er sei doch sein«. Die anderen Zeugen bestätigten die Aussage des Wirts und lieferten viele weitere Beispiele übler Lästerungen, die Heintzen hervorgestoßen hatte (etwa »das ihn Pox Milch, die er gesogen hat, schänden müsse«). Getreulich wurden all diese Schwüre vom Gerichtsschreiber notiert, und die wenig später formulierte Anklage macht deutlich, dass diese Sprechakte als sehr schwerwiegend betrachtet wurden. Heintzen habe aus »freventlichem, mutwilligem und verwegenem Gemüt« seine Schwüre getätigt und damit den Schöpfer schwer gelästert. Vermutlich konnte der Angeklagte in diesem Fall wohl kaum erfolgreich auf Fahrlässigkeit und mangelnden Vorsatz plädieren, obwohl seine Trunkenheit durchaus einen Ansatzpunkt dafür bot. Ein Urteil ist allerdings nicht überliefert.[126]

Eine Szene im Wirtshaus, eine Gesellschaft von Männern, viel Alkohol im Spiel – vielleicht nicht in den Details, aber doch in einigen Grundzügen entspricht dieser Fall vielen anderen Erzählungen über Gotteslästerung. Er zeigt einmal mehr, wie wichtig die jeweiligen sozialen Kontexte für ein tieferes Verständnis von blasphemischen Sprechakten sind. Schwüre, Flüche und Lästerungen verweisen zwar auf Elemente der christlichen Religion, aber sie sind keineswegs in erster Linie als religiöse Meinungsäußerungen zu verstehen. Vielmehr handelt es sich um soziale Inszenierungen, die vor allem in Streit- und Konfliktsituationen angesiedelt waren. Die Elemente dieser Inszenierung sollen im Folgenden in knapper Verdichtung präsentiert werden, gewonnen aus einem vielfältigen Quellenmaterial, das zahlreiche Mosaiksteinchen ähnlich denen des Basler Falles bereithält.[127]

### Männer und Frauen

Die Aggression und die Streitlust, die sich in den affektgeladenen Schwüren und Flüchen manifestierten, weisen diese Sprechakte als einen deutlich maskulinen Habitus aus. Lucrezia Marinella, die mit ihrem Traktat »Über den Adel der Frauen« (1600) der misogynen Tradition abendländischer Philosophen entgegentrat, war der Überzeugung, Frauen hielten sich aufgrund ihrer Frömmigkeit vom Übel der

Blasphemie grundsätzlich fern. Der typische Mann dagegen, der Gott nicht fürchte, breche häufig in wüste Gotteslästerung aus.[128] Der Konquistador Rengel in Mexiko hatte mit der Tochter eines venezianischen Gelehrten wenig gemeinsam, aber im Kern signalisierte seine öffentlich geäußerte Überzeugung eine Übereinstimmung mit ihr: »Bei Gottes Leib, der, der nicht blasphemiert, ist kein richtiger Mann!«[129] Von ganz anderem Schlag war der bedächtige Kölner Ratsherr Hermann von Weinsberg, der davon berichtet, wie er als junger Student einmal bei Gottes Leiden und Wunden geflucht hatte, »wie ich das bei den wüsten Gesellen, die es häufig zu tun pflegen, gelernt hatte«. Der Rektor seiner Studentenburse wies ihn mit ernsten Worten darauf hin, welche Übeltat die Gotteslästerung sei. Er habe sich diese Ermahnung derart zu Herzen genommen, so der alte Weinsberg in der Rückschau, dass er sich des Fluchens später ganz und gar enthalten habe – jedenfalls »so viel es mir möglich war« und solange er nicht durch großen Zorn dazu angereizt gewesen wäre, wie er treuherzig hinzufügt.[130] Wilde junge Gesellen, so kann man diese Quelle lesen, sind in Gotteslästerungen geübt; und auch gesetztere Bürger können sich unter bestimmten Umständen kaum der Flüche enthalten. Gotteslästerung, darin sind sich die modernen Betrachter mit den zitierten Zeitzeugen einig, war eine dominant männliche Angelegenheit, und das trotz der Tatsache, dass in der christlichen Tradition gerade den Frauen verbale Streitsucht zugeschrieben wurde.[131]

Auch in der seriellen Auswertung von Gerichtsakten bestätigt sich das deutliche zahlenmäßige Übergewicht von Männern. Im Bereich der Niedergerichte, wo leichtere Delikte verhandelt wurden, war es weniger ausgeprägt, dort konnte bisweilen der Frauenanteil auf ein Viertel, ja ein Drittel steigen. Im Bereich der schwereren Kriminaldelikte dagegen war er geringer; unter den 322 Gotteslästerern mit bekannter Geschlechtszugehörigkeit im Frankreich des Spätmittelalters befanden sich gerade einmal neun Frauen, ein Anteil von 2,8 Prozent. Offenkundig wurden in dieser Hinsicht eher Frauen mit einem schlechten Sozialprestige und Leumund gerichtsnotorisch, wie Jehotte la noire, die 1453 *la mort Dieu* und andere böse Schwüre getätigt hatte.[132] Vergleichbare Fälle aus dem deutschsprachigen Raum bestätigen diesen Eindruck. In Zürich gab es zwischen 1376 und 1385 unter 62 Gotteslästerern eine einzige Frau. Sie befand sich zugleich unter den am härtesten bestraften Lästerern: Neben der Zahlung einer Geldbuße und einem Stadtverweis wurde sie überdies ins Halseisen gestellt.[133] Die Frau hatte besonders grob geschworen, etwa »bei Gottes blutendem Schwanz«. Sie gehörte damit zu einer kleinen, aber profilierten Gruppe von Täterinnen, deren Lästerungen als besonders schwerwiegend empfunden wurden, sicher wegen des Wortlauts, aber wohl auch, weil diese Worte dem weiblichen Verhaltenskodex widersprachen. Noch im 18. Jahrhundert lag bei den Denunziationen wegen Blasphemie vor dem Inquisitionstribunal von Malta der Frauenanteil unter 10 Prozent.[134]

Wie sehr weibliche Blasphemien in einen größeren Kontext von abweichendem Verhalten eingebunden sein konnten, belegt die Bittschrift der versammelten Nachbarschaft gegen die Kölner Witwe Agnes aus dem Jahr 1576. Sechs Zeugen geben darin den schlechten Lebenswandel der Frau zu Protokoll. Sie beeiden, dass Agnes viele »grausame Gotteslästerworte« ausgestoßen habe, nämlich solche beim Leiden, bei den Wunden, beim Blut und bei den Sakramenten Christi, und das nicht nur betrunken, sondern auch nüchtern. Es sei ein großes Wunder, dass der Allmächtige die Stadt, ja die ganze Welt noch nicht dafür gestraft habe. Ohne Unterlass führe Agnes unflätige Reden und gefährde damit die Moral der Jugend ebenso wie den Seelenfrieden der Alten. Zur Gotteslästerung komme aber hinzu, »das auch dieselbe Agnies Manswercke anrichte«: Sie fordere mit Lanzen und Hellebarden Männer aus ihren Häusern, haue ihnen damit in die Türen und beschimpfe die Nachbarn und Nachbarinnen als Schelme, Ehebrecher und Diebe.[135] Blasphemische Äußerungen gingen nicht nur mit Beleidigungen einher, sondern auch mit Akten physischer Gewalt. Das gesamte Verhalten von Agnes erschien den Nachbarn ausdrücklich männlich, sie fiel aus der Rolle, indem sie »Mannswerk« tat. Das Hochgericht verurteilte sie zu einem Jahr Stadtverweis, verbunden mit der Auflage, bei ihrer eventuellen Rückkehr ihren guten Lebenswandel nachzuweisen.

**Sozialer Status**

War Gotteslästerung generell, auch bei Männern, eine Markierung für soziale Randständigkeit? Ein Fall wie derjenige von Johann Carpen könnte diesen Verdacht untermauern. Gegen den Kölner Bürger, wohnhaft im Zentrum der Stadt vor der Laurenzkirche, ermittelte der Kölner Rat im Mai 1572. Er soll das »Hurenhaus« auf dem Berlich besucht haben, obwohl ihm das als Ehemann verboten war. Außerdem soll er während einer Pfingstfeier auf dem Zunfthaus vor den Augen zahlreicher Frauen und Männer aus dem Fenster des ersten Stocks sein Wasser auf die Schildergasse abgeschlagen haben. Und wieder ist unter den Vorwürfen auch die Gotteslästerung: schändliche Schwüre bei den Wunden, den Sakramenten und den Elementen, dass der gesamten Nachbarschaft, wie es hieß, die Strafe des Allmächtigen drohe. Der Befragte leugnete nur halbherzig, führte aber als mildernden Umstand den Dauerstreit mit seiner Frau ins Feld. Tatsächlich wurde er vom Rat freigelassen, aber ermahnt, dass er im Wiederholungsfall strenge Strafen zu gewärtigen habe.[136]

Hier handelte es sich um einen sozial etablierten Bürger, doch wurde das Etikett der Blasphemie auch benutzt, um den Außenseiterstatus von Personen zu markieren. Im Achtbuch der Stadt Augsburg aus der zweiten Hälfte des 14. Jahrhunderts finden sich Listen »schädlicher Leute«. Alljährlich am St. Gallus-Tag wurden diese unter dem Läuten der Sturmglocke aus der Stadt getrieben und sollten dieser mindestens drei Jahre fernbleiben. Nicht konkrete, gerichtlich festgestellte Vergehen lagen dieser Ausweisung zugrunde, sondern die Entscheidung des Rates, zwielichtige Elemente vor die Tür zu setzen. Unter den Vertriebenen tauchen häufiger Männer auf, die im Ruf standen, sich blasphemisch zu äußern. 1349 werden in einem Verzeichnis schädlicher Leute insgesamt zwölf Personen mit Attributen wie »ein Gotswerer« oder »ein Götzentrager« oder gar »ein rechter Gotswerer mit neuwen swüren« versehen, fast immer in Kombination mit anderen abwertenden Bezeichnungen wie »Bösewicht« oder »Dieb«.[137] Die Benennungen charakterisieren die Genannten gewissermaßen als kriminelle Gesamtpersönlichkeiten. Blasphemische Reden und gotteslästerliches

Verhalten wurden zu einem Etikett für Abweichung schlechthin, areligiöses war gleichbedeutend mit asozialem Verhalten.

Zahlreiche weitere Beispiele für Gotteslästerer aus dem Milieu der Randgruppen, Bettler und Kriminellen lassen sich beibringen;[138] dennoch wäre eine Engführung auf diese sozialen Gruppen irreführend. Tatsächlich ist das soziale Profil der Blasphemie weit weniger eindeutig als seine geschlechtsspezifische Ausrichtung. Schwörer und Flucher kamen aus allen Schichten der Gesellschaft. Und kaum etwas irritiert das bisher gewonnene Bild stärker als die Beobachtung, dass blasphemische Wendungen nicht zuletzt im Adel und unter Fürsten, ja sogar unter Klerikern gepflegt wurden. Von lästernden Rittern und schwörenden Königen erzählen nicht nur die Exempel der Prediger, auch in den Strafregistern der Städte findet man niederadlige Junker und städtische Patrizier, die für ihre verbalen Ausfälle sanktioniert wurden.[139] In diesen Fällen vertrugen sich tiefe Religiosität und starke Schwüre in den Augen der meisten Zeitgenossen sehr wohl. Als Mitte des 16. Jahrhunderts im Städtchen Meßkirch nach altem Brauch am Palmabend der Esel durch Geistliche, Schüler und einige vornehme Bürger eingeholt wurde, wohnten dieser rituellen Reinszenierung des Einritts Jesu in Jerusalem auch die Grafen von Zimmern bei. Einer der Männer nun, die vor dem Esel ins Joch gespannt waren, hielt seinem Nebenmann vor, nicht richtig zu ziehen. Der erwiderte ungehalten: »Ich zeuch den teufel, was treibst du doch?« Allgemein erhob sich großes Gelächter, doch Graf Gottfried von Zimmern war erzürnt: »Dass dich botz mag schänden! Sollst du unseres Herrgotts Bildnis einen Teufel nennen? Botz mag (dich) schänden in der Mutter Ader!«[140] Es kam ihm offenkundig nicht in den Sinn, dass seine lästerlichen Schwüre mit seinem frommen Unmut unvereinbar sein könnten.

Gottfried war kein Einzelfall: Die Spitznamen einiger Männer aus seiner Familie weisen sie als gewohnheitsmäßige Lästerer und Schwörer aus. Den Grafen Jost Niklaus I. von Zimmern nannte man »den Marterer«, wegen seines gewohnheitsmäßigen Schwörens bei den göttlichen Marterwunden nämlich.[141] Über seine rigide Frömmigkeit bestand kein Zweifel, hatte er doch einen Knecht, der auf ein Passionsbild geschossen hatte, trotz vielfältiger Fürbitten hinrichten lassen. Freiherr Werner von Zimmern wiederum wurde wegen seines Lieblingsschwurs (eigentlich ein Fluch: »das dich botz blater schende«) der ›Blatterer‹ genannt. Und neben dem Nachbarn Hanns von Weitingen (»Potz Milz!«) nutzte selbst Markgraf Christoph von Baden (»Botz veil!«) gewohnheitsmäßig markante Schwüre, obwohl er 1495 eine Ordnung gegen Gottesschwüre erlassen hatte.[142] Auch von den französischen und den englischen Königen wird kolportiert, sie hätten jeweils einen bestimmten Lieblingsschwur gehabt. Manche davon klangen außerordentlich blasphemisch wie der Ausruf Karls VIII. »Dass mich der Teufel hole!«; und auch das *Jarnidíe!* Heinrichs IV. kaschierte nur oberflächlich den kräftigen Schwur »Ich widersage Gott!« *(Je renie Dieu!)*.[143] Mindestens bis zum Beginn des 17. Jahrhunderts besaß, wie ein Historiker feststellt, der öffentliche Gebrauch blasphemischer Ausdrücke »für einen Teil des französischen und spanischen Hofadels identitätsstiftende Bedeutung«.[144]

Geistliche waren gegen blasphemische Versuchungen keineswegs immun, ebenso wenig wie sie das Spiel und den Trunk konsequent mieden. Vor der obersten römischen Bußbehörde, der apostolischen Pönitentiarie, suchten im 15. und beginnenden 16. Jahrhundert immer wieder Kleriker um Absolution nach, die sich neben Beleidigungen und Gewalttaten auch Gotteslästerungen hatten zuschulden kommen lassen. Für die ersten Generationen der protestantischen Pfarrer war blasphemisches Verhalten ebenfalls nichts Ungewöhnliches. Anlässlich einer Visitation des Nürnberger Landgebiets 1560/61 wurde etwa vom Prediger zu Reichenschwand behauptet, wenn jemand weidlich fluche, werde ihm »fein leicht ums Herz und um die Brust«. Und dass im umfangreichen Sündenregister dreier besonders »gottloser« Pfarrer, die tranken, sich prügelten und grobe Späße trieben, blasphemisches Verhalten nicht fehlte, versteht sich fast von selbst.[145]

Bestimmte soziale Gruppen waren besonders berüchtigt als Gotteslästerer. Im kolonialen Mexiko waren das vor allem diejenigen, die an die raue Lebenswelt mobiler Arbeit gewöhnt waren: streitbare Soldaten, sturmerprobte Seeleute und Maultiertreiber mit engen Lieferfristen, die angesichts störrischer Tiere und platzender Säcke zornige Lästerungen hervorstießen.[146] Diese Beobachtungen harmonieren erstaunlich gut mit Befunden aus der Alten Welt. Die Schiffsordnungen aller großen europäischen Flotten von Spanien über die Niederlande und England bis hin nach Russland, ob in der katholischen, der protestantischen oder der orthodoxen Welt, enthalten scharfe Bestimmungen über die Bestrafung blasphemischer Entgleisungen. Sie zeigen, dass Seeleute im Ruf standen, für derartige Sprechakte besonders anfällig zu sein, aber auch, dass Lästerungen als besonders gefährlich galten auf einem zerbrechlichen Schiff, das dringend auf göttlichen Beistand angewiesen war.[147] Da auch Landsknechte als notorische Blasphemiker galten, war das Verbot von Lästerungen ein Bestandteil jener Artikelbriefe, die deren Rechte und Pflichten festlegten. Der Verfasser der Zimmer'schen Chronik hält es für bemerkenswert, dass ein adliger Obrist in Amsterdam selbst im Zorn nicht »höher« als »box kirchenknopf« geschworen habe, obwohl unter den Kriegsleuten weitaus schlimmere Schwüre verbreitet waren.[148] Der protestantische Prediger Andreas Musculus, ein engagierter Streiter gegen die Gotteslästerung, hatte nur bitteren Spott übrig für jene Maulhelden, die den Krieg mit der Zunge führen wollten. Die deutschen Kriegsleute, früher wegen ihrer Ritterlichkeit gerühmt, seien heute wegen ihrer Schwüre allgemein nur noch als »Marterhansen« bekannt. Sie wollten wohl die Türken allein mit ihrem unflätigen Gotteslästern bis nach Konstantinopel zurücktreiben.[149]

Schließlich die Fuhrleute: Ihre Anfälligkeit für Blasphemien zeigt sich schon in den mittelalterlichen Exempla. Stephan von Bourbon erzählt von einem Wagenlenker, der auf dem Weg von Paris nach Saint Denis angesichts eines Hindernisses heftig lästert und daraufhin von einem Blitz durchbohrt wird, während die Pferde und die Passagiere unverletzt bleiben.[150] Eine Variante aus dem 16. Jahrhundert wendet das Motiv ins Humoreske. Ein Edelfräulein musste sich notgedrungen der Dienste eines Fuhrmannes bedienen. Dieser aber pflegte so übel zu fluchen, »das Gott von himmel herab hett sehen mögen«. Das sei allgemein die Gewohnheit der Fuhrleute: »Wann es ihnen nicht allwegen nach ihrem Sinn geht, so schweren sie, das nicht ein wunder wer, das sich das Erdrich aufthete und solche leut verschluckt«. Das edle Fräulein bat nun ihren Fahrer eindringlich, auf seine Lästerungen zu verzichten, damit ihnen nicht ein Unglück geschehe. Der ließ sich auch darauf ein, aber seine Versuche, die Pferde mit frommen Sprüchen (»Hayle in gottes nammen! Hott, liebs mennlin«) anzutreiben, waren vergeblich, die Tiere blieben auf offenem Feld stehen. Erst als das Fräulein nachgab und der Wagenlenker seine derben Schwüre erneut einsetzen durfte, konnte es weitergehen.[151]

Was hatten Fuhrleute, Landsknechte und Schiffer gemeinsam? Alle drei mussten sich in einer fremden, manchmal feindlichen Umgebung behaupten, zur Not auch mit Gewalt durchsetzen. Und bei allen drei Berufsgruppen wurde das Prinzip homosozialer Vergemeinschaftung, in der alteuropäischen Gesellschaft ohnehin stärker ausgeprägt als heute, nochmals auf die Spitze getrieben. Gewohnheitsmäßige Gotteslästerung diente hier als gemeinschaftsstiftendes Ritual und als Ausweis männlicher Kraft.

## Trunk und Spiel

Blasphemie war allgegenwärtig: Schwüre und Flüche waren auf den städtischen Plätzen und Straßen ebenso zu hören wie in den Privathäusern und sogar in den Kirchen. Lästerliche Aussprüche konnten bei Familienfesten ebenso fallen wie bei einer Zunftversammlung, beim Streit mit der Ehefrau, beim Schwatz der Nachbarn vor der Haustüre oder bei der Arbeit in der Werkstatt. Die Suche nach besonders typischen Orten der Gotteslästerung führt an die Spieltische der Wirtshäuser: Dort verschaffte sich die Anspannung über den Lauf des Schicksals in erregten Schwüren und Flüchen Luft, zumal dann, wenn die Zungen durch den Genuss von reichlich Alkohol schon gelockert waren. Über der ganzen Szene lag ein Hauch von Gewaltbereitschaft; die groben Worte drohten jederzeit in physische Auseinandersetzungen umzuschlagen. Beteiligt konnten wiederum Männer ganz unterschiedlicher Standeszugehörigkeit sein, die im Wirtshaus zusammenkamen, tranken, spielten und eben lästerten: Bürger und Bauern, Adlige und Kleriker, Soldaten und Ausgestoßene.

Trunkenheit zählte als eine Facette der Völlerei *(gula)* seit jeher zu den von Theologen und Moralisten kritisierten Verhaltensweisen. Blasphemie war eines der zahlreichen Folgeprobleme dieses Lasters, ähnlich wie Ehebruch und Mord. Am Ausgang des Mittelalters regulierten die deutschen Obrigkeiten den Alkoholkonsum ihrer Untertanen, indem sie ihnen das rituelle Zutrinken verboten, denn es schien das Vollsaufen bis zur Besinnungslosigkeit gefördert zu haben. Im Reichsabschied von 1512 folgt dieses Verbot unmittelbar auf Regelungen zur Gotteslästerung, wobei es heißt, durch Zutrinken entstehe Trunkenheit und aus dieser erwüchsen wiederum Gotteslästerung, Totschlag und viele andere Vergehen. In der Reichsgesetzgebung sollte diese Verbindung in den folgenden Jahrzehnten ebenso aufrechterhalten werden wie in den Polizeiordnungen der Territorien und Städte.[152] So deutlich auch die Rolle des Alkoholkonsums in vielen gerichtsnotorischen Fällen hervortritt, so wenig stand die Trunkenheit insgesamt im Mittelpunkt der Diskussionen um Blasphemie; eher bildete sie deren selbstverständliche Randerscheinung. Regelmäßig wird sie in Gerichtsverfahren als Argument angeführt, wenn es darum ging, die gotteslästerlichen Reden zu verharmlosen. Trunkenheit enthebt den Sprecher gewissermaßen der Verantwortung für sein (Sprech-)Handeln und legt nahe, dass die lästerliche Äußerung, der Schwur oder der Fluch, weder mit Vorsatz noch im vollen Bewusstsein über seine Inhalte getätigt worden war.

Die Verknüpfung von Blasphemie und Spiel dagegen war ein dominantes Leitmotiv aller Erörterungen zur Gotteslästerung in alteuropäischen Gesellschaften, das sich im Mittelalter ebenso findet wie in der Frühen Neuzeit.[153] In den kursierenden Moralgeschichten waren es zumeist Spieler, die schworen, lästerten und fluchten. Wer die Unsitte der Blasphemie bildlich anprangern wollte, der zeichnete oder malte nicht selten Spieler, die ihre Finger schwörend zum Himmel reckten, oder die sogar – wie die Spieler in Willisau 1553 – den Schöpfer physisch zu verletzen suchten.

Ein Warhafftige vnd erschröckliche Newe Zeitung / von dreyen Spilern / geschehen zu Willisow im Schweitzerlandt 3. Meil von Lucern: Gsangsweiß gestellt.

¶ Im Thon: Hilff Gott das mir gelinge / etc.

¶ Getruckt zu Augspurg / durch Lucas Schultes.

**7** Bestrafung dreier lästerlicher Spieler. Flugschrift, Augsburg, um 1620

In vielen Gesetzesnormen erscheinen Spiel und Gotteslästerung fast als siamesische Zwillinge. Schon in den Konstitutionen von Melfi des Stauferkaisers Friedrich II. im 13. Jahrhundert folgte auf die Drohung, Lästerern die Zunge abzuschneiden, die Bestimmung, gewohnheitsmäßige Spieler für infam, das heißt recht- und ehrlos erklären zu lassen. Hier wie in anderen Fällen steht »Spiel« dabei für Glücksspiel. Im Vordergrund stand vor allem das Würfeln, von alters her der Prototyp des auf Zufall beruhenden Glücksspiels, worauf schon der altfranzösische bzw. mittelhochdeutsche Name (*hashart* bzw. *Hasard*) hindeutet. Seine negative Bewertung zeigt sich nicht zuletzt daran, dass die Würfel im Mittelalter unter die Passionswerkzeuge gerechnet und in vielen *arma Christi*-Darstellungen zu sehen waren, welche die Marterwerkzeuge des Heilands demonstrativ aufreihten. Das Johannesevangelium (19, 23–24) berichtet davon, wie die römischen Soldaten die Kleider des gekreuzigten Christus unter sich per Los verteilten. Auf vielen mittelalterlichen Tafelbildern sah man sie um den heiligen Rock würfeln. Kein Wunder, dass den Theologen der Teufel selbst als Erfinder des Würfelspiels galt und dass sie den Würfel zum Wahrzeichen antichristlicher Gesinnung erhoben. Der Franziskaner Bernardino von Siena stellte der wahren Kirche Christi die Gemeinschaft der Spieler als eine »Kirche des Bösen« gegenüber. Wo im Kreis der einen der Gesang des »Gloria Dei« ertöne, werden auf der anderen Seite die grässlichsten Gotteslästerungen ausgestoßen, gleichsam als schaurige Liturgie einer satanischen Gegenkultur.[154]

Für die gesetzgebenden Obrigkeiten lag es nahe, das Spiel als Quelle der Gotteslästerung völlig zu verbieten, und tatsächlich wurde das immer wieder versucht, etwa in den spanischen Kolonien der Neuen Welt. Aber in der Praxis war das schwer durchsetzbar, zumal führende Männer wie der Generalkapitän Hernando Cortés mit seinem Gefolge trotz aller Verbote in ihren Häusern Karten spielten. Auch iberische Monopole für den Druck von Kartenspielen, von denen Staat und Inquisition profitierten, zeugten nicht von allzu großer Konsequenz.[155] Selbst wenn man nur das Würfeln verbot oder wenigstens versuchte, die Einsätze nach oben zu begrenzen, ließ sich das Spiel kaum effizient regulieren, geschweige denn ganz unterdrücken.

### Das Theater der Blasphemie

Worte können verletzen, und insofern eignet ihnen eine gewisse Nähe zur physischen Gewalt – auch wenn ein Mensch, der durch Worte herabgewürdigt wird, keine blutenden Wunden davonträgt. Wie invektive Äußerungen allgemein, so besitzt auch die Blasphemie eine Nähe zur physischen Gewalt. Ja, manchmal strahlen die blasphemischen Ausrufe – selbst in der kühlen textlichen Überlieferung über die Distanz der Jahrhunderte hinweg – eine geradezu körperliche Wucht aus, die einem Schlag oder Hieb gleichkommt.[156] 1478 stand Haensli Verr in Bregenz wegen häuslicher Gewalt gegen Frau und Kinder vor Gericht. Zu den Vorwürfen gegen ihn gehörten auch die »vielen bösen, unziemlichen Schwüre«, mit denen er Gott und seine Heiligen geschmäht hatte. Insbesondere habe er geäußert, er wolle seine Frau erstechen, »es wäre Gott und allen Heiligen (lieb oder) leid«.[157] Niemand, selbst Gott im Himmel nicht, kann mich von meinem Vorhaben abbringen, so sollten diese Worte signalisieren.

Was sich an zahlreichen weiteren Einzelfällen illustrieren ließe, ist auch statistisch zu erhärten. In Nürnberg etwa führten in ca. einem Drittel der Blasphemiefälle nachweisbar mehrere Delikte zugleich zur Verurteilung von Missetätern. Genannt werden Spiel, Messerzücken und andere Gewalttätigkeiten, eher unspezifisch auch »Unzucht« oder ein schlechter Leumund. Dieser Befund »verweist auf ein ganzes Bündel von Verhaltensweisen, von denen das üble Schwören offenbar nur ein Element ist«.[158] Protokolle des Niedergerichts vom Beginn des 17. Jahrhunderts bieten eindrückliche, wenn auch meist unspektakulärere Einblicke in einen konfliktreichen Alltag: Da fordert Leonhard Fentzel von Hohenstat einen Gegner aus dem Haus und droht ihm mit großem Fluchen, Gotteslästerung und Ungestüm den Tod an. Da geraten Hans Schmidt und Michel Singer im Bierhaus mit großem Schmähen und Gotteslästern aneinander. Da rempelt der Bauerssohn Michel Gülich die Leute auf der Straße an, stößt eine Frau zu Boden und zieht über ihr seine Wehr mit gotteslästerlichen Flüchen. Da bedroht Barbara Zainerin, eine »gemeine Vettel«, andere Frauen, die sie wegen ihrer Gotteslästerung zur Rede gestellt hatten, mit dem Tod. Allein zwischen September 1605 und September 1606 werden in Nürnberg ca. 15 Fälle mit 20 Personen aktenkundig, bei denen die Gotteslästerung eine Rolle spielt, mal an zentraler Stelle, mal eher am Rande.[159]

Die Nähe bzw. die Verwandtschaft zur Gewalt scheint insgesamt eine Art roten Faden gotteslästerlichen Verhaltens darzustellen. Hilfreich ist es, blasphemische Äußerungen als theatralische Selbstinszenierungen vor allem in Konfliktsituationen zu verstehen.[160] Die Anrufung höherer Mächte konnte dabei eine doppelte Botschaft transportieren. Zum einen konnten die jenseitigen Kräfte – der herkömmlichen Bedeutung des Schwurs gemäß – um Beistand angerufen werden. Schwüre und Flüche können so gleichsam der Mobilisierung Gottes und seiner Heiligen dienen, die dem Sprecher zur Hilfe eilen und gegebenenfalls seine Rachewünsche ausführen sollen. Dominant aber scheint meist eine zweite Bedeutungsebene zu sein, auf der sich die Sprechakte gegen die höheren Mächte wenden. Durch deren despektierliche Behandlung und Profanierung demonstrierte der Gotteslästerer gegenüber anderen seine eigene Macht, Stärke und Souveränität. Provozierend und in trotzigem Herausforderungsgestus erhob er sich zugleich über sein menschliches Gegenüber und über Gott. Er signalisierte den Kontrahenten, dass er auch übermächtige Gegner nicht fürchtete, indem er die eigene Person als übermächtig und omnipotent stilisierte, den Gegner hingegen als ohnmächtig und schwach erscheinen ließ.

Dieses Theater der Blasphemie wurde im Spätmittelalter und in der Frühen Neuzeit vielerorts inszeniert, in verschiedenen Gegenden Europas ebenso wie in der Neuen Welt. Zugleich passte sich der kommunikative Code der Blasphemie sehr unterschiedlichen sozialen Kontexten an, bekam damit sehr unterschiedliche Färbungen und vielleicht auch unterschiedliche Bedeutungen: Gotteslästerung konnte bewusste Provokation ebenso zum Ausdruck bringen wie religiöse Zweifel oder politischen Protest.[161] Viele Erscheinungsformen der Gotteslästerung lassen sich in drei verschiedenen gesellschaftlichen Szenarien bündeln, nämlich situationsgebundenen, rollengebundenen und personengebundenen.

Als das klassische situationsgebundene, damit potenziell standes- und schichtübergreifende Szenarium der Gotteslästerung darf vor allem das Glücksspiel gelten, wie wir gesehen haben. Warum war das so? Zum einen waren beim Spiel Konflikte vorprogrammiert: Streit konnte es geben, wenn jemand sich seiner Spielverpflichtung zu entziehen suchte, wenn Dritte von außen das Geschehen störten oder wenn Unklarheiten im Zusammenhang mit dem Einsatz entstanden. Aber die Luft über den Spieltischen war wohl auch dann von Flüchen und Schwüren erfüllt, wenn sonst alles friedlich blieb – der Spieltisch selbst war die Arena, wo der Wettkampf stattfand und wo starke Gefühle zum Ausbruch drängten, rauschhafte Erregung ebenso wie bange

Erwartung und, je nachdem, freudige Erfüllung oder tiefe Niedergeschlagenheit. Manch Spieler mit einer Glückssträhne drohte übermütig zu werden. So rief 1414 der Elsässer Frentzelin von Heilgenstein triumphierend aus: »Nun habe ich das doch gewonnen, wäre es Gott lieb oder leid«, und ließ dieser Lästerung weitere Flüche gegen den Schöpfer und verschiedene Heilige folgen.[162] Verlorene Spiele dagegen aktivierten das Laster des Zorns, sie provozierten Wutausbrüche und andere heftige Affektentladungen.[163] So rief etwa Pedro de Sosa, nachdem er 1526 in Mexiko beim Spiel verloren hatte, er widersage dem, der das getan habe, und wünsche sich zum Teufel. Andere spien als Zeichen der Verachtung auf den Boden.[164] Vor Gericht machten viele Beklagte geltend, ihre Gefühle hatten sie während des Spiels so übermannt, dass sie sich praktisch in einem Stadium der Unzurechnungsfähigkeit befunden hätten und für die Blasphemien nicht verantwortlich zu machen seien.[165] Nicht selten hatten sie damit Erfolg und konnten die drohenden Strafen abmildern.

Alle diese Ausfälle deuten darauf hin, dass die Spieler weniger ein anonymes Schicksal oder den blinden Zufall am Werk sahen. Für sie wurde der Spieltisch zum Bereich göttlichen Wirkens oder jedenfalls übernatürlicher Mächte. Vor dem Hintergrund einer langen Tradition von Würfeln als Mittel des Losentscheids oder als Wahrsageinstrument zur Erforschung der Zukunft war das nicht völlig unplausibel, obwohl wir uns davor hüten sollten, jedes Glücksspiel zu einer religiösen Handlung oder mystischen Erfahrung zu stilisieren.[166] Die starke Betonung göttlicher Vorsehung durch die frühneuzeitliche Theologie mochte dazu beigetragen haben, dass hinter dem Fall der Würfel oder der Verteilung der Karten die lenkende Hand Gottes vermutet wurde. Zumindest für den Gotteslästerer nahm das Spiel phasenweise den Charakter eines Gottesurteils im wortwörtlichen Sinne an, und auf dieses Urteil reagierte er spontan mit wütendem Trotz, indem er den jenseitigen Mit- oder besser: Gegenspieler mit üblen Flüchen oder Schwüren belegte.[167]

Viele der Lästerungen mögen aber gar nicht so ernst gemeint gewesen sein, sondern waren eher – im wahrsten Sinn des Wortes – spielerisch zu verstehen. Am Spieltisch richtete sich der virile Herausforderungsgestus der Blasphemie vielleicht weniger als in anderen Situationen gegeneinander, sondern mag als eine kollektiv ausgeübte Praxis zu verstehen sein. Der Aggression kann durch ihre gemeinschaftliche Ausübung (gleichsam »augenzwinkernd«) ihre Ernsthaftigkeit genommen worden sein. Vielfach wäre die Gotteslästerung so selbst zu einem Spiel geworden. Der blasphemische Spieler sondert sich in dieser Perspektive weniger von seinen Mitspielern ab, er distanziert sich zusammen mit dem gesamten Kreis vielmehr von den Nichtspielern – Blasphemie als Gruppenintegration.

Rollen- und gruppenspezifische Szenarien der Blasphemie, als der zweite der genannten Aspekte, sind zweifellos die komplexeste Dimension. Ganz grundsätzlich ist hier zunächst auf den Charakter von Gotteslästerung als eines männlichen Sprachspiels zu verweisen. Wettbewerb und Streit, ob spielerisch-augenzwinkernd oder blutig-konsequent ausgetragen, sind in ethnologischen Schriften als wichtige Medien zur Herstellung und Wahrung männlicher Identität *(male bonding)* beschrieben worden. Mit Michael Herzfeld lässt sich das Tun der Gotteslästerer als Facette jener am Wettkampf orientierten »Poetik der Männlichkeit« verstehen, in deren Vollzug sich das männliche Subjekt konstituiert und bewährt. Markige Schwüre und Flüche gehörten einfach dazu, wollte man die sozialen Erwartungen des »being good at being a man« erfüllen.[168] Das dürfte in der alteuropäischen Gesellschaft wahrscheinlich ständeübergreifend für sehr viele, wenn nicht die meisten Männer gegolten haben.

Dass die Gotteslästerung eine schichtübergreifende Praxis darstellte, bedeutet aber keineswegs, dass der kommunikative Code in verschiedenen sozialen Kontexten nicht ganz eigene Färbungen annehmen konnte. Denn es waren ja bestimmte Gruppen von Männern, die sich der blasphemischen Rede bedienten, die Gotteslästerung gleichsam als einen integrierenden Code benutzten und in gemeinsamer kommunikativer Arbeit die Rolle des ›harten‹ und ›furchtlosen‹ Mannes reproduzierten. Bei manchen dieser Gruppen liegt das von ihren alltäglichen bzw. beruflichen Tätigkeiten her nahe: Dass Konquistadoren, Landsknechte und Soldaten den blasphemischen Sprachhabitus als Ausweis ihrer professionellen Gewaltbereitschaft nutzten, kann kaum überraschen. Auch dass er unter Seeleuten und Fuhrleuten verbreitet war, hatte – wie gesehen – seine Logik. Besonders gut können die unterschiedlichen Färbungen der Blasphemie an den beiden gegensätzlichen Sozialfigurationen »Adel« und »Randgruppen« verdeutlicht werden. Schon Johan Huizinga hatte deutlich gemacht, dass Gotteslästerung im 15. Jahrhundert geradezu als adeliger Sport betrachtet werden konnte: »Was«, fährt der Edelmann den Bauern nach der Schilderung von Froissart an, »du gibst deine Seele dem Teufel, du verleugnest Gott, obwohl du kein Edelmann bist?«[169] Aber für Männer wie den Grafen Gottfried Werner von Zimmern war das Fluchen und Schwören mehr als ein Sport, es passte sich in das Gesamtbild adeliger Selbstinszenierung ein. Demonstrativ zur Schau getragene Furchtlosigkeit, wehrhafte Körperrepräsentation, unbeherrschte Emotionalität und gelegentliche Drohgebärden bilden bei ihm die Komponenten eines herrschaftlichen Gewalthabitus, der seinen Herrschaftsanspruch immer wieder aufs Neue verkörpern und zur Geltung bringen musste, solange diese Herrschaft noch nicht sicher auf den Säulen neuzeitlicher Bürokratisierung und Verrechtlichung aufruhen konnte.[170] Blasphemie gehörte hier, mit einem Wort, zum verbalen Instrumentarium der Herrschaftsrepräsentation. Dazu passt, dass Schwüre und Flüche auch in anderen sozialen Konstellationen der Dominanz benutzt wurden, von Männern gegen Frauen, von Hausvätern gegenüber dem Gesinde und den Kindern, notabene von den Fuhrleuten und Maultiertreibern gegenüber den Tieren.

Am entgegengesetzten Ende der sozialen Skala gehörte Gotteslästerung aber auch zum streitlustigen Habitus von Bettlern, Außenseitern und Randgruppen. Auch hier ging es um demonstrative Inszenierung von Stärke, jedoch aus einer völlig konträren sozialen Situation der Ohnmacht und Schwäche heraus. Das Wort, oft die einzige Waffe, wurde hier mit besonderer Schärfe verwandt, die Selbstüberhöhung angesichts der realen Randständigkeit besonders gesteigert. Wir haben gesehen, dass uns in den Augsburger Achtbüchern die »Gottesschwörer« als eine eigene Kategorie von auszutreibenden Leuten begegnen, deren Verhalten hier schon so typisch geworden schien, dass es zum stigmatisierenden Etikett geronnen war. Es ist nachvollziehbar, dass Räuber und Gauner schon von ›Berufs‹ wegen einen blasphemischen Habitus pflegten, um ihre Gegner zu beeindrucken und ihren Opfern Angst zu machen. Auch hier kann das ›gewohnheitsmäßige‹ Schwören und Fluchen als eine Strategie der Gruppenbindung betrachtet werden. Der Tabubruch als Medium subkultureller Vergemeinschaftung – dieses Narrativ wird in der Schauergeschichte von der »Schwarzen Rotte« auf die Spitze getrieben, einer Art Räuberorden, der sich 1572 zusammengefunden hatte. Statt zu beten, so heißt es, hätte deren Ordensregel die Verpflichtung vorgesehen, jeden Tag zu fluchen.[171]

Einmal mehr zeigt sich auch hier die Macht der Fremdstigmatisierung. Denn theatrale Selbstinszenierung bedeutet keineswegs, dass alle Akteure sich die beschriebenen Rollenmuster auch selbst zu eigen gemacht hätten – ebenso gut kann es sich im Einzelfall um Zuschreibungen handeln. Das ist historisch kaum sicher zu entscheiden, klar ist nur, dass es sich um sozial wirkmächtige Typisierungen handelte. Das gilt insbesondere für den dritten Aspekt der kontextspezifischen Realisierung jenes Blasphemie-Codes, den personengebundenen. Hier sind Männer, gewöhnlich Stadtbewohner, angesprochen, die immer wieder einmal als habituelle Trunkenbolde, Gewalttäter, Müßiggänger und eben Lästerer in den Kriminalakten erscheinen. Im Unterschied zu den gerade angesprochenen Räubern oder den professionellen Gewalttätern handelt es sich bei ihnen um Personen ohne Gruppenbindung, ja um A-Soziale im eigentlichen Wortsinn: Leute, die mit ihren Nachbarn in Unfrieden lebten, die allein statt in Gemeinschaft tranken und die ihre Familie durch ihr »Übelhausen« schädigten, durch das systematische Durchbringen ihrer Habe. Zu diesem asozialen Verhalten gehört dann auch gewohnheitsmäßiges Fluchen und Schwören. Häufig waren es die Nachbarn oder auch die leidenden Familienmitglieder selbst, die diesen Typus von Lästerer anzeigten und damit in Haft bzw. vor das Gericht brachten. Manchmal entsteht fast der Eindruck, als würden die habituellen Gotteslästerer mit großer Lust an ihrer Selbststigmatisierung arbeiten. So konnte der eigentlich als Signum von Überlegenheit und Macht gedachte virile Kraftausdruck umschlagen in ein Signum männlicher Ohnmacht. So war es beim Pfeifer von Appenzell, Hans Heintzen, dessen exzessives Gotteslästern seine soziale Exklusion und die Missachtung durch die anderen nur noch besiegelte.

**Gotteslästerung und gesellschaftliche Ehrvorstellungen**

Die Recherche zur Blasphemie als soziale Tatsache führte weniger in die Arenen theologischer Dispute als in die Wirtshäuser oder auf die Straßen des Spätmittelalters, an jene Orte also, an denen Ehrkonflikte ausgetragen wurden. Der Begriff der Ehre wird damit zum Schlüssel auch für das Verständnis der Gotteslästerung in der Vormoderne. Es handelte sich um einen Angriff auf die Ehre Gottes, aber mehr und mehr zeigte sich, dass es zugleich und wesentlich handfester um menschliche Ehrkonflikte ging. Dabei ist es gar nicht so einfach zu verstehen, was die vormoderne Ehrgesellschaft bedeutete.[172] Weder wir heute noch die Zeitgenossen des Mittelalters und der Frühen Neuzeit haben bzw. hatten ein klar konturiertes Verständnis von Ehre; selbst die Wissenschaft tut sich mit einer Präzisierung schwer. In gewisser Weise gehört es gerade zu den Eigenheiten des Begriffs, ebenso schwammig wie flüchtig zu sein – wie ließ schon Shakespeare den rauen Ritter Falstaff in seinem »Heinrich IV.« (5,1) sagen: »Was ist Ehre? Ein Wort. Was ist diese Ehre? Luft.« Moderne Historiker versuchen, diesen Begriff zu fassen, indem sie die Ehre zum Leitwert der »Ständegesellschaft« erheben, jener ›vormodernen‹ sozialen Ordnung, die ihren Mitgliedern aufgrund ihrer jeweiligen Ehre ihren sozialen Platz zugewiesen habe. Ehre wird damit als eine Angelegenheit des sozialen Ranges behandelt, als etwas, was in abgestufter und gleichsam portionierter Form existierte. Allerdings wird die Ehre der damaligen Gesellschaften vorwiegend dann zum Thema, wenn sie angegriffen wird und verletzt zu werden droht: im Konflikt. Denn in der Ständegesellschaft existierte, anders als in der Gegenwart, noch kaum eine eindeutige und klar abgrenzbare Unterscheidung nach den verschiedenen sozialen Rollen in Beruf, Familie, Kirche oder gar Freizeit: Immer ging es um die ›ganze‹ Person, und wenn ihre Ehre bedroht schien, stand die Integrität zur Gänze auf dem Spiel. Dann ging es also nicht um ein Mehr oder Weniger an Ehre, um soziale Abstufung oder um Rangfolgen, sondern es ging um den tiefen Abgrund zwischen Ehre und Unehre.

Vor diesem Hintergrund wurden Ehrkonflikte zum Kennzeichen der vormodernen Kultur. Ausgetragen wurden sie mit Hilfe verbaler und zeichenhafter Rituale, deren Spuren in zahllosen Gerichtsakten quer durch Europa nachverfolgt werden können. Denn die Verteidigung der eigenen Ehre vollzog sich zwar im Alltag von Angesicht zu Angesicht gegenüber potenziellen Herausforderern, in Schmähduellen oder notfalls auch in handgreiflichen Auseinandersetzungen. Andererseits erfolgte sie aber auch vor Gericht, das die Ehrkonflikte mit seinen institutionellen Verfahren einhegen, befrieden und die Kontrahenten gegebenenfalls bestrafen sollte. Beide Ebenen waren eng aufeinander bezogen, was zum Beispiel darin zum Ausdruck kam, dass viele der Schimpfworte in den verbalen Duellen aus dem Dunstkreis von Kriminalität und Strafrecht kamen: Man beschimpfte einander als »Diebe« oder »Mörder«, »Huren« oder »Hexen« und wünschte sich gegenseitig an den Galgen oder auf den Scheiterhaufen. Verächtliche Spott- und Schmähgesten oder das demonstrative Zücken von Messern gehörten zum Repertoire möglicher Überbietungen, was schnell zu blutigen Eskalationen führen konnte.

In diesen weiteren Zusammenhang eingebunden müssen wir uns das oben beschriebene »Theater der Blasphemie« vorstellen. Blasphemische Schwüre und Flüche funktionierten im alltäglichen Ehrkonflikt wie andere Schimpf- und Drohworte auch. Sie waren zwar in ihren Wendungen hoch typisiert, konnten aber situationsangemessen variiert und mit anderen ritualisierten Sprech- oder Verhaltensweisen verknüpft werden. Der Unterschied zu anderen gängigen Schimpfworten war bei blasphemischen Formeln, dass Gott und das Heilige damit in eine interpersonale Auseinandersetzung hineingezogen wurden, mit der sie genuin nichts zu tun hatten. Nach unserer Vorstellung, und wohl auch derjenigen zeitgenössischer frommer Theologen, handelte es sich dabei um eine unerträgliche Profanierung des Heiligen. Aus einer anderen Perspektive zeigt dieses Einbeziehen höherer Mächte in das alltägliche Konfliktgeschehen die Alltagsrelevanz christlicher Vorstellungen. Insofern ist das hundert Jahre alte Diktum Huizingas über den vertraulichen Umgang des damaligen Menschen mit Gott, der bisweilen in einen Distanzverlust mündete, auch aus heutiger Sicht treffsicher.[173]

Über die Ehre als den archimedischen Punkt gotteslästerlichen Verfahrens waren sich letztlich alle Beteiligten einig. Die Gotteslästerer suchten die Ehre ihrer Gegenüber zu schmälern, vor allem der menschlichen Kontrahenten natürlich, aber auch der angesprochenen heiligen Personen. Die Obrigkeiten dagegen trachteten danach, die Ehre Gottes und seines Gefolges zu verteidigen bzw. wiederherzustellen. Zu diesem Zweck beantwortete die Justiz häufig die Verletzung der göttlichen Ehre mit einer umgekehrten Entehrung der Täter durch Pranger, Halseisen, Schandmäntel oder gar das Herausschneiden der Zunge. Schließlich fühlte sich Gott, so berichteten die Prediger vielfach, durch die verbalen Attacken der Blasphemiker durchaus getroffen und beleidigt, und zwar unter Umständen bis hin zu einem Punkt, wo sein gerechter Zorn über die menschliche Verworfenheit kollektiv die gesamte Gemeinschaft treffen konnte, wenn sie keine entschlossenen Gegenmaßnahmen einleitete. Es sollte noch jahrhundertelang dauern, bis diese anthropomorphe Gottesvorstellung langsam ins Wanken kam.

## 9. Lästernde Ketzer – ketzerische Lästerer

In das Jahr, als Kaiser Friedrich II. in seinen Konstitutionen von Melfi verfügte, Blasphemikern solle die Zunge herausgeschnitten werden, fällt auch die Gründung der kirchlichen Inquisition. 1231 bestellte Papst Gregor IX. eine Reihe von apostolischen Legaten zu Sonderermittlern gegen Häretiker. Bereits einige Jahre vorher, 1224, hatte auch der Stauferkaiser als »Verteidiger der Kirche« gegen die Ketzerei entschlossen Stellung bezogen. In seinem bekannten Antiketzerdekret hieß es, vom Bischof überführte und verurteilte Ketzer sollten durch die weltlichen Obrigkeiten ergriffen und mit kaiserlicher Autorität verbrannt werden. Wolle man sie zur Abschreckung leben lassen, dann sollten sie nach dem Prinzip der spiegelnden Strafe wenigstens die Zunge verlieren, mit der sie den Glauben der Kirche geschmäht und den Namen des Herrn gelästert hatten.[174] Diese Zungenstrafe gegen die Ketzer, seinerzeit als Ersatzstrafe genannt, wurde, wie gesehen, wenig später in die Gesetzgebung gegen Gotteslästerung als alleinige Sanktion übertragen. Blasphemie und Häresie, das wird bereits hier deutlich, besitzen durchaus Berührungspunkte, waren vielleicht sogar eng verflochten. Identisch aber, auch das ist hier zu sehen, waren beide gerade nicht. Insofern ist die bis heute vertretene These, von der Spätantike bis zum Beginn der Frühen Neuzeit sei Blasphemie lediglich ein anderer Begriff für Häresie gewesen, schlicht falsch.[175] Ganz im Gegensatz dazu haben wir beobachtet, wie sich spätestens seit dem 13. Jahrhundert der Diskurs über die Sünden der Zunge entfaltete und wie in diesem Zusammenhang das Laster der Blasphemie als ehrverletzendes Reden gegen Gott deutliche Konturen gewann.

**Falsche Aussagen – lästerliche Reden**

Verantwortlich dafür, dass dieser Diskurs von der modernen Forschung lange nicht angemessen gewürdigt wurde, war maßgeblich die eingeschränkte Rezeption zweier prominenter Theologen. Der spätantike Kirchenlehrer Augustinus und der mittelalterliche Scholastiker Thomas von Aquin hatten die Akzente in Sachen Blasphemie sehr eigenwillig gesetzt. In seiner Auseinandersetzung mit den zeitgenössischen »Irrlehren« hatte Augustinus die Gotteslästerung als »falsche Aussagen über Gott« definiert und den Schwerpunkt damit auf den intellektuellen Irrtum gelegt.[176] Thomas von Aquin war diesem Pfad insofern gefolgt, als er die Blasphemie nicht im Kontext der Wortsünden, sondern im Zusammenhang mit Unglauben, Apostasie und Ketzerei behandelt hatte.[177] Auch er hatte damit zunächst betont, Gotteslästerer machten falsche Aussagen über Gott.

Schaut man aber genauer hin, dann differenziert auch Thomas durchaus zwischen Ketzerei und Gotteslästerung: Eine Blasphemie im Vollsinn *(blasphemia perfecta)* liege erst dann vor, wenn die Herabwürdigung Gottes nicht nur aus einem falschen Verständnis heraus, sondern zudem auch noch aus einem boshaften Wollen heraus erfolge. So nähert sich der dominikanische Kirchenlehrer am Ende doch wieder einem Verständnis der Blasphemie als intentionaler ehrverletzender Schmährede an. Entsprechend wurde dieser Traditionsstrang in der folgenden Zeit auch von den Theologen rezipiert. Die vom Pariser Dominikaner Laurenz von Bois ca. 1280 kompilierte, später auch ins Englische übertragene Summe der Tugenden und Laster geht zum Beispiel von der Augustinischen Definition der Blasphemie als falscher Glaube oder falsche Rede über Gott aus, beharrt aber besonders auf der verbalen Verächtlichmachung Gottes *(to scorn God)* als eigentlichem Kern des Delikts.[178] Diese Differenz zwischen Ketzerei und Gotteslästerung hatten die spätmittelalterlichen Gelehrten stets im Auge behalten. Wie viele andere vor ihm verglich etwa der Wiener Domkapitular Ulrich von Pottenstein Anfang des 15. Jahrhunderts in seiner Auslegung der Zehn Gebote diese beiden Sünden. »Gotes schelten« sei schlimmer einzuschätzen als »Kezerey«, so überlegte er: Ein

Häretiker glaube immerhin an die Wahrheit seines Glaubens, während ein Gottesschelter »willichlich wider sein Gewissen« über Gott etwas daherrede, von dem er wisse, dass es nicht wahr sei.[179]

Eine umstandslose Vermischung von Ketzern und Gotteslästerern war noch aus einem anderen Grunde alles andere als naheliegend. Als zentrale Form blasphemischen Sprechens galten, wie gezeigt, lästerliche Flüche und Schwüre. Die wichtigsten häretischen Gruppen jener Zeit, vor allem die Katharer, Waldenser und Lollarden, lehnten aber unter Berufung auf Mt 5,37 (»Eure Rede aber sei: Ja, ja; nein, nein. Was darüber ist, das ist vom Bösen«) jegliche Eide radikal ab. Orthodoxe Theologen wie der Brandenburger Bischof Stephan Bodecker, der Mitte des 15. Jahrhunderts auf waldensische Herausforderungen in seiner unmittelbaren Umgebung zu reagieren hatte, unterschied zwischen legitimen Schwüren zum Lobe Gottes und solchen, die den Schöpfer lästerten. Trotzdem registrierten die Theologen aufmerksam (und manchmal mit einer gewissen Hochachtung), dass die Ketzer das Schwören und Fluchen fundamental ablehnten – derartige Tugendbolde ließen sich schwerlich mit üblen Schwörern und Lästerern in einen Topf werfen.[180] Die englische Mystikerin Margery Kempe, wegen ihrer Visionen oft als Häretikerin angefeindet, jedoch nie verurteilt, verwendete in ihrer Autobiographie dieses Argument offensiv: Einst hätten sie Männer aus dem Gefolge des Erzbischofs von York als Ketzerin geschmäht, »indem sie unter schrecklichen Schwüren versicherten, sie verdiene es, verbrannt zu werden«. Durch Jesus gestärkt, habe sie unerschrocken auf die Drohungen der Herren geantwortet, statt ihrer würden dereinst sie selbst im ewigen Höllenfeuer schmoren, weil sie mit ihren schlimmen Schwüren gegen die göttlichen Gebote verstießen. Daraufhin seien ihre Gegner beschämt abgezogen.[181] Blasphemische Eide, so zeigt diese Episode, waren typisch für markige Männer, nicht für eigensinnige Ketzer oder gar verdächtige Ketzerinnen.

Häresie und Blasphemie waren also nie gleichgesetzt worden, doch es gab einen Bereich potenzieller Überschneidungen zwischen ›falschen‹ und ›schlechten‹ Reden. Schmähungen Gottes transportieren in der Regel ›falsche‹ Informationen über ihn, und umgekehrt erscheinen häretische Äußerungen dem Rechtgläubigen schnell böswillig und lästerlich. Kaum verwunderlich ist es deshalb, wenn der Vorwurf der Gotteslästerung gegen konkrete spätmittelalterliche Ketzereien und Ketzer gerichtet wurde. Das musste nicht zwangsläufig auf konkrete Verhaltensweisen der Glaubensabweichler zielen, sondern sollte ein grundsätzliches Charakteristikum ihrer Lehren sichtbar machen. In ihrem Hochmut *(superbia)*, der sie hartnäckig auch gegen die Lehren der Kirche auf ihrer falschen Wahl beharren lässt, wurde zugleich ein Akt der Verhöhnung des wahren Glaubens gesehen. Vielfach waren es aber doch konkrete lästerliche Äußerungen und Handlungen, die den Ketzern vorgeworfen wurden.

Eine der frühesten einschlägigen Verurteilungen findet sich in der bekannten Stellungnahme des Lütticher Bischofs Wazo aus dem 11. Jahrhundert. Darin brandmarkt er die Ansicht der Manichäer, ihr Stifter Mani sei eine Inkarnation des Heiligen Geistes, als Blasphemie.[182] In vergleichbarer Weise wurden später häufiger Ansichten und Riten der Katharer als gotteslästerlich verurteilt. Diese häretische Strömung hatte in Hinblick auf ihren radikalen Dualismus – die Annahme, es gebe einen guten und einen bösen Gott – das Erbe der antiken Manichäer angetreten.[183] Gerade wegen dieses Dualismus verurteilte der vormalige Katharer und Dominikanerinquisitor Rainerius Sacconi um 1250 die Auffassungen eines gewissen Johann de Lugio als blasphemisch, weil daraus folge, dass er Gott nicht für allmächtig halte.[184] Auch andere Äußerungen aus dieser Gruppe wurden inkriminiert wie 1213 jene spöttische Bemerkung gegen die Realpräsenz Christi in der geweihten Hostie: Dessen Körper müsse ja wohl schon lange von den Kommunikanten verzehrt worden sein, selbst wenn er so groß wie die Alpen gewesen wäre.[185] Schließlich machten sich die letzten südfranzösischen Katharer, von denen die Inquisitionsprotokolle des Bischofs Jacques Fournier um 1320 berichten, in anzüglichen Reden über die angebliche Jungfräulichkeit Mariens lustig.[186]

Die Frage nach der Relation von Häresie und Blasphemie konnte bisweilen für die Beschuldigten sehr praktische Konsequenzen zeitigen. Für Ketzerei waren die geistlichen Gerichte bzw. die Inquisition zuständig, Gotteslästerungsfälle wurden dagegen trotz »gemischter« Zuständigkeit vorwiegend von weltlichen Gerichten abgeurteilt. Ob ein Angeklagter eher vor dem einen oder vor dem anderen Forum auf mildere Strafen rechnen konnte, hing sicher vom Einzelfall ab. Die geistlichen Gerichte, von ihrem Ursprung eher auf Buße denn auf Strafe ausgerichtet, mochten vielfach die attraktivere Option sein. Im Wiederholungsfall allerdings drohte gerade vor der Inquisition das Todesurteil. Offenkundig deshalb versuchte in Böhmen zwischen 1335 und 1343 ein von den Ketzerrichtern verhafteter Brünner Goldschmied, einer Verurteilung als Häretiker zu entgehen, indem er seine Äußerungen ›nur‹ als Gotteslästerung verstanden haben wollte.[187] Wir kennen den Fall nur aus der Darstellung eines Gegengutachtens. Darin wird der lästerliche Charakter dieser Äußerungen – der Goldschmied hatte die Möglichkeit der Sündenabsolution durch Pilgerfahrten in Frage gestellt und das Zeichen des Kreuzes mit einer Vulva verglichen – nicht in Abrede gestellt, die Häresie aber letztlich als das übergeordnete Delikt vertreten; Ketzerei schließe stets Gotteslästerungen ein.[188] Der Delinquent versuchte mit dem Argument, es gehe vornehmlich um Blasphemie, die Inquisition für unzuständig zu erklären oder jedenfalls eine mildere Strafe zu erlangen.

**Blasphemische Gotteslästerung – die Inquisition**

Die eingangs erwähnte Bestellung päpstlicher Sondergesandter zur Bekämpfung von Häretikern im Jahr 1231 bildete einen wichtigen Schritt hin zur Ausbildung einer regelrechten Institution zur Ketzerverfolgung: »Die« Inquisition entstand.[189] Ihre tatsächliche Gestalt stimmt oft nicht mit dem gängigen Klischee einer übermächtigen und allgegenwärtigen Kontrollagentur überein, nur in einigen Regionen Europas konnte sie auf eine regelrechte Bürokratie und zahlreiche Helfer zurückgreifen. Am Ausgang des Mittelalters war sie vielerorts kaum mehr aktiv, gewann dann aber auf der Iberischen Halbinsel ab 1478 (›Spanische‹ Inquisition) und in Italien ab 1542 (›Römische‹ Inquisition) eine neue Gestalt. Was mittelalterliche und neuzeitliche Inquisitionen verbindet, sind die Figur des päpstlich legitimierten Inquisitors mit seinen besonderen Vollmachten und Zuständigkeiten sowie das spezielle Verfahren des inquisitorischen Prozesses. Zuständig war die Inquisition natürlich erst einmal für Ketzer der verschiedensten Art: für Waldenser und Katharer, Lollarden und Hussiten im Mittelalter; für ehemalige Juden und Muslime, die trotz christlicher Taufe angeblich insgeheim weiterhin ihren alten Bekenntnissen anhingen, an der Wende zur Neuzeit; und für die Anhänger von Luther, Zwingli und Calvin im Zeitalter der Reformation. Aber bereits im späteren Mittelalter begann die Inquisition, neben konkreten Gruppen auch häresieverdächtige Verhaltensweisen ins Visier zu nehmen. Dieser Trend sollte sich im 16. und 17. Jahrhundert noch verstärken, als die Glaubenswächter sich mehr und mehr für alle möglichen moralisch und sittlich zweifelhaften Akte zuständig sahen. Ein Beispiel dafür war das Vergehen der Doppelehe (Bigamie), das sich unter dem strengen Blick der Inquisition von einer Eheangelegenheit zu einem potenziellen Glaubensirrtum wandelte.[190] Und ein anderes Beispiel war eben die Gotteslästerung.

Gotteslästerungen im Inneren des Christentums wurden zum ersten Mal umfassender vom Inquisitor Nicolaus Eymericus thematisiert, dessen ca. 1376 vollendetes *Directorium Inquisitorum* über lange Zeit maßgeblich blieb.[191] Grundsätzlich unterscheidet er zwischen zwei Formen der Blasphemie. Lästere jemand, ohne sich in Widerspruch zu Artikeln des Glaubens zu setzen, indem er etwa Gott oder die Muttergottes verwünsche, dann handele es sich um einfache Gotteslästerung. Ketzerische Blasphemie *(blasphemia haeretecalia)* dagegen liege vor, wenn sich jemand gegen bestimmte christliche Dogmen wende, zum Beispiel gegen die Allmacht des Schöpfers, indem er sagt, dieser könne es nicht regnen lassen, oder gegen die jungfräuliche Mutterschaft Marias, indem er sie als Hure beschimpft. Einfache Lästerer seien durch andere Richter zu strafen, häretische Blasphemiker aber vor die Inquisition zu ziehen und als Ketzer zu behandeln. Eymericus setzte sich auch mit möglichen Gründen für eine Entschuldigung oder eine Strafmilderung bei diesem Delikt auseinander. Oft beteuerten die Lästerer ja, in ihren Herzen gute Christen zu sein, aber der Inquisitor habe derartige Behauptungen gut zu prüfen. Zorn entschuldige nicht alles, ebenso wenig die Trunkenheit.

Überschreiten wir an dieser Stelle schon einmal die Schwelle zur Neuzeit, denn die neuzeitlichen Inquisitionen knüpften bei ihren Bemühungen um Kompetenzerweiterung nahtlos an ihre mittelalterlichen Vorläufer an. In mehreren päpstlichen Bullen des 16. Jahrhunderts wurden die Befugnisse der Ketzerverfolger systematisch erweitert. Sie waren nun unter anderem für Apostasie, Magie, Hexerei und Wahrsagerei sowie Bigamie zuständig – und für Blasphemie.[192] So bekräftigte der spanische Jurist Francisco Peña, der 1578 das *Directorium inquisitionum* neu herausgab und kommentierte, die Zuständigkeit der Inquisition für Fälle häretischer Blasphemie.[193] Als solche qualifizierte er Äußerungen, die Unglauben oder Verleugnung des Glaubens zum Ausdruck brachten bzw. solche, die gegen die wahre Konfession gerichtet seien. Konkretisierend nennt er – im Anschluss an den Inquisitor Juan de Rojas[194] – Wendungen wie »Ich verleugne Gott«, »Ich glaube nicht an Gott« oder »Ich verleugne den Glauben und das Kreuz des Herrn Jesu Christi«. Verwünschungen und Flüche dagegen seien in der Regel als nicht häretische Blasphemien zu bewerten. Allerdings sei der Grad der Verwerflichkeit (und mithin der Strafbarkeit) einer Gotteslästerung von vielerlei Faktoren abhängig, von der Qualität der Worte und der jeweiligen Person ebenso wie von Zeit und Ort. Grundsätzlich steht aber nach Peña der Verdacht im Raum, dass das äußere gesprochene Wort auf eine innere (ketzerische) Haltung hindeute und einer Untersuchung durch die Inquisition bedürfe. Der schlichten Behauptung, man lästere ›einfach so‹, aus Gewohnheit oder einer jähen Gefühlsaufwallung, dürfe nicht unbedingt geglaubt werden.

Spätere Inquisitoren-Handbücher des 17. Jahrhunderts folgten Eymericus und Peña im Grundsatz, räumten dem Blasphemie-Problem aber noch mehr Raum ein und errichteten ein umfangreiches kasuistisches Gerüst für eine gerechte Strafzumessung.[195] Ihre Überlegungen fanden in der praktischen Tätigkeit von Inquisitoren ihren Niederschlag, ob in Spanien oder Italien, in der Alten oder der Neuen Welt. So führten vor dem Tribunal in Mexiko City einige Male »unheilige Vergleiche« zu Anklagen wegen häretischer Blasphemie. 1564 wurde dort María de Bustamante denunziert, weil sie ihre Tochter als jemand gerühmt hatte, die »ebenso rein und jungfräulich sei wie es die heilige Katharina gewesen war«. Mariana de los Reyes hatte sie Jahrzehnte vorher noch übertroffen. Auf den Vorwurf ihres Liebhabers hin, sie sei unrein und vergnüge sich mit Männern verschiedener ethnischer Herkunft, erwiderte sie nicht nur, sie sei so tugendhaft wie Sankt Katharina, sondern übertraf das noch mit der Aussage, sie verdiene es angebetet zu werden wie Gott selbst. Die Inquisitoren werteten das als schwere häretische Blasphemie.[196] Auf Malta wurden Ausdrücke individueller Ohnmacht in Verbindung mit der Religion als häretisch sanktioniert, wenn etwa die kranke Elisabetta Camilleri ausruft, »Gott beging eine Todsünde, als er mich erschuf«. Bisweilen wurden derartige Vorwürfe über das Einzelschicksal hinaus ins Sozialkritische verallgemeinert, wenn z. B. Gaetano Pace beim Barbier verlauten ließ, nicht einmal Gott könne den Tagelöhnern in ihrer Armut helfen, oder eine Frau namens Fortunata die Auffassung vertrat, es sei falsch gewesen, die einen reich und die anderen arm zu schaffen. Um die Armen kümmere sich niemand, ›nicht einmal Du, mein Gott!‹[197]

Von einer konsistenten Umsetzung der in den Manualen vorgegebenen Linie konnte allerdings kaum die Rede sein. Auf Malta wurden schwere Beleidigungen und Flüche wie »Wenn ich Gott zu fassen kriegte, würde ich ihn zu Stücken hauen« oder »Ich würde ihn umbringen oder seinen Hals durchschneiden« als ketzerische Blasphemien bewertet. Solche Aussprüche waren in den Handbüchern ausdrücklich nicht als häretisch qualifiziert worden.[198] Wenn andererseits vor dem Tribunal von Toledo 1678 Andrés Gonzáles angeklagt wurde, geschworen zu haben, »er schere sich nicht um Gott oder die Jungfrau«, »er glaube nicht an Gott« und »er glaube an Mohammed«, so erscheint das auf den ersten Blick als ein glasklarer Fall von häretischer Gotteslästerung. Die gnädig gestimmten Inquisitoren ließen jedoch seine Trunkenheit ebenso als Milderungsgrund gelten wie sein schweres Lebensschicksal, seine Armut, seine frühe Vertreibung aus dem Elternhaus und seine Terrorisierung durch die Verwandtschaft seiner Frau: Sie verurteilten ihn lediglich zu drei Jahren Verbannung.[199]

Die Ausführungen zur häretischen Blasphemie durch Autoren der Inquisition dienten wohl vor allem dazu, für die Ketzerverfolger in Sachen Gotteslästerung eine möglichst weitgefasste Zuständigkeit zu reklamieren. Die stärkere Fokussierung der Gotteslästerung durch die Inquisition in Spanien erscheint in der Fachliteratur gelegentlich als regelrechte Arbeitsbeschaffungsmaßnahme einer Institution, der die Ketzer auszugehen drohten.[200] Potenziell häretisch konnten viele, wenn nicht die meisten Äußerungen sein, und selbst der mögliche Rest ›einfacher‹ Blasphemie war den Tribunalen der Inquisition keineswegs völlig entzogen. Das war die Grundlage für die Intensivierung der inquisitorischen Blasphemie-Verfolgung im 16. Jahrhundert (vgl. Kap. 11). Komplizierter wurde die ganze Sache noch dadurch, dass sich die Verfechter des alten Glaubens um 1500 verstärkt der Herausforderung durch andere Glaubensströmungen ausgesetzt sahen. Waren bestimmte Blasphemien in Spanien nicht vielleicht als Hinweise auf verdächtige kryptojüdische Einstellungen unter den zwangsgetauften Juden zu verstehen? Und entsprangen Lästerungen gegen die Gottesmutter oder die Heiligen in Norditalien lediglich der Enttäuschung über fehlgeschlagene Gebete, oder deuteten sie auf protestantische Glaubenshaltungen hin?[201] Mit dem Verlust einer religiösen Einheit Europas, die trotz der Konfrontation mit Juden und Muslimen und trotz der ketzerischen Herausforderungen bislang weitgehend gewahrt geblieben war, stellte sich das Problem der Gotteslästerung am Beginn der Neuzeit in einer neuen Größenordnung.

# Frühe Neuzeit: Blasphemie im Glaubensstreit

# 10. Die Disziplinierung der Eigenen

Wir sind es gewohnt, an der Wende vom Mittelalter zur Neuzeit welthistorische Zäsuren zu verorten: um 1450 entwickelte Johannes Gutenberg in Mainz den Buchdruck; 1492 suchte Kolumbus den Seeweg nach Indien und eröffnete der Alten Welt einen neuen Kontinent; und ab 1517 begann mit Martin Luthers Ablassthesen die Glaubensspaltung der Christenheit. So scheint es nur logisch, dass viele Darstellungen hier auch einen Wendepunkt für die Geschichte der Blasphemie proklamieren, zum Beispiel davon sprechen, der Protestantismus habe die Gotteslästerung »wiederentdeckt«.[1] Derartige Behauptungen bedürfen der Korrektur. Die Zeit des 16. und beginnenden 17. Jahrhunderts stellte zweifellos in vielerlei Hinsicht den Höhepunkt des »klassischen Zeitalters der Blasphemie« dar, aber nicht, weil es hier zu völlig neuen Erscheinungsformen kam, sondern weil die seit dem 13. Jahrhundert zu beobachtenden Entwicklungen nun auf die Spitze getrieben wurden. Dies geschah durchaus unter gewandelten Vorzeichen, und hier kommen alle drei eingangs genannten Faktoren ins Spiel. Dass der Kampf gegen die Blasphemie nun auch in der neuen Welt ausgetragen wurde, brachte kurzfristig wohl die am wenigsten einschneidenden Konsequenzen. Wichtiger erscheint, dass es nun eine breite Palette neuer Druckerzeugnisse gab, die den Kampf gegen die Blasphemie enorm verbreiterte und auf eine neue mediale Grundlage stellte. Was im Druck verbreitet wurde, waren freilich meist die gleichen theologischen Erörterungen und Beispielgeschichten, die seit Jahrhunderten geschrieben wurden. Vor allem aber schuf die Glaubensspaltung einen neuen Kontext für das Verständnis von Gotteslästerung, und zwar sowohl im Umgang der Bekenntnisse untereinander als auch im Inneren des jeweiligen Lagers. Zum einen brachte die Existenz mehrerer Konfessionen, von denen jede einen absoluten Wahrheitsanspruch erhob, ein erhöhtes Konfliktpotenzial; es entlud sich in gegenseitigen Schmähungen und wechselseitigen Lästerungsvorwürfen. Zum anderen sah sich jedes Bekenntnis gehalten, seinen Anhängern die eigene Lehre intensiv zu vermitteln und ihr Leben danach auszurichten. Die Folge war der Versuch einer tiefgreifenden religiösen und moralischen Disziplinierung, die auch traditionelle Verhaltensweisen wie blasphemisches Schwören und Fluchen traf. Davon soll zunächst die Rede sein.

**Neue Medien – alte Geschichten**

Zwei Kirchenmänner in Straßburg verkörpern die angesprochene Kontinuität in Sachen Blasphemie zwischen Spätmittelalter und Reformation. Den Münsterprediger Geiler von Kaysersberg haben wir bereits mit seinen Schriften und Predigten gegen die Gotteslästerung kennengelernt. Er scheute sich am Vorabend der Reformation nicht, die Ratsherren der elsässischen Reichsstadt von der Kanzel herab hart wegen ihrer nachlässigen Sittenzucht zu kritisieren, und legte seine Beschwerden Anfang 1501 schriftlich dar. Dort prangerte er sehr deutlich die unverhältnismäßig milde Bestrafung der Gotteslästerung an: Die Blasphemie gegen Gott den Herrn werde geringer gestraft als die Schmähung von Mitmenschen oder Majestätsbeleidigung.[2] Ein Menschenalter später hatte sich Straßburg der Reformation geöffnet, und für lange Jahrzehnte wurde das religiöse Geschehen wesentlich von Martin Bucer mitbestimmt. Auch dieser positionierte sich wiederholt – und unter explizitem Rückgriff auf mittelalterliche städtische Statuten – gegen die Gotteslästerer. Und auch er forderte, etwa in einer Demarche für die »Abschaffung grober Laster und die Aufrichtung guter Ordnung und Disziplin« vom 11. April 1547, den Erlass strengerer Strafen gegen Gotteslästerung, Fluchen und Schwören.[3] Gott selber habe geboten, diejenigen zu steinigen, die seinen Namen schmählich gebrauchen. Gegenwärtig aber werde der Name Gottes schmählich missbraucht, vor allem durch das heftige Schwören und Fluchen beim Leiden, der Marter, dem Sakrament, dem Himmel und der Erde des allmächtigen Gottes. Diese »Gräuel haben durch Nachlässigkeit beim

Strafen bei jung und alt, Frauen und Männern überhand genommen«. Nicht von ungefähr enthielt der Katechismus aus der Feder des Reformators einen Holzschnitt mit der Abbildung von Menschen, die schwere Felsbrocken auf einen am Boden hockenden Übeltäter schleudern – zweifellos die Illustrierung der mosaischen Strafe für Gotteslästerung (Lev 24,10–16). Wahrscheinlich dienten hier die sogenannten Haustafeln mit den zehn Geboten als unmittelbares Vorbild, die Lucas Cranach d. Ä. um 1527 auf Geheiß Melanchthons geschaffen hatte und die in verschiedenen lutherischen Katechismen Verwendung fanden. Die Darstellung wird als eine der wenigen bildlichen Innovationen der Reformationszeit angesehen, die keine direkten Vorläufer im Mittelalter aufzuweisen hat. Mit der Darstellung der harten biblischen Strafe für den Gotteslästerer versinnbildlicht der neue Bildtypus den grimmigen Vorsatz der Protestanten, endlich mit dem Laster der Blasphemie aufzuräumen (vgl. Abb. 1).[4]

Straßburg ist in seiner Verknüpfung alter Traditionen mit einer neuen Entschlossenheit paradigmatisch für den Kampf gegen die Blasphemie im Reformationszeitalter. Der Katechismus Martin Bucers legt Zeugnis ab über die breit angelegte Nutzung von Druckmedien durch die Protagonisten der neuen Glaubensrichtung, ohne die der Erfolg der Reformation kaum denkbar gewesen wäre. Auch für das alte Anliegen, das Laster der Blasphemie zu dramatisieren und zu verurteilen, eröffneten diese Medien neue Möglichkeiten. Das gilt insbesondere für Flugblätter und Flugschriften, die knapp und meinungsstark über weite Entfernungen Geschichten über Wunderzeichen, Katastrophen und eindrückliche Schicksale verbreiteten. Sie waren für breitere Bevölkerungskreise erschwinglich und zugänglich, ob durch eigene Lektüre oder durch das weitverbreitete Vorlesen. Nicht zuletzt eigneten sich diese Geschichten oft auch zur frommen Moralisierung. So verbreitete sich das vielleicht bekannteste Exempel in Sachen Blasphemie im deutschen Sprachraum nicht zuletzt durch ein Flugblatt.[5] Drei Männer, so heißt es dort, spielten auf einem Spielplatz vor der Stadt Karten und begannen, nach Art der Spieler üble Schwüre auszustoßen. Als einer von ihnen, ein Mann namens Ulrich Schrötler, ein so gutes Blatt auf der Hand hatte, dass er den Sieg sicher zu haben schien, rief er frevelhaft aus: »Wenn ich dieses Spiel verliere, so ersteche ich Gott!« Als er tatsächlich verlor, setzte er diese Drohung in die Tat um und schleuderte seinen Dolch mit der Spitze voran in die Höhe. Die Waffe blieb verschwunden, doch fünf Bluttropfen fielen herab. Umgehend kam der Teufel in grimmigem Ungestüm herbeigesaust und führte den Lästerer mit sich in die ewige Verdammnis. Doch auch die anderen beiden ereilte die gerechte Strafe, denn sie waren nicht gegen ihren Kumpan eingeschritten, sondern hatten noch versucht, die Blutstropfen von der Spielscheibe zu entfernen, was ihnen aber nicht gelingen wollte. Herbeigeeilte Bürger fanden die Blutspur verdächtig und verhafteten die zwei. Der eine wurde schließlich hingerichtet, der andere war schon vorher einer grausigen Krankheit zum Opfer gefallen, indem eine ganze Läuseschar ihn buchstäblich aufgefressen hatte.

Mehrfach wurde diese Geschichte im Druck reproduziert, zunächst in Augsburg 1553, dann in Nürnberg 1554 (vgl. Abb. 7). Sie sollte fortan zum festen Repertoire frühneuzeitlicher Prediger werden und fand Eingang in alle einschlägigen Sammlungen. Kennzeichnend war, dass das Geschehen eindeutig raumzeitlich zu verorten war, nämlich im schweizerischen Städtchen Willisau in der Nähe von Luzern im Jahr 1553. Auch viele der Beteiligten wurden mit Namen genannt. Den Druckauftrag erteilt hatte der Solothurner Bürger Heinrich Wirri, der davon bei einer Übernachtung am Ort des Geschehens von einem Wirt erfahren hatte. Seine Erkundung zum Geschehen bei diesem Wirt und anderen Zeitzeugen, in Ich-Form erzählt, bildet gleichsam die Rahmenhandlung zum Exempel. Sie beglaubigt vor allem die Authentizität der Erzählung, gerade dann, wenn Wirri von seinem erfolglosen Bemühen berichtet, weitere Details in Erfahrung zu bringen oder Indizien selbst in Augenschein zu nehmen – die Namen der beiden anderen Spieler wisse niemand, es seien Fremde gewesen; und die blutbefleckte Scheibe konnte er nicht mehr sehen. Zwar handelte es sich um eine »wunderbarlich«, aber zugleich um eine ganz »warhaft geschicht«, wie nicht nur der Titel, sondern auch der Text mehrfach betont. Ganz wie die *urban legends* der Gegenwart hat auch in diesem

Fall der Berichterstatter die Geschichte zwar nicht selbst gesehen, sie war ihm aber von glaubwürdigen Zeugen erzählt worden. Und ganz wie bei diesen modernen Sagen erweckt die Tatsache Misstrauen, dass diese Geschichte ein altvertrautes Motiv variiert, in diesem Fall jenes messerwerfenden Spielers, den wir schon in der Predigtsammlung des Stephan von Bourbon aus dem 13. Jahrhundert kennengelernt haben. Der Glaubwürdigkeit tat das keinen Abbruch.

Typisch erscheint im Zeitalter der Reformation an Wirris Geschichte auch das direkte Eingreifen des Teufels in eigener Gestalt. Davon hatte Stephan von Bourbon seinerzeit noch nichts berichtet. Gerade für die protestantischen Blasphemie-Exempel aber wurde das leibliche Erscheinen Satans charakteristisch, lässt sich doch gerade bei lutherischen Theologen eine regelrechte Obsession mit diesem Thema beobachten.[6] So machte schon eine Ermahnung von 1531, die im Auftrag des sächsischen Kurfürsten regelmäßig von allen Kanzeln verlesen werden sollte, den Teufel als Verursacher der blasphemischen Verbrechen gegen die göttliche Majestät und seinen Namen dingfest.[7] Als erklärter Feind Gottes, der unermesslichen Hass auf den Schöpfer in sich trage, versuche er den Menschen ständig zur Lästerung anzureizen. Blasphemiker wurden als »Teufelskinder« bezeichnet oder es hieß, sie gehörten seinem »heiligen Orden« an – ein Seitenhieb im Übrigen auf die gegnerische Konfession. Wer einen Gotteslästerer höre, der vernehme deshalb nicht einen Menschen, sondern den Teufel selbst. Anders als noch bei Geiler von Kaysersberg birgt dieser Gedanke allerdings keinen Trost für den Sünder. Den Wittenbergern ist die satanische Inspiration keine Entlastung mehr für Lästerer, sondern der Beleg für die höchste Verwerflichkeit der Gotteslästerung und für den teuflischen Charakter der Lästerer selbst. Als Zeugnisse der lutherischen Teufelsobsession gelten die »Teufelsbücher« aus der Mitte des 16. Jahrhunderts. Ihre Verfasser waren Theologen, die daran »Hosenteufel«, »Saufteufel« oder »Hurenteufel« anprangerten – so die Titel. Natürlich durfte auch ein 1556 von dem in Frankfurt an der Oder wirkenden Andreas Musculus verfasster »Fluchteufel« nicht fehlen. Der Text war von einem apokalyptischen Grundton durchzogen und behauptete, das ge-

genwärtige Zeitalter sei in bislang beispielloser Weise von gotteslästerlichen Reden geprägt. Dabei benutzte er viele überlieferte Beispiele und Vergleiche, etwa das schon aus dem Spätmittelalter bekannte Motiv der zweiten Kreuzigung Christi durch die spitzen Zungen der Lästerer. Eindrucksvoll verdichtet es sich zudem im von Frantz Friderich geschaffenen Titelholzschnitt: Dieser zeigt den gekreuzigten Christus umgeben von lästernden Männern vieler Stände, aus deren offenen Mündern Lästerpfeile wie Lanzen auf den blutüberstömten Leib zielen.[8]

Insgesamt bewegte sich die Reformation bei der Erörterung der Gotteslästerung ebenso stark in den Bahnen der mittelalterlichen Kirchenlehrer wie die Altgläubigen. Auch katholische Pastoralhandbücher und Predigten reproduzierten im 16. und 17. Jahrhundert weitgehend Altbekanntes.[9] Dabei sahen sich die frommen Kirchenmänner aller Konfessionen mit der traditionellen Auffassung konfrontiert, bei der Blasphemie handele es sich eher um eine harmlose Verfehlung denn um ein schlimmes Verbrechen. Der Kulmbacher Superintendent Christoph Schleupner zitierte 1625 in seiner Predigt gegen das Fluchen eingehend die Argumente für dessen Bagatellisierung. Alle täten es, selbst die Amtsleute und Pfarrer, denen ihre Bekämpfung obliege, so wurde eingewandt – da falle man doch selbst gar nicht auf. Oder: Gegen plötzliche Zornaufwallungen sei man halt machtlos. Besonders bezeichnend: »Es ist das fluchen so böß von mir nicht gemeint / als man es ausleget. Ich pflege nicht allzeit im Zorn / sondern auch oft im Schimpf einen Fluch fahren zu lassen«.[10] Natürlich unternahm Schleupner die wortreiche Widerlegung dieser Ausflüchte, aber alle seine Ausführungen können kaum darüber hinwegtäuschen, dass gegen derartige Ignoranz kaum ein Kraut gewachsen war. Sekundiert wurden die Ausreden von komischen Schwankgeschichten, die zeigen sollten, dass ohne lästerliche Schwüre der Alltag kaum zu bewältigen war. So überzeugen die bäuerlichen Hintersassen in einer Erzählung von Georg Wickram ihren Herrn davon, dass sie ihr Gesinde ohne starke Flüche und Schwüre nicht zur Arbeit bewegen könnten. Gegen sein ursprünglich strenges Verbot erlaubt der Junker ihnen, sich einen bestimmten Schwur auszuwählen, allerdings dürfe der nicht das Leiden Christi berühren. Nach eingehender Beratung untereinander verkünden die Bauern treuherzig: »Gnediger Juncker, wir (…) bitten euch durch Gottes willen, gebt uns nur die Pestilentz.« »So gand hin«, sagt der Juncker, »und habt die Frantzosen darzu.« Der Schultheiß bedankte sich im Namen der Gemeinde für dieses reichhaltige Geschenk, und alle gingen freudig nach Hause. Die Geschichte endet so in heiterem Spott über die einfältigen Bauern, die froh über »Pest« und »Franzosen« (also die Syphilis) sind.[11]

**Rechtliche Offensiven**

An der Wende vom Mittelalter zur Neuzeit blieben sich die Gesetzgeber in Frankreich und England im Grundsatz treu, allerdings jeweils auf ihre eigene Weise. Im Land der »allerchristlichsten Könige« zeigt die Reihe königlicher Ordonnanzen gegen die Blasphemie, die zuverlässig auch im 16. Jahrhundert produziert werden, eine deutliche Kontinuität zu ihren Vorläufern des Spätmittelalters. Allerdings hat sich ihr repressiv-ausgrenzender Charakter im Zeichen der Glaubensspaltung verstärkt, so dass mehr tatsächlich sanktionierte Fälle überliefert sind.[12] In Deutschland bzw. im Reich dagegen bilden die Beschlüsse des Reichstages zu Worms eine gewisse Zäsur: Sie wurden wegweisend für den Umgang mit der Gotteslästerung. Zum 7. August 1495 wurden in Worms mit dem Reichsabschied nicht nur Bestimmungen gegen die Gotteslästerung mit Strafandrohungen verfügt.[13] Das gleiche Datum trägt offiziell das wesentlich umfangreichere königliche Mandat gegen die Gotteslästerung, tatsächlich aber wurde es erst später ausgearbeitet und am 1. Februar 1497 in Lindau beschlossen.[14] Seine Wirkmächtigkeit ist kaum zu überschätzen. An prominenter Stelle wurden hier die göttlichen Strafen erwähnt, die Obrigkeiten und Gemeinschaften drohten, wenn sie gegenüber der Beleidigung Gottes Toleranz walten ließen. Neben der expliziten Rezeption der Justinianischen Novelle 77 und der möglichen Wirkkraft städtischer Verordnungen gab es für die Beschwörung der göttlichen Plagen einen aktuellen Anknüpfungspunkt. Ausdrücklich erwähnt wird nämlich eine neue Krankheit, »genant die pösen plattern«. Dahinter verbirgt sich die Französische Krankheit, die Syphilis, die erst einige Monate zuvor ihren verhängnisvollen Siegeszug auch im nördlichen Europa angetreten hatte. Dass die neue Krankheit das königliche Gotteslästerungsmandat genuin motiviert hatte, erscheint aufgrund der Chronologie unwahrscheinlich.[15] Aber die Macher des Gesetzes dürften sich durch diese neue Bedrohung bestätigt gefühlt haben und fügten diese noch während der Endredaktion in den Text ein. Ähnlich wie die französischen Gesetze entwickelte der Text zudem eine Kasuistik, um je nach Stand des Täters, nach Erst- und Wiederholungstaten und nach der Schwere des Vergehens die Strafhöhe zu unterscheiden. Differenziert wird etwa zwischen Schmähreden »aus bewegter hitz des zorns, aus trunkenheit oder dergleichen zufall (sic!)« einerseits und »frevlerischen« Gotteslästerungen andererseits – also zwischen fahrlässiger bzw. affektgeleiteter Gotteslästerung und vorsätzlicher Blasphemie. Dem fahrlässigen Übelschwörer drohten hohe Geldstrafen, frevelhaften Gotteslästerern dagegen körperliche Strafen.

In der Folge des Mandats von 1495 bzw. 1497 intensivierte sich die deutsche Gesetzgebung auf verschiedenen Ebenen, mit dem Ergebnis, dass es wohl nirgendwo in Europa ein so dichtes Netz von rechtlichen Bestimmungen gegen die Gotteslästerung gab wie hier. Auf Reichsebene wurden einschlägige Normen zu integralen Bestandteilen sowohl des Strafrechts – von der *Bambergensis* von 1507 (Art. 127) bis zur *Carolina* von 1532 (Art. 106) – als auch der Reichspolizeiordnungen von 1530, 1548 und 1577. In Letzteren wurden vor allem die Sanktionen gegen leichtere Formen der Gotteslästerung ausbuchstabiert. Die Normproduktion in Sachen Blasphemie auf Reichsebene sorgte für eine nachhaltige Belebung auch der territorialen Gesetzgebung zur »guten Policey« (das heißt zur guten Ordnung), sei es, dass die Reichsgesetze wortwörtlich übernommen wurden, sei es, dass sie dazu anregten, eigenständige Polizeiordnungen und Edikte zu erlassen.[16] Ebenso wurden viele städtische Edikte gegen böse Schwüre und andere Gotteslästerungen durch die Reichsgesetzgebung angeregt, und selbst viele korporative Satzungen, die Artikelbriefe der Landsknechte ebenso wie Zunftrollen oder Hofordnungen, nahmen nun einen einschlägigen Passus auf.

Natürlich waren diese Gesetzesoffensiven auch von den reformatorischen Auseinandersetzungen beeinflusst. Doch blieb der materielle Kernbereich des Blasphemie-Delikts in den obrigkeitlichen Verordnungen von den Konfessionsstreitigkeiten weitgehend unberührt.[17] So griff die von Martin Bucer neugeschaffene Ulmer Kirchenordnung von 1531 auf ein »Gesetz der Voreltern« zurück. Diese Statuten habe man »vernünftig, weise und wohl bedacht« gefunden und nicht verbessern, sondern lediglich bekräftigen wollen. Zum Lob und zur Ehre Gottes möge also das 150 Jahre alte Schwörverbot endlich konsequent umgesetzt werden.[18] Hier kam zum Ausdruck, dass die verschiedenen Konfessionen grundsätzlich in dem Ziel übereinstimmten, eine sittlich-moralische Reinigung der christlichen Gesellschaft zu erreichen.

Dieses Motiv lässt sich durchaus bereits vor 1500 beobachten, es gewann dann durch die Reformation an entscheidender Durchschlagskraft und wurde von der alten Kirche, spätestens im Zeichen des Tridentinischen Reformkonzils, aufgegriffen. Das schloss neue, konfessionelle Akzentsetzungen nicht aus. So erhalten die Bestimmungen gegen Gotteslästerung in der Württembergischen Landesordnung vom Juni 1536 ihr neues, lutherisches Gepräge allein durch einen vorgeschalteten Artikel »Von wegen des Worts Gottes«: Er verschärft das Sonntagsgebot, verbietet den Besuch fremder Messen sowie das Tanzen, Zechen und Spielen unter der Predigt und bestimmt schließlich, niemand solle »das heilig Evangelium und Gottes wort, wie es nach Göttlicher geschrifft und concordia jetzt gepredigt würdt, schmähen oder lestern«.[19] Die alten Formen der Gotteslästerung werden so eingebunden in einen weiten Horizont sittlich-moralischer Vergehen. Außerdem werden sie verknüpft mit einem erweiterten Begriff der Blasphemie, der potenziell alle gegnerischen Positionen als gotteslästerlich zu denunzieren erlaubte.

In katholischen Gebieten lassen sich, mit einer gewissen Verspätung, ähnliche Entwicklungen beobachten. War die Gotteslästerung in Bayern bis Mitte des 16. Jahrhunderts unter die »sittlichen Landgebote« eingereiht worden, so wurde sie in einem Mandat Albrechts V. vom September 1569 nun unter die Religionssachen eingeordnet und damit in eine Reihe mit Verhaltensweisen wie Verstöße gegen die Feiertagsheiligung, Müßiggang, Fleischessen an Fastentagen und anderen Vergehen gegen die katholische Religion gestellt.[20] Speziell altgläubige Positionen sind in der bayerischen Gesetzgebung ansonsten lediglich insofern auszumachen, als die Lästerung der Gottesmutter Maria hier einen vergleichsweise hohen Stellenwert einnahm.[21] Allerdings wendeten sich auch protestantische Obrigkeiten gegen die Schmähung der jungfräulichen Gottesmutter.[22]

Der nachhaltige Impuls zur Verschärfung der Sittenzucht, der von der Reformation ausging, fand nicht selten einen organisatorischen Kristallisationspunkt. In der Stadt Konstanz, die sich seit Mitte der 1520er Jahre zu einem Zentrum der oberdeutsch-reformierten Richtung des Protestantismus entwickelte, wurden 1531 zum Beispiel sogenannte Zuchtherren installiert. Sie sollten Sittenverfehlungen wie Gotteslästerung, Spielen und übermäßigem Trinken entgegentreten, indem sie schwerere Fälle beim Rat anzeigten. Bei leichteren Übertretungen konnten sie selbst Geldstrafen aussprechen, für deren Höhe die Ordnung differenzierte Taxen festlegte, je nachdem, ob es sich um leichtere Lästerungen oder um schwerere Gottesflüche handelte. Unterstützt werden sollten die Zuchtherren durch wöchentlich wechselnde »Angeber« aus der Bürgerschaft, die Übertreter denunzieren sollten. Selbst hohe Persönlichkeiten wie der Bürgermeister Hans Wellberg blieben nicht von derartigen Bußen verschont. Er musste 1533 gleich dreimal – im Januar, im Juni und im November – eine Strafe zahlen. Die Konstanzer Zuchtordnung steht nicht allein, sondern war Teil eines dichten Gewebes ähnlicher Verordnungen in Städten des süddeutschen und schweizerischen Raums. Hier wie anderswo fungierte die Gotteslästerung als ein Leitdelikt für den gesamten Bereich der Sitten- und Religionszucht.[23] Auf den Gleichklang mit dem katholischen Bereich deutet im Übrigen die Tatsache hin, dass sich die Reichsstadt Überlingen am Bodensee, eines der wenigen altgläubigen

Gemeinwesen der Region, in ihrer Gesetzgebung zur Gotteslästerung eng an das benachbarte Konstanz anlehnte.[24]

Auch wenn man den Blick europäisch weitet, werden übergreifende konfessionelle Gemeinsamkeiten deutlich. Besonders engagiert gegen Blasphemie zeigte sich seit Beginn des 16. Jahrhunderts die Republik Venedig. Im Dezember 1537 beschloss der Rat der Zehn, die oberste Gerichts- und Polizeibehörde der Serenissima, die Einrichtung der *Esecutori Contro la Bestemmia*, frei übersetzt: der Bevollmächtigten gegen Gotteslästerung.[25] Drei führende und gewissenhafte Angehörige der Nobilität sollten all jene bestrafen, »die sich erdreisteten, den Namen Gottes, unseres Herrn Jesus und seiner glorreichen Mutter, der Jungfrau Maria, zu schmähen oder zu fluchen«. Vielleicht fühlten sich die Bewohner der Lagunenstadt durch das Übel der Blasphemie besonders verwundbar: die prekäre Lage am Meer, die hohe Zahl von Zuwanderern und Fremden und territoriale Verluste im Zuge der osmanischen Offensive konnten den Eindruck erwecken, der Schöpfer sei den Venezianern momentan nicht besonders hold. Die *Esecutori* sollten vor allem Geldstrafen verhängen, oft kombiniert mit einem Jahr Haft oder einer mehrjährigen Verbannung. Vagabunden und Zahlungsunfähige konnten auf die Galeeren geschickt werden, in besonders schweren Fällen waren öffentliche Leibes- und Ehrenstrafen möglich. Dabei wurde der Delinquent stundenlang auf der Piazzetta San Marco, dem politischen und spirituellen Zentrum der Stadt, öffentlich ausgestellt, die Zunge in einen Schraubstock gezwängt. Die tatsächlichen Aktivitäten der *Esecutori* können nur fragmentarisch nachvollzogen werden. Zwischen 1550 und 1570 wissen wir von über 200 Menschen, die von ihnen bestraft wurden.[26] Aber sie wurden auch präventiv tätig: Sie ließen Tafeln in Stein meißeln, welche die Besucher etwa des Campo Santo Stefano oder des Campo San Zaccaria vor gotteslästerlichen oder obszönen Reden, ebenso vor Spiel und anderem unehrlichen Verhalten warnten und schwere Strafen androhten. Und sie ließen ihre Proklamationen drucken, an die Wände heften und an die Passanten verteilen.[27] Die Warnung vor Glücksspiel deutet darauf hin, dass die *Esecutori* schnell weitere, über die Blasphemie hinausgehende Zuständigkeiten in der Sitten- und Fremdenpolizei gewinnen sollten, was sich ähnlich für die Zuchtherren im kleinen Konstanz beobachten lässt.[28]

Im übrigen Italien und in Spanien beanspruchten vor allem die Tribunale der Inquisition, für die Gotteslästerung zuständig zu sein. Ihren Anspruch stützten sie vor allem auf die heterodoxen Aspekte der Gotteslästerung (vgl. Kap. 9). In der Praxis scheint sich jedoch die Differenz zwischen ›einfacher‹ und ›häretischer‹ Blasphemie deutlich abgeschliffen zu haben, jedenfalls verfolgten hier die Inquisitionen vor allem jene alltagssprachlichen Wendungen, die andernorts vor weltlichen Gerichten verhandelt wurden.[29] Deswegen sind die inquisitorischen Feldzüge zur sittlichen Disziplinierung durchaus mit denjenigen der protestantischen Kirchenzucht vergleichbar. Das gilt auch für die Tatsache, dass sich Zeiten geringer Aktivität mit kürzeren Phasen intensiver Kampagnen abwechselten. So haben sich in den Annalen des Inquisitionsarchivs von Toledo für den Zeitraum 1530 bis 1555 fast 600 Fälle von Gotteslästerung erhalten. Danach gingen dort die Zahlen zurück, während die Strafen für die verbleibenden schwereren Fälle deutlich schärfer ausfielen.[30] In Valencia dagegen wurde die Disziplinierung alltagssprachlicher Lästerungen erst nach 1560 intensiver betrieben, allein im Jahr 1587 wurden 29 Blasphemie-Fälle verhandelt.[31] Auch für Italien sind große regionale und zeitliche Unterschiede in Rechnung zu stellen.[32]

Auch in der Neuen Welt gehörte der Kampf gegen die Gotteslästerung zum Tätigkeitsprofil der Inquisitoren – bis 1700 wissen wir von insgesamt fast 500 Menschen, die deswegen vor den inquisitorischen Gerichten standen. Besonders in der Frühzeit der Kolonisation in Mexiko kam es zu regelrechten Verfolgungskampagnen. Unter der Regie des franziskanischen Bischofs und apostolischen Inquisitors Juan de Zumárraga, der letztlich wegen seines rigorosen Vorgehens gegen die frisch missionierten Eingeborenen entsetzt wurde, betrafen zwischen 1536 und 1543 von verhandelten 152 Fällen allein 56 die Gotteslästerung.[33] Was auf den ersten Blick allerdings überraschen mag: Unter den Angeklagten befand sich damals wie später kaum je ein

Angehöriger der indigenen Bevölkerung. Denn wenn auch die spanischen Eroberer, insbesondere Hernando Cortés, die angebliche Idolatrie der Azteken als Blasphemie verurteilten, prangerten die Missionare schnell und mit immer größerer Erbitterung die Eroberer selbst als das eigentliche Problem an. Auf den Spuren des wortgewaltigen Dominikaners Bartholomeus de las Casas kritisierte vor Ort auch der Franziskaner Jeronimo de Mendieta nicht nur die Gewalt und die Unterdrückung der spanischen Eroberer, sondern auch ihre schlechten Sitten, die mit Spiel und Gotteslästerung auf die Indios abfärben würden.[34] Dabei mochte er Männer vor Augen gehabt haben wie den über achtzigjährigen Konquistador Rodrigo Rengel, der schon 1527 vor dem Inquisitor stand. Neben den üblichen Lästerformeln, er glaube nicht an Gott oder er widersage Gott *(No creo en Dios, Descreo en Dios)*, soll er geäußert haben, Gott habe nicht die Macht, Kranke zu heilen (offenbar war er bettlägerig). Auch bezweifelte er die Jungfräulichkeit Mariens und nannte sie eine Hure. Dass er ein passionierter, leicht erregbarer Zecher und Spieler war, versteht sich von selbst. Nach längerer Verhandlung wurde er zu kirchlichem Bußritual, fünfmonatiger Klosterhaft und einem Bündel von materiellen Bußleistungen verurteilt.[35]

**Zwischen Strenge und Nachsicht**

Insgesamt blieb das Spektrum der Sanktionen in der Frühen Neuzeit so breit, wie es bereits im Spätmittelalter gewesen war: Je nach Schwere des Delikts, der Person des Delinquenten und den jeweiligen Umständen reichte es von Ermahnungen und Geldbußen über Inhaftierung oder Verbannung bis hin zu Leib- und Lebensstrafen, wobei viele Ordnungen eine stufenweise Eskalation bei Wiederholungsfällen vorsahen. Geldstrafen dürften die häufigste Sanktion gewesen sein, wurden aber nur ausnahmsweise aktenkundig. Von den Konstanzer Zuchtherren sind immerhin zwei Protokollbücher für 1532 und 1547 erhalten. In diesen beiden Jahren wurden 93 bzw. 41 Geldstrafen wegen Schwören und Fluchen verhängt, das sind 36,3 bzw. 32,3 Prozent aller monetären Sanktionen – kein anderes Delikt, weder Tanzen, Spielen, Trunkenheit noch Predigtversäumnis, wurde so häufig geahndet.[36] In Zürich lassen sich dagegen die Strafen für schwerwiegendere Fälle von Gotteslästerung nachzeichnen. In einer Stichprobe von Urteilen des Magistrats finden sich – für die knapp zweieinhalb Jahrhunderte zwischen 1510 und 1747 – 314 Fälle. Sie machen aufs Ganze gesehen »einen verschwindend kleinen Anteil« an der Gesamtkriminalität aus. Unter den Strafen für Blasphemie überwogen die Geld- und Ehrenstrafen, der Landesverweis hatte einen Anteil von ca. 15 Prozent. Dass ein Viertel aller Delinquenten, nämlich 84, ihre Taten mit dem Leben zu büßen hatten, ist eine spektakuläre Ausnahme, die nur zum Teil dadurch abgeschwächt wird, dass lediglich 22 von ihnen allein wegen Blasphemie verurteilt wurden. Die übrigen der Hingerichteten hatten darüber hinaus andere gravierende Vergehen wie Mord, Raub, schweren Diebstahl oder Vergewaltigung auf dem Kerbholz.[37] In den meisten anderen Städten des deutschsprachigen Raums blieben Todesurteile wegen Gotteslästerung Einzelfälle, im reformierten Basel ebenso wie im lutherischen Nürnberg oder im katholischen Köln.[38]

An vielen Orten blieb als spezielle Strafe für Gotteslästerer weiterhin das Abschneiden oder Aufschlitzen der Zunge in Gebrauch, auch als Strafverschärfung bei Hinrichtungen.[39] Nicht zuletzt besaß diese Strafe einen deutlich infamierenden Charakter. Überhaupt traten Schand- und Ehrenstrafen, bislang eher als Ersatzstrafen bei Zahlungsunfähigkeit vorgesehen, in der Frühen Neuzeit vermehrt als eigenständige Strafinstrumente gegen Gotteslästerer auf. Das ist zum Teil mit dem »Einsickern« kirchlicher Bußrituale in den weltlichen Strafkanon zu erklären, wo sich die Buße als Voraussetzung zur Wiedereingliederung in kirchliche Gemeinschaft zunehmend in eine beschämende und dauerhaft ausgrenzende öffentliche Entehrung verwandelte. Auch der besonders im Elsass und der Schweiz nachweisbare Erdkuss (»Herdfall«), bei dem der Flucher zum Zeichen seiner Reue die Knie beugen und mit ausgebreiteten Armen die Erde küssen musste, hatte den Charakter eines Bußrituals.[40] Vor allem aber lag es nahe, die Entehrung Gottes mit einer Entehrung des Täters zu beantworten. So wurden im Herzogtum Bayern 1578 erstmals öffentliche

Schandstrafen speziell als Sanktionen gegen Gotteslästerer angedroht, ausdrücklich deshalb, weil der einfache Mann wegen der Gefängnisstrafe »kein Abscheu, Sorg, Furcht noch Entsetzen mehr haben will«. Neben der öffentlichen Ausstellung an drei Sonntagen an der Kirchentür mit einer brennenden Kerze in der einen und einer Rute in der anderen Hand (den Insignien der Buße und der eigentlich fälligen Prügelstrafe) werden auch das öffentliche Umhergehen in eisernen Fußfesseln oder das »Schnellen«, das Eintauchen des in einem Korb sitzenden Delinquenten in Wasser, als Strafmöglichkeiten aufgeführt.[41]

Besonders eindrücklich lässt sich die Verknüpfung von Gotteslästerung und öffentlicher Entehrung für die Reichsstadt Köln nachvollziehen.[42] Dort wurde am Anfang des 16. Jahrhunderts speziell für dieses Vergehen in Form der »Hölzernen Heucke« eine eigene Ehrenstrafe erfunden. Bei diesem hölzernen Schandmantel handelte es sich, wie spätere Abbildungen zeigen, um eine Art von großer Tonne, aus der nur Kopf und Füße des Delinquenten herausschauten. Der Delinquent hatte dieses schwere Gerät, auf dem bei Bedarf noch ein Zettel angebracht werden konnte, der über die Missetat des Trägers Auskunft gab, an einem Sonntag zu tragen. Öffentlichkeitswirksamkeit wurde dabei vor allem durch Auftritte vor oder gar in der Kirche erreicht. In der praktischen Anwendung ist die Sanktion zum ersten Mal im Jahr 1516 belegt, während die erste einschlägige Strafandrohung aus dem Jahr 1544 stammt – die Praxis eilte der allgemeinen Norm hier wie in anderen Fällen voraus. Hartnäckiges Sträuben einzelner Delinquenten gegen den Vollzug der Strafe oder die Stigmatisierung eines bestraften Blasphemikers als »Hüppen-Schelm« verweisen darauf, dass die intendierte Entehrung durchaus erreicht werden konnte. Besonders hartgesottene Ganoven schreckte die Strafe nicht sehr. Ein Mann namens Kneuvel Hensgen, der mit seinen schweren Lästerungen Aufsehen erregt hatte und deshalb zu Pfingsten 1526 auf dem Heumarkt den Schandmantel umhertragen musste, provozierte danach die Umstehenden mit seiner Aussage, für ein wenig Kleingeld trüge er die Hölzerne Heucke noch mal durch die Stadt.

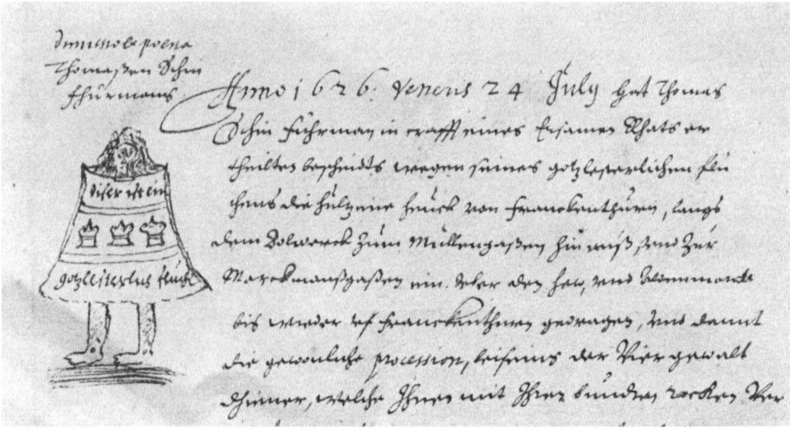

**8** Schandmantel (»hölzerne Heucke«) als spezielle Ehrenstrafe für Gotteslästerer in der Reichsstadt Köln.
Federzeichnung als Randglosse zum Eintrag in das städtische Kriminalregister über die Bestrafung eines Fuhrmanns, Aufschrift auf dem Schandmantel: »Diser ist ein gotzlesterlich Flucher«. Zu sehen sind auch die drei Kronen des Kölner Wappens.

Angesichts der großen Bandbreite möglicher Strafen stellt sich die Frage, welche Entscheidungskriterien es im jeweiligen Fall gab. Grundlegend blieb hier die Unterscheidung zwischen Vorsatz und Fahrlässigkeit. Der Jenaer Rechtsgelehrte Johann Rudolph Engau zog aus dieser Unterscheidung später die Konsequenz, den Vorsatz zum integralen Bestandteil seiner Definition von Blasphemie zu erheben und daraus zu folgern, dass es ohne diesen keine Gotteslästerung geben könne.[43] Mag diese Auffassung schon einen ersten Schritt zur aufklärerischen Aufweichung alter Blasphemie-Konzepte darstellen, so liegt sie doch grundsätzlich ganz auf der Linie der traditionellen Leitunterscheidung, um den jeweiligen Einzelfall zu würdigen. Das lässt sich bereits bei den Nürnberger Ratskonsulenten beobachten, jenem aus Theologen und Juristen bestehenden Beraterkreis des Rates der fränkischen Reichsstadt, der einige Male über das Schicksal von Gotteslästerern zu entscheiden hatte. Im Dezember 1527 war der Kreis zum Beispiel über den Fall des Bürgers Cuntz Aiden uneinig: Muss man nicht den Warnungen vor dem Zorn Gottes in den jüngsten Mandaten nun Taten folgen lassen und den Mann öffentlich auspeitschen lassen oder »ihm ein wenig die Zunge nehmen«? Oder entschuldigte ihn seine Trunkenheit und schützte ihn sein Status als Bürger und Hausvater? Auch müsse man ihm zugutehalten, so argumentierten gerade die Juristen, dass üble Schwüre und Flüche derzeit leider sehr verbreitet seien und wenig gestraft würden. Hier wie bei anderen Blasphemikern spielten also Status und Leumund des Täters eine wichtige Rolle.[44]

Dabei taten sich Rechtsgutachter des 17. und 18. Jahrhunderts bisweilen durchaus schwer damit, entlastende Gesichtspunkte zu finden. Ewiger Landesverweis oder langwierige Festungshaft waren durchaus keine exotischen Strafen, wenn es um gravierendere Fälle von Blasphemie ging; dann konnte der Beschuldigte vielleicht sogar von Glück reden, wenn er einem drohenden Todesurteil entging. Das traf zum Beispiel auf den Knecht Johann Steinzer aus Perchtoldsdorf nahe Wien zu, der 1763 vor dem Richter stand, weil er in der Nacht eine Statue des Heiligen Nepomuk geschmäht und ihr mit einer Rute drei Streiche gegeben hatte – eine potenziell todeswürdige Tat! Allerdings stimmten alle Zeugen überein, dass Steinzer – der ohnehin wenig vertrage – zum Tatzeitpunkt volltrunken gewesen sei. Alle attestierten ihm, ansonsten fromm, treu und arbeitsam zu sein. Aufgrund dieses guten Leumundszeugnisses konnte der Gutachter nicht nur ausschließen, dass die Tat vorsätzlich und bewusst begangen worden war, sondern auch eine öffentliche Bestrafung ablehnen: Diese sei lediglich dann notwendig, wenn sie der Besserung des Delinquenten und / oder zur Ermahnung des Publikums diene, was hier nicht der Fall sei. So kam Steinzer mit zwei Monaten Untersuchungshaft, vier Wochen Zwangsarbeit und einer – allerdings nicht unerheblichen – Geldstrafe davon.[45]

Die Rechtsgelehrten wandelten erkennbar auf einem schmalen Grat. Die Verharmlosung eines Delikts, das nach dem Wortlaut vieler einschlägiger Mandate den göttlichen Zorn über die gesamte menschliche Gemeinschaft heraufbeschwor,[46] verbot sich von selbst. Andererseits mobilisierten die Juristen alle denkbaren Argumente, um den

Delinquenten die Todesstrafe zu ersparen. Bei gut integrierten und sozial nicht weiter auffälligen Personen bemühten sie sich überdies, dauerhaft ausgrenzende Sanktionen zu verhindern. Auch im streng regierten Zürich, wo der Spielraum für die Reduzierung von Strafen vergleichsweise gering war, überwogen die personenspezifischen die sachbezogenen Gründe. Auf Gnade konnten vor allem jene hoffen, die Fürbitter aus dem Kreis der Familie und Freunde oder von Amtsträgern an ihrer Seite hatten und so demonstrieren konnten, dass sie sozial gut integriert waren. Auch besondere persönliche Umstände wie familiäre Belastungen, Alter, Gebrechlichkeit oder Armut ließen sich ins Feld führen. Neben überzeugend an den Tag gelegter Reue galten auch hier Trunkenheit, plötzlicher Zorn, schlechte Gewohnheit, mit einem Wort: der fehlende Vorsatz als Milderungsgründe.[47]

**Denunziationen – Bürde und Gefahr**

Nirgendwo machte sich das Spannungsverhältnis zwischen Dramatisierung und Banalisierung so deutlich bemerkbar wie beim Thema »Denunziation«. Allein der drohende Zorn Gottes veranlasste die Zeugen eines blasphemischen Sprechaktes offenkundig eher selten, den Übeltäter bei der Obrigkeit anzuzeigen. Vielfach hielten die Gesetzgeber es deshalb für notwendig, ergänzend damit zu drohen, dass säumige Zeugen ebenfalls eine Strafe erhalten sollten. Zumindest im Einzelfall wurden derartige Sanktionen auch tatsächlich umgesetzt.[48] Auch andere Strategien sind bereits aus dem Mittelalter bekannt: So konnte man Geldprämien für Denunzianten ausloben oder speziell Ratsherren, Richter oder Wirte zu einer Anzeige verpflichten. Auch die Bestellung heimlicher Kundschafter galt phasenweise als probates Mittel. Deren Effizienz lässt sich nur selten beurteilen. Im württembergischen Leonberg deuten die Zahlen auf einen relativen Erfolg heimlicher Kundschafter im Vergleich zu offiziellen Anzeigen hin: Dort wurden vor dem öffentlich gehaltenen Ruggericht in über 100 Jahren (zwischen 1574 und 1689) lediglich 18 Fälle von Gotteslästerung (1,8 Prozent der gesamten Rügen) angezeigt. Vor dem Kirchenkonvent dagegen, der mit heimlichen und vielleicht für ihre Kundschafterdienste entlohnten »Deferenten« arbeitete, wurden im wesentlich kleineren Zeitraum zwischen 1644 und 1689 mindestens 44 Fälle (7,2 Prozent) vorgebracht.[49]

Doch mit den Denunziationen drohte sozialer Unfriede zu entstehen. In Konstanz hagelte es in den 1520er Jahren offenbar Proteste gegen die vom Rat verordneten »Angeber«. Die Denunziationspflicht konterkarierte geradezu das angestrebte Ziel eines friedlichen christlichen Gemeinwesens. Die Betreffenden wurden als »Verräter« und »Heckenschützen« geschmäht, und ihnen wurde Gewalt angedroht. Explizit beklagte der Rat im Februar 1529 die dadurch zum Ausdruck kommende Geringschätzung der göttlichen Ehre. In der Kritik standen aber auch die Zuchtherren selbst und ihre Büttel; sie wurden der parteilichen Entscheidung zugunsten der »großen Hansen« geziehen.[50] Um die Lasten des Amts zu verteilen, ging der Rat dazu über, die Tätigkeit der Angeber im Wochenrhythmus anderen Personen zuzuweisen, so dass jährlich ca. 100 Personen denunziationspflichtig waren, was das Problem vielleicht noch multiplizierte.[51]

Die südeuropäischen Inquisitionen hatten mit ihren Glaubensedikten ein mächtiges Instrument zur Hand, um Denunziationen zu erzwingen. Derartige Edikte standen am Beginn von regionalen Ermittlungen der Inquisitoren. Darin wurden alle Einwohner des betreffenden Ortes aufgefordert, ihnen bekannte Verfehlungen von Familienmitgliedern, Freunden oder Nachbarn bei der Glaubensbehörde zu melden. Säumigen Zeugen drohte selbst eine Bestrafung. So wurde 1598 ein Bauer aus der Gegend von Modena von seiner Frau wegen Blasphemie denunziert, als Zeugin fungierte die Tochter. Vorausgegangen waren ein inquisitorisches Edikt gegen Gotteslästerung und die Aufforderung des Pfarrpriesters zur Denunziation, andernfalls verweigere er die Absolution. Andererseits wirft die Tatsache, dass der Mann auch wegen häuslicher Gewalt beklagt wurde, die Frage auf, inwieweit die Gotteslästerung hier ein Vorwand war, um andere häusliche Konflikte auszutragen.[52]

Hier wird das Gefahrenpotenzial der Denunziation von Gotteslästerungen erahnbar. Natürlich müssen wir uns vor Anachronismen hüten: Der Begriff *denunciatio* hatte in der europäischen Vormoderne noch nicht unbedingt den hässlichen Klang wie im Zeitalter des modernen Totalitarismus. Die Gefahren einer Verleumdung aus niederen Eigeninteressen aber waren schon damals real. Ein literarisch überliefertes Exempel aus der Feder des Nürnberger Dichters und Rechtsgelehrten Harsdörffer macht das sehr deutlich. Er erzählt 1656 vom Schicksal eines französischen Kaufmanns, der auf Anstiftung eines Schuldners der Blasphemie beschuldigt und vom Parlament in Aix zum Tode verurteilt worden sei. Alle entlastenden Aussagen über sein vorbildliches Leben und seinen guten Leumund hätten keine Revision des grausamen Urteils zu erreichen vermocht, aber – »Gott verlässt die Unschuldigen nicht« – es gab trotzdem eine überraschende Wende. Einer der falschen Zeugen erkrankte schwer, erklärte sich seinem Beichtvater und verfasste vor seinem Tod ein Geständnis, das den Angeklagten entlastete und die falschen Denunzianten als wahre Übeltäter entlarvte.[53]

Eigentlich ist es verwunderlich, dass wir nicht mehr derartiger falscher Beschuldigungen haben, wie wir es aus den notorischen Hexenprozessen kennen. Der Grund scheint simpel: Die inkriminierten Sprachhandlungen waren derart alltäglich, dass sie vielleicht oft gar nicht auffielen oder dass ihre Etikettierung als »abweichend« den Beteiligten nicht opportun erschien. In Basel brachte eine Ordnung des Stadtgerichts von 1557 die Dramatik der Angelegenheit trocken auf den Punkt. In den Handlungen des Gerichts, so heißt es darin, »verliefen« sich allerlei lästerliche Schwüre, wie ein Blick in die Zeugenvernehmungen, die sogenannten Kundschaften, leicht erweise. Diese Lästerungen werden rechtlich weder angeklagt noch abgeurteilt. Mit anderen Worten: Noch nicht einmal in einer höchst formalisierten Situation wie einer Gerichtsverhandlung, wo zahlreiche Amtsträger zugegen waren, konnte der Rat sich mit seinem Kontrollanspruch in Sachen Blasphemie durchsetzen.[54] Kein Wunder, dass ein gewisser Ullin Schnider die neue Reformationsordnung im Mai 1529 mit den Worten kommentierte, die Ratsherren seien große Narren, das Ehebrechen und Schwören zu verbieten. Man habe das vor 100 Jahren auch schon getan – und werde es, so darf ergänzt werden, in Zukunft weiterhin tun.[55] Angesichts einer solchen Normalität konnte eine Blasphemie-Anzeige zum Bumerang werden. Als Hans Peter Hettich 1682 vor dem Kirchenkonvent in Leonberg angezeigt wurde, in der Stube seines Schwiegervaters »100 Sakrament« geflucht zu haben, gestand er diese Lästerung zwar zu. Aber er ging sofort zum Gegenangriff über. Der Denunziant habe seinerseits ebenfalls geflucht; der Betroffene – es war der Messner der örtlichen Kirchengemeinde – musste dies am Ende auch zugeben.[56] Ankläger und Angeklagter saßen schließlich im selben Boot. So scheint in der europäischen Vormoderne die Denunziation von Gotteslästerern selten jenen Grad an gesellschaftlicher Sprengkraft erreicht zu haben, den wir aus den interkulturellen Konflikten der jüngsten Vergangenheit kennen (vgl. Kap. 18).

# 11. Die Stigmatisierung der anderen

Mitte des 17. Jahrhunderts wurde die Lage im religiös zerrissenen Bürgerkriegsland England allzu unübersichtlich. Ephraim Pagitt versuchte mit seiner »Heresiography«, einer Beschreibung der Ketzer und Sekten der letzten Zeit, die Vielfalt heterodoxer Bewegungen zu ordnen und damit zugleich vor ihnen zu warnen. Das Titelblatt zeigte Verkörperungen einiger Hauptketzergruppen, allen voran einen Anabaptisten und einen Jesuiten. Es ging Pagitt neben der Geschichte dieser Gruppen und der Frage der angemessenen Bestrafung auch um »ihre Irrtümer und Blasphemien« sowie deren Widerlegung.[57] Dem Werk folgten ähnliche nach, so die kurz darauf erscheinende, wesentlich bekanntere Schrift »Gangraena« von Thomas Edwards. In dessen enzyklopädischem Zugriff waren es bereits 176 Verirrungen und Gotteslästerungen, die es zu beschreiben galt. Und auch der Bildertyp fand Nachahmer, so 1647 im anonym publizierten »Catalogue of the several Sects and Opinions«. Dort erschienen neben Täufern und einem Jesuiten unter anderem ein Arianer als Verkörperung der Antitrinitarier, ein nackter Adamit, ein Seeker als Vertreter einer gerade aktuellen religiösen Strömung und sogar ein »Libertin«, ein Freidenker, der gerade im Begriff steht, mit der Spitzhacke eine Dekalogtafel zu zerschlagen.[58]

Die Vielfalt der religiösen Strömungen verstärkte aber nur das allgemeine Bedürfnis nach Eindeutigkeit und Klarheit: Wohl niemals seit der Spätantike war die »mosaische Unterscheidung« (Jan Assmann, vgl. Kap. 1) so virulent, wurden so viele Christen gezwungen, für sich zu bestimmen, wo die Grenze zwischen dem ›wahren‹ und dem ›falschen‹ Glauben lag. Damit vervielfachten sich unweigerlich auch die Gotteslästerungen. Gegnerische Glaubensströmungen schmähten einander heftig, natürlich jeweils stets im Bewusstsein der eigenen Rechtgläubigkeit. Umgekehrt mussten diese Schmähungen den Gegnern als gotteslästerliche Verirrungen erscheinen. Und so wurde der Blasphemievorwurf im Zeitalter der konfessionellen Differenzen verstärkt zu einer Waffe gegen die »Anderen« bzw. zu einem Instrument, dass deren »Anderssein« überhaupt erst sichtbar machte. Nichts verdeutlicht die Virulenz der Blasphemie so sehr wie die Tatsache, dass sie zur Charakterisierung der schlimmsten Gruppe von Menschen überhaupt herangezogen wurde. Folgt man den Schilderungen gelehrter Dämonologen, dann war die Gotteslästerung für die Teufelssekte der Hexen und Zauberer eine Art satanischer Gegenliturgie, die sie bei ihren nächtlichen Zusammenkünften zelebrierten.[59]

**Konfessionelle Gegner als Gotteslästerer**

Eine erste Idee von der potenziellen Sprengkraft des Blasphemie-Begriffs im Zeitalter der Reformation vermittelt ein Blick auf Martin Luther. 1525, im Rahmen einer Auslegung des zweiten Gebots, unterschied der Reformator zwei Weisen, den göttlichen Namen zu missbrauchen. Die erste bestehe in unnützen Schwüren, Flüchen und Lästerworten. Bisher sei fast nur gegen diese wohlbekannten Phänomene gepredigt worden. Neben diesen »Äußerlichkeiten« aber existiere eine zweite Form des Missbrauchs, und verglichen mit dieser stelle die erste geradezu ein Kinderspiel dar. Sie komme wesentlich subtiler daher, ja sie erscheine sogar als Lob des Schöpfers und als Gottesdienst, obwohl tatsächlich der Name Gottes geschändet werde. Der Reformator meinte jene Sünder, die unter dem Schein des Namens Gottes »eitele Teufelslehren und Menschengesetze« predigten – mithin die römische Kirche. Der Papst, der eine falsche Lehre im Namen Gottes verteidige, sei »in dieser Gotteslästerung ganz ersoffen«. Aber er ist keineswegs allein, sondern befindet sich in der Gesellschaft der »Sekten und Rottengeister«, die sich rühmten, im Besitz des wahren Glaubens zu sein, und doch nichts anderes täten, als lauter Gotteslästerung zu begehen. Hinzu kämen auch die jüngst im Namen Gottes aufgestandenen Bauern, die vorgäben, die Ehre Gottes zu verteidigen, ihn aber stattdessen aufs Höchste schmähten.[60] Der Papst, die radikalen Anhänger der Reformation und die aufständischen Bauern – sie alle werden von Luther mit dem Epitheton »Gotteslästerer« bedacht. Dabei handelt es sich nicht um eine gelegentliche Laune Luthers, sondern um eine zentrale Argumentationsfigur des Reformators.[61]

Warum fand Martin Luther den Blasphemie-Begriff so attraktiv? Die Grundlage eines gottgefälligen Lebens bildete für ihn die geoffenbarte Botschaft des Schöpfers, das Evangelium. Alle Meinungen, Haltungen oder Taten, die der Schrift nach seiner Meinung widersprachen, standen somit in direktem Gegensatz zur göttlichen Offenbarung und konnten schon in diesem Sinn als Gotteslästerung verstanden werden. Die Polarität zwischen der Verehrung Gottes einerseits und seiner Lästerung andererseits ließ sich so auf die verschiedensten Lebens- und Glaubensbereiche übertragen. Luthers Hang zum dichotomen Schwarz-Weiß-Denken und zur drastischen Sprache kam der Begriff wohl gelegen, denn er begradigte im »Kriegsgewühl der Endzeit« die Fronten, indem er die heterogenen feindlichen Bataillone einem einigenden Verdikt unterwarf.[62]

Dass sich der Terminus gerade im Zuge der Auseinandersetzung mit dem Papsttum in Luthers polemisches Begriffsarsenal eingenistet hatte, ist kein Zufall. In Streitigkeiten über Grundsatzfragen des christlichen Glaubens waren die Positionen der Gegenseite bisher vor allem als Häresie gebrandmarkt worden. Für die römische Kirche blieb das der zentrale Kampfbegriff, Luther erschien ihr als »Erzketzer«. Dem Reformator selbst dagegen musste der Ketzerbegriff zur Stigmatisierung des Feindes als weniger geeignet erscheinen, weil er eben bereits von den »Papisten« benutzt wurde. Als Ausweichmöglichkeit bot sich die »Gotteslästerung« an. Dieser Begriff war einprägsam, hatte polemische Wirkungskraft und schloss gut an das theologische Denken Luthers an. Zudem bot sich der immer häufiger als »Antichrist« figurierende Papst als Projektionsfläche an: War es nicht das auf Betreiben des Antichrist von den Menschen verehrte Tier der Apokalypse, aus dessen Maul lästerliche Reden gegen Gott quollen (Offb 13,5 f.)? Nicht geringzuschätzen schließlich war die Mobilisierungskraft des Begriffs im Hinblick auf die weltliche Gewalt, ein Gesichtspunkt, der in späterer Zeit vor allem in der Auseinandersetzung mit dem radikalen Flügel der Reformation an Bedeutung gewann. Mit der Argumentationsfigur der Gotteslästerung wurde die Kriminalisierung abweichender Glaubensüberzeugungen nachvollziehbar. An der Pflicht der Obrigkeit zur Verfolgung der öffentlichen Gotteslästerer gab es nichts zu deuteln.

Trotz Luthers Blasphemie-Obsessionen kann keine Rede davon sein, dass die Protestanten die Gotteslästerung am Beginn der Neuzeit »wiederentdeckt« hätten.[63] In der protestantischen Welt blieb Luther mit seinem inflationären Gebrauch des Blasphemie-Begriffs unter den frühneuzeitlichen Theologen eher ein Ausnahmefall. So schenkten die Zürcher Reformatoren Ulrich Zwingli und Heinrich Bullinger dem Problem der Blasphemie nur mäßige Aufmerksamkeit.[64] Zwar nutzten sie den Begriff ebenfalls zur Charakterisierung von Unglauben, mangelndem Gottvertrauen und papistischem Aberglauben. Jedoch ragt er aus dem weiten Feld von Termini wie »Götzendienst«, »Abgötterei« oder auch »Ketzerei« nicht besonders markant heraus.

Zunächst waren es allerdings die Lutheraner selbst, gegen die das Stigma der Gotteslästerung gerichtet werden sollte. Das geschah in Frankreich, wo der allerchristlichste König die kirchlichen Gerichte stark an den Rand gedrängt und den Kampf gegen die Häresie entschlossen selbst aufgenommen hatte. Zunächst machten Einzelfälle Furore wie der im August 1523 auf dem Pariser Schweinemarkt bei lebendigem Leib verbrannte Eremit Jehan Vallière, dem man zuvor wegen seiner abscheulichen Lästerungen gegen Jesus Christus und seine Mutter Maria die Zunge herausgeschnitten hatte. Durch teuflische Verführung, so hieß es damals, soll er die Partei Luthers ergriffen und in vielen Dörfern rund um Paris gepredigt haben, die Muttergottes habe unseren Herren Jesus durch ihren Mann Josef empfangen in der Art, wie es andere Frauen auch tun. Er soll zu dieser Meinung durch Bücher Luthers verführt worden sein, die mit ihm verbrannt wurden. Luther vertrat eine solche Meinung allerdings keineswegs, doch wurde sein Name hier wie in den folgenden Jahrzehnten als Sammelbegriff für Häresien gleich welcher Art benutzt.[65]

Mit der »Affaire des Placards« vom 18. Oktober 1534 verschärfte sich das öffentliche Klima in Frankreich entscheidend. In Paris und anderen Städten wurden überall gedruckte Plakate angeschlagen, auf denen aggressiv die papistische Messe und das katholische Sakramentsverständnis angegriffen wurden; unter anderem wurde gegen die alte Kirche auch der Vorwurf der Gotteslästerung erhoben.[66] In Reaktion auf diese anonyme Herausforderung kam es zu einer Repressionswelle, die sowohl in neuen Gesetzen als auch in Hunderten von Verfahren gegen Verdächtige ihren Ausdruck fand. Dabei verband sich der Blasphemie-Vorwurf eng mit dem der Häresie, etwa wenn 1549 ein gewisser François Bec in Paris »aufgrund seiner Gotteslästerungen und lutherischen Irrtümer« vor Gericht stand. Auch dort, wo nicht direkt von Ketzern oder Lutheranern die Rede war, wurde von Blasphemien »gegen die Ehre Gottes« gesprochen.[67] Hunderte von Fällen wurden im zweiten Drittel des 16. Jahrhunderts allein vor dem Pariser Gerichtshof verhandelt, fast 80 Gotteslästerer wurden mit dem Feuer oder am Galgen zu Tode gebracht, viele weitere mit schweren körperlichen Strafen oder öffentlicher Entehrung belegt.[68] Im Einzelfall ist es freilich schwer zu entscheiden, inwieweit eine Überschneidung von Häresie und Blasphemie vorlag. Die zeitgenössischen französischen Juristen unterschieden die »abscheuliche« Blasphemie sehr wohl vom Tatbestand der Ketzerei. Beide rechneten sie unter die schweren Vergehen gegen die göttliche Majestät *(lèse-majesté divine)*, die wiederum eine Unterabteilung jener *cas énormes* darstellten, zu denen auch Mord, Inzest, Kindsmord, Hexerei oder Sodomie gehörten.[69] Wenn der 1535 zum Tod durch den Galgen verurteilte Jean Lamoignan nach der Kommunion den verhängnisvollen Satz geäußert hatte, er habe »den Kerl gegessen«, so »klang das mehr nach Rabelais als nach Zwingli«.[70] Auch jener junge Mann, der 1553 in Rouen wegen Häresieverdachts verhaftet worden war und sich im Gefängnis fast um Kopf und Kragen redete (Gott habe nicht mehr Macht als ein Hund, seine Mutter sei eine alte Hure), orientierte sich offenkundig nicht an protestantischen Glaubensartikeln.[71]

Die Verknüpfung von Lästerungs- und Häresievorwürfen bereitete zweifellos den Boden für die Verfolgung der Hugenotten in der zweiten Jahrhunderthälfte. Bereits 1560, zwei Jahre vor Beginn der französischen Religionskriege, benutzte der katholische Kontroverstheologe

Antoine de Mouchy die Blasphemie als Aufhänger für die radikale Verurteilung der protestantischen Ketzer. Nach dem Wortlaut der Schrift verdiene, wer den Namen des Schöpfers lästere, den Tod. Die Ketzer aber lästerten nicht allein den Namen des Herrn, sondern Gott selbst, und verdienten deshalb ebenfalls die Todesstrafe.[72] Der zentrale Vorwurf der französischen Katholiken gegen die Hugenotten lautete zwar immer auf Ketzerei, Apostasie und Rebellion; die Gotteslästerung kam aber, gleichsam unterstützend, des öfteren hinzu. Protestantische Häretiker wurden zudem mitunter durch Anhänger des alten Glaubens gesteinigt – eine Reaktualisierung der alttestamentlichen Strafe für Gotteslästerer.[73]

**Täufer**

Im Heiligen Römischen Reich Deutscher Nation hatten sich große Landesherrschaften wie Kursachsen und die Landgrafschaft Hessen früh der Reformation geöffnet und den Geltungsanspruch der Papstkirche dauerhaft in Frage gestellt. Daher konnte die Reichsgesetzgebung nicht als Instrument dienen, um gegen die jeweils andere der beiden großen Konfessionen vorzugehen. Anders sah es mit radikalen Strömungen der Reformation aus: Sie wurden von Katholiken und Protestanten gleichermaßen bekämpft. Zu einem der zentralen Feindbilder entwickelten sich spätestens seit dem Bauernkrieg von 1525 jene heterogenen Gruppen, die als »Wiedertäufer« stigmatisiert wurden, weil sie der Kindertaufe ablehnend gegenüberstanden.[74] Der Aufstand der Bauern und mehr noch die endzeitlich geprägte Gewaltherrschaft der Täufer in Münster zehn Jahre später riefen Ängste hervor, dass diese Gruppen die politische wie kirchliche Ordnung grundlegend herausfordern würden. Dass sich die meisten der »christlichen Brüder und Schwestern«, wie sie sich selbst nannten, spätestens seit den Artikeln von Schleitheim 1527 lediglich friedlich von der Welt absondern wollten, beruhigte die herausgeforderten Autoritäten nicht. Im Gegenteil, gerade der Umstand, dass sie sich strikt separierten, die Eidesleistung und den Kriegsdienst ablehnten und nur Erwachsene tauften, wurde als Infragestellung grundlegender Ordnungsprinzipien verstanden und provozierte heftige Gegenreaktionen.

Die wichtigsten Vorwürfe gegen sie waren – etwa im wegweisenden Reichsabschied von 1529 – zunächst Ketzerei und Aufruhr.[75] Gerade auf protestantischer Seite allerdings gab es hier Unsicherheiten, ja Widerspruch. So protestierte der Straßburger Prediger Wolfgang Capito 1527 gegen das im württembergischen Horb verhängte Todesurteil gegen den Täufer Michael Sattler.[76] Die weltliche Obrigkeit, so argumentierte er, habe nach dem Mosaischen Gesetz allein öffentliche Gotteslästerung zu strafen, keineswegs innere Überzeugungen, auch wenn sie irrig seien. So gesehen seien Sattler und seine Anhänger gewiss nicht als Gotteslästerer zu qualifizieren, es sei denn, man wolle es für Gotteslästerung erachten, dass sie Spielen, Saufen, Fressen, Ehebrechen, Krieg führen, Töten, üble Nachreden und überhaupt alle fleischlichen Genüsse zu vermeiden trachteten. Das gottgefällige Leben der Täufer wird hier geradezu zum Gegenbild dessen, was unter einer blasphemischen Lebensweise verstanden wurde. Das gilt vor allen Dingen für ihre Ablehnung überflüssiger Schwüre, die ja in der damaligen Zeit als der alltäglichste Ausdruck von Blasphemie galten. Insofern mussten gerade Hinrichtungen von Täufern in protestantischen Gebieten, wie sie in Kursachsen im Gefolge der Reichsgesetzgebung vollzogen wurden, vielen Anhängern des neuen Glaubens irritierend erscheinen.

Der Kurfürst suchte sich in dieser Situation abzusichern, indem er von den Wittenberger Theologen ein Gutachten einforderte. Wahrscheinlich im Oktober 1531 legte Philipp Melanchthon seine Stellungnahme vor. Er teilte darin die Täufer in drei Gruppen: die Anstifter, die hartnäckigen Anhänger und die besserungsfähigen Einfältigen. Während Letztere mit öffentlicher Buße und milder Strafe rechnen konnten, sollten die anderen mit dem Tode bestraft werden können. Eine Hinrichtung der Anstifter sei unumgänglich, denn wer die Obrigkeit für unchristlich halte, Eidesleistung und Zins ablehne, die Gütergemeinschaft propagiere und die Gottlosen umbringen wolle, der mache sich des Aufruhrs schuldig. Aber auch die hartnäckigen Anhänger seien hart zu sanktionieren. Die Ablehnung des öffentlichen Predigeramtes sei ein Aufruhr gegen die Ordnung der Kirche und stelle deshalb eine Gotteslästerung dar, die der Fürst guten Gewissens mit der Todesstrafe belegen dürfe, ja sogar müsse, denn er sei »schuldig vor Gott, *Blasphemia* und Aufruhr zu wehren«.[77] Deutlich wird das Argument der Gotteslästerung hier eingesetzt, um schwere Strafe auch für weniger radikale, aber unbeirrbare Täufer zu legitimieren: Der *seditio* gegen die weltliche Obrigkeit wird die *blasphemia* als Aufruhr gegen die geistliche Obrigkeit zur Seite gestellt.

Die »Wittenberger Gotteslästerungstheorie«, zwar von Melanchthon verschriftlicht, aber von Martin Luther vorbereitet und ausdrücklich unterstützt, sollte für die Haltung protestantischer Obrigkeiten gegenüber den Täufern maßgeblich werden. So prangerte der evangelische Herzog Christoph in Württemberg 1558 die »irrigen, verführerischen, gotteslästerlichen Sekten der Wiedertäufer, der Schwenckfelder und der Sakramentierer« an und versah so zugleich mit den Täufern noch andere heterodoxe Gruppen mit dem Stigma der Blasphemie. Die Begriffe »Secten« und »Blasphemien« wurden in der Ausführungsbestimmung zur großen Kirchenordnung von 1559 praktisch synonym verwendet.[78] Aber auch über die Reichsgrenzen hinaus strahlte das Konzept aus. Während im katholischen Einzugsbereich der Spanischen Niederlande zwischen 1525 und 1564 rund 1300 Täufer als Ketzer zum Tode verurteilt wurden,[79] fand auf der britischen Insel die Wittenberger Gotteslästerungstheorie Anklang. Mehrere Täufer sollten im Zeitalter von Königin Elisabeth I. auf dieser Basis hingerichtet werden.[80]

## Radikale Dissidenten im England des 17. Jahrhunderts

Separatistische Gruppen wie die Täufer gewannen in England vor allem in der Mitte des 17. Jahrhunderts an Bedeutung, in der Umbruchszeit von Bürgerkrieg, Cromwell-Herrschaft und Restauration unter König Karl II.[81] Blasphemie wurde ihnen in dieser Zeit in der Regel nicht vorgeworfen, ihre Protagonisten – etwa John Bunyan, der ab 1661 zwölf Jahre im Gefängnis saß – wurden eher wegen Verstößen gegen Normen der englischen Staatskirche verurteilt. Es waren andere religiöse Sekten, bei deren Bekämpfung der Vorwurf der Blasphemie in den Mittelpunkt rückte: Das betraf radikale gesellschaftliche Bewegungen wie die Diggers oder die Levellers, die ebenso wie die Seekers und Ranters, Sweet-Singers of Israel und Muggletonians sowie zum Teil auch die Quäker extreme religiöse Positionen einnahmen. Im Fall der sogenannten Ranters (»Schimpfer«, »Geiferer«) ging es um deren »antinomistische« Überzeugungen: Viele unter ihnen waren der Auffassung, der wahre Gläubige sei vollständig gerecht und könne daher gar nicht mehr gegen das Gesetz *(nomos)* verstoßen. Dieses sündenfreie Leben könne auch durch moralische oder sexuelle Grenzüberschreitungen nicht gefährdet werden. Im Rückblick auf sein Leben als »Captain of the Rant« um 1650 schrieb Laurence Clarkson später, er habe damals das Gesetz in fast allen Punkten gebrochen, weil er der Überzeugung gewesen sei, dass Gott alle Dinge gut geschaffen habe; nur im menschlichen Urteil gebe es das Böse.[82]

Tatsächlich hatte er in seiner Phase als Ranter den Glauben an viele Eckpunkte des christlichen Glaubens verworfen, wie Himmel, Hölle oder Auferstehung. Er hatte stattdessen die Ansicht vertreten, in Gott gebe es keine Trunkenheit, keinen Ehebruch und keinen Diebstahl. Clarkson war ein prototypischer Vertreter jener kleinen Sekten, die im Zeichen einer in religiöser wie sozialer Hinsicht radikalen Umwälzung bewusst provozierend die Umwertung aller Werte vertraten und das Verhältnis von ›heilig‹ und ›profan‹ auf den Kopf zu stellen suchten. So nannte er die Taverne das Haus Gottes. Plünderungen waren für ihn Gottesdienst – wenig verwunderlich, dass die Gegner den Ranters nachsagten, im Wirtshaus blasphemische Lieder zu singen und dort den Genuss von Beefsteak und Bier als Empfang der Sakramente zu parodieren.[83]

Wie kaum vorher in der europäischen Geschichte betrieben diese Gruppen die ostentative Profanierung des Heiligen als eine performative Strategie. Das traf auch auf Abiezer Coppe zu, einen Geistlichen, der den traditionellen Klerus mit heftigen Worten kritisierte und ihm das Recht absprach, darüber zu urteilen, »was Sünde ist und was nicht, was Böse ist und was nicht, was Blasphemie ist und was nicht«. Er verkündete seine Überzeugung, dass das, was gut genannt werde, böse sei; Licht sei Dunkelheit und Dunkelheit Licht; und Wahrheit sei Gotteslästerung und Gotteslästerung Wahrheit. Dem Reinen seien alle Dinge rein, die Flüche der einen seien glorreicher als die Gebete der anderen.[84] Bei einer Gelegenheit, so wurde ihm nachgesagt, habe er eine volle Stunde ohne Unterbrechung von der Kanzel herab geschworen und geflucht. Die offensive Verteidigung und der Gebrauch gotteslästerlicher Worte wurden zum demonstrativen Ausdruck der Befreiung von allen traditionalen moralischen Bindungen.[85] Ein – im Vergleich zum Gesetz gegen die Unitarier zwei Jahre zuvor moderater – *Blasphemy Act* des englischen Parlaments vom 9. August 1650 richtete sich eigens gegen solche Überzeugungen. Clarkson und Coppe wurden auf dieser Grundlage verhaftet und widerriefen öffentlich; ein Verbannungsurteil wurde nicht vollstreckt.[86]

Wie ein spätes Echo der Ranters, die in den 1650er Jahren schnell an Bedeutung verloren, wirken übrigens die Äußerungen von James Taylor in Guilford, Surrey, im April 1675. Christus sei ein Hurenmeister und ein Bastard, die Religion sei ein Betrug. Er fürchte weder Gott, Teufel noch Menschen. In einem merkwürdigen Gegensatz zu diesen kritischen Worten stand sein Versuch, sich selbst zum »jüngeren Bruder Christi« oder zum »Engel Gottes« zu erklären: Er sei eines Königs Sohn und von seinem Vater ausgesandt worden. Der Fall wurde, nachdem Taylor für zurechnungsfähig erklärt wurde, vom höchsten Gericht in London (King's Bench) verhandelt. Das Urteil lautete auf dreimalige Prangerstrafe, wobei Taylor einen Zettel tragen sollte mit der Aufschrift »für blasphemische Worte, die alle Regierung untergraben«. Außerdem wurde ihm eine immense Geldstrafe auferlegt, die in der Praxis lebenslange Haft bedeutete. Bedeutung erlangte der Schuldspruch rechtssystematisch vor allem deshalb, weil hier ein weltliches Common-Law-Gericht zum ersten Mal prominent einen Fall von Blasphemie verhandelte (vgl. Kap. 14).[87]

Ab Mitte des 17. Jahrhunderts war auch die Erweckungsbewegung der Quäker (»Zitterer«, ursprünglich ein Spottname, der auf deren

Mahnungen anspielt, vor der Größe Gottes zu erzittern) von Blasphemie-Anklagen betroffen. Sie schrieben der inneren Erleuchtung des Einzelnen durch das göttliche Licht mehr Gewicht zu als der göttlichen Offenbarung und standen so in Opposition zur Staatskirche. Von den Ranters grenzten sie sich scharf ab, praktizierten aber ihrerseits provozierende Grenzüberschreitungen und wurden von ihren Gegnern oft mit ihnen in einen Topf geworfen. Ihre beiden prominentesten Führungsgestalten, James Nayler und George Fox, wurden seit 1650 immer wieder wegen Gotteslästerung angeklagt.[88] Zum spektakulären Höhepunkt von Naylers Wirken wurde im Oktober 1656 sein feierlicher Einzug auf dem Rücken eines Pferdes in die Stadt Bristol unter den »Hosianna«-Rufen seiner Anhänger. Inszenierte sich hier der Prophet einer eschatologischen Bewegung als neuer Messias? Derartige Verdachtsmomente erhielten nach der Verhaftung Naylers und seiner Anhänger Nahrung, sowohl durch seine eigenen Aussagen als durch diejenigen seiner Adoranten. »Bist Du der einzige Sohn Gottes?«, so wurde er gefragt, und erwiderte mehrdeutig: »Ich bin der Sohn Gottes, aber ich habe viele Brüder.« Und auf die Frage, ob er ein Prophet sei oder nicht, antwortete er: »Du hast es gesagt, ich bin ein Prophet«, eine Anspielung auf das Verhör Jesu vor Kaiphas (Mt 26,64). Eine Verehrerin, die hartnäckig behauptete, Nayler habe sie von den Toten erweckt, postulierte, der Prophet werde dereinst zur Rechten des Vaters sitzen.[89]

Der Magistrat in Bristol übergab die Angelegenheit zur Entscheidung nach London, worauf sich im Parlament eine intensive Debatte über das Schicksal des Quäkers entspann. Wohlmeinende Stimmen verneinten, dass eine Gotteslästerung vorliege, Hardliner plädierten für Hinrichtung. Bei einer Anhörung vor den Schranken des Parlaments wies Nayler jede Verehrung seiner Person zurück und betonte, er sei ein menschliches Wesen. Das schließlich nach gut zwei Monaten festgesetzte Urteil fiel aber ungewöhnlich hart aus: In einem mehrstufigen öffentlichen Strafspektakel wurde er zunächst zwei Stunden vor dem Parlament in Westminster an den Pranger gestellt; sodann prügelte ihn der Scharfrichter durch die Straßen von London bis zur Alten Börse.

Dort wurde er – an einem anderen Tag – erneut zwei Stunden an den Pranger gestellt, wo seine Zunge mit einem glühenden Eisen durchbohrt und seine Stirn mit einem »B« (für »Blasphemer«) stigmatisiert wurde. Am nächsten Markttag wurde er überdies auch in Bristol durch die Stadt geprügelt, nachdem er noch einmal auf dem Pferderücken Einzug gehalten hatte, diesmal allerdings auf schändliche Weise verkehrt herum sitzend. Schließlich verbüßte er im Londoner Bridewell-Gefängnis eine lange Haftstrafe bei harter Arbeit, bis das Parlament ihn nach fast drei Jahren entließ. Versuche, zumindest eine Teilbegnadigung für den unglücklichen Propheten zu erlangen, schlugen fehl – man fürchtete den Autoritätsverfall der weltlichen Gewalt in religiösen Angelegenheiten. Ein gutes Jahr nach seiner Entlassung starb Nayler, gerade einmal vierundvierzigjährig, an den Folgen der harten Strafe.[90]

**Antitrinitarier**

Noch in der Todeszelle ohrfeigte John Philpot 1555 einen Mitgefangenen wegen dessen religiöser Ansichten: Selbst während der katholischen Restauration als Ketzer verurteilt, erregte er sich so heftig über dessen Ansicht, »Gott sei nicht in Christus«, dass er gegen diesen »Arianer« die Ehre Christi nicht anders zu verteidigen wusste und nach biblischem Vorbild seine Abscheu gegenüber dieser Gotteslästerung zum Ausdruck brachte.[91] Während Philpot andere überkommene Lehren der Alten Kirche kritisch sah, etwa die Notwendigkeit der Kindertaufe oder die Realpräsenz Christi im Abendmahl, hielt er an der Dreifaltigkeit (Trinität), der Wesenseinheit Gottes in den drei Personen Gottvater, Jesus Christus und Heiliger Geist, hartnäckig fest. Tatsächlich aber stellten manche Gelehrte des 16. Jahrhunderts auch dieses im 4. Jahrhundert festgezurrte Dogma in Frage und wurden deshalb mit dem anachronistischen Begriff des »Arianismus« belegt. Nach ihrer Auffassung war die Trinitätslehre mit einer strikten Auffassung von Monotheismus kaum zu vereinbaren. Dabei waren die Positionen der Antitrinitarier im Einzelnen ebenso unterschiedlich wie die Selbst- und Fremdbezeichnungen, etwa als Unitarier. Kirchliche Strukturen bildeten ihre Anhänger zunächst lediglich im östlichen Europa, in der lange Zeit von religiösem Pluralismus geprägten Adelsrepublik Polen-Litauen und im Fürstentum Siebenbürgen, das als christliches Gemeinwesen gleichwohl unter osmanischer Oberherrschaft stand. Im 17. und 18. Jahrhundert fanden unitarische Positionen dann auch in England und den USA weitere Verbreitung. Ansonsten wurden diese vorwiegend von einzelnen Gelehrten vertreten. Durch diese markanten intellektuellen Einzelpersönlichkeiten allerdings fühlten sich die großen Bekenntnisse besonders herausgefordert, und gerade gegen sie wurde der Vorwurf der Blasphemie gerne ins Feld geführt – manchmal, wie es scheinen will, mit besonderer Wut.[92]

Besonders deutlich ist diese antiblasphemische Verve im Fall eines der bekanntesten religiösen Dissidenten des 16. Jahrhunderts, beim spanischen Juristen und Mediziner Michel Servet.[93] Dessen unstetes Leben fand in Genf sein Ende, wo er ausgerechnet auf Betreiben des Reformators Johannes Calvin verhaftet, angeklagt und zum Tode verurteilt wurde. Den sachlichen Kern der gegen ihn erhobenen Vorwürfe bildeten seine antitrinitarischen Überzeugungen und sein Eintreten gegen die Kindertaufe. Das strenge Urteil wurde aber auch damit begründet, dass Servet die Anhänger der Dreieinigkeit als »Atheisten« bezeichnet, die Trinität als Monstrum mit drei Köpfen geschmäht und die Kindertaufe als teuflische Erfindung und Zauberei herabgewürdigt habe – alles in allem ungeheuerliche Lästerungen, welche die Ehre und die Majestät Gottes, seines Sohnes und des Heiligen Geistes grob verletzten.[94] Der Gelehrte starb den Ketzertod, er wurde am 27. Oktober 1553 mitsamt seiner Bücher lebendig auf dem Scheiterhaufen verbrannt. Sein gewaltsamer Tod veranlasste den in Basel wirkenden Humanisten Sebastian Castellio, gegen Calvin eine theologisch begründete Stellungnahme gegen die Tötung von Ketzern zu veröffentlichen, ein frühes Plädoyer für religiöse Toleranz.

Tief im Milieu des reformierten Protestantismus angesiedelt war auch die Affäre um die Heidelberger Antitrinitarier.[95] Die pfälzische Residenzstadt war in den 1560er Jahren der Schauplatz einer heftigen Auseinandersetzung zwischen zwei protestantischen Fraktionen gewesen. Zur unterlegenen Seite gehörten die beiden Pfarrer Adam Neuser und Johannes Sylvanus, die sich in der Opposition radikalisierten und sich für antitrinitarische Positionen öffneten. Sylvanus schrieb 1570 einen Traktat, in dem er sich gegen den »Dreypersönlichen Abgott und Zweygenaturten Götzen des Widerchrists« positionierte.[96] Neuser wiederum schrieb in einem (nie abgeschickten) Brief an den türkischen Sultan, er erkenne die Überlegenheit der (monotheistischen) Botschaft des Propheten Mohammed an, denn die Christen hätten mit der Lehre von der Gottessohnschaft Christi die Botschaft der Heiligen Schrift verfälscht. Beide Männer planten, sich nach Siebenbürgen unter osmanische Oberherrschaft zu begeben, wo antitrinitarisches Gedankengut weit verbreitet war; sie wurden jedoch vorher verhaftet.

Während Neuser fliehen konnte und über mehrere Zwischenstationen bis nach Istanbul gelangte, wo er 1576 verarmt starb, wurde Sylvanus in Heidelberg der Prozess gemacht. Seine Gegner drängten auf eine Hinrichtung, zum Teil mit ausdrücklichem Verweis auf die Steinigung des Gotteslästerers in Lev 24.[97] Trotz Widerruf und Gnadenbitten wurde Sylvanus schließlich im Dezember 1572 als Gotteslästerer und Verräter mit dem Schwert hingerichtet. Ihm wurde nicht nur Konspiration mit dem Feind, dem osmanischen Sultan vorgeworfen, sondern auch Blasphemie: Sylvanus, so schrieb ein Chronist, sei »schändlich zu der abscheulichen arianischen Gotteslästerung abgefallen« und hätte »dem Arrianismo und Machumetismo Tür und Tor weit aufgesperrt«. Vor allem aber habe Sylvanus »ganz erschröckliche, unerhörte, greuliche Lästerungen wider den ewigen Sohn Gottes, unsern getreuen Herrn und Heiland Jesum Christum ausgegossen«.[98] Was an diesem Vorwurf zutrifft, ist die Tatsache, dass Sylvanus und seine Mitstreiter das Trinitätsdogma der großen Konfessionskirchen als »schreckliche blasphemische Dogmen« stigmatisierten, durch die der Teufel erfolgreich die Lehre der Christen korrumpiert habe.[99] Der als Gotteslästerer Verurteilte warf mithin seinerseits der herrschenden Lehre Blasphemie vor.

Im England des 17. Jahrhunderts sollten die Unitarier zu einem der Hauptangriffsziele für den Vorwurf der Gotteslästerung werden, und zwar zeitlich noch vor den radikalen Gruppierungen der Ranters und der Quäker. 1612 wurde der Kaufmann Bartholomew Legate, der die Göttlichkeit Christi leugnete, als blasphemischer Ketzer in Smithfield auf dem Scheiterhaufen verbrannt.[100] Paul Best und John Biddle, die zentralen Figuren für die Verbreitung unitarischen Gedankengutes während der Zeit des Englischen Bürgerkrieges, wurden beide mit Gerichtsverfahren wegen Blasphemie überzogen. Im Mai 1648 verabschiedete das von strikten Puritanern dominierte Parlament sogar ein scharfes Gesetz zur Bestrafung von Ketzereien und Blasphemien, dass Leugner der Trinität oder Atheisten mit dem Tode bedrohte. Als Biddle, Mittelpunkt einer wachsenden Schar von Anhängern in London, erneut vor Gericht stand, wurde er nach diesem Gesetz angeklagt, von Cromwell persönlich allerdings durch eine mehrjährige Verbannung aus der Schusslinie genommen.[101]

**Skeptiker, Ungläubige, Atheisten**

Katholiken, Protestanten, Täufer, Antitrinitarier – diese Etiketten für die bisher besprochenen Positionen, seien sie nun von Gruppen oder von Einzelpersonen vertreten worden, signalisieren klare dogmatische Konturen. Ganz so eindeutig ist es aber nicht, denn oft sind als blasphemisch stigmatisierte Äußerungen kaum so klar abzugrenzen. Sie entwickelten sich, überschnitten sich oder waren schlicht so individuell, dass man nur mit Mühe eine eindeutige Verortung vornehmen kann. So wurde zum Beispiel der ›Antitrinitarier‹ Servet nicht nur wegen seiner Ablehnung der Dreifaltigkeit, sondern auch der Kindertaufe verurteilt. In anderen Fällen ist eine Charakterisierung der dogmatischen Standpunkte noch wesentlich schwerer – gerade hier bot der Blasphemie-Vorwurf den Vertretern der Orthodoxie einen wichtigen Notbehelf, stand dabei doch mehr das schlechte und skandalöse Reden als der genaue Nachweis des dogmatischen Fehlverhaltens im Zentrum. Angesichts manch rüder Späße gegenüber christlichen Kernglaubenssätzen oder auch deren strikter Ablehnung liegt aber auch heute die Frage nahe, ob sich hier erste Ansätze eines tiefergehenden Unglaubens oder gar eines systematischen Atheismus zeigen. Das gilt natürlich nicht für jene nur scheinradikalen, sehr situativen Flüche wie »Gott ist nichts« oder »Ich verleugne Gott!«. Jenseits dieser Floskeln aber findet man in den Quellen seit dem Mittelalter, wie wir gesehen haben, durchaus immer wieder Spuren einzelner »virtuoser« Gotteslästerer, hinter deren Worten tiefergehende Zweifel stecken mochten (vgl. Kap. 8).[102]

Bereits in der frühen Reformationszeit gab es rätselhafte Fälle, bei denen nicht recht klar wird, inwieweit es sich um die Radikalisierung reformatorischen Gedankenguts handelt oder um grundsätzlichere Glaubenszweifel. »Höchste Gotteslästerung« hatten nach dem Urteil der zeitgenössischen Theologen etwa drei junge Männer verübt, die in Nürnberg im Januar 1525 verhaftet und verhört wurden. Aufgrund ihrer Aussagen gingen die Brüder Sebald und Bartel Behaim sowie ihr Freund Georg Pencz als die drei »gottlosen Maler« in die Geschichte ein.[103] Tatsächlich lesen sich ihre lakonischen Angaben im Verhör erstaunlich radikal: So äußerten sie nicht nur Zweifel an Abendmahl, Taufe und Heiliger Schrift, sondern gaben auch zu Protokoll, von Christus »nichts zu halten«. Waren hier Einflüsse radikaler Reformatoren wie Thomas Müntzer oder Hans Denck erkennbar, oder handelte es sich bereits um eine fundamentalere Skepsis? Oder vielleicht lediglich um jugendliche Lust an der Provokation? Der Nürnberger Rat hatte in dieser Situation vor allem Angst, dass sich mit den religiösen Ansichten ein gefährliches Aufrührertum paarte. Er verwies die Behaim-Brüder und Pencz der Stadt, erlaubte ihnen aber auf die Fürbitte hochgestellter Persönlichkeiten hin nach zehn Monaten die Rückkehr. Ihre Karriere litt darunter nicht nachhaltig, Pencz wurde 1532 sogar Stadtmaler in Nürnberg.

Im Laufe des 16. Jahrhunderts wuchs aber im Gefolge der Glaubensspaltung der Diskurs über Gottlosigkeit und Unglauben. Anklagen gegen Atheisten und den »Atheismus« wurden zur gängigen Münze. Daraus wird man nicht automatisch schließen können, dass die Existenz Gottes auf Basis philosophischer Begründungen geleugnet wurde. Die Philosophiegeschichte identifiziert solche Argumentationen zumeist erst in der Mitte des 17. Jahrhunderts, etwa die anonyme Schrift »Theophrastus redivivus«.[104] Aber unübersehbar nahm die Zahl der unorthodoxen Denker und Freigeister zu, worauf auch die erwähnte Darstellung des Libertins mit der Spitzhacke im englischen Sektenkatalog von 1647 hindeutet. Etliche von ihnen, ganz unterschiedlich in ihrem Denken und ihrem Wirken, sahen sich mit dem Vorwurf der Gotteslästerung konfrontiert; und manchem unter ihnen wurde er zum Verhängnis. 1546 wurde der Humanist und Druckerverleger Étienne Dolet auf der Pariser Place Maubert am Galgen hingerichtet, sein Körper anschließend mitsamt seiner Bücher verbrannt. Sein demütiges Verhalten im Vorfeld ersparte es ihm, dass ihm die Zunge herausgerissen und er bei lebendigem Leib verbrannt wurde. Verurteilt wurde er vor allem wegen Blasphemie, Aufruhrs und des Verkaufs verbotener Bücher. Später wurde er als früher Atheist und Märtyrer für die Gedankenfreiheit geehrt, doch sind die wirklichen Hintergründe seiner Verurteilung alles andere als klar. Der Vorwurf der Gotteslästerung scheint insbesondere darauf zu beruhen, dass er angeblich im Zusammenhang mit einer Plato-Übersetzung die Unsterblichkeit der Seele geleugnet hatte.[105]

Ein Jahr nach diesem Strafspektakel im katholischen Paris verlor im reformierten Genf Jacques Gruet als Gotteslästerer und Aufrührer gegen den städtischen Magistrat sein Leben durch das Schwert des Scharfrichters.[106] Auch wenn das Schicksal des sechs Jahre später am gleichen Ort hingerichteten Antitrinitariers Servet mehr Aufsehen erregte, so ist die Affäre Gruet von der Sache her kaum weniger aufregend. Gruet war offenkundig schon länger verdächtig, Teil der freigeistigen Opposition gegen das rigide Kirchenregiment Calvins zu sein, nicht zuletzt wegen seines »unmoralischen« Lebensstils mit extravaganter Kleidung und verbotenem Tanz. Verhaftet wurde er wegen einer Schmähschrift, die in der Kathedrale St. Pierre gefunden worden war und die in scharfen Worten die Geistlichkeit der Stadt angriff. Er leugnete, sie verfasst zu haben, ebenso wie er angab, nicht der Autor eines Briefes zu sein, den man bei einer Durchsuchung seiner Unterlagen gefunden hatte. Dieser enthielt nach dem Urteil von Theodor Beza

»unerträgliche Blasphemien« gegen Moses und Christus, und auch Calvin war der Auffassung, der Autor mache sich über die Heilige Schrift und über den Erlöser lustig. Offenkundig waren die Zeugenaussagen und die beschlagnahmten Unterlagen allzu eindeutig, als dass Gruet sich mit Leugnen hätte aus der Schlinge ziehen können: Calvin und seine Mitstreiter wurden darin als Erfinder einer neuen Religion geschmäht, Moses doppeldeutig als »cornutus«, der Gehörnte, verspottet, der Glaube an die Unsterblichkeit der Seele als »Torheit« abgetan und bündig erklärt, »alle Gesetze, ob göttliche oder menschliche, seien zum Vergnügen der Menschen gemacht«.[107]

Die Richter fanden sich bestätigt, als Ende 1549 im Haus des Hingerichteten ein Manuskript entdeckt wurde, das noch weitergehende Gottlosigkeiten enthielt. Im Mai 1550 wurde das Buch in einem öffentlichen Akt wegen seiner (wie es hieß) »enormen, verdammenswerten, verachtenswerten und abscheulichen Blasphemien gegen Gott, gegen seinen Sohn, unseren Erlöser Jesu Christi und den Heiligen Geist, gegen die Heiligen Patriarchen, Propheten, Apostel, Evangelisten, gegen die glorreiche Jungfrau Maria, gegen alle Heiligen Schriften, gegen alles Göttliche und gegen die christliche Religion« verbrannt – ein Verdikt, das in seiner fast beispiellosen Reihung die Kluft zwischen der Orthodoxie und der Libertinage Gruets zum Ausdruck bringt.[108] Die Schrift selbst ist verloren, aber der Inhalt lässt sich zum Teil aufgrund der Prozessunterlagen rekonstruieren: Sie dokumentieren tatsächlich erstaunlich weitgehende und aggressive Angriffe auf Grundfeste des christlichen Glaubens. Nicht nur werden Moses und die Propheten des Alten Testaments wie auch die Evangelisten als Betrüger, Schelme, Apostaten, Idioten etc. geschmäht. Auch die Reinheit Marias und die Göttlichkeit Jesu, seine Passion ebenso wie seine Auferstehung, werden in Frage gestellt, Jesus erscheint mit seinen Wundern als Zauberer und insgesamt als Menschenverführer. Das ist der Grund, warum Gruets Buch von manchen mit dem legendären Traktat über die drei Betrüger identifiziert wird, von dem seit Jahrhunderten Gerüchte herumgeistern.[109]

Dolet und Gruet folgten in den folgenden Jahrzehnten immer wieder Leidensgenossen in den Tod, die für ihre unkonventionellen oder libertären religiösen Ansichten verurteilt wurden: 1574 in Paris Geoffroy Vallée, dessen Buch »Glückseligkeit der Christen oder die Geißel des Glaubens« mit ihm auf dem Scheiterhaufen verbrannt wurde; 1582 in Metz Noel Journet, der über die inneren Widersprüche des Alten Testaments geschrieben hatte und darüber, eine bessere Religion als Jesus stiften zu wollen; 1619 in Toulouse der abtrünnige italienische Karmelitermönch Giulio Cesare Vanini, der zwar die Ewigkeit der Materie anerkannte, deren Kreation durch einen Schöpfer aber ebenso negierte wie die Existenz einer unsterblichen Seele; und 1622 in Bologna schließlich Constantino Saccardino, der – zusammen mit drei Anhängern – zuerst gehenkt und dann verbrannt wurde. Er hatte unter anderem die Auffassung vertreten, die Hölle sei eine Täuschung, die von der Obrigkeit geschaffen sei, um die Menschen von bösen Taten abzuschrecken.[110] Ähnlich despektierliche Äußerungen über die Religion als Herrschaftsinstrument der Fürsten und Herren schrieben Zeugen in den Niederlanden dem geheimnisumwitterten Maler Johannes Torrentius 1627 zu. Sein Prozess in Haarlem endete mit einem Schuldspruch wegen Gottlosigkeit, Häresie und »grässlicher« Blasphemie. Er wurde zu 20 Jahren Zuchthaus verurteilt, nach zwei Jahren jedoch durch die Intervention hochgestellter Bewunderer entlassen.[111]

Als Vertreter eines »populären Rationalismus« wird in der Forschung ein Vagant namens Alexander Agnew (»Jock of Broad Scotland«) gehandelt, der 1656 im südenglischen Dumfriesshire gehenkt wurde. Er hatte geleugnet, dass Christus Gott sei, dass der Heilige Geist existiere, dass der Mensch eine Seele habe, dass es einen Himmel oder eine Hölle gebe oder dass die Heilige Schrift das Wort Gottes sei. Mit Gott habe er nichts zu tun, so äußerte er, sondern die Natur habe ihm alles geschenkt.[112]

Als letzter Mensch überhaupt auf der Britischen Insel wurde Thomas Aikenhead am 8. Januar 1697 wegen Gotteslästerung hingerichtet. Spätere Beobachter haben ihn als Unitarier oder Deisten bezeichnet oder versucht, aus seinen verstreuten Bemerkungen ein kohärentes System antichristlicher Ideen herauszudestillieren, etwa die Leugnung der Unendlichkeit.[113] Vieles spricht allerdings dafür, dass es nicht das gedankliche Substrat seiner Äußerungen war, sondern ihre pointiert-herabsetzende Form, die ihm zum Verhängnis wurde. So listet die Anklageschrift unter anderem auf, er habe Theologie als eine »Rhapsodie schlecht erfundenen Unsinns« bezeichnet. Die Heiligen Schriften seien angefüllt mit einer solch dreisten Mischung aus Verrücktheiten, Unsinn und Widersprüchen, dass er den Grad an Dummheit einer Welt bewundere, die sich so lange von ihnen habe hinters Licht führen lassen. Im Einzelnen habe er das Alte Testament als »Esras Fabeln« geschmäht und den biblischen Schriftgelehrten damit auf eine Stufe mit dem heidnischen Dichter Aesop gestellt. Christus war nach seiner Auffassung ein Betrüger *(impostor)*, der seine magischen Tricks in Ägypten gelernt und sie dann als Wunder ausgegeben habe. Ähnlich verhalte es sich mit Moses, aber der sei immerhin ein besserer Politiker gewesen. Insgesamt ziehe er aber Mohammed vor. Der Trinitätsglaube sei eine Widerlegung nicht wert, er sei so absurd wie der Glaube an einen Hircus Cervus, an ein Tier, halb Ziegenbock, halb Hirsch. Insgesamt erwarte er das Verschwinden des Christentums binnen kürzester Zeit.[114]

# 12. Bild und Blasphemie

Im Sommer 1520 stand Uly Anders von Kennelbach (Grafschaft Toggenburg) in Zürich wegen Blasphemie vor Gericht. Bereits früher war Uly als Gotteslästerer auffällig geworden, indem er den Diener eines Kardinals in anzüglicher Weise – mit Andeutungen über ein sexuelles Verhältnis – verspottet hatte. Nicht genug damit, hatte er diese Verhöhnung noch mit rauen Schwüren bei Gottes fünf Wunden unterstrichen. Zum Verhängnis aber wurde ihm nun eine tätliche Blasphemie ganz anderer Qualität. In einem Wirtshaus zu Utznach hatte er ein künstlerisch gestaltetes Glasfenster attackiert, das den gekreuzigten Christus zeigte, zusammen mit der Jungfrau Maria und dem Apostel Johannes. Uly durchstach das Fenster zunächst mit dem Degen, um es dann vollends zu zerstören, wobei er dabei die Worte ausstieß: »Die Götzen nützen nichts und sie helfen nichts!« Uly Anders wurde zum Tode verurteilt und enthauptet.[115]

**Macht und Ohnmacht der Bilder**

Dass der Angriff auf ein Bild als Gotteslästerung verstanden wurde, war nicht ungewöhnlich. Seit Jahrhunderten, so haben wir gesehen, umfasste das Delikt der Blasphemie nicht allein lästerliche Worte, sondern auch entsprechende Taten (vgl. Kap. 8). Bildliche Darstellungen der Gotteslästerung zeigten in der Regel Angriffe auf Heiligenskulpturen oder auf Wandgemälde. Zum Sinnbild der Blasphemie wurde in der Zeit um 1500 der Lästernarr, der mit seinem Dreispitz auf einen Bildstock am Wegesrand losgeht. Und auch die Vergehen der Juden, die den Christen als das gotteslästerliche Volk schlechthin galten, wurden häufiger als Angriffe auf christliche Andachtsbilder gezeigt (vgl. Abb. 4).[116] Ikonoklastische, bilderstürmerische bzw. bildverletzende Handlungen wurden oft umstandslos als »blasphemisch« eingeordnet.

Wen oder was attackierten eigentlich Personen, die im Mittelalter das Bild der Muttergottes oder eines Heiligen angriffen? Sicher hatten sie hier nicht lediglich ein Symbol im modernen Sinn vor Augen, ein Zeichen, das auf die Existenz eines abwesenden, jenseitigen Heiligen verwies; erst recht kein Kunstwerk im modernen Verständnis. Vielmehr handelte es sich bei christlichen Wegkreuzen, Heiligenskulpturen oder Gemälden um Verkörperungen, in denen das bzw. der Heilige sehr real präsent war – in gewisser Weise analog zu den antiken Kultbildern, in denen die heidnischen Götter ihren Sitz hatten. Im Christentum waren es zunächst die leiblichen Überreste der heiligen Fürbitter gewesen, Reliquien, deren Präsenz in Altären und Kirchen die körperliche Anwesenheit der Heiligen sicherstellten. Seit dem Frühmittelalter begannen neben den Reliquien auch viele Heiligenbilder Wunder zu wirken, und spätestens seit dem 12. Jahrhundert wurden sie verehrt wie Reliquien. »Man betete vor ihnen, sie wurden in Prozessionen herumgeführt, beräuchert, geküsst und gesalbt; man bekleidete sie, erkor sie zu Taufpaten, schwor bei ihnen; sie heilten auch Kranke, trieben Teufel aus, verschafften Kindersegen, führten Siege herbei und vermochten sogar Tote zu erwecken.«[117] Bildern wurde eine spezielle Wirkkraft *(virtus)* zugeschrieben, und diese wuchs durch die fromme Aufmerksamkeit der Gläubigen und ihre rituelle Ehrerweisung. Verehrt wurden in diesem Sinn nicht (nur) die Gottesmutter oder ein jenseitiger Heiliger im allgemeinen Sinn, sondern verehrt wurde ein bestimmtes kraftvolles, wundertätiges Gnadenbild, wie die Muttergottes im Kloster Einsiedeln im Kanton Schwyz. Und es waren eben umgekehrt auch bestimmte Bilder, die verwundet wurden oder Übeltäter straften: So stieg (so berichtet am Beginn des 13. Jahrhunderts Giraldus Cambrensis) eine Statue vom Altar der Marienkirche in Canterbury herab, bewaffnete sich mit einem Kandelaber und prügelte einen verbrecherischen Kleriker windelweich, der sich gerade anschickte, ein junges Mädchen zu vergewaltigen.[118]

Die Kehrseite der den Bildern zugeschriebenen Macht konnte ihre Ohnmacht und Erniedrigung sein; in seiner »Vergegenständlichung« war das Heilige zugleich auch »verfügbar« und »dem menschlichen

Zugriff ausgeliefert«.[119] So hatten klösterliche Gemeinschaften im früheren Mittelalter bisweilen die Reliquien ihrer Schutzheiligen durch Rituale erniedrigt, hatten sie beschimpft oder sie sogar geschlagen – all das, um sie zu zwingen, ihre Schutzbefohlenen wieder besser zu unterstützen; spätere Konzilien verurteilten diese Praxis. Noch Anfang des 17. Jahrhunderts kritisierte ein bayerisches Mandat den Brauch von Handwerkerumzügen, die mitgeführten Heiligenfiguren bei schlechtem Wetter ins Wasser zu werfen; dadurch würden die »lieben Heiligen Gottes« sehr verunehrt.[120]

Vor allem im Zusammenhang mit kriegerischen Auseinandersetzungen kam es bisweilen schon lange vor der Reformation zu irritierenden Bilderschändungen. So stigmatisiert der Chronist Lorenz von Brezová die tschechischen Taboriten als Gotteslästerer: Sie hatten auf der Prager Burgkapelle einen auf dem Esel reitenden Christus auf die Zinnen gestellt und gotteslästerlich gesprochen: »Wenn du Christus bist, dann segne Meißen.« Danach stießen sie die Figur von der Mauer.[121] Während hier ein Glaubenskonflikt im Hintergrund stand, handelte es sich beim mit großer Brutalität geführten Alten Schweizerkrieg zwischen Zürich und den Eidgenossen Mitte des 15. Jahrhunderts um eine rein machtpolitische Auseinandersetzung. Schweizer Landsknechte hatten nach einem Zeugenbericht 1444 in Horgen nicht nur die Schätze der örtlichen Kirche geplündert. Sie hatten überdies mit ihren Hellebarden Heiligenfiguren herabgeschlagen und die am Kreuz hängende Christusfigur mit Spießen durchstochen. Eine Marienstatue entfernten sie aus dem sakralen Bereich, stellten sie an die Türe und grüßten sie spöttisch als »Frau Metz«, als Türhüterin eines Hurenhauses. Gleichsam um diese Schmähworte zu rechtfertigen, hätten sie in derselben Kirche »ihre Unkeuschheit mit Frauen« getrieben und schließlich sogar auf den Altar »geschissen«.[122]

Beleidigungen, demonstrative sexuelle Ausschweifungen, skatologische Verunreinigungen, schließlich gewaltsame Verstümmelungen – das hohe Aggressionspotenzial erscheint erstaunlich. Ebenso wie bei den rauen Schwörern und Fluchern wäre es aber auch hier übereilt, das Tun der Bilderstürmer als Ausdruck von Irreligiosität und Unglauben zu deuten. Die Landsknechte attackierten in Horgen nicht den Gekreuzigten oder die Gottesmutter per se, sondern bestimmte Kultbilder, die als Schutzpatrone der feindlichen Zürcher galten. Deren Kraft forderten sie durch ihre gewalttätigen Schmähaktionen heraus und bewiesen so die Machtlosigkeit der Gegenseite. Dieselben Männer zogen auf dem Rückweg von ihrem Kriegszug zu »ihrer« lieben Frau von Einsiedeln, um für Schutz und Hilfe zu danken. Einen Widerspruch zur vorangegangenen Profanierung des Horgener Marienbildes sahen die Akteure nicht. Wie bei anderen gotteslästerlichen Sprechakten so gilt auch hier: Was auf den ersten Blick als Schmähung jenseitiger Adressaten erscheint, war in erster Linie als Aggression auf einen sehr diesseitigen Gegner gerichtet.

Nicht alle Angriffe auf Bilder in der vorreformatorischen Zeit vollzogen sich im Sinne einer solchen kollektiven Logik, es gab auch individuelle Schmähungen und Attacken auf Kultbilder. Ein aufsehenerregender Fall ereignete sich im Juli 1501 in Florenz.[123] Antonio Rinaldeschi, Angehöriger einer Magnatenfamilie, hatte beim Würfeln in der Taverne »Zum Feigenbaum« Geld und Kleidungsstücke verloren. Betrunken und wütend verließ er den Ort des Geschehens und stieß Lästerungen gegen die Gottesmutter aus. Als er an den Platz mit der Kirche Santa Maria de' Ricci gelangte, hob er eine Handvoll trockenen Pferdemist auf und warf ihn auf ein Fresko über dem Kirchenportal mit dem Bild von Mariä Verkündigung. Ein Teil des Drecks blieb am Marienbild kleben und erregte öffentliche Aufmerksamkeit. Rinaldeschi wurde gefasst, gestand und wurde in einem Schnellverfahren zum Tode verurteilt. Wohl aus Angst vor öffentlicher Lynchjustiz, wurde er in einer ungewöhnlichen Nacht-und-Nebel-Aktion am Fensterkreuz des Bargello-Palastes gehenkt. Die große Aufmerksamkeit über die ruchlose Tat wurzelt wohl wenigstens zum Teil in der religiös aufgeheizten Stimmung, die in den Jahren nach dem Tod des radikalen Dominikanerpredigers Savonarola herrschte; seine Anhänger dominierten noch immer die städtische Politik. Wahrscheinlich schon ein Jahr später entstand ein Bildzyklus, der das Vergehen des vom Teufel inspirierten Mannes, seine Gefangennahme, Überführung und Bestrafung zeigt und der mit dem Ringen zwischen Engeln und Dämonen um die Seele des reumütigen Sünders endet. Geschaffen wurde er wohl für ein Oratorium, das einen würdigen Rahmen für die intensive Verehrung des Kultbildes bieten sollte. Offenbar hatte die Blasphemie des Rinaldeschi den lokalen Bilderkult erst so richtig in Gang gebracht.

**Gegen den Bilderkult**

Mit der Reformation aber änderte sich das Koordinatensystem bilderstürmerischer Aktionen grundlegend, wie die ikonoklastische Aktion des Zürchers Uly Anders beispielhaft zeigt, der »die«, also alle Götzen für nutzlos erklärte. Damit artikulierte er eine bilderkritische Position, die Anfang der 1520er Jahre immer stärkeres Gewicht entfalten und die reformatorische Bewegung langfristig spalten sollte. Nicht zum ersten und auch nicht zum letzten Mal geriet damit die Christenheit über die Bilderfrage in Uneinigkeit.[124] Uly Anders sah im Bild des gekreuzigten Christus einen »Götzen«, einen Abgott, der die Gläubigen zum Götzendienst, zur Idolatrie verführte. Damit gab er den gegen ihn erhobenen Vorwurf der Blasphemie an die Adresse der Bilderverehrer zurück. Ein gewisser Fridlin Yberger trat 1526 das Kruzifix einer Kapelle mit Füßen und erklärte kategorisch, »es sei eine Gotzlesterung«.[125]

Ausführlich hatte diese Position bereits 1522 Luthers früher Mitstreiter und späterer Antipode Andreas Bodenstein zu Karlstadt formuliert. Mit Berufung auf das göttliche Wort forderte der Wittenberger Prediger schon im Titel seiner programmatischen Druckschrift energisch eine »Abtuung der Bilder«. Die Anbetung von menschengemachten Bildern (»Abgöttern«, »Ölgötzen«) in den Kirchen widerspreche dem ersten und zweiten Gebot des Dekalogs.[126] Allen Bemühungen, Bilder wenigstens als Hilfestellung für Glaubensschwache zu verteidigen, erteilte er als »Papistenschlupfwinkel« eine Absage. Eine Verehrung Gottes und der Heiligen (deren Kult Karlstadt ohnehin ablehnte) im Bild münde zwangsläufig in eine Anbetung der Bilder selbst, und diese führe zu magischem Aberglauben und Missbrauch. Provokativ verglich Karlstadt den Umgang der Gottlosen mit ihren

Bildern mit dem Umgang von Huren mit ihren Freiern.[127] Luther dagegen rechnete die Bilderfrage zu den theologisch eher neutralen Gegenständen und schloss die Möglichkeit eines legitimen Bildergebrauchs nicht aus. Und ein altgläubiger Theologe wie Emser beharrte gegen Karlstadt auf der Differenz zwischen den heidnischen Götzenanbetern des Alten Testaments und der katholischen Kirche. Zwar dürften Bilder nicht an sich verehrt werden, doch repräsentierten sie höhere Mächte, deren Anbetung durchaus legitim sei.[128]

Gotteslästerung oder nicht – das war in der Reformationszeit in Bezug auf die Bilderfrage vor allem eine Frage der Perspektive. Die altgläubige Seite hielt an der traditionellen Sichtweise fest, nach der Bilderfrevel nicht nur als Sakrileg, sondern auch als Blasphemie und als Verbrechen gegen die göttliche Majestät geahndet werden müsse.[129] Der berühmte Zürcher Bilderstürmer Klaus Hottinger wurde daher in Luzern 1524 als Gotteslästerer hingerichtet, während er in reformierten Gebieten schnell zum ersten protestantischen Märtyrer der Schweiz stilisiert wurde.[130] Ähnlich der Fall des 1526 in Ensisheim, dem Sitz der österreichischen Regierung, als Ketzer hingerichteten Laienpredigers Siegmund Steinschneider: Für den Basler Chronisten Fridolin Ryff war er ein Glaubenszeuge, während eine Kartäuserchronik trocken vermerkt, der Mann sei wegen seiner Lästerungen gegen das heilige Sakrament und die Jungfrau Maria gevierteilt worden.[131]

So fielen die obrigkeitlichen Strafen für Bildersturm und Blasphemie gerade dann besonders drastisch aus, wenn sie als Waffen im Kampf um den rechten Glauben verstanden wurden. Dies zeigt der Fall des 1533 in Paris wegen lutherischer Ketzerei zum Tod verurteilten Jean Pointet: Zunächst sah das Urteil vor, er solle erdrosselt und dann verbrannt werden; nachdem er sich aber weigerte, zu beichten und vor der Statue seine Knie zu beugen, wurde seine Strafe drastisch verschärft. Ihm wurde die Zunge abgeschnitten, bevor er bei lebendigem Leibe verbrannt wurde.[132] Von bilderstürmerischer Seite dagegen wurden häufig die Bilder selbst einem Strafritual unterworfen. So berichtete der Landvogt über den Ort Aadorf im Thurgau entsetzt, dort habe man zu Weihnachten das Kruzifix und alle anderen Bilder aus der Kir-

**9** Nikolaus Hottinger stürzt 1523 ein Wegkreuz in Stadelhofen vor den Toren Zürichs. Illustration aus Heinrich Bullingers »Reformationsgeschichte«, Abschrift vom Beginn des 17. Jahrhunderts

che getragen, gevierteilt und in die Gräben geworfen, »als ob sie Übeltäter gewesen«.[133] Die Bestrafung der Bilder sollte sie endgültig delegitimieren und ihre Machtlosigkeit erweisen.

Überhaupt ist es aufschlussreich, den Blick auf die rituellen Formen des Ikonoklasmus zu richten. Dabei muss berücksichtigt werden, dass der Begriff »Bildersturm« für ein ganzes Bündel von unterschiedlichen Handlungen steht, die sich schwer auf einen gemeinsamen Nenner bringen lassen. Es gab »Bilderentfernungen« in Gestalt von obrigkeitlich dekretierten bilderfeindlichen Aktionen, die in möglichst geordneten Bahnen vonstattengehen sollten. Von ihnen unterscheidet sich der tatsächliche »Bildersturm« als von größeren Menschenmengen vollzogene, demonstrativ-gewaltsame Verhöhnung und Zerstörung der Bilder. Eher eine Unterkategorie dazu wäre der »Bilderfrevel« als Attacke auf konkrete Bildobjekte durch einzelne Personen oder Kleingruppen.[134] Diese Begriffe mögen für uns heute hilfreich sein, doch in der Realität kam es zu vielfältigen Überschneidungen. So lassen sich wilde

Schmähungen von Bildern auch bei ›von oben‹ verordneten Bildentfernungen beobachten, wie im Prager Veitsdom an Weihnachten 1619. Dort machte sich der Hofprediger des gerade zum böhmischen König gewählten pfälzischen Kurfürsten Friedrich V., Abraham Scultetus, mit Wissen des »Winterkönigs« daran, das Gotteshaus von Reliquien und Bildern zu reinigen. Ein kritischer Bericht über die »abscheulichen erschrecklichen Greuel gotteslästerlicher Verwüstung« vermerkte akribisch nicht nur das Zerbrechen von Kruzifixen, das Zerschlagen von Epitaphien und die Zerstörung von Kunstwerken wie des bekannten Marienaltars von Lucas Cranach. Er vermerkte ausdrücklich auch, dass dabei »viel erschröckliche grausame Lästerung wider Gott und seine liebe Heiligen geredt worden« sei. So habe man Bilder der Gottesmutter und des Apostels Johannes aufeinandergelegt und »gottslästerlich darzu gemelt: Ihr habt beym leben eines das ander lieb gehabt / liebet jetzt auch eines das ander.«[135]

Ähnlich sexualisierte Gewaltphantasien hatten schon in der Zeit der Frühreformation eine Rolle gespielt, so beim »spontanen« Bildersturm im Schweizer Ort Weiningen im November 1523. Dort war die Reformation offenbar bereits in vollem Gange, der Pfarrer traute einige Geistliche mit ihren Konkubinen, er segnete kein Weihwasser und führte auch andere altkirchliche Rituale nicht mehr durch. Die Leitung der Gemeinde entschloss sich in dieser Situation, die kostbare Altartafel in einer Kammer über dem Beinhaus einzuschließen – wohl ein Akt obrigkeitlicher Bildentfernung, um weiteren Unruhen vorzubeugen. Erfolg hatten sie damit nicht, denn radikale Anhänger der Reformation brachen die Kammer auf und trugen die Altartafel mit den Bildnissen des heiligen Johannes und der heiligen Katharina ins Wirtshaus. Dort legten sie St. Katharina auf den Tisch, St. Johannes »oben auf sie, in Meinung dass sie sollten Junge machen«. Einer der Bilderstürmer spottete, er habe Katharina an die »fud« (Fotze) fassen wollen, habe aber nicht unter ihren Rock greifen können. Nachdem sie viel weiteren Mutwillen mit den Bildern getrieben hatten, habe man alle verbrannt. Als Nächstes nahmen sich die Ikonoklasten ein Bild des gekreuzigten Jesus Christus vor (»wie man ihm am Karfreitag zeigt«), fassten ihn freventlich am Bart und sprachen: »O du Eierdieb, wie hast uns so lange um viele Eier beschissen.« Mit diesen Worten zückten sie ein Schwert und hieben dem Bild den Kopf ab.[136] Paradigmatisch werden hier die Bildnisse profaniert, indem sie zu Objekten sexueller Anzüglichkeiten und Übergriffe werden, bis hin zur Vergewaltigungsphantasie in Bezug auf die heilige Katharina. Die Schmähung des Gekreuzigten als Dieb folgt der Logik weltlicher Injurien. Gleichzeitig stellt sie die Verbindung zur vorösterlichen Fastenzeit her, in der das Eieressen verboten war, und spielt auf Abgaben an Kirchherrn und Klöster an, die in Form von Eiern zu Ostern zu leisten waren. Die Enthauptung schließlich lässt sich als eine offensichtliche Referenz an die bereits angesprochenen Strafrituale verstehen. Eindrücklich ist, dass der Gottessohn mit demselben Nachdruck entehrt wurde wie die Heiligen Johannes und Katharina.

Ebenso wie eine sexualisierte Symbolik konnten skatologische Verhaltensweisen dazu dienen, die Verachtung der Gotteslästerer zum Ausdruck zu bringen.[137] In vielen anderen Fällen dienten die Spottworte nicht nur der Verachtung, sondern forderten die Bilder direkt heraus. Bekannt sind jene Basler Bilderstürme zu Fastnacht 1529, bei denen nach dem Bericht eines Kartäusers die heiligen Bilder »mit viel lästrigen Spottworten« zerschlagen wurden. Junge Knaben hätten ein Kruzifix an ein Seil gebunden, zum Kornmarkt geschleift und dabei das bekannte Spottlied ›Ach du armer Judas‹ gesungen. Danach hätten sie es mit den Worten verbrannt: »Bistu Gott, so wehre dich, bistu aber Mensch, so blute.«[138]

Die Erscheinungsformen bilderfeindlicher Aktionen während der Reformation, so lässt sich resümieren, waren denen der Jahrhunderte zuvor erstaunlich ähnlich. Aber was ihre Ziele und Intentionen angeht, veränderte sich mit der Reformation das interpretatorische Koordinatensystem entscheidend. Der traditionelle Bilderfrevler griff mit seinen Worten und Taten ein konkretes Bildnis von Jesus, Maria oder eines Heiligen an. Seine Verhöhnungen und Schmähungen richteten sich – aus Enttäuschung, Zorn oder anderen meist persönlichen Gefühlen – gegen die jeweilige heilige Persönlichkeit selbst, die in den

Bildern für ihn »real präsent« war.[139] Er beabsichtigte damit, ganz der klassischen Definition von Gotteslästerung entsprechend, eine Entehrung des Heiligen. Ganz anders ein Bilderstürmer in der Reformation: Für ihn war Bilderkult gleichbedeutend mit Götzenverehrung, es war ein fundamentaler Bruch des ersten Gebots und unvereinbar mit protestantischer Bibel- und Wortzentrierung. Die Entehrung Gottes bestand also in der *adoratio* der Bilder, gerade nicht in ihrer Verhöhnung. Die Herabwürdigung sollte vielmehr umgekehrt den Unwert der jeweiligen Bilder öffentlich demonstrieren und besiegeln, um so die Ehre Gottes wiederherzustellen. Bilderverhöhnung wurde nun zum wohlverstandenen Gottesdienst. Mit ihr sollte demonstrativ die fundamentale Machtlosigkeit des betreffenden Bildes (bzw. dieses Bildtyps, aller Bilder oder sogar der Heiligen überhaupt[140]) demonstriert werden – so das erwartete Ergebnis des ›Auf-die-Probe-Stellens‹. Mit dem Erweis der Ohnmacht der Bilder sollte zugleich eine Transformation hin zur wahren Religion vollzogen werden – ein ritueller Prozess, an dessen Ende die erwähnte Bestrafung der Bilder stand, analog zur weltlichen Strafjustiz. Nicht umsonst war bisweilen der Scharfrichter bei der Vernichtung der Bilder im Spiel, und nicht umsonst erinnert das Verbrennen von Holzskulpturen an die Scheiterhaufen, auf denen Ketzer hingerichtet wurden.[141]

Was idealtypisch plausibel erscheint, wirft im Einzelfall allerdings durchaus Probleme auf. Nicht jeder Bilderstürmer der Reformation kann als Agent einer neuen Bildertheologie gelten, hinter vielen – ja oft von Kindern und Jugendlichen durchgeführten – Aktionen schimmert noch ein älteres Verständnis von Bildfrevel durch. Reformatorisches Selbstverständnis und konkretes Handeln konnten miteinander in Spannung stehen. Umgekehrt konnten auch Altgläubige, die das gewaltsame Bilderstürmen als gotteslästerlich verurteilten, ihrerseits zu starken, durchaus blasphemischen Worten greifen. So war der altgläubige Hans Schnyder im Februar 1528 in Bern so aufgebracht über die Anweisung des Rates, den von seiner Zunft gestifteten Altar aus dem Münster zu entfernen, dass er sich den Bildgegnern mit dem Messer in der Hand entgegenstellte. Er schwor »botz wunden und leiden«

und verfluchte die »schändlichen Pfaffen und alle, die geholfen haben, die Bilder hinweg zu schaffen«.[142]

Was die Bilderverehrer, die Bilderfrevler und die Bilderstürmer einte, war ihr kultisches Verständnis vom Umgang mit dem Bild. Es ging um Verehrung oder Ablehnung des im bzw. mit dem Bild präsenten Heiligen. Fasst man die Sache noch etwas weiter und interpretiert Bilder als Stellvertreter für Glaubens- und Herrschaftssysteme, dann erscheint der Bildersturm bis in die jüngste Zeit hinein, ob beim islamistischen Terror oder beim Sturz von Herrscherstatuen, als »Stellvertreterphänomen«.[143] Worum es vorerst nicht ging, war der distanzierte Kunstgenuss. Dieser konnte erst – folgt man der einflussreichen These von Hans Belting – in jener Ära der Kunst möglich werden, die auf die Ära der (Kult-)Bilder folgte.[144] Allenfalls andeutungsweise wird eine ästhetische Wertschätzung von Bildern an den Worten des Bedauerns, ja des Entsetzens ablesbar, die Bilderstürme auslösen können. So beklagt der Beobachter des calvinistischen Ikonoklasmus im Prager Veitsdom 1620 den Verlust eines herrlichen Objekts wie des Marienaltars aus der Cranach-Werkstatt und wertet es als Akt der Barbarei, wenn die Arbeiter im Dom – entgegen ihrem Vorsatz – gezwungen werden, das prächtige Vierungskreuz am Boden zerschellen zu lassen.[145] Jene Zeiten aber, in denen einzelne Kunstwerke bzw. deren Schöpfer der Gotteslästerung bezichtigt werden sollten, lagen noch weit in der Zukunft.

## 13. Obszönität und Blasphemie

Am Anfang des 17. Jahrhunderts findet sich eine neue Facette der Gotteslästerung, die Verbindung von Obszönität und Blasphemie in der gehobenen Literatur.[146] Diese neue Verknüpfung hat eine inhaltliche und eine mediale Dimension. Von der Sache her kann man sie als Indikator für den Aufschwung libertär-freidenkerischer, ja atheistischer Strömungen betrachten. Die Aufwertung von Erotik und fleischlichen Genüssen stand ja von vornherein in Konflikt mit einer christlichen Moral, die der Sexualität allenfalls einen sehr eng gefassten legitimen Ort innerhalb der Ehe zuwies, in der Nachwuchs gezeugt werden sollte. Wenn diese Sexualität nun in Romanen und Gedichten um ihrer selbst willen gepriesen, ja geradezu verherrlicht wurde, so musste diese »Religion des Fleisches« gotteslästerlich erscheinen. Und es waren ebendiese Romane und Gedichte, die zum Medium dieser speziellen Blasphemien wurden. Bislang wurden Aussprüche und Verhaltensweisen des Alltags inkriminiert, natürlich auch theologische oder philosophische Texte. ›Hohe‹ Kunst und Literatur dagegen waren bisher kaum Medien von Gotteslästerungsvorwürfen geworden. Das sollte sich nun ändern. Die pure Anzahl einschlägiger Gerichtsverfahren ist eher überschaubar, aber ihre zukunftsweisende Bedeutung nicht zu unterschätzen.

Ausgangspunkt für die Verknüpfung von Blasphemie und Obszönität war – sieht man von möglichen Vorläufern wie Aretinos *Ragionamenti* (1536) ab – das Frankreich des 17. Jahrhunderts. Cause célèbre in dieser Hinsicht ist das Verfahren gegen den Literaten Théophile de Viau und seine Gedichtsammlung *La Parnasse des poètes satiriques* von 1622/23.[147] Offenbar befürchteten Autor und Drucker keine größeren Repressalien gegen das Werk, das sogar den Klarnamen des Autors auf dem Titelblatt trug. Aber schnell rückte es ins Fadenkreuz einer sich verschärfenden staatlichen Zensur, sein Verfasser wurde angeklagt und vom Pariser Gerichtshof zum Tod auf dem Scheiterhaufen verurteilt. Das Urteil allerdings wurde lediglich symbolisch in Abwesenheit vollstreckt, nachdem es de Viau gelungen war zu fliehen. Eine spätere Revision des Prozesses brachte dem Dichter neben einer langwierigen Haft die Begnadigung zur dauerhaften Verbannung, wenig später starb er aber als gebrochener Mann.

Der Grund für die Inkriminierung seines Werkes war zunächst dessen sprachliche Vulgarität. Häufig benutzte Viau in seinen Gedichten profane, umgangssprachliche Ausdrücke für das Geschlechtliche, wie *foutre* (ficken), *vit* (Schwanz) und *con* (Fotze), wobei diese Worte allerdings fast immer nur durch den Anfangsbuchstaben angedeutet wurden. Im Zentrum der Anklage stand speziell ein Sonett an eine gewisse Phyllis, in dem sich *Sieur Théophile* über seinen körperlichen Verfall beklagt. Weder über dessen Natur noch über die Ursache lässt er die Leser im Unklaren: Es handelt sich um die Syphilis, die er sich im sexuellen Verkehr mit besagter Frau zugezogen habe *(Phylis, le mal me vient de vous avoir ...tue).* Die letzte Strophe des Gedichts beginnt dann mit der direkten Anrede an Gott und mit der angeblichen Reue über sein schlechtes Leben *(Mon Dieu, je me repens d'avoir si mal vécu).* In einer überraschenden Kehrtwendung aber versichert er – weiterhin an Gott gerichtet – am Schluss, falls der göttliche Zorn ihn diesmal nicht töte, in Zukunft nicht anders zu ficken als – in den Arsch: *Et si votre courroux à e coup ne me tue, Je fais voeux désormais de ne ...tre tre qu'en cul.*

Die moderne Forschung betont vor allem die moralisch-sexuelle Seite des dichterischen Vergehens und weniger die religiöse Begründung des Gerichtsurteils, wonach der *Parnasse satirique* »Gotteslästerungen, Sakrilegien, Gottlosigkeiten und andere Abscheulichkeiten« enthalte.[148] Dabei weist ein monumentales Werk, das kurze Zeit nach der ersten Verurteilung de Viaus erschien, hier eine eindeutige Richtung. *La Doctrine curieuse* des Jesuiten François Garasse verfolgte das allgemeine Ziel, alle Spielarten von libertären Freigeistern in die Schranken zu weisen, und setzte sich insbesondere mit dem Dichter des »Parnasse« und seinem Sonett an Phyllis auseinander.[149] Gerade die Verschränkung von Gottlosigkeit und moralischer Verworfenheit machte nach seiner Auffassung das Werk so verdammenswert, dessen eigentlicher Autor ohnehin der Teufel sei. Wegen der letzten, von ihm wortwörtlich verstandenen Zeile des Gedichts klagte er de Viau als Sodomiten an. Als »Sodomie« galten in der vormodernen Welt alle Erscheinungsformen sexueller Abweichung, konkret alle Sexualpraktiken, die nicht der Zeugung dienen konnten: gleichgeschlechtliche Sexualität ebenso wie der Geschlechtsverkehr mit Tieren und eben auch der Analverkehr. Bereits in der Novelle 77 des römischen Kaisers Justinian waren Sodomie und Gotteslästerung in direkte Nachbarschaft gerückt worden, und so erscheint das Urteil von Garasse wenig überraschend.

Aber es wäre lediglich die halbe Wahrheit zu behaupten, de Viau sei allein einer feindlichen Zuschreibung zum Opfer gefallen. Erkennbar spielt sein Gedicht ja mit traditionellen christlichen Motiven, um sie dann doch in ihr Gegenteil zu verkehren. Der göttliche Zorn und die reuevolle Anrede an Gott stehen in einem deutlichen Kontrast zur letztlichen Wendung, zum Schwur (einer an sich schon blasphemisch markierten Sprechhandlung), zukünftig eine verfemte, aber weniger riskante sexuelle Praktik zu wählen anstatt das eigene Leben wirklich zu ändern – eine tatsächlich kaum verdeckte Verspottung des göttlichen Zorns.

Théophile de Viau sollte, trotz seines mahnenden Schicksals, nicht der einzige Autor gewagter erotischer bzw. pornographischer – über diese Unterscheidung gibt es heftige Kontroversen – Literatur mit blasphemischen Untertönen bleiben. *L'Escole des Filles ou la Philosophie des dames* war ein 1655 zum ersten Mal gedruckter Roman, in dem zwei junge Mädchen sehr offenherzig über sexuelle Dinge sprechen.[150] Die Erstauflage wurde zum größten Teil konfisziert und vernichtet, die Verleger gerichtlich verfolgt. Dennoch gab es etliche Nachdrucke, zunächst in Amsterdam, dann in England und später auch in Deutschland (»Die Jungfrauen-Schule«, erstmals 1733), so dass der Text durchaus eine gewisse Bekanntheit erlangte. Der manische Tagebuchschreiber Samuel Peps erwarb ein französisches Exemplar dieser Schrift (nach seinen Worten »des unzüchtigsten und unflätigsten Buches, das er je hatte«) im Januar 1668 bei seinem Buchhändler. Er verbrannte es, so vertraute er verschlüsselt seinem Diarium an, nachdem er es heimlich gelesen und sich dabei selbst befriedigt hatte. Der mutmaßliche Autor, der Steuereinnehmer Michel Millot, konnte sich verstecken, wurde aber, ebenso wie de Viau, in Abwesenheit öffentlich hingerichtet. Das Urteil charakterisiert das Buch als gegen die Ehre Gottes und die guten christlichen Sitten gerichtet.[151] Mindestens eine Stelle des Buches gibt es, wo kirchliche Tatbestände parodistisch verspottet werden. Dort, wo sich bei anderen Werken eine päpstliche Approbation befand, wurde nun verkündet, der »Heiligste Vater Priapus« sende seinen Bannstrahl gegen alle Frauen und Männer, die diese Lektionen in der Kunst der Liebe läsen oder hörten, ohne zu ejakulieren oder wenigstens körperlich oder geistig stimuliert zu werden.[152]

Im Zuge der Ermittlungen gegen die Verantwortlichen für die »Jungfrauen-Schule« war auch der Name des jungen Anwalts Claude Le Petit genannt worden. Jahre später, 1662 wurde dieser kaum dreiundzwanzigjährige Mann auf der Place de Grève hingerichtet, nachdem man ihm zuvor die Hand abgehackt und ihn dann erwürgt hatte; Théophile le Jeune, so sein Pseudonym, hatte sich deutlich in die Nachfolge von Théophile de Viau gestellt.[153] Mit dem Autor ging sein Werk *Le Bordel des Muses* in Flammen auf, von dem nur Bruchstücke überliefert sind. Was bekannt ist, reicht allerdings aus, um einzuordnen, warum Le Petit vom Gerichtshof wegen schwerer gotteslästerlicher Verbrechen gegen die göttliche und die weltliche Majestät verurteilt wurde.[154] Seine satirischen Capricen enthielten deftige Sonette, in der Hauptsache eine Serie von Miniaturen über »lächerliche« europäische Hauptstädte, über Rom ebenso wie über Venedig, Wien, London und Madrid. Vor allem aber wurde das »lächerliche«, das »beschissene« Paris beschimpft mit seinen religiösen und weltlichen Monumenten. Häufig wurde die Jungfrau Maria zum Ziel seiner Sottisen. In anzüglichen Versen wurden auch die Jesuiten unterschwellig der Sodomie bezichtigt, ebenso der jüngst verstorbene Kardinal Mazarin mit seinem Palast im »italienischen« Stil. Beinahe prophetisch erscheint es, dass Le Petit der Place de Grève bewegende Zeilen widmete, jenem unglücklichen Stück Erde, auf dem der Galgen aufgerichtet war und wo hundertmal Menschen mehr zu Tode gekommen seien als im Krieg. Vielzitiert ist sein *Sonett foutatif* am Beginn seiner Schrift, jenes suggestive Fickgedicht (oder fickende Gedicht?), bei dem jede Zeile mit *foutre* beginnt: »Fick den Arsch, fick die Möse, fick den Himmel und die Erde, fick den Teufel und den Donner, und den Louvre und den Montfaucon«, so die erste Strophe. Das kurze Gedicht endet mit einer ironischen: »Fick die ganze Welt miteinander, fick das Buch und den Leser, fick das Sonett – was meinst Du?« Dennoch waren für fromme und obrigkeitstreue Zeitgenossen sicher nicht allein die raue, profane Sprache und die Sexualpraktiken schockierend, sondern auch die Respektlosigkeit gegenüber allen höheren Mächten – den Königspalast des Louvre und die königliche Hinrichtungsstätte Montfaucon etwas außerhalb von Paris zu »ficken« hieß, sie zu verachten. Die Sprache der Obszönität richtete sich hier tatsächlich in einer fast nihilistischen Weise gegen die kirchlichen und weltlichen Autoritäten.[155]

Frankreich war der Ausgangspunkt einer Entwicklung, die natürlich auch in andere Teile Europas übergriff, vor allem nach England. So veröffentlichte 1727 der berüchtigte Verleger und Buchhändler Edmund Curll das obszöne Buch *Venus in her Cloister, or the Nun in Her Smock*, ein antikatholisches Traktat über das Sexualleben der Nonnen, das als genereller Anschlag auf die religiösen Gefühle verstanden wurde. Obwohl es sich lediglich um die Neuausgabe eines zuerst 1683 in Frankreich erschienenen und bereits früher in englischer Übersetzung erschienenen Buches handelte, landete Curll vor Gericht. Der Anklagevertreter Lord Hadwicke sah eine Gefahr für die öffentliche Moral und den Frieden. »Gotteslästerliche Worte auszustoßen bedeutet, beide zu unterwandern, Kirche und Staat!«[156] Einschlägige Verfahren blieben jedoch eher selten. Wie sehr eine Blasphemieanklage allerdings von den Mächtigen als Waffe gegen ihre Kritiker eingesetzt werden konnte, sollte im 18. Jahrhundert der Fall des John Wilkes zeigen, dessen parodistische Phallus-Vergottung ein sehr spektakulärer, wenngleich eigentlich gar nicht für die Öffentlichkeit bestimmter Fall blasphemischer Obszönität wurde (vgl. Kap. 14).

Überhaupt, das 18. Jahrhundert: Die Zeit der Aufklärung brachte einen ersten Höhepunkt an obszön-pornographischer Literatur, auch und gerade außerhalb Frankreichs. 1751 beklagte Lessing in für ihn ungewöhnlicher Schärfe den Import französischer Werke, »welche die Religion untergraben, und unter den lockenden Bildern die schimpflichste Wollust in das Herz flößen«.[157] Und tatsächlich existierte auf dem deutschsprachigen Buchmarkt ein vergleichsweise kleines, aber doch profiliertes Segment erotisch-pornographischer Literatur. Ausweislich des Bestandsverzeichnisses seiner Bibliotheca Erotica bevorzugte ein Kenner wie der Weimarer Herzog Carl August die Klassiker im französischen Original, etwa *Thérèse Philosophe* (1748) oder *Histoire de Dom B**** (1741). Die Bücherei enthielt aber auch deutsche Originale wie die Schrift »Der Mönch in seinen Lüsten« von 1786.[158] Alle drei Werke verknüpfen erotisch-pornographische Darstellungen mit einem ausgeprägten Antiklerikalismus. So setzt *Thérèse Philosophe* mit einer Pfaffenlist ein, der rabiaten Verführung einer jungen Schülerin durch ihren jesuitischen Seelsorger.[159] Die Triebhaftigkeit des Klerus macht seine Doppelmoral sichtbar, muss er doch als Vertreter christlicher Werte einen körperlosen Liebesbegriff vertreten.

Demgegenüber huldigen die Libertins des 18. Jahrhunderts den fleischlichen Genüssen und treiben die Heiligung der Sexualität mit ihrem »Trieboptimismus« auf die Spitze, bis hinein in die Sprache, die durchdrungen ist von christlicher Begrifflichkeit: »In pervertierter Sakralsprache feiert die Libertinage ihren säkularen Gottesdienst – als Wortgottesdienst im Salon, als Opfergottesdienst im Boudoir«, so ein moderner Autor über die erotische Libertinage in Wort und Tat.[160] Während Abbé Grécourt die Geschlechtsliebe als die »Wonne der Götter« (1763) feierte, galt seine Abneigung jener Religion, die dem Glück des Menschen im Wege stehe, weil sie ihm die sinnlichen Genüsse vorenthalte – folglich pries er Adam, Eva und die Schlange, weil sie uns durch den Sündenfall die Wollust beschert hatten.[161] Natürlich versuchte die Zensur – in Frankreich ebenso wie im Reich oder andernorts, – gegen derartige Sittenlosigkeit vorzugehen. Gotteslästerung scheint aber in diesen Fällen kein gewichtiges Argument mehr gewesen zu sein, so verhängnisvoll dieser Vorwurf am Beginn der Karriere der obszönen Literatur, bei Théophile de Viau oder Claude Le Petit, auch gewirkt haben mag.

# Umkämpfte Blasphemie

# 14. Gestaltwandel in der Aufklärung

1717 wurde in Freistädt (Oberösterreich) der Handelsmann und Bürger Johann Georg Pilberger wegen Gotteslästerung mit dem Schwert gerichtet. Schwer betrunken hatte er am Wochenbett seiner Frau heftig geflucht; beider Säugling war kurz zuvor gestorben. Nicht nur dass er die Frau und die Hebamme des Kindsmords geziehen hatte, vor allem hatte er Gott als »rechten Hundsfott« beschimpft, weil dieser es zugelassen habe, dass schon das zweite seiner Kinder ungetauft gestorben und damit dem Teufel anheimgefallen sei.[1] Die Strafe war hart, für die damalige Zeit aber kaum ungewöhnlich. So nahm die Blasphemie zwischen 1703 und 1750 in der Statistik spektakulärer Hinrichtungen in der habsburgischen Residenz Wien einen Spitzenplatz ein.[2] Und auch Frankreich setzte in der Zeit seine Tradition öffentlicher Hinrichtungen von Gotteslästerern fort. Das zeigt etwa die Exekution des Viehfutterlieferanten Charles Lherbe im Jahr 1724; er hatte Gott und die Jungfrau Maria bei vielen Gelegenheiten geschmäht und wurde mit den Worten zitiert, »Gott sei ein verflixter Hund, er würde ihn ins Feuer werfen, wenn er ihn zu fassen bekäme«.[3]

Kapitale Strafen, so zeigen diese Beispiele, gehörten im 18. Jahrhundert längst nicht der Vergangenheit an. Aber es wäre voreilig, daraus auf eine ungebrochene Kontinuität in der Geschichte der Gotteslästerung zu schließen. Andere Indizien deuten darauf hin, dass Schwüre, Flüche und Lästerungen weniger engagiert verfolgt und bestraft wurden. In den reformierten schweizerischen Gemeinwesen Zürich und Bern ebbten die Verfolgungen nach 1690 deutlich ab, um nach 1720 nahezu aufzuhören. Im katholischen Bereich scheint die Inquisition in Italien im 18. Jahrhundert allmählich das Interesse an einer Strafverfolgung verloren zu haben, auch wenn ihr noch zahlreiche Blasphemiefälle denunziert wurden.[4]

Wenn es gilt, Triebkräfte von möglichen Veränderungen aufzuspüren, liegt der Hinweis auf die Aufklärung nahe. So heißt es in Hinblick auf die Gotteslästerung, sie habe ihr Gesicht grundlegend verändert, nachdem das »theokratische Strafrecht« durch ein »aufgeklärtes Strafrecht«, das sich an den Prinzipien von Rationalität und Humanität orientiert habe, abgelöst worden sei. Dabei sei die Strafrechtspraxis der aufgeklärten Theorie erstaunlich schnell gefolgt.[5] Ganz falsch ist das nicht: Tatsächlich veränderte sich in der Aufklärungszeit das Denken und Handeln in Bezug auf die Gotteslästerung. Aber zum einen war dies keine klare Zäsur, sondern eher ein langfristiger Wandlungsprozess, der sich vom späteren 17. bis zum frühen 19. Jahrhundert erstreckte.[6] Und zum anderen führte diese Wandlung langfristig eben nicht zu einer Abschaffung, sondern eher zu einem veränderten Verständnis von Blasphemie, ein Prozess, der ihre erstaunlich prägende Rolle in der Gegenwart zu erklären hilft.

## Religion, Vernunft und Recht

Grundlegend für die Erörterungen und Entwicklungen der Epoche sind die großen Veränderungen in den Einstellungen gegenüber der Religion, die sich spätestens seit dem Ausgang des 17. Jahrhunderts in Europa Bahn brachen und die Einstellungen zur Blasphemie nachhaltig beeinflussten.[7] Zunächst gab es allmähliche, aber dauerhafte Modifikationen der staatlichen Religionspolitik. Obrigkeitlicher Glaubenszwang hatte sich längerfristig nicht als besonders erfolgreiches Instrument erwiesen, um konfessionelle Einheit herzustellen. Auch wenn Ludwig XIV. mit dem Widerruf des Edikts von Nantes im Jahr 1685 das Fundament dafür legte, dass der Katholizismus für die nächsten einhundert Jahre in Frankreich alleingültige Staatsreligion bleiben sollte: Mehr und mehr setzte sich in Europa eine pragmatische Tolerierung verschiedener Bekenntnisse durch. Besonders früh geschah das in der Republik der Niederlande und in England (*Toleration Act* 1689). Aber auch im Heiligen Römischen Reich Deutscher Nation mit seiner bunten konfessionellen Landkarte hatte schon der Westfälische Frieden dem Bekenntniszwang enge Fesseln angelegt.

Die anfangs sehr pragmatisch motivierte Duldungspolitik fand zunehmend ihre theoretische Stütze im aufgeklärten Denken über das Verhältnis von Glauben und Wissen. Alte religiöse Gewissheiten wurden unterminiert, ohne freilich – das ist nachdrücklich zu betonen – die Religion in Gänze abzulehnen.[8] So ging etwa der einflussreiche englische Philosoph John Locke nicht von einem Gegensatz zwischen Vernunft und Religion aus, sondern betonte die »Vernünftigkeit« des Christentums und der biblischen Überlieferung. Gleichwohl lehnte er obrigkeitlichen Zwang in religiösen Angelegenheiten ab – statt äußeren Konformismus zu verlangen, müsse es um die innere Überzeugung gehen, die sich nicht erzwingen lasse, so Locke in seinem zuerst 1689 veröffentlichten »Brief über die Toleranz«. Überhaupt sei es die Aufgabe des Staates, die naturrechtlich begründeten Freiheiten und die persönliche Integrität seiner Bürger zu schützen.

Während Locke in seiner eigenen Religiosität zeitlebens durchaus konventionell-protestantisch geprägt blieb, schärften andere aufklärerische Strömungen das Profil einer Vernunftreligion, die jenseits der Mythen und Geschichten einzelner Bekenntnisse den natürlichen Kern aller Religion freilegen wollte. Nach dieser Auffassung hatte sich auch und gerade die christliche Offenbarung einer vernunftgeleiteten Kritik zu stellen, der sie oft genug nicht standhielt. Vorreiter dieser Entwicklung waren die antitrinitarischen Bewegungen des 16. und 17. Jahrhunderts (Unitarier, Socinianer) gewesen, die die Göttlichkeit Christi ablehnten und denen wir als Opfer von Gotteslästerungsprozessen bereits begegnet sind. Im – vor allem englischen – Deismus mündeten diese Strömungen in die aufklärerische Religionskritik und die Propagierung einer ›natürlichen‹ bzw. ›vernünftigen‹ Religion. Deren Essenz hatte bereits 1645 Baron Herbert of Cherbury in fünf allgemeinen Wahrheiten formuliert: Ein höchstes Wesen existiert; dieses muss verehrt werden; ein wesentlicher Teil der Gottesverehrung ist eine moralische Lebensführung; für Vergehen ist Buße zu tun; nach diesem Leben wird es Strafe und Belohnung geben.[9]

Auch Christian Wolff, neben Thomasius einer der beiden ungekrönten Könige der deutschen Aufklärung, rückte Religion und Vernunft eng zusammen. Gott habe die Natur höchst vernünftig eingerichtet, und der Mensch habe von Gott nichts Großartigeres empfangen als seinen Verstand. Auch der ausführlich begründete Gottesbeweis des Hallenser Philosophen und sein gesamtes Gottesbild sind von äußerster Rationalität gekennzeichnet. Alles, was ist, müsse einen »zureichenden Grund«, eine Ursache haben, und so könne die gesamte Welt nicht anders verstanden werden denn als Schöpfungswerk eines ewigen, vollkommenen und allmächtigen Wesens, »welches wir Gott zu nennen pflegen«.[10] Dieses Wesen besitze selbst einen Verstand, aber einen solchen allerhöchsten Verstand, der die Unermesslichkeit des gesamten Weltraums und die ganze Ewigkeit zugleich zu fassen vermag. Diese Vollkommenheit Gottes findet unter anderem ihren Niederschlag in der Tatsache, dass bei ihm im Unterschied zu den Menschen »keine Affecten anzutreffen« sind, allerhöchstens ein gewisses abgeklärtes »Vergnügen« des Schöpfers über das Glück seiner Kreaturen, das die Menschen als »Liebe« bezeichnen.[11]

Auch wenn die Aufklärung per se keineswegs antireligiös war, so wurden gänzlich »gott-lose« Positionen nun formulierbar. In der zweiten Hälfte des 17. Jahrhunderts nahm »das atheistische Gespenst«[12] der Vormoderne schlechthin materielle Gestalt an. Jahrhundertelang waren Nachrichten über einen legendären Traktat mit dem Titel *De tribus impostoribus* durch die Fußnoten der Gelehrtenwelt gegeistert, worin angeblich der Betrug der drei Religionsstifter Moses, Jesus und Mohammed beschrieben wurde. Bereits im 13. Jahrhundert waren dem Stauferkaiser Friedrich II. derartige Lästerungen zugeschrieben worden. Nun lieferten gleich zwei Autoren dem Publikum das, wonach so lange gefahndet worden war: Ein lateinischer Text mit dem berühmt-berüchtigten Titel wurde vor 1688 höchstwahrscheinlich vom Hamburger Juristen Johann Joachim Müller verfasst; eine – wesentlich tiefgründigere – französischsprachige Version *(Traité de trois imposteurs)*, die sich stark auf die Ethik Spinozas stützte, entstand ebenfalls noch vor Ende des Jahrhunderts; ihr Verfasser ist bis heute unbekannt.[13]

Beide Texte wurden anonym publiziert und erst allmählich einem größeren Publikum bekannt. Ähnlich verhielt es sich mit dem ältesten philosophischen Dokument eines »reinen Atheismus«, dem anonymen *Theophrastus reivivus*, oder sehr viel später mit dem »Testament« des französischen Landpfarrers Jean Meslier (1729).[14] Ebenso wie schon der staufische Kaiser im Mittelalter als Blasphemiker beschimpft worden war, boten auch die modernen Atheisten gelegentlich Anlass für solche Beschuldigungen. 1784, im Geburtsjahr von Kants berühmter Definition der Aufklärung als Ausgang aus der *selbstverschuldeten* Unmündigkeit, sollte ein deutscher Rezensent des *Traité de trois imposteurs* schreiben, noch das mutigste Herz schrecke vor dessen gegen Jesus gerichteten Blasphemien zurück.[15] Trotz derartiger Töne – der aufkeimende Atheismus beeinflusste die Debatte über Blasphemie nur am Rande.

Als ein weiteres zentrales Thema der Aufklärung ist vorweg ihr Anspruch auf die praktische Umgestaltung aller Lebensbereiche zu betonen. Dazu gehörte auch und vor allem das Recht. Dem Maßstab der Vernunft wollten die Aufklärer nicht nur die Religion unterwerfen, auch das Strafrecht sollte rational organisiert sein. Paradigmatisch für diesen Anspruch steht der Caesare Beccaria, Autor des berühmten Reformtraktats über Verbrechen und Strafen (*Dei delitti e delle pene*, 1764). Strafen, so postulierte Beccaria, sollten nur in dem Maß verhängt werden, wie es zur Aufrechterhaltung der Ordnung nützlich sei; außerdem müsse bei der Strafzumessung der Gesichtspunkt der Verhältnismäßigkeit zwischen der Schwere des Delikts und der Strafe leitend sein. Beccaria folgte dabei Montesquieus »Geist der Gesetze«. In eine ähnliche Richtung hatte bereits Jahrzehnte früher Christian Wolff argumentiert, ohne so radikal wie Beccaria die völlige Abschaffung von Folter und Todesstrafe zu fordern.[16]

## Deutschland: Die aufklärerische Debatte

> »Dass die Gottheit injuriert werde, ist unmöglich; dass sie wegen Ehrenbeleidigungen sich an Menschen räche, undenkbar; dass sie durch Strafe ihrer Beleidiger versöhnt werden müsse, Thorheit.«

In wuchtigen Worten warf der berühmte Rechtsgelehrte Anselm von Feuerbach 1801 in seinem Lehrbuch jahrhundertealte Wahrheiten über den Haufen und markierte den Bruch mit dem klassischen Zeitalter der Blasphemie so klar wie irgend möglich.[17] Sein Verdikt fehlt in keiner einschlägigen Darstellung, es gilt als die Essenz der vorangegangenen aufklärerischen Debatte. Und doch repräsentiert es lediglich einen sehr verkürzenden Ausschnitt, wie ein näherer Blick schnell erweisen wird. Hier geht es um die Diskussion unter deutschsprachigen Juristen und Philosophen, die zugleich für die gesamteuropäische Ideengeschichte steht, denn in Jena oder Halle wurde keineswegs isoliert von Paris oder London gedacht bzw. gestritten. Anders als dort aber bezog sie sich nicht auf besonders hervorstechende Präzedenz- oder Skandalfälle der Praxis, was sicher auch mit der politisch-rechtlichen Kleinräumigkeit im Heiligen Römischen Reich Deutscher Nation zu tun hat.

Die Erörterung der Gotteslästerung im akademischen Raum, so ist zunächst nüchtern zu konstatieren, war zwar lebhaft, nahm aber keinen zentralen oder gar paradigmatischen Platz im Denken der Aufklärer ein.[18] Wesentlich intensiver wurde über die Realität von ›Magie‹ und ›Hexerei‹ disputiert oder über die Frage, inwieweit Glaubensabweichung, also Ketzerei, ein Verbrechen sein könne. Bereits der Kopf der deutschen Frühaufklärung, Christian Thomasius, warf diese Frage 1697 auf und verneinte sie zugleich entschieden.[19] Dabei hielt er den traditionellen protestantischen Juristen vor, zu »papentzen«, also die päpstlich-katholische Ketzerlehre unreflektiert in das protestantische weltliche Recht zu übernehmen. Sie würden den Religionszwang zwar mit der einen Hand verwerfen, verteidigten ihn aber mit der anderen. Eine lange Reihe von Philosophen sollte seiner Auffassung folgen. Sie vertraten ein ›vernünftiges‹ Verständnis von Religion jenseits konfessioneller Streitigkeiten und die Vorstellung eines Gemeinwesens, die an Wohlfahrt und Sicherheit aller orientiert war. Diese Konzepte aber taugten nicht dazu, die Ausgrenzung Andersgläubiger zu rechtfertigen. Allenfalls die Kirche als bürgerlicher Verein könne den Ausschluss ihrer Mitglieder beschließen. Und so konnte 1782 der Freiherr von Soden abgeklärt und enthusiastisch zugleich in Anspielung auf die Toleranzgesetzgebung Kaiser Josephs II. konstatieren: »Ketzery [...] hört am Ende des Achtzehenden Jahrhunderts auf, Verbrechen zu seyn. Toleranz! beschützt von dem besten Kaiser, hebt ihr wohlthätiges Haupt empor. Fanatismus und Verfolgungsgeist werden in ihre Heimath, die Hölle, zurückgebannt.«[20]

**Vom Gottesschutz ...**

Das Problem der Gotteslästerung streifte Thomasius lediglich am Ende seines Ketzerei-Traktats, und das sehr kurz und eher ausweichend. Immerhin kritisierte er, dass Vorwürfe wie Aufruhr und Blasphemie den Tyrannen oft genug als Deckmantel für den Gewissenszwang gedient hätten – das sei bereits bei den ersten Christen so gewesen und auch später in der Geschichte: »Wer kann alles erzehlen / wie offt die unsern von den Papisten / oder die Reformirten von unsern Ketzermachern [der] Gotteslästerung beschuldigt worden?«[21] Systematischer sollte sich dann im Jahr 1700 der Thomasius-Schüler Gottlieb Gerhard Titius mit der Gotteslästerung auseinandersetzen. Bezeichnend ist, dass er seine Ausführungen[22] schon mit einer Einschränkung beginnt: Die Lästerung könne nur bestraft werden, wenn sie »aus bösem Vorsatze« erfolge und wenn diese vorsätzliche Lästerung einen Gott treffe, an den der Lästerer auch wirklich glaube. Wem in »gerechtem Eifer« (das heißt im Zorn) oder in einer Notwehrsituation eine Lästerung entfahre, dem fehle der Vorsatz und der sei folglich entschuldigt.

Origineller ist das zweite Argument: Wer mutwillig über eine andere Religion spotte, die er für falsch halte, könne ebenfalls nicht wegen Gotteslästerung bestraft werden. Das gelte selbst dann, wenn er sich irre und gegen den wahren Gott lästere, denn er handele ja aus Liebe zur Wahrheit und keinesfalls böswillig. Allenfalls einer Injurie mache er sich schuldig. Die in diesen Überlegungen angelegte Spiritualisierung des Blasphemie-Konzepts baut der Autor weiter aus: Selbst bei Fällen, in denen alle Kriterien einer wirklichen Gotteslästerung erfüllt seien, spricht er sich gegen eine schwere Leibesstrafe oder gar die Todesstrafe aus. Die eigentliche Gotteslästerung, so seine Überlegung, geschehe im »Gemüthe« des Lästerers, mit den lästerlichen Worten werde sie nur gegenüber Menschen zum Ausdruck gebracht. Es sei nicht unbillig, dass diese Äußerung mit »einiger Züchtigung« belegt werde, also mit leichteren Strafen. Vor dem allmächtigen und allwissenden Gott aber vermehrten die Worte die Bosheit der Gemüts-Tat (modern gesprochen des Gedankenverbrechens) nicht entscheidend.

Welchen Sinn könnten harte Strafen gegen Blasphemiker angesichts dieser Tatsachen noch haben? Um die Sicherheit Gottes könne es nicht gehen, »weil GOtt wider alle solche Leute sicher genug ist«. Besserung sei durch Bestrafung ebenfalls nicht zu erzielen, denn dadurch könne man das Gemüt der Menschen nicht ändern. Wenn aber die Strafe keinerlei Funktion erfülle, welchen Sinn habe sie dann noch? Schließlich seien derartige Strafen sogar manifest ungerecht. Denn wenn der eine seine grausame Lästerung gegen Gott lediglich in seinem Herzen ausbringe, der andere diese aber öffentlich artikuliere, so wögen beide Verbrechen vor Gott zwar gleich schwer; die Obrigkeiten aber bestraften den einen hart, den anderen überhaupt nicht. Wenn sich die Menschen »vor Rächer und Beschützer der Göttlichen Ehre aufwerffen / so müssen sie entweder alle Gottes-Lästerung straffen / welches sie doch nicht können / oder alle ungestrafft lassen / weil sie sich sonst einer ungerechten Grausamkeit schuldig machen«. Titius' Schlussfolgerung: In der harten Blasphemie-Gesetzgebung stecke viel »menschlicher Unverstand / Aberglauben / Scheinheiligkeit / ja auch wol Feindseligkeit«. Außerdem werde hier ein übles jüdisches (das heißt alttestamentliches) Exempel nachgeahmt – auch Aufklärer scheuten sich nicht vor dem Rückgriff auf die lange Tradition antijüdischer Muster, um ihre Argumentation zu stützen.

Titius' Ausführungen besitzen Pionierstatus. Im – eher beiläufig formulierten – Satz, Gott sei gegen die Lästerungen der Menschen »sicher genug«, war der wirksame Hebel gefunden, um die traditionelle Auffassung von der Gotteslästerung zu revolutionieren. Spätestens mit dem auch in Deutschland eifrig rezipierten Montesquieu in der Mitte des Jahrhunderts erhielt sie ihre klassische Ausformung. Die herkömmliche Strafphilosophie, so führte der französische Meisterdenker aus, sei dem Gedanken entsprungen, es sei nötig, die Gottheit zu rächen: »Wahrlich, wie sollten die Strafen ein Ende nehmen, wenn man nach diesem Gedanken verfahren wollte! Wenn die Gesetze der Menschen ein unendliches Wesen rächen müssten, so würden sie sich nach seiner Unendlichkeit und nicht nach den Unwissenheiten und Launen der menschlichen Natur zu richten haben.«[23]

Von den deutschsprachigen Autoren des 18. Jahrhunderts wird dieses Argument variiert und ausgeschmückt. Die Beleidigung der Gottheit, so der Freiherr von Soden, könne nur dereinst vor dem göttlichen Tribunal sanktioniert werden. »Wie kann es der ohnmächtige menschliche Gesetzgeber wagen, Beleidigung der Gottheit zu rächen? Wenn diese gegen den elenden, undankbaren Wurm, der, blind gegen ihre Wohlthaten, im Staube sich krümmt und schmäht, wenn Sie, die allmächtige Gottheit, ihre rächenden Blitze gegen ihn zurückhält, oder die Rache auf die Zukunft verschiebt – wie kann der menschliche Gesetzgeber es wagen ihr vorzugreifen?«[24] Gotteslästerung, so pflichtete ihm Ernst-Karl Wieland wenig später bei, könne kein weltliches Verbrechen sein, »weil wider Gott kein Verbrechen begangen werden kann. Sollte dieß möglich seyn: so müßte Gott von endlichen Wesen, von seinen eignen Geschöpfen beleidigt, und es müßten also seine Vollkommenheiten durch die Handlungen dieser Geschöpfe eingeschränkt werden können«, was unmöglich sei. »Der Mensch ist also viel zu ohnmächtig, um sich eines Verbrechens wieder die göttliche Majestät schuldig machen zu können, weil ein solches Verbrechen eine Beleidigung Gottes, eine Kränkung der göttlichen Ehre, die doch eben so unveränderlich als das Wesen Gottes ist, und nicht wie die Ehre der Menschen von menschlichen Urtheilen abhängt, voraussetzen würde.«[25]

Dass man dem vollkommenen höchsten Wesen, zu dessen realer Erkenntnis der Mensch völlig unfähig sei, in den dunklen und finsteren Zeiten des Aberglaubens menschliche Eigenschaften zugeschrieben habe, so überlegte der Jurist Adam Voigt, beruhe einzig auf irrigen Analogien.[26] Und Hommel zieht in scharfen Worten über die »Zornestheologen« her, deren Predigten eher die abergläubischen Erzählungen von Kinderfrauen reproduzierten. Die meisten Menschen seien geneigt, Gott nach dem eigenen Bild zu formen. Diejenigen, »deren Fuß bey der kleinsten Beleidigung stampfet, deren Mund schäumet, denen die Adern schwellen und die Augen funkeln, stellen sich ihn als einen schrecklichen Wüterich vor. Alles wird bey ihnen Zorn.« Natürlich sei in der Offenbarung vom göttlichen Zorn die Rede, aber dabei handele es sich doch nur um ein Gleichnis. Alles andere sei grober Anthropomorphismus![27] Diese Vermenschlichung Gottes war schließlich um 1800, bis auf wenige Ausnahmen,[28] intellektuell erledigt.

### … zum Menschenschutz

Dass die Aufklärer die klassische Definition der Gotteslästerung als persönliche Entehrung Gottes ablehnten, bedeutete keineswegs das prinzipielle Todesurteil für das Kriminaldelikt der Blasphemie. Vielmehr änderte sich dessen Bestimmungszweck entscheidend, indem an die Stelle von »Gottesschutz« nun der »Menschenschutz«[29] trat, genauer gesagt, der Schutz von Religion, Staat und Gesellschaft. Den Grundton schlug bereits Christian Wolff an, indem er entschieden die Meinung vertrat, die Religion sei für das Gemeinwesen notwendig: »Ein Mensch, der Gott erkennet, ist vergewissert, daß er das Böse straffet und fürchtet sich vor ihm.« Gottesfurcht verhindere böse Taten, selbst solche, die im Verborgenen ausgeführt wurden, die nie an die Öffentlichkeit gelangten und die deshalb auch juristisch nicht verfolgt werden konnten – hier erweise sich die Religion schlicht als dem Strafrecht überlegen. Sie besaß demnach ein Alleinstellungsmerkmal, indem sie »Zucht und Gerechtigkeit« beförderte. Kirchen und Schulen seien deshalb zu fördern, »Verächter der Religion« dagegen rechtmäßig zu strafen. Aus ähnlichen Gründen sei im Übrigen auch der Atheist nicht zu dulden – ein überraschendes Plädoyer für einen Philosophen, der einst wegen ebendieses Vorwurfs aus preußischen Diensten entlassen worden war. Wohl deshalb bezog er direkt im Anschluss entschieden Stellung gegen jene »boshaften Atheistenmacher«, die Gelehrte vorschnell als gottlos bezichtigten.[30]

Bei alldem machte sich Wolff über die Reichweite obrigkeitlicher Sanktionen keinerlei Illusionen. Gedanken seien nach dem allgemeinen Sprichwort »zoll-frey«, und bloße Irrtümer dürften nicht mit Strafen belegt werden. Wer aber Irrtümer unter die Leute bringe, die Schaden für das Gemeinwesen verursachten, sei dafür im strafrechtlichen Sinn verantwortlich. Auch dürfe eine Obrigkeit ihre Untertanen durchaus zur Befolgung religiöser Zeremonien, etwa zum Besuch von Gottesdiensten, zwingen. Ihre Gesinnung möge auch eine andere sein, aber es sei nun einmal so, »daß im bürgerlichen Leben die Heucheley besser ist, als öffentlich gottlose seyn«.[31]

So verwundert nicht weiter, was Wolff in der einzigen kurzen Passage einer Spätschrift, in der er sich direkt mit der Gotteslästerung beschäftigt, lakonisch feststellt: Die »Verdunckelung der Ehre Gottes« sei durch das Gesetz der Natur verboten, welches die Verherrlichung Gottes verlange. Folglich sei die Blasphemie – »jede Rede, oder Handlung, welche zur Verachtung, oder Beschimpfung Gottes gereicht« – aufs schärfste verboten.[32] Ganz auf der Linie seines akademischen Lehrers Wolff bewegte sich 1756 Regnerus Engelhard: Dass es Verbrechen gegen Gott gebe, schien ihm vollkommen selbstverständlich: »Die Religion oder Glaubenslehre ist in einem gemeinen Wesen oder Staate höchstnothwendig. Was demnach die Religion über den Haufen wirfet, das ist dem Besten des gemeinen Wesens, und also der gemeinen Wohlfahrt, Ruhe und Sicherheit zuwider.«[33] Religion, in diesem Punkt waren sich die Aufklärer bis hin zum späten Kant einig, war »ein Instrument der Staatsgewalt (Politik)«[34] – und damit wurde das Religionsverbrechen im Kern zu einem Staatsverbrechen.

Wie unterschiedlich aber innerhalb dieses generellen Interpretationsrahmens die Akzente gesetzt werden konnten, verdeutlichen die

Ausführungen des Publizisten Julius von Soden. Dabei folgt er im Grundsatz völlig der skizzierten Argumentationslinie, indem er in der Verehrung eines höchsten Wesens bzw. der Religion »die Grundveste der Regierung« erblickt: »Ohne sie sind die Gesetze ein zu schwacher Damm gegen die Leidenschaften des Bürgers; der Gesetzgeber allein kann durch Drohung temporeller Strafen nicht mächtig genug auf die Seele des Menschen wirken, der keine Zukunft glaubt und nach dieser durchgelittenen Spanne Lebens nichts weiter fürchtet. Die Religion muss also den Gesetzgeber unterstützen; sie giebt allen, die Ruhe des Staates, das Glück der Gesellschaft verletzenden Handlungen das Gepräge der Beleidigung.« Seine konkrete Beurteilung der Blasphemie freilich fällt vergleichsweise milde aus: Sie sei nur dann ein bürgerliches (= weltliches) Verbrechen, wenn es »die Ruhe des Staates« störe.[35] Hier verschiebt sich der Schutzzweck von der aktiven Beförderung der Religion hin zur eher passiven Garantie der staatlichen (bzw. öffentlichen) Ordnung.

Wie blasphemische Äußerungen ganz konkret die öffentliche Ruhe gefährden können, malt 1784 Ernst Karl Wieland aus. Gotteslästerung, die er definiert »als eine in Worten oder Handlungen sich äussernde vorsätzliche Geringschätzung und Verspottung der wesentlichen Religionsgrundsätze einer im Staate geduldeten Kirche«, könne sehr verschiedene nachteilige Folgen zeitigen: »Sie kann die einzelnen Mitglieder der Gesellschaft in ihren Grundsätzen irre machen, und zur Vernachlässigung ihrer gesellschaftlichen Pflichten verführen; sie kann andere, die ihrem Religionseifer keine Grenzen zu setzen wissen, zur Unterbrechung der öffentlichen Ruhe hinreissen und dem Religionshass neue Nahrung verschaffen; kurz, sie kann für die Kirche und den Staat gleich verderblich werden.«[36] Nicht nur die Verführungskraft der lästernden Religionsverächter gilt es also zu verhindern, auch fanatische Reaktionen der Eiferer, modern gesprochen: der Fundamentalisten, sind bedrohlich und müssen unterbunden werden.

Nachfolgende Autoren verschieben den Fokus ihrer Betrachtungen weiter. Der Advokat Adam Voigt verneint 1799 ausdrücklich, trotz aller Nützlichkeit der Religion für den Staat, dass es sich bei der Gotteslästerung um ein wirkliches Staatsverbrechen handele, wie es etwa der Hochverrat darstelle. Stattdessen konzentriert er sich konsequent auf die Religionsgemeinschaften als die eigentlich Betroffenen einer Gotteslästerung: Zwar seien solche »Religions-Gesellschaften« freiwillig, niemand könne zum Beitritt gezwungen werden, und ihre Überzeugungen und Gebräuche änderten sich. Aber sie können doch untereinander und gegen Fremde ein Zwangsrecht beanspruchen: »Störe und beleidige weder unmittelbar noch mittelbar unsern erlaubten Religionszweck!« Alles, was als Beleidigung verstanden werden kann, ist mithin zu unterlassen. »Auf diese Art wird der Gotteslästerer nicht Beleidiger Gottes (…), sondern er wird Beleidiger der erlaubten Religions-Gesellschaft«. Gotteslästerung ist damit eigentlich eine Religionslästerung, und diesen Begriff benutzt Voigt dann auch im Weiteren.[37] Seine Definition entspricht im Kern der Auffassung Anselm von Feuerbachs, der einen Ehrschutz für den Schöpfer nicht für notwendig hält, aber zugesteht, dass der Kirche sehr wohl »ein Recht auf Ehre« zukomme. Und wer die Religion als die Grundlage der Kirche schmähe, beleidige ebendiese selbst. Blasphemie sei deshalb im Kern zu definieren als »eine an der kirchlichen Gesellschaft begangene Injurie«.[38]

Die Definition der Blasphemie als Beleidigung einer Kirche oder Religionsgemeinschaft wirft im Übrigen eine interessante Anschlussfrage auf – welche Gemeinschaften sollten konkret unter den Schutz des Gotteslästerungsverbotes gestellt werden? Klar scheint, dass dieser Schutz sich nicht lediglich auf eine (erst recht nicht: auf *die* eine) privilegierte Religionsgemeinschaft beschränken durfte, wie im Zeitalter des Konfessionsstaates. Das Blasphemie-Gesetz der Zukunft war überkonfessionell ausgerichtet. Zumindest alle in einem Staat geduldeten religiösen Gemeinschaften sollten daran partizipieren. Besonders weit will von Soden den Geltungsbereich des Blasphemie-Verbots gefasst sehen, indem er auch den Raum jenseits des Christentums in den Blick nimmt: Die Verschiedenheit des Kultus und der Namen, unter denen Gott verehrt werde, dürfte keine Rolle spielen. »Der weise christliche Gesetzgeber wird also seinen Bürgern gleiche Ehrfurcht für die Religionen aller Nazionen einprägen.« Das gelte unabhängig davon, wie albern die jeweiligen Gebräuche auch erscheinen mögen. »Wie können wir von andern Nazionen Verehrung unsrer Religion erwarten, indeß wir uns nicht scheuen, alle Gebräuche der ihrigen zu entheiligen, zu verspotten und mit Füssen zu treten? Mit welcher Stirne wagen wirs, fremde Religionsverwandte, wegen der Beleidigung unserer Religion zu verurtheilen, indeß wir ungestraft uns jede Art von Beleidigung gegen die ihrige erlauben?«[39]

Damit war im Prinzip die Frage berührt, ob nicht auch die Herabsetzung der jüdischen Religion strafbar sein müsse. So naheliegend und aktuell uns dieses Problem heute erscheinen muss, die aufgeklärten Denker scheuten offenkundig seine konkrete Erörterung. Wenn die Gesetze der nachfolgenden Zeit ganz auf dieser Linie die Schmähung »anerkannter Religionsgemeinschaften« unter Strafe stellten, dann verhält es sich damit ähnlich: Man konnte sie durchaus so verstehen, dass auch die Schmähung des Judentums unter Strafe gestellt wurde; praktische Wirkung entfalteten sie lange Zeit jedoch kaum, während umgekehrt ganz selbstverständlich jüdische Äußerungen gegen das Christentum als Gotteslästerung inkriminiert wurden.[40]

Idealtypisch kristallisieren sich zwei neue Begründungsmuster für die Strafbarkeit von Gotteslästerung heraus: Zum einen schädige sie Staat und Gesellschaft, die ohne ein festes religiöses Fundament kaum existieren könnten. Zum anderen werde mit blasphemischen Äußerungen jeweils eine bestimmte Religionsgemeinschaft angegriffen und kollektiv beleidigt; dadurch werde der öffentliche Frieden stark bedroht. Über bzw. gegen angebliche Gotteslästerer können folglich zwei Arten von Menschen klagen: solche, die stellvertretend für die staatliche und gesellschaftliche Ordnung ihre Stimme erheben; und solche, die stellvertretend für einzelne Religionsgemeinschaften gegen diese Herabsetzung ihrer Gemeinschaft agieren. Beide Typen sind bis weit ins 20. Jahrhundert hinein anzutreffen, und beide konnten und können in unterschiedlichen Mischungen und Verschränkungen auftreten.

**Mildere Strafphilosophie**

Die Neudefinition des Gotteslästerungs-Delikts blieb nicht ohne Konsequenzen für das Strafmaß. Lediglich der auf Wolff rekurrierende Engelhard hatte keine Scheu, als angemessen scharfe, weil abschreckende Strafe sogar das traditionelle Durchbohren oder Abschneiden der Zunge zu befürworten, ja im Extrem sogar die Todesstrafe.[41] Gewöhnlich fiel die Strafabwägung ganz anders aus, wobei die Autoren womöglich nicht realisierten, dass viele ihrer Argumente gar nicht wirklich neu waren. Vielmehr rückten sie Milderungsgründe, die dem Kanon traditioneller Kasuistik entstammten, in einen anderen Kontext.[42] Von Soden kritisierte, bisher sei das Delikt viel zu streng bewertet worden: »Und doch verdient dieß Verbrechen so oft Nachsicht! Ist so oft die Folge eines einzigen mismuthigen unbehaglichen Augenblicks! Ist so oft ein bloßes Verbrechen der Zunge, die dem ersten Stoß der Leidenschaft folgt! – Ist so weit von der Gefährlichkeit der Verbrechen entfernt, die nicht ein rasches Wort, sondern Thätigkeit würkliches Handlung fordern!« Vorsatz und Bosheit waren für die Autoren des ausgehenden 18. Jahrhunderts konstitutiv, andernfalls könne man nicht von Blasphemie sprechen; Leichtfertigkeit und Zorn schlössen einen solchen Vorsatz aus. Aber auch der »Religionseifer«, also eine bestimmte theologische oder philosophische Überzeugung, sei nicht mit Blasphemie zu verwechseln. Wenn, so Voigt, wesentliche Religionsgrundsätze angefochten, widerlegt oder in ihren Grundsätzen erschüttert würden, so sei dies keine Gotteslästerung, weil die Absicht nicht in der Beleidigung und Verspottung liege. Es gehörte zu den Grundüberzeugungen aufgeklärter Literaten, dass sachlicher Meinungsstreit und Kritik erlaubt sein müssen, während auf der anderen Seite persönliche Polemik und Beleidigung unbedingt zu vermeiden seien. Durchhalten ließ sich eine solche Trennung damals ebenso wenig wie heute.[43] Wichtig für unseren Zusammenhang ist aber vor allem, dass mit dieser Debatte das Spannungsverhältnis von rechtlicher Ahndung von Schmähungen (bzw. rechtlichem Schutz vor derartigen Schmähungen) einerseits, dem Anspruch auf dem freien Spiel der Meinungen andererseits ins Zentrum rückte. Damit verbreiterte sich zweifellos der Spielraum für das straflos bleibende, legitimerweise Sagbare.

Die neue Lehre führte außerdem dazu, dass die Definition des Delikts immer enger gefasst wurde – manchmal bleibt der Leser ein wenig ratlos mit der Frage zurück, welche Aktionen überhaupt noch als Blasphemie galten. Die klassischen Erscheinungsformen der Blasphemie zum Beispiel, Schwüre und Flüche, wurden nur noch beiläufig erwähnt – bei einem solchen Missbrauch des göttlichen Namens handele es sich um eine bloße »Verletzung der Sittlichkeit«, die der leichteren Polizeigerichtsbarkeit obliege.[44]

Todes- und Leibesstrafen werden schließlich von fast allen Autoren abgelehnt. Insbesondere Hommel versucht mit weitläufigen historischen Exkursen zu belegen, dass grausame Strafen prinzipiell, besonders aber solche, mit denen die Beleidigung einer Gottheit gerächt werden solle, Ausdruck archaischer und barbarischer Sitten seien. Als weltliche Strafe – neben dem Ausschluss aus der jeweiligen Religionsgemeinschaft, den diese jeweils selbst zu verantworten hätte – werden konkret vornehmlich kürzere Gefängnisstrafen genannt, außerdem die Notwendigkeit religiöser Unterweisung betont. Adam Voigt führt als eine Art *Best-practice*-Beispiel einen Fall aus seiner Tätigkeit als Verteidiger an. Eine Frau sei wegen drastischer blasphemischer Äußerungen in einer Weibergesellschaft (»sie sch[eiße] auf Gott, der könne ihr nicht helfe, und sie sch[eiße] auf das 8te Gebot«) von der Leipziger Juristenfakultät zu einem Jahr Zuchthaus verurteilt worden. Auf sein Gesuch hin habe die »aufgeklärte und menschenfreundliche« Stiftsregierung in Zeitz die Strafe zu 12 Wochen Gefängnis abgemildert.[45]

## Gesetzgebung im späten 18. und frühen 19. Jahrhundert

Welche praktische Wirkung entfaltete der aufklärerische Diskurs? Als sehr weitgehend davon beeinflusst gilt eine Strafrechtsreform außerhalb des Reichs, nämlich das reformierte Kriminalgesetzbuch *(Legge Criminale)* des Großherzogtums Toskana unter dem Habsburger Peter Leopold (1747–1792), dem späteren Kaiser Leopold II. Das Paradestück der aufklärerischen Reformprojekte des Großherzogs trat nach fast fünfjähriger Vorarbeit 1786 in Kraft, galt unverändert allerdings nur vier Jahre, dann wurde es umgestaltet und in seiner Substanz erheblich verwässert. In seiner ursprünglichen Gestalt sah es die Abschaffung von Todesstrafe und anderen Leibesstrafen vor; sein rationales Verfahrensrecht ließ für die Folter überdies keinen Platz mehr. Auch die Religionsdelikte waren von dieser Veränderung betroffen. »Gegenüber dem alten, theokratisch begründeten und bestimmten Strafrecht ist diese Deliktgruppe entkriminalisiert«, so urteilt ein moderner Beobachter.[46] Kirchenraub war zum Beispiel kein Sakrileg mehr, sondern wurde als qualifizierter Diebstahl bewertet. Gotteslästerung wurde als Polizeiunrecht behandelt und gehörte damit nicht mehr zu den *delitti*, sondern zu den *contravvenzioni*, den Übertretungen, die in einem summarischen Verfahren mit milderen Strafen zu ahnden seien, so Artikel 61 des Toskanischen Kriminalrechts.[47] Nur bei gotteslästerlichen Ketzereien lag die Sache anders: Störer der heiligen Gottesdienste oder andere öffentliche Gottlosigkeiten konnten ebenso mit öffentlicher Zwangsarbeit bestraft werden wie derjenige, der »öffentlich Grundsätze lehren sollte, die im Widerspruch zu Unserer Heiligen Katholischen Religion stehen«. Gegen derartige Feinde der Gesellschaft müsse mit beispielhafter Strenge vorgegangen werden. Tatsächlich war die Strafe der öffentlichen Zwangsarbeit die schärfste Sanktion, die sich im Toskanischen Kriminalrecht findet. Trotz der aufklärerischen Begründungen hatte die ›Entkriminalisierung‹ der Religionsdelikte in der Leopoldina deutliche Grenzen.

Dagegen bleibt das Preußische Allgemeine Landrecht von 1794, in vielen anderen Bereichen ein unbefriedigender Kompromiss zwischen feudalen Traditionen und aufgeklärten Normen, im Bereich der Religionsgesetzgebung eine eindrückliche praktische Manifestation der diskutierten Maximen (PrALG II-20, § 214 ff.). Unter der programmatischen Überschrift »Von Beleidigungen der Religionsgesellschaften« heißt es: »Wer die im Staat aufgenommenen Religionsgesellschaften, durch Lästerungen in öffentlichen Reden oder Schriften, oder durch entehrende Handlungen und Gebärden beleidigt«, solle mit Haftstrafen zwischen vier Wochen und sechs Monaten belegt werden. Deutlich figuriert hier die Religionsgemeinschaft als Opfer der Lästerung, nicht die Gottheit und auch nicht der Staat. Dass daneben auch die öffentliche Ordnung bzw. der öffentliche Friede ein wichtiges Schutzobjekt darstellten, machen ergänzende Regelungen deutlich. So wird auch die »Verbitterung der Religionsparteyen gegen einander«, etwa durch Predigten, unter Strafe gestellt und sogar übertriebener Religionseifer zwischen Eheleuten abgemahnt (§§ 227 f.). Gesondert geregelt wird die Ahndung »öffentlich ausgestoßener grober Gotteslästerung«, die »zu einem gemeinen Ärgernisse Anlass« gebe, mit zwei bis sechs Monaten Gefängnis (§ 217).

Es wäre allerdings verfehlt, in derartigen Regelungen einen eindeutigen Wegweiser in Richtung Moderne zu erblicken, dem im folgenden Jahrhundert die meisten deutschen Staaten gefolgt seien. Auch nach dem Ende des Reichs im Jahr 1806 blieb die rechtliche Lage in Deutschland unübersichtlich. Nach wie vor herrschte ein großer Pluralismus. Das gilt für das Recht allgemein, und das gilt erst recht für die Blasphemie.[48] Eine ganz wesentlich auf das Wirken des Rechtsreformers Feuerbach zurückzuführende Ausnahmeerscheinung unter den deutschen Ländern stellte das Königreich Bayern dar. Im Strafgesetzbuch von 1813 findet sich kein einschlägiger Blasphemie-Paragraph, lediglich die Störung von Gottesdiensten und religiösen Versammlungen bzw. Angriffe auf »Religionsdiener« werden unter Strafe gestellt.[49] Aber Bayern machte, abgesehen vielleicht vom Herzogtum Oldenburg (Strafgesetzbuch von 1814)[50], keine Schule.

Die allermeisten greifbaren Strafrechtskodifikationen bis zur Mitte des 19. Jahrhunderts enthielten, über den Schutz von Kirchenräumen und -dienern hinaus, mehr oder weniger umfangreiche Bestimmungen zur Blasphemie. Dabei konzentrierten sich die Strafgesetze in einigen Staaten auf den Schutz der Lehren und Gebräuche einer »Religionsgesellschaft« (Königreich Württemberg 1839) bzw. einer »vom Staate anerkannten oder geduldeten Religionspartei« (Großherzogtum Hessen 1841), und zwar vor Verspottung, Herabwürdigung, beschimpfenden Handlungen, öffentlicher Verachtung und »Verletzung der gebührenden Ehrfurcht« (Königreich Hannover 1840).[51] In den meisten Strafrechtskodifikationen der damaligen Zeit wurde wieder ganz unbefangen (und ohne nähere Qualifizierung) die Lästerung Gottes unter Strafe gestellt. Selbst das Strafgesetzbuch des Königreichs Preußen von 1851 drohte nun (wieder) demjenigen mit Gefängnis bis zu drei Jahren, der »öffentlich in Worten, Schriften oder anderen Darstellungen Gott lästert«.[52]

Dies wird in der Literatur oft als reaktionärer Rückfall hinter die Standards der aufklärerischen Debatte gesehen. Doch angesichts der gerade dargelegten Befunde erscheint es eher als einseitige Akzentuierung der Auffassung, bei der Blasphemie handele es sich um ein Staatsverbrechen. Gerade im postrevolutionären Zeitalter von Biedermeier und Vormärz glaubten die Obrigkeiten, des Beistandes der Religion »gegen den unruhigen oder gar nachdenklichen Staatsbürger« zu bedürfen. Den »politischen und sozialen Gärungen« der Zeit sollte die Religion (und das Religionsstrafrecht) als Autorität entgegengesetzt werden, um »den Staatsbürger im Zaum zu halten«.[53] Denn, wie es der Freiherr von Preuschen 1841 lapidar formulierte: »Der religiöse Glaube ist eine Hauptstütze des Staates.«[54]

## Großbritannien: Allmähliche Grenzverschiebungen

Ein seit dem Spätmittelalter einflussreiches Parlament und eine vergleichsweise früh auf Kommerz und Handel orientierte Elite, in der die Demarkationslinie zwischen Adel und Bürgertum durchlässiger war als anderswo – fast sprichwörtlich gilt England als die erste moderne Gesellschaft Europas. Zugleich sah die britische Insel heftige, phasenweise gewalttätige politische Kämpfe und religiöse Konflikte. Nicht zuletzt diese Konflikte bildeten die Katalysatoren einer öffentlichen Sphäre, die – vor allem in der entstehenden Metropole London – von einer breiten, kommerzialisierten Medienlandschaft und von heftigen Meinungskämpfen geprägt war. Schon in der Zeit nach der Reformation im 16. Jahrhundert gewann diese Öffentlichkeit erste Konturen, steigerte ihre Bedeutung während des Bürgerkrieges ab ca. 1640 und etablierte sich endgültig als bestimmende Kraft des politischen Lebens in der konstitutionellen Monarchie im Gefolge der Glorious Revolution von 1689.[55] In diesem öffentlichen Reizklima wurde die Gotteslästerung immer wieder, und zum Teil sehr kontrovers, thematisiert,[56] weshalb hier die Transformation des Delikts früher einsetzte als auf dem Kontinent.

Den Standard für den Umgang mit Gotteslästerern setzten bis weit ins 17. Jahrhundert hinein Plädoyers für ihre scharfe Bestrafung. Ob der schottische Reformator John Knox 1560, König Jacob I. Anfang des 17. Jahrhunderts oder William Laud, ab 1633 Erzbischof von Canterbury – sie alle befürworteten die Todesstrafe für Blasphemie. Verhängt wurde sie allerdings selten, nicht zuletzt wegen der unsicheren Rechtsgrundlage. Schon früh wurde andererseits weitgehende Toleranz in Religionsfragen eingefordert, etwa vonseiten führender Täufer. John Murton bekräftigte 1615 in seinem Buch *Objections Answered* zwar ausdrücklich, die Blasphemie sei das denkbar schlimmste Verbrechen gegen Gott: Der Atheist leugne den Schöpfer lediglich, während der Gotteslästerer ihn schmähe. Aber das mosaische Tötungsgebot sei durch das Liebesgebot Christi aufgehoben worden. Selbst die Exkommunikation lehnte er ab, weil dadurch der Täter von der ewigen Seligkeit ausgeschlossen werde. Eine mögliche Strafe müsse Gott vorbehalten bleiben.[57] Wie gesehen, standen in der Mitte des 17. Jahrhunderts vor allem Unitarier und radikale Dissenters im Fokus von Kritik und Verfolgung; 1648 und 1650 wurden vom Parlament sogar eigene Gesetze gegen deren »Blasphemien« erlassen. Ein Fanal war die grausame Bestrafung des Quäkers James Nayler 1657. Auch sie war umstritten: Nach dem ersten Akt der öffentlichen Bestrafung Naylers gab es wohl über einhundert Petitionen von Londoner Bürgern, die baten, ihm den Rest der Strafe zu erlassen – sie waren allesamt selbst keine Quäker. Begründet wurden diese Bitten nicht allein mit der körperlichen Schwäche des Delinquenten, sondern auch mit der Forderung nach prinzipieller Gewissensfreiheit; auch Gotteslästerung dürfe nicht mit körperlichen Strafen geahndet werden.[58]

**Matthew Hale**

Als Meilenstein in Bezug auf das Blasphemie-Problem darf der 1675 verhandelte Fall »Rex vs. Taylor« gelten, und zwar weniger wegen der spektakulären Äußerungen von James Taylor (vgl. Kap. 11) als wegen seiner rechtssystematischen Bedeutung. Zum einen beseitigte er Unsicherheiten darüber, auf welcher Rechtsgrundlage und durch welches Gericht Gotteslästerung abgeurteilt werden sollte. Das weltliche Recht in England *(common law)* kannte ja keine allgemeinen Gesetzeskodifikationen, sondern beruhte auf Einzelstatuten und vor allem auf Präzedenzfällen. »Rex vs. Taylor« wurde zum Muster dafür, dass die Gotteslästerung einen Verstoß gegen das Common Law darstelle und deshalb von königlichen Gerichten wie King's Bench oder Old Bailey bestraft werden dürfe.[59] Wichtiger als diese Zuständigkeitsfrage war zum anderen die Urteilsbegründung, denn mit ihr bahnte sich eine zukunftsweisende Neuakzentuierung bei der Sichtweise auf die Gotteslästerung an. In seiner Stellungnahme formulierte Matthew Hale, seinerzeit Lordoberrichter am Gericht King's Bench, die Auffassung, böse blasphemische Worte seien nicht nur Vergehen gegen Gott und die Religion, sondern zugleich »ein Verbrechen gegen die Gesetze, gegen den Staat und die Regierung«. Das Christentum, so seine vielzitierte Formel, sei »Teil der Gesetze Englands« *(a parcel of the Laws of England)*. Wer Religion zum Betrug erkläre, der zersetze all jene Verpflichtungen, durch die eine bürgerliche Gesellschaft aufrechterhalten würde. Deswegen sei die Beleidigung Gottes durch königliche Gerichte zu strafen.[60] Die Wirkmächtigkeit von Hales Diktum reichte über Jahrhunderte hinweg bis zum letzten aufsehenerregenden Blasphemie-Fall Englands im Jahr 1976 (vgl. Kap. 16). Liberale und säkulare Kommentatoren späterer Zeiten haben den Lordoberrichter als Advokaten einer theokratischen Staatsauffassung verdammt, die das Gemeinwesen dem Christentum untertan gemacht habe. Neuerdings wird er, wohl angemessener, als Repräsentant eines Rechtssystems gesehen, der für die Einheitlichkeit des säkularen Common Law in Zeiten der Unübersichtlichkeit gestritten habe. Wirkliche Befürworter eines theokratischen Modells plädierten dafür, umstandslos die mosaischen Normen anzuwenden und den Gotteslästerer gemäß dem »ewig gültigen« Gesetz von Leviticus 24,16 zum Tode zu verurteilen. Ihnen hielt der Jurist Bulstrode Whitelocke sarkastisch entgegen, wenn das Gesetz des Alten Testamentes ungebrochene Gültigkeit hätte, müsste man Taylor nicht nur zum Tode verurteilen, sondern ihn auch steinigen – und mit ihm all jene ungehorsamen Männer, die das Gebot der Sabbatheiligung missachteten.[61] Hales Plädoyer für die Zuständigkeit weltlicher Gerichte in Sachen Blasphemie bedeutete in Hinblick auf die Strafe eher eine Mäßigung gegenüber dem biblischen Rigorismus.

Zu wenig beachtet wurde aber bislang die Tatsache, dass sein Diktum in gewissem Maße einen zentralen Ertrag der aufklärerischen Debatte vorwegnahm, dem wir am Beispiel Deutschlands bereits begegnet sind: Es ging nicht mehr um die Verteidigung der Ehre Gottes, sondern um das Wohl des Staates, zu dessen Bewahrung das Christentum bzw. die Religion unabdingbar sei. Dabei ist die Rede wohlgemerkt nicht von bestimmten Ausprägungen des Christentums, nicht vom Protestantismus, sondern von der Religion an sich. Neu war die Betonung der Nützlichkeit von Religion für die weltliche Ordnung keineswegs. Das hatte bereits fast zweihundert Jahre zuvor in aller wünschenswerten Klarheit Niccolò Machiavelli in seinen *Discorsi* getan. Unter Bezug auf das alte Rom hatte er die positive Rolle der Religion für den Zusammenhalt des Gemeinwesens gewürdigt. Entscheidend ist, dass es ihm dort nicht um die Wahrheit des Glaubens, sondern um dessen Leistungen für den Staat gegangen war. Machiavelli verwandelte so »die Religion von der Norm der Politik zu ihrem Mittel«.[62] Mit der Begründung Lordrichter Hales wurde diese Denkfigur nun – wohl zum ersten Mal – genutzt, um die Bestrafung eines Gotteslästerers zu begründen. Dieser bedrohte danach in erster Linie weder das Seelenheil des Einzelnen oder die von göttlichen Strafen heimgesuchte Gemeinschaft, sondern das reibungslose Funktionieren des Staates.

**Duldung oder Verfolgung?**

Knapp anderthalb Jahrzehnte nach dem Urteil Hales beschloss das englische Parlament mit der Toleranzakte von 1689 eine Bereinigung der konfessionellen Landschaft, die ganz auf Hales Linie lag. In der Glorious Revolution hatten die Parlamentarier gerade König Jacob II. abgesetzt und Wilhelm von Oranien und seine Frau Maria als neues Herrscherpaar inthronisiert. Ihnen nötigten sie einige Verfassungsdokumente ab, zu denen neben der *Bill of Rights* auch der *Toleration Act* gehörte. Den Angehörigen einer Reihe nonkonformistischer Bewegungen – darunter den Baptisten und den Quäkern – wurde mit diesem Gesetz eine begrenzte Religionsfreiheit zugestanden, vorausgesetzt sie leisteten einen Treueeid. Eine wirkliche Toleranz im Sinne des im gleichen Jahr erschienenen Traktats von John Locke war das zunächst einmal nicht, eher ein der politischen Situation geschuldetes Zugeständnis der Anglikaner an potenzielle Verbündete gegen die Katholiken. Die Anhänger Roms blieben für etliche Jahre von der Duldung ausgenommen, ebenso wie die Antitrinitarier / Unitarier, und mussten weiterhin mit rechtlicher Verfolgung rechnen.

Die Grenzen der Toleranz in Großbritannien gegenüber Gotteslästerern wurden wenige Jahre später in zweifacher Hinsicht sehr plastisch: einmal praktisch, mit dem Tod Thomas Aikenheads in Edinburgh im Januar 1697, des letzten hingerichteten Gotteslästerers auf den Britischen Inseln; dann auch normativ, mit der Verabschiedung des *Blasphemy Act* durch das englische Parlament 1698. Der junge Medizinstudent Aikenhead war keineswegs der Einzige, der auf der Grundlage des sehr scharfen schottischen Blasphemiegesetzes von 1661 verurteilt wurde, das 1695 bekräftigt und ausdifferenziert worden war.[63] Ungewöhnlich allerdings war die Verurteilung zum Tode und erst recht die Vollstreckung dieser Strafe trotz aller Reuebekundungen und Gnadenbitten des Verurteilten. Die Einzigartigkeit des Falls ist wohl durch die Schärfe seiner Worte allein (vgl. Kap. 11) nicht erklärbar. Hinzu kamen individuelle Umstände und ein für Aikenhead nachteiliges Timing. Unter seinen Mitstudenten gab es einen eifrigen Denunzianten, Mungo Craig, der den Delinquenten vor Gericht belastete und auch öffentlich angriff. Gründe struktureller Natur waren die heikle politische Lage, da das Land in Personalunion mit England regiert wurde, die religiösen Parteienkämpfe und eine dramatische Hungersnot. Was lag da für die Obrigkeit näher als eine Moralkampagne gegen unchristliches Verhalten, die in der öffentlichen Hinrichtung des Gotteslästerers Aikenhead einen Höhepunkt finden konnte? Tatsächlich ist es auffällig, dass kurz nach seiner Hinrichtung in Schottland nach langer Zeit wieder Hexereianklagen erhoben wurden. Sieben Menschen fielen ihnen schließlich zum Opfer – vielleicht stehen diese Hinrichtungen auch für den verzweifelten Versuch, eine alte religiöse Weltordnung aufrechtzuerhalten.[64]

Auch im benachbarten England fand der Fall Aikenhead Resonanz; allerdings machte die öffentliche Debatte aus dem Tod des Studenten keine öffentlich skandalisierte »Affäre«, wie es rund 70 Jahre später im Fall La Barre in Frankreich der Fall sein sollte. Erst Mitte des 19. Jahrhunderts stigmatisierte der Historiker Macaulay die Hinrichtung Aikenheads als Justizmord.[65] Aber die Nachrichten aus Schottland trafen in England doch auf eine aufgeheizte öffentliche Stimmung, denn in jenen Jahren wurde ohnehin über religiösen Nonkonformismus und Toleranz heftig debattiert. Gerade 1696 hatte John Toland seine Schrift *Christianity not Mysterious* veröffentlicht, in der er darlegte, dass die christlichen Glaubenssätze der Bibel mit der natürlichen Vernunft in Einklang stünden und keineswegs einer geheimnisvollen Offenbarung bedürften. Seine Schrift gilt als Manifest des Deismus, einer nonkonformistischen Denkbewegung, die den Unitarismus als Feindbild orthodoxer Christen im 18. Jahrhundert um eine wichtige Facette erweiterte. Obwohl Toland sich nicht nur von der Orthodoxie, sondern auch vom Atheismus abzugrenzen suchte, waren Buch und Autor in England und Irland von Repressionen bedroht. Toland war ein Schüler von John Locke, dem offensiven Verfechter religiöser Toleranz; Locke wiederum ließ sich durch einen schottischen Freund intensiv über den Fall Aikenhead informieren und sammelte alle erreichbaren Materialien dazu.

Aber auch die frommen Fanatiker blieben nicht still. Gerade in den

1690er Jahren waren Gesellschaften zur Sittenreform *(Reformation of the Manners)* in England besonders aktiv. Sie beschäftigten sich mit der Disziplinierung alltäglicher Sünden wie Trunkenheit, Schwören und Fluchen, sahen aber auch im Aufschwung des religiösen Skeptizismus eine große Gefahr. Jean Gailhard, ein exilierter hugenottischer Calvinist, rühmte die scharfe schottische Blasphemie-Gesetzgebung und mahnte in der Diktion alttestamentlicher Propheten, der Feind stehe nicht mehr vor den Toren, sondern wandle offen durch die Straßen. Zum »blasphemischen Socianismus« hätten sich nun auch Atheismus, Deismus, Profanität, Ammoralität und Idolatrie gesellt: »Zu welchem Zweck wurden Papisten und Götzendiener vertrieben, wenn Socinianer oder Gotteslästerer hereingelassen werden?« Ausdrücklich forderte Gailhard deren kapitale Bestrafung gemäß dem mosaischen Gesetz.[66] König Wilhelm III. schien es durchaus opportun, sich als Schutzherr der öffentlichen Moral zu inszenieren, weshalb er derartige Initiativen unterstützte. Ergebnis war jener *Blasphemy Act* vom Frühjahr 1698, gerichtet gegen öffentlich geäußerte »gotteslästerliche und unfromme Meinungen«, etwa die Leugnung der Heiligen Dreifaltigkeit oder das Bestreiten der göttlichen Autorität der Heiligen Schriften. Der abgestufte Strafkatalog sah den Verlust öffentlicher Ämter, im Wiederholungsfall auch der bürgerlichen Rechte sowie mehrjährige Gefängnisstrafen vor.[67]

Der *Blasphemy Act* von 1698 ist durch ein zweifaches Paradox gekennzeichnet. Zum einen behielt er formale Gültigkeit bis in unser Jahrtausend hinein, erlangte aber kaum eine reale Wirksamkeit, unter anderem wahrscheinlich deshalb, weil tatsächliche Blasphemie-Fälle eher nach dem Common Law als nach dem Statuary Law verhandelt wurden. Zum anderen aber war das Gesetz auch deswegen weit von der Praxis entfernt, weil es die Gotteslästerung eher wie eine gewöhnliche Glaubensabweichung behandelte: Es ging um ›Meinung‹, weniger um die Meinungsäußerung, um böse Worte. Dementsprechend gerieten angesehene Gelehrte bzw. ihre Veröffentlichungen um und nach 1700 wegen Gotteslästerung in den Fokus, etwa der Mathematiker William Whiston. Er äußerte öffentlich die Überzeugung, der

Arianismus sei der eigentliche Glaube der Alten Kirche gewesen. Auch Samuel Clark mit seiner Vernunfttheologie (wie Whiston aus dem Umfeld Isaac Newtons) oder später Bernard Mandeville mit der provokativen Herausforderung christlicher Moral in seiner »Bienenfabel« (zuerst 1713) wurden öffentlich angegriffen;[68] verurteilt wurde aber keiner von ihnen.

Anders verhielt es sich mit dem Londoner Theologen Thomas Woolston. Er wurde 1729 zu einer saftigen Geld- und Gefängnisstrafe verurteilt. Letztere musste er absitzen, weil er die hohe Kautionssumme nicht aufbringen konnte, und verstarb nach vier Jahren in Haft. Woolston hatte sich in einer Reihe von auflagenstarken volkssprachlichen Traktaten mit einzelnen Wundern Jesu beschäftigt, darunter (bereits aus dem Gefängnis heraus) mit der Auferweckung des Lazarus und mit Christi Auferstehung. Was er selbst als ein Plädoyer gegen eine wortwörtliche Lektüre der Bibel bzw. für deren allegorische Interpretation verstanden wissen wollte, beurteilten seine Gegner als schlimme Gotteslästerung. So sprach der Vertreter der Anklage von Woolstons *Discourses on the Miracles of Our Saviour* als dem »gotteslästerlichsten Buch, das jemals in irgendeinem Zeitalter veröffentlicht worden ist, in dem unser Erlöser mit einem Zauberkünstler, Magier und Betrüger verglichen wird und die Heilige Schrift in einen lächerlichen und grotesken Scherz verwandelt wird«.[69]

Was Woolston von anderen religiösen Freigeistern seiner Zeit unterschied, war in den Augen seiner Gegner also weniger die Gewagtheit seiner Gedanken als der provozierende und polemische Duktus seiner Veröffentlichungen. Ganz auf dieser Linie hatte Lord Chief Justice Raymond die Jury im Woolston-Prozess instruiert: Die Einlassung des Angeklagten, er habe die wahre Basis des Christentums aufzeigen wollen, schütze ihn nicht vor Strafe, wenn er die Heiligen Schriften lächerlich gemacht habe. Explizit verwies er in diesem Zusammenhang auf Hales Diktum vom Christentum als Teil der Gesetze des Landes. Zwar wolle sich das Gericht keineswegs in gelehrte Dispute über theologisch strittige Punkte einmischen. Aber wenn die Axt an die Wurzeln des Christentums gelegt werde, trage das offenkundig zum

Verfall der weltlichen Gewalt bei.[70] Während also der weitgehend unwirksame *Blasphemy Act* auf Glaubensinhalte abstellte, zeichnete sich im Bereich des Common Law der entscheidende Unterschied zwischen Inhalt und Form, *matter* und *manner* ab: Bekräftigt wurde damit einmal mehr der Charakter der Blasphemie als unschickliche Herabsetzung des Heiligen. Die Form einer Äußerung wurde gegenüber ihren Inhalten nun, im Zeitalter wachsender Toleranz, umso wichtiger: Wenn die Obrigkeit und die ›gute‹ Gesellschaft schon unkonventionelle religiöse Anschauungen nicht länger ächteten, dann sollte wenigstens der spöttische, schmähende oder gar verachtende Umgang mit religiösen Angelegenheiten dauerhaft geächtet bleiben.

Wer, auf der anderen Seite, mit Lord Hale die Funktion der Religion für den Erhalt von Staat und Gesellschaft als Begründung für Blasphemieverbote in den Mittelpunkt rückte statt genuin religiöse Gesichtspunkte, der musste auf öffentlichen Widerspruch gefasst sein. Dieser Widerspruch artikulierte sich nach 1700 in wachsendem Maße. Der Delinquent Woolston selbst hielt das Wort »Blasphemie« für ein »Schreckgespenst«, mit dem die Menschen geängstigt wurden. Völlig abschaffen wollte dieses Schreckgespenst ein unter dem sprechenden Pseudonym John Wickliff schreibender Autor, der 1729 weitgehende Forderungen aufstellte. Er wollte Staat und Kirche völlig getrennt sehen und verwarf infolgedessen auch den staatlichen Anspruch, religiöse Abweichung zu kriminalisieren. Selbst extreme Positionen, ob Arianismus, Antitrinitarismus, Deismus oder gar totaler Unglaube sollten nicht Gegenstand staatlicher Gerichtsbarkeit sein, so Wickliff. Die Religion habe stets überlebt, unbeschadet heftiger Angriffe auf ihre Dogmen und ihren Klerus. Und umgekehrt könnten König, Lords und Commons sehr wohl weiterexistieren, könnten der Handel weiter florieren und die Gerichte weiterarbeiten, gleich ob das Establishment arianisch, jüdisch oder gar ungläubig würde.[71] Natürlich stellte diese Position eine extreme Minderheitenmeinung dar, zeigt aber doch, was im englischen Horizont in der Zeit nach Hales Diktum denk- und formulierbar war.

Das 18. Jahrhundert blieb janusköpfig. Noch lange fanden sich Juristen und Publizisten, die den traditionellen Rigorismus gegenüber Gotteslästerung vertraten. Sir William Blackstone handelte in seinem berühmten Kommentar zum Common Law von 1769 weitläufig Vergehen gegen Gott und die Religion ab, wobei er nicht nur den religiösen Nonkonformismus in den Blick nahm, sondern auch einen Passus zur Gotteslästerung aufnahm. Als Blasphemie galten ihm gleichermaßen die Leugnung von Gottes Existenz wie beleidigende Anwürfe gegen den Erlöser Christus oder die profanierende Verspottung der Heiligen Schriften.[72] Während der Jurist die Tradition verteidigte, trat ihm ein Geistlicher mit prinzipiellen Argumenten für Toleranz entgegen. Philip Furneaux publizierte 1770 eine Reihe von offenen Briefen an Blackstone, in denen er die Kriminalisierung religiöser Nonkonformisten ablehnte. Selbst eine Verspottung und Beleidigung des Christentums sah er nicht als legitimen Grund zur Bestrafung an, eventuelle Strafen müssten dem Jüngsten Gericht vorbehalten bleiben.[73] Allmählich, so zeigt nicht nur diese Meinungsäußerung, hatten sich die Spielräume für religiösen Nonkonformismus seit dem *Toleration Act* von 1689 stark erweitert. Das Problem der Blasphemie wurde heftiger denn je debattiert, tatsächlich standen Blasphemiker jedoch selten vor Gericht.

**John Wilkes – Blasphemie als Politik**

Dennoch gab es in England Mitte des 18. Jahrhunderts einen öffentlichen Skandal, bei dem der Blasphemie eine wichtige Funktion zukam. In seinem Mittelpunkt stand John Wilkes, eine Schlüsselfigur im Kampf um eine starke Presse und um freie Meinungsäußerung.[74] Er wirkte als Politiker im Unterhaus, mehr noch aber als radikaler Journalist, dem seine Veröffentlichungen etliche Prozesse, Inhaftierungen und jahrelanges Exil einbrachten. Bekannt war er den Zeitgenossen für seine Hässlichkeit, seine scharfe Zunge und sein freizügiges Leben. Der Historiker Edward Gibbon bemerkte über ein Treffen mit Wilkes im April 1762, er habe kaum je eine bessere Tischgesellschaft gehabt: geistreich, gebildet und äußerst witzig, aber auch vollkommen hemmungslos, ein anrüchiger Charakter, der ein Leben mit allen nur denkbaren Lastern führte und dessen Konversation gespickt sei mit Gotteslästerungen und Schlüpfrigkeiten.[75] Dieser intelligente Rüpel brach ein Jahr, nachdem Gibbon ihn getroffen hatte, den größten zeitgenössischen Presseskandal vom Zaun, die North-Briton-Affäre, benannt nach der von Wilkes geführten Zeitung. Als erbitterter Gegner der Tory-Regierung unter Lord Bute hatte der Journalist in seinem Blatt die Rede Königs George III. zur Parlamentseröffnung aufs Korn genommen und dessen positive Bewertung der laufenden Friedensverhandlungen auf dem Kontinent als Verlogenheit kritisiert. Er wurde wegen Verleumdung verhaftet, kurzfristig inhaftiert, aufgrund seiner parlamentarischen Immunität aber schnell wieder freigelassen. Nun griffen seine Gegner zum Anklagepunkt der Gotteslästerung.

Die Anklage war in verschiedenster Hinsicht kurios. Ausgangspunkt war der *Essay on Woman*, eine Parodie des berühmten *Essay on Man* des Schriftstellers Alexander Pope. Dieser Text war eine philosophische Betrachtung über das Verhältnis von Gott zum Menschen in Gedichtform, die als Popes bekanntestes Werk gilt.[76] Das Ziel der Parodie war William Warburton, Popes Nachlassverwalter und Herausgeber, später Bischof von Gloucester, der als angeblicher Herausgeber des *Essay on Women* genannt wurde. Dessen ursprünglicher und eigentlicher Verfasser war im Übrigen nicht John Wilkes, sondern Thomas Potter, der zeitweilige Geliebte von Warburtons Frau Gertrud. Potter verstarb 1759 und vermachte seinem Freund Wilkes das Manuskript, das dieser anreicherte und für den Druck vorbereitete.

Der Text ist eine eigentümliche Mischung aus gelehrten Anspielungen und schamlosen Obszönitäten.[77] Bereits die Titelseite geht in die Vollen: Danach wurde der »Essay on Women« verfasst von Pego Borewell, Esq. (frei übersetzt: dem ehrenwerten Schwanz Gutbohrer), mit Noten versehen von Rogerus Cunaeus (Roger Mösenficker) und Vigerus Mutoniatus (dem Starken mit dem großen Schwanz). Gewidmet war die ganze Schrift vom fiktiven Herausgeber Warburton Miss Fanny Murry, offenbar einer berühmten Londoner Kurtisane. Die Titelvignette[78] zeigt einen aufgereckten Penis, der von Laub umkränzt ist

AN
ESSAY
ON
WOMAN
BY
PEGO[1] BOREWELL,[2] Esq:
WITH NOTES

By Rogerus Cunaeus,[3] Vigerus Mutoniatus,[4] &c.
and
A Commentary by the Rev. Dr. Warburton.
Inscribed to
MISS FANNY MURRY.[5]

ὡς οὐκ αἰνότερον καὶ κύντερον ἄλλο γυναικός.[6]
Hom. Od. II. B. 6

ΣΩΤΗΡ ΚΟΣΜΟΥ

*In Recto Decus*[8]

Ex Archetypo saepe in Femoralibus Reverendissimi Georgii Stone, Hiberniae Primatis, saepius in Podice Intrepidi Herois Georgii Sackville.[9]

85

**10** Titelbild des *Essay on Woman* von Thomas Potter & John Wilkes (Rekonstruktion von Arthur H. Cash)

und neben dem ein Maßband anzeigt, dass dieser eine beachtliche Länge von 10 Zoll erreicht. Unter der Vignette wird er in griechischen Buchstaben als *soter kosmos* angepriesen, also als ›Retter‹ bzw. ›Bewahrer des Kosmos‹. Auch der darunter platzierte Sinnspruch *In Recto Decus* ist doppeldeutig, er kann ebenso »In Rechtschaffenheit ist Schönheit« bedeuten wie »Im Rektum ist Schönheit«. In diesem Stil geht es weiter. Wo Pope seinen Text mit einem pathetischen Aufruf an den heiligen Johannes beginnt *(Awake, my St. John!)*, adressiert der Text die bereits erwähnte Kurtisane *(Awake, my Fanny!)*; und wo Pope appelliert, alle gemeinen Dinge beiseitezulassen, denn das Leben habe wenig mehr zu bieten, als über die Menschen nachzudenken und dann zu sterben *(since Life can little more supply / Than just to look about us and to die)*, sehen Potter und Wilkes den Sinn des Lebens woanders: *since life can little more supply / Than just a few good Fucks and then we die*. In diesem Stil geht es weiter, immer streng am Vorbild orientiert und zum Teil nur einzelne Worte vertauschend, allerdings mit großer Wirkung: Wo bei Pope die Vermessenheit des Menschengeschlechts angeklagt wird in ihrer Schwäche, Kleinheit und Blindheit, wird bei Potter und Wilkes aus dem *Presumptuous Man!* schlicht ein *Presumptuous Prick!*. Nach Abschluss der Pope-Parodie folgte, als Zugabe exklusiv aus der Feder von Wilkes, eine Parodie auf eine der bekanntesten mittelalterlichen Hymnen der Christenheit, *Veni Creator Spiritus,* wo nach demselben Muster statt des Heiligen Geistes der *Creator Pego* angerufen wird.[79]

Das war in der Tat starker Tobak. Allerdings war die ganze Angelegenheit keineswegs für die große Öffentlichkeit bestimmt, sondern es handelte sich um einen Privatdruck für einen kleinen Kreis von Kennern, zwölf Gentlemen, die – wie vormals Potter und dann Wilkes – der Vereinigung der Knights of St. Francis angehörten, auch bekannt als *Hellfire-Club*. Bereits 1720 soll ein solcher »Höllenfeuer«-Club hoher Adliger existiert haben, der in einer königlichen Proklamation als »blasphemisch« angeprangert wurde und Anlass für eine – allerdings folgenlose – Parlamentsdebatte über die mögliche Verschärfung der Blasphemie-Gesetzgebung gab.[80] Durch eine unglückliche Verkettung von Umständen gelangte eine Seite des Essays in die Hände von Wilkes' Gegnern, und diese schafften es, einen vollständigen Druck des Textes zu besorgen. Einer der Widersacher Wilkes' fügte überdies dem *Veni Creator* von Wilkes noch eine Zeile hinzu, die das Ganze als direkte Lästerung der Trinität erscheinen ließ.[81]

Ironischerweise wurden, um die Anklage gegen Wilkes zu unterstützen, mehr Exemplare seiner Parodie gedruckt, gewissermaßen eine zweite »Regierungsauflage«. Denn der bloße handschriftliche Besitz obszöner Schriften war nicht justiziabel, ihre Verbreitung im Druck schon. Während bei der Parlamentseröffnung am 15. November 1763 im Unterhaus die North-Briton-Affäre verhandelt wurde, beklagte Bischof Warburton im Oberhaus die Verbreitung der parodistischen Schmähschrift gegen ihn. Ohne große Debatte stellte die Versammlung fest, dass es sich bei der Schrift nicht nur um eine Verletzung der Rechte von Bischof Warburton handele, sondern um eine »sehr skandalöse, obszöne und pietätlose Schmähschrift *(libel)*, um eine grobe Profanierung vieler Teile der Heiligen Schrift und um einen gottlosen und blasphemischen Versuch, die Person unseres hochgelobten Erlösers zu verspotten und zu verunglimpfen«.[82]

Wilkes seinerseits fühlte sich allerdings ebenfalls beleidigt – einer seiner Widersacher hatte ihn im Unterhaus einen Feigling genannt. Daraufhin forderte der Journalist ihn zum Duell heraus. Schwer durch einen Bauchschuss verwundet, musste Wilkes Hals über Kopf von London nach Paris fliehen. Fast schlimmer noch war, dass sich sein langjähriger Verbündeter William Pitt im Unterhaus mit den Worten von ihm distanzierte, der Autor verdiene es als Aufrührer gegen den König und als Lästerer gegen Gott nicht, unter die Gattung Mensch gerechnet zu werden.[83] Bereits als Exilierter wurde Wilkes Mitte Januar 1764 aus dem Unterhaus ausgeschlossen. Einen Monat später fanden zwei getrennte Prozesse statt, zur North-Briton-Affäre und zum »Essay on Woman«, in beiden wurde er schuldig gesprochen. 1768 kehrte er zurück, wurde verhaftet und nun persönlich vor Gericht gezogen. In einer Rede vor Gericht insistierte Wilkes, dass er den *Essay on Woman* zwar geschrieben habe, jedoch ohne die Absicht, ihn zu veröffentlichen; vielmehr sei er ihm gestohlen worden. Richter Sir Joseph Yates dagegen beschrieb den Text als blasphemische Attacke auf das Herz der Religion und auf die sittlichen Grundlagen der Menschen, auf die jede Regierung gegründet sei. Verurteilt wurde er für Schmähschriften gegen den König (North-Briton) und gegen Bischof Warburton, offenbar jedoch nicht ausdrücklich wegen Gotteslästerung.[84] Seiner weiteren politischen Karriere tat das alles keinen Abbruch, vielleicht mehrte es in der britischen Öffentlichkeit eher seinen Ruhm. Sein Beispiel zeigt jedoch, wie eine Blasphemie-Anklage als scharfes politisches Schwert gegen einen meinungsfreudigen Kritiker eingesetzt werden konnte.

## Frankreich: Eine skandalträchtige Affäre

Am 1. Juli 1766 erlebte das nordfranzösische Städtchen Abbeville die Hinrichtung eines jungen Adligen, des kaum zwanzigjährigen Chevalier de La Barre.[85] Nach einer letzten, peinlichen (das heißt unter Anwendung der Folter erfolgten) Befragung nach möglichen Komplizen wurde La Barre nachmittags um 5 Uhr in einer demütigenden Bußprozession *(l'amende honorable)* durch die Stadt bis auf den Vorplatz der Stiftskirche St. Wulfran geführt. Vor seiner Brust und auf seinem Rücken waren Schilder mit der Aufschrift »Gottlosigkeit, Blasphemie, schändliche und abscheuliche Sakrilegien« angebracht. Der Chevalier ging gefasst und kaltblütig in den Tod, machte sogar Scherze gegenüber dem Beichtvater. La Barre sollte vor seiner Hinrichtung die Zunge herausgeschnitten werden, eine Strafe, die der Scharfrichter gnädigerweise lediglich simulierte, bevor der Delinquent seinen Kopf auf den Richtblock legen musste. Nach der Enthauptung wurde sein Körper öffentlich verbrannt, und mit ihm jenes Exemplar von Voltaires *Dictionnaire philosophique portatif*, das man bei ihm gefunden hatte.[86]

Mit der Urteilsvollstreckung endete ein Verfahren, das am 9. August des Vorjahres seinen Anfang genommen hatte. An diesem Tag entdeckte man, dass das Holzkruzifix auf der Brücke über die Somme mit Hilfe eines Messers verletzt worden war. Drei »Schnittwunden«, so protokollierten die Untersuchungsbeamten, fanden sich am Körper des Gekreuzigten – eine Wortwahl, die zeigt, wie anthropomorph diese Tat gedacht wurde.[87] Außerdem fand man ein anderes Kreuz auf dem Friedhof der Stadt, das mit Exkrementen beschmiert war. Empörung machte sich in der kleinen nordfranzösischen Stadt breit. Mit einer Bußprozession baten der Bischof von Amiens und die Bevölkerung einen Monat später vor den beiden profanierten Kruzifixen um Vergebung. Schnell konzentrierten sich die Ermittlungen auf einige junge Leute aus der besseren Gesellschaft, zu denen Denunziationen und Zeugenaussagen gesammelt wurden. Im Zentrum standen neben dem Chevalier François-Jean Lefebvre de La Barre (geboren 1745)

Gaillard d'Etallonde (geboren 1750), der sich dem Verfahren zeitig durch Flucht entzog und später in Abwesenheit verurteilt wurde, und Charles François Moisnel (geboren 1749). Spottgesängen auf die heilige Muttergottes und andere Heilige hätten die jungen Leute angestimmt, so erzählte man sich. Außerdem hätten La Barre und seine Freunde bei der städtischen Prozession am Fronleichnamsfest im Angesicht des Allerheiligsten ihre Hüte nicht abgezogen. Eine junge Frau berichtet, der Chevalier hätte auf die Frage, warum er seinen Hut nicht ziehe, geantwortet, er betrachte das Heilige Sakrament lediglich »als ein Stück Wachs«.[88] Vielleicht bedeutet diese Wendung schlicht, dass La Barre die Hostie als einen toten Gegenstand und nicht als den leiblichen Körper Gottes betrachtete; vielleicht verbirgt sich dahinter aber auch eine Anspielung auf das berühmte Wachsbeispiel in den *Méditations métaphysiques* (II, § 11–13) von René Descartes aus dem Jahr 1641, mit dem dieser den Primat des Verstandes über die äußere Wahrnehmung illustrieren wollte. Zeugen gaben jedenfalls deutliche Hinweise darauf, dass die verächtlichen Reden der jungen Männer zumindest zum Teil in aufklärerischer Lektüre wurzelten. Eine Durchsuchung der Kammer des Chevaliers Anfang Oktober brachte schließlich – neben anderen »scheußlichen« Büchern – das Exemplar von Voltaires *Dictionnaire philosophique portatif* zum Vorschein.

Diese Indizien reichten aus, um La Barre und Moisnel zu verhaften und ersten Verhören zu unterziehen. Letzterer, gerade 16 Jahre alt, belastete unter dem Druck des Verhörs seinen Mitgefangenen schwer. Er schrieb ihm eine Reihe von Sakrilegien zu, etwa Hostien und Heiligenfiguren angespuckt oder blasphemische Lieder gesungen zu haben. Bereits zu diesem Zeitpunkt ist im Schriftwechsel zwischen Abbeville und Paris davon die Rede, dass dergleichen enorme Gotteslästerungen strenge Bestrafung erforderten. Auch wenn Moisnel später seine Aussagen widerrief und wenn es im Verfahren nie gelang, den Angeklagten die Schändungen der beiden Kruzifixe wirklich nachzuweisen, war damit das Schicksal La Barres praktisch besiegelt. Am 27. Februar 1766 ergingen die Urteile des lokalen Gerichts in Abbeville, nach denen La Barre und d'Etallonde zum Tode verurteilt wurden; Moisnel kam mit einer öffentlichen Bußstrafe davon. Der Chevalier appellierte an das Parlement von Paris, wurde in die Hauptstadt überführt und dort drei Monate in der Conciergerie gefangen gehalten. Die Verhandlung vor dem dünn besetzten Appellationsgericht brachte allerdings lediglich eine Bestätigung der Todesurteile.[89]

Das öffentliche, demonstrative Strafspektakel, mit dem der Fall des jungen Gotteslästerers in der französischen Provinz endete, erinnert an ähnliche Vorgänge im Paris oder Genf der vergangenen Jahrhunderte. Es zeigt, dass auch zur Blütezeit der Aufklärung Strafen von drakonischer Härte verhängt wurden. Weder in früheren Zeiten noch Mitte des 18. Jahrhunderts repräsentierten sie allerdings den Normalfall. Es bedurfte vielmehr einer Verkettung besonderer Umstände, um das Schicksal eines so unglücklichen Delinquenten wie La Barre zu besiegeln. Vieles spricht dafür, dass dem Chevalier gerade das Aufeinanderprallen zwischen strikt religiösen und aufklärerischen Positionen zum Verhängnis wurde. Sein Prozess hätte durchaus andere Wendungen nehmen können, wenn die Argumente seiner Fürsprecher, etwa seiner Tante und Erzieherin, der Äbtissin de Willancourt, durchgeschlagen hätten: der Verweis auf seine Jugend, die fehlende Absicht, den nicht öffentlichen Charakter oder der Versuch, die Hauptschuld auf den geflohenen d'Etallonde abzuwälzen. Nicht zuletzt konnten sich die Stimmen, die sich für La Barre einsetzten, darauf verweisen, dass ihm die Profanierung der öffentlichen Kruzifixe im ganzen Verfahren nicht nachgewiesen werden konnte.

Dass sich die Äbtissin ebenso wenig mit ihren Argumenten durchsetzen konnte wie andere Fürsprecher, liegt an der konkreten sozialen und religiösen Konstellation jener Zeit, an örtlichen Gegebenheiten ebenso wie an der politischen Großwetterlage. Inwieweit die Ankläger und Denunzianten in Abbeville von persönlichen Motiven oder von Korruption getrieben waren, wie oft unterstellt, kann hier dahingestellt bleiben.[90] Dass die lokale öffentliche Meinung von der Schändung der Kruzifixe erregt war, steht ebenso außer Frage wie die Tatsache, dass es sich bei den jungen Adligen um Libertins handelte, die die frommen Provinzler mit ihren Sprüchen schockiert hatten und vielleicht auch schockieren wollten. Das generelle intellektuell-religiöse Klima des Landes war geprägt vom Antagonismus zwischen Aufklärern – 1765 erschien der letzte Band der *Encyclopédie* – und der einflussreichen Fraktion der Jansenisten im Parlement, religiösen Hardlinern, die ab 1764 das Verbot der Jesuiten in Frankreich durchdrückten. Es ist kein Wunder, dass der im gleichen Jahr erschienene *Dictionnaire philosophique portatif* Voltaires als Symbol dieses Antagonismus eine zentrale Rolle in der Affäre spielt. Die besonderen persönlichen und sachlichen Umstände des Falls La Barre traten unter diesen Umständen hinter dem Symbolwert der Affäre zurück – der junge Adlige wurde zur Verkörperung der Gottlosigkeit der neuen Zeit. König Ludwig XV. lehnte seine Begnadigung schließlich ab. Einige Jahre zuvor hatte er den Königsattentäter Damiens überaus grausam hinrichten lassen; nun galt es den Eindruck zu vermeiden, er schätze einen Anschlag auf die göttliche Majestät geringer ein als einen auf die königliche Majestät. Insgesamt hatte La Barre einfach das Pech, zum falschen Zeitpunkt am falschen Ort in das Räderwerk der Justiz geraten zu sein. In Rom, so zitierte Voltaire einen päpstlichen Nuntius, wäre dieser für seine Äußerungen nicht belangt worden, und selbst die spanische oder portugiesische Inquisition hätte sich mit einer Buße von mehreren Jahren begnügt.[91]

**Vom ›Fall‹ zur ›Affäre‹**

Erschien den einen die Blasphemie La Barres als Inkarnation der Gottlosigkeit, so verkörperte für die anderen die strafrechtliche Reaktion darauf pure Inhumanität und Tyrannei. Spätestens mit der Verhandlung durch das Appellationsgericht in Paris rückte die Angelegenheit in den Fokus der intellektuellen Öffentlichkeit der Hauptstadt. Und das bedeutete zugleich: Voltaire, der ungekrönte König der französischen Aufklärung, schaltete sich ein. Als Autor des jüngst veröffentlichten *Dictionnaire philosophique portatif* sah er sich persönlich angegriffen. Gerade erst hatte er erfolgreich einen Justizskandal öffentlich angeprangert und in die Revision getrieben, womit er endgültig zum

Archetypus des engagierten Intellektuellen aufstieg.[92] Im Jahr 1761 war der Kaufmann Jean Calas mitsamt seiner Familie in Toulouse als Mörder seines Sohnes verhaftet worden. Dieser hatte offenbar Selbstmord begangen. Gericht und lokale Öffentlichkeit konstruierten jedoch aus dem Fall eine protestantische Verschwörung: Der Sohn, Spross einer protestantischen Familie, habe zum Katholizismus konvertieren wollen und sei daraufhin von den Seinen ermordet worden. Während der Ermordete zum katholischen Märtyrer stilisiert wurde, wurde sein Vater nach einem Gerichtsurteil wider alle offenkundige Evidenz am 10. März 1762 öffentlich hingerichtet.

Wenig später wurde Voltaire auf die Angelegenheit aufmerksam. Sie galt ihm als ein Zeichen für das »Wüten des Fanatismus«, der hingerichtete Calas, der nach dem Zeugnis der begleitenden katholischen Seelsorger gestorben sei wie ein Märtyrer, wurde zum Blutzeugen der Aufklärung.[93] Der Philosoph zog alle Register, um die Öffentlichkeit zu mobilisieren und eine Wiederaufnahme des Verfahrens zu erreichen: Er aktivierte mündlich und brieflich seine Netzwerke am Hof und in der Gelehrtenwelt, ließ Dokumente von Betroffenen drucken, veranlasste Memoranden renommierter Anwälte gegen den Justizirrtum von Toulouse und verfasste selbst ein justizkritisches Pamphlet. Schließlich lud er die mittellose Witwe Calas nach Paris ein und ließ sie in den Pariser Salons auftreten. Wenige Tage vor der endgültigen Rehabilitierung von Calas am 9. März 1765 schreibt er in einem als Flugblatt gedruckten Brief: »Ich weiß, mit welchem Eifer der Fanatismus sich erhebt gegen die Philosophie. Wie gerne würde er ihre beiden Töchter, die Wahrheit und die Toleranz, ebenso töten wie Calas.« Und nach der Rehabilitation schrieb Voltaire euphorisch: »Die öffentliche Meinung regiert die Welt« – und die aufgeklärten Philosophen regierten die Meinung der Menschen.[94]

Paradigmatisch steht die Angelegenheit Calas für das Potenzial der öffentlichen Meinung und des engagierten Gelehrten, der sich zu einem Intellektuellen wandelt, dessen Eingreifen den Lauf der Dinge ändert: Aus dem ›Fall‹ eines verurteilten Kriminellen wird eine ›Affäre‹, in der der Justizapparat selbst unter öffentliche Anklage gerät.

Die Affäre Calas wird zur Blaupause für die Anprangerung weiterer Justizskandale, nicht zuletzt für die Affäre La Barre. Voltaire beobachtete deren Entwicklung seit Mitte Juni 1766 meist aus der Ferne, von seinem Landgut Ferney bei Genf aus. Durch sein dichtes Netzwerk von Korrespondenzen war er jedoch gut informiert. Noch am 23. Juni brachte er in einem Brief die Hoffnung zum Ausdruck, der König möge »die jugendlichen Verrückten« begnadigen und in die Obhut ihrer Eltern überstellen.[95] Dass dies ausblieb und die Hinrichtung vollzogen wurde, nährte bei ihm und seinen Mitstreitern die Sorge, der Fall könnte der Beginn einer obrigkeitlichen Kampagne gegen die Aufklärer und ihre Schriften sein.

Zwei Wochen nach der Urteilsvollstreckung ging der Philosoph zum öffentlichen Gegenangriff über und machte auch aus dem Rechtsfall La Barre eine öffentliche und skandalträchtige Affäre.[96] Unter Pseudonym veröffentlichte er seine *Relation de la Mort du Chevalier de la Barre*. Sie kam als eine Art offener Brief an Caesare Beccaria daher, den berühmten Strafrechtsreformer, der mit seiner Vision eines strikt an den Leitlinien von Humanität und Vernunft orientierten Strafrechts ein gefeierter Bestsellerautor war. Er lehnte die Folter als Mittel der Wahrheitsfindung ab und forderte Strafen, die in einem zweckmäßigen Verhältnis zum Verbrechen und zum Ziel der Sanktionen stehen sollten. Voltaire warf der Justiz in der Affäre La Barre die Verletzung genau dieser Prinzipien vor. Durch die Taten der jungen Männer sei kein physischer Schaden entstanden, es handele sich um ein pures Delikt gegen die herrschende Meinung. Dieses dürfe keineswegs so schwer bestraft werden wie etwa ein Mord.

In vielen Wendungen drückte Voltaire seinen Abscheu über das Vorgehen der französischen Justiz aus, über deren Tyrannei und Barbarei. Das Urteil empöre ganz Frankreich, ja Europa – umstandslos machte sich das Haupt der französischen Aufklärung zum Sprecher der gesamten aufgeklärten Öffentlichkeit. Anders als im Fall Calas ging es hier aber nicht um den Nachweis der Täterschaft, sondern um den Charakter der Tat. Ihre Faktizität zog Voltaire nicht in Zweifel, und er war weit davon entfernt, sie zu rechtfertigen. Vielmehr relativierte er ihr Gewicht, das keineswegs eine Kapitalstrafe rechtfertige. Vorsichtig noch wird hier das Kriminaldelikt der Gotteslästerung in Frage gestellt. Ein wenig pathetisch – ganz im Stil der Aufklärung selbst – könnte man trotzdem formulieren, dass hier zum ersten Mal der Blasphemie-Anklage vor den Schranken des Gerichts der öffentlichen Meinung Europas der Prozess gemacht wird.

Einige Jahre später ließ es sich Voltaire nicht nehmen, in die erweiterte Neuausgabe des *Dictionnaire philosophique* ein Stichwort »Blasphemie« einzufügen.[97] Darin erläutert er, dass bei der Bestrafung von Gotteslästerern Milde, Gnade und Mitleid am Platz seien; es sei absurd, dass ein solches Vergehen ebenso schwer bestraft werden könne wie Morde an den Eltern oder mittels Gift. Ein Todesurteil für ein Delikt, das nicht mehr verdiene als eine Züchtigung, sei nichts anderes als ein »Attentat, das mit dem Schwert der Gerechtigkeit begangen werde« – mit anderen Worten: ein Justizmord. In den weiteren Passagen des Artikels kommt Voltaire allerdings auf ein noch fundamentaleres Argument gegen den Gotteslästerungsvorwurf zu sprechen, nämlich das Problem perspektivisch unterschiedlicher Bewertung: Denn sei es nicht so, dass ein Mann, der an einem Ort als Lästerer gelte, an einem anderen für einen frommen Mann gehalten würde? Seine antike Parabel über einen etruskischen Kaufmann, der in Ägypten wegen der Missachtung der lokalen religiösen Gebräuche hingerichtet wurde, stellt eine deutliche Anspielung auf die Affäre La Barre dar. Die weiteren Beispiele weisen in die gleiche Richtung: Seien nicht die ersten Christen von den Heiden als Gotteslästerer angeklagt worden, lange bevor Erstere den Spieß herumdrehten und die Letzteren ihrerseits beschuldigten, Blasphemie zu verüben? Und hätten nicht die Jesuiten ihre innerkatholischen Gegner, die Jansenisten, lange Zeit als Gotteslästerer verfolgen lassen, die ihrerseits durch Tausende Bände gelehrter Abhandlungen zu beweisen suchten, dass es die Jesuiten seien, die Gott lästerten? Mit diesem kulturrelativistischen Argument legt Voltaire die Axt an die Wurzel des Blasphemie-Konzepts.

Der Philosoph sollte auch später in der Blasphemie-Frage nicht lockerlassen. Im Juni 1775 suchte er den neuen Monarchen Ludwig XVI.

zu bewegen, eine Revision des La Barre-Prozesses zu veranlassen.[98] Diesmal allerdings blieb ihm der persönliche Erfolg versagt, anders als im Fall Calas. La Barre wurde vorerst nicht rehabilitiert, sollte aber der letzte mit Kapitalstrafen belegte Gotteslästerer in Frankreich bleiben. Erst mit der Französischen Revolution setzte sich Voltaires Position auch auf der grundsätzlichen Ebene durch. Schon der Artikel 10 der Menschenrechtserklärung vom August 1789 formulierte, dass niemand wegen seiner religiösen Meinungen belangt werden solle, solange seine Äußerungen nicht die gesetzlich geschützte öffentliche Ordnung stör-ten. Im September 1791 schaffte Frankreich als erste Nation Europas in einem neuen Strafgesetzbuch die Blasphemie ab. In diesem Werk, so beteuerte Lepeletier de Saint Fargeau als Mitglied der Konstituante, werde die Masse jener »imaginären Verbrechen«, von denen die alten Gesetzbücher voll seien, beseitigt. Kapitalverbrechen wie Ketzerei, Beleidigung Gottes, Hexerei und Magie, »um derentwillen im Namen des Himmels viel Blut vergossen worden sei«, fänden sich darin nicht mehr.[99] Unter die Affäre La Barre selbst zog dann der Nationalkonvent am 23. Brumaire des Jahres II (15. November 1793) einen Schlussstrich, indem er den jungen Chevalier als »Opfer von Aberglauben und Unwissenheit« posthum rehabilitierte.[100]

# 15. Repression und Skandalisierung in der Moderne

Kann das 19. Jahrhundert als ein Zeitalter der Moderne bezeichnet werden? Darüber ließe sich prinzipiell trefflich streiten, doch in der Perspektive einer Geschichte der Blasphemie erscheint es durchaus sinnvoll. ›Moderne‹ heißt dabei keineswegs, dass das Delikt der Gotteslästerung obsolet geworden war – abgeschafft wurde es, wie in Frankreich mit der Revolution, nur selten. Doch selbst dort wurden Anschläge auf die religiöse Moral weiterhin kriminalisiert. ›Moderne‹ bedeutete ebenso wenig, dass Blasphemie-Gesetze nicht mehr eingesetzt werden konnten, um gegen Andersdenkende und Oppositionelle vorzugehen. Im Gegenteil, die Möglichkeit der Repression wird nun, da der Charakter der Blasphemie als Staatsverbrechen in den Vordergrund trat, deutlich sichtbar.

Zugleich wurde diese Repression aber auch kritisierbar. Sowohl das Konzept Blasphemie an sich als auch die jeweiligen Einzelfälle wurden nun regelmäßig zum Gegenstand heftigen öffentlichen Streits. Anders als in früheren Jahrhunderten hatte sich eine Sphäre legitimer öffentlicher Kritik etabliert, in der eine gewisse Meinungsfreiheit herrschen sollte. Über die Grenze zwischen legitimer Kritik und illegitimer Lästerung wurde nun permanent gerungen, sowohl in einer sich entfaltenden medialen Öffentlichkeit als auch vor Gericht. Dabei war keineswegs ausgemacht, dass immer nur die Hüter der traditionellen Moral und die Vertreter der konservativen Staatsmacht den Sieg davontrugen. Blasphemie hatte ein beträchtliches Skandalisierungspotenzial, das politische Aktivisten und avantgardistische Künstler bisweilen durchaus zu ihren Gunsten nutzen konnten.

## Frankreich: Radikaler Antiklerikalismus

Mit dem ersten Strafgesetzbuch vom 25. September 1791 hatte das revolutionäre Frankreich die Gotteslästerung ausdrücklich abgeschafft.[101] Insgesamt betrieb die Revolution eine dezidiert antikirchliche Politik. Die umstrittene Zivilverfassung des Klerus, welche die Pfarrer zu staatlichen Beamten machen sollte, wurde zunehmend mit Gewalt durchgesetzt. Die jakobinischen Versuche, das Land zu entchristianisieren, erreichten mit dem Fest der Vernunft und dem Kult des höchsten Wesens in den Jahren 1793/94 ihren Höhepunkt. Dennoch blieb der Katholizismus in Frankreich während und nach der Revolution tiefer verwurzelt, als es diese rabiate Modernisierung ›von oben‹ vermuten lässt. Mit dem Konkordat vom 15. Juli 1801, ausgehandelt zwischen Papst Pius VII. und Napoleon Bonaparte, wurde der Kirchenkampf vorläufig beendet. Die Kurie erkannte die Republik, die Zivilverfassung der Kirche und die Pluralität der Bekenntnisse grundsätzlich an, während die Präambel umgekehrt den Katholizismus als die Religion »der großen Mehrheit der französischen Bürger« bezeichnete.

### Schutz der öffentlichen Moral

Der Schutz der katholischen Mehrheitsreligion rückte mit der Restauration nach der Niederlage Napoleons ab 1815 wieder auf die politische Tagesordnung. Als Werkzeug diente die Sanktionierung von Verstößen gegen die öffentliche Moral.[102] Bereits der Napoleonische *Code pénal* von 1810 hatte im Paragraphen 287 die Verbreitung von Texten und Bildern, die gegen die guten Sitten verstießen, unter Strafe gestellt. Im Frühjahr 1819 nun debattierte die französische Abgeordnetenkammer über das Gesetzespaket des liberalen Justizministers de Serre. Es hatte das Ziel, Kontrolle und Zensur gegenüber der Presse zu lockern, sollte zugleich aber Grenzen der Meinungsfreiheit festzurren. Missachtungen der öffentlichen Moral und der guten Sitten sollten, so sah es der Entwurf vor, mit Gefängnisstrafen von bis zu einem Jahr oder

Geldstrafen geahndet werden. Konservative Abgeordnete plädierten dafür, ergänzend auch den Verstoß gegen die religiöse Moral unter Strafe zu stellen.

Vergeblich warnten liberale Opponenten wie Benjamin Constant davor, die Gerichtssäle zu Kampfstätten der Metaphysik zu machen,[103] und natürlich fand auch der viel weitergehende Vorschlag, ganz auf eine Einschränkung der Meinungsfreiheit zu verzichten, keine Mehrheit. Im Gegenteil, im *loi de Serre* wurde die Sanktionierung von Verstößen gegen die öffentliche und religiöse Moral schließlich festgeschrieben. Man hat in diesem Zusammenhang von einer »Wiedereinführung des Blasphemiedelikts« durch die Hintertür gesprochen.[104] Aber die Zeiten hatten sich geändert, Religion war ebenso wenig wie Moral sakrosankt und jeder öffentlichen Debatte enthoben. Wie Constant in einer seiner religionspolitischen Schriften aus jener Zeit hervorhob, sei es gerade die »Entstellung der Religion« durch den Staat, die strenge Reglementierung eigentlich individueller religiöser Gefühle durch die öffentliche Gewalt, die zum offenen Bekenntnis gegenteiliger Meinungen den Anreiz biete.[105]

Zum Inbegriff der restaurativen Normgebung der 1820er Jahre wurde allerdings das »Gesetz über das Sakrileg« vom 20. April 1825.[106] Mit ihm sollte neben dem Kirchendiebstahl die Profanierung und Entehrung von geweihten Hostien oder anderen heiligen Gegenständen bestraft werden; außer langen Haftstrafen war sogar die Todesstrafe möglich. Ein versuchter Gottesmord, so äußerte der Comte de Breteuil in der Debatte, rechtfertige derart drastische Strafen. Der Marquis de Lally-Tollendal hielt mit Beccaria-Zitaten dagegen: Es sei unmöglich, die Größe Gottes mit der Hinrichtung eines Menschen in Übereinstimmung zu bringen. Das Gesetz wurde verabschiedet, aber bereits im Zuge der Revolution von 1830 wieder abgeschafft, ohne jemals Anwendung gefunden zu haben. Die tatsächlichen religiösen Konflikte spielten sich ohnehin anderswo ab, wenn etwa in der französischen Provinz vereinzelte Protestanten wegen Missachtung der katholischen Fronleichnamsprozessionen zu Geldbußen verurteilt wurden.

Verschärfte Anwendung fand das Gesetz über die öffentliche Moral nach dem Staatsstreich von 1852 im Zweiten Kaiserreich, denn das autoritäre Regime Napoleons III. stützte sich nicht zuletzt auf konservative Eliten und traditionell gesinnte Landbewohner. Insbesondere in ihrem Kampf gegen einen als verderblich empfundenen Realismus bedienten sich Vertreter der Staatsmacht des Gesetzes gegen die öffentliche und religiöse Moral.[107] Im Abstand weniger Monate standen so zwei Schriftsteller wegen ihres neuen, realistischen Stils vor Gericht. Gustave Flaubert hielt man die Anstößigkeit der Ehebruchsgeschichte in seinem Roman *Madame Bovary* vor, daneben auch die Vermischung sinnlicher Bilder mit heiligen Dingen. Gleichwohl wurde er von der Strafkammer freigesprochen. Der radikalere Charles Baudelaire kam nicht so glimpflich davon und wurde zu einer saftigen Geldstrafe verurteilt. Seine Gedichtsammlung »Blumen des Bösen« verstieß nach Meinung der Richter durch ihre sinnliche Darstellung gegen die öffentliche Moral, wenngleich eine blasphemische Absicht nicht vorgelegen habe.

Auch andere Personen des öffentlichen Lebens wurden wegen Verstößen gegen die religiöse Moral belangt, etwa der radikale Gesellschaftskritiker Pierre-Joseph Proudhon. Wegen seiner Generalabrechnung mit dem Christentum in einem Buch von 1858 wurde er zu einer dreijährigen Haftstrafe verurteilt. Verstöße gegen die religiöse Moral wurden nicht nur Künstlern zur Last gelegt, auch alltägliche Sprechakte waren vor Verurteilungen nicht gefeit. Ein gewisser Brisson hatte bei einer öffentlichen Versammlung die Erfindung eines guten Gottes als alten Virus bezeichnet, den es auszurotten gelte. Zwar sei die Äußerung atheistischer oder materialistischer Prinzipien nicht per se strafbar, aber mit der Viren-Metapher habe Brisson eindeutig die religiöse Moral verletzt, so befand ein Gericht – zwei Monate Gefängnis und 200 Francs Geldstrafe waren die Konsequenz.[108]

In der republikanischen Opposition festigte sich unterdessen ein radikaler Antiklerikalismus. Dieser wurzelte in Traditionen, die bis in die Revolutionszeit (und vielleicht noch viel weiter) zurückreichen. Doch auch die verstärkte Repression im Zeichen der sittlichen und religiösen Moral, gegen die sich Widerstand formierte, spielte eine Rolle. In den ersten Jahren der konservativ regierten Dritten Republik verschwand diese Repression keineswegs, aber nachdem sich die Republik konsolidiert hatte, wurden die politischen und bürgerlichen Freiheiten ausgebaut. Eine Zäsur stellten hier vor allem die Gesetze zur Versammlungs- und zur Pressefreiheit vom Sommer 1881 dar, die dem Tatbestand des Moral- und Sittenverstoßes den Garaus machten. Im Vorfeld hatte der Radikalsozialist Georges Clemenceau den Verstoß gegen die religiöse Moral als ein willkürliches, monarchisches Gesetz gebrandmarkt, das einer Republik unwürdig sei. Einem Abgeordneten, der pathetisch den Schutz katholischer Werte und Ansichten einforderte, entgegnete Clemenceau – das alte aufklärerische Argument paraphrasierend – gelassen, Gott bedürfe wohl kaum der Abgeordnetenkammer, um sich zu verteidigen.[109] Wenige Monate später wurde der Religionsschutzparagraph abgeschafft.

Bereits zuvor war das öffentliche Leben, zumindest in Paris, keineswegs von ängstlicher Bigotterie geprägt gewesen. Für eine erhebliche Freiheit des künstlerischen Ausdrucks steht das Werk des belgischen Zeichners Félicien Rops, der ab den 1860er Jahren in der französischen Hauptstadt eindrucksvolle Erfolge feierte. Sein Werk verkörpert bis heute wie kaum ein zweites die Verbindung von Religion und Sexualität. Traditionell christliche Motive verband er mit einer radikalen Offenheit und Modernität, etwa in der Versuchung des Heiligen Antonius aus dem Jahr 1878. Hier wird der fromme Mann mit einer lasziv am Kreuz hängenden, üppigen Frauengestalt konfrontiert, während ein schelmischer Satan den leidenden Christus beiseiteschiebt. Die provozierende Radierung mit dem Titel »Die heilige Theresa als Philosophin oder Religiöse Berufung« wiederum zeigt eine nackte Frau in innig-küssender Umarmung mit dem Gekreuzigten – offenbar spielt der Titel sowohl auf die heilige Mystikerin an als auch auf den libertären Schlüsselroman »Thérèse philosophe« aus dem 18. Jahrhundert. Es ist kaum anzuzweifeln, dass seine Bilder von vielen Zeitgenossen als blasphemisch empfunden wurden. Rops selbst und viele seiner Bewunderer verstanden sie dagegen als tief empfundenes Ringen mit den Abgründen der menschlichen Triebhaftigkeit. Wirklich inkriminiert wurden seine Werke in Frankreich damals nicht, auch wenn von ihm illustrierte Bücher noch 1888 beschlagnahmt wurden. Drei Tage zuvor hatte er jedoch das Band der Ehrenlegion verliehen bekommen, Ausdruck seiner öffentlichen Wertschätzung.[110]

**Propaganda im Zeichen des Laizismus**

Insgesamt wurde während der Dritten Republik die Religion weniger in der Kunst attackiert als vielmehr in der politischen Propaganda. Das hat viel mit dem Selbstverständnis der politischen Elite jener Zeit zu tun. Dieses Milieu sah sich in der Tradition einer Revolution, welche die Menschen von den dunklen Kräften des Ancien Régime befreien und dem Fortschritt zum Durchbruch verhelfen wollte. Die Popularität des Republikanismus beruhte zu einem guten Teil auf einem optimistischen Zukunftsprogramm, in dem die anbrechende Ära des Lichts das Dunkel einer alten Zeit beendete.[111] Zum Herzstück dieser Ideologie gehörten der Kulturkampf gegen die katholische Kirche und das Ringen um den Laizismus *(laïcité)*. Nach heftigem politischem Ringen wurde die konsequente Trennung von Staat und Kirche mit dem Separationsgesetz von 1905 Wirklichkeit. Im Kontext der oft beschworenen *Deux Frances* bedeutete das Gesetz den Sieg des urbanen Bürgertums über das traditionelle, ländlich und katholisch geprägte antimodernistische Frankreich.[112] Mit dem Trennungsgesetz verlor die Kirche ihre privilegierte Stellung und sank auf den Status eines privatrechtlichen Vereins herab. Die Geistlichkeit wurde aus dem Staatsdienst entlassen, der Glaube war fortan reine Privatsache.

Dieser Zäsur waren heftige öffentliche Kämpfe vorausgegangen. Überhaupt war der Staat um die Jahrhundertwende von starken und teils gewalttätigen Konflikten erschüttert worden, einschließlich spektakulärer Attentate und Staatsstreichversuche. Im Verlauf der berühmten Dreyfus-Affäre zwischen 1895 und 1900 wurde nichts weniger verhandelt »als die Wertehierarchie von Rechtsstaatlichkeit und individueller Gerechtigkeit auf der einen Seite sowie der Wahrung gesellschaftlicher Autoritäten, des Nationalismus und der katholischen Identität Frankreichs auf der anderen«.[113] Die katholische Kirche positionierte sich in dieser Schlachtordnung in ihrer großen Mehrheit offensiv gegen die Republik und für eine monarchisch-autoritäre Staatsform. Sie unterstützte die Anti-Dreyfus-Partei mit antisemitischen und nationalistischen Parolen.

So hatte es durchaus einen realpolitischen Kern, wenn sich die Republik unter dem Banner des Antiklerikalismus sammelte, getreu dem berühmten Kampfruf des republikanischen Politikers Léon Gambetta: »Der Klerikalismus ist der Feind!«[114] Bei diesem Antiklerikalismus handelte es sich keineswegs um eine exklusiv französische Erscheinung, sondern um ein europaweites Phänomen. Stark verbreitet war er zum Beispiel auch im katholischen Spanien, wenngleich er dort viel länger in der Opposition blieb.[115] Allerdings übertrifft die Schmähung der katholischen Kirche und ihrer Repräsentanten im öffentlichen Diskurs Frankreichs vor und nach 1905 wohl alles bisher Dagewesene.[116] Getragen wurde die Propaganda von zahlreichen antiklerikalen Journalen, die von freidenkerischen und laizistischen Vereinigungen herausgegeben wurden und die im Gefolge der 1881 durchgesetzten Meinungs- und Pressefreiheit gegründet worden waren. Im Umfeld des Gesetzes von 1905 gab es dann eine neue Gründungswelle. Zu den bekanntesten Pamphleten gehörte die antiklerikale Wochenzeitung *La Calotte*, die ab 1906 erschien und im Titel das kleine Scheitelkäppchen des Klerikers führte. *A bas la calotte!* (»Runter mit der Kappe!«) war einer der Schlachtrufe der Bewegung.

Radikaler noch gerierte sich das 1904 zunächst in Brüssel gegründete, dann aber schnell auch in Paris erscheinende Freidenker-Journal *Les Corbeaux*. Die rüden Karikaturen dieser Blätter waren selbst im Lager der Freidenker nicht unumstritten, wo manche eher auf rationale Aufklärung denn auf scharfe Propaganda setzen wollten. Ihnen wurde entgegengehalten, dass man auf das wirksame Instrument zuspitzender Bilder im antiklerikalen Kampf nicht verzichten könne. Allerdings ist anzuzweifeln, dass freidenkerische Produkte Adressaten jenseits des eigenen Lagers erreichen oder gar umstimmen konnten. Vielmehr dürften sie den Graben zwischen den *Deux Frances* vertieft haben. Ebenso wie die begleitenden Texte, Witze und Gedichte waren vor allem die Karikaturen eher eine Art freidenkerische Predigt an die eigenen Anhänger. So veröffentlichte *Les Corbeaux* im April 1907 einen flammenden Aufruf *(Aux libres-penseurs! Aux anticléricaux!)*, in dem die Trennung von Staat und Kirche nur als kleiner Schritt auf dem Weg zu einem viel umfassenderen Ziel bezeichnet wurde: Man werde den Kampf weiterführen, bis das gefräßige Monster der Religion vom Antlitz der Erde getilgt und jegliche religiöse Idee vollständig ausgelöscht sei.[117]

Aus heutiger Sicht handelt es sich bei den Produkten der antiklerikalen Presse um eine schwer erträgliche Melange aus stereotypen Feindbildern, ebenso kruden wie haltlosen Verschwörungstheorien und geschmacklosen persönlichen Schmähungen. Ihre vereinfachenden und oft gewalttätigen Metaphern bedienten Vorurteile, die eine deutliche Verwandtschaft zu anderen gruppenbezogenen Herabsetzungen aufwiesen, gerade auch zu antisemitischen Darstellungen. Dabei umfassten die Waffen der Karikaturisten ein breites Spektrum. Dazu gehörten etwa körperliche Verzerrungen: Die stereotypen Kleriker hatten allesamt unförmig-dicke Leiber, dämonisch verzerrte Gesichter oder lange Nasen. Gesteigert werden konnte diese Charakterisierung noch durch die Verwandlung in Tiere: Kleriker als insektenhafte Parasiten, Asseln, Kakerlaken und Spinnen, als dumme Esel oder, sehr beliebt, als Schweine. Alle diese Überzeichnungen sollten die angeblichen Verhaltensdefizite der Geistlichkeit andeuten, die auch insgesamt in scharfen Bildern angeprangert wurden: sexuelle Promiskuität, vorzüglich natürlich mit lüsternen Nonnen oder unschuldigen jungen Mädchen, unmäßiges Fressen und Saufen und immer wieder die Gier nach Geld, das vor allem armen Leuten abgepresst wird.

Ein Gegengewicht zu diesem klerikalen Sündenregister waren Strafphantasien, die auf die gar nicht klammheimliche Freude der eigenen Anhänger zielten: So erscheint Marianne als Verkörperung der französischen Nation, die über die ohnmächtigen Pfarrer triumphiert oder den Kleriker gleich am Galgen baumeln lässt. Beliebt waren auch fäkal-skatologische Motive wie der Papst auf dem Abort oder der Kleriker, dem ins Ohr gefurzt oder in den Mund defäkiert wird. Ein anderer Strang antikirchlicher Propaganda nahm die geheime Weltherrschaft

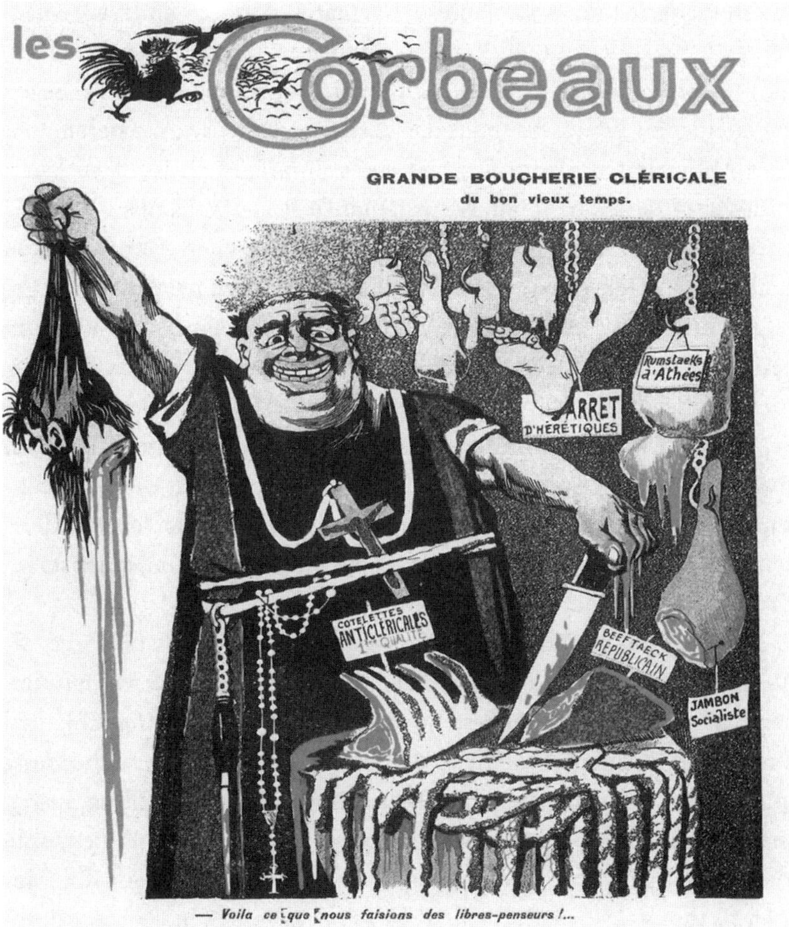


**11** »Großes geistliches Gemetzel der guten alten Zeit« – »Das tun wir mit Freidenkern!« Der Klerus verarbeitet seine Gegner zu Frischfleisch. Karikatur aus *Les Corbeaux* Nr. 125, August 1907

der Kirche ins Visier: Ein finsterer, dämonischer Jesuit hält die ganze Welt in seinen Armen oder verrichtet auf dem Globus seine Notdurft (»klerikale Wohltaten«). Oder die Kirche wurde als blutgetränkter Metzger dargestellt, der alle Gegner – ob Häretiker oder Atheisten, ob Republikaner oder Sozialisten – zu Fleisch- und Wurstwaren verarbeitet.

Zweifellos hätten schon diese Karikaturen unter anderen rechtlichen Umständen zu zahlreichen Anklagen wegen Blasphemie geführt, auch wenn sich ihre Stoßrichtung in der Hauptsache ›nur‹ gegen die weltlichen Repräsentanten der Kirche richtete, wie sie bereits seit dem Mittelalter noch im Kontext eines dominant christlichen Weltbildes zum Gegenstand eines virulenten Antiklerikalismus geworden waren.[118] Allerdings machten die republikanischen Karikaturisten auch vor dem Jenseits nicht halt. So gab es Darstellungen, in denen gezeigt wurde, dass der Klerus den Teufel als Schreckensfigur nutzt, um den Gläubigen das Geld aus der Tasche zu ziehen, oder dass den Kirchenmännern nach dem Tod kein anderer Weg bleibt als das für »Gauner« und »Diebe« bestimmte Tor in die Hölle. Diese mochten noch eine Trennung zwischen ›guter himmlischer Botschaft‹ und ›schlechtem Bodenpersonal‹ ermöglichen. Das galt auch für den feisten Kleriker, der Christus erneut ans Kreuz nagelt mit den Worten, jener sei im Grunde nichts anderes als ein schmutziger Sozialist.

Aber das aufklärerische Entzauberungsprogramm wollte die als Aberglaube denunzierte Religion noch grundsätzlicher angreifen und der Lächerlichkeit preisgeben. So wurde Gott selbst häufiger als mal kindischer, mal zynischer Greis dargestellt, der mit seiner Schöpfung spielt. Die Zeichner machten sich zudem über die Vorstellung lustig, Jesus sei der Gottessohn. In Darstellungen der Heiligen Familie wurde Josef regelmäßig mit einem riesigen Hirschgeweih auf dem Kopf gezeigt. Damit wurde verbildlicht, dass mit der Geschichte von der jungfräulichen Empfängnis kaum die Hörner verdeckt werden können, die Marias Gatten tatsächlich aufgesetzt worden seien. Kaum irgendwo und irgendwann manifestierte sich, so ist zu resümieren, ein offen blasphemisches Bildprogramm so stark wie im Frankreich der *Belle Epoque*. Seine Wirkmächtigkeit lässt sich bis in die französische Gegenwart hinein verfolgen, wie die Karikaturen von *Charlie Hebdo* sinnfällig machen. Allerdings hat sich der kulturelle und politische Kontext mit der Globalisierung inzwischen entscheidend gewandelt.

## Großbritannien: Blasphemie als politische Waffe

»Die wenigen Intelligenten auf Befehl der vielen Unwissenden
zu verfolgen – das ist Gotteslästerung.
Ketten zu schmieden und Verliese zu bauen für
ehrliche Mitmenschen – das ist Gotteslästerung.
Die Seelen von Kindern mit dem Dogma der ewigen Höllenstrafe
zu beschmutzen – das ist Gotteslästerung.«
*Robert Ingersoll 1887*[119]

Die Geschichte der Blasphemie im modernen England beginnt mit Thomas Paine, einer Brückengestalt der englischen und französischen Geschichte,[120] genauer: mit der Verurteilung seines Verlegers Thomas Williams 1797 in London zu einem Jahr harter Gefängnisstrafe und einer hohen Geldsumme, weil er Paines *Age of Reason* publiziert hatte. Zu diesem Zeitpunkt war der Autor bereits eine berühmte Figur. Als einer der Gründerväter der Vereinigten Staaten hatte er für Unabhängigkeit, Menschenrechte und Demokratie geworben, und als Sympathisant der Französischen Revolution hatte er deren Prinzipien 1791 in einer vielgelesenen Streitschrift *(The Rights of Man)* verteidigt. Wegen aufrührerischer Schriften in England angeklagt, ging er nach Frankreich, wo er zunächst als Abgeordneter der Nationalversammlung wirken konnte, dann aber im Zuge der Radikalisierung verhaftet wurde und fast dem *Terreur* der Revolution zum Opfer gefallen wäre. Nach der Hinrichtung Robespierres wurde er freigelassen und vollendete die Schrift, um derentwillen Williams in London später verhaftet werden sollte.

### Religion und Sozialprotest

Paine sei ein ehrenwerter Mann, er habe sein Buch nicht mit blasphemischer Absicht geschrieben und respektvoll von Gott gesprochen, so postulierte Williams' Verteidiger im Prozess. Das konnte man so sehen, hatte der Autor doch in seinem persönlichen Bekenntnis zu Beginn geschrieben, er glaube an einen Gott und er hoffe auf Glückseligkeit nach diesem Leben. Außerdem habe er keineswegs die Absicht, Andersgläubige zu verdammen. Andererseits aber stellte er direkt klar, dass er keiner existierenden Kirche anhänge: »Ich glaube weder an das Glaubensbekenntnis der jüdischen Kirche, der römischen Kirche, der griechischen Kirche, der türkischen Kirche, der protestantischen Kirche noch an dasjenige einer anderen mir bekannten Kirche. Meine Kirche ist mein eigener Geist.« Das war starker Tobak, aber noch stärker erschien seine kühle Analyse, bei all diesen Institutionen handele es sich seiner Überzeugung nach um »menschliche Erfindungen, geschaffen zur Unterdrückung der Menschheit und zur Monopolisierung von Macht und Profit«.

Alle Religionen als Einrichtungen zur Unterdrückung der Menschheit – in dieser These klingt bereits das Marx'sche »Opium für das Volk« an. Die Gleichstellung aller Religionen, auch des Christentums, musste für deren Vertreter etwas fundamental Herabsetzendes haben. Und auch Paines Äußerungen über Glaubenstatsachen waren zwar kühl, aber eindeutig: Zwar sei Jesus zweifellos ein tugendreicher und liebenswerter Mensch gewesen, aber die Berichte über seine Wiederauferstehung tragen alle Zeichen von »Betrug und Täuschung« auf der Stirn. Die »Fabel« von Jesus Christus und seiner Herkunft, die Erzählung von der jungen verheirateten Frau, die von einem Geist unter dem gottlosen Vorwand verführt wurde, der Heilige Geist würde über sie kommen – all das sei »gotteslästerlich obszön«.[121] Indem Paine hier den Blasphemie-Vorwurf gegen das Christentum selbst wendet, treibt er seine kühl-distanzierte Analyse gleichsam auf die Spitze.

Thomas Paine war kein Wissenschaftler, der lediglich für die Gelehrtenwelt schrieb, seine Traktate zielten auf Breitenwirkung. Als Anwalt der unteren Klassen verteidigte er deren politische Gleichberechtigung ebenso wie ihr Recht auf soziale Wohlfahrt. Mit seiner Anprangerung der Religion als Instrument der Herrschenden verknüpfte er die soziale und die religiöse Frage und verkehrte das Postulat von Lord Hale, an der richtigen Religion hänge die Ordnung des Landes, ins Gegenteil. Wer die grundlegende Infragestellung der Prinzipien des Staates betrieb, für den lag es nahe, zugleich die Religion fundamental in Frage zu stellen. Der Vorwurf der Gotteslästerung wurde im Zuge dieses Diskurses als eine Machttechnik zur Verteidigung der herrschenden Verhältnisse sichtbar – und damit zugleich angreifbar.

Paradoxerweise waren es vorerst die Verteidiger der Ordnung, die das in aller Klarheit unterstrichen. Thomas Erskine, der Ankläger von Paines Londoner Verleger, der zuvor selbst schon als Verteidiger der Pressefreiheit fungiert hatte, betonte in seinem Plädoyer, Paines Traktat raube der niedrigen und armen Bevölkerung die Tröstungen des Christentums. Wortreich beschrieb er den kinderreichen gemeinen Mann, arm an Geld, von der Last schwerer Arbeit niedergedrückt. Ihm habe Paines *Age of Reason* seine letzte Hoffnung geraubt, diejenige auf ein glückliches Leben nach dem Tod. Rede- und Pressefreiheit, so Erskine, bedeuteten keineswegs Straflosigkeit für die Verleugner jener Religion, auf welche die Regierung gegründet sei. Unbegrenzte Freiheit bedeute eine Einladung an die untersten Klassen zur Aufkündigung des Gehorsams.[122]

In ähnlicher Weise sollte Thomas Starkie 1812 in einem Rechtskommentar betonen, es gehe bei der Ahndung der Blasphemie nicht um die Beleidigungen gegen den Schöpfer. Die Verurteilung von Gotteslästerung schütze vielmehr »den Frieden und die gute Ordnung der *civil society*«. Er betonte dabei den Charakter der Blasphemie als »Akt der Empörung und der Gewalt«, als »grobe Beleidigung der Gläubigen« und als »zügellosen, schmählichen Missbrauch«, der das prinzipielle Recht auf Kritik und Diskussion außer Kraft setzte.[123] Im gleichen Jahr wurde ein anderer Verleger von Paines Buch, Daniel Isaac Eaton, wegen Blasphemie verurteilt; trotz seines hohen Alters von über 60 Jahren musste er 18 Monate schwere Haft in Newgate verbringen und wurde zudem an den Pranger gestellt. Dass zur gleichen Zeit mit dem *Trinity Act* der Unitarismus legalisiert, das heißt von den Bestimmungen des *Blasphemy Act* ausgenommen wurde, änderte nichts an der prinzipiellen Bestrafung von Gotteslästerern.

Die Furcht der Regierenden vor einem kritischen Geist wie Thomas Paine muss vor dem Hintergrund der allgemeinen Lage in Großbritannien nach den Napoleonischen Kriegen gesehen werden. Zur ökonomischen Depression der postnapoleonischen Ära gesellte sich als längerfristiger Faktor die soziale Krise der Industrialisierung. Die unteren Klassen drängten auf mehr politische Mitsprache und eine bessere soziale Absicherung. Die konservativen Tories reagierten mit repressiven Maßnahmen: Diese fanden ihren symbolträchtigen Höhepunkt im Blutbad, das Ordnungskräfte unter den Teilnehmern einer großen Demonstration auf dem St. Peter's Field bei Manchester im Jahr 1819 anrichteten, das als »Peterloo«-Massaker in die Geschichte einging. Zum Arsenal konservativer Politik gehörte nach 1815 auch eine repressive Pressepolitik, mit der man versuchte, billige Pamphlete und Zeitungen zu verhindern oder aus dem Verkehr zu ziehen.[124] Zu den berüchtigten *Six acts* im Gefolge des Peterloo-Massakers gehörte der *Blasphemous and Seditious Libels Act*, der alle billigen Presseerzeugnisse unter den Generalverdacht stellte, lästerlich und aufrührerisch zu sein. Nie wirklich angewandt, entfaltete er doch eine gewisse symbolische Bedeutung. In der Praxis bedeutsamer vielleicht war die Einführung bzw. Erhöhung prohibitiver Steuern (Stempelgebühren) auf Presseerzeugnisse, womit sie für ärmere Leute unerschwinglich gemacht werden sollten.

Ab 1817 nahm die Zahl der Anklagen wegen Gotteslästerung stark zu, insgesamt waren es in den folgenden zwei Jahrzehnten ca. 150 Verfahren.[125] Darunter waren einige gegen bedeutende Angeklagte. Den Reigen spektakulärer Verfahren eröffnete William Hone.[126] Mit ihm bekam die kontroverse Debatte um gotteslästerliche Äußerungen und Texte eine zuvor nicht präsent gewesene literarische Dimension. Hone war ein sozialreformerischer Schriftsteller und Journalist, der sich vorwiegend satirisch-parodistischer Mittel bediente, um seine politischen Botschaften zu transportieren. So verhielt es sich auch mit einer Serie von drei Parodien, die er 1817 veröffentlichte. Alle drei Texte bedienten sich formal liturgischer Formen, wie der des (Athanasischen) Glaubensbekenntnisses oder des Katechismus, um Kritik an gesellschaftlichen Missständen zu üben. So begann zum Beispiel das Glaubensbekenntnis mit der Mahnung, jeder, der selig werden wolle, müsse am katholischen Glauben festhalten. Dagegen eröffnete Hone sein Glaubensbekenntnis des Inhabers einer kirchlichen Pfründe mit der Anweisung, jeder Pfründner müsse eine Stellung finden, die Einkünfte ohne Amtspflichten erbringe. Und seine politische Litanei begann mit einer ironischen Anrufung des Herrschers, der Mitglieder des Parlaments und der Adligen durch ihre armen, von Steuern und Abgaben gebeutelten Untertanen.[127]

Trotz dieses genuin politischen Charakters der Schriften brachten seine Ankläger den Verfasser wegen gotteslästerlicher Schmähung *(blasphemous libel)* vor Gericht und eröffneten für jede der drei Schriften ein eigenes »ex officio«-Verfahren, wie es eigentlich für Kapitalverbrechen reserviert war. Dieses Vorgehen sollte sich allerdings als Bumerang erweisen, denn Hone verteidigte sich während der Prozesse, die an drei aufeinanderfolgenden Tagen stattfanden, mit großem Geschick und ebenso großer Energie. Er verwandelte den Gerichtssaal damit in eine politische Bühne, und auf den Straßen Londons verfolgten Tausende das Geschehen. Wortreich stritt Hone ab, dass durch seine liturgischen Parodien die christliche Religion herabgewürdigt werde, und verlas vor Gericht frühere parodistische Texte, unter anderem von Martin Luther und dem anglikanischen Märtyrer Hugh Latimer. Damit hatte Hone die Lacher im Zuschauerraum auf seiner Seite. Am Ende sprachen alle drei Jurys den Angeklagten vom Vorwurf der Gotteslästerung frei, und für eine gewisse Zeit war Hone der populärste unter den radikalen Kritikern der Regierung.

Richard Carlile war ein ganz anderer Fall.[128] Aufgrund seiner eigenen Erfahrungen war dieser aus einfachen Verhältnissen stammende Verleger zu einem radikalen Gesellschaftskritiker geworden. Als einer der Sprecher der Kundgebung auf dem St. Peter's Field war er Augenzeuge des Peterloo-Massakers und wurde zu dessen Ankläger. In seinem kleinen Verlag brachte er für wenig Geld Paines *Age of Reason* erneut heraus. Binnen weniger Monate waren Tausende Exemplare verkauft. Was er selbst in seinem neuen Vorwort erwartet hatte, trat prompt ein: Wegen Blasphemie sah er sich mit zahlreichen Anzeigen von staatlicher Seite wie von Privatleuten konfrontiert, unter anderem vonseiten der konservativen *Vice Society*, die sich die Unterdrückung der Sünde und die Aufrechterhaltung der öffentlichen Moral auf die Fahne geschrieben hatte.[129] Offenkundig stellte der Prozess wegen Gotteslästerung eine verdeckte Form der Repression gegen Carliles politische Aktivitäten dar; eine Anklage wegen Aufruhr *(sedition)* war schwerer ins Werk zu setzen. Carlile machte vor Gericht keine besonders imposante Figur, er war kein charismatischer und feuriger Redner wie Hone. Umstandslos wurde er zu einer mehrjährigen Gefängnisstrafe verurteilt, gepaart mit einer hohen Geldbuße und einer noch höheren Sicherheitsleistung, die sein späteres Wohlverhalten garantieren sollte.

Seine Unfähigkeit bzw. seine Weigerung, zu zahlen, führte dazu, dass er insgesamt fast zehn Jahre in Haft blieb. Hier aber entfaltete er seine wahren Qualitäten. Durch seine Unbeugsamkeit und seine hartnäckigen journalistischen Kampagnen, die er aus dem Gefängnis heraus betrieb, wurde er zum Symbol, ja zum Märtyrer der radikalen Sache – vielleicht war er der erste ›politische Gefangene‹ der Geschichte, der seine Rolle systematisch publizistisch ausschlachtete.[130] Sein Verlag wurde erst von der Ehefrau, dann von der Schwester übernommen, die nacheinander ebenfalls inhaftiert wurden. Zahlreiche Angestellte des Geschäfts traten in ihre Fußstapfen, verkauften Paines Buch und Carliles Zeitung *The Republican*. Auch sie wurden nach und nach verhaftet und zu Gefängnisstrafen verurteilt. Insgesamt, so hat man ausgerechnet, seien über 200 Jahre Haft zusammengekommen – ein Pyrrhussieg der konservativen Regierung, denn sie konnte weder die Verbreitung radikaler Ideen noch die wachsenden Sympathien für *Carlile's army* in der öffentlichen Meinung verhindern.

Eine zweite Welle von Blasphemie-Prozessen setzte in den 1840er Jahren ein. Zunächst wurde Henry Hetherington 1840 vor Gericht gestellt.[131] Dieser hatte sich mit seiner – provokativ ohne Steuermarke erscheinenden – Zeitung *The Poor Man's Guardian* schon länger einen Namen als Vorkämpfer der Pressefreiheit gemacht. Sein Blasphemie-Prozess wegen Veröffentlichung eines radikal antikirchlichen Traktats von Charles Haslam folgte zunächst den aus anderen Verfahren bekannten Mustern. Der vorsitzende Richter Denman stellte fest, Haslams Buch handle in sehr herabsetzender Weise über das Alte Testament, und forderte die Jury auf zu prüfen, ob »Ton, Stil und Geist« des Buches »mäßig und züchtig« gehalten seien oder ob es Beleidigungen und Verspottung enthalte.[132] Die Jury verurteilte den Verleger zu vier Monaten Haft.

Hetherington aber war entschlossen, die Prinzipien eines Zweiklassenrechts offenzulegen, das sich fast ausschließlich der Verfolgung billiger und damit »volkstümlicher« Druckerzeugnisse widmete. Zu diesem Zweck wählte er die paradoxe Strategie, selbst eine Anklage wegen Blasphemie zu lancieren.[133] Sie richtete sich gegen den respektablen Verleger Edward Moxon. Dieser hatte unter anderen Werken der hohen Literatur auch die Gesammelten Werke des bereits 1822 verstorbenen Dichters und Paine-Bewunderers Shelly herausgegeben, darunter das lange Gedicht *Qeen Mab* mit vielen offen atheistischen Passagen. Es zirkulierte bereits seit längerem in Raubdrucken als Leittext unter radikalen Freidenkern, also in dem Milieu, dem Hetherington selbst entstammte. Mit der Klage gegen das Gedicht wollte dieser wohl den Doppelstandard der englischen Rechtsprechung aufzeigen, er rechnete wohl mit einem Freispruch.

Tatsächlich sympathisierte Richter Denman mit dem Verleger Moxon und der wortmächtigen und differenzierten Kontextualisierung durch dessen eloquenten Verteidiger. Zur allgemeinen Überraschung kam die Jury dennoch zu einem Schuldspruch, der allerdings kaum konkrete Folgen für den Angeklagten hatte. Der Prozess sollte für lange Zeit der einzige sein, in dem Angelegenheiten der großen Literatur und Kunst verhandelt wurden. Im Ergebnis bekräftigte er die Tatsache eines Zweiklassenrechts gerade in Bezug auf die Gotteslästerung. Wie Holyoake wenig später lakonisch feststellte, erlaube das Gesetz Gotteslästerung in teurer Literatur, entfalte aber seinen heiligen Abscheu dann, wenn sie in billigen Pamphleten *(penny pamphlets)* propagiert werde.[134]

Viele der Verfahren wegen Gotteslästerung in den 1840er Jahren richteten sich gegen Herausgeber und Mitarbeiter des seit 1841 erscheinenden *Oracle of Reason*, wie Charles Southwell, George Jacob

Holyoake oder Thomas Paterson.[135] Southwell, Frühsozialist und bekennender Atheist, war der Gründer dieses Periodikums. Sein polemisches Temperament und sein verbaler Radikalismus führten binnen kürzester Zeit zu einer Anklage wegen Blasphemie. Das ist wenig verwunderlich, denn er erklärte, Gott müsse ein Monster, ein Teufel oder ein Dämon sein, verglich Jesus mit Baron Münchhausen und verunglimpfte die Bibel mit antisemitischer Häme als jüdisches Buch, voll von Sodomie, Gewalt und Verderbtheit. Er wurde zu einem Jahr Haft und der Zahlung von 100 Pfund verurteilt, danach emigrierte er nach Australien.

Sein Nachfolger Holyoake, der bis heute als eine der Gründungsfiguren der Freidenkerbewegung gilt, war aus anderem Holz geschnitzt: Er suchte eher die Vermittlung als die Konfrontation und änderte den Grundton des *Oracle*. Anlass für eine Blasphemie-Anklage gegen ihn war denn auch kein Zeitungsartikel, sondern eine mündliche Äußerung im Anschluss an einen Vortrag, den er in Cheltenham im Mai 1842 hielt. Ein lokaler Prediger fragte, welche Rolle Gott in der neuen, sozialistischen Ordnung zukäme. Holyoake antwortete mit Verweis auf die verbreitete Armut und die hohen Kosten religiöser Institutionen, es sei an der Zeit, Gott auf Halbsold zu setzen, wie man es auch mit demobilisierten Soldaten mache.[136] Dieses Bonmot führte zu einer wütenden Kampagne gegen ihn und zu einer Blasphemie-Anklage, die ihm ein halbes Jahr Gefängnis einbrachte. Sein Fall wurde schnell zu einem im ganzen Land beachteten Skandal gegen die Meinungs- und Pressefreiheit und mündete in die Gründung einer *Anti-Persecution Union*. Holyoake wurde zur Leitfigur der Freidenker und prägte in den 1850er Jahren das Schlagwort vom »Säkularismus«.

So war sein Prozess ebenso wie etliche nachfolgende zwar einerseits ein Nachweis für den anhaltenden Willen der Herrschenden zur Repression, andererseits aber ebenso geeignet, die öffentliche Meinung zum Eintreten für mehr Presse- und Meinungsfreiheit zu motivieren. Blasphemie-Prozesse und die öffentlichen Debatten darüber hatten so sicherlich einen Anteil an der schrittweisen Liberalisierung des Pressewesens und an der Ausweitung demokratischer Partizipation, auch wenn man ihre Bedeutung nicht überschätzen sollte. Die hinter den ›lästerlichen‹ Äußerungen aufscheinenden atheistischen bzw. freidenkerischen Positionen waren im viktorianischen Zeitalter, in dem evangelikale Bewegungen Konjunktur hatten, kaum mehrheitsfähig.

**Freidenker und Wahrheitssucher**

Ab der Mitte des 19. Jahrhunderts wurde das christliche Dogma durch breit rezipierte wissenschaftliche Grundlagenkritik immer stärker in Frage gestellt, durch die historisch-kritischen Entmythologisierungen eines David Friedrich Strauß ebenso wie durch die Evolutionstheorie eines Charles Darwin. Selbst ein durch und durch konservativer Jurist wie Sir James Fitzjames Stephen plädierte 1875 für eine Abschaffung der »rostigen alten Waffe« des Blasphemie-Gesetzes. In einer Zeit, da immer mehr Menschen die Existenz Gottes und die Autorität der Bibel leugneten, riefen Anklagen wegen Gotteslästerung lediglich Mitleid mit den Tätern und mehr Publizität für die Sache hervor, meinte er.[137] Offensiv betrieben wurde die Abschaffung der Blasphemie-Gesetze durch Freidenkerverbände, die sich im letzten Drittel des 19. Jahrhunderts formierten und lautstark zu Wort meldeten. Als Erbe von Holyoake gründete Charles Bradlaugh 1866 die noch heute bestehende *National Secular Society*. Zum radikalen Sprachrohr der Bewegung wurde das seit 1881 (ebenfalls bis in die jüngste Vergangenheit) erscheinende Magazin *The Freethinker* mit seinem Gründer G. W. Foote.[138] Programmatisch propagierte er in der ersten Ausgabe des *Freethinker* vom Mai 1881 die Verwendung blasphemischen Materials als Mittel im Kampf um die öffentliche Meinung: »Der *Freidenker* ist ein antichristliches Organ und daher vor allem aggressiv. Er wird einen unerbittlichen Krieg gegen den Aberglauben im Allgemeinen und gegen den Aberglauben des Christentums im Besonderen führen, (...) indem er die Waffen der Wissenschaft, Gelehrsamkeit und Philosophie gegen die Bibel einsetzt; und er wird keine Skrupel haben, für den gleichen Zweck Waffen des Spottes oder Sarkasmus zu benutzen.«[139] Verspottung und Herabsetzung als offen präsentierte Waffen im Meinungskampf – so hatte das noch niemand auf den Punkt gebracht. Nimmt man die Entwicklungen im Nachbarland Frankreich als Vergleich, so zeichnet sich mit diesem Selbstbewusstsein eine neue Qualität von Blasphemie ab.

*The Freethinker* war ein gut gemachtes, populäres Wochenmagazin zum Preis von einem Penny; zeitweilig erreichte es die stolze Auflage von über zehntausend Exemplaren. Die größte mediale Innovation war der systematische Einsatz von Illustrationen, die schon bald zum festen Bestandteil des Magazins werden sollten. Eine französische Publikation, *La bible amusante* aus der Feder des rüden Antikatholiken Leo Taxil, hatte Foote die Anregung zu den Cartoons gegeben.[140] Allerdings waren die in der Folge im Magazin veröffentlichten *Comic Bible Sketches*, die ihre Gegner zur Weißglut trieben, von ganz eigenem Zuschnitt: Gott als alter Mann, der zu den Worten von 1 Mose 3 (»Es werde Licht!«) seine Pfeife entzündet; Noah, der auf seiner Arche sitzend den Menschen eine Nase dreht, die in den Wassermassen der Sintflut ertrinken, die Gott über sie gebracht hat; der über das Wasser gehende Jesus, der zwei große Holzkanus an den Füßen trägt; und natürlich Jesus, der von zwei Soldaten abgeführt wird, »eingeliefert wegen Gotteslästerung«.[141]

Von vornherein scheinen gerichtliche Auseinandersetzungen beim publizistischen Feldzug des radikalen Freidenkers Foote einkalkuliert worden zu sein. Zwar wolle er nicht absichtlich den Märtyrer spielen, so erklärte Foote, aber er zögere nicht, »das Monster der Verfolgung ans Tageslicht zu zerren«, wenn nötig, und auch um den Preis einiger Schrammen und Kratzer. Man freue sich, die Feindseligkeit der Gegner auf sich zu ziehen und sie zu bekämpfen. Im gleichen Atemzug machte er sich über Zimperlichkeit einiger Gesinnungsgenossen lustig, die – metaphorisch gesprochen – ein Omelett zubereiten wollten, ohne Eier zu zerschlagen.[142] Gemeint war mit dieser Sottise unter anderem der alte Vorkämpfer für den Säkularismus Jacob Holyoake, der seine Bestrebungen, dem Freidenkertum ein respektables Gesicht zu geben, durch Foote gefährdet sah.[143]

Am 16. Juli 1882 erschien *The Freethinker* mit dem stolzen Prüfsiegel

PROSECUTED FOR BLASPHEMY.

THE FREETHINKER.

EDITED BY G. W. FOOTE.
Sentenced to Twelve Months' Imprisonment for Blasphemy.
Interim Editor, EDWARD B. AVELING, D.Sc., Fellow of University College, London.

William James Ramsey, as Proprietor, sentenced to Nine Months' Imprisonment; and Henry Arthur Kemp, as Printer and Publisher, sentenced to Three Months' Imprisonment.

Vol. III.—No. 43.] October 28, 1883. [Price One Penny.

"PUBLICAN" BOOTH:
The Boss, the Bird, the Boose and the Book.
"My revenue is the silly cheat."—Shakspere.
[No. 116.]

**12** »Prosecuted For Blasphemy«. Titelzeile von *The Freethinker*, 28. Oktober 1883

»Verurteilt wegen Blasphemie!« in der Kopfzeile.[144] Offenbar kalkulierte Foote gerichtliche Verfolgungen ein, obwohl viele der gegen ihn angestrengten Prozesse nicht zu einer Verurteilung führten. Eine einjährige Haftstrafe vermehrte noch Footes Ruf als *Prisoner for Blasphemy* (so der Titel einer Autobiographie von 1886). Er nahm danach seine publizistische Tätigkeit wieder auf und wurde 1890 in Bradlaughs Nachfolge Vorsitzender der *National Secular Society*. Die öffentliche Meinung der Zeit war in Hinblick auf die Causa Foote gespalten. Während viele Angehörige der respektablen Mittelschicht das Innenministerium mit Briefen bombardierten, in denen sie sich entsetzt über die schrecklichen Lästerungen des Magazins zeigten und zu harten Gegenmaßnahmen drängten, gab es andererseits auch viele Briefe und

Petitionen zugunsten der Verurteilten. »Ich finde keine Worte, um meine Entrüstung und meine Scham darüber zum Ausdruck zu bringen, dass ein solcher Vorfall im 19. Jahrhundert möglich ist«, schrieb ein Mann aus Manchester, der sich selbst als liberalen Christen charakterisierte. Er betrachte das Urteil als nationalen Skandal.[145]

Die Richter selbst kämpften mit der Frage, wie das alte Blasphemie-Gesetz in den neuen Zeiten anzuwenden sei. Lord Coleridge, einer der Richter im Verfahren, markierte so scharf wie kaum jemand vor ihm die Differenz zwischen Inhalt und Form einer antireligiösen Äußerung. Foote könne heutzutage, wo das Christentum nicht mehr das Fundament der Gesetze darstelle wie einst, kaum wegen seiner Meinung verurteilt werden. Aber die *decencies of controversy*, die Grenzen des Anstandes, müssten doch beachtet werden. Unzivilisiertes Benehmen oder der Wille zur Verletzung mache das Verbrechen aus, nicht der Inhalt einer Äußerung. Coleridges Unterscheidung wird in der historischen Forschung als wegweisend für die Zukunft angesehen, wenngleich inhaltlich auch als unglücklich betrachtet.[146] Es mag durchaus sein, dass nun, im Zeitalter der Glaubensfreiheit, die Unterscheidung zwischen Inhalt *(matter)* und Form *(manner)* schärfer gezogen wurde als in der Vergangenheit, aber in der Praxis markiert die Entscheidung keineswegs einen Bruch. Ob nun eine intendierte Herabsetzung vorlag oder nicht (wie im Fall Holyoake), stets war sie zumindest unterstellt und zur Leitlinie der Verurteilung gemacht worden.

Die letzte größere Serie von Blasphemie-Verfahren in Großbritannien richtete sich zu Beginn des 20. Jahrhunderts gegen John William Gott, Thomas Steward und einige andere sozialistische Freidenker.[147] Zum Teil hatten sie mündliche Äußerungen zum Gegenstand, zum Teil richteten sie sich gegen Publikationen wie Gotts radikale Monatszeitschrift *The Truthseeker*, die ähnlich antireligiöse und antiklerikale Illustrationen enthielt wie *The Freethinker*. Trotz seiner angegriffenen Gesundheit wurde Gott zu neun Monaten harter Arbeitsstrafe verurteilt, an deren Folgen er im Jahr darauf starb. Er ging in die Geschichte ein als der letzte Mensch in Großbritannien, der wegen Gotteslästerung eingesperrt wurde.[148] Das exemplarisch harte Vorgehen der Justiz gegen Gott und seine Mitstreiter hatte ganz offensichtlich damit zu tun, dass sie sich – im Umkreis der *Freethought Socialist League* – eindeutig als Sozialisten verstanden und die »Sklavenreligion« äußerst aggressiv bekämpften.[149] Typisch ist ein Cartoon, der versinnbildlicht, »wie die Menschheit zwischen zwei Dieben gekreuzigt wird«: Er zeigt einen am Kreuz hängenden Menschen, dem ein Kleriker links und ein gekröntes Haupt rechts das Geld aus der Hosentasche rauben.[150] Angesichts eines derart kombinierten Angriffs auf die herrschende Ordnung bzw. auf Religion und Kirche als Stützen dieser Ordnung reagierte die Obrigkeit empfindlich.

Die öffentliche Meinung war in dieser Zeit wichtiger als je zuvor, und so präsentierten sich viele Protagonisten als Opfer und Märtyrer. »Verurteilt wegen Blasphemie!« lautete auch die Kopfzeile des *Truthseeker*, und der wegen lästerlicher Reden 1908 zu einem Monat Haft verurteilte Harry Boulter veröffentlichte später einen Bericht mit dem Titel »Wie ich unter die Diebe fiel«. Darin erzählt er, die Gefängnisleitung habe sich geweigert, ihm säkulare Bücher zukommen zu lassen, und der Gefängniskaplan habe ihn beschimpft.[151] Sein Gesinnungsgenosse Ernest Pack zitierte in einem Pamphlet *(A ›Blasphemer‹ on ›Blasphemy‹)* von 1904 die eingangs zitierten Zeilen aus der Litanei des amerikanischen Freidenkers Robert Ingersoll über das wahre Wesen der Gotteslästerung.[152]

Wichtiger als die Selbstinszenierung einer regen, aber doch kleinen Minderheit von Radikalen war allerdings die Anteilnahme einer kritischen Öffentlichkeit, die gegen Prozesse und Verurteilungen wegen Gotteslästerung protestierte. Eine Petition zugunsten von Steward und Gott wurde von zahlreichen Intellektuellen und Personen des öffentlichen Lebens unterzeichnet, darunter Arthur Conan Doyle, G. K. Chesterton, Havelock Ellis und George Bernard Shaw. Zeitungen wie die Londoner *Times* oder der *Manchester Guardian* lancierten Kampagnen für die Meinungsfreiheit. Und selbst der Bischof von London befürwortete die Abschaffung der Blasphemie-Gesetze mit dem Argument, das Christentum könne Misshandlung ertragen und überleben, höre aber auf, Christentum zu sein, wenn in seinem Namen Rache geübt werde.[153] All diese Stimmen drangen kurzfristig nicht durch, dürften aber langfristig dazu beigetragen haben, ein Klima zu schaffen, in dem Gotteslästerung nicht mehr als strafrechtlich relevantes Thema galt. John William Gott war nicht nur der letzte mit Haft bestrafte Gotteslästerer in England, sondern auch der letzte, der von einem öffentlichen Ankläger vor Gericht gebracht wurde.

In den folgenden Jahrzehnten wurde die Frage der Blasphemie gleichwohl immer wieder zum Gegenstand kontroverser öffentlicher und politischer Diskussionen.[154] Zeitweilig sah es so aus, als sei eine Abschaffung der einschlägigen Gesetze nah. Auf der anderen Seite gab es am Vorabend des Zweiten Weltkriegs Versuche vonseiten fundamentalistischer Christen und antisemitischer rechter Kreise, eine Ausweitung des Gotteslästerungstatbestandes zu erreichen, um die von ihnen als Schreckgespenst postulierte Unterwanderung der Freidenker durch ›fremde‹ und kommunistische Kräfte zu verhindern. Es blieb beim Status quo von Gesetzen, die nicht angewandt wurden. So brachte wohl Richter Lord Denning 1949 die Sicht der meisten zum Ausdruck, als er davon sprach, das Delikt der Blasphemie sei *a dead letter*, nichts als ein toter Buchstabe.[155]

## Deutschland I: Kunst und Politik im Kaiserreich

Die politische Kultur im Deutschland des 19. Jahrhunderts galt lange als vom Mehltau der Restauration und Repression geprägt, der nur kurzfristig von Reformen und Revolutionen beiseitegewischt worden sei. Vermutlich spielten Parlamentarismus und kritische Öffentlichkeit tatsächlich eine geringere Rolle als im zeitgenössischen Großbritannien. Vielleicht hängt die vergleichsweise geringe Politisierung der Blasphemie-Frage damit zusammen. Aber auch der rückwärtsgewandte Obrigkeitsstaat konnte den öffentlichen Meinungsstreit über die Gotteslästerung nicht unterdrücken. Ausgetragen wurde er vornehmlich auf dem Feld der Kunst und Kultur.

**Vor der Reichsgründung**

Die Bedeutung der Gotteslästerung in den deutschen Ländern der beginnenden Moderne harrt noch näherer Erforschung. Mit dem Ende des Alten Reichs im Jahr 1806 wurde die Gesetzeslage keineswegs übersichtlicher (vgl. Kap. 14). Über die Anwendung der Normen existieren nur bruchstückhafte Informationen. Auf preußischem Staatsgebiet wurden wegen Religionsdelikten im Zeitraum zwischen 1854 und 1878 im Schnitt knapp einhundert Ermittlungsverfahren eingeleitet. Bei einer Gesamtbevölkerung von 17 bis 22 Millionen Menschen ist das nicht viel, erst recht wenn man die Tatsache berücksichtigt, dass neben Fällen von Gotteslästerung und Religionsbeschimpfung auch Störungen des Gottesdienstes oder die Entweihung von Gräbern zu dieser Deliktgruppe gehörten.[156] Welche Vergehen sich hinter den Zahlen im Einzelnen verbergen, ist kaum zu eruieren. Einzelne Fälle aus dem Vormärz, die in die Fachliteratur Eingang gefunden haben, zeigen immerhin, dass es oft nicht um spektakuläre Angelegenheiten ging, sondern – wie in früheren Zeiten auch – um ganz alltägliche Dispute.

So stand 1832 in Sachsen der verarmte ehemalige Besitzer eines Ritterguts vor Gericht, der mit seiner Frau eine Stube im örtlichen Armenhaus bewohnte.[157] Elf Jahren zuvor war er zum katholischen Glauben übergetreten. Zwei Nachbarinnen hatten durch die dünnen Wände gehört, wie er seiner Frau gegenüber geäußert habe, der Geistliche spreche von der Hostie als dem Leib Christi, dabei sei es doch nur Mehlteig. Er brauche diesen ebenso wenig wie die »saure Jauche«, die er früher als lutheranischen Messwein getrunken habe. Der Angeklagte leugnete die Worte nicht, suchte sie jedoch mit seiner katholischen Einstellung zu rechtfertigen. Sein Verteidiger untermauerte, hier liege allenfalls übertriebener Eifer für die katholische Konfession vor. Außerdem führte er die Verarmung und den zerrütteten Gemütszustand seines Mandanten ins Feld. Das Leipziger Schöppengericht verwarf diese Rechtfertigung ohne weitere Begründung und verurteilte den Angeklagten für seine in den eigenen vier Wänden getätigte Äußerung zu einer halbjährlichen Zuchthausstrafe. Der sächsische König Anton und der Prinzmitregent Friedrich lehnten eine Begnadigung,

»obschon selbst Katholiken, in hoher Achtung der Religionsgebräuche ihrer protestantischen Staatsunterthanen«, ab. Die vergleichsweise schwere Strafe atmete wie das gesamte Verfahren noch ganz den Geist des Ancien Régime.

Wenige Jahre später, 1835, wurde der Hufschmiedemeister Hauer aus Wechselburg ebenfalls in Leipzig wegen Gotteslästerung angeklagt.[158] Er hatte in seinem Wohnzimmer in Gegenwart einiger anderer Handwerker angeblich geäußert, »Jesus sei ein Hurkind, und Johannes ein verkleidetes Mädchen gewesen, mit welchem Jesus sein Wesen getrieben«. Der Verteidiger verlegte sich auf spitzfindige theologische Differenzierungen: Nicht Gott selbst, sondern nur Christus, die Jungfrau Maria und der Apostel Johannes seien Gegenstand von Verspottung und Herabwürdigung gewesen, was zwar verwerflich sei, aber angesichts der Zeitläufte erklärbar: »Nachdem (…) der Nationalismus über die aus den symbolischen Büchern hergeleitete Glaubenstheorie den Sieg davon getragen, und die aufgeklärtesten und weisesten Religionslehrer die Trinität der Gottheit (…) längst nicht mehr anerkennen«, nachdem also allein Gott als höchstes Wesen firmiere und der Heiland lediglich als vorbildlicher Mensch, könnten Äußerungen gegen ihn nicht mehr als Gotteslästerung gelten.

Unbeschadet dessen erkannte das Leipziger Gericht auf eine einjährige Zuchthausstrafe, die das Berufungsgericht in Dresden auf eine dreimonatige Gefängnisstrafe abmilderte. Als leitender Gesichtspunkt, so erläuterte das Gericht, komme weniger das zweifellos Unmoralische der Handlung in Betracht als »der politische Gesichtspunkt«. Dem Staat sei an Bestrafung nur gelegen, wenn durch »die irreligiöse Frechheit ein allgemeines Ärgernis gegeben« und die Achtung für das, worauf sich »Ruhe und Ordnung im Staate« gründe, gefährdet sei. Diese Gefahr sah das Gericht wohl aufgrund der fehlenden Öffentlichkeit und auch des bislang guten Lebenswandels des Angeklagten nicht gegeben – insgesamt eine eher milde Strafe für durchaus rüde Äußerungen.

Alltagskonflikte wie die vorgenannten dürften im gesamten 19. und beginnenden 20. Jahrhundert für einen großen Anteil an Gotteslästеrungsprozessen verantwortlich gewesen sein.[159] Welche Bedeutung demgegenüber vor 1871 dem Blasphemievorwurf im politischen Raum zukam, ist beim derzeitigen Stand der Forschung kaum zu beurteilen. Eher skurrile Züge trägt jene Anklage, die sich gegen den ›lästerlichen‹ Personenkult um den 1864 im Duell getöteten Arbeiterführer Ferdinand Lassalle richtete. In den Flügelkämpfen innerhalb des *Allgemeinen Deutschen Arbeitervereins* nach Lassalles Tod betrieben einige Protagonisten eine religiöse Überhöhung des Verblichenen, was die Staatsgewalt auf den Plan rief. Nach den Erinnerungen August Bebels, der rückblickend »diese allmählich ans Idiotenhafte grenzenden Anschauungen« kritisierte, stand das Thema »Christus und Lassalle« auf der Tagesordnung zahlreicher Volksversammlungen. Der sozialdemokratische Politiker und Lyriker Friedrich Wilhelm Fritzsche sei 1868 in Berlin wegen eines entsprechenden Vortrags, »in dem der Staatsanwalt eine Gotteslästerung erblickte«, angeklagt worden. Er sei nur freigesprochen worden, weil ihm kein schlechter Vorsatz nachgewiesen werden konnte.[160] In Chemnitz wurde der Bevollmächtigte eines Arbeitervereins, Bochmann, wegen Verbreitung eines »Lassalleanischen Glaubensbekenntnisses« der Gotteslästerung angeklagt:

»Ich glaube an Ferdinand Lassalle,
Den Messias des neunzehnten Jahrhunderts;
An eine sozialpolitische Wiedergeburt
Meines in Elend schmachtenden Volkes.
An die unumstößlichen Dogmen des Arbeiterstandes,
Gelehrt durch Ferdinand Lassalle,
Der geboren aus verachtetem Namen,
Gelebt im Herzen des Volkes,
Gelitten durch Bourgeoisie und Reaktion,
Gestorben durch meuchlerische Hand,
Auferstanden in der Brust treuer Jünger,
Aufgefahren in dem Geist des Arbeitervolkes,
Von dannen er kommen wird, zu richten
Alle Feinde seiner Lehre!«

Bochmann reagierte auf die Anklage kämpferisch: Solche »Prüfungen« stärkten den »Glauben« an Lassalle nur und machten ihn unausrottbar, wie es bereits im Fall der ersten Christen geschehen sei.[161]

Auch Kunst und Literatur der Epoche waren mit einigen einschlägig begründeten Zensurmaßnahmen konfrontiert. Neben dem Vorwurf des politischen Verrats und dem Verdikt moralischer Sittenlosigkeit stellte die Anschuldigung, die Religion herabgesetzt zu haben, ein klassisches Instrument der Zensoren dar.[162] Ganz auf dieser Linie erklärte im Mai 1819 der preußische Minister Graf zu Sayn-Wittgenstein-Hohenstein, die polizeiliche Zensur müsse allen Texten die Druckgenehmigung verweigern, die Regierungen beleidigten, unsittlich, unmoralisch oder unanständig seien oder »der Religion schuldige Ehrfurcht verletzen«.[163] Aufgrund solcher Anweisungen verbot das Berliner Oberzensurkollegium im Sommer 1835 den Roman »Wally die Zweiflerin« aus der Feder des Journalisten Karl Gutzkow, eines Protagonisten der liberal gesinnten Bewegung jüngerer Literaten: Das »werthlose« Buch suche sich, so die Begründung, »durch die frechste Verunglimpfung des Christenthums, durch die verabscheuungswürdigsten Schmähungen gegen die göttlichen Stifter des Christenthums und überhaupt durch die zügelloseste Verhöhnung jedes religiösen Glaubens bemerklich zu machen«. Der preußische König Friedrich Wilhelm III. beschwerte sich persönlich beim Großherzog von Baden über die »Wally«; in Mannheim wurde daraufhin die Restauflage beschlagnahmt, gegen Autor und Verleger wurden Gerichtsverfahren eingeleitet. Der Schriftsteller wurde in sechswöchige Untersuchungshaft genommen und später zu einer Gefängnisstrafe von weiteren vier Wochen verurteilt, wobei von den vielen Anklagepunkten allein die »verächtliche Darstellung des Glaubens der christlichen Religionsgesellschaften« aufrechterhalten worden war.[164] Zensurmaßnahmen betrafen übrigens nicht nur die Literatur, sondern auch das Theater – auf der Bühne sollte eine Profanierung des Religiösen möglichst weitgehend vermieden werden. Selbst Goethes »Faust« wurde deshalb Gegenstand oft kleinlicher Zensurbemühungen. »Der Teufel gehört nicht auf die Bühne!«, erklärte das Leipziger Konsistorium 1829 kategorisch, und dasselbe gelte natürlich für Gott selbst (der im »Prolog im Himmel« erscheint).[165]

**Im Zeichen des Paragraphen 166 des Reichsstrafgesetzbuches**

Das 1871 entstandene Kaiserreich, ein deutscher Bundesstaat unter preußischer Hegemonie, brachte nicht zuletzt ein einheitliches Reichsstrafgesetzbuch (RStGB).[166] Dessen Paragraph 166, der den Tatbestand der Blasphemie definierte, sollte für fast einhundert Jahre Gültigkeit behalten: »Wer dadurch, dass er öffentlich in beschimpfenden Äußerungen Gott lästert, ein Ärgernis gibt, oder wer öffentlich einer der christlichen Kirchen oder eine andere mit Korporationsrechten innerhalb des Bundesgebietes bestehende Religionsgesellschaft oder ihre Einrichtungen und Gebräuche beschimpft, ingleichen wer in einer Kirche (…) beschimpfenden Unfug verübt, wird mit Gefängnis bis zu drei Jahren bestraft.« Statistisch gesehen blieb die Zahl der tatsächlichen Ermittlungen auf dieser Grundlage im Kaiserreich überschaubar. Gegen Ende des 19. Jahrhunderts wurden jährlich ca. 300 bis 500 Religionsdelikte verhandelt; um die Jahrhundertwende sank die Zahl sogar auf unter 200 Verfahren, und das bezogen auf eine Bevölkerung von rund 50 Millionen Menschen.[167] Die qualitative Bedeutung des Delikts, etwa für die Einschränkung der Meinungsfreiheit, muss deswegen jedoch nicht notwendig gering veranschlagt werden.

Das Kaiserreich steht bis heute im Ruf eines repressiven Obrigkeitsstaates, und das sicher nicht ohne Grund. Seine Popularität beruhte nicht zuletzt auf festgefügten, aber wechselnden Feindbildern: Während des Kulturkampfes der 1870er Jahre waren es vor allem die romtreuen Katholiken; im Zeichen der Sozialistengesetze stand dann während der 1880er Jahre der Kampf gegen die angeblich umstürzlerische Sozialdemokratie im Zentrum. Die Vorwürfe gegen diese Staatsfeinde waren die altbekannten: Umsturz, Sittenlosigkeit und Schmähung des Religiösen. Als eine Waffe im Kampf gegen die angebliche Unterwanderung der politischen, sozialen und moralischen Ordnung konnte Artikel 166 RStGB genutzt werden.[168] Ein anderes Instrument war die als Keule gegen »unzüchtiges Schrifttum« berüchtigte *Lex Heinze* von 1892, mit der später gesellschaftskritische Autoren wie Frank Wedekind bekämpft wurden. Dabei waren die Vorwürfe kombinierbar. Das Gedicht *Venus consolatrix* des impressionistischen Dichters Richard Dehmel wurde 1897 von der Zensur als zugleich obszön und blasphemisch verboten.[169] Und 1891 verurteilte ein Gericht einen Zeitungsredakteur wegen Gotteslästerung und Majestätsbeleidigung, weil er das »Weberlied« von Heinrich Heine abgedruckt hatte. Die drei Flüche gegen die höchsten Autoritäten, welche die schlesischen Weber nach dem Wortlaut von Heines Gedicht aus dem Jahr 1845 in ihr Leichentuch für Deutschland hineinweben, seien »als eine Lästerung von Gott, König und Vaterland« anzusehen.[170] Auch für Deutschland aber gilt: Nicht immer fungierte der Vorwurf der Gotteslästerung tatsächlich als scharfes Schwert gegen unerwünschte Gedanken und Bewegungen. In einem gewissen Rahmen funktionierte das Kaiserreich durchaus als ein Rechtsstaat, dessen Gerichte keineswegs stets im Sinne der politisch Mächtigen oder des durchschnittlichen Moralempfindens entschieden. Zudem entfaltete sich in den letzten Jahrzehnten des 19. Jahrhunderts mehr und mehr eine moderne Öffentlichkeit mit einer differenzierten Presse, in der Fälle angeblicher Gotteslästerung kritisch und kontrovers diskutiert wurden.

Einiges deutet darauf hin, dass in den Jahren starker konfessioneller Spannungen, die auf die Euphorie der Reichsgründung folgten, vermehrt Religionsdelikte vor den Gerichten verhandelt wurden.[171] Dass während des Kulturkampfes in den 1870er Jahren Konflikte zwischen den Konfessionen auch auf der Ebene des Rechts ausgetragen wurden, überrascht nicht weiter. Interessanter erscheint, dass Anklagen wegen Gotteslästerung nach 1890 noch einmal zunahmen, als der Kulturkampf schon einige Jahre vorüber war. Ganz im Sinn einer gesellschaftlichen Befriedungsstrategie zeigten sich nun die juristischen Institutionen sowohl in Bayern als auch in Preußen bereit, antikatholische Äußerungen und Schriften gerichtlich zu verfolgen, um damit deren Bedeutung für die politische und moralische Ordnung zu unterstreichen. Antiprotestantische Äußerungen wurden weit seltener juristisch verfolgt, ganz zu schweigen von Schmähungen gegen das jüdische Bekenntnis, das im Prinzip doch ebenfalls unter den Schutz des § 166 fiel.[172] Erst nach 1896 begann sich das, aufgrund entschiedener Interventionen jüdischer Organisationen, ein wenig zu ändern. Nun konnten Ritualmordvorwürfe auch als Angriff auf die jüdische Religion gewertet werden. Geschah dies tatsächlich einmal, dann sorgte das allerdings für öffentlichen Aufruhr. So kritisierte die katholische Kirche 1903 heftig einen bayerischen Staatsanwalt, der aufgrund der Beschwerde eines Münchner Rabbiners die Postkartenreproduktion eines Holzschnitts aus dem 17. Jahrhundert zum angeblichen Ritualmord an Simon von Trient beschlagnahmt hatte. Verboten wurden aber auf der anderen Seite von der Zensur philosemitische Stücke über historische Judenverfolgungen, mit dem Argument, die Darstellung von Religionshass könnte die Gefühle christlicher Zuschauer verletzen.

Derartige Bedenken gegen die Verletzung sensibler Gefühle prägten auch die Zensur von Bühnenwerken, die biblische Stoffe bearbeiteten. Dies betraf 1897 mit Hermann Sudermann einen der damals populärsten Bühnenautoren, der das biblische Geschehen um Johannes den Täufer dramatisiert hatte.[173] Schwerer noch hatte es der spätere Nobelpreisträger Paul Heyse mit seinem Drama »Maria von Magdala«, das 1902 von der Berliner Zensur verboten wurde. Im Zentrum des Stücks steht Maria Magdalena, verehrt von Judas Ischarioth ebenso wie vom Römer Flavius, die ihrerseits in schwärmerischer Verehrung dem Messias ergeben ist. Das Stück sei geeignet, »das religiöse Empfinden der christlichen Bevölkerung zu verletzen, indem die Kreuzigung Christi von dem Entschluss eines buhlerischen Weibes abhängig gemacht wird«, so begründete der Polizeipräsident von Berlin sein Verbot des Stücks.[174] Im Zentrum der anschließenden gerichtlichen Auseinandersetzung stand die Frage, inwieweit eine Aufführung die Gefühle des Publikums verletzen könne. Die erste Instanz verneinte dies nicht nur, sondern pries Heyses Stück als eine Verherrlichung der Passionsgeschichte. In der Revision urteilte das Oberverwaltungsgericht später, die Leidensgeschichte Christi werde hier nicht nur mit frei erfundenem dichterischem Beiwerk überwuchert, sondern »sogar mit den niedrigsten und verwerflichsten menschlichen Trieben in enge Verbindung gebracht«. Deswegen sei das Stück »als ein Angriff auf die christliche Religion« zu werten.[175]

Durch die Heyse-Affäre wurde der 1900 von Künstlern und Intellektuellen gegründete *Goethe-Bund* in seinem Kampf gegen die Theaterzensur bestärkt. Auch Heyses durchaus sperriges Stück profitierte vom öffentlichkeitswirksamen Verbot. Der Verleger Cotta äußerte direkt im Anschluss an die »merkwürdige« Entscheidung seine Hoffnung, sie werde dazu beitragen, »den Absatz der Buchausgabe (…) recht lebhaft zu gestalten«.[176] Tatsächlich stieg der Absatz des Werks, und weit über Preußen hinaus häuften sich szenische Lesungen. Bereits wenige Monate später spottete der Schriftsteller Heinrich Hart über die abgestumpften Krallen einer kraftlosen Zensur, die – anders als einst die heilige Inquisition – nur brummen, aber nicht beißen könne.[177]

### Der Fall Panizza

Im Oktober 1894 erschien in Zürich ein Buch, das zum Mittelpunkt des größten Literaturskandals der 1890er Jahre werden sollte: »Das Liebeskonzil« aus der Feder des Arztes und Schriftstellers Oskar Panizza.[178] In Deutschland wurde das Werk, kaum erschienen, sogleich von der Münchner Staatsanwalt beschlagnahmt, nachdem es in einer sozialdemokratischen Zeitung positiv besprochen worden war. Verkauft worden war bislang kaum ein Exemplar, so dass sich die Staatsanwaltschaft in München schwertat, eine Person zu finden, deren religiöses Empfinden durch die Panizza-Lektüre verletzt worden war. Deswegen wandte sich Staatsanwalt Freiherr von Sartor mit einem Amtshilfeersuchen nach Leipzig: Man bitte »um umgehende Bezeichnung eines Polizeibeamten, der als Zeuge in der vorstehenden Sache vernommen werden kann.« Daraufhin meldete sich aus Sachsen ein Polizist namens Müller, »mit dem ergebensten Bemerken, (…) an der Panizza'schen Druckschrift Ärgerniß genommen« zu haben. Den Brief zeichnete Müller »i. A.«, im Auftrag also, was der Wahrheit wohl nahegekommen sein dürfte.[179] Damit konnte der größte Gotteslästerungs-prozess des Kaiserreichs seinen Lauf nehmen. In über 90 Fällen, so warf die Anklageschrift Panizza vor, habe er Gott gelästert und damit die religiösen Gefühle der Mitmenschen verletzt.

Starker Tobak war »Das Liebeskonzil« allemal – noch im Jahr 1965 verhinderte der konservative Münchner AStA-Vorsitzende Kurt Faltlhauser die szenische Lesung des Stücks in den Räumen der Universität. Sie wurde daraufhin in die Schwabinger Nachbarschaft verlegt.[180] Schauplätze des Dramas sind der Himmel und die Hölle. Auf die Bühne gebracht wird nicht nur der Teufel, auch ein seniler, kraftloser Gott auf wackeligem Thron, ein schwacher Jesus und eine laszive Maria treten auf – Letztere als »ein eitles und schamloses Frauenzimmer, das ein vertrautes Verhältnis mit Luzifer verbinde«, stellte der empörte Staatsanwalt 1895 fest.[181] Das Schauspiel handelt von der Erfindung der Lustseuche Syphilis im Jahr 1495. Angewidert von den Ausschweifungen des Borgiapapstes Alexander VI. handelt Gott mit dem Teufel aus, dass er eine schreckliche Strafe für die sexuellen Ausschweifungen erfinden, dabei aber die Erlösungsfähigkeit des Menschen erhalten soll – die Syphilis ist geboren. Der pietistisch geprägte Panizza hatte die katholische Kirche bereits früher in seinen literarischen Werken attackiert, etwa in der als Übersetzung aus dem Spanischen getarnten Satire »Die unbefleckte Empfängniß der Päpste« (1893). Karl Kraus beschrieb ihn schon zu dieser Zeit als einen der »abenteuerlichsten Kampfhähne« im deutschen Literaturbetrieb.[182] »Das Liebeskonzil« steht in der Tradition vieler älterer Werke, die das Himmelspersonal als *dramatis personae* gezeigt hatten, allen voran Goethes Faust; dennoch blieb es für bekennende Christen, insbesondere solche katholischer Konfession, eine heftige Provokation. Immerhin bewertete Theodor Fontane es als ein »ganz bedeutendes Buch«, während Thomas Mann »vom künstlerischen Standpunkt aus« die Verurteilung Panizzas verteidigte und dem Buch – wahrscheinlich ohne es gelesen zu haben – einen Verstoß gegen den guten Geschmack bescheinigte.[183]

Im Münchner Schwurgerichtsprozess stand der Schriftsteller wohl von vornherein auf verlorenem Posten. Zum einen verweigerte der »Kampfhahn« alle taktischen Zugeständnisse, indem er sich offen zu seinem Atheismus bekannte und zu seinem festen Willen, das Buch auch im Reich verbreiten zu wollen. Jegliche Intention zur Gotteslästerung freilich leugnete er. Seine feinsinnigen Ausführungen über die Literaturgeschichte stießen bei den Geschworenen, allesamt eher aus dem einfachen Volk rekrutiert, auf taube Ohren.[184] Auch die von konservativer Seite mobilisierte öffentliche Meinung war gegen ihn. Presseberichte in München und anderswo zeichneten das Bild eines Mannes, dem nichts heilig sei und der mit seinem Buch »die Religiosität des einfachen Mannes verhöhnen« wolle.[185] Staatsanwalt von Sartor machte den Prozess zu einer Anklage nicht nur gegen Panizza, sondern gegen die künstlerische Bohème in Schwabing insgesamt. »Ich bitte Sie nicht«, so formulierte er in seinem Schlussplädoyer an die Adresse der Geschworenen, »ich verlange von Ihnen, zeigen Sie durch ein rasches Urtheil den Herren Modernen, daß wir in Deutschland noch Gesetze haben, die verbieten, Gott, die Religion und die heiligsten Gefühle so zu behandeln …«[186] Das Ergebnis war das härteste Urteil überhaupt gegen einen Schriftsteller im Kaiserreich – ein Jahr Einzelhaft, die Panizza in Amberg vollständig absitzen musste. Durch die Haft radikalisiert, aber auch psychisch angeschlagen, emigrierte er in der Folge in die Schweiz, wurde von dort 1898 nach Frankreich ausgewiesen, schließlich – völlig verarmt und isoliert – auf Betreiben seiner Familie 1904 endgültig entmündigt. Die letzten 16 Jahre seines Lebens verbrachte er in einer Heilanstalt.

Das harte Urteil fiel in eine Zeit heftiger Debatten um die Kunst- und Meinungsfreiheit. In der politischen Öffentlichkeit wurde eine Gesetzesvorlage diskutiert, die im Dezember 1884 in den Reichstag eingebracht worden war. Diese »Umsturzvorlage« ging von einer Berliner Regierung aus, die einen Anstieg anarchistischer Gewalttaten befürchtete.[187] Die katholische Zentrumspartei versuchte, sie für eine Ausweitung des Paragraphen 166 zu nutzen. Sie plädierte für einen Schutz der gesamten moralischen Grundlage von Staat und Gesellschaft, und das waren für sie neben der Monarchie auch die Ehe, die Familie, das Eigentum und die Religion. Anarchismus und Revolution waren nach dieser Sicht nur Symptome einer tiefer liegenden moralischen Krise des gesamten »Säkularismus«. Die Reichstagsdebatten zeigen mehr als deutlich, dass die religiösen Ultrakonservativen auch gelehrte Angriffe auf religiöse Dogmen unter Strafe stellen wollten. Selbst eine Unmenge von Fußnoten sollten Professoren künftig nicht vor einer Verurteilung wegen öffentlicher Angriffe auf das Christentum bzw. wegen Unglauben schützen können.

Während in Frankreich mit rüden antiklerikalen Attacken die letzte Etappe auf dem Weg zu einer Trennung von Staat und Kirche angebrochen war, schien Deutschland zur selben Zeit auf dem Weg zurück ins Ancien Régime. Die liberale, insbesondere protestantische Öffentlichkeit war alarmiert, Publizisten warnten vor einer »Klerikalisierung« des Paragraphen 166, vor einer brutalen Verfolgung im Stil der Inquisition oder vor einer neuen Gegenreformation. Just auf dem Höhepunkt der Debatte stellte das Urteil gegen Panizza ein warnendes Exempel bereit. Der junge Theodor Lessing sah in einer Verteidigungsschrift für den Autor einen Polizeistaat heraufziehen. Auch die Initiatoren der Umsturzvorlage, namentlich Reichskanzler Hohenlohe, wähnten ihre ursprüngliche Intention pervertiert. So stand der erweiterten Umsturzvorlage bei ihrer zweiten Lesung im Reichstag eine breite Phalanx von Gegnern gegenüber, und sie wurde am 11. Mai 1895 niedergeschlagen – keine zwei Wochen nach dem Münchner Urteil gegen Panizza.

Auch andere Fälle der damaligen Zeit belegen, wie sehr die rechtliche und publizistische Handhabung des Blasphemie-Vorwurfs für alle Beteiligten eine Gratwanderung mit ungewissem Ausgang darstellte. Das lässt sich etwa am Beispiel des sogenannten Tolstoi-Prozesses in Leipzig von 1902 zeigen, der namentlich die kulturprotestantische Öffentlichkeit bewegte.[188] Verhandelt wurde dort die Klage eines katholischen Justizrates aus Oberlahnstein gegen die deutschen Verleger eines Pamphlets, das der Schriftsteller Leo Tolstoi gegen die Dogmen der russisch-orthodoxen Kirche seiner Heimat verfasst hatte. Das Gericht sah darin keine Beleidigung der christlichen Kirche, bescheinigte dem Schriftsteller einen hohen sittlichen Ernst und sprach die Angeklagten frei. Die Meinungsführer des kulturprotestantischen Lagers begrüßten das Urteil und plädierten für eine zurückhaltende

Anwendung des Gotteslästerungsparagraphen. Der Paragraph 166 könne sogar eine objektive Gefahr für die Kirche sein. Sie müsse nämlich den Kampf gegen ihre Verächter vorwiegend mit geistigen Waffen führen und dürfe keinesfalls den Eindruck erwecken, sie würde die staatliche Justiz als Büttel gegen die Skeptiker missbrauchen. Für die Katholiken dagegen, aus deren Reihen geklagt worden war, hatte man nur Spott übrig: »Das Mittelalter ist unwiederbringlich vorüber; ihr könnt es nicht von neuem heraufführen.«[189]

Weniger erfolgreich war 1904 der bayerische Schriftsteller Ludwig Thoma bei seiner Verteidigung gegen Gotteslästerungsvorwürfe in Zusammenhang mit seinen Artikeln in der Satirezeitschrift *Simplicissimus*. In einer »Fastenpredigt« hatte er die politische Macht der Zentrumspartei mit der »vorreformatorischen Pfaffenherrschaft« verglichen. Die Ausgabe der Zeitschrift wurde zunächst beschlagnahmt, eine Anklage aufgrund des Paragraphen 166 vor Gericht aber schnell niedergeschlagen und die Zensurbestimmung aufgehoben. Anders verhielt es sich wenig später mit einem Artikel, der in kräftigen Worten gegen die Verlogenheit von protestantischen Geistlichen gewettert hatte, die für Sittlichkeitsvereine geworben hatten. Thoma warf ihnen vor, die Öffentlichkeit mit ihrem »Bibeldünger« zu beschmeißen, was keineswegs die kräftigste Invektive in diesem Text war. Dennoch war es diese Äußerung, die den Anlass zur Klage der Evangelischen Landeskirche Preußens gegen den Dichter gab. Des Autors Verteidigung, er habe keineswegs den Inhalt der Bibel gemeint, sondern das, was die »Sittlichkeitsapostel« dort herauslesen, half nicht, er wurde zu einer sechswöchigen Gefängnisstrafe in Stadelheim verurteilt.[190]

Insgesamt lassen sich im Spiegel der Klagen wegen Paragraph 166 wechselnde Konjunkturen von Liberalität und Repression in der Geschichte des Wilhelminischen Reichs beobachten. Aufs Ganze gesehen spricht viel für die Richtigkeit des Urteils, das Victor Klemperer rückblickend über das »Ancien Régime« unter Wilhelm II. fällte: Zwar habe unter dem letzten Hohenzollern »absolutistische und moralische Strenge« geherrscht, »es gab gelegentliche Prozesse wegen Majestätsbeleidigung oder Gotteslästerung oder Verletzung der Sittlichkeit«.

Die wahren Beherrscher der öffentlichen Meinung aber seien der *Simplicissimus* und andere Presseerzeugnisse sowie die Theater gewesen, die durchaus scharfe Kritiken des Bestehenden geleistet hätten. Auch sei die Zensur so liberal gehandhabt worden, »daß die ganz wenigen Fälle des Mundtotmachens als Ausnahmen gelten müssen«.[191] Gerade in der Frage der Blasphemie ist zu konstatieren, dass jeder Vorwurf in der medialen Öffentlichkeit kritisch und kontrovers diskutiert wurde. Potenziell wurde die Gotteslästerung so auch in Deutschland im Wortsinn fragwürdig und erschien mehr und mehr als Vorwand für politische Repression und fragwürdigen Moralismus.

## Deutschland II: Heilige Gefühle in Weimar

Die Weimarer Verfassung von 1919 hatte die Meinungsfreiheit verankert, die Zensur ausdrücklich für abgeschafft erklärt (§ 118) sowie die Freiheit von Kunst und Wissenschaft deklariert (§ 142). Die erste deutsche Republik hatte sich damit formal eine liberale Rechts- und Verfassungsordnung gegeben. Von Anfang an wurde sie jedoch durch die illiberale Haltung einer Mehrheit von Richtern bedroht, die wie andere Angehörige der herrschenden Eliten die neue Ordnung ablehnten. Das Ergebnis war die »Korrumpierung einer der Form nach intakten Rechtsordnung durch die politische Einstellung der Richter«. Widerstand gegen diese Tendenz vonseiten einer im Republikanischen Richterbund organisierten Minderheit von Juristen blieb oft vergeblich.[192] Im Arsenal der Republikfeinde stellte der weiterhin gültige Gotteslästerungsparagraph 166 eine nützliche Waffe dar, in einer Reihe mit »Moralparagraphen« wie den Bestimmungen gegen Unzucht (§ 184) oder gegen Homosexualität (§ 175) sowie dem Abtreibungsverbot (§ 218). Mit ihrer Hilfe trachtete die Justiz, gestützt auf das ›gesunde Volksempfinden‹, das Leben der Bürger zu reglementieren und insbesondere das Milieu der Künstler zu disziplinieren. Wie zuvor im Kaiserreich ließen sich entsprechende Vorwürfe auch kombinieren. So wurde der kommunistische Schriftsteller Johannes R. Becher 1925 nicht nur wegen Blasphemie, sondern auch wegen staatsfeindlicher Umtriebe und Hochverrat angeklagt.[193] Rufe nach Abschaffung des Paragraphen 166 rechnete der Zentrumsabgeordnete Josef Joos 1930 – neben der Trennung von Staat und Kirche, der Feuerbestattung, dem erleichterten Kirchenaustritt und der Reform des Ehescheidungsparagraphen – zu den Forderungen eines »Kulturbolschewismus«, der die »Zersetzung und Auflösung einer tief-sittlichen Überlieferung in Ehe und Familie, Staat und Kirche« zum Ziel habe.[194]

Wie »politisch« die Rechtsprechung zur Gotteslästerung in der Weimarer Republik tatsächlich war, ist auf der Grundlage abstrakter Statistiken schwer zu beurteilen. Die Zahl der Anklagen lag am Anfang der 1920er Jahre bei rund 200 und stieg bis 1925 auf gut 450, um danach wieder abzusinken. 1927/28 machten die Religionsdelikte insgesamt in der Kriminalstatistik einen Anteil von 0,06 bzw. 0,04 Prozent aus.[195] Die Behauptung einer kommunistischen Kampfschrift von 1930, bei den Angeklagten handele es sich »zu etwa 95 Prozent [um] organisierte proletarische Freidenker«,[196] mag ideologisch zugespitzt und daher anzuzweifeln sein. Die zahlreichen dort aufgeführten Beispiele aus dem Alltag sind jedoch aufschlussreich. Eine entsprechende Klage konnte schon den Redakteur einer Zeitung treffen, der das Bild einer Prozession mit der Unterzeile »Eine Holzfigur soll mehr als alle Ärzte können« versah. Geld- oder kurze Gefängnisstrafen konnten Autoren treffen, die die Kirche als »Verdummungsanstalt« bezeichneten und zum Austritt aufriefen. Einen Monat Gefängnis kostete die Bezeichnung von Jesus Christus als »Staatsverbrecher«. Das Bischöfliche Ordinariat (und nicht etwa der betroffene Geistliche) klagte gegen den Redakteur der Mannheimer *Arbeiterzeitung*, der die Behauptung des Pfarrers, Lenin sei ein Jude gewesen, als Verleumdung bezeichnet hatte. Das Gericht hielt die Behauptungen des Pfarrers zwar für kaum beweisbar, verurteilte den Redakteur gleichwohl zu einer Geldstrafe, weil die Ausführungen in seelsorgerischer Absicht geschehen und deswegen vom Gesetz geschützt seien. Ein Invalide, der gegen die »Kriegspfaffen« agitierte und der Geistlichkeit vorwarf, »Sie lästern ihren Gott selbst«, wurde ebenfalls wegen Paragraph 166 angeklagt. Er habe »der Ehre und Heiligkeit Gottes Abbruch getan«, so heißt es in der Anklageschrift. Die pauschalisierende Beschimpfung der Geistlichkeit sei eine unzulässige Verallgemeinerung, die das religiöse Empfinden verletze. Maßgeblich sei dabei, »welche Wirkung das Bild bei überzeugten Anhängern der Kirche« auslöse. Dass Freidenkerveranstaltungen in Bayern unter Berufung auf die Religionsschutzgesetzgebung vorsorglich verboten wurden, verwundert entsprechend nicht.

Spektakulärer waren Verfahren gegen Literaten und Künstler. Den Auftakt machte in den 1920er Jahren der Skandal um das Drama »Die schlimme Botschaft« von Carl Einstein.[197] Leicht erkennbar zielte Einstein mit seiner Umdichtung der Passion Christi auf eine Kritik an der bürgerlichen Gesellschaft der Gegenwart. Zunächst wurde das Werk kaum beachtet, doch nach einer Kampagne in der konservativen Presse wurde gegen den Dichter und seinen Verleger Ernst Rowohlt eine Anzeige wegen Gotteslästerung auf den Weg gebracht. Die beiden Kläger, ein Reutlinger Fabrikant und der Superintendent von Nordhausen, hatten durch eine Anzeige in der *Kreuzzeitung* zusammengefunden. Ungeachtet der Fürsprache vieler prominenter Gutachter, darunter Thomas Mann und der Theologe Paul Tillich, die auf der literarischen Qualität des Werkes beharrten, verurteilte das Berliner Landgericht die beiden Angeklagten zu hohen Geldstrafen: Auch wenn es sich um ein ernstzunehmendes Kunstwerk handele, könne sein Inhalt gegen den Paragraphen 166 verstoßen. Positiver für den betroffenen Künstler endete 1928 die gerichtliche Auseinandersetzung um die Komödie »Ehen werden im Himmel geschlossen« von Walter Hasenclever. Dieser hatte darin einen altersmüden lieben Gott porträtiert, der dem Beispiel von Kaiser Wilhelm folgen und abdanken will. In Berlin, Frankfurt und Weimar kam es daraufhin zu Tumulten und Blasphemie-Anzeigen, die allerdings von den Gerichten abgewiesen wurden. Der Dramatiker dankte in der *Weltbühne* seinem Schöpfer ironisch für die Gnade der späten Geburt, die ihm die peinliche Befragung durch die Inquisition erspart habe, die früher für die »Vermenschlichung« der göttlichen Persönlichkeit sicher fällig gewesen wäre.[198]

**Christus mit der Gasmaske**

Damals stand der größte öffentliche Blasphemie-Skandal der Weimarer Republik allerdings noch bevor. Der sich von 1928 bis 1931 erstreckende »Gotteslästerungs-Prozess« gegen den Künstler George Grosz und seinen Verleger Wieland Herzfelde darf als der »bis dato spektakulärste gegen einen Künstler in der Moderne« gelten.[199] Der politisch aktive Avantgardist Grosz hatte bereits zuvor Gerichtsverfahren wegen Beleidigung der Reichswehr bzw. Verbreitung unzüchtiger Schriften auf sich gezogen. Gegenstand der neuen Anklage waren einige Blätter aus einer Graphikmappe mit dem Titel »Hintergrund« aus Herzfeldes Malik-Verlag. Grosz hatte die Zeichnungen ursprünglich für das Bühnenbild einer Dramatisierung von Jaroslav Hašeks Schwejk-Roman im Theater Erwin Piscators geschaffen. Alle greifbaren Exemplare von drei Blättern aus dieser Mappe wurden auf Antrag des Oberstaatsanwalts des Amtsgerichts Charlottenburg im April 1928 beschlagnahmt, der einen Monat später deswegen Anklage aufgrund des Paragraphen 166 StGB erhob.

Das Prozessgeschehen konzentrierte sich im Kern auf eines der drei inkriminierten Bilder, das in der Regel als »Christus mit der Gasmaske« benannt wurde. Die Zeichnung zeigt den Gekreuzigten mit seinen herkömmlichen Attributen (Wundmale, Lendentuch, Heiligenschein, INRI), dazu jedoch mit Kommissstiefeln an den Füßen und einer Gasmaske vor dem Gesicht und »bewaffnet« mit einem kleinen Kreuz in der linken Hand. Die Graphik trägt die Unterschrift »Maul halten und weiter dienen«.[200] Im Dezember 1928 verurteilte das Landgericht Berlin-Charlottenburg die beiden Angeklagten wegen dieser Zeichnung zu jeweils 2000 Mark Geldstrafe. Außerdem sollten die Druckplatten unbrauchbar gemacht werden. Eine Berufungsverhandlung vor der 2. großen Strafkammer des Landgerichts Berlin-Moabit unter dem eigentlich als sehr konservativ geltenden Richter Julius Siegert endete im April 1929 überraschend mit einem Freispruch, gegen den die Staatsanwaltschaft Revision einlegte – mit Erfolg, denn der zweite Strafsenat des Reichsgerichts in Leipzig hob den Freispruch auf und verwies die Angelegenheit an die Vorinstanz zurück. Nach längerer Verzögerung wurde sie wiederum vor der Strafkammer des Richters Siegert verhandelt, der sich zuvor vergeblich als befangen bezeichnet hatte. Diesmal zog sich die Verhandlung wegen der großen Zahl der geladenen Sachverständigen über zwei Verhandlungstage – in der Presse war spöttisch-respektvoll vom ›Moabiter Kirchenkonzil‹ die Rede.[201]. Am Ende stand wiederum ein Freispruch. Das letzte Wort sprach allerdings in einer zweiten Revisionsverhandlung schließlich das Reichsgericht in Leipzig. Es hielt zwar formell den Freispruch aufrecht, schränkte ihn aber insofern ein, als es die Beschlagnahmung aller erreichbaren Exemplare des »Christus mit der Gasmaske« und die Vernichtung der Druckplatten anordnete (was letztlich unterblieb).[202]

Die kargen Daten des juristischen Geschehens geben nur einen unzureichenden Eindruck von der Heftigkeit der Kontroverse in der politischen Öffentlichkeit, dem enormen Presseecho mit Hunderten von Artikeln nicht nur in der deutschen, sondern auch der internationalen Presse und den Stellungnahmen von Verbänden und Einzelpersönlichkeiten. Allein im April 1929, nach dem ersten Freispruch, redeten im Preußischen Landtag an sechs Tagen Vertreter unterschiedlicher Parteien zu dieser Angelegenheit. Nicht zuletzt die lange Dauer des Verfahrens befeuerte auch die publizistische Debatte immer wieder aufs Neue. Insgesamt erlangte das Gotteslästerungsverfahren gegen Grosz und Herzfelde paradigmatische Bedeutung für die politische Kultur der späteren Weimarer Republik. Natürlich lassen sich auch hier viele Indizien finden, um die repressive Praxis der Justiz und die hetzerischen Tendenzen innerhalb der Öffentlichkeit in Weimar zu belegen. Insgesamt ergibt sich jedoch, berücksichtigt man das breite Spektrum an Meinungen und nicht zuletzt die faktischen Freisprüche, ein viel differenzierteres Bild. Moritz Goldstein wertete im Dezember 1930 in der *Vossischen Zeitung* das Geschehen als Zeichen dafür, wie inmitten einer gärenden Zeit mutige Menschen eine bessere Zukunft vorbereitet hatten[203] – eine mit Blick auf die weitere Geschichte leider viel zu optimistische Sicht.

Eine der im Verfahren selbst erörterten Fragen war, ob bildliche Darstellungen überhaupt unter den Tatbestand der Gotteslästerung fallen könnten. Im ersten Freispruch war dies verneint worden, im Februar 1930 erklärte das Reichsgericht diese Rechtsauffassung für irrig. Die von der Gesetzgebung angesprochenen »Äußerungen« könnten in Sprache und Schrift ebenso wie im Bild zum Ausdruck kommen, so urteilte es. Gerade durch »beschimpfende bildliche Darstellung [kann] der Ehre und Heiligkeit Gottes Abbruch getan werden, gerade ein Bild [kann] sich durch seine unmittelbare Anschaulichkeit als besonders anstößig erweisen«.[204]

Relevanter war allerdings aus damaliger Sicht die Diskussion über die Intentionen des Künstlers und über die möglichen Wirkungen seiner Kunstwerke. Mehrfach legte Grosz vor Gericht über seine Motive und Ziele Zeugnis ab. Sein Christus sei als »Stellungnahme gegen kriegshetzerische Vertreter der Kirche« zu verstehen. »Ich muss mich entschieden dagegen verwahren, dass ich Christus verhöhne, wenn ich ihn mit Gasmaske darstelle. Ich zeige eben nur die furchtbare Brutalität einer Zeit, die zu solchen Taten fähig ist.« Die alten Meister, so Grosz, hatten Christi Leiden wesentlich schärfer dargestellt und hätten deshalb alle wegen Gotteslästerung verurteilt werden müssen.[205] Er erklärte außerdem, die unter dem Bild stehenden Worte seien an Christus gerichtet, dem, wäre er im Krieg erneut als Verkünder des Evangeliums herabgestiegen, nur der grausame Ruf »Maul halten und weiter dienen!« entgegengeschallt wäre. Er habe mithin nur Auswüchse bzw. einzelne Vertreter des christlichen Glaubens treffen wollen und nicht die Religion als Ganze.

Das Landgericht Berlin-Charlottenburg ließ in seinem ersten Urteil Zweifel an den hehren Motiven des Künstlers anklingen. Nach einer ebenso ausführlichen wie zweifelhaften Bildexegese befand es, die Graphik vermittele auf den Beschauer doch eher den Eindruck, es sei Christus, der die Worte unter dem Bild der Menschheit zurufe. Den Hauptsinn des gesamten Werkes (also der gesamten Mappe »Hintergrund«) dekodiert das Gericht folglich als eine durch den Krieg erfolgte »Bankrotterklärung des Christentums« – und damit sahen die Richter den Tatbestand des Paragraphen 166 erfüllt. Darüber hinausgreifende Erwägungen zum Wesen und zu den möglichen Grenzen der Satire wurden vom Landgericht ausdrücklich abgelehnt.[206] Das sah eine Mehrheit der vor Gericht aussagenden Gutachter anders. Reichskunstwart Edwin Redslob etwa, der oberste Kulturbeamte der Republik, betonte, dass er in dem Bild »keine Blasphemie sehe, vielmehr eine Aufrüttelung, erfolgt aus ethischen Motiven«. Es handele sich um eine Aktualisierung des Christentums, »eine Neuerlebung des Opfertodes Christi«. Schärfer noch äußerten sich der evangelische Pfarrer August Bleiler, der eine Auflehnung gegen den Krieg als Sünde, auch mit verletzenden Mitteln, für gerechtfertigt hielt, der linkskatholische Publizist Walter Dirks, der mit scharfen Worten die »militaristischen Häretiker« anprangerte, und Hans Albrecht als Vertreter der Quäkergemeinschaft.[207]

Im Verlauf der verschiedenen juristischen Verfahren kristallisierten sich immer mehr zwei sehr unterschiedliche Beurteilungskriterien heraus. Unter dem Vorsitz von Julius Siegert wurden die ethische Intention des Angeklagten und die Komplexität seines Bildprogramms zur Richtschnur gemacht. Natürlich bestehe die Möglichkeit des Missverstehens, aber sie könne nicht Grundlage einer Verurteilung sein. Ganz anders die Revisionsbegründung der Staatsanwaltschaft, die »das Durchschnittsempfinden der Gesamtheit« für maßgeblich hielt. Das Reichsgericht hielt dann ebenfalls »das schlichte Gefühl des einfachen religiös gesinnten Menschen« für den Maßstab.[208]

Wie diese »einfachen Menschen« fühlten, darüber bestand in der politischen Rechten kein Zweifel. In der Landtagsdebatte sahen ultrakonservative Abgeordnete wie von Rohr (Deutschnationale Volkspartei) im Freispruch »eine grenzenlose Verletzung aller christlich empfindenden Menschen in Deutschland« und schlugen schnell eine Brücke zum Landesverrat. Ähnlich charakterisierte der nationalkonservative Abgeordnete Ponfick das Urteil als »Zeichen einer kranken Zeit« und warnte vor einem revolutionären Umsturz.[209] Bezeichnend war, dass die Gefühle des gemeinen Mannes nicht als Angelegenheit einer (wenn auch großen) Gruppe behandelt wurden, sondern mit den unterstellten funktionalen Bedürfnissen des Staates vermischt wurden. Umgekehrt – und im Grundsatz durchaus zutreffend – wurde der

Kritik von Grosz eine politische Dimension zugesprochen. So erklärte der Breslauer Theologieprofessor Friedrich Wagner als Sachverständiger unter Verweis auf die verletzten Gefühle »der« Christen, Jesus werde »hier objektiv lächerlich gemacht und zu einem Mittel der Antikriegspropaganda degradiert«. In gleicher Funktion nannte der evangelische Pfarrer und spätere Professor Helmuth Schreiner die Mappe ein anarchistisches Machwerk, das jegliche Autorität und Ordnung verhöhne und dadurch die Volksgemeinschaft schädige. Einige Richter sahen das ähnlich. So erinnert sich der Grosz-Verteidiger aus der Rückschau, Landgerichtsrat Tölke habe den Krieg als eine Art Feuertaufe verstanden – aus einer solchen Perspektive musste Kritik daran in der Tat blasphemisch sein.[210]

**Krieg als Gotteslästerung**

Andererseits trug die publizistische Debatte dazu bei, Begriff und Tatbestand der Blasphemie zu historisieren, zu relativieren und damit grundsätzlich in Frage zu stellen. Der Abgeordnete Theodor Bohner von der Deutschen Demokratischen Partei, Vorsitzender des *Schutzverbandes Deutscher Schriftsteller*, erinnerte daran, dass der gemeine Mann sich früher dem Heiligen nicht nur in Schauer und Ehrfurcht, sondern auch »im vertraulichen Scherz« genähert habe. Das zeuge von der Lebendigkeit des religiösen Empfindens – vielleicht hatte er Johan Huizingas »Herbst des Mittelalters« gelesen, in dem sich ähnliche Gedanken finden. Die Zeichnung von Grosz weise Züge einer Art der Satire auf, »wie sie in der Reformationszeit vom ganzen deutschen Volk getragen worden ist«.[211] Ähnlich schrieb der evangelische Theologe und Pädagoge Walter Nithack-Stahn im *Berliner Tageblatt* vom 14. November 1928: »Sind nicht alle großen Propheten, Reformatoren, kurzum Neuerer in der Religion, wegen Gotteslästerung angeklagt, in den Bann getan, gekreuzigt und verbrannt worden?«[212] Das *Berliner Tageblatt* erinnerte zudem im August 1930 an den Schweizer Pfarrer Bolliger, der im Krieg 1915 – mit Bezug auf die Liebespflicht! – die Christen zu den Waffen gerufen habe. Dabei habe er das Bild von Jesus am Maschinengewehr entstehen lassen – sei das nicht schlimmer als Christus mit der Gasmaske?[213]

Andere Stimmen argumentierten stärker von einem subjektiven Standpunkt aus, um die Problematik der Blasphemie-Anklage zu verdeutlichen. In einer journalistischen Breitseite gegen das »frischfrommfröhliche Kriegschristentum« stellte Walter Dirks bündig fest, Gotteslästerung sei dort gegeben, wo das Christentum in den Dienst des Staates und der Nation gestellt werde.[214] Die völlige Umkehrung des Gotteslästerungsvorwurfs vollzog am eindrücklichsten der Quäker Albrecht als Sachverständiger vor Gericht: »Mein religiöses Gefühl wird durch den Krieg auf das tiefste verletzt. Wie wird dies geschützt? Krieg selbst ist für mich eine Gotteslästerung.« Seine Bildexegese gerät ihm fast zu einer antimilitaristischen Predigt im Gerichtssaal. In der Idee des Bildes gebe es keine Spur der Gotteslästerung. Vielmehr spricht genau das Gegenteil aus ihr: eine furchtbare Anklage Gottes gegen das gotteslästerliche Tun der Menschen.[215] Die pointierteste Bildsatire zur Lage veröffentlichte im Dezember 1928 Rudolf Schlichter, Künstler und Alters- sowie Gesinnungsgenosse von Grosz. In seiner Karikatur lässt er den würdigen Gottvater selbst vor Gericht erscheinen, wo ihm ein gestrenger Richter laut Bildunterzeile eröffnete: »Wenn der Zeuge behauptet, sich nicht gelästert zu fühlen, so mangelt ihm so sichtbar jedes religiöse Empfinden, daß seine Aussage völlig wertlos wird!«[216]

Von rechtskonservativer Seite dagegen wurde beklagt, religiöse Gefühle dürften völlig ungestraft verletzt werden, während antirepublikanische Bestrebungen streng verfolgt würden. Auf die politischen Anschauungen Andersdenkender müsste größte Rücksicht genommen werden, sofern diese »nur von der Schwarz-Rot-Goldenen Flagge bedeckt« würden, so lamentierte die ultrakonservative *Kreuzzeitung* über die von ihr wahrgenommene politische Korrektheit. Hier wie in anderen Debatten wurde der Gotteslästerungsparagraph 166 mit dem Republikschutzgesetz in Verbindung gebracht, das neben republikfeindlichen Vereinigungen und Gewalttaten auch die Verherrlichung von Gewalt und verbale Herabsetzungen unter Strafe stellte. Was für den Schutz des Staates billig sei, so die ausdrückliche oder implizite Schlussfolgerung, müsse auch für die Religion gelten. Empört wies die liberale *Vossische Zeitung* einen solchen Vergleich zwischen den gewalttätigen »politischen Kampfunsitten« und der hohen Kunst eines George Grosz zurück.[217]

Den hellsichtigsten Kommentar zur gesamten Angelegenheit verfasste der Philosoph und Schriftsteller Ludwig Marcuse unter der Überschrift »Achtung, heilige Gefühle« für die *Weltbühne*.[218] An seinen Sympathien für Grosz und sein Werk lässt er keinen Zweifel, aber das Problem war seiner Meinung nach grundsätzlicher: Auch die besten Absichten des Künstlers könnten nicht die Tatsache aus der Welt schaffen, dass sich Menschen in ihren heiligsten Gefühlen verletzt sehen könnten. Die Frage sei deshalb: »Hat der Staatsbürger überhaupt einen Anspruch auf Anstoßnehmen? Kann es sinnvoll überhaupt so etwas geben wie staatlicher (sic!) Schutz irgendwelcher Gefühle? Und (…) welche Ideen und Gefühle sind dann zu schützen und welche nicht?« Natürlich sei eine weitgehende Toleranz, eine Duldung anderer Standpunkte wünschenswert. Aber gerade die Menschen und Gruppen, die ewig mit dem Plakat »Achtung, heilige Gefühle!« herumliefen, hätten nur ein sehr unausgebildetes Empfinden für die heiligen Gefühle ihrer Nachbarn. Würden nicht die Gefühle der Pazifisten durch den Krieg verletzt, die Atheisten »in ihren gottlosen heiligsten Gefühlen«, wenn Gott gegen sie aufgerufen werde? Und wenn sich die Kirche durch Christus mit der Gasmaske verletzt sehe, habe dann nicht auch Grosz das Recht, an der Fabrizierung von Giftgas Anstoß zu nehmen. »Die Privilegien im Anstoßnehmen müssen endlich aufhören!«

Jeder Mensch erleide täglich Verletzungen, allein durch die Handlungen, ja durch die bloße Existenz anderer Menschen. »Nicht zu verletzen – ist leider nicht möglich. Nicht verletzt zu werden – ist leider nicht möglich. Aber es ist wenigstens möglich: nicht Anstoß zu nehmen. Toleranz kann nur eines heißen: Disziplin in der Reaktion auf Verletzungen.« Deshalb sei es nicht richtig, einigen Gruppen zu gestatten, die Äußerungen anderer Gruppen zu beschränken, indem ihre (und nur ihre!) heiligsten Gefühle für Tabu erklärt würden, »für jene eigenartigen Gefühle, welche die Macht hinter sich haben«. »Toleranz heißt: seine heiligen Gefühle nicht profanieren zu einer Bevormundung des Nebenmenschen. Man zweifelt doch sehr an der Heiligkeit von Gefühlen, die sich weniger in in einem beseligenden Glauben äußern als im Haß gegen die Manifestationen der Ungläubigen.«

Nicht nur solche, fast prophetischen Worte, die sich beinahe als Kommentar zur gegenwärtigen Lage lesen, zeigen den paradigmatischen Charakter des Weimarer Gotteslästerungsprozesses. So hart wie kaum je zuvor standen sich hier die feindlichen Lager gegenüber: auf der einen Seite die Konservativ-Religiösen, die das ganze Arsenal bekannter Argumente für die Schutzwürdigkeit der Religion mobilisierten, da diese in ihren Augen das Fundament des Staatswesens darstellte; auf der anderen Seite Gesinnungsrepublikaner, die nicht nur die redlichen Motive des Zeichners herausstellten, sondern auch offensiv das Recht einer künstlerischen Gesellschaftskritik verteidigten, die sich auch satirischer Mittel bedienen durfte. In der Debatte wurde die Relativität dessen sichtbar, was ›Gotteslästerung‹ sein konnte. So erschienen frommen Christen gerade religiös legitimierte Giftgasangriffe als blasphemisch und nicht die Darstellung Christi mit Gasmaske.

Erstmals problematisierte man hier in großem Stil das moderne, nachaufklärerische Konzept der Blasphemie selbst und warf grundsätzliche Fragen auf – etwa die nach den ›heiligen Gefühlen‹ –, die uns heute mehr denn je beschäftigen. Aus der Rückschau erstaunt nicht zuletzt die Tatsache, dass hier zum ersten Mal (und keineswegs selbstverständlich!) ein Bild und kein Text zum Stein des Anstoßes wurde. Insofern erscheint die Angelegenheit als eine Art nationaler Vorläufer der Affäre um die Mohammed-Karikaturen ein Dreivierteljahrhundert später, bei der die Bilderfrage, freilich in einem gänzlich veränderten, internationalen wie interkulturellen Kontext, erneut ins Zentrum rücken sollte.

## 16. Vor 1989: Rückzugsgefechte gegen den Zeitgeist?

Für den gewaltigen soziokulturellen Umbruch in der zweiten Hälfte des 20. Jahrhunderts steht die Jahreszahl 1968 – Chiffre für eine Jugendkultur, die sich politisch den radikalen Protest auf die Fahnen geschrieben hatte und kulturell mit alternativen Kleidungs-, Musik- und Verhaltensstilen neue Standards setzte. Aus der Rückschau ist die Zäsur von ›Achtundsechzig‹ als Indiz für einen längerfristigen und tiefergehenden Transformationsprozess in den westlichen Gesellschaften erkennbar, der von wirtschaftlicher Prosperität, gesteigertem Konsum und sozialem Aufstieg begleitet war. Im Zuge dessen gerieten alte moralische Gewissheiten ins Wanken, die Sexualmoral lockerte sich und die Religion geriet verstärkt unter Rechtfertigungsdruck; eine nachhaltige Entchristlichung deutete sich an. Radikal wie nie wurden kirchliche Strukturen, religiöse Deutungsangebote und christliche Moralvorstellungen kritisiert. Vielerorts versuchten religiöse Gruppierungen und Kirchen, den Abwehrkampf gegen diese Tendenzen zu organisieren, indem sie größere und kleinere Blasphemien anprangerten. Vermutlich waren nicht einmal sie überzeugt, dass derartige Rückzugsgefechte erfolgreich sein würden. Zu erwarten schien vielmehr, dass sich das Thema ›Gotteslästerung‹ über kurz oder lang erledigen würde.

**Gesetzeslagen**

Die rechtliche Lage in Hinblick auf Gotteslästerung in jener Zeit war so uneinheitlich wie eh und je. In einigen Ländern existierten keinerlei einschlägige Religionsgesetze, insbesondere in Frankreich mit seiner säkularen Tradition. In den USA[219] existierten auf der Ebene einzelner Bundesstaaten, etwa in Massachusetts, durchaus Gesetze gegen Gotteslästerung, deren Wurzeln noch in die Kolonialzeit zurückreichten. Profanierende Schwüre und Flüche konnten im Alltag mit kleinen Strafen belegt werden. Aber der Erste Zusatzartikel zur Verfassung *(First Amendment)* mit seinem Verbot einer Einschränkung der Rede-, Presse- oder Versammlungsfreiheit bildete eine hohe Brandmauer gegen Blasphemie-Verfahren. Anklagen christlicher Aktivisten gegen Immoralität und Sittenverfall konzentrierten sich entsprechend auf angeblich obszöne oder pornographische Darstellungen, wobei die Kriterien in diesen Fällen ähnlich verschwommen blieben wie in anderen Ländern diejenigen für das Vorliegen von Blasphemie.[220]

In anderen westlichen Ländern existierten alte Religionsgesetze weiter, manchmal reformiert, bisweilen sogar neu eingeführt – eine übergreifende Tendenz ist nicht erkennbar. In den liberalen Niederlanden etwa existierte seit der Implementierung des *Code Pénal* im Jahr 1810 lange Zeit keine strafrechtliche Bestimmung gegen Blasphemie.[221] Das änderte sich mit dem 1932 eingeführten Artikel 147 des Strafgesetzbuchs, wonach sich strafbar machte, wer »öffentlich, mündlich, schriftlich oder bildlich, durch schmähende Gotteslästerungen religiöse Gefühle verletzt«. Hintergrund waren heftige Agitationen von atheistischen und kommunistischen Gruppen gegen die christliche Religion gewesen. So gab es eine Plakataktion der Atheisten (»Gott ist das Böse!«), aber auch eine Kampagne der Kommunisten zur Abschaffung des Weihnachtsfestes. Diese gipfelte in einer Karikatur, in der zwei Arbeiter ihre Axt an das Kreuz Christi legen. Auf diese Herausforderung reagierte der christdemokratische Justizminister Jan Donner mit dem neuen Gotteslästerungs-Paragraphen.

Im deutschsprachigen Mitteleuropa war die Situation ähnlich. Der im Kern seit 1937 bestehende Artikel 261 des Schweizerischen Strafgesetzbuchs bedroht denjenigen (ausschließlich) mit einer Geldstrafe, der »öffentlich und in gemeiner Weise die Überzeugung anderer in Glaubenssachen, insbesondere den Glauben an Gott, beschimpft oder verspottet oder Gegenstände religiöser Verehrung verunehrt«.[222] Seit der 1975 umgesetzten österreichischen Strafrechtsreform bedroht der Paragraph 188 denjenigen mit Strafe, der öffentlich einen Gegenstand religiöser Verehrung »unter Umständen herabwürdigt oder verspottet, unter denen sein Verhalten geeignet ist, berechtigtes Ärgernis zu erregen«.[223]

In der Bundesrepublik Deutschland dagegen galt bis Ende der 1960er Jahre der Paragraph 166 des Reichsstrafgesetzbuchs von 1871 fort. Änderungen daran wurden – als Baustein einer wesentlich umfassenderen Revision – im Zuge der sogenannten Großen Strafrechtsreform am 25. Juni 1969 beschlossen.[224] Durch sie sollten die bestehenden Strafvorschriften an die »freiheitlichen Lebensformen der westlichen Industriegesellschaft« angepasst werden (so der damalige Präsident des Bundesgerichtshofs). Dabei stand weniger der Religionsparagraph 166 im Zentrum, sondern eher das Sexualstrafrecht, der Schwangerschaftsabbruch und die Zuchthausstrafe.[225] Aber auch über Gotteslästerung wurde intensiv diskutiert. So machte eine katholische Strafrechtskommission innerhalb der CDU / CSU 1963 geltend, die »Ehre Gottes« müsse als »objektiver Wert« geschützt bleiben.[226] Ein Jahr später stritt auch der evangelische Bischof von Berlin, Otto Dibelius, unter der Überschrift »Dem Staate, was des Staates ist« für die Beibehaltung der Strafbarkeit der Blasphemie. Zwar müssten – auch scharfe – Auseinandersetzungen möglich sein. »Aber dass böswillig verhöhnt wird, wozu der Staat sich in seinem Grundgesetz feierlich bekannt hat, das sollte er nicht hinnehmen.«[227] Andere Vertreter der evangelischen Kirche zeigten sich dagegen skeptisch, ob der Gotteslästerungsparagraph noch zeitgemäß sei.

Schließlich wurde im »Alternativ-Entwurf« zur Strafrechtsreform, verfasst von prominenten deutschen Strafrechtslehrern wie Claus Roxin und Werner Maihofer, ein völliger Wegfall des Delikts der Gotteslästerung empfohlen. Ein Schutz des allgemeinen religiösen Empfindens durch die Bestrafung von Gotteslästerungen sei nicht möglich, ja er beeinträchtige das religiöse Gefühl, »weil die staatliche Vergeltung für den Gläubigen die Größe Gottes herabsetzen müsse« – die Bestrafung der Blasphemie wird hier tendenziell ihrerseits für gotteslästerlich erklärt. Dem sozialen Frieden diene ein Gotteslästerungsparagraph kaum, so die Verfasser; vielmehr könne durch solche Bestimmungen eine »Fülle unangemessener Verfahren« ausgelöst werden. Ganz grundsätzlich sei der allgemeine Schutz »weltanschaulichen und religiösen Denkens anderer abzulehnen«, denn er beeinträchtigte die Freiheit der geistigen Auseinandersetzung. Die Funktion des Strafrechts werde hier überspannt. Bestimmungen gegen die Individual- oder Kollektivbeleidigung von Gläubigen seien ausreichend.[228]

Durchsetzen konnten sich die ›Alternativprofessoren‹ in diesem Punkt wie in vielen anderen nicht. Immerhin war es wohl ihrem Einfluss zuzuschreiben, dass sich der Schutzzweck des endgültigen Gotteslästerungsparagraphen gegenüber den meisten Entwürfen verschob. Dort war es stets um die Verletzung des »religiösen Empfindens« durch öffentliche Beschimpfung Gottes gegangen (bzw. um Beschimpfungen, die »das allgemeine religiöse Empfinden« verletzen könnten). Im Gesetz festgelegt wurde schließlich, dass sich strafbar mache, wer öffentlich »den Inhalt des religiösen oder weltlichen Bekenntnisses anderer in einer Weise beschimpft, die geeignet ist, den öffentlichen Frieden zu stören«.[229] Ein expliziter Bezug auf die religiösen Gefühle wurde vorerst nicht mehr hergestellt.

In der strafrechtlichen Praxis ging die Bedeutung des Delikts weiter zurück. Natürlich sagt das nichts über die Bedeutung von Einzelfällen, die ja durchaus eine – erwünschte oder befürchtete – symbolische Abschreckungswirkung entfalten konnten oder öffentliche Kontroversen auslösten, wie der Prozess gegen die situationistische Künstlergruppe SPUR und ihre gotteslästerlichen Äußerungen im Jahr 1962.[230] Die gerichtlichen Urteilsbegründungen jener Zeit, in denen die Störung des öffentlichen Friedens belegt werden sollte, blieben subjektiv und teils widersprüchlich. So hatte eine Aktivistin 1985 die Kirche als »eine der größten Verbrecherorganisationen der Welt« bezeichnet und den gekreuzigten Jesus mit der Umschrift »Masochismus ist heilbar« dargestellt. Handelte es sich dabei um eine grob verletzende Äußerung mit dem Potenzial zur Störung des öffentlichen Friedens? Das Landgericht Göttingen sah dies so und hielt die Verurteilung zu je 20 Tagessätzen à 20 DM für gerechtfertigt: Die plakativ formulierte schwere Verunglimpfung von Glaubensinhalten biete keinen gedanklichen

Ansatz zu sachlicher Auseinandersetzung und müsse in ihrem Unernst auch Kirchengegner von einigem geistigem Niveau abstoßen.[231] 1982 fiel die gerichtliche Bewertung des Artikels in einem Jugendmagazin (»Hokuspokus im Poncho«), in dem der Priester als »Guru«, die gläubige Gemeinde als »gefährliche Sekte« und das Messopfer als »uralter kannibalischer Ritus« bezeichnet wurden, unterschiedlich aus: Während die Jugendkammer den Text als Satire wertete, verwarf das Oberlandesgericht Düsseldorf diese Ansicht.[232] Noch 1997 hielt das Oberverwaltungsgericht Koblenz das Verbot der Aufführung des Theaterstücks »Das Maria-Syndrom«, das die Jungfrauengeburt und andere Elemente des christlichen Glaubens attackierte, für rechtmäßig.[233]

**The Gay News Case**

In England begrub das Parlament 1967, zusammen mit anderen »obsoleten« Gesetzesnormen, still und leise den *Blasphemy Act* von 1698.[234] Im Common Law blieb eine Anklage wegen *blasphemous libel* zwar weiterhin möglich, wurde aber gemeinhin als eine anachronistische Regelung betrachtet – »a dead letter«, wie Richter Lord Denning schon 1949 abfällig geäußert hatte.[235] Ein Vierteljahrhundert später sollte ihn die Auseinandersetzung um ein Gedicht widerlegen. Der sechsundsechzigzeilige Text *The Love That Dares to Speak Its Name* stammte aus der Feder des Schriftstellers James Kirkup und wurde am 3. Juni 1976 in *Gay News* veröffentlicht, einer Zeitschrift der Homosexuellenbewegung. Das Gedicht verwendet Motive der christlichen Passionsgeschichte: Es ist aus der Perspektive des römischen Zenturios geschrieben, der die Kreuzigung beaufsichtigt hat und nun allein über den Körper des Gekreuzigten wacht. Er beschreibt sehr konkret seine sexuellen Aktivitäten mit dem Toten *(I laid my lips around the tip of that great cock, the instrument of our salvation, our eternal joy …)* und hält auch mit seinem Wissen um das lebhafte Liebesleben Jesu mit Pontius Pilatus, Johannes dem Täufer, Paulus von Tarsos, mit Judas und anderen Aposteln *(He loved all men, body, soul and spirit – even me)* nicht hinter dem Berg. Der Titel referiert auf ein Gedicht von Oscar Wilde aus dem Jahr 1894. Die betreffende Zeile *(The love that dare not speak its name)* wird gewöhnlich als Anspielung auf die damals noch verbotene gleichgeschlechtliche Liebe verstanden – die Liebe, die es nicht wagt, ihren Namen auszusprechen. Oscar Wilde hatte diese Zeile 1895 in jenem Prozess zitiert, der gegen ihn wegen »grober Unanständigkeit« angezettelt worden war.

Der Verfasser des Gedichts in den *Gay News*, James Kirkup, war ein renommierter Schriftsteller und Professor im japanischen Kyoto.[236] Wie er später erläuterte, reflektierten die Zeilen des Gedichts seine tief religiöse Natur. Er habe sich Christus stets tief verbunden gefühlt und wollte seine leidenschaftliche Liebe ihm gegenüber zum Ausdruck bringen. Es gehe nicht spezifisch um homosexuelle Liebe, sondern um die brennende Liebe eines großen und außergewöhnlichen Individuums, zurückgewiesen und ermordet von einer in Konventionen gefangenen Gesellschaft. So habe er den Versuch unternommen, Christus modern im Licht der sexuellen Befreiung zu interpretieren – ein Werk der Kunst, nicht der Blasphemie. Hinsichtlich des Lästerungsvorwurfs drehte der Dichter den Spieß sogar kurzerhand um, indem er an seine Kindheit in der Methodistengemeinde erinnerte, die voll von Terrorgeschichten über die blutige Kreuzigung oder über die Höllenfeuer und die Qualen der Verdammten gewesen sei. Der bloße Gedanke an die Heilige Kommunion, bei der man Stücke von Christi Fleisch esse und aus Schalen mit seinem Blut trinke, mache ihn krank. Kein Kind mit leicht beeindruckbarer Phantasie sollte derartigen »brutalen, sadistischen und gewaltsamen Obszönitäten« ausgesetzt sein. Insofern habe er natürlich gewusst, dass sein Gedicht manche Menschen schockieren werde – aber sei er nicht umgekehrt selbst geschockt und verletzt worden durch deren widerliche Version der Kreuzigung?

Tatsächlich wirft das Gedicht weitgehende Fragen nach dem Verhältnis von Allegorie und Realismus auf, Fragen, die später auch in der Diskussion um Rushdies »Satanische Verse« eine wichtige Rolle spielen sollten. Aber hier wie dort waren feinsinnige literarische Überlegungen für die Gegner kein relevanter Gesichtspunkt. Sie interpretierten das Gedicht nicht metaphorisch, sondern so wörtlich wie eben möglich. Es hatte allerdings einige Monate gedauert, bis sie den Text überhaupt zur Kenntnis nahmen – unter der eigentlichen Leserschaft des Journals hatte er einige Debatten, aber kaum Empörung ausgelöst. Dann aber bekam Mary Whitehouse, eine Galionsfigur der konservativen Bewegung gegen die Aufweichung traditioneller Regeln in der modernen Gesellschaft, den Text in die Hände – angeblich fand sie ihn als anonyme Gabe auf ihrer Fußmatte. Sie war es, die eine Klage wegen *blasphemous libel* einreichte, weil der Text eine erneute Kreuzigung Christi mit den Waffen des 20. Jahrhunderts darstelle.[237] Sie beklagte im Übrigen nicht den Dichter selbst, sondern die Zeitschrift und deren Herausgeber Denis Lemon als Verantwortlichen für die Verbreitung des Textes.

Dass die Klage »Whitehouse vs. Lemon« überhaupt zugelassen wurde, war keineswegs selbstverständlich. Immerhin ging es um ein Strafrechtsdelikt, das vor Old Bailey verhandelt wurde und eine Gefängnisstrafe nach sich ziehen konnte, auch wenn es sich in diesem Fall – was die Sache noch ungewöhnlicher machte – um eine von privater Seite vorgebrachte Klage handelte, die zuvor von einem Richter zugelassen werden musste. Seit John William Gott im Jahr 1921 hatte es in Großbritannien keine Bestrafung auf dieser Grundlage mehr gegeben.[238] Und so sah sich der Vorsitzende Richter King-Hamilton bei Prozessbeginn im Juli 1977 gehalten, die Jury zu ermahnen, dass ein Gesetz immer noch ein Gesetz sei, ob es nun in neuerer Zeit angewandt worden sei oder nicht.[239] Das Unwahrscheinliche geschah: Die Beklagten wurden schuldig gesprochen, Lemon zu einer neunmonatigen Bewährungsstrafe sowie der Zahlung von 500 Pfund, die Zeitschrift zu 1000 Pfund Geldstrafe verurteilt. Das Urteil (wenn auch nicht die Gefängnisstrafe) sollte auch in der Appellation Bestand haben, und selbst in der letzten Berufung an das House of Lords wurde mit einer knappen Mehrheit (3:2 Stimmen) die erste Verurteilung wegen Blasphemie seit 55 Jahren bestätigt. Zu guter Letzt scheiterte auch der Versuch, den Europäischen Menschenrechtsgerichtshof gegen das Blasphemie-Verfahren in Stellung zu bringen.[240]

Warum war es zur Verurteilung gekommen? Keines der Argumente der Verteidigung hatte verfangen, weder die Hinweise auf den Anachronismus der Blasphemie-Gesetzgebung noch auf die künstlerischen Qualitäten bzw. den metaphorischen Gehalt des Textes. Das Gericht definierte es als seine Aufgabe, darüber zu befinden, ob ein beleidigender Angriff auf die christliche Religion, auf ihre Glaubensinhalte oder auf heilige Personen oder Dinge vorliege. Dabei sei die bloße Leugnung von Glaubensinhalten, so Richter King-Hamilton, keineswegs strafbar, solange sie in zurückhaltender Weise vorgebracht werde. Nach wie vor als Gotteslästerung betrachtet werden könnten dagegen »Respektlosigkeit, Skurrilität, Profanisierung, Verunglimpfung oder zügelloser Missbrauch gegenüber der christlichen Religion, einer heiligen Person oder einem heiligen Objekt«.[241] Auch der Vertreter der Anklage betonte, das Entscheidende sei, ob die Sprache und der Ton einer Publikation geeignet seien, die Empörung der Anhänger einer Glaubensrichtung hervorzurufen. Blasphemie liege dann vor, wenn »die Grenzen anständiger Debatte« überschritten würden.[242] Die Intention eines Autors dagegen – in diesem Fall also die Beteuerung, nicht in blasphemischer Absicht gehandelt zu haben – sei nicht entscheidend, ausschlaggebend sei der erzielte Effekt, also die öffentliche Erregung.

Es ist kaum verwunderlich, dass das Urteil von einer progressiven Öffentlichkeit als Rückschritt, ja als drohender Rückfall ins Mittelalter bewertet wurde. Es ist jedoch stark zu bezweifeln, ob Mary Whitehouse durch diesen Erfolg vor Gericht ihrem Ziel, dem Verfall der christlichen Ordnung Einhalt zu gebieten, tatsächlich nähergekommen war. Denn abgesehen davon, dass sie dem Gedicht ungewollt zu großer Aufmerksamkeit verhalf, mobilisierte das Urteil die Gegenkräfte. Ein umgehend ins Leben gerufenes Unterstützungskomitee sammelte sehr erfolgreich Spenden für den angeklagten Denis Lemon und seine Zeitschrift. Nicht nur die *Gay Liberation Movement* erhielt in Großbritannien öffentlichen Auftrieb. Dass sich eine erfolgreiche Blasphemie-Klage im Rahmen des Common Law als möglich erwiesen hatte, entfachte eine neue Debatte über die endgültige Abschaffung des Delikts. Im August 1977 konstituierte sich ein *Committee against*

*Blasphemy Law*. Ein Antrag auf Abschaffung im House of Commons wurde 1978 allerdings nach der zweiten Lesung zurückgezogen, als sich auch Stimmen vernehmen ließen, die anstelle einer Abschaffung für eine Verschärfung plädierten.[243] Stattdessen wurde eine Expertenkommission eingesetzt, deren Zwischenbericht von 1981 eine weitere heftige öffentliche Kontroverse auslöste.[244] Der 1985 dem Unterhaus vorgelegte Abschlussbericht enthielt dann eine Empfehlung zur Abschaffung des Blasphemie-Tatbestands im Common Law, wobei eine Mehrheit für ersatzlose Streichung votierte und eine Minderheit für eine Neufassung.[245]

**Von Monty Python zu Madonna**

Zu den zahlreichen Unterstützern der *Gay News* gehörte auch die englische Komikertruppe Monty Python. Während die Anklage gegen die Zeitschrift vor Gericht verhandelt wurde, bereiteten sich die Pythons auf ihr nächstes Kinoprojekt vor, angespornt vom Erfolg ihres ersten richtigen Spielfilms, einer Parodie auf die Artussage.[246] Nun wollten sie sich die Bibel vorknöpfen. Das Sujet hatte seit der Zeit der Stummfilme eine lange Tradition, ohne dass es zu größeren Kontroversen um die Darstellbarkeit des Heiligen gekommen wäre.[247] Aber kaum jemand hatte bislang eine Bibelparodie in Szene gesetzt. Bereits im Vorfeld der Produktion sorgte deshalb die Klage »Whitehouse vs. Lemon« für erhebliche Verunsicherung unter den Machern. Mit EMI stand eigentlich ein potentes Major-Label als Finanzier des Filmes bereit, aber nach der Lektüre des Drehbuchs bekamen die Plattenbosse kalte Füße und zogen ihre Zusage zurück. Ex-Beatle George Harrison sprang mit seinem Privatvermögen ein und gründete eigens eine Produktionsfirma für den Film.

Das Endergebnis, der wohl größte Kinoerfolg der Pythons, blieb von gerichtlichen Auseinandersetzungen weitgehend verschont. Stark umstritten war er dennoch. Bereits vor der Premiere bekam Mary Whitehouse Ausschnitte des Scripts in die Hände und machte in England Stimmung gegen den »blasphemischen Film«.[248] Die Weltpremiere fand am 17. August 1979 in New York statt, und auch die Proteste konzentrierten sich zunächst auf die USA.[249] In großer Einigkeit protestierten konservative Protagonisten verschiedener Bekenntnisse, der ultraorthodoxe Rabbi Benjamin Hecht *(sacrilege and blasphemy, produced in Hell)* ebenso wie der lutherische Radiokommentator Robert Lee *(distasteful assault on religious sensitivity)* und Pater Jadoff von der katholischen Erzdiözese New York *(the most blasphemous film I have ever seen)*. Überall in den USA, vor allem im notorischen Bible Belt des Südostens, gab es Proteste, die nicht selten dazu führten, dass Kinobesitzer den Film nicht zeigten bzw. zu zeigen wagten. Aber es gab auch abwiegelnde Stimmen und viel Unterstützung für *Life of Brian*, zu Deutsch »Das Leben des Brian«.

Im Vorfeld der englischen Kinopremieren trat Whitehouses *Festival of Light Movement* etwas auf die Bremse und warnte vor Überreaktionen gegen den Film: Er sei zwar grenzwertig, aber nicht im Vollsinn des Wortes blasphemisch. Eine rechtliche Verurteilung sei nicht zu erwarten, deshalb führe eine öffentliche Verdammung lediglich zu kostenloser Publicity für den Film.[250] Etliche lokale Zensurkomitees in England und Wales verbannten den Film trotzdem zeitweilig aus den Lichtspielhäusern. Auch in anderen Ländern gab es Probleme: In Norwegen sprachen die Zensoren zeitweilig einen Bann aus, was prompt seinen Niederschlag in der Werbung für den Film im Nachbarland Schweden fand (»Dieser Film ist so lustig, dass er in Norwegen verboten wurde«). Und in der Republik Irland schaffte es *Life of Brian* jahrelang gar nicht, durch die Maschen der scharfen Zensurbestimmungen zu schlüpfen.[251]

Inhaltlich hatte der Film nicht ansatzweise das Skandalpotenzial von Kirkups Gedicht, wohl weniger wegen einer möglichen präventiven Selbstzensur als wegen des generellen Stils des Python-Humors. Sie schreckten vor kaum einer Absurdität zurück, aber satirische Schärfe lag ihnen fern. Um die Verspottung Jesu zu vermeiden, führte der Film mit Brian eine Parallelfigur ein, die sich vergeblich dagegen wehrt, als Messias verehrt zu werden. Jesus selbst hat im Film, um diesen Unterschied deutlich zu machen, einen kurzen und dezenten Auftritt, wobei lediglich wortwörtlich Teile der Bergpredigt reproduziert werden.[252] Neben biblischen Bezügen enthält der Film gleichzeitig viele gegenwartsbezogene Anspielungen, etwa auf die vielen sektenartigen Befreiungsbewegungen, die sich untereinander zerfleischen statt den römischen Besatzern zuzusetzen. Dem kundigen Betrachter standen Ende der 1970er Jahre bei der »Volksfront von Judäa« oder der »Judäischen Volksfront« unmittelbar die verschiedenen maoistischen Splittergruppen vor Augen.[253] Vielleicht ist auch die abstruse Steinigungsszene, in der ausschließlich eifernde Frauen mit falschen Bärten auftreten, als Referenz auf die gerade wieder aufflammende Blasphemie-Debatte in Großbritannien zu verstehen.[254]

Auch wenn Jesus nicht in Person persifliert wurde, passte frommen Christen in aller Welt die gesamte Richtung nicht. Das ist verständlich, denn eine Parodie lebt immer vom Bezug auf das Vorbild, das sie – verzerrend, übertreibend, verspottend – nachahmt. Oder wie Mervyn Stockwood, damals anglikanischer Bischof von Southwark, erklärte: Ohne Jesus hätte der Film über Brian nie existiert.[255] Sein Auftritt in der *Friday Night, Saturday Morning*-Show der BBC am 9. November 1979 war so etwas wie der Höhepunkt der öffentlichen Debatte in Großbritannien.[256] Unterstützt wurde der Bischof vom kauzigen Malcolm Muggeridge, einem jüngst zum Katholizismus bekehrten bekannten Journalisten und Anhänger Mutter Teresas. Die beiden Pythons Michael Palin und John Cleese mühten sich auf der Gegenseite redlich, den Vorwurf der Blasphemie zurückzuweisen. Nicht Jesus habe man verspotten, sondern kritisch gegen geschlossene Weltbilder Stellung beziehen und zum Selbstdenken anregen wollen, so Cleese. Stockwood zog dagegen alle Register, um den Film zu verdammen, mokierte sich über dessen »Pennälerhumor«, fragte suggestiv, was wohl Mutter Theresa beim Betrachten des Films empfunden hätte, und endete mit dem Verdikt, die beiden würden ihre 30 Silberlinge wohl bekommen: ihren Judaslohn für die Herabwürdigung Jesu. Sein Mitstreiter Muggeridge schlug ebenso pathetische Töne an, indem er die bedeutendsten Werke der christlichen Kunst, ja die gesamte westliche Zivilisation beschwor, die auf der Schlüsselszene der Kreuzigung beruhten – und was sei im

Vergleich damit der Film? Es war offensichtlich, dass hier nicht nur verschiedene Weltanschauungen, sondern auch sehr unterschiedliche Milieus und Generationen aufeinanderstießen, zwischen denen kaum eine Verständigung möglich war. Das Studiopublikum stand ausweislich seiner Reaktionen klar aufseiten der Pythons. An einem Punkt allerdings erwies sich Malcolm Muggeridge als geradezu visionär. Hätte man einen vergleichbaren Film über Mohammed gedreht, so äußerte er, wäre ein großer Aufruhr entstanden; alle antirassistischen Leute, die den Pythons momentan applaudierten, würden sagen, das sei äußerst skandalös.[257]

Vorerst spielten sich die Aufregungen und Klagen über vermeintliche Gotteslästerungen aber innerhalb des christlichen Kulturkreises ab. Wie schon im Fall *Gay News* erwies es sich als besonders explosiv, wenn in Kunstwerken die Themen Sex und Religion eine Verbindung eingingen. In den 1980er Jahren konzentrierten sich die Proteste, wie im Fall Monty Python, auf die Welt des Films. 1984 sorgte der Film »Ave Maria« unter der Regie von Jacques Richard in Frankreich für Aufsehen.[258] Sein Thema war die Auflehnung eines jungen Mädchens gegen das autoritäre Regime eines bigotten Paares in einem französischen Dorf. Aber nicht der Film, sondern das Filmplakat, auf dem die Darstellerin Isabelle Pasco mit entblößten Brüsten an ein Kreuz gebunden abgebildet war, erregte Ärgernis. Gestaltet hatte das Plakat die Fotografin Bettina Rheims, die schon damals für ihre inszenierten Aktdarstellungen bekannt war. Zur Jahrtausendwende sollte sie mit der Ausstellung »I. N. R. I.« im Deutschen Historischen Museum in Berlin Furore machen, in der sie und der Schriftsteller Serge Bramly das biblische Geschehen in die Bildsprache der Gegenwart zu übersetzen suchten. Auch dagegen wurden Blasphemie-Anklagen vor französischen Gerichten angestrengt.[259] Im Falle des Filmplakats gewannen jedenfalls die katholischen Verbände den von ihnen angestrengten Prozess: Ein Pariser Gericht verbot das öffentliche Aushängen des Filmplakats, weil es eine Aggression gegen die innersten Überzeugungen gläubiger Christen darstelle. Selbst in einem Land, das seit rund 200 Jahren keine Blasphemie-Gesetze mehr kannte, waren Gläubige vor Gericht nicht völlig chancenlos, wenn sie Restriktionen erreichen wollten.

Ähnlich ging es 1985 einem bereits drei Jahre zuvor auf den Markt gebrachten Film des deutschen Regisseurs Werner Schroeter im österreichischen Bundesland Tirol.[260] Dessen Drehbuch basierte auf dem fast 100 Jahre alten Stück »Das Liebeskonzil«, das dem Autor Oskar Panizza damals mehrjährige Festungshaft eingebracht und sein Leben zerstört hatte. Schroeter verfilmte einerseits das Theaterstück, machte aber zugleich den Prozess gegen Panizza zu einer Rahmenhandlung, in der Szenen des Stücks als Beweise präsentiert wurden. Drei Jahre nach der Premiere in Berlin wurde die Vorführung der Low-Budget-Produktion, die die Kritik wenig begeistert und kaum Zuschauer gefunden hatte, vom Otto-Preminger-Institut für audiovisuelle Mediengestaltung in Innsbruck angekündigt. Daraufhin erstattete die katholische Diözese Innsbruck gegen den Geschäftsführer des Vereins Strafanzeige wegen Herabwürdigung religiöser Lehren. Während das Strafverfahren niedergeschlagen wurde, verfügte das Landesgericht Innsbruck die Einziehung des Filmes. Er erfülle mit seiner Darstellung Gottvaters als senilem und impotentem Trottel und der Gottesmutter als lasziver Dirne objektiv den Tatbestand des Paragraphen 188 des österreichischen Strafgesetzbuchs.

In gewisser Weise war es dann ein logischer Abschluss des Jahrzehnts, als 1989 das British Board of Classification (vormals: Britsh Board of Film Censors) dem Kurzfilm »Visions of Exstasy« von Nigel Wingrove ein Zertifikat verweigerte und damit seinen Vertrieb verhinderte.[261] Die im Titel angesprochenen Visionen waren nämlich diejenigen der heiligen Teresa von Avila, die Küsse und Umarmungen mit dem Gekreuzigten imaginierte, was den Zensoren blasphemisch erschien. Erst nach der Abschaffung der britischen Blasphemie-Gesetze im Jahr 2012 erhielt die DVD eine Freigabe ab 18 Jahren. Beide Fälle aber, die Verbote der Filme Schroeters in Österreich und Wingroves in England, landeten vor dem Europäischen Gerichtshof und bildeten den Gegenstand vielbeachteter Referenzentscheidungen (vgl. Kap. 19).[262]

Die innerwestlichen Blasphemie-Kontroversen der 1980er Jahre endeten 1989 mit einem Film von Martin Scorsese und einem Videoclip der Sängerin Madonna. Mit »The Last Temptation of Christ« hatte sich ein weltberühmter Regisseur daran gemacht, den biblischen Stoff zum Gegenstand einer aufwendigen Hollywoodproduktion mit prominenter Besetzung zu machen.[263] Scorseses Film erzählt vom ans Kreuz genagelten Christus, der – angeleitet von einem rettenden Engel – herabsteigt, mit Maria Magdalena eine Familie gründet und seine frühere Identität hinter sich lässt. Erst am Ende seines Lebens wird offenbar, dass es sich beim vermeintlichen Engel um den Satan handelte, der versuchte, Jesus von seiner eigentlichen Bestimmung abzuhalten. Christus entscheidet sich für eine Vollendung des Martyriums und findet sich am Kreuz wieder – sein Leben als einfacher Familienvater entpuppt sich als teuflische Vision, eben als die »letzte Versuchung«. Das war kein Ulk wie bei den Pythons, sondern eine ambitionierte Bearbeitung des Bibelstoffs, und der Regisseur legte bei der Erläuterung eine demonstrative Ernsthaftigkeit an den Tag. Scorsese erklärte, es handele sich um einen »religiösen Film«, der das Leiden und das Ringen um Gott thematisiere.[264]

Gerade diese Ernsthaftigkeit aber scheint viele Gegner des Films besonders herausgefordert zu haben. Ein Bombenanschlag auf ein Pariser Kino verletzte 13 Personen und verwüstete den Filmsaal. In den USA löste das Werk, nach dem Urteil einer damaligen Beobachterin, den stärksten Ausbruch religiös inspirierten Hasses der jüngeren amerikanischen Geschichte aus.[265] In Los Angeles führte der fundamentalistische Baptistenprediger Robert L. Hymers Jr. wütende Demonstrationszüge an, die Filmleinwände beschädigten und Kinos verwüsteten sowie die Liegenschaften der Filmverleihgesellschaft MCA bedrohten. Dabei richteten sich die Angriffe zum Teil persönlich gegen den MCA-Vorsitzenden, den aus einer jüdischen Familie stammenden Lew Wasserman; die antisemitischen Untertöne waren kaum zu überhören. Bilder von Wasserman wurden verbrannt, und während einer öffentlichen Demonstration wurde ein Mann, der Christus darstellte, von einem Wasserman-Double scheinbar ans Kreuz genagelt. Lokale Verbote häuften sich ebenso wie ›freiwillige‹ Verzichte von Verleihern und Kinobetreibern, den Film zu zeigen. Hysterische Stimmen aus dem christlichen Lager überboten sich, wobei die katholische TV-Nonne Mutter Angelika den Vogel abschoss: Sie erklärte, der Film sei »die blasphemischste Verspottung der Eucharistie, die jemals in dieser Welt begangen wurde«, und fügte pathetisch hinzu: »Dieser Holocaust-Film hat die Kraft, Seelen für die Ewigkeit zu zerstören.«[266]

Einen internationalen Skandal verursachte zum Abschluss des Jahrzehnts schließlich Madonna mit dem Videoclip zu ihrem bislang ambitioniertesten Song »Like a Prayer«.[267] Der Clip – ein Kunst- und Werbeformat, das damals mit dem Sender MTV den Zenit seiner Bedeutung erreicht hatte – erzählte in gut fünf Minuten ein komplexes, doppelbödiges Geschehen: In einer Kirche begegnet die leicht bekleidete Protagonistin einer dunkelhäutigen Heiligenfigur, die zunächst zu weinen beginnt, sich dann in einen leibhaftigen Menschen verwandelt, sie küsst und die Kirche vorübergehend verlässt, um dann wieder ihren ursprünglichen Platz einzunehmen – einmal mehr eine Vision, wie der erwachenden Madonna im Clip klar wird. In einem anderen Handlungsstrang des Videoclips wird der Farbige für den Mord an einem weißen Mädchen festgenommen, der – wie die Sängerin und die Zuschauer vorher gesehen haben – in Wirklichkeit von einer weißen Gang begangen worden war. Mit dem religiösen Motiv wurde diese Anklage gegen Rassismus durch eine Filmsequenz verbunden, in der Madonna vor brennenden Kreuzen, dem Ku-Klux-Klan-Symbol, tanzt.

Diese brennenden Kreuze waren einer der Anknüpfungspunkte für die heftige Kritik in der US-amerikanischen Öffentlichkeit. Von links wurde der Sängerin eine affirmative Verwendung rassistischer Symbole vorgeworfen, daneben auch die Reduzierung der Frau zum Sexualobjekt. Der konservativ-christlichen Seite dagegen war die gesamte erotische Aufladung des Religiösen suspekt. Ihre Proteste reichten schnell über Amerika hinaus und erstreckten sich insbesondere auf Italien, das Herkunftsland der Familie Madonnas. Schon am Tag nach dem Erscheinen des Videoclips wurde dort der erste Gerichtsprozess angestrengt, und als die Sängerin ein Jahr später in Italien ein Konzert geben wollte, drängte Papst Johannes Paul II. auf ein Einreiseverbot für die Künstlerin. Im Fadenkreuz der Kritik stand insbesondere Pepsi-Cola als Hauptsponsor Madonnas, der auf Boykottaufrufe mit einem Verzicht auf jede Werbung mit der Sängerin reagierte. Madonnas Erfolg wurde von der Kontroverse indes nicht beeinträchtigt. Anklagen wegen Gotteslästerung repräsentierten längst keinen gesellschaftlichen Mainstream mehr.

# Im globalen Zeitalter der Blasphemie

# 17. Globale Konflikte im Zeichen der Gotteslästerung

## 1989: Satanische Verse

Mit der Todesdrohung des iranischen Revolutionsführers Ayatollah Khomeini gegen den Schriftsteller Salman Rushdie am Valentinstag des Jahres 1989 begann das neue, globale Zeitalter der Blasphemie. Der über den Teheraner Rundfunk verbreitete Aufruf fand schnell weltweite Beachtung. Nur Stunden später hatte Rushdie den ersten Reporter am Telefon. Wie fühlt es sich an, so wurde er gefragt, von Khomeini zum Tode verurteilt worden zu sein? Nicht gut, antwortete er mit britischem Understatement. Insgeheim aber fragte er sich, wie viele Tage oder Wochen er noch zu leben haben würde. Rushdie schloss die Tür ab, zog die Jalousien herunter und verließ wenig später sein Haus, in das er nie wieder zurückkehren sollte. Dass der Tag nicht nur für ihn eine Zäsur darstellte, sondern auch ein markanter historischer Einschnitt war, dürfte damals weder ihm noch seiner Umwelt bewusst gewesen sein.

**Der Schriftsteller und sein Buch**

Die Rushdie-Affäre ist gut dokumentiert, nicht zuletzt in Rushdies packender Autobiographie »Josef Anton« (sein Deckname im Untergrund) aus dem Jahr 2012.[1] Schon in seiner Familiengeschichte gründet eine distanzierte Faszination für religiöse Traditionen, aus der später jener ›magische‹ oder ›phantastische‹ Realismus entspringen sollte, für den schon sein erster Erfolgsroman »Mitternachtskinder« von 1981 gerühmt wurde.[2] Rushdie, geboren 1947 in Bombay, war von seinem Vater im Alter von 13 Jahren auf eine renommierte englische Public School gebracht worden und studierte dann am King's College in

Cambridge Geschichte. Die in zwei Kontinenten wurzelnde Familiengeschichte prägte sein Interesse an Migrationsprozessen, kulturellen Brüchen und hybriden Identitäten. »Die Migration«, so hatte Rushdie in seinen ersten Skizzen zu den »Satanischen Versen« festgehalten, »stellt für den Aus- und Einwanderer alles in Frage, die Identität ebenso wie die Persönlichkeit, die Kultur und den Glauben. Wird dies also ein Roman über die Migration, muss er sich um ebendieses Infragestellen drehen. Er muss die Krise vorführen, die er beschreibt.«[3] Dass er selbst bald im Mittelpunkt einer solchen Krise stehen sollte, ahnte er damals noch nicht. Es ist eine bittere Ironie, dass Rushdie, der Immigrant mit den gespaltenen Identitäten, der aufstrebende Schriftsteller, der sich zunehmend für die sozialen und kulturellen Probleme britischer Muslime zu interessieren begann, selbst zum Symbol des Zusammenpralls der Kulturen werden sollte.

»Die Satanischen Verse«, das Buch im Zentrum des Streits, erzählt auf seine Weise die Geschichte kultureller Konflikte und hybrider Identitäten.[4] Saladin und Gibril, die beiden Protagonisten, sind indischer Herkunft. Saladin verleugnet diese Wurzeln und identifiziert sich völlig mit der britischen Kultur, während es Gibril eher widerstrebend nach London zu einer englischen Geliebten zieht. Die überbordende Handlung des Romans ist kaum bündig nachzuerzählen: Zu Beginn des Buchs stürzen Saladin und Gibril gemeinsam aus einem von Terroristen zur Explosion gebrachten Flugzeug, stranden auf wundersame Weise aber unversehrt in England. Saladin wachsen vorübergehend Hörner, er verwandelt sich in ein ziegenähnliches, teuflisches Wesen, während Gibril sich als Engel zu fühlen beginnt. Insgesamt ein rundes Drittel des Buchs behandelt, in Form von Einschüben in die Haupthandlung, Traumsequenzen Gibrils. Gegen sie richteten sich die Blasphemie-Anklagen, vor allem gegen den Erzählstrang rund um den Geschäftsmann Mahound. Dessen prophetische Offenbarungen finden in der Wüstenstadt Jahilia zunächst nur wenige Anhänger. Er flüchtet, um in der Oase Yathrib ein neues religiöses Regime mit einem rigiden und unterdrückerischen Charakter aufzurichten. Nach einem Vierteljahrhundert kehrt er nach Jahilia zurück und kann die zerstrittene Stadt einnehmen. Der Dichter Baal, der den Propheten bereits früher bekämpft hatte, kann sich zunächst in einem vornehmen Bordell verstecken. Dort überredet er die Prostituierten zu einem Rollenspiel, bei dem sie für ihre Freier die zwölf Frauen Mahounds spielen; er selbst wird in dessen Rolle gedrängt und heiratet die zwölf. Letztlich aber wird das Bordell geschlossen, die Frauen und dann auch Baal werden verhaftet und zum Tode verurteilt.

Viele Details dieser Geschichte erregten den Zorn frommer Muslime, angefangen mit den Namen: Mahound, ein im Mittelalter von Christen verwendeter Schmähname für Mohammed als Dämon; Jahilia (»Unwissenheit«) als Pseudonym für Mekka; und »Unterwerfung« als Name der neuen Religion, der auf »Islam« anspielt (Unterwerfung unter bzw. Hingabe an Gott). Besonders die Bordellszene fand heftigen öffentlichen Widerhall, nicht selten in der verzerrenden Behauptung, hier würden die Frauen Mohammeds als Huren dargestellt.[5] Der Schriftsteller Rushdie beharrte stets darauf, dass er eine Traumsequenz dargestellt, nicht jedoch die Geschichte Mohammeds und des Islam geschrieben habe. Muslimische Kritiker waren von derartigen Argumenten wohl kaum zu überzeugen. Im Kern ging es ihnen weniger um diese oder jene beleidigende Aussage; in ihren Augen war eine freie literarische Bearbeitung der Lebensgeschichte des Propheten per se eine Gotteslästerung.

### Vom literarischen Werk zur Gotteslästerung

Das »gewöhnliche Leben« des Romans, bevor er in der öffentlichen Wahrnehmung zu einer einzigen Beleidigung des Islam stilisiert wurde,[6] dauerte nur kurz. Seine Aufnahme durch die Literaturkritik unmittelbar nach dem Erscheinen in Großbritannien Ende September 1988 war gemischt. Einige sahen darin ein außergewöhnliches zeitgenössisches Epos, andere – wie die Kritikerin des *Observer* – einen Roman, der »auf schmelzenden Flügeln in die Tiefen der Unlesbarkeit stürzte«. Wie groß, so fragte sich der Autor selbstironisch, würde wohl im Falle seines Buchs der legendäre »Seite-15-Klub« sein, jene Lesergemeinde, die nicht über die Anfänge eines dicken Buchs hinausgelangte? Für öffentliche Empörung jedenfalls, so zeigte sich bald, war eine Lektüre entbehrlich.[7] Zur Initialzündung auf dem indischen Subkontinent wurde bereits vor Erscheinen des Romans eine Besprechung samt Interview mit dem Autor in *India Today*. Darin wurde das Buch als Angriff auf den religiösen Fundamentalismus beschrieben und die Erwartung formuliert, es werde eine Protestlawine auslösen.[8] Der indische Parlamentsabgeordnete Syed Shahabuddin attackierte Rushdie daraufhin in einem offenen Brief und unterstellte ihm »satanische Absichten«. Er forderte ein Verbot des Buchs, wobei er eingestand, dass er es nicht gelesen hatte – mit den Worten, er müsse nicht durch einen dreckigen Abwasserkanal laufen, um zu erkennen, was Dreck sei.[9]

Bereits am 6. Oktober 1988 wurde in Indien ein offizielles Einfuhrverbot für die »Satanischen Verse« verhängt. Südafrika folgte wenig später, etliche weitere Länder in den nächsten Monaten. Rushdie war in jenem Herbst als einer der Hauptredner zu einem Anti-Apartheid-Kongress nach Johannesburg eingeladen worden, aber dort wurden wachsende muslimische Proteste gegen die »Satanischen Verse« laut – ein Erscheinen des Schriftstellers hätte die Spaltung der Anti-Apartheid-Bewegung bedeutet, und er blieb in England. Aus einem linken Protagonisten des Antikolonialismus, wie es Rushdie war, wurde ein Vertreter der alten unterdrückerischen Weltordnung. Fatima Meer, eine bekannte südafrikanische Hochschullehrerin und Wortführerin der indischstämmigen Muslime, erklärte, letztlich greife Rushdie mit seinem blasphemischen Buch die »Dritte Welt« an.[10]

Am 22. November 1988 forderte der Großscheich von al-Azhar in Kairo, die britischen Muslime müssten sich gegen das blasphemische Buch, in dem Lügen und Phantasiegebilde als Tatsachen dargestellt würden, gerichtlich zur Wehr setzen. Bereits zuvor war im Vereinigten Königreich eine wachsende Zahl von Stimmen laut geworden, die Sanktionen gegen Buch und Autor forderten. Im Dezember begannen die ersten Demonstrationen von Muslimen in England. Insbesondere in Bradford, der »Curry-Kapitale« in West Yorkshire mit ihrem hohen

Anteil von Einwohnern mit Migrationshintergrund aus dem indischen Subkontinent, gab es aufsehenerregende Proteste, so eine öffentliche Bücherverbrennung am 4. Januar 1989. Kritikern hielt ein Sprecher der islamischen Gemeinschaften entgegen, wenn jemand wie Rushdie sein Recht auf freie Meinungsäußerung wahrnehme, indem er die Gefühle von Millionen Muslimen verletze, dann müssten sie diese Verletzung auch auf demokratischem Weg zum Ausdruck bringen dürfen.[11] Bald wurden bei Kundgebungen aber auch Todesparolen gegen den Autor skandiert und Rushdie-Puppen malträtiert oder verbrannt.[12] Am 28. Januar erreichten die Proteste die britische Hauptstadt, 8000 Muslime marschierten zum Londoner Hyde Park.

Demgegenüber erscheint die Menge von 2000 Demonstranten, die am 12. Februar vor dem U. S. Information Center in der pakistanischen Hauptstadt Islamabad protestierten, fast überschaubar. Aber ihre Radikalität war unvergleichlich: Sie beließen es nicht bei Parolen gegen die »amerikanischen (!) Hunde« und Aufrufen wie »Hängt Salman Rushdie!«. Die Polizei eröffnete das Feuer, konnte aber den Sturm auf das Gebäude nicht verhindern, der im Einholen der amerikanischen Flagge auf dem Dach gipfelte, die zusammen mit Effigies von Rushdie verbrannt wurde. Fünf oder sechs Demonstranten wurden getötet, Dutzende verletzt.[13]

Zwei Tage später verhängte Ayatollah Khomeini seine Fatwa. Er verkündete, der Autor der »Satanischen Verse« sowie seine Verleger und sonstigen Unterstützer seien »zum Tode verurteilt« worden. »Ich fordere alle frommen Muslime auf, sie schnell zu exekutieren, wo immer sie sie finden mögen, damit es in Zukunft niemand mehr wagt, den heiligen Glauben der Muslime zu beleidigen. Wer immer auf diesem Weg getötet wird, soll als Märtyrer betrachtet werden.«[14] Einen Tag später wurde im Iran demonstrativ ein Tag der Trauer begangen, der in einer Großdemonstration vor der Britischen Botschaft in Teheran gipfelte. Sechs Monate lang waren die »Satanischen Verse« offenbar frei verkäuflich gewesen, nun wurden alle Bücher von Rushdies Verlag mit einem Einfuhrverbot belegt und ein millionenschweres Kopfgeld auf den Autor ausgesetzt. Dabei suggerierte die iranische

**13** Öffentliche Verbrennung der »Satanischen Verse« bei einer Demonstration in Bradford, Januar 1989

Propaganda von Beginn an, es handele sich keineswegs um die isolierte Tat eines Einzelnen, sondern um eine systematische westliche Verschwörung. Der britische Geheimdienst, so wurde im Iran verkündet, habe Rushdie angeheuert, um dieses beleidigende Stück Propaganda zu verfassen. In einer ausführlicheren Note verurteilte der Ayatollah Rushdies Roman als von langer Hand geplante Attacke kolonialistischer und zionistischer Kräfte, die Hand an die Wurzeln der islamischen Religion und ihrer Geistlichkeit legten. »Gott wollte, dass das gotteslästerliche Buch ›Die Satanischen Verse‹ jetzt veröffentlicht wird, damit die Welt der Einbildung, der Arroganz und der Barbarei ihr wahres Gesicht einer lang gehegten Feindschaft zum Islam zeigt.«[15]

**Zehn Jahre im Untergrund**

In den ersten Tagen der Bedrohung schickte ein namenloser Bewunderer Salman Rushdie ein T-Shirt mit der Aufschrift *Blasphemy is a victimless crime*, Gotteslästerung ist ein Verbrechen ohne Opfer.[16] Diese Aussage traf sicher nicht auf den angeblichen Lästerer zu, denn für ihn begann an jenem 14. Februar 1989 ein langer, gewundener Leidensweg, der erst über ein Jahrzehnt später zu Ende ging. Von einem Tag auf den anderen endete sein ›normales‹ Leben und er wurde in den Untergrund gezwungen, mit schwerem Polizeischutz, wechselnden Wohnsitzen und gravierenden Einschränkungen menschlicher Kontakte und erst recht öffentlicher Auftritte. Die Angst wurde für den Schriftsteller und seine Umgebung zum ständigen Weggefährten. Dazu kam eine öffentliche Meinung, die ihm phasenweise keineswegs wohlgesinnt war und seine vermeintlichen ›Privilegien‹ sowie die hohen Kosten, die er verursachte, mit spitzer Feder kommentierte.

In Großbritannien begleiteten öffentliche Vorhaltungen durch Politiker und Intellektuelle die Jahre Rushdies im Untergrund so zuverlässig, dass er die Ergüsse der britischen Sensationspresse mit dem Sammelnamen »Daily Insult« versah.[17] Nicht jeder sah die Sache so wie Ian McEwan, der vor spanischen Journalisten verkündete, weit mehr als der Schutz Rushdies koste der von Prinz Charles, und dieser habe nie etwas von Belang geschrieben.[18] Die Schriftsteller Roald Dahl und John le Carré attackierten ihren Kollegen Rushdie als üblen Opportunisten, und der Historiker Lord Dacre, vormals Hugh Trevor-Roper, verstieg sich sogar zu der Aussage, er hätte nichts dagegen, wenn dem Verfolgten nachts ein paar Muslime in einer dunklen Gasse auflauerten und versuchten, seine Manieren ein wenig aufzupolieren.[19] Auch die Tory-Regierungen unter Margaret Thatcher (die in den »Satanischen Versen« als »Ms. Torture« vorkommt) und John Major, zu deren Sympathisanten Rushdie nie gehört hatte, agierten distanziert. Norman Tebbit, ein Vertrauter der Premierministerin, klassifizierte Rushdie als ausgemachten Schurken, dessen öffentliches Leben eine Abfolge verächtlicher Treulosigkeiten gegen seine Herkunft, seine Religion, sein gewähltes Heimatland und seine Nationalität gewesen sei.[20] Selbst Teile der Labour-Opposition gingen auf Abstand.

Dabei bedurfte es nicht regelmäßiger Geheimdienstberichte über iranische Killerkommandos, um zu verstehen, dass sich Rushdie in realer Lebensgefahr befand. Immerhin waren bereits namhafte exiliranische Politiker Mordanschlägen zum Opfer gefallen, die von Teheran gesteuert worden waren. Schon unmittelbar nach Erscheinen der »Satanischen Verse« hatte es Bombenanschläge auf Buchläden gegeben. Im August 1991 jagte sich ein potenzieller Attentäter in London selbst in die Luft. Um die gleiche Zeit trafen Mordanschläge zwei Übersetzer des Romans, wobei der Japaner Hitoshi Igarashi getötet wurde, der Italiener Ettore Capriolo schwer verletzt überlebte. Auch der nie aufgeklärte Anschlag auf das Leben des norwegischen Verlegers William Nygaard im Oktober 1993 war offenkundig durch Khomeinis Fatwa motiviert. Die ersten Opfer des Todesverdikts allerdings waren zwei Muslime: Der belgische Großimam Abdullah al-Ahdal und sein Bibliothekar Salem el-Beher wurden am 29. März 1989 erschossen. Al-Ahdal hatte zuvor die Fatwa als unrechtmäßig kritisiert. Als »Rushdie riot« schließlich wurde der nächtliche Brandanschlag auf ein Hotel im türkischen Sivas Anfang Juli 1993 bekannt, bei dem 37 alevitische Künstler ums Leben kamen. Der Anschlag hatte vor allem Aziz Nesin gegolten, der zuvor illegal (und gegen den Willen Rushdies) Teile der »Satanischen Verse« in der Türkei veröffentlicht hatte.[21]

Erfolglos blieben die Versuche des Schriftstellers, durch Konzessionen sein Leben im Untergrund zu beenden. Schon wenige Tage nach der Fatwa drückte Rushdie sein Bedauern über den Kummer aus, den seine Publikation bei den überzeugten Anhängern des Islam hervorgerufen habe. In einer Welt mit vielen Glaubensrichtungen müssten sich alle der Empfindlichkeiten anderer Menschen bewusst sein. Umgehend kam die Antwort aus Teheran: Selbst wenn Rushdie bereute und der frömmste Mann der Gegenwart würde, habe jeder Muslim alles in seiner Macht Stehende zu tun, um ihn in die Hölle zu schicken.[22]

Auch nachdem der greise Ayatollah am 3. Juni 1989 gestorben war, blieb dessen Fatwa in Kraft. Selbst als sich Rushdie Ende 1990, zermürbt nach anderthalb Jahren eines mühseligen Kampfes, von gemäßigten britischen Muslimen drängen ließ, ein islamisches Glaubensbekenntnis zu unterzeichnen, und seine Bereitschaft erklärte, auf weitere Ausgaben und Übersetzungen des Romans zu verzichten, änderte sich daran nichts.[23] Konflikte zwischen konkurrierenden muslimischen Führungen in Saudi-Arabien, Ägypten und im Iran brachen auf, seine »Vertragspartner« konnten oder wollten eine Beendigung der Fatwa unter diesen Umständen nicht durchsetzen. Bis in die Gegenwart ist sie im Prinzip in Kraft, regelmäßig erneuerten iranische Organisationen das ausgeschriebene Kopfgeld. Aber wachsender öffentlicher und diplomatischer Druck sowie eine entschiedenere Haltung der britischen Regierung führten immerhin dazu, dass die offiziellen Stellen des Iran im August 1998 erklärten, die Fatwa werde nicht aktiv weiterverfolgt. Es kam zur allmählichen Lockerung des Personenschutzes, im März 2002 wurde er ganz aufgehoben. Seither hat sich der Alltag Rushdies normalisiert. »Diese Wolke ist an meinem Leben vorbeigezogen«, so urteilt er 15 Jahre später.[24]

### Medien, Politik und Gesellschaft

Beeindruckend, ja zukunftsweisend erscheint die Dynamik der medialen Empörung und der sich aufschaukelnden Proteste rund um den Globus in einer Zeit moderner Massenmedien, allerdings Jahre bevor Smartphones und soziale Medien eine massenhafte Kommunikation quasi in Echtzeit ermöglichten. Schon Zeitungen, Radio und vor allem das Fernsehen erwiesen sich als riesige mediale Resonanzräume für den weltumspannenden muslimischen Protest. Unübersehbar besaß dieser Protest ein großes Potenzial zur Gemeinschaftsbildung: Er war offenbar das geeignete Mittel, die zahlreichen Friktionen innerhalb des Islam zu überbrücken – immerhin sprach das geistliche Oberhaupt des Iran, wenn überhaupt, dann eigentlich nur für die Schiiten, die absolut gesehen eine Minderheit der Muslime darstellen.

Eine zentrale Rolle spielte bei der Ausweitung des Protestes die muslimische Gemeinschaft in Großbritannien, wo sich die Gesellschaft mit dem multikulturellen Erbe des Britischen Empires auseinanderzusetzen hatte. Überwiegend war die Situation der Muslime im England des ausgehenden 20. Jahrhunderts von sozialer Diskriminierung und kultureller Ausgrenzung gekennzeichnet. So entluden sich nun im Zorn der britischen Muslime über die »Satanischen Verse« nicht zuletzt vielfältige Kränkungserfahrungen, während die Proteste eine neue Form von Gemeinschaftserfahrung schufen. Als Salman Rushdie die Bücherverbrennung von Bradford im Januar 1989 im Fernsehen sah, erblickte er »begeistert wütende Gesichter, jubelnd vor Wut«, und »Männer, die glaubten, ihre Identität würde aus ihrer Wut geboren«.[25] Gerade diese Aktion belegt im Übrigen die Bedeutung der Massenmedien: Eine erste rituelle Bücherverbrennung in Bolton bei Manchester Anfang Dezember 1988 wurde trotz größerer Teilnehmerzahl von der Presse fast völlig ignoriert. In Bradford dagegen ermunterte der zur Demonstration entsandte lokale Fotoreporter die Protestierenden, das auf einen Stock genagelte Exemplar des Romans noch rechtzeitig vor Redaktionsschluss anzuzünden, und machte ein später weitverbreitetes Foto.[26]

Darüber sollte natürlich nicht in Vergessenheit geraten, dass die Proteste zunächst von religiösen Führern und Politikern auf dem indischen Subkontinent, im Iran und auch in Großbritannien gezielt vom Zaun gebrochen wurden. Die Fatwa Khomeinis selbst wird häufig als ein Schachzug im Tauziehen zwischen den Radikalen und den Gemäßigten im Iran beschrieben; die Hardliner hätten auf diese Weise eine Annäherung des Landes an den Westen, zunächst erfolgreich, torpedieren können. Außerdem habe es nach dem zermürbenden und verlustreichen Krieg gegen den Irak eines neuen Feindbildes bedurft, um die inneren Schwächen zu überdecken. Umgekehrt gehen Beobachter davon aus, dass erst der Sieg der gemäßigten Fraktion, der sich in der Wahl von Mohammad Chatami zum iranischen Staatspräsidenten im Mai 1997 manifestierte, die Lösung der Affäre Rushdie ermöglicht hatte.

Natürlich können alle diese eher tagespolitischen Erwägungen und Anlässe die tieferen Ursachen für den Furor der Affäre Rushdie im

Jahr 1989 nicht wirklich erklären. Es mag offenkundig sein, dass der indischstämmige Schriftsteller sein Spiel mit den religiösen Traditionen in kritisch-provokativer Absicht unternommen hatte. Doch ebenso offenkundig ist, dass kein Autor vor ihm wegen ähnlich freizügiger oder provozierender Texte gegenüber dem Islam auf eine auch nur annähernd so scharfe Ablehnung gestoßen war.[27] Rushdie war eines der ersten Opfer jener Tendenz zur fundamentalistischen Radikalisierung und zugleich Politisierung des Islam rund um den Globus, die im Iran Khomeinis seit 1979 eine ihrer frühesten und markantesten Ausprägungen fand.[28] Ihren tiefen Ursachen und Gründen kann hier nicht nachgegangen werden. Aber es verdient doch festgehalten zu werden, dass politischer Islam und Fundamentalismus nicht einfach eine Rückkehr zum ›alten‹ Islam darstellen, auch wenn radikale Salafisten und selbsternannte Retter des Abendlandes das heute in seltener Einmütigkeit behaupten. Vielmehr handelt es sich nach der Diagnose des Islamwissenschaftlers Thomas Bauer um einen Verlust der religiösen Mitte und um ein Verschwinden von Ambiguitätstoleranz, also der Fähigkeit, Uneindeutigkeiten und Widersprüche auszuhalten. Diese Entwicklungen deutet Bauer dezidiert als Modernisierungsprozesse innerhalb der islamischen Welt.[29]

## Gegensätzliche Positionen

Wortführer des politischen Islam scheuten sich nicht, die Fatwa Khomeinis vollumfänglich zu rechtfertigen. Kalim Siddiqui, der 1972 in London ein *Muslim Institute* gegründet hatte, forderte auf einer Versammlung lautstark alle Anwesenden auf, das Todesurteil gegen Rushdie per Handzeichen zu unterstützen. Unter den zahlreichen britischen Muslimen, die eine solche Haltung einnahmen, war auch der zum Islam konvertierte Sänger Cat Stevens. Bereits kurz nach der Verhängung der Fatwa erklärte er, Rushdie müsse getötet werden, und wiederholte dies in einer Fernsehdiskussion zwei Monate später.[30] Eine schriftliche Rechtfertigung versuchte im Sommer 1989 Dr. Shabbir Akhtar, Mitglied des *Bradford's Council for Mosques*, in einem Pamphlet mit dem Titel »Sei vorsichtig mit Mohammed!«.[31] Wie der Titel nahelegt, versuchte er, westlichen Lesern die besonderen Sensibilitäten der Muslime hinsichtlich einer Beleidigung des Propheten und seiner Familie nahezubringen. Mit seiner »kalkulierten Verleumdung und Herabwürdigung des Propheten des Islam« habe Salman Rushdie, dieser Terrorist mit der Feder, die Mahnung vorsätzlich missachtet. Die Ehre des Propheten zu schützen, sei aber die Pflicht aller Muslime: »Jeder Muslim, der sich nicht von Rushdies Buch verletzt fühlt, hört allein aufgrund dieser Tatsache auf, ein Muslim zu sein. Die Satanischen Verse sind zu einem Lackmus-Test geworden, um Glaube von Glaubensabfall zu unterscheiden.«[32]

Der Gegenseite, die er als »liberale Inquisition« tituliert, wirft Akhtar ein undifferenziertes Schwarz-Weiß-Denken und eine heuchlerische Doppelmoral vor. Hatten erst die öffentlichen Bücherverbrennungen dazu geführt, dass das Anliegen der Muslime in den Massenmedien wenigstens beachtet worden sei, dann seien diese Verbrennungen direkt wieder als Nazi-Methoden gegen die Muslime gewendet worden. Dabei seien bis zum Ende des 19. Jahrhunderts in England aufrührerische oder blasphemische Texte öffentlich durch den Scharfrichter verbrannt worden. Und hatten nicht erst jüngst britische Demonstranten aus Protest öffentlich ihre Steuererklärungsformulare verbrannt?[33] Am Ende erscheint Khomeinis Fatwa als gerechtfertigte Notwehr gegen »Rushdie's literarischen Terrorismus« nach Monaten der Langmut und des erfolglosen Protestes.[34]

Demgegenüber gab es unter den Vertretern islamischer Verbände und muslimischen Intellektuellen zahlreiche moderatere Stimmen, die sich von der Fatwa distanzierten, den friedlichen Charakter ihrer Religion betonten und ihre prinzipielle Unterstützung für die Meinungsfreiheit erklärten. In der Sache freilich teilten nicht wenige das Urteil der Hardliner, das Buch sei eine Ansammlung von Beleidigungen, Sakrilegien, Blasphemien und Obszönitäten, der Autor als geborener indischer Muslim ein Apostat. Zu offenkundig war in ihren Augen die Verarbeitung der Geschichte des Propheten und seiner Gefährten, als dass der Verweis auf den phantastischen und fiktiven Charakter des

Romans bzw. des Traums im Roman als gültiges Verteidigungsargument anerkannt werden konnte.[35] Für die meisten Muslime, so der iranische Journalist Amir Taheri, sei die bloße Vorstellung schmerzhaft, der Prophet Mohammed könne als Gestalt in einem Roman erscheinen. Die künstlerische Bearbeitung religiöser Offenbarungen rühre an ein grundlegendes Tabu. »›Lieber wäre ich tot als dass ich den Islam beleidigt sähe‹, sagte Ayatollah Majlisi im letzten Jahrhundert. Ein arabisches Sprichwort sagt: ›Töte mich, aber spotte nicht meinem Glauben.‹«[36] Das Spiel mit der sakralen Mythologie rund um Mohammed und den Koran wurde vielfach als Angriff auf den Kern der kollektiven Identität der Muslime aufgefasst.[37] Kritik an der Religion galt in einem Bekenntnis, das – anders als das Christentum – schnell zur herrschenden Mehrheitsreligion geworden war, in erhöhtem Maß auch als Störung der Gemeinschaftsordnung: In diesem Kontext hatte die ›Apostasie‹ Rushdies den Beigeschmack des Verrats an der eigenen Herkunft und an der Gemeinschaft.[38]

Zu den Kritikern Rushdies gehörten jedoch auch viele Nichtmuslime, insbesondere die Vertreter anderer religiöser Gemeinschaften.[39] Das war durchaus im Sinne des Iran, der direkt nach der Verkündigung der Fatwa an Papst Johannes Paul II. appelliert hatte, gegen die »Satanischen Verse« zu intervenieren. Einige Wochen später wurde der iranische Botschafter beim Heiligen Stuhl in einem Interview gefragt, ob er ernsthaft glaube, Katholiken könnten eine Menschenjagd im Namen Gottes unterstützen. Der Befragte antwortete mit einem Verweis auf die kapitalen Strafen für viele Sünder, die sich in den Heiligen Schriften der monotheistischen Religionen fänden. Er würde das Todesurteil gegen Rushdie eigenhändig und ohne Zögern ausführen, wenn er die Möglichkeit dazu hätte. Schließlich deutete er auf Nachfrage eine Art ›Heiliger Allianz‹ zwischen Islam und Christentum an, die alle Streitigkeiten beiseitelassen sollten, um den Unglauben gemeinsam zu bekämpfen.[40]

Zu einer solchen Allianz kam es zwar auf globaler Ebene nicht, aber der Vatikan verurteilte die »Satanischen Verse« ebenso wie andere Vertreter der katholischen Kirche. So zog der Erzbischof von Lyon, Kardinal Decourtray, Parallelen zwischen der Beleidigung des christlichen und des muslimischen Glaubens: »Gestern waren es die Christen, die beleidigt wurden durch einen Film, der das Gesicht Christi entstellte. Heute sind es die Muslime durch dieses Buch über den Propheten.« Zwar lehnte er fanatische Reaktionen wie die Fatwa, die ihrerseits eine Beleidigung Gottes darstellten, ausdrücklich ab, brachte aber seine Solidarität mit all denjenigen zum Ausdruck, die diesen Schmerz im Geist der Würde und des Gebets zu erleiden hätten.[41] Der ehemalige US-Präsident Jimmy Carter, bekanntlich ein tiefgläubiger Baptist, erinnerte sich angesichts der Verletzung der Muslime durch die »Satanischen Verse« an seinen Kummer über die sakrilegischen Szenen von Scorseses »Last Temptation« und beklagte die schwer zu heilende »interkulturelle Wunde«.[42] In Großbritannien ließen sich ähnliche Stimmen vernehmen. Bereits einige Wochen nach der Fatwa beklagten die Vertreter verschiedenster Bekenntnisse, darunter Christen, Juden, Muslime und Hindus, die Unausgewogenheit der geltenden Blasphemie-Gesetze und forderten deren Ausweitung.[43]

Auf der Gegenseite war direkt im Februar 1989 das *Committee Against Blasphemy Law* wiederbelebt worden.[44] Die Verteidiger Rushdies sammelten sich unter dem Banner von Artikel 19 der UN-Menschenrechtscharta, die das Recht auf Meinungsfreiheit und freie Meinungsäußerung festlegt, in den USA natürlich darüber hinaus unter dem des Ersten Verfassungszusatzes mit seiner Garantie der *freedom of speech*. Eine amerikanische Journalistin formulierte, bezogen auf kontroverse Debatten mit Vertretern der Muslime, mit gemessenem Pathos, diese müssten begreifen, »dass der Erste Verfassungszusatz unsere Religion ist«.[45] Aus der britischen Menschenrechtsorganisation *Article 19*, die 1987 gegründet worden war, entwickelte sich das *International Committee for the Defence of Salman Rushdie and his Publishers*, das von vielen nationalen PEN-Zentren unterstützt wurde. Unter anderem setzte sich das Verteidigungskomitee dafür ein, den Blasphemie-Paragraphen im Vereinten Königreich vollständig abzuschaffen.[46]

Noch weiter ging der englische Schriftsteller Tony Harrison in seiner persönlichen Antwort auf die Fatwa, einem filmischen Gedicht mit dem Titel »The Blasphemers' Banquet« (Juli 1989). Darin lädt er als Gastgeber bekannte Persönlichkeiten der Weltgeschichte zu einem Gastmahl in das Omar Khayyám-Restaurant in Bradford, einen Ort, der früher der christlichen Andacht gewidmet gewesen war. Geladen sind neben dem Inhaber des Lokals, einem mittelalterlichen persischen Mathematiker mit unkonventionellen religiösen Ansichten, Voltaire, Molière und Lord Byron sowie Salman Rushdie, dessen Stuhl allerdings leer bleibt und dessen Nichterscheinen letztlich das Fest verhindert. Im wirklichen Leben trafen sich Harrison und Rushdie bei einem Essen im Haus des Labour-Politikers Michael Foot; sie »unterhielten sich darüber, dass die Gotteslästerung eine der Wurzeln der westlichen Kultur sei. Sokrates, Jesus Christus und Galileo Galilei, sie alle wurden wegen Gotteslästerung vor Gericht gebracht, und doch standen die Philosophie, das Christentum und die Wissenschaft tief in ihrer Schuld«.[47] Ähnlich sah es der Publizist Leon Wieseltier, der Salman Rushdie als »anglo-indischen Voltaire« pries und daran erinnerte, dass auch Europa eine theokratische Gesellschaft gewesen sei, in der Bücher und Menschen verbrannt worden seien. »Es war die Gotteslästerung, die uns frei gemacht hat. Ein zweimaliges Hoch auf die Blasphemie heute!«[48] Noch wenige Jahre zuvor wäre eine derartige Lobpreisung der Gotteslästerung kaum denkbar gewesen. Blasphemie-Debatten, so scheint es, tendieren dazu, binäre Logiken zu produzieren und Grautöne auszublenden.

Die kontroverse Debatte über die »Satanischen Verse« wurde in vielen Ländern geführt. Ein bemerkenswerter, wenn auch zeitlich später Seitentrieb der Kontroverse entfaltete sich im Mai 1995 in Deutschland. Es ging dabei um die designierte Preisträgerin des Friedenspreises des Deutschen Buchhandels Annemarie Schimmel, die *Grande Dame* der deutschen Islamwissenschaft, die bis dahin lediglich Spezialisten bekannt gewesen war.[49] Sie war in einem *Tagesthemen*-Interview gefragt worden, ob die Morddrohung Khomeinis gegen Rushdie und Taslima Nasrin ihr Bild vom Islam verändert habe. Sie verneinte und fügte hinzu, sie wisse ja, aus welchen Gründen diese Schriftsteller angegriffen worden seien: »Eine Morddrohung ist natürlich immer etwas

Grässliches. Aber ich glaube, auch hier, dass vieles überzogen ist, wenn man die Mentalität kennt. Ich habe gesehen, wie erwachsene Männer geweint haben, als sie erfahren haben, was in den ›Satanischen Versen‹ steht. Und das ist auch meiner Meinung nach eine üble Art, die Gefühle einer großen Menge von Gläubigen zu verletzen.«

Es folgte eine öffentliche Debatte von »kulturkampfähnlicher Heftigkeit«, an der sich ein Gutteil der deutschen Geisteselite beteiligte.[50] Gekennzeichnet war sie von ungewöhnlichen Bündnissen – die *Bild*, die linke *taz* und die feministische *Emma* taten sich als heftige Kritiker Schimmels hervor – ebenso wie von polemischen Überspitzungen: Natürlich waren ihre Äußerungen, aus denen man eine fragwürdige Gleichsetzung zwischen Mordaufruf und Religionsbeleidigung zumindest heraushören konnte, durchaus kritikwürdig. Aber die Versuche, Schimmel als konvertierte Muslimin, ja als religiöse Fundamentalistin darzustellen, schossen deutlich über das Ziel hinaus. Ein von zahlreichen Prominenten unterschriebener Protestbrief an den Börsenverein forderte dazu auf, Schimmel den Preis nicht zu übergeben. Einer der Unterzeichner war mit Günter Wallraff der deutsche Vertreter im Unterstützungskomitee für Salman Rushdie. Dieser kritisierte aus der Ferne ebenso gallig wie in der Sache unzutreffend Schimmels »enthusiastische Unterstützung für die Fatwa« und ihre Mitgliedschaft in der »Cat Stevens Idiotenpartei«.[51] Dennoch fand die Preisverleihung am 15. Oktober 1995 in Frankfurt statt. Dabei wurde ausdrücklich über die vorangegangene Debatte reflektiert, die (so Bundespräsident Herzog) nach unrühmlichen Anfängen »in mehr als nur einer Beziehung zur Vertiefung des Verständnisses beigetragen« habe. Stellungnahmen gegen den Mordbefehl Khomeinis und für die Meinungsfreiheit, aber auch für den interkulturellen Dialog, ließen die Angelegenheit zu einem halbwegs versöhnlichen Abschluss gelangen.[52]

**Interkulturelle Verwerfungen**

Erkennbar schwer taten sich linke Intellektuelle mit einer Positionierung in der Causa Rushdie: Standen sie nicht auf der Seite der sozial und kulturell diskriminierten Muslime im Heimatland des ehemaligen britischen Kolonialreichs? Wollten sie nicht alles tun, um anti-muslimische Stereotype zu vermeiden und zu verurteilen? Um keinen Preis wollten sie selbst einer kolonialen Attitüde bezichtigt werden – ironischerweise war genau das ein Vorwurf, den der urbritische John le Carré später dem Lager des indischstämmigen Rushdie machen sollte. Immer wieder wurden so die Proteste gegen Rushdie als Reaktion auf Rassismus und Anti-Islamismus gedeutet.[53] Paradigmatisch für die Bewertung von dieser Seite war ein Zeitungsartikel, den die in Uganda geborene und als Schiitin aufgewachsene Journalistin Yasmin Alibhai-Brown zum fünften Jahrestag der Fatwa schrieb. Darin streift die Autorin, die sich als linksliberale, antirassistische und feministische Muslimin darstellt, nur kurz das Schicksal des mit dem Tode bedrohten Autors Salman Rushdie. In den Mittelpunkt stellt sie dagegen die Diskriminierung jener Million britischer Muslime, die von der liberalen Elite als gewalttätige Barbaren karikiert würden. Das habe einerseits zu einer Belagerungsmentalität geführt, die den Fundamentalismus zu stärken drohe. Aber es gebe auch Anlass zum Optimismus, weil sich die muslimische Gemeinschaft pluralisiere und zunehmend kontrovers diskutiere. Der Artikel endet mit Fragen über das Verhältnis von Meinungsfreiheit und Verantwortung, aber auch über die Möglichkeit spirituellen Lebens jenseits von Zivilgesellschaft und Individualismus. Etwas euphemistisch wird der schicksalhafte 14. Februar so zum produktiven Katalysator einer Debatte – ohne diese Herausforderung, so die Autorin polemisch, hätte sich das Leben im unveräußerlichen Recht erschöpft, Blue Jeans zu tragen und Hamburger von McDonalds zu essen.[54] Salman Rushdie konnte derartige Reflexionen nur mit bitterem Spott kommentieren – wie schön, dass Khomeini eine Wertedebatte angestoßen habe, die sei es sicher wert, einige Schriftsteller zu Hamburgern zu verarbeiten. Auch die Autorin selbst räumte in einer Rückschau zum 20. Jahrestag der Fatwa ein, sie habe die schreckliche Kraft des militanten Islamismus unterschätzt, indem sie die ganze Angelegenheit als Teil eines endlosen Kolonialkampfes eingeordnet habe.[55]

Schon Anfang März 1989 formulierte der später bekannt gewordene postkoloniale Theoretiker Homi Bhabha, eine der »schwarzen Stimmen zur Verteidigung von Salman Rushdie«, die Zwickmühle, in der er sich sah: Er fühle sich eingeklemmt zwischen den kulturellen Imperativen des westlichen Liberalismus einerseits und der absolutistisch-fundamentalistischen Interpretation des Islam. Wohin sollten sich diejenigen wenden, die die Grenzen des Liberalismus ebenso sähen, wie sie die Unduldsamkeit des Fundamentalismus fürchteten? Keiner der beiden Pole sei für diejenigen schwarzen Gemeinschaften akzeptabel, die für die Rechte von Migranten, Flüchtlingen und ethnischen Minderheiten einträten, für eine multiethnische Gesellschaft und gegen rassistische oder kulturelle Diskriminierung. Pauschale antimuslimische Statements oder Stimmungsmache gegen die »Dritte Welt« könnten von diesem Standpunkt aus nur abgelehnt werden. Bhabha weiß keine Antwort auf die von ihm aufgeworfenen Fragen, er hält lediglich daran fest, dass es sich bei den »Satanischen Versen« selbst um ein genuin gegen Eurozentrismus und Ethnozentrismus gerichtetes »postkoloniales Werk« handele.[56]

Auf andere Weise wuchs bei der amerikanischen Journalistin Loretta Cottin Pogrebin das Unbehagen im Zusammenhang mit der Rushdie-Affäre. In ihrem feministischen Magazin »*Ms*« schilderte sie im Sommer 1989 ihre Erfahrungen vom Zusammentreffen zwischen amerikanischen Schriftstellern und Vertretern der muslimischen Gemeinschaft. Letztere wollten die Schriftsteller von der Untragbarkeit des blasphemischen Buchs überzeugen, Erstere die Muslime umgekehrt von der Unantastbarkeit der im *First Amendment* fixierten Meinungsfreiheit. Ohne dass Pogrebin ihre Position im Laufe der Diskussion grundlegend änderte, entwickelte ihr »weibliches Selbst« das Gefühl einer mit der Gegenseite geteilten Erfahrung, diejenige nämlich, »die eigenen Klagen verharmlost und abgetan zu sehen«. Dabei verglich sie die Debatte über Pornographie mit derjenigen über Blasphemie: »So wie es Muslimen weh tut zu sehen, wie Schriftsteller die Satanischen Verse verteidigen, so schmerzt viele Frauen die Begeisterung, mit der prominente Autoren den *Hustler* gegen die Klage von Jerry Falwell [ein rechtskonservativer Prediger, den das Männermagazin *Hustler* parodiert hatte] unterstützten. Die Verteidigung der Rechte von Pornographen stellt feministische Bürgerrechtlerinnen vor eine Zerreißprobe. (…) Was Feministinnen im *Hustler*-Fall wollten, ist – wie ich glaube – dasselbe, was die Muslime hier wollen: die Anerkennung des Schmerzes über bestimmte Äußerungen.«[57]

Wie immer man zu diesem Vergleich steht, er macht schlaglichtartig den veränderten Kontext der globalen Blasphemie-Debatten gegenüber der herkömmlichen Konstellation innerhalb der westlichen Kultur deutlich. Lange Zeit schienen die Parteien in diesem Konflikt klar unterscheidbar: auf der einen Seite die herrschenden Glaubenssysteme, Hand in Hand von Kirche und Staat vertreten; auf der anderen Seite die Unorthodoxen und Unterprivilegierten, die die herrschenden Systeme herausforderten oder von ihnen in die Schranken gewiesen wurden. Nun geriet diese Frontlinie durcheinander, wurde den spöttischen Underdogs auf einmal vorgeworfen, die herrschende Meinung zu repräsentieren. Auf einmal war nicht mehr klar, ob ihr Spott sich gegen fundamental-klerikale Mullahs richtete oder gegen diskriminierte Zuwanderer aus der »Dritten Welt«; und ob Rushdies Roman die antikoloniale Parabel aus der Feder eines Migranten war oder eine kulturelle Ausbeutung der islamischen Religionsgeschichte durch einen skrupellosen säkularen Geschäftemacher.[58]

## 2004: Mord in den Niederlanden

Zwischen 1989, dem Jahr der Fatwa, und dem nächsten globalen Blasphemie-Konflikt, dem Karikaturenstreit des Jahres 2005, lagen anderthalb Jahrzehnte eines verstärkten *clash of cultures*. Eine Zäsur war vor allem der schockierende Anschlag auf die Türme des New Yorker World Trade Centers am 9. September 2001. Drei Jahre später drängte mit dem tödlichen Attentat auf Theo van Gogh am 2. November 2004 das Thema Gotteslästerung wieder stärker ins Licht der öffentlichen Aufmerksamkeit. Der niederländische Regisseur war in der Amsterdamer Innenstadt mit dem Fahrrad unterwegs, als er von einem anderen Radfahrer eingeholt und niedergeschossen wurde.[59] Mohammed Bouyeri, ein Niederländer mit marokkanischen Wurzeln, schnitt seinem schwer verletzten Opfer die Kehle durch und heftete ihm danach mit einem Schlachtermesser ein fünfseitiges Bekennerschreiben an die Brust, das zum Heiligen Krieg gegen die Ungläubigen und zur Ermordung weiterer namentlich genannter Personen aufrief. Nach dieser Hinrichtung auf offener Straße lieferte er sich ein Feuergefecht mit der Polizei, wohl mit dem Ziel, als Märtyrer zu sterben. Er konnte aber verhaftet werden und kam später vor Gericht. Bevor er dort zu lebenslänglicher Haft verurteilt wurde, verkündete er in seinem Schlusswort, er bereue nichts und würde die Tat jederzeit wieder begehen. Als Muslim habe er die Pflicht, »allen den Kopf abzuschneiden, die Allah und seinen Propheten beleidigen«.[60]

Theo van Gogh war in gewisser Weise ein wahrscheinliches Ziel extremistischen Hasses. Er hatte weniger durch sein filmisches Schaffen als durch seine außerordentlichen Schmähungen auf sich aufmerksam gemacht. Besonders Leon de Winter war sein Opfer, ein Schriftsteller jüdischer Herkunft, dem er vorwarf, sein Judentum zur Eigenwerbung zu benutzen. Dabei scheute er nicht vor den widerlichsten Ausfällen zurück: De Winter könne seine Frau nur befriedigen, »indem er Stacheldraht um den Penis wickele und ›Auschwitz!‹ rufe, wenn er seinen Höhepunkt erreiche. Evelien Gans, eine junge Jüdin, die diese Äußerungen kritisierte, wurde prompt sein nächstes Opfer. Er unterstellte ihr »feuchte Träume«, »in denen sie von Dr. Mengele, dem Arzt von Auschwitz, gevögelt wird«. Aber auch von aufgebrachten Christen war van Gogh bereits vor Gericht beklagt worden, weil er Jesus als »diesen fauligen Fisch von Nazareth« bezeichnet hatte.[61] Die Muslime, die von ihm mehrfach als »Ziegenficker« tituliert wurden, waren also nicht die einzigen Zielscheiben seiner Schmähungen. Van Gogh selbst sah sich in der Tradition der großen niederländischen Nachkriegsschriftsteller

Willem Frederik Hermans und Gerard Reve, die beide wegen drastischer Äußerungen über religiöse Tatbestände vor Gericht gestanden hatten. Hermans hatte in einem 1951 erschienenen Roman einer Figur beleidigende Äußerungen über die Katholiken in den Mund gelegt (»den dreckigsten, kriecherischsten, am meisten verblendeten, hinterhältigsten Teil unseres Volkes«). Reve, trotz seiner Homosexualität ein glühender Anhänger der römisch-katholischen Kirche und vehementer Kritiker der Linken, war 1966 wegen Blasphemie angeklagt worden, weil er in einem Roman seine geschlechtliche Vereinigung mit Gott in Gestalt eines Esels beschrieben hatte. Der Prozess durchlief alle Instanzen, bevor der Oberste Gerichtshof die Anklage schließlich zurückwies.[62]

Der Mord an Theo van Gogh war also wesentlich mehr als das tragische Zusammentreffen eines verirrten Glaubenskriegers mit einem holländischen Exzentriker, und dies erklärt auch, warum dieser Fall die niederländische Gesellschaft aufwühlte wie kaum jemals zuvor. Bereits der Mord am rechtspopulistischen Politiker Pim Fortuyn im Mai 2002 durch einen radikalen Tierschützer hatte die Republik erschüttert. Aber dieses zweite Attentat wurde von allen Seiten als Ausdruck des »Kampfes der Kulturen« verstanden. Denn das eigentliche Ziel des Attentats war laut des Bekennerbriefs die in Somalia geborene niederländische Parlamentsabgeordnete Ayaan Hirsi Ali. Ihre Erfahrungen als Mädchen und junge Frau in verschiedenen islamisch geprägten Ländern brachten sie zunächst in das Fahrwasser muslimischer Orthodoxie, setzten aber schließlich einen inneren Emanzipationsprozess in Gang. Kurz vor einer arrangierten Zwangsheirat setzte sie sich in die Niederlande ab. Dort wurde sie schnell zu einer der vernehmbarsten Stimmen, die den Islam kritisierten, insbesondere dessen Sexualmoral und die Unterdrückung der Frau. Das war auch das Thema eines Films, den Theo van Gogh nach einem Drehbuch von Ali gedreht hatte: »Submission I«, ein elfminütiger Kurzfilm, war im August 2004 im niederländischen Fernsehen gelaufen. Er erzählt, untermalt von Peitschenschlägen, vom Schicksal verschiedener Frauen, die zwangsverheiratet oder vergewaltigt wurden. Die Koranverse, die diese Misshandlungen rechtfertigen, werden im Film auf den nackten Körper einer verschleierten Frau projiziert. Das Werk war alles andere als eine sachliche Auseinandersetzung, es sollte provozieren. Als Rechtfertigung dafür diente Ali die Geschichte der abendländischen Religionskritik, die sich ebenfalls nicht allein auf eine sachliche Analyse beschränkt habe. Alles, außer Gewalt, solle bei der Auseinandersetzung mit dem Islam erlaubt sein.[63]

Im Gefolge des Mordes an Theo van Gogh radikalisierte sich die Debatte weiter. Der Einzelgänger Mohammed Bouyeri wurde zur Verkörperung des gesamten Islam, und seine Tat schürte starke antimuslimische Reflexe. Politiker sprachen von drohendem Bürgerkrieg, der Führer der Liste Pim Fortuyn sah Extremisten am Werk, »die auf unsere Kultur spucken. Sie sprechen nicht einmal unsere Sprache und laufen in komischen Gewändern herum.«[64] So wurde Religion mit ethnischer Abstammung gleichgesetzt: Im Teletext des öffentlich-rechtlichen Fernsehens war kurz nach dem Attentat zu lesen, der Täter habe ein »islamisches Aussehen« gehabt.[65] Eine scharfe Polarisierung deutete sich an, bei der systematisch zwischen »Niederländern« und »Moslems« unterschieden wurde, obwohl es sich bei Letzteren durchaus um Menschen handelte, die in Zwolle oder Leiden geboren worden waren und mit dem dortigen Akzent sprachen.[66] Hier brachen Probleme der niederländischen Einwanderungsgesellschaft auf. Während Einwanderer aus Surinam aufgrund der kolonialen Vergangenheit in Niederländisch-Ostindien noch als integraler, wenn auch ›exotischer‹ Bestandteil der nationalen Kultur akzeptiert worden waren, war das bei den Gastarbeitern aus Marokko und der Türkei nicht mehr der Fall.[67] Umgekehrt wurde Polemikern und Provokateuren wie Ali und van Gogh vorgeworfen, pauschale Islamophobie zu verbreiten und Rassismus Vorschub zu leisten. Selbst ein so besonnener Beobachter wie der Schriftsteller Geert Mak verglich die Machart von »Submission I« mit der des antisemitischen Hetzfilms »Der ewige Jude« von 1940. In beiden würden abstoßende Bilder, Exzesse und heilige Texte gekoppelt, womit suggeriert werde, dass sich alle Anhänger der betreffenden Religion in der angeprangerten Weise verhielten.[68]

## 2005: Bilder des Propheten

Der Streit um die Mohammed-Karikaturen im Jahr 2005 erscheint aus der zeitlichen Distanz fast als eine Art Wiederaufführung der Rushdie-Affäre. Aber es gibt einige markante Unterschiede. Statt eines dicken Romans, dessen blasphemische Botschaft von den Gegnern erst zugespitzt werden musste, standen nun Karikaturen im Zentrum, deren aggressive, zumindest polemische Intention unmittelbar offenkundig war. Außerdem wurde die Dynamik des Protestes nun durch ein neues Medium wesentlich befeuert, das Internet, das eine globale Massenkommunikation in Echtzeit ermöglichte.[69] Schließlich waren die kollektiven Empfindlichkeiten seit 1989 weiter gewachsen, und die Wahrnehmung einer kulturellen Polarisierung hatte sich verschärft.

### Konjunkturen globalen Protestes

Seinen Ausgangspunkt nahm der Karikaturenstreit in Dänemark, wie die Niederlande ein vergleichsweise kleines Land mit einer kolonialen Vergangenheit.[70] Am 30. September 2005 erschienen die skandalträchtigen Zeichnungen in der auflagenstärksten Tageszeitung *Jyllands-Posten*, deren Redaktion in Aarhus sitzt. Die Zeitung hatte verschiedene Zeichner eingeladen, »Mohammed zu zeichnen, wie Sie ihn sehen«. Der Feuilletonchef Flemming Rose betrachtete den Aufruf als ein Experiment über den Stand der freien Meinungsäußerung bzw. der Selbstzensur in Dänemark. Hatte nicht gerade der Schriftsteller Kåre Bluitgen darüber geklagt, dass sich kein Zeichner traue, sein Kinderbuch über den Propheten Mohammed zu illustrieren? Von den 42 Künstlern, die *Jyllands-Posten* angeschrieben hatte, reichten zwölf Beiträge ein; alle wurden abgedruckt, und zwar auf der Seite »KulturWeekend«. Die Karikaturisten lösten ihre Aufgabe ganz unterschiedlich, manche in distanziert-selbstreflexiver Manier, manche mit klischeehaften Feindbildern.

Am meisten Furore machte später die Mohammed-Darstellung des Zeichners Kurt Westergaard. Der Prophet trägt hier anstatt eines Turbans eine Bombe mit bereits gezündeter Lunte und dem islamischen

Glaubensbekenntnis auf dem Kopf. Die Karikaturen rahmte Rose mit einem Text, der den Hintergrund der Aktion erläuterte: In totalitären Staaten würden, so hieß es darin, Regimekritiker, die Witze über Diktatoren gemacht hatten, unter dem Vorwand verhaftet, sie hätten die Gefühle des Volkes verletzt. So weit sei es in Dänemark noch nicht gekommen, aber es gebe bedrohliche Anzeichen für eine wachsende Selbstzensur. Einige Muslime lehnten die moderne säkulare Gesellschaft ab und forderten eine besondere Rücksichtnahme auf ihre religiösen Gefühle. »Das ist mit der säkularen Demokratie unvereinbar. Dort muss der Einzelne darauf vorbereitet sein, Spott, Hohn und Lächerlichkeiten auszuhalten.«[71] Ein Editorial des Chefredakteurs Carsten Juste hieb in die gleiche Kerbe. Die den gegenwärtigen Islam repräsentierenden Muslime seien von einer »krankhaften Übersensibilität« gegenüber Kritik gekennzeichnet; jede Provokation gegen aufgeblasene Imame und verrückte Mullahs werde umgehend als Provokation gegen den Propheten und den Koran gedeutet.

Der Protest lief eher schleppend an. Anfang Oktober protestierten einige islamische Geistliche bei der Zeitung; ein dänischer Imam, Sheikh Raed Hlayhel, beschwerte sich im arabischen TV-Sender Al Jazeera über die Karikaturen und über die Behandlung der Muslime in Dänemark allgemein. Eine erste Demonstration in Kopenhagen Mitte Oktober zog immerhin 3500 Menschen an. Zugleich setzten Interventionen auf politischer und rechtlicher Ebene ein. Botschafter und Vertreter von elf islamisch geprägten Ländern ersuchten um ein Gespräch mit dem dänischen Premierminister Fogh Rasmussen. Gleichzeitig erreichten den dänischen Regierungschef Briefe der Organisation für Islamische Zusammenarbeit und der Arabischen Liga. Einzelne Länder wie Ägypten, Bangladesch, Pakistan oder auch die Türkei formulierten ebenfalls ihre Kritik. Der dänische Regierungschef zeigte sich unnachgiebig und lehnte ein Treffen ebenso wie eine politische Intervention mit Verweis auf die Grundwerte der Demokratie und das Recht auf freie Meinungsäußerung ab. Daraufhin versuchten die muslimischen Verbände, *Jyllands-Posten* gerichtlich zu belangen, wobei sie sich auf den später gestrichenen Paragraphen 140 sowie den Paragraphen 266b (Verletzung einer Personengruppe wegen ihrer ethnischen Herkunft oder ihres Glaubens) des dänischen Strafrechts beriefen. Sie scheiterten in allen Instanzen.

Anfang Dezember traf eine Delegation von fünf dänischen Imams in Kairo den Generalsekretär der Arabischen Liga Amr Moussa. Sie präsentierten ihm ein Dossier mit den zwölf Karikaturen, erweitert allerdings um drei zusätzliche Abbildungen. Zwei davon waren üble Propagandabilder unklarer Herkunft (Mohammed als pädophiler Vergewaltiger und ein zum Gebet vornüber gebeugter Mann, der von einem Hund bestiegen wird). Ein weiteres zeigte angeblich einen Moslem im Schweinekostüm, erwies sich aber später als Abbildung eines albernen französischen Wettbewerbs ohne jeglichen Bezug auf den Islam. Die Imame wollten die Abbildungen später, als sie beschuldigt wurden, die Aggressionen durch diese Fälschungen angeheizt zu haben, als Beispiele für die Hassbriefe verstanden wissen, die sie erhalten hatten. Allgemein aber wurden die drei zusätzlichen Abbildungen als Teil der Karikaturen aus *Jyllands-Posten* verstanden.[72] Das Dossier sorgte bei der einige Tage später in Mekka abgehaltenen Konferenz der Organisation für Islamische Zusammenarbeit für Aufsehen. Die Teilnehmer verabschiedeten eine Resolution, mit der die Beleidigung des Propheten ebenso angeprangert wurde wie der Bezug auf die Meinungsfreiheit als Vorwand zur Schmähung von Religionen.

In Dänemark geriet Premier Rasmussen Ende 2005 allmählich in die Defensive und versuchte erste vorsichtige Schritte der Deeskalation. Aber der Konflikt weitete sich im neuen Jahr schnell aus. Erste islamische Staaten riefen ihre Diplomaten zurück oder schlossen ihre Botschaftsgebäude. Bereits im Januar wurde in Saudi-Arabien zu einem Boykott nicht nur dänischer, sondern auch norwegischer Produkte aufgerufen, weil zuvor ein kleines christliches Magazin in Norwegen die Karikaturen nachgedruckt hatte. Der Boykottaufruf verbreitete sich rasch über große Teile der islamischen Welt und drohte, der dänischen Wirtschaft empfindlichen Schaden zuzufügen – ein halbes Jahr nach dem Beginn des Boykotts schätzte die dänische Handelskammer den Verlust auf 180 Millionen Dollar.[73] Zum Teil richtete er sich gegen alle skandinavischen Länder bzw. im weiteren Sinn gegen alle Staaten der Europäischen Union oder gleich des gesamten Westens, der als vereintes gegnerisches Lager verstanden wurde. Dieses ›westliche‹ Lager seinerseits zeigte sich zunehmend gespalten in der Beurteilung der Karikaturen. Speziell die Frage, ob deren Nachdruck als Zeichen der Solidarität angebracht sei, wurde kontrovers diskutiert. Viele europäische Presseorgane druckten die Zeichnungen oder einige davon ab, wobei sie dies häufig auch mit einer Kritik an den Karikaturen verbanden. In Amerika verweigerten Zeitungen wie die *New York Times* oder die *Washington Post* dagegen den Abdruck.

Die weltweiten Massenproteste erreichten im Februar 2006 ihren Höhepunkt. Es gab friedliche Demonstrationen wie in London mit 10000 Teilnehmern, während anderswo die Lage eskalierte. Die dänischen Botschaftsgebäude in Syrien und im Libanon, in Indonesien und im Iran wurden durch Brandanschläge zum Teil erheblich zerstört. Dänisches Botschaftspersonal wurde aus muslimischen Ländern zurückgerufen, dänische Staatsangehörige im Ausland zur Rückkehr aufgefordert. Bei einigen Demonstrationen im Anschluss an die Freitagsgebete der Muslime im Nahen und Mittleren Osten sowie in Afrika mündete die Empörung in teilweise massive Gewalttaten, bei denen es immer wieder Tote gab. Am Ende sollten die Massenproteste rund 250 Todesopfer gefordert haben, die meisten davon in Nigeria.[74] Nach dem Abebben der Proteste blieb die terroristische Bedrohung bestehen. Schnell hatte das Terrornetzwerk Al-Qaida unter seinem Anführer Osama bin Laden den Karikaturenstreit in seine Propaganda eingebaut. Wie schon in der Affäre Rushdie war das Leben der Protagonisten massiv bedroht. Von islamistischer Seite wurden Kopfgelder ausgesetzt, Journalisten der *Jyllands-Posten* und Karikaturisten erhielten Polizeischutz. In besonderer Gefahr befand sich Kurt Westergaard, der Zeichner des ›Bombenkopfes‹. Im Februar 2008 meldete die Polizei in Aarhus die Festnahme dreier potenzieller Attentäter. Und am Neujahrstag 2010 verschaffte sich ein bewaffneter Mann gewaltsam Zutritt zum Haus des Zeichners. Dieser konnte sich gerade noch in Sicherheit bringen und die Polizei alarmieren.

In der internationalen Politik und Diplomatie führte der Karikaturenstreit zeitweilig zu hektischer Betriebsamkeit. Auf dem Höhepunkt der Krise blieben nur wenige internationale Organisationen und Netzwerke unbeteiligt, die Organisation für Islamische Zusammenarbeit und die Arabische Liga wurden ebenso aktiv wie die Europäische Union und die Vereinten Nationen. Einen Schlusspunkt unter die Angelegenheit in der ›großen Politik‹ bedeutete im April 2009 die Wahl von Fogh Rasmussen zum Nato-Generalsekretär, nachdem er die Bedenken der Türkei wegen seines Verhaltens im Karikaturenstreit ausgeräumt hatte.

**Bilder des Propheten**

Die Eskalation und die weltweite Empörung lassen sich zum Teil unmittelbar auf die Zeichnungen zurückführen. Qualität und Aussagekraft der zwölf Karikaturen gehen allerdings weit auseinander, über ihre Interpretation besteht keineswegs Einigkeit.[75] So stellte der Zeichner Lars Refn einen Jungen namens Mohammed dar, der als Schüler der siebten Klasse ausgewiesen ist: Er steht vor einer Tafel und zeigt auf einen Text in persischer Sprache (Farsi), dessen Übersetzung etwa lautet: »Die Redakteure der *Jyllands-Posten* sind ein Haufen von reaktionären Provokateuren.« Kritisch wendet er sich damit offenkundig gegen die Absicht der Zeitungsredakteure. Anderen Illustrationen dagegen wurden Orientalismus und Rassismus vorgeworfen, aber auch unterschwellige antisemitische Tendenzen. So zeigte eines der Bilder zum Beispiel einen wilden Bärtigen mit Krummschwert, über dessen Augen ein schwarzer Balken liegt. Flankiert wird er von zwei Frauen in Burkas, deren Augenschlitze genau die Form des Balkens aufweisen: Ist das wirklich ein »gelungenes Spiel mit den Klischees von muslimischer Gewaltbereitschaft, Vielweiberei und Frauenunterdrückung«,[76] oder wird dieses Klischee hier nicht einfach reproduziert und sogar verstärkt?

Ähnliches gilt für Westergaards Bombe im Turban des Dunkelmanns, jene Karikatur, die meist pars pro toto für alle Mohammed-Karikaturen steht. Sollte diese den Propheten selbst darstellen oder einen fehlgeleiteten Ungläubigen? Darüber wurde später in einem französischen Gerichtsprozess gestritten, in dem ein Sachverständiger die Darstellung als rassistisch bewertete: Die Figur trage ähnliche Züge wie antisemitische Karikaturen des frühen 20. Jahrhunderts. Andere bestritten dagegen, dass die Illustration zwangsläufig Islam und Gewalt gleichsetze. Westergaard selbst wollte nach eigenen Angaben zeigen, dass radikale Muslime den Propheten als Vorwand für die Ausübung von Gewalt benutzten. Viele Muslime wiederum meinten, die Zeichnung ziele darauf, den Islam pauschal als Ursache von Gewalt und Terror anzuprangern.[77] Für eine solche Interpretation spräche, dass der ›Bombenkopf‹ in einer gewissen Bildtradition steht, die muslimische Feindbilder konstruierte – auch Ayatollah Khomeini wurde schon 1981 als Bombe karikiert.[78] Welche Botschaft ein Betrachter auch immer aus dem Bild herauslesen mochte, es besaß eine suggestive Qualität und einen hohen Wiedererkennungswert. Auch das machte es zu einer der meistreproduzierten Karikaturen der Gegenwart. Trotz der Vieldeutigkeit ließ sich ein solches Bild wesentlich besser propagandistisch nutzen als ein dicker Roman wie die »Satanischen Verse«.

Jenseits der konkreten Bildinterpretationen aber war nach Auffassung vieler Muslime die bloße Existenz der Karikaturen eine Beleidigung, da sie das Bilderverbot des Islam verletzten. Häufig wird darauf verwiesen, dass dieses Bilderverbot in der Vergangenheit keineswegs immer strikt befolgt worden war (vgl. Kap. 6) – dies sei ein Beleg dafür, dass der islamistische Fundamentalismus nicht so ›traditionell‹ ist, wie er sich gibt, sondern eher ein Modernisierungsphänomen darstellt. So war die muslimische Reaktion auf ältere Verfilmungen der islamischen Frühgeschichte weniger empört ausgefallen als nun am Beginn des 21. Jahrhunderts. Ahmed Abu Laban, Mitglied in der Kairoer Delegation der dänischen Imame, verwies später zum Beispiel auf Hollywood-Produktionen wie »Mohammed – Der Gesandte Gottes« von 1976 mit Anthony Quinn in der Hauptrolle des Hamza ibn ʿAbd al-Muttalib, um zu zeigen, dass es durchaus von muslimischer Seite tolerierte Formen der bildlichen Darstellung gegeben habe. Allerdings war in diesem Film der Prophet selbst aus Respekt vor der muslimischen Tradition nicht in persona aufgetreten; auch hatte es bereits damals, allerdings sehr begrenzte, Proteste gegeben.

Subtiler Interpretationskünste allerdings bedurfte es keineswegs, um die Aktion der *Jyllands-Posten* als Provokation und Beleidigung des Islam zu begreifen. Zu deutlich waren die beiden Rahmentexte von Juste und Rose zu den Zeichnungen. Ganz explizit war es der Zweck der Angelegenheit, die Empfindlichkeiten der Muslime zu testen. Anders als die verstörenden Tabubrüche Theo van Goghs in den Niederlanden lag hier keine eindeutig intendierte Blasphemie vor. Aber die Zeitung kalkulierte doch sehr offensichtlich mit der Möglichkeit, dass die Zeichnungen als Gotteslästerung verstanden werden könnten. Die Information, die Zeitung habe die Karikaturen an muslimische Geistliche verschickt, um über deren empörte Reaktionen berichten zu können,[79] mag falsch sein. Doch allein die Veröffentlichung reichte aus, um das Vorhersehbare in Gang zu setzen. Jenseits der möglichen Absichten der Zeitung gab es aber auch andere Akteure, die eine aktive Rolle beim Schüren der Empörung spielten. Eine Schlüsselrolle kommt etwa den fünf Imamen zu, die als Delegation nach Kairo reisten. Einer von ihnen, Sheikh Raed Hlayhel, war schon früher zur Zielscheibe kritischer Berichterstattung der *Jyllands-Posten* geworden, nachdem er Frauen in einer Freitagspredigt als »Teufelswerk« beschrieben hatte und sie für die Korruption des Mannes verantwortlich machte.[80] Dennoch existierte keine muslimische Einheitsfront gegen die wahrgenommene westliche Missachtung. So wurde in Dänemark im Februar 2006 eine Bewegung *Demokratiske Muslimer* ins Leben gerufen, die sich von den radikalen Protesten absetzen wollte.[81]

Was die Gegenseite angeht, so sehen viele Beobachter in der unversöhnlichen Haltung von Rasmussen und seiner Regierung, die als Missachtung gegenüber den Muslimen gedeutet wurde, einen entscheidenden Brandbeschleuniger des Konflikts.[82] Lange hatte der dänische Regierungschef auf diplomatische Kontaktersuchen aus Ägypten und von islamischen Organisationen abweisend reagiert. Als er schließlich Anfang 2006 auf eine konziliantere Haltung einzuschwenken begann, war es zu spät. Offenkundig hatte der Premierminister die

Brisanz der Angelegenheit unterschätzt. Seine Reaktion reflektiert allerdings auch die innenpolitischen Realitäten. Die Minderheitsregierung des Regierungschefs, bestehend aus seiner liberalen Venstre-Partei und den Konservativen, war auf eine Tolerierung durch die rechtspopulistische Dansk Folksparti angewiesen, die sich entschieden gegen Immigration und vor allem gegen Muslime positionierte. Einige Monate vor dem Karikaturenstreit war sie mit 13 Prozent der Wählerstimmen zur drittstärksten Kraft in der dänischen Politik aufgestiegen. Obwohl der tatsächliche Anteil der Migranten an der dänischen Bevölkerung vergleichsweise gering war (2005: 7,2 Prozent, davon knapp 60 Prozent aus nicht westlichen Ländern), nahm das Thema einen prominenten Platz im politischen Diskurs ein. Die traditionell homogene Bevölkerungsstruktur des Landes beförderte ein gesellschaftliches Klima, in dem Fremdheit vornehmlich als Bedrohung thematisiert wurde.[83]

Eine nationalistische Radiostation (Radio Holger) erklärte im Sommer 2005, es gebe zwei mögliche Antworten, um den »Bombenterror« zu stoppen, nämlich entweder alle Muslime aus Westeuropa auszuweisen oder die fanatischen Muslime zu vernichten – also einen bedeutenden Anteil aller muslimischen Immigranten zu töten. Dem Sender wurde die Lizenz entzogen.[84] Kurz darauf profilierte sich ein konservativer Minister in Rasmussens Kabinett mit einer Rede, in der er den »Krieg gegen die multikulturelle Ideologie« propagierte. So wurde der »Kampf der Kulturen« *(kulturkampen)* in Dänemark zu einem politischen Schlagwort. Insgesamt war die öffentliche Meinung im Dänemark des Jahres 2005 von der starken Polarisierung zwischen einem ›Wir‹ (Dänen bzw. ›Westler‹) und einem ›Sie‹ (Muslime) dominiert. Die Karikaturen waren Ausdruck und zugleich Verstärker dieses gesellschaftlichen Klimas.[85]

Hinter dem vermeintlichen Kampf für die Meinungsfreiheit vermuteten daher die meisten Muslime – ebenso wie eine wachsende Zahl westlicher Kritiker – eine rassistische und fremdenfeindliche Agenda. Zum Paradeargument dafür wurde die Doppelmoral der vermeintlichen Kämpfer gegen die Zensur, angefangen mit der *Jyllands-Posten* selbst. Wie später bekannt wurde, hatte sie einige Jahre vor dem Karikaturenstreit die Veröffentlichung einer Karikatur über Jesus Christus abgelehnt. Ein Herausgeberkollege von Rose und Juste hatte dem Zeichner gegenüber diese Ablehnung damit begründet, dass die Leser der Zeitung derartige Karikaturen nicht mochten und dass eine Publikation zu Protesten führen könnte.[86] Offenbar war die Meinungsfreiheit in der *Jyllands-Posten* keineswegs so grenzenlos wie behauptet. Schnell war der Vorwurf generalisiert, die westliche Presse messe hier mit zweierlei Maß. Selbst Mirza Masroor Ahmad, Oberhaupt der dissidenten Ahmadiyya-Muslim-Gemeinschaft, äußerte sich entsprechend, rief seine Anhänger allerdings eindringlich dazu auf, auf die provozierenden Zeichnungen mit Barmherzigkeit und Liebe zu reagieren.[87]

Häufig wurde in der Debatte auf den eigentlich trivialen Sachverhalt hingewiesen, dass Zeitungsredaktionen immer wieder über die Auswahl von Inhalten entscheiden müssten. Dabei würden viele Bilder und Texte nicht abgedruckt, weil sie entweder nicht relevant oder aktuell genug seien oder menschenverachtend oder aus anderen Gründen unethisch.[88] Eine wichtige Rolle als Vergleichsparameter spielte der Antisemitismus, nicht zuletzt, weil einigen Karikaturen unterschwellige Bezüge in diese Richtung vorgeworfen wurden. Die Konferenz der Europäischen Rabbiner zeigte sich Anfang Februar 2006 besorgt über die Mohammed-Karikaturen, weil sie die Gefühle der Muslime verletzten, und zog die Parallele zu antisemitischen Karikaturen. Instrumentalisiert wurden derartige Sorgen durch eine radikale Propagandaaktion des Iran: Eine dortige Zeitung rief im Februar 2006 zu einem Internationalen Holocaust-Karikaturen-Wettbewerb auf. Man wolle herausfinden, so hieß es, wie weit die Meinungsfreiheit in der westlichen Welt gehe. Flemming Rose kündigte daraufhin – im Bemühen um konsequentes Eintreten für die Meinungsfreiheit – auf CNN an, seine Zeitung werde die Karikaturen veröffentlichen. Das brachte ihm scharfe öffentliche Kritik und eine vorübergehende Suspendierung ein.[89] Den Abdruck der eingesandten Karikaturen mit überwiegend antisemitischer Tendenz verweigerte die Zeitung später.

**Zur Konstruktion eines Kulturkonflikts**

Zu einem Kristallisationspunkt der Debatte wurde auch in Dänemark die geltende Blasphemie-Gesetzgebung. Zum Zeitpunkt des Karikaturenstreits besagte der Paragraph 140 des dänischen Strafrechts *(Straffeloven)*, dass zu einer Geldstrafe oder zu einer mehrmonatigen Gefängnisstrafe verurteilt werden kann, wer öffentlich den Glauben von anerkannten Religionsgemeinschaften verspottet oder herabwürdigt. Schon lange allerdings war das Gesetz kaum mehr angewandt worden. Selbst als 1973 der dänische Filmemacher Thorsen in einem Film über das Sexualleben Jesu' den Gekreuzigten mit einer Erektion darstellte, führte der öffentliche Aufruhr nicht zu einer Anklage, lediglich die öffentlichen Gelder für den Film wurden gestrichen. Ähnliches geschah nun im Fall der Mohammed-Karikaturen. In der ersten Instanz ebenso wie in der Appellation weigerte sich der Staatsanwalt, den Fall vor Gericht zu bringen, mit dem Argument, eine Verurteilung sei extrem unwahrscheinlich. Die Konsequenz aus der systematischen Nichtanwendung des Artikels zog das dänische Parlament dann am 2. Juni 2017. Es schaffte den altehrwürdigen Paragraphen ab, kurz bevor auf seiner Grundlage der Fall eines Mannes verhandelt werden konnte, der 2015 auf einem Facebook-Video die Verbrennung eines Korans dokumentiert hatte.[90]

Wenngleich die damals gültigen Gesetze im rechtlichen Sinn wirkungslos blieben, bildete deren imaginierter historischer Hintergrund doch so etwas wie ein wirkmächtiges Deutungsmuster. Carsten Juste beschrieb die muslimischen Imame in seinem Editorial zu den Zeichnungen als Stimmen aus einem dunklen und gewalttätigen Mittelalter. Flemming Rose stellte später seinen Kampf um freie Meinungsäußerung in die Tradition von Michael Servet, jenem Antitrinitarier, der auf Betreiben Calvins in Genf als Ketzer und Gotteslästerer verbrannt wurde, und seines Verteidigers Sebastian Castellio (vgl. Kap 11).[91] Den Maßstab ihrer Urteilsbildung bildete hier bezeichnenderweise ausschließlich die eigene, westliche Geschichte. So attestierten die Autoren Christopher Hitchens und Martin Amis, beide zentrale Figuren in der Kampagne zur Verteidigung von Salman Rushdie, dem Islam einen mittelalterlichen Charakter. Sie beschworen die Gefahr einer neuen Inquisition, die auf den Rockschößen der schwarzgewandeten Imame an die Macht gelangen könnte.[92] Die Überblendung von muslimischen mit vertrauten christlichen Motiven zeigte sich auch bei einer der Karikaturen selbst. Indem Jens Julius Hansen einen freundlichen Mohammed zeigt, der die ankommenden Selbstmordattentäter vor der Himmelspforte mit der Erklärung abweist, die Jungfrauen seien ausgegangen, vermischt er die Figur des islamischen Propheten mit der christlichen Petrusfigur.

Ebenso charakteristisch wie der Rückbezug auf die Geschichte war für die Ausprägung der *cartoon crisis* jene neue mediale Rahmung, die sich damals gerade erst entwickelte. Was später als Web 2.0 und *social media* Karriere machte, befand sich damals noch in den Kinderschuhen. Dennoch gehörten die globalen Massenproteste gegen die Karikaturen zur ersten Generation von Ereignissen, bei denen die ›Mikromedien‹ wie E-Mail, Internetforen und SMS-Nachrichten eine tragende Rolle spielten.[93] Diese weitreichenden, schnellen und interaktiven Medien, die vor allem von jungen Menschen genutzt wurden, ermöglichten eine rasche Massenmobilisierung. Zudem setzten sie die Filtermechanismen herkömmlicher Print- und elektronischer Medien außer Kraft und trugen so dazu bei, Gerüchte ebenso wie starke Gefühle ungefiltert weiterzutragen. Vor allem waren im Internet zeitweise die Karikaturen der *Jyllands-Posten* und die begleitenden Texte weltweit jederzeit abrufbar. Vielleicht wäre sonst die Aufregung schneller abgeklungen.[94]

So war der Karikaturenstreit über lange Monate hinweg zugleich Zentrum und Medium für die weitere Zuspitzung eines Kulturkonflikts, in dem Generalisierungen und Stereotypisierungen kaum eine Grenze kannten. Auf dem Höhepunkt der Krise waren zwei Drittel aller Befragten in Saudi-Arabien, Pakistan und der Türkei und mehr als die Hälfte aller Bewohner der Emirate und der Palästinensergebiete der Meinung, die Zeichnungen spiegelten den westlichen Antagonismus gegen den gesamten Islam wider.[95] Der Konfrontation ›des‹ Westens mit ›dem‹ Islam entsprach die Grobheit jener reziproken Schlagworte, die als Waffen in der verbalen Auseinandersetzung dienten: hier die Islamfeindlichkeit (Islamophobie), gleichermaßen ein Vorwurf an die Adresse westlicher Verteidiger der Meinungsfreiheit wie auch ein analytisches wissenschaftliches Konzept; dort die grobe Keule des Islamofaschismus.[96]

Dabei waren diese Polarisierungen gerade das Ergebnis eines Eskalationsprozesses im Zuge des Karikaturenstreits. Zum Katalysator wurde dabei die Frage eines Nachdrucks der Karikaturen durch andere Presseorgane, wobei die Entscheidung »Abdrucken oder nicht?« wiederum selbst zum Gegenstand der Berichterstattung wurde.[97] Zögern oder gar Verweigerung des Nachdrucks wurden als feige Selbstzensur angeprangert, und dies umso mehr, je lautstärker der Protest und je gewalttätiger die Drohungen waren. Umgekehrt hatte der Nachdruck der Zeichnungen in einer Zeitung zuverlässig starke regionale Proteste von Muslimen zur Folge. Als im Februar 2008 die Attentatspläne auf Kurt Westergaard bekanntgegeben wurden, druckten am nächsten Tag 17 dänische Zeitungen das ›Bombenkopf‹-Cartoon als Zeichen der Solidarität. Eine erneute Welle von Vorwürfen und Boykottaufrufen im Nahen und Mittleren Osten folgte.[98]

Insgesamt lässt sich die *cartoon crisis* von 2005 als ein komplexes transnationales Medienereignis verstehen, wobei in den jeweiligen nationalen bzw. regionalen Mediensegmenten dieses Ereignis sehr unterschiedlich wahrgenommen und interpretiert, kommentiert und verstärkt wurde.[99] Bereits die Karikaturen, der Ausgangspunkt dieser Versuchsanordnung, beruhten auf der starken »Wir«-»Sie«-Polarisierung von westlich-liberaler und östlich-muslimischer Welt, und die medialen Mechanismen tendierten dazu, diese Polarisierung zu verstärken. Differenzierende und moderierende Stimmen der jeweilig ›anderen‹ Seite wurden dabei kaum wahrgenommen, die undifferenzierte Wahrnehmung durch die ›andere‹ Seite aber wurde umso heftiger kritisiert. Ohnehin tendierte die Dynamik der Eskalation von gegenseitigen Schmähungen dazu, derartige Differenzen zu nivellieren. So wird in der Literatur die stereotype Wahrnehmung ›der‹ Muslime als Rassismus und Orientalismus beklagt, zugleich aber auch reproduziert, indem etwa auf ›das‹ Bilderverbot der Muslime verwiesen wird.

## 2015: Tödliche Karikaturen

Zu den Zeitschriften, die im Februar 2006 die Mohammed-Karikaturen nachdruckten, gehörte neben anderen französischen Zeitungen *Charlie Hebdo*.[100] Das kampflustige Satiremagazin begnügte sich nicht mit einer Veröffentlichung aller zwölf Zeichnungen im Inneren des Heftes, sondern kam in einer Spezialedition mit eigener Mohammed-Karikatur auf dem Titelblatt heraus. Sie stammte aus der Feder des Zeichners Cabu und stellte in ihrer pointierten Schärfe die dänischen Vorbilder in den Schatten: »Es ist hart, von Deppen geliebt zu werden …«, ruft ein verzweifelt die Hände vor das Gesicht schlagender, bärtiger Turbanträger aus. »Mohammed ist überwältigt von den Fundamentalisten *(les intégristes)*«, erläutert eine Bildunterschrift. Wenig später war in *Charlie Hebdo* ein Manifest gegen »die neue weltweite totalitäre Bedrohung des Islamismus« zu lesen, unterzeichnet vom Chefredakteur der Satirezeitschrift, Philippe Val, und von Bernard-Henri Lévy, weiterhin auch von Autorinnen und Autoren mit familiären Wurzeln im islamischen Kulturkreis wie Salman Rushdie, Ayaan Hirsi Ali, Chahla Chafiq und Taslima Nasrin. Die Meinungsfreiheit, so das Manifest, dürfe nicht wegen der Befürchtung, »Islamophobie« zu fördern, eingeschränkt werden.[101]

### Die Vorgeschichte

Als Reaktion reichte der Dachverband französischer Muslime *Conseil français du culte musulman* (CFCM) zusammen mit anderen Verbänden eine gerichtliche Klage gegen das Satiremagazin ein.[102] Sie warfen der Zeitschrift vor, mit ihren Karikaturen die Muslime aufgrund ihrer Religionszugehörigkeit kollektiv stigmatisiert zu haben. Juristische Grundlage bildete – in Ermangelung einer gesetzlichen Regelung hinsichtlich der Gotteslästerung – das französische »Gesetz über die Freiheit der Presse« vom 29. Juli 1881. Es legte zwar eine sehr weitgehende Äußerungsfreiheit hinsichtlich prinzipieller Ideen fest, stellte die Beleidigung und Herabwürdigung von Personen aber unter bestimmten Bedingungen weiterhin unter Strafe.[103] Danach ist die Diffamierung von Personen oder Gruppen aufgrund ihres Erscheinungsbildes, ihrer Herkunft, ihrer ethnischen und nationalen Zugehörigkeit, ihrer Rasse oder ihrer Religion verboten.

Der am 7. Februar 2007 beginnende Prozess fand in der französischen Öffentlichkeit großen Widerhall, 2008 erschien dazu ein Dokumentarfilm von Daniel Leconte. Viele bekannte Intellektuelle und Politiker unterstützten das Satiremagazin. Die Philosophin Elisabeth Badinter erklärte den vor dem Gerichtsgebäude postierten Journalisten, sollte *Charlie Hebdo* verurteilt werden, dann werde sich Grabesstille über das Land legen. Der Vorsitzende der zentristischen Partei UDF, François Bayrou, stellte sich als Zeuge zur Verfügung, ebenso der Generalsekretär der Sozialistischen Partei, François Hollande. Ségolène Royal und Nicolas Sarkozy zeichneten Unterstützungsadressen.

Vor Gericht wurde vor allem über die Frage verhandelt, ob in den Karikaturen und den begleitenden Texten hinreichend zwischen Islam und terroristischen Islamisten unterschieden werde. Ging es um die legitime Kritik an einer Idee (bzw. ›Ideologie‹ bzw. Religion) oder um die strafbare Stigmatisierung einer Personengruppe? Umstritten war auch der Begriff *les intégristes* auf dem Titelbild von *Charlie Hebdo*: Er war zu Beginn des 20. Jahrhunderts geprägt worden, um diejenigen kirchlichen Kräfte anzuprangern, die einen reaktionären Abwehrkampf gegen die Moderne führten. Nun wurde er auf islamische Fundamentalisten übertragen bzw. drohte, folgt man den Anwälten der muslimischen Verbände, den gesamten Islam als fundamentalistische Bewegung zu diskreditieren.

In seinem nach anderthalb Monaten gefällten Urteil machte es sich der Gerichtshof nicht leicht. Im Titelbild von Cabu sei eine klare Differenzierung zwischen der muslimischen Glaubensgemeinschaft einerseits und den radikalen Islamisten andererseits gegeben. Der

›Bombenkopf‹ dagegen könne durchaus als Generalbeleidigung verstanden werden, durch den gesamten Kontext sei jedoch klar, dass sich die Aktion gegen die Radikalen gerichtet habe. Selbst wenn die Karikaturen schockierend und verletzend für Muslime gewesen seien, habe keine bewusste Kränkungsintention bestanden. Das Magazin wurde freigesprochen. Die Berufung der islamischen Verbände gegen das Urteil war erfolglos, ein Appellationsgericht bestätigte es am 12. März 2008.

Es kann kaum überraschen, dass *Charlie Hebdo* im Zentrum der französischen Variante des Karikaturenstreits stand. Das wöchentlich erscheinende Satiremagazin hatte sich seit 1970 nicht nur mit den politisch Mächtigen im Lande angelegt, sondern durch seinen scharf laizistischen und antiklerikalen Kurs auch immer wieder den Zorn religiöser Meinungsführer erregt. Sowohl vor als auch nach 2006 waren es vornehmlich die katholische Kirche und ihre Vertreter, die attackiert wurden.[104] Oft hatten wenig schmeichelhafte Titelbilder über die Päpste das Magazin geschmückt, und immer wieder wurde es zur Zielscheibe von Anklagen und Agitationen der fundamentalistischen AGRIF (Allgemeine Allianz gegen Rassismus und für den Respekt der französischen und christlichen Identität). In gewisser Weise verkörperte das Satiremagazin das laizistische Selbstverständnis Frankreichs; und wenn es im März 2007 auf dem Titelblatt einen jüdischen Rabbi, einen christlichen Bischof und einen muslimischen Imam zeigte, die Arm in Arm einhellig forderten, *Charlie Hebdo* zu »verschleiern«, dann sprach daraus auch ein gewisser Stolz – viel Feind, viel Ehr. Die Redaktion sah sich ganz klar auf der linken Seite der traditionellen politischen Landkarte, wo ein emanzipatorisch-laizistisches Projekt auf der Seite der Unterprivilegierten und Unterdrückten gegen die herrschenden Eliten kämpfte, zu deren repressivem Instrumentarium nicht zuletzt die Religion gehörte. Vehement und erkennbar irritiert wehrte sie sich dagegen, als Exponent einer kolonial-rassistischen Denkungsart wahrgenommen zu werden.

Auch jenseits des ursprünglichen Karikaturenstreits blieb *Charlie Hebdo* diesem laizistischen Sendungsbewusstsein unbeirrbar treu.[105]

Anfang November 2011 reagierte das Blatt auf die Erfolge der Islamisten bei den ersten freien Wahlen in Tunesien mit einer Sondernummer unter dem Namen *Charia Hebdo*: Auf dem Titelbild lächelte den Lesern erneut Mohammed entgegen, der zugleich als Gast-Chefredakteur des Heftes ausgewiesen war und für das Magazin mit den Worten warb: »100 Peitschenhiebe, wenn sie sich nicht totlachen!« Noch vor Veröffentlichung des Heftes verwüstete ein Brandanschlag die Redaktionsräume völlig, die Macher des Magazins mussten vorübergehend bei der Zeitung *Libération* Zuflucht suchen. Außerdem wurde die Website des Satiremagazins gehackt, für einige Stunden waren darauf die Moschee in Mekka und Flüche gegen die Redaktion zu sehen. *Charlie* blieb kämpferisch. Das Titelbild der nächsten Nummer schmückte eine Zeichnung, auf der ein *Charlie-Hebdo*-Zeichner und ein Muslim Zungenküsse tauschen – Unterschrift: »Die Liebe ist stärker als der Hass«.

Anfang September 2012 erregte der von fundamentalistischen Christen verbreitete anti-islamische Propagandafilm »Die Unschuld der Muslime« vielfach Empörung. Bei einem bewaffneten Angriff auf die diplomatische Vertretung Amerikas im libyschen Bengasi wurden etliche Menschen getötet, darunter der Botschafter J. Christopher Stevens selbst. Auch andere westliche Botschaften waren das Ziel gewaltsamer Proteste, darunter die deutsche Vertretung im sudanesischen Khartum. In dieser Situation veröffentlichte das französische Satiremagazin ein Heft mit der Zeichnung eines im Rollstuhl sitzenden Muslims, der von einem jüdischen Rabbi geschoben wird – die Überschrift *Intouchables 2* spielt auf den damals aktuellen Erfolgsfilm *Intouchables* (wörtlich die Unberührbaren, im deutschen Kino »Ziemlich beste Freunde«) an. »Man darf sich nicht lustig machen«, verkünden die beiden Gestalten übereinstimmend. Dies war nicht nur ein Hinweis auf die in den Debatten dieser Jahre häufige Gleichsetzung von Antisemitismus und Islamophobie, sondern auch der Beleg für die finstere Entschlossenheit von *Charlie Hebdo*, gegen religiöse Empfindlichkeiten jeder Couleur zu Felde zu ziehen. Das Editorial des Heftes (»Lacht, um Gottes willen, verdammt noch mal«) sowie weitere Zeichnungen im Inneren waren ebenfalls Mohammed gewidmet. Die Polizei sah sich erneut gezwungen, nicht nur die Redaktionsräume, sondern viele andere französische Einrichtungen im In- und Ausland zu schützen. Mit ihrer Veröffentlichung hatte die Redaktion in einer brandgefährlichen Situation Öl ins Feuer gegossen, und die Kritik von in- und ausländischen Politikern wuchs. Unerschütterlich verteidigte Chefredakteur Stéphane Charbonnier das Recht seiner Zeitschrift, alle Religionen durch den Kakao zu ziehen: »Wir veröffentlichen Karikaturen über jeden und alles jede Woche. Wenn es aber um den Propheten geht, wird es Provokation genannt. Erst darf man nicht Mohammed zeichnen, dann nicht mehr einen radikalen Muslim, und jedes Mal wird es heißen: Das ist eine Provokation für einen Muslim.«[106] Und so blieb das Magazin am Thema dran und veröffentlichte zuverlässig Karikaturen, die für weitere Proteste und gerichtliche Klagen sorgten.[107]

### Das Attentat und die Folgen

Das Attentat auf die Redaktion vom 7. Januar 2015 erscheint in dieser Perspektive fast als eine folgerichtige Aktion fundamentalistischer Terroristen. Tatsächlich markiert es eine weitere Steigerung. Waren die Toten früherer Blasphemie-Proteste auf das Konto von öffentlichen Unruhen und Protesten gegangen, so handelte es sich hier um ein gezieltes Attentat auf die Redaktionsräume. Ihm fielen insgesamt zwölf Menschen zum Opfer, darunter mit dem Chefredakteur Stéphane Charbonnier (»Charb«) und Jean Cabut (»Cabu«) auch zwei Zeichner von Mohammed-Titeln; viele weitere wurden verletzt. »Wir haben den Propheten Mohammed gerächt. Wir haben *Charlie Hebdo* getötet!«, riefen die beiden Attentäter auf der Flucht. Die Brüder Saïd und Chérif Kouachi waren gebürtige Franzosen mit algerischem Migrationshintergrund, die sich im Pariser islamistischen Milieu sowie später im Gefängnis radikalisiert hatten. 2011 hatten sie ein Trainingslager von al-Qaida im Jemen besucht, jener Terrororganisation, die wenig später die Verantwortung für das Attentat übernahm. Zwei Tage waren die

Brüder nach ihrem Anschlag auf der Flucht. Weiter verschärft wurde die Lage durch eine Geiselnahme in einem jüdischen Supermarkt; der Täter forderte freien Abzug für die Attentäter. Auch dieser, Amedy Coulibaly, war gebürtiger Franzose mit Migrationshintergrund (seine Familie stammte aus Mali). Im Gefängnis hatte er sich mit Chérif Kouachi angefreundet und war so mit dem radikalen Islamismus in Kontakt gekommen. Der Geiselnehmer behauptete, seine Operation stehe in Verbindung mit dem Anschlag der beiden Brüder. Wahrscheinlicher ist, dass die Geiselnahme eher eine spontane, ungeplante Aktion darstellte, nachdem Coulibaly am Tag nach dem Attentat im Süden von Paris eine Polizistin erschossen und zwei andere Personen schwer verletzt hatte. Bei der Geiselnahme tötete er vier jüdische Kunden und Angestellte. Am Nachmittag des 9. November wurden die Brüder Kouachi und Chérif Coulibaly kurz hintereinander von Spezialkommandos der Polizei getötet.

Die Attentate lösten eine Welle von Solidaritätsbekundungen aus. Salman Rushdie erklärte bereits kurz danach, er stehe an der Seite von *Charlie Hebdo* gegen den »religiösen Totalitarismus«, um die Kunst der Satire zu verteidigen: »›Respekt vor der Religion‹ ist zu einer verschlüsselten Phrase mit der Bedeutung ›Angst vor der Religion‹ geworden. Religionen, wie alle anderen Ideen, verdienen Kritik, Satire, und, jawohl, unsere angstfreie Respektlosigkeit.«[108] Er war nicht allein. Zunächst in Paris und in anderen französischen Städten, dann in vielen Metropolen rund um den Globus (und auch in muslimischen Ländern), wurden in den folgenden Tagen Trauermärsche veranstaltet. »Je suis Charlie« wurde schnell zum Symbol für eine weltweite Solidarität.[109] Höhepunkt wurden die republikanischen Kundgebungen zu Ehren der Opfer beider Anschläge, die am 10. und 11. Januar Millionen Franzosen auf die Beine brachten, allein in Paris zwischen 1,5 und 2 Millionen Menschen. An der Spitze des Trauermarsches gingen neben dem französischen Staatspräsidenten und der deutschen Bundeskanzlerin Dutzende von Staats- und Regierungschefs aus aller Welt.

Aber auch auf der Gegenseite meldeten sich Stimmen zu Wort. Der

Komiker Dieudonné, wegen seines scharfen Antisemitismus und seiner Verbindungen zu Holocaust-Leugnern bekannt und mehrfach verurteilt, erklärte in einem Facebook-Eintrag seine Bewunderung für den Geiselnehmer im jüdischen Supermarkt: »Was mich betrifft, so fühle ich mich als Charlie Coulibaly.« Dutzende weitere Menschen in Frankreich wurden wegen öffentlicher Unterstützung und Befürwortung der Attentate verhaftet, einige als »Apologeten des Terrorismus« zu Gefängnisstrafen verurteilt. Muslimische Jugendliche weigerten sich, an der staatlich verordneten Schweigeminute in den Schulen teilzunehmen. Auch in anderen Ländern meldeten sich Menschen unter dem Hashtag *#JeNeSuisPasCharlie* zu Wort.

Es blieb nicht bei Worten. Im benachbarten Belgien kamen am 15. Januar zwei Verdächtige bei Feuergefechten ums Leben, als die Polizei im radikalislamischen Milieu ermittelte; dort wurden Anschläge gegen Läden vorbereitet, die *Charlie Hebdo* verkauften. Einen Monat später ereignete sich eine Art schrecklicher Reprise der Pariser Vorfälle in Kopenhagen, die allerdings weltweit wesentlich weniger Aufmerksamkeit auslöste. Omar El-Hussein, ein zweiundzwanzigjähriger Däne mit palästinensischen Wurzeln, verübte einen Anschlag auf ein Kulturzentrum, in dem gerade eine Diskussionsveranstaltung stattfand. Sie stand unter dem Motto »Kunst, Blasphemie und Meinungsfreiheit« und sollte auch das Attentat von Paris reflektieren. Hauptziel des Kopenhagener Anschlags war wohl der Zeichner Lars Vilks, der 2007 ebenfalls als Mohammed-Karikaturist in Erscheinung getreten war. Vilks blieb unverletzt, aber der Filmemacher Finn Nørgaard wurde ermordet, ebenso wie der jüdische Wachmann einer Synagoge, bevor der Täter am Tag danach gestellt und getötet wurde. Anfang Mai wurden zwei Attentäter bei dem Versuch getötet, schwer bewaffnet eine Ausstellung in Garland, Texas, zu stürmen, bei der die Ergebnisse eines Mohammed-Karikaturen-Wettbewerbs gezeigt wurden.

Auf dem Titelblatt der ersten Nummer von *Charlie Hebdo* nach dem Attentat, von den »Überlebenden« in den Redaktionsräumen der *Liberation* gestaltet, war erneut ein gezeichneter, diesmal traurig blickender Mohammed zu sehen. Er hielt ein Poster mit der Aufschrift »Je suis Charlie« in den Händen. Die rätselhafte Überschrift lautete »Alles ist vergeben«. Was immer sie bedeutete, zu einer Beruhigung der Lage trug sie nicht bei. Im Gegenteil, die meisten der geschilderten Protest- und Gewaltaktionen legitimierten sich ihrerseits wiederum als eine Reaktion auf dieses Heft. So offenbarte die Debatte um Gotteslästerung und Meinungsfreiheit vor und nach den Pariser Anschlägen einen tiefen Dissens auch in der westlichen Welt.

Nicht nur radikale Muslime, auch der französische Soziologe Emmanuel Todd meldete sich in scharfem Tonfall zu Wort. In seinem Essay »Wer ist Charlie?« kritisierte er die republikanischen Kundgebungen als »eine Art Massenhysterie«. In der nationalen »Heiligung« von *Charlie Hebdo* und den Mohammed-Karikaturen sah er »totalitären Gesinnungsterror« mit Anklängen an die christliche Inquisition am Werk. Er diagnostizierte eine Art frankreichweiten Zwang zur Blasphemie: »Der Franzose darf nicht nur blasphemisch werden, er muss es sogar. Voltaire *dixit.*« Das Mohammed-Titelbild von *Charlie Hebdo* beschrieb er als mit staatlichen Mitteln geförderten Rassismus (»penislange Nase und ein zweigeteilter Turban, der an Hoden erinnert«).[110] Ohne es an einer Verurteilung der Anschläge fehlen zu lassen, kritisierte er scharf die satirische Linie des Magazins. Man dürfe das Recht, »die eigene Religion zu verhöhnen, nicht mit demjenigen auf Verhöhnung der Religion anderer« verwechseln: »Eine wiederholte systematische Blasphemie, die sich gegen Mohammed, die zentrale Figur der Religion einer schwachen und diskriminierten Gruppe richtet, müsste unabhängig von dem, was die Gerichte meinen, als das bewertet werden, was sie ist: als Aufstachelung zum religiösen, ethnischen oder rassistischen Hass.« Insofern hätten die Demonstranten für *Charlie Hebdo* als Freiheitssymbol zugleich »die Geschichte beleidigt«. Sie hätten sich daran erinnern müssen, »als in antisemitischer und nationalsozialistischer Zeit Karikaturen von Juden mit dunkler Haut und Hakennase die Vorboten der physischen Gewalt waren«.[111]

Der Hauptteil von Todds Ausführungen war mit allerhand historischen und sozialstatistischen Datenreihen gespickt, mit denen der

Autor jenseits aller republikanischen Gleichheitspostulate an der Oberfläche die soziale Tiefenstruktur des Laizismus zu ergründen suchte. Es handele sich dabei, so sein Schluss, um die Rechtfertigungsideologie privilegierter Mittelklassen, die sich gegen die gebeutelten Arbeiter der Vorstädte in Position brächten. Die neue Lust an der Blasphemie drohe sogar einem neuen Antisemitismus den Weg zu bahnen.[112] Todd erntete mit seinem exzentrischen Mix aus Statistik und Verschwörungstheorien, wohl zu Recht, heftigen Widerspruch. Aber mit seiner Feststellung, dass die empörten Muslime wie ja auch die Attentäter selbst keineswegs das völlig Fremde repräsentierten, sondern dass sie Franzosen seien, Produkte einer französischen Gesellschaft, die ihre postkolonialen Probleme jahrzehntelang verdrängt hatte, traf er doch einen zentralen Punkt.

Auf der anderen Seite versuchten die Vertreter des linksrepublikanischen Laizismus entschieden, dem Sog des antiislamischen Rechtspopulismus und Rassismus zu entkommen, der in Frankreich paradigmatisch vom Front National verkörpert wurde. Ein Manifest des Laizismus hatte noch der ermordete Stéphane Charbonnier selbst verfasst: Der »Brief an die Trickbetrüger der Islamophobie, die das Spiel der Rassisten spielen« (so die wörtliche Übersetzung) war kurz vor den Anschlägen fertiggestellt, aber erst danach veröffentlicht worden. Für Charb stellte der Begriff der Islamophobie selbst eine Form des verdeckten Rassismus dar, denn er verenge die Diffamierung der anderen auf die Religion bzw. auf eine bestimmte Religion, nämlich den Islam. Werde eine verschleierte Frau angegriffen, dann sehe man in ihr fälschlich eine Repräsentantin des Islam und nicht, wie es korrekt wäre, eine Bürgerin, die von Faschisten attackiert wird. Opfer des Rassismus, die von Roma abstammen bzw. aus Indien, Schwarzafrika oder anderen exotischen Gegenden stammen, so kommentiert Charb sarkastisch, »wären gut beraten, sich zu ihrem Schutz nach einer Religion umzusehen«.[113] Er beharrte darauf, dass Spott und Satire seines Magazins sich nicht pauschal gegen Muslime richteten, sondern gegen Terroristen, die sich auf den Islam berufen. Aber im Prinzip müssten sich alle Denkrichtungen und alle Religionen der Kritik (und der satirischen

Verspottung) stellen. Hier eine Ausnahme zu machen und zu behaupten, »man könne über alles lachen, außer über einige Aspekte des Islam, weil die Muslime viel empfindlicher reagieren als die übrige Bevölkerung«, sei nichts anderes als eine Diskriminierung und Infantilisierung der zweitgrößten Weltreligion.[114]

# 18. Religiöse Intoleranz und politische Repression

## Blasphemieanklagen als Unterdrückungsinstrument

Im Jahr 2016 gab es weltweit in 71 Ländern Gesetze gegen die Verletzung religiöser Gefühle oder die Beleidigung heiliger Objekte. Das sind gut ein Drittel aller Staaten der Erde, die sich ziemlich gleichmäßig über alle Weltgegenden verteilen.[115] Allerdings verfolgen diese Gesetze jeweils sehr unterschiedliche Ziele und entfalten ebenso unterschiedliche Wirkungen. In stark säkularisierten Staaten dienen sie vorwiegend dem Schutz der öffentlichen Ordnung. Dass ein solches Gesetz das Recht auf freie Meinungsäußerung einschränken könnte, hat dort tendenziell zu einer sehr vorsichtigen Handhabung geführt, so dass es immer weniger Anklagen und erst recht Verurteilungen wegen Blasphemie gibt. In anderen Ländern verfolgen die einschlägigen Gesetze dagegen das Ziel, eine bestimmte Religion, ihre Symbole und ihre heiligen Objekte vor Herabsetzung zu bewahren. Regelmäßig bedrohen diese Normen nicht nur die Meinungs- und Religionsfreiheit, sondern auch die allgemeinen Menschenrechte, denn sie können auch zur Diffamierung religiöser Minderheiten und zur Kriminalisierung unerwünschter Personen dienen.[116] Diese manifeste Funktion von Blasphemieanklagen als Instrument religiöser und politischer Unterdrückung wird – nachdem es bislang um eher säkularisierte Länder ging – im Folgenden erörtert.

### Blasphemie auf drei Kontinenten

Eine Zuordnung zu den beiden genannten Kategorien von Staaten ist im Einzelfall nicht immer einfach. Die *United States Commission on International Religious Freedom* hat ein fein skaliertes Punktesystem entwickelt, um zu bewerten, inwieweit die jeweiligen Blasphemie-Gesetze international anerkannte Rechtsprinzipien verletzen. So gelangte sie zu einem »Ranking«, an dessen Spitze Pakistan und der Iran stehen, während Irland, Spanien und die Philippinen am Ende der Liste die rechtskompatibelsten Regelungen aufweisen. Dabei wären allerdings die einzelnen Kontexte einen zweiten Blick wert. Die Gesetzeslage der Türkei beispielsweise wird in der Studie vergleichsweise positiv bewertet. Der seit 2005 geltende Blasphemie-Paragraph 216/3 des türkischen Strafrechts ist weitgehend dem Paragraphen 166 des deutschen StGB nachgebildet. Die Rechtspraxis allerdings privilegiert den Islam erheblich und diskriminiert die Anhänger anderer Glaubensrichtungen und insbesondere Nichtmuslime.[117] Unabhängig von solchen Unsicherheiten der Bewertung im Einzelfall macht die Liste jedoch sehr deutlich, dass die Blasphemie-Gesetze ihre bedrohlichsten Effekte derzeit in Ländern entfalten, in denen der Islam die vorherrschende Religion darstellt. Das gilt natürlich keineswegs für alle – so zählt Tunesien laut *United States Commission* zu den zehn Ländern, deren Religionsgesetze am besten mit internationalem Recht vereinbar sind. Aber das generelle Bild geht doch in eine andere Richtung.

Die Liste der Staaten, deren vage und weitreichende Normen zu Diskriminierung und Unterdrückung anderer Meinungen und religiöser Minderheiten geradezu einladen, wird vom Iran angeführt.[118] Nach dem Artikel 513 des dortigen Strafrechts muss jeder, der islamische Heiligtümer oder Imame oder gar den Propheten beleidigt, mit der Todesstrafe rechnen, in minderen Fällen mit ein bis fünf Jahren Gefängnis. Der Blasphemie-Vorwurf stellt eines von mehreren Instrumenten dar, die gegen Anhänger anderer Glaubensrichtungen (im Iran vor allem die Bahai) oder auch gegen politische Oppositionelle eingesetzt werden können; ein weiteres Instrument wäre zum Beispiel die Anklage wegen Apostasie.

Ähnliches gilt für Saudi-Arabien, den Konkurrenten Irans um die Rolle der regionalen Führungsmacht im Nahen Osten. Hier ist der Islam sunnitischer Prägung die offizielle Religion, wobei in Gestalt des Salafismus der religiöse Fundamentalismus den Ton angibt. Die ca.

15 Prozent der Bevölkerung umfassenden Schiiten werden diskriminiert, allen anderen Bekenntnissen ist die öffentliche Religionsausübung ohnehin verboten. Vermeintliche Apostasie wird rigoros bestraft, Anklagen gegen angebliche Flüche oder Lästerungen gegen Gott bzw. den Propheten können mit einem Todesurteil enden. International erregte der Fall des jungen Intellektuellen Raif Badawi Aufsehen, der ein liberales Netzwerk und einen Internet-Blog betrieben hatte. 2012 wurde er verhaftet, zunächst wegen Apostasie angeklagt, dann aber wegen »Störung der öffentlichen Ordnung, religiöser Werte und Moral« sowie »Ermöglichung von Aggressionen und Beleidigungen gegen muslimische Heiligtümer und Verspottung von religiösen Figuren des Islam« verurteilt.[119] Das Urteil lautete auf zehn Jahre Gefängnis, 1000 Peitschenhiebe und eine hohe Geldstrafe. Es löste weltweite Empörung und Solidaritätsbekundungen aus, dennoch wurde eine erste Auspeitschung mit 50 Hieben vorgenommen, die für Badawi schwere Verletzungen bedeuteten. Noch 2020 sitzt er in Haft, ebenso der Anwalt, der ihn vor Gericht verteidigt hatte.

In anderen Ländern ist der Islam zwar Mehrheits-, aber keine Staatsreligion. Das ist zum Beispiel in Ägypten der Fall, wo neben den Muslimen theoretisch auch Christen und Juden Anerkennung genießen. Grundlage der Gesetzgebung bildet aber das islamische Recht der Scharia, was in der Praxis häufig zur Diskriminierung von Nichtmuslimen führt. So könnten sich prinzipiell auch Angehörige anderer Bekenntnisse auf den Artikel 98 des Strafrechts berufen, der die Verspottung und Beleidigung von Religionen verbietet. In der Realität werden aber wohl nur Beleidigungen des Islam verfolgt. Virulenter noch als staatliche Diskriminierung ist die in den letzten Jahrzehnten gewachsene gesellschaftliche Ausgrenzung von Andersgläubigen bis hin zu gewalttätigen Pogromen. Insbesondere koptische Christen wurden nach der Jahrtausendwende wegen »Beleidigung des Islam« gewaltsam angegriffen, während muslimische Reformer eher wegen Apostasie gerichtlich belangt wurden.

In Nigeria, dem bevölkerungsreichsten Land Afrikas, herrschen – statistisch gesehen – ausgeglichene religiöse Verhältnisse. Es beherbergt zu gleichen Teilen Muslime und Christen, die sich allerdings in verschiedenen Teilen des Landes konzentrieren: Der Süden ist christlich, der Norden muslimisch. Obwohl de jure Religionsfreiheit herrschen sollte, sind in den nördlichen Bundesstaaten Scharia-Gerichte auf dem Vormarsch, die Christen diskriminieren und verurteilen. Mindestens ebenso bedenklich ist, dass Blasphemie-Beschuldigungen zu pogromartigen Gewaltausbrüchen führen können. So wurde eine christliche Schneiderin im September 2006 von einer muslimischen Kundin in einen religiösen Disput verwickelt. Jesus sei ein Trunkenbold gewesen, weil er Wasser in Wein verwandelt habe, soll die Kundin geäußert haben. Nach diesen Maßstäben müsse seine Vielweiberei Mohammed zum Weiberhelden gemacht haben, entgegnete die Christin. Die Umstehenden bezichtigten sie der Blasphemie und schleppten sie vor Gericht. Dieses ordnete ihre Exilierung binnen zwei Tagen an, andernfalls solle sie hingerichtet werden. Insbesondere im nördlichen Bundesstaat Kano kam es in der Folge immer wieder zu Gewaltausbrüchen und der Zerstörung von Kirchen, die durch angebliche Lästerungen des Propheten durch Christen ausgelöst wurden.

In südostasiatischen Ländern wie Indonesien, Bangladesch und Malaysia waren traditionell eher gemäßigte Versionen des Islam zu finden. Aber auch hier lassen sich in den letzten Jahrzehnten Radikalisierungsprozesse beobachten, wie sich an vermehrten Anschuldigungen gegen vorgebliche Gotteslästerer zeigt, die hier als Instrument genutzt werden. Ein Paradebeispiel ist Indonesien.[120] Es handelt sich um den Staat mit der größten muslimischen Bevölkerung weltweit, vor allem Sunniten, aber auch Schiiten. Zugleich ist es ein Land großer religiöser Pluralität mit protestantischen und katholischen Christen, Hindus und Buddhisten sowie Anhängern von Naturreligionen. Die Verfassung garantiert den großen monotheistischen Weltreligionen freie Religionsausübung. Andere religiöse Minderheiten dagegen können nur eingeschränkte Rechte beanspruchen. Sie werden zum Teil stark diskriminiert, wie die Bahai oder die Anhänger der muslimischen Ahmadiyya-Gemeinschaft, die von den meisten anderen Muslimen als »unislamisch« betrachtet werden. Seit 1965 gilt in Indonesien ein Gesetz zur Verhütung von Gotteslästerung. Es bedroht diejenigen mit bis zu fünf Jahren Gefängnis, die Hass gegen eine in Indonesien anerkannte Religion verbreiten oder diese diffamieren. Verboten ist auch das Verbreiten von Informationen, die zu Hass auf der Basis von Ethnizität, Religion oder Rasse beitragen können. Obwohl das Gesetz zunächst religionsneutral formuliert wurde, dienten seine Bestimmungen bislang fast ausschließlich dazu, Fälle angeblicher Blasphemie gegen den Islam zu verfolgen.[121]

Unter anderem deshalb wurde es im April 2010 von verschiedenen Menschenrechtsorganisationen vor dem Obersten Gericht des Landes angefochten. Im Zuge der Verhandlung berichtete etwa der bekannte Journalist Atmowiloto darüber, wie er 1990 zu einer fünfjährigen Gefängnisstrafe wegen Blasphemie verurteilt worden war. Sein Vergehen mutet einigermaßen skurril an: In einer Zeitung hatte er seine Leser aufgerufen, ihre Helden namhaft zu machen. Das auf dieser Basis erstellte Ranking führte der damalige Präsident Suharto an; auf Platz zehn stand Atmowiloto selbst, erst danach folgte der Prophet Mohammed – Grund genug für die Anklage und Verurteilung des Journalisten. Der indonesische Supreme Court votierte gegen die Anfechtungsklage mit großer Mehrheit für die Rechtmäßigkeit des Blasphemie-Gesetzes. In den nächsten Jahren folgten weitere Verurteilungen, ebenso örtliche Pogrome gegen angebliche Gotteslästerer.

Alle diese Vorkommnisse wurden im Frühjahr 2017 in den Schatten gestellt durch die Kampagne gegen Basuki Tjahaja Purnama, genannt Ahok, den chinesischstämmigen Gouverneur von Jakarta. Ins Amt gekommen war der Christ Ahok als Stellvertreter und Nachfolger des 2014 zum Präsidenten Indonesiens gewählten Joko Widodo. Bei der regulären Wahl drei Jahre später galt der kompetente und beliebte Politiker zunächst als Favorit. Im Wahlkampf kritisierte er muslimische Geistliche, die aufgrund der Sure 51 des Korans fälschlich behaupteten, Muslime dürften nur andere Muslime wählen. Darauf beschuldigte ihn ein Gremium muslimischer Geistlicher in einer Fatwa der Blasphemie; radikale Verbände organisierten riesige Massendemonstrationen und verlangten die Arrestierung Ahoks. Im April 2019 verlor er die Gouverneurswahlen mit 42 zu 58 Prozent, Anfang Mai folgte der Prozess. Während die Staatsanwaltschaft eine leichte Bewährungsstrafe forderte, verurteilte das Gericht den Angeklagten zu zwei Jahren Haft ohne Bewährung. Ein Sieg des politischen Islam, der die öffentliche Meinung des Landes in beispielloser Art polarisierte, wobei der Riss durch Freundeskreise und Familien ging.[122]

### Das Beispiel Pakistan

Als das Land, das regelmäßig durch Blasphemie-Affären weltweit die meisten Schlagzeilen produziert, darf Pakistan gelten.[123] 1947 in den vorwiegend muslimischen Teilen Britisch-Indiens gegründet, ist der Islam dort die Staatsreligion, der über 90 Prozent der Bewohner anhängen. Im Laufe der Jahrzehnte ist die religiöse Intoleranz gegenüber allen anderen Religionen, aber auch gegenüber Schiiten und anderen vom sunnitischen Mainstream abweichenden Strömungen innerhalb des Islam gewachsen. Schon früh entwickelte sich das Land »in Richtung einer theokratischen Demokratie«.[124] Gefördert wurde diese Entwicklung durch die notorische politische Instabilität und insbesondere durch autoritäre Führer, die sich bei religiösen Extremisten anbiederten, um sich deren Gefolgschaft zu sichern. All das mündete in jene Serie berüchtigter Blasphemie-Gesetze, die ab 1980 unter dem Militärdiktator General Zia-ul-Haq eingeführt wurden. Sie waren ebenso ausführlich wie vage – eine gefährliche Mischung.[125]

Der aus der Kolonialzeit adaptierte ursprüngliche Artikel 295, der die Beschädigung sakraler Stätten und die Verletzung religiöser Gefühle mit Gefängnis von bis zu zwei Jahren bedrohte, wurde erheblich erweitert. Auf die Beschädigung oder Entweihung des Korans stand nun eine lebenslängliche Freiheitsstrafe, die Schmähung des heiligen Namens des Propheten Mohammed konnte sogar mit dem Tode bestraft werden. Nach dem Wortlaut des Artikels 295-C kann diese Herabwürdigung »durch gesprochene oder geschriebene Worte, durch sichtbare Darstellung oder durch Anschuldigungen, Anspielungen oder Unterstellungen, direkt oder indirekt« geschehen – eine bemerkenswert vage Formulierung, auf deren Grundlage »buchstäblich jeder eine Blasphemie-Anklage gegen irgendjemand anderen in Pakistan anbringen (kann), die den Angeklagten mit der Todesstrafe bedroht«.[126] Auch die Schmähung der rechtschaffenen Kalifen oder der Gefährten des Propheten wurde unter Strafe gestellt. Besonders mit Sanktionen bedroht wurden in weiteren Gesetzesklauseln die Anhänger der Ahmadiyya-Gemeinschaft.

In den folgenden 25 Jahren gab es mindestens 1250 gerichtliche Anklagen wegen Gotteslästerung, darunter allein 469 gegen Ahmadis und 150 gegen Christen; unter den 562 Muslimen war wahrscheinlich eine große Anzahl von Schiiten.[127] Oft endeten die Verfahren mit Freisprüchen, viele allerdings erst vor höheren Instanzen, nachdem die Angeklagten jahrelang im Gefängnis gesessen hatten. Das erste Todesurteil wegen Blasphemie wurde 1992 von einem Bezirksgericht gegen einen Christen verhängt: Grundlage war allein die Aussage des Klägers, der nach Feststellung des Gerichts wie ein wahrer (bärtiger) Moslem aussehe, weswegen an seiner Aussage nicht zu zweifeln sei.[128] In anderen Fällen wurde der endgültige Ausgang des Verfahrens gar nicht mehr abgewartet. 1993 waren drei Männer in erster Instanz nach Artikel 295-C verurteilt worden, weil sie verunglimpfende Bemerkungen an die Wand einer Moschee geschrieben haben sollten. Als sie zur Berufungsverhandlung das Gerichtsgebäude in Lahore betreten wollten, wurden sie beschossen, ein Mann wurde dabei getötet, die anderen verletzt. Alle drei waren, wie nachher ermittelt wurde, Analphabeten. Eine ähnliche Beschuldigung gegen einen des Schreibens unkundigen Mann führte 1997 dazu, dass Kirchen, Häuser und Geschäfte von Christen zerstört und Tausende obdachlos wurden.

Ein Jahr zuvor war der Christ Ayub Masih auf die Aussage seines Nachbarn Muhammed Akram hin verhaftet und wegen Blasphemie angeklagt worden.[129] Angeblich hatte er Rushdies »Satanische Verse« zur Lektüre empfohlen und geäußert, das Christentum sei die einzige korrekte Religion. In der Folge wurden alle christlichen Familien gezwungen, den Ort zu verlassen. Akram bekam von den Behörden das

Grundstück des Verhafteten zugesprochen. Im November 1997 feuerte er im Gerichtsgebäude auf Masih und verletzte ihn. Auch im Gefängnis wurde der Angeklagte körperlich angegriffen. Offizielle Maßnahmen gegen die Aggressoren wurden nicht eingeleitet – stattdessen wurde Masih im April 1998 zum Tode verurteilt. Das oberste Gericht von Lahore bestätigte dieses Verdikt im Juli 2001. Erst der Oberste Gerichtshof Pakistans hob die Urteile der Vorinstanzen auf und kam zu dem Schluss, dass Akram den Angeklagten aus Gründen der persönlichen Bereicherung denunziert habe. Ayub Masih fand politisches Asyl in den Vereinigten Staaten. Wie in vielen anderen Fällen bescherte ihm der Freispruch keine sichere Existenz in Pakistan. Wenige Wochen nach dem Todesurteil gegen Masih im April 1998 hatte sich vor einem Gerichtsgebäude in Sahiwal der katholische Bischof von Faisalabad, John Joseph, erschossen. Zu diesem für einen katholischen Priester äußerst ungewöhnlichen Schritt hatte er sich aus Protest gegen die Blasphemie-Gesetze allgemein und gegen das Schicksal Masihs entschlossen. Schon bei der Beerdigung des Mannes, der 1993 in Lahore ermordet worden war, soll der Bischof die Füße des Toten geküsst und geschworen haben, das nächste Blut, das aufgrund der Gotteslästerungs-Gesetze vergossen werde, werde sein eigenes sein.[130]

Das Blutvergießen endete nicht im letzten Jahrtausend. Fast zehn Jahre lang währte der Leidensweg von Asia Bibi, der ersten Frau, die 2010 wegen Blasphemie zum Tode verurteilt wurde.[131] Erst 2018 hob das Oberste Gericht den Schuldspruch auf, 2019 konnte sie ins kanadische Exil ausreisen. Die Christin war im Jahr 2009 in einen Disput mit muslimischen Frauen geraten, die es ablehnten, Wasser anzunehmen, das angeblich von einer Andersgläubigen kontaminiert worden war. Welche Worte genau gewechselt wurden, ist strittig, aber in der Folge wurde Bibi bedroht und von der Polizei festgenommen, wobei sich die zunächst als Schutzhaft deklarierte Maßnahme in eine lebensbedrohliche Anklage wendete. Zwar kam sie letztlich knapp mit dem Leben davon; zwei Politiker aber, die sich öffentlich für sie eingesetzt hatten, wurden ermordet. Der Gouverneur der Provinz Punjab, der liberale Politiker Salman Taseer, hatte Asia Bibi im Gefängnis besucht und den

Premierminister aufgefordert, sie zu begnadigen, da sie keinen fairen Prozess erhalten habe. Am 4. Januar 2011 wurde er deshalb von seinem Leibwächter erschossen, der sich freiwillig den Behörden stellte. Als Motiv für seine Tat gab er die Haltung Taseers zu Bibi und der Blasphemie-Frage an. Der Attentäter, von vielen als Held gefeiert, wurde später zum Tode verurteilt und gehängt. Zwei Monate nach dem Mord an Taseer starb durch einen Anschlag der Taliban ein weiterer Politiker, als Minister für religiöse Minderheiten der einzige Christ im damaligen Kabinett. Auch Shahbaz Bhatti hatte sich zuvor für Asia Bibi eingesetzt.

**Internationale Debatten**

Dieser – bei weitem unvollständige – Blick auf die Wirkung von Blasphemie-Anklagen und Blasphemie-Gesetzen in verschiedenen Ländern belegt eindrücklich deren zerstörerisches Potenzial.[132] In den Händen von Machthabern, die sich auf eine privilegierte Staatsreligion stützen können, sind sie flexibel einsetzbare Instrumente zur Unterdrückung von religiösen Minderheiten und politischer Meinungsfreiheit. Aber auch in Ländern mit einer offeneren Situation, in denen der Islam keine so eindeutige Machtposition besitzt, in denen zumindest formal rechtliche Mechanismen greifen und gewählte Politiker sich für Minderheiten einsetzen, sind Gotteslästerungsvorwürfe brandgefährlich: Sie bilden eine mächtige Waffe zur Mobilisierung von massenhaften und oft gewaltsamen Protesten. Wo die rechtliche Verfolgung angeblicher Blasphemiker fehlschlägt, treten häufig informelle Drohungen und nackte Lynchjustiz auf, die den Betroffenen, so sie überleben, nur die Flucht ins Ausland übrig lassen. Nicht zuletzt werden Blasphemie-Beschuldigungen häufig genutzt, um private Konflikte zwischen Nachbarn, Geschäftspartnern oder politischen Kontrahenten auszutragen – insofern wirken entsprechende Gesetze oft als Einladung zum systematischen Missbrauch.

Unbeschadet dieser Probleme bemühen sich islamische Staaten, auch international Normen gegen die Diffamierung von Religionen zu etablieren.[133] Zentraler Motor dafür war lange die *Organisation für*

*Islamische Zusammenarbeit* (OIC), der 57 Länder angehören und die für sich in Anspruch nimmt, Repräsentantin der Muslime auf transnationaler Ebene zu sein. Dass ihre Vorstellung von Menschenrechten und Antidiskriminierungspolitik sich nicht unbedingt mit einem westlich-universalistischen Verständnis decken, wurde seit ihrer Gründung 1969 immer wieder deutlich, etwa bei der Verabschiedung der Kairoer Erklärung der Menschenrechte im Islam von 1990. Dort wurde die religiös legitimierte Gesetzgebung der Scharia zum Maßstab erhoben und damit hinter die Verbindlichkeit der Menschenrechtserklärung der UNO von 1948 ein deutliches Fragezeichen gesetzt. Seit den 1990er Jahren gab es koordinierte Bestrebungen der OIC, internationale Anti-Blasphemie-Normen zu etablieren, wobei diese meist mit dem Etikett des »antimuslimischen Rassismus« bzw. der »Islamophobie« versehen wurden. Die globale Auseinandersetzung um die Mohammed-Karikaturen war im Jahr 2005 der Anlass für eine eigens einberufene Konferenz der Organisation in Mekka.

Einen großen Erfolg konnte die OIC im März 2007 verzeichnen, als auf ihren Antrag hin der UN-Menschenrechtsrat in Genf eine Resolution für ein weltweites Verbot der öffentlichen Diffamierung von Religionen verabschiedete. Darin wurde ausdrücklich auf die Konferenz in Mekka und deren Beschlüsse Bezug genommen: Zwar war stets von den übergreifenden Werten aller Religionen die Rede, aber konkret benannt wurde lediglich die Situation der Muslime und der Araber. Kritik geübt wurde nicht nur an der Identifikation des Islam mit Terrorismus, sondern auch an den zahlreichen »Äußerungen gegen Religionen in Menschenrechtsforen, speziell gegen den Islam und Muslime«. Gefordert wird in dem Dokument ein adäquater rechtlicher Schutz »gegen Akte des Hasses, der Diskriminierung, der Einschüchterung und der Nötigung infolge der Verleumdung von Religionen«. Zwar wird das Recht der freien Meinungsäußerung ausdrücklich verteidigt, doch im gleichen Atemzug gefordert, dieses müsse mit Verantwortung ausgeübt und durch Maßnahmen begrenzt werden, welche die nationale Sicherheit, die öffentliche Ordnung, Gesundheit und Moral (!) und den Respekt für Religionen gewährleisteten.[134]

Es ist kein Wunder, dass internationale Menschenrechtsorganisationen Sturm gegen eine solche Resolution liefen, die das Recht der herrschenden Glaubenssysteme stärkte, die Menschenrechte des Einzelnen dagegen zu schwächen drohte. Offenkundig standen hier deutlich unterschiedliche Rechtsverständnisse gegeneinander. Aber selbst wenn man nüchtern differierende Konzepte und unterschiedliche Empfindlichkeiten in Rechnung stellt, fällt es schwer, in derartigen politischen Manövern nicht ein nacktes Macht- und Repressionskalkül der herrschenden Eliten jener islamisch dominierten Länder zu sehen, die die OIC repräsentiert. Während sie auf der internationalen Bühne die Sprache von Respekt und Toleranz als Waffe benutzen, unterdrücken sie in den eigenen Ländern abweichende Glaubenssysteme ebenso wie politische Dissidenten oft mit harter Hand.[135]

## 2012: Ein Punk-Gebet in Moskau

Gesetze gegen Gotteslästerung und Repressionen gegen Gotteslästerer sind nicht auf muslimische Länder beschränkt. So besitzt Indien einen aus der britischen Kolonialzeit übernommenen Artikel zum Schutz vor der intentionalen Verletzung religiöser Gefühle, der in den letzten Jahren verstärkt von Hindu-Nationalisten zum Vorgehen gegen Muslime und Christen instrumentalisiert worden ist.[136] Und auch das ›Abendland‹ hat in jüngster Vergangenheit ein Beispiel für die enge Verknüpfung von (in diesem Fall: orthodoxem) Christentum und Staat vorzuweisen.

### Religiöses Rowdytum

Die Performance in der Moskauer Christ-Erlöser-Kathedrale am 21. Februar 2012 dauerte keine volle Minute, und doch verschaffte sie der Gruppe *Pussy Riot* weltweite Beachtung. Im eigentlich dem Klerus vorbehaltenen Altarbereich begannen die Frauen, bunt gekleidet und mit Sturmhauben über dem Gesicht, zu tanzen und dabei auch Bekreuzigungen und Kniefälle zu inszenieren. In einem später im Internet veröffentlichten Video-Clip wurden Aufnahmen der Aktion mit anderen Szenen zusammengeschnitten und mit einem Liedtext unterlegt. Mit ihrem »Punk-Gebet« artikulierten sie Protest gegen die Allianz der russisch-orthodoxen Kirche unter Führung von Patriarch Kyrill I. mit der Moskauer Staatsmacht, das Bündnis der »schwarzen Kutten« mit den »goldenen Epauletten«. Der Patriarch glaube an Präsident Putin statt an Gott. Andere Parolen richteten sich gegen die rigide Sexualmoral (»Homosexuelle werden in Ketten nach Sibirien geschickt«; »Um den Höchsten nicht zu beleidigen, müssen Frauen Kinder gebären und lieben«) und die Unterwürfigkeit der Gläubigen (»Alle Gemeindemitglieder kriechen zur Verbeugung«). Provozierend ist von »Gottesscheiße« die Rede, wobei andererseits die Muttergottes angerufen wird, sie solle Putin verjagen und Feministin werden.[137]

Als Folge des Auftritts wurden drei Mitglieder der Gruppe in Untersuchungshaft genommen, Nadeschda Tolokonnikowa, Marija Aljochina und Jekaterina Samuzewitsch. Naheliegend wäre es gewesen, ihr Vergehen als Ordnungswidrigkeit einzustufen, konkret als »Verletzung der religiösen Gefühle von Bürgern oder Entweihung von Gegenständen«, was ihnen lediglich geringe Geldstrafen eingebracht hätte. Allerdings setzt das russische Strafgesetzbuch (Artikel 282) Freiheitsstrafen von bis zu zwei Jahren auf öffentliche Handlungen, die auf Erregung von Hass und Feindschaft bzw. auf die Herabsetzung der Würde von Menschen oder Menschengruppen hinsichtlich ihres Geschlechts, ihrer Rasse, ihrer Nationalität, ihrer Sprache, ihrer Abstammung oder ihrer Beziehung zur Religion gerichtet sind. Angeklagt wurden die drei Frauen aber letztlich auf der Basis von Artikel 213, der seit Sowjetzeiten berüchtigten Bestimmung gegen »Rowdytum«. Mit diesem Gummiparagraphen kann jede politische Opposition getroffen werden, die sich der »groben Verletzung der öffentlichen Ordnung« schuldig macht. Nach mehrmonatiger Untersuchungshaft, in der die Angeklagten zeitweilig in Hungerstreik getreten waren, wurden sie im August 2012 zu zweijährigen Freiheitsstrafen wegen »Rowdytum aus religiösem Hass« verurteilt. Auch von »blasphemischem Verhalten« und der

»Entweihung religiöser Symbole« war im Prozess die Rede gewesen. Ein Berufungsverfahren im Oktober 2012 endete mit der Freilassung von Samuzewitsch, allerdings eher aus formalen Gründen. Die anderen beiden Urteile wurden bestätigt. Tolokonnikowa und Aljochina mussten diese Strafe trotz weiteren gerichtlichen Tauziehens größtenteils verbüßen und kamen aufgrund einer Amnestie erst drei Monate vor deren Ablauf frei.

Der *Pussy-Riot*-Prozess steht in einer langen Reihe von russischen Gerichtsverfahren, in denen das Recht zur Sanktionierung oppositioneller Positionen und Personen genutzt worden war. Was ihn besonders heraushebt, ist der enge Schulterschluss zwischen orthodoxer Kirche und postsowjetischer Staatsmacht. Nun haben auf vergleichbare Vorfälle auch in anderen, westlichen Ländern die Vertreter der Kirche mit Anzeigen reagiert. So stellte das Kölner Domkapitel Strafanzeige gegen eine Vertreterin der feministischen Gruppe *Femen*, weil sie die religiösen Gefühle vieler Gläubiger durch eine spektakuläre Aktion am ersten Weihnachtstag 2013 verletzt habe. Josephine Witt hatte zu Beginn des Pontifikalamtes »gegen das Machtmonopol der katholischen Kirche« protestiert, indem sie fast nackt auf den Vierungsaltar sprang. Auf ihrer Brust war der Schriftzug »I am God« zu lesen. Später wurde sie wegen Störung der Religionsausübung zu einer Geldstrafe von insgesamt 1200 Euro verurteilt, die in der Berufungsverhandlung aufgrund ihrer Einkommensverhältnisse auf die Hälfte reduziert wurde. Eine doch recht drastische Aktion vor den Augen vieler Menschen wurde so mit einer vergleichsweise geringen Strafe belegt. Überdies kam auch ein Mann, der Witt nach der Aktion im Gotteshaus ins Gesicht geschlagen hatte, nicht ganz ungeschoren davon. Das Verfahren wurde gegen eine Geldauflage von 500 Euro eingestellt.[138] Im Vergleich dazu fielen die Moskauer Strafen drakonisch aus.

Vor allem Vertreter der orthodoxen Kirche hatten strenge Strafen gefordert: Mitleid und Barmherzigkeit könne es nur geben, wenn die Frauen aufrichtig bereuten.[139] Diese Haltung muss vor allem aus der spezifischen Weltanschauung der russisch-orthodoxen Kirche heraus verstanden werden. Zwar gab es durchaus eine gewisse innere Pluralisierung dieser Gemeinschaft; sie kam etwa dadurch zum Ausdruck, dass einige liberale Stimmen das Gewicht der Aktion demonstrativ herunterzuspielen versuchten. Aufs Ganze gesehen aber war und ist die russisch-orthodoxe Kirche dezidiert konservativ ausgerichtet. Sie sieht sich in einem Abwehrkampf gegen die westlich geprägten »Vorkämpfer des militanten Säkularismus und Atheismus«, so Metropolit Hilarion, die das traditionelle Verständnis von Familie und Ehe zerstören wollten. Ihr Selbstverständnis als repräsentative Mehrheitskirche der Russen stützt sich auf eine vergleichsweise hohe Zustimmung in der Bevölkerung. Zwar hatte es zu Sowjetzeiten einen dramatischen Entchristlichungsprozess gegeben, der die Menschen von der Religion entfremdete. Immer noch ist die Intensität des religiösen Lebens, misst man es etwa am regelmäßigen Kirchenbesuch, eher gering.[140] Dennoch genießt die Kirche als Institution in der russischen Bevölkerung ein wesentlich größeres Ansehen, als das bei ihren Pendants in Westeuropa der Fall ist. Offenbar gilt sie vielen als eine Instanz, die Sinn stiftet und gesellschaftliche Ordnung garantiert. Vor diesem Hintergrund agieren kirchliche Vertreter aus dem Bewusstsein heraus, die Mehrheit der Bevölkerung zu repräsentieren.

Das hängt schließlich auch mit einem weiteren Kennzeichen der russischen Orthodoxie zusammen, ihrer engen Anlehnung an den Staat nämlich, die weit in die Geschichte zurückreicht. »Die Kirche vertritt implizit den Anspruch, sie müsse vom Staat geschützt werden – und die staatlichen Behörden kommen ihr insoweit entgegen, als diese besondere Beziehung beiden Seiten nützt.«[141] Gerade in der postsowjetischen Gesellschaft schätzen die Vertreter des Staates die orthodoxe Kirche als verlässliche, den obrigkeitlichen Autoritätsanspruch stützende Ordnungsmacht. Die russische Duma brachte diese Wertschätzung im Nachgang zur *Pussy-Riot*-Affäre dadurch zum Ausdruck, dass sie zum 1. Juli 2013 einen neuen strafrechtlichen Blasphemie-Tatbestand (Art. 148,1 StGB) in Geltung setzte. Er bedroht mit Freiheitsstrafe bis zu einem Jahr »öffentliche Handlungen, in denen eine offene Missachtung der Gesellschaft zum Ausdruck kommt und die zum Zweck der Beleidigung der religiösen Gefühle Gläubiger begangen wurden«. Der ebenso weitläufige wie schwammige Tatbestand privilegiert eindeutig die Anhänger der russisch-orthodoxen Kirche und kann als Mosaikstein für eine Politik verstanden werden, die durch symbolische Gesetzgebung ein Klima der Einschüchterung schaffen will.[142] Fast fühlt man sich durch das enge Bündnis von Thron und Altar im modernen Russland ins 19. Jahrhundert zurückversetzt, als Heinrich Heine gegen die »Missgeburt« der »Staatsreligion« ätzte, »jenes Spottgeschöpf, das aus der Buhlschaft der weltlichen und der geistlichen Macht entstanden« war.[143]

**Blasphemie als Aktionskunst**

Genau diese Verbundenheit wollten *Pussy Riot* mit ihrer Aktion aufs Korn nehmen. Insofern verdient auch die Aktion der Gruppe einen zweiten Blick. Obwohl im Nachhinein immer wieder von einem »Konzert« gesprochen wurde, handelt es sich bei näherer Betrachtung weniger um eine Live-Performance.[144] Kern des Kunstwerkes war vielmehr das sehr bald nach dem Auftritt ins Netz gestellte Video. Dafür wurde offenkundig das Filmmaterial aus der Kathedrale als Rohstoff benutzt, mit anderen Bildern kombiniert und mit einer neuen Tonspur unterlegt. Ohnehin war der Blitzauftritt von *Pussy Riot*, unbeschadet von demonstrativ ins Bild gerücktem technischem Equipment, keine wirkliche Musikaufführung gewesen, eher eine »Punk-Pantomime«. In weiterem Sinne könnte man nicht nur das kurze Originalvideo zur Performance zählen, sondern auch andere dokumentarische oder semi-dokumentarische Filme, die die Aktion und das nachfolgende Geschehen vor Gericht festhielten: Dazu gehörten unter anderem der Dokumentarfilm »Pussy Riot: A Punk Prayer« des britischen Dokumentarfilmers Mike Lerner von 2013 und das Gerichtsdrama »Die Moskauer Prozesse« des Schweizer Regisseurs Milo Rau von 2014.[145] In diesem Stück »politischer Installationskunst« wurde der Fall des Punk-Gebets erneut vor dem Forum von Richtern, Staatsanwälten und Verteidigern verhandelt. Die Gefühle und Argumente der Kontrahenten stießen heftig aufeinander, handelte es sich doch keineswegs um eine Nachinszenierung der originalen Prozesse, sondern um eine Neuverhandlung gleichsam unter neutralen Bedingungen, die in den originalen, politisch determinierten Prozessen nicht gegeben waren. Raus Film verdeutlicht zugleich die Tradition von religionskritischer Kunst und staatlicher Unterdrückung in Russland, indem er neben den Vorfällen von 2012 zwei frühere Geschehnisse verhandelt. Das war einmal die Ausstellung »Vorsicht, Kunst!« im Moskauer Sacharow-Zentrum von 2003, bei der von militanten orthodoxen Christen Exponate beschädigt und zerstört wurden; am Ende waren jedoch nicht sie, sondern die Organisatoren der Ausstellung zu Geldstrafen verurteilt worden. Außerdem ging es um die Ausstellung »Verbotene Kunst« von 2006, deren Macher ebenfalls später wegen Aufstachelung zu religiösem Hass verurteilt wurden.

Anders als bei der späteren *Femen*-Aktion im Kölner Dom zielte das Punk-Gebet von vornherein auf die mediale Verbreitung im Internet. Die Aktivistinnen entschuldigten sich später im Gericht wegen der möglichen Verletzung religiöser Gefühle und betonten den politischen Charakter der Aktion. Zweifellos stellte ihr Normbruch in der Kirche jedoch eine kalkulierte Provokation dar, was die starke Abwehr vieler Anhänger der orthodoxen Kirche und ihre Zustimmung zum strengen Urteil erklärt – in ihren Augen bedurfte die von den Frauen begangene symbolische Gewalt einer starken Vergeltung.[146] Nadeschda Tolokonnikowa selbst stellte das Punk-Gebet in ihrem Schlussstatement vor Gericht in die Tradition des »heiligen Narren«, der auf der Suche nach Ehrlichkeit und Einfachheit ist.[147] Sie folgte damit der Einschätzung von kirchennahen Beobachtern und später auch Wissenschaftlern, die das Ganze in der karnevalesken Kultur der Alten Kirche verorteten. Der Text des Gebets mag durchaus Anhaltspunkte dafür liefern, dass sich die Autorinnen positiv mit diesen alten christlichen Werten und Motiven identifizierten, etwa bei der Anrufung der Muttergottes. Aber viele Elemente des Textes (»heilige Scheiße«) und die Kombination frommer Prostrationsgesten mit exzessivem Tanz zielen doch auf die bewusste Profanierung sakraler Objekte. Auch wenn die Verurteilung nicht ausdrücklich wegen Gotteslästerung erfolgte, ja aufgrund der damaligen Gesetzeslage kaum erfolgen konnte, kann man von der Blasphemie als »modus operandi« der Aktion sprechen, wobei es sich um eine strategische Nutzung ihrer Schockeffekte für künstlerisch-kreative und politische Zwecke handelte.[148]

Die gotteslästerliche Provokation von *Pussy Riot* wollte jene Verkrustung der herrschenden Harmonie aufbrechen, die von den offiziellen Akteuren immer wieder nachdrücklich betont wurde – wie es ein Sprecher der orthodoxen Kirche ausdrückte: »Unser Ideal ist die Einheit der Kirche mit den Autoritäten, und die Einheit des Volkes mit den Autoritäten.«[149] Auch in den westlichen Staaten der lateinischen Christenheit kommen Aktionen wie die von *Femen* im Kölner Dom als Protest gegen eine machtvolle klerikale Institution daher, aber tatsächlich treten die Religionsgemeinschaften hier längst nicht mehr im Duett mit dem Staat auf, trotz aller Privilegierung, die sie zum Beispiel in Deutschland noch genießen. Insofern ist der Protest hier vergleichsweise risikoarm. In Russland dagegen markiert der blasphemische Protest im Vergleich dazu einen Ernstfall. Wem er letztlich wirklich nutzte, ist allerdings eine offene Frage. Durch die Brille einer liberalen Öffentlichkeit gesehen, entlarvten die durch das Video ausgelösten Vorgänge genau jene politischen Mechanismen, die mit der Aktion angeprangert wurden. Auf der anderen Seite boten öffentliche Reaktionen und die Gerichtsverhandlungen aber auch der Gegenseite eine Bühne, um religiöse Gefühle zu mobilisieren. Insofern könnte die kritisierte Einheitsfront von Orthodoxie und Putin-Regime am Ende sogar noch gestärkt worden sein.

## 19. Westliche Reaktionen und Reflexionen

Wie sind die im neuen Zeitalter der Blasphemie aufgebrochenen Konflikte zu bewerten? Und wie sollen Recht und Öffentlichkeit darauf reagieren? Ob in Großbritannien, in Dänemark oder in Frankreich – dort, wo sich die globalen Blasphemie-Konflikte seit 1989 am stärksten manifestierten, rückte stets die jeweilige Gesetzgebung in den Fokus. Selbst in einem Land wie Frankreich, das seit 200 Jahren ohne Blasphemie-Gesetz auskommt, wurde über die Notwendigkeit solcher Regelungen heftig debattiert.[150] Auf der britischen Insel hatte es schon im Gefolge des *Gay-News*-Falles umfassende parlamentarische Reformbemühungen gegeben, die in der Öffentlichkeit ein starkes, durchaus geteiltes Echo fanden. Die Affäre Rushdie führte die Diskussion auf neue Höhen. Im neuen Jahrtausend beauftragte das britische Oberhaus dann ein Komitee mit der Überprüfung der geltenden Religionsgesetzgebung. In seinem Bericht aus dem Jahr 2003 zeigte der Ausschuss zwei mögliche, aber diametral entgegengesetzte Wege auf: Ausweitung des einschlägigen Paragraphen auf andere Glaubensgemeinschaften oder völlige Abschaffung.[151] Das Parlament entschied sich im Frühjahr 2008 für die zweite Variante. Der Abschnitt 79,1 eines umfangreichen Strafrechtsreformpakets konstatierte lakonisch: »Die Delikte Blasphemie und blasphemische Schmähung im Common Law von England und Wales sind abgeschafft.«

Eine etwas verschlungenere Entwicklung gab es in der Republik Irland.[152] Ihr katholischer Charakter wurde in der Verfassung von 1937 nicht zuletzt durch einen Paragraphen (Artikel 40.6.1.i.) zum Ausdruck gebracht, der blasphemische, aufrührerische oder unzüchtige Äußerungen als Straftaten kennzeichnete. Zu Verurteilungen allerdings kam es nicht. Auch auf der irischen Insel wurde der Widerspruch zwischen Meinungsfreiheit und der Strafbarkeit von Gotteslästerung immer stärker empfunden. Eine Reformkommission erklärte die Verfassungsbestimmung im Jahr 1991 für unzeitgemäß. Allerdings wurde die Gesetzgebung mit dem *Defamation Act* von 2009 (*Section* 36) zunächst einmal ausgeweitet und an die religiös plural verfasste Wirklichkeit angepasst: Als Blasphemie unter Strafe gestellt wurden »grob missbräuchliche oder beleidigende Äußerungen« über Angelegenheiten, »die einer Religion heilig sind«. Große Relevanz entfaltete das Gesetz in den folgenden Jahren nicht, die wenigen Anklagen führten zu keiner Verurteilung. Stattdessen intensivierten die Gegner ihre Bemühungen um eine völlige Abschaffung, die im Herbst 2018 in einem parallel zur Präsidentenwahl abgehaltenen Referendum mündeten. Rund zwei Drittel aller Voten sprachen sich für die bald darauf vollzogene Abschaffung der Blasphemie-Gesetze aus – ein massiver Beleg für die schnelle Entchristlichung einer bis vor kurzem noch sehr katholischen Gesellschaft.

In Deutschland mit seinem tief in der Geschichte verwurzelten, allerdings 1969 deutlich veränderten Paragraphen 166 StGB (vgl. Kap. 16) steht Gotteslästerung nach wie vor unter Strafe, wobei Verurteilungen in der Praxis auch hier selten sind. Zwischen 1996 und 2006 wurden unter den – nicht getrennt zu erhebenden – Paragraphen 166 (Gotteslästerung) und 167 (Störung der Religionsausübung) jährlich durchschnittlich lediglich 15 Fälle verhandelt.[153] Trotzdem war die öffentliche Debatte phasenweise durchaus lebhaft, wobei globale Einflüsse und Gesichtspunkte weniger präsent waren als anderswo. Hier machte sich bemerkbar, dass das Land keine lange koloniale Tradition besaß. So erhitzten sich noch im Sommer 2012 die Gemüter entlang der alten Frontlinien zwischen der römischen Papstkirche und ihren Kritikern. Das Satiremagazin *Titanic* zielte im Juli dieses Jahres mit seinem Titelbild zur sogenannten Vatileaks-Affäre buchstäblich unter die Gürtellinie, indem es die ›undichte Stelle‹ im Vatikan als persönliche Inkontinenz von Papst Benedikt XVI. karikierte. Kommentare aus dem politischen und kirchlichen Raum forderten daraufhin eine Verschärfung der Gesetzgebung gegen Gotteslästerung. Der Schriftsteller Martin Mosebach empfahl die Bestrafung von Blasphemie sogar als Frischzellenkur für die moderne Kunst, indem er postulierte, für das soziale Klima sei es förderlich, wenn »Blasphemie wieder gefährlich wird«.[154]

Insgesamt blieben solche Stimmen unter deutschen Intellektuellen jedoch deutlich in der Minderzahl. Gerade die Wortmeldungen von Theologen der beiden großen christlichen Konfessionen zur möglichen Funktion strafrechtlicher Verbote waren von Skepsis geprägt: Die Gläubigen müssten der Versuchung widerstehen, angesichts der schwindenden Rolle der Religionen in den westlichen Gesellschaften die Blasphemie-Verfolgung wiederzubeleben – Blasphemie sei im nachaufklärerischen Zeitalter der Meinungsfreiheit ein »veritabler Anachronismus«, so der belgische Theologe Jean-Pierre Wils. Theologisch sei die Blasphemie »völlig gegenstandslos«: Der Umgang mit den Gefühlen, die durch Gotteslästerungen möglicherweise verletzt würden, müsse jenseits aller strafrechtlichen Drohungen in den Bereich der Religionspädagogik verlagert werden (so der Religionsdidaktiker Harald Schroeter-Wittke). »Bloßes Beleidigtsein« von Christen sei ohnehin ein Ausweis mangelnder Souveränität des Glaubens, so ergänzt der Religionsphilosoph Hans-Joachim Höhn. Die Gläubigen hätten die Pflicht, ihre Empörung über verletzte Gefühle im Dialog mit Religionskritikern »in die säkulare Sprache der Argumentation« zu übersetzen. Alle Seiten müssten ihre Konflikte im moralisch-rationalen Diskurs bearbeiten, religiösen Prämissen komme dabei keine erhöhte Geltung zu. Schließlich wird Blasphemie sogar eine positive Rolle im religiösen Kontext zugewiesen, als Indikator für eine gewisse Vitalität des Christentums – mehr noch: Blasphemie sei eine Art von Beglaubigung der »verrückten« Seiten der christlichen Botschaft, und insofern sei zu fragen, ob der Glaubende nicht geradezu »ein Recht auf Blasphemie« besitze, so der Theologe und Ethiker Thomas Laubach.[155] Selbst der Erzbischof von Bamberg, Ludwig Schick, der 2012 als prononcierte Stimme für ein neues Gesetz gegen die Verspottung religiöser Werte und Gefühle wahrgenommen worden war (der alte Paragraph 166 sei ja fast in Vergessenheit geraten), ruderte zwei Jahre später zurück: Eine Forderung nach einer schärferen Bestrafung von Gotteslästerung sei »aus dem christlichen Glauben nicht zu erheben«. Ihm gehe es nur darum, auf eine Gleichbehandlung von Christen hinzuwirken, die in anderen Weltregionen allein wegen ihres Glaubens als Blasphemiker bestraft werden könnten.[156]

**Rechtsfragen**

Das Meinungsspektrum unter den deutschen Juristen in der Einschätzung des Blasphemie-Delikts ist durchaus heterogen. Aber selbst konservative Stimmen glauben nicht so recht an die Geltungs- und Durchschlagskraft von Normen gegen Blasphemie in der heutigen Zeit. So prangert der Strafrechtler Michael Pawlik zwar einerseits mit grimmigem Sarkasmus die »ungebrochene Christophobie« unter Deutschlands Intellektuellen an: Sie hätten sich daran gewöhnt, blasphemischen Hohn für zivilisatorische Verfeinerung zu halten, kritisiert er, und zeigt Wege zu einer Neujustierung des Paragraphen 166 auf. Andererseits äußert er sich skeptisch zu der Frage, ob diese Wege auch tatsächlich begangen werden sollten – der verlorene Konsens einer Gesellschaft könne nicht durch eine Strafnorm ersetzt werden.[157] Neuere Arbeiten kommen nach eingehender Abwägung zwischen dem Grundrecht auf Meinungsfreiheit und den Rechten religiöser Gemeinschaften zum Schluss, der geltende Paragraph 166 ermögliche es vergleichsweise gut, zwischen den beiden Rechten zu vermitteln. Würde er abgeschafft, so drohten »Schutzlücken«: Der Staat könne seiner Schutzfunktion gegenüber den Religionen und dem öffentlichen Frieden dann nicht mehr hinreichend nachkommen.[158] Mit guten Gründen freilich stellt Barbara Rox in Frage, ob sich im Fall der Gotteslästerung tatsächlich gleichrangige Grundrechte – hier die Meinungs- und gegebenenfalls die Kunstfreiheit, dort die Religionsfreiheit – gegenüberstünden bzw. gegeneinander abgewogen werden müssten. Während es sich bei der Meinungsfreiheit um ein klassisches Grundrecht zur Sicherung der Freiheit des Einzelnen handele, verhalte es sich mit der Religionsfreiheit etwas anders: Als Grundrecht schütze es zwar das sehr weitgefasste Recht des Einzelnen, seine Religion unbehelligt auszuüben. Doch beinhalte dies nicht den Schutz vor unliebsamen, auch drastisch blasphemischen Äußerungen. Es müsse den Gläubigen zugemutet werden, sich mit diesen auseinanderzusetzen oder sie auch zu ignorieren.[159]

Ein wichtiger Kristallisationspunkt der deutschen Debatte ist die Frage nach dem Rechtsgut, das mit Paragraph 166 geschützt wird. Nach dem Wortlaut des Gesetzestextes wird eine Äußerung mit Strafe bedroht, »die geeignet ist, den öffentlichen Frieden zu stören«. Angesichts der Pflicht des Staates zur weltanschaulichen Neutralität wird hier also nicht die Religionsbeschimpfung selbst inkriminiert, sondern lediglich ihre Folgen für das soziale Zusammenleben.[160] Genau darin sehen manche Befürworter einer strikteren strafrechtlichen Blasphemie-Norm einen Grund dafür, dass die Gotteslästerung in der Strafrechtspraxis weitgehend an Bedeutung verloren habe. Ein Gesetzesentwurf, den Norbert Geis unter anderem für die Fraktion der CDU / CSU im November 2000 in den Bundestag eingebracht hatte, sah deshalb die Streichung dieses Tatbestandmerkmals vor. Stattdessen sollte der Paragraph 166 verschärft werden durch die Formulierung, dass bestraft werde, wer »öffentlich oder durch Verbreiten von Schriften den Inhalt des religiösen oder weltanschaulichen Bekenntnisses anderer beschimpft«.[161] Wie ähnliche Initiativen davor oder danach verlief auch diese im Sande, weil die vorgeschlagene Formulierung als zu unbestimmt empfunden wurde. Ohnehin lässt sich mit guten Gründen argumentieren, dass es die tatsächliche Auslegung der Friedensschutzpflicht durch die Gerichte ist und nicht die Regelung an sich, die für deren geringe Durchschlagkraft verantwortlich ist.[162] Tatsächlich wird in der strafrechtlichen Literatur häufig die eigenständige Existenz des Paragraphen 166 in Frage gestellt, da bei ernsthaften Bedrohungen des öffentlichen Friedens und Einschränkungen der gelebten Toleranz ohnehin der Volksverhetzungstatbestand des Paragraphen 130 greife (vgl. S. 447).[163]

Zu wenig diskutiert werden, soweit ich sehe, potenzielle Gefahren und Instrumentalisierungsmöglichkeiten des Friedensschutz-Arguments, die sich weniger mit Blick auf die deutschen als auf die globalen Blasphemie-Debatten der letzten Jahrzehnte ergeben. Ob muslimische

Imame in England und Dänemark oder fundamentalistische Gruppen im Christentum, es gibt viele Beispiele dafür, dass diese Kreise erst vorsätzlich den Grad gesellschaftlicher Empörung befeuerten, um dann den öffentlichen Unfrieden zu beklagen und Staat oder Gerichte zum Eingreifen aufzurufen. Gerechtfertigt erscheint der geltende strafrechtliche Notbehelf des Friedensschutzes vor allem, wenn man bedenkt, dass die mögliche Alternative eben der Schutz »der religiösen Gefühle« wäre. Vor der Strafrechtsreform von 1969 galt vielen dieses Rechtsgut als zentral für den Gotteslästerungsparagraphen. In der gegenwärtigen Debatte der deutschen Juristen wird es überwiegend kritisch gesehen. Es sei kaum zu rechtfertigen, die Meinungsfreiheit unter den Vorbehalt »subjektiv-partikularer Empfindlichkeiten« zu stellen. Wessen Gefühle sollten dann zum Maßstab gemacht werden, so wird gefragt – diejenigen eines möglicherweise überempfindlichen Evangelikalen oder diejenigen eines in seinen religiösen Sensibilitäten weitgehend abgestumpften Gewohnheitschristen?[164]

Allerdings weist die neuere Rechtsprechung auf europäischer Ebene genau in die Richtung eines religiösen Gefühlsschutzes. Der Europäische Gerichtshof für Menschenrechte hat die Aufgabe, über die Einhaltung der Europäischen Menschenrechtskonvention von 1950 zu wachen und die darin festgehaltenen Rechte gegeneinander abzuwägen. Dazu gehören die Gedanken-, Gewissens- und Religionsfreiheit (Artikel 9) ebenso wie die Meinungsfreiheit (Artikel 10), deren Ausübung nach dem Wortlaut des Gesetzes allerdings »mit Pflichten und Verantwortung verbunden« ist (Artikel 10,2). Daneben bietet auch der Artikel 17 über das »Verbot des Missbrauchs der Rechte« eine Möglichkeit, die Meinungsfreiheit einzuschränken. Eine konkrete Abwägung dieser Grundrechte in Hinblick auf den Tatbestand der Blasphemie hat der Gerichtshof zum Beispiel in seinem Urteil über das Verbot des Films »Das Liebeskonzil« von Werner Schroeter im österreichischen Bundesland Tirol vom September 1994 (vgl. Kap. 16) vorgenommen.[165] Soll man auf Grundlage von Artikel 10,2 in die Freiheit der Meinungen und des künstlerischen Ausdrucks eingreifen, um »die Rechte von Anderen« zu schützen oder »Unordnung« zu verhüten? Einigkeit bestand darüber, dass »Freiheit der Religionsausübung« keineswegs bedeuten könne, nicht mit Kritik am oder – auch scharfer – Feindseligkeit gegenüber dem eigenen Glauben konfrontiert zu werden. Allerdings dürften diese Äußerungen nicht dazu führen, die Religionsausübung zu beeinträchtigen. In extremen Fällen allerdings könne es durchaus passieren, dass die Ablehnung religiöserer Überzeugungen die Gläubigen daran hindere, diese Überzeugungen auch aktiv zu praktizieren. Demnach hätte geprüft werden müssen, ob die Filmvorführung des Panizza-Films eine solche Einschränkung nach sich gezogen hat. In ihrem Minderheitenvotum betonten drei Richter, dass die Filmvorführung zwar öffentlich beworben worden sei, aber in einer Art Klubkino stattgefunden habe: Niemand habe sich unfreiwillig mit religiös anstößigen Inhalten konfrontieren müssen, die Beschlagnahmung sei deshalb unverhältnismäßig gewesen. Die Gerichtsmehrheit sah das anders und weitete mit ihrer Begründung den Schutzzweck aus, auf das Recht der Bürger nämlich, »nicht durch die öffentliche Äußerung anderer Personen in ihren religiösen Gefühlen beleidigt zu werden«. Auf der Grundlage von Paragraph 188 des österreichischen Strafrechts könne ein Verhalten sanktioniert werden, das sich gegen Objekte religiöser Verehrung richte und geeignet sei, »gerechtfertigte Empörung« hervorzurufen. Geschützt gehören danach die religiösen Gefühle einer bestimmten Bevölkerungsgruppe, sei sie in der Minderheit oder in der Mehrheit.

Andere Urteile weisen in die gleiche Richtung. So erlaubte der Gerichtshof auch die Zensur des Wingrove-Films »Visions of Ecstasy« mit dem Argument, der Staat habe im Fall der Betroffenheit »tiefster Gefühle und Überzeugungen« einen weiten Beurteilungsspielraum.[166] Aus ähnlichen Gründen wies er die Beschwerde eines türkischen Verlegers ab, der aufgrund der Publikation eines islamfeindlichen Romans wegen Blasphemie zu einer Geldstrafe verurteilt worden war. Diese Maßnahme, so das Gericht, sei zum Schutz vor offensiven Angriffen auf Angelegenheiten erfolgt, die von Muslimen als heilig betrachtet würden. »Mit einer solchen Formulierung gibt der Gerichtshof unumwunden zu, dass es ihm um den rechtlichen Schutz des Heiligen geht, und zwar in der Form, wie das Heilige von der Mehrheit der Gläubigen definiert wird«, so kommentiert Rox kritisch.[167] Nicht nur, dass mit solchen Voten einer bedenklichen Subjektivierung des Strafrechts Raum gegeben wird. Überdies werfen sie die Frage auf, wer als Stellvertreter für ein Kollektiv dessen beleidigte Gefühle gerichtlich geltend machen kann, konkret: Wie kann die Gefahr vermieden werden, dass staatliche Machthaber oder radikale »pressure groups« diese Stellvertreterfunktion wahrnehmen, um ihre eigenen politischen Ziele durchzusetzen.[168]

**Blasphemie – aufklärerische Tugend oder rassistische Hatespeech?**
Diese und viele anderen Fragen führen über die Arena des Rechts weit hinaus. In den öffentlichen Debatten der letzten Jahrzehnte stehen sich die gegensätzlichen Bewertungen zum Teil sehr unversöhnlich gegenüber. Als entschiedenste Verteidiger der Werte einer westlich-universalistischen Aufklärungstradition positionieren sich die französischen Laizisten. Und als Sprachrohr dieses Laizismus fungierte die französische Satirezeitung *Charlie Hebdo*. Deren Chefredakteur Stéphane Charbonnier hatte kurz vor seiner Ermordung ein Pamphlet fertiggestellt, das gleichsam als sein Vermächtnis veröffentlicht wurde. Darin verteidigte er das Recht der Satire, alle Formen des Glaubens ihrer Kritik und ihrem Spott zu unterwerfen, und verwarf den Gedanken eines Sonderrechts für Muslime. Ihnen das Recht auf größere Empfindlichkeit zuzugestehen, bedeute die wahre Diskriminierung und Infantilisierung ihrer Anhänger. Als dezidiert linker Republikaner grenzt er sich zugleich gegen die Islamkritik von ultrakonservativer Seite ab.[169] Nach dem Attentat auf die Redaktion nahm die feministische Schriftstellerin Caroline Fourest den Ball auf. Auch sie verteidigte in ihrem »Lob der Blasphemie« den universalistischen Ansatz der französischen Linken, das Recht, die Tabus aller Religionen zu verletzen. Empört prangerte sie alle kulturrelativistischen Überlegungen der »Oui mais«, der »Ja Aberer« (etwa: Ja, das Attentat ist schlimm, aber

man muss auch die andere Seite sehen) als Selbstzensur an, als Feigheit und Aufgabe der Werte einer freien Gesellschaft.[170]

So universalistisch diese Position daherkommt, so sehr ist sie historisch zu verstehen als ein Kind jener spezifisch linksrepublikanischen Tradition, die in Frankreich vor und nach 1900 einen erbitterten Kulturkampf mit ihren ultrakonservativen Gegnern austrug. Die katholische Kirche wurde als enger Verbündeter, ja als Verkörperung der antidemokratischen und antirepublikanischen Reaktion angegriffen; antiklerikale, ja offen blasphemische Bilder und Texte dienten zur Verteidigung der Republik. Dass die Kampfattitüde der republikanischen ›Underdogs‹ im interkulturellen Kontext der heutigen globalisierten Welt eine ganz andere Färbung bekommen kann, ignorieren Nachfahren dieser Tradition. Verführt von fundamentalistischen Imamen, unterwürfen sich (denn »Islam« bedeute ja »Unterwerfung«) die einfachen Gläubigen dem Allmächtigen, so Charb polemisch. Sie machten sich »bei dem Gedanken in die Hose, dass ihr rachsüchtiger Gott sie für das geringste Fehlverhalten bestrafen könnte«.[171]

Derartige von keinem Selbstzweifel getrübte Unbedingtheit erfuhr eine entschiedene Gegenrede vonseiten eines Kulturrelativismus, der sich ganz ausdrücklich nicht als konservativ, sondern als kritisch-antirassistisch verstand. Der Ausgangspunkt einer solchen Kritik war häufig die Beobachtung eines Doppelstandards des Westens, der die eigenen Empfindlichkeiten oder gar Redetabus – ob ausdrücklich oder implizit – anerkenne, diejenigen der Muslime aber für irrelevant erkläre.[172] Aber die Kritik ging noch tiefer: Bei den Mohammed-Karikaturen der *Jyllands-Posten* habe es sich nicht um Satire gehandelt, sondern um »beleidigende islamophobe Stereotypisierungen«. Als ideologische Waffen hätten sie dem Bedürfnis der ehemaligen Kolonialmächte Europas nach ausgrenzender Definition eines »Anderen« gedient. Es habe eine »Muslimisierung der Muslime« im Sinne eines kulturellen Essenzialismus stattgefunden, die eine sichere Grenzziehung zwischen »uns« und »denen«, zwischen »europäischen Werten« und »verbohrten Traditionen« möglich mache.[173] Schon früh tauchte jenes Argument auf, dass Emanuel Todd dann nach dem Attentat auf *Char-*

*lie Hebdo* wiederholen sollte, nämlich, dass es einen Unterschied mache, »ob ich meine Kultur und die darin vorwiegend präsente Religion kritisiere, oder ob ich über eine mir nicht vertraute Kultur und Religion spreche«. Jedem Menschen stehe es frei, seine eigene Gemeinschaft durch Kritik oder Satire herauszufordern. »Wenn Schwule Schwulenwitze erzählen und Juden Judenwitze, hat niemand etwas einzuwenden. (…) Aber welchen Mutes bedarf es, in einer (christlichen bzw. säkularen) Mehrheitsgesellschaft die (muslimische) Minderheit durch Karikaturen zu bespötteln?«[174]

Postkoloniale Autorinnen und Autoren wendeten derartige Argumente ins Grundsätzliche, indem sie versuchten, den »hegemonialen Säkularismus« des Westens (so die Philosophin Judith Butler) seiner Aura des Selbstverständlichen zu entkleiden und ihn als Ideologie einer bestimmten historischen Machtkonstellation kenntlich zu machen. »Is critique secular?», muss Kritik einzig einer säkularen Logik folgen, fragte zum Beispiel eine Essaysammlung, in der die Konflikte um die Mohammed-Karikaturen von 2005 jenseits der stereotypen Entgegensetzung von »Vernunft« auf der einen, »religiösen Fanatismus« auf der anderen Seite diskutiert wurden.[175] Der französische Philosoph Étienne Balibar sah in den Karikaturen die Manifestation einer »strukturellen diskursiven Gewalt«: Ein übermächtiger und zugleich arroganter Westen nehme sich das Recht heraus, die muslimische Gemeinschaft kollektiv zu beleidigen, ohne die Grenzen und Widersprüche seiner eigenen Ideologie des liberalen Universalismus zu erkennen.[176]

Zweifellos haben diese und vergleichbare Beiträge wichtige Hinweise auf blinde Flecken und übersteigerte Selbstgewissheiten des »Westens« erbracht. Viele bedenkenswerten Argumente verlieren allerdings in ihrer scharfen Zuspitzung an Plausibilität und drohen zu kippen: So unleugbar es in den westlichen Debatten stereotypisierende Vereinfachungen gibt, mit denen der Islam »rassifiziert« zu werden droht, so irreführend ist doch die völlige Gleichsetzung von »Islamophobie« und »Rassismus«.[177] Noch bedenklicher erscheint die Tendenz, im Bemühen um Differenzierung und Dekonstruktion die Grenzziehungen zwischen den Kulturen unter der Hand eher zu befestigen anstatt sie zu unterlaufen. Das betrifft die Rede von der Position »der« Muslime ebenso wie der »des« Westens.[178] So wird immer wieder auf das andere Bildverständnis im Islam verwiesen, ohne zu berücksichtigen, dass ein striktes Verbot von Bildern allenfalls einem modernen wahabitisch-fundamentalistischen Verständnis entspricht und im Islam keineswegs unumstritten ist. Und was ist von dem feinsinnigen Hinweis Talal Asads[179] auf das andere Freiheitsverständnis der Muslime zu halten, die zwar Gedanken- und Glaubensfreiheit anerkennten, allerdings keine unbedingte Äußerungsfreiheit, weil sie die Gefahr der »Verführung« Andersdenkender berge? Tappt er damit nicht in ähnliche identitätspolitische Fallen, wie er sie dem liberalen Universalismus vorwirft? Und trifft das nicht auch, spiegelbildlich, auf das von ihm entworfene Bild einer »westlichen« Einheitsposition zu? Denn auch im ›Westen‹ gibt es – näher besehen – eine riesige Spannbreite, vom radikalen Nihilismus à la *Charlie Hebdo* bis zu den rechtspopulistischen Verteidigern des Abendlandes, die die Verspottung der eigenen Haltung liebend gerne unter Strafe stellen würden. Gänzlich einer identitätspolitischen Logik verhaftet bleibt schließlich jene Haltung, nach der nur innerhalb des »eigenen« Kultur- und Glaubensbereichs eine Verspottung der Religion zulässig sei. Für einen kämpferischen Atheisten – gleich welcher kulturellen Herkunft – dürfte es schwer akzeptabel sein, seinen Spott lediglich gegen eine »eigene« Religion richten zu dürfen, die er als den »eigenen« Glauben ja gerade nicht anerkennen will. Und der säkulare Kritiker bzw. Spötter in einer dominant fundamentalistischen Umwelt dürfte sich noch einsamer fühlen bzw. noch angreifbarer werden, wenn seinen westlichen Gesinnungsgenossen die Lizenz dafür abgesprochen wird, es ihm gleichzutun.

Die skizzierten Debatten belegen einmal mehr die Mächtigkeit und die Dynamik eines öffentlichen Blasphemie-Diskurses, der jene Wirklichkeiten, die er widerzuspiegeln vorgibt, selbst produziert. In anderen Worten: Schmähung und Gegenschmähung, Empörung und das Gefühl der Verletzung, Anklage und Gegenaktionen – all das stellt jene Grenzziehung zwischen dem »Wir« und dem »Sie« her und verfestigt sie. Selbst wenn Huntingtons »Kampf der Kulturen« auf falschen essenzialistischen Grundannahmen beruht, selbst wenn wir seine Prämisse nicht teilen, nach der ›der‹ Westen und ›der‹ Islam sich aufgrund unvereinbarer Traditionen und Werte unversöhnlich gegenüberstehen – so führen die Konflikte um Blasphemie doch dazu, diese kulturelle Differenz immer wieder zu bestätigen. Und damit kann sie eine große Wirkmacht über die Köpfe und die Handlungen der Menschen gewinnen.[180]

Aus den Debatten zwingende Werturteile oder gar konkrete Handlungsanweisungen abzuleiten, ist kaum möglich. So beschränken sich einige der klügeren Wortmeldungen auf die differenzierte Beschreibung der Lage und befürworten, wie Jean-Pierre Wils, »eine Strategie der De-Eskalation«, die eher auf zivile Umgangsformen jenseits des Strafrechts setzt.[181] Auch der Philosoph und Menschenrechtsaktivist Austin Dacey bettet das Konzept der Blasphemie in einen weiten Horizont von Überlegungen zu Respekt und Anerkennung, Ehre, Identität und Gemeinschaftsbildung ein. Er zeigt Verständnis für die negativen Gefühle von Menschen angesichts der Verletzung desjenigen, was ihnen heilig und unantastbar erscheint, und er äußert sich kritisch gegenüber dem Gebrauch gotteslästerlicher Äußerungen als Waffe im öffentlichen Meinungskampf. Dennoch verteidigt er entschieden das Recht auf freie Meinungsäußerung. Seine Schlussfolgerung: Dieses Recht schließe auch die Möglichkeit der Blasphemie ein; klüger wäre es jedoch, von dieser Möglichkeit nicht immer Gebrauch zu machen.[182] Dieses Postulat ›ziviler‹ Verhaltensweisen hat wohl kaum Aussicht auf Verwirklichung: Dagegen spricht nicht nur die Attraktivität des gotteslästerlichen Spotts als verbale Waffe im Meinungskampf, sondern auch die »Lust an der Lästerung«,[183] die emotionale Anziehungskraft von Spott und Schmähung sowohl für den Blasphemiker als auch für denjenigen, der sich dadurch verletzt fühlen und entsprechend reagieren kann. Es bedarf keiner seherischen Gaben, um vorauszusagen, dass die Gotteslästerung auch in der Zukunft immer wieder für öffentliches Aufsehen sorgen wird.

# Rückschau und Ausblick

## Die Profanierung des Heiligen – ein Rückblick

Schon im Altertum wurden religiöse Schmähungen und Herabsetzungen zu einem Teil der europäischen Geschichte – lange bevor der Tatbestand der Blasphemie eindeutig festgelegt wurde. Im Kontext der polytheistischen Religionen der Antike bestand die Profanierung des Heiligen vornehmlich in Verstößen gegen rituelle Kultregeln, auch wenn Aristoteles das Delikt der *asebeia* im Sinne von ›unrechtes Verhalten gegen die Götter‹ bereits bemerkenswert breit definierte. Deutliche Konturen gewann die Gotteslästerung dann bei der Herausbildung monotheistischer Glaubenssysteme, paradigmatisch zuerst im Judentum. Der eifersüchtige Gott des Alten Testaments forderte von seinen Anhängern nicht nur exklusive Verehrung und die Bestrafung eventueller Missbräuche seines Namens, sondern auch den Kampf gegen andere Bekenntnisse. So begleiteten und befestigten gegenseitige Lästerungen den Ausdifferenzierungsprozess von Glaubenssystemen in der antiken Welt: Schmähungen vertieften den Graben zwischen den Juden und ihrer religiösen Umwelt und heizten die Konflikte untereinander an; Schmähungen markierten später die Abspaltung der Christen von den Juden; und mit der unterschiedslosen Schmähung von Juden, ›Heiden‹ oder ›Ketzern‹ grenzten sich die orthodoxen Christen von den angeblichen Anhängern des Satans ab. Bis in die Neuzeit blieben Lästerungen bzw. Lästerungsvorwürfe ein Grundmotiv von Glaubenskonflikten innerhalb des Christentums, ob zwischen der römischen Kirche und den mittelalterlichen Ketzerbewegungen oder zwischen den frühneuzeitlichen Konfessionen nach der Reformation. Und sie befeuerten die Auseinandersetzung mit den anderen abrahamitischen Religionen, vor allem mit dem Judentum, später auch mit dem Islam. Stets wurde der falsche Glaube der anderen verbal scharf attackiert; deren Angriffe auf die eigenen Überzeugungen bzw. auf die bildlichen und textlichen Repräsentationen des Heiligen wurden dagegen als schändliche Lästerungen angeprangert.

Mit der Gesetzgebung Kaiser Justinians im 6. Jahrhundert gewann zum ersten Mal eine andere Variante der Gotteslästerung klarere Kontur, nämlich die illegitime Verwendung des göttlichen Namens in unziemlichen Schwüren und Flüchen. Von dort aus lässt sich die Spur eines präziseren Verständnisses der Blasphemie verfolgen, die sich im Mittelalter verdichtet: Seit der Wende vom 12. zum 13. Jahrhundert wird Blasphemie definiert als Entehrung Gottes. In Gesetzestexten ebenso wie in den Predigten und katechetischen Werken der Theologen wird die Gotteslästerung als eine wichtige Variante der Zungensünden eingehend erörtert. Damit gewinnt die Blasphemie Kontur als ein Vergehen, das aus der Mitte der eigenen Glaubensanhänger heraus verübt wird, nicht nur von den ›Anderen‹. Kirche und weltliche Obrigkeiten setzten viel daran, ihre Gläubigen durch Disziplinierungs- und Strafmaßnahmen von der schändlichen Gotteslästerung abzuhalten. Denn was konnte es Schlimmeres geben als den Angriff auf die Ehre des Schöpfergottes, seiner Mutter, seiner Heiligen und seiner Bilder? Nach allgemeiner Überzeugung reagierte der Allmächtige sehr menschlich auf diese Anschläge gegen seine Majestät und drohte in seinem Zorn drakonische Kollektivstrafen an, würde die Gemeinschaft seine Entehrung nicht entschlossen an den Tätern rächen. Überraschenderweise waren, trotz derartiger Dramatisierungen, selbst Theologen bereit, Nachsicht gegenüber den Gotteslästerern zu üben. Unfromme Reden und starke lästerliche Schwüre prägten vielfach den Alltag in einem solchen Ausmaß, dass an eine nachhaltige Disziplinierung kaum zu denken war. Insbesondere in Konfliktsituationen wurden blasphemische Äußerungen als Mittel zur theatralischen Selbstinszenierung ganz selbstverständlich genutzt. So existierte ein merkwürdiger Zwiespalt in der Bewertung von Blasphemie, die von

Dramatisierung bis Verharmlosung reichen konnte. Die zeitgenössischen Juristen und Theologen versuchten, diese Ambiguität abzumildern, indem sie zwischen ›fahrlässigen‹ und ›vorsätzlichen‹ Lästerungen unterschieden.

Für lange Jahrhunderte war die Profanierung des Heiligen im vormodernen Europa allgegenwärtig. Das abendländische Christentum war so stark blasphemisch gefärbt wie kaum eine andere Religion, bis heute unterscheidet es sich dadurch stark zum Beispiel vom Islam. Es wäre aber grundfalsch, diesen Tatbestand als Zeichen eines schwachen oder oberflächlichen Glaubens zu deuten. Im Gegenteil lässt sich die Gotteslästerung als eine Art Kehrseite der Allgegenwart von Religion verstehen. Nicht ohne Grund hat sie Johan Huizinga schon vor rund 100 Jahren als Ausdruck einer manchmal allzu großen Nähe und Vertrautheit mit den jenseitigen Mächten interpretiert.

Die Frühe Neuzeit ist von gegenläufigen Entwicklungen gekennzeichnet. Zum einen rückten blasphemische Äußerungen jetzt noch stärker ins Zentrum der Aufmerksamkeit, denn im Zeitalter der Glaubensspaltung lieferten sich die Konfessionen einen Wettlauf um die Köpfe und Herzen ihrer Anhänger. Die Gotteslästerung geriet damit noch stärker ins Fadenkreuz von Disziplinierungsbemühungen. Zugleich vervielfältigten sich nun die Bekenntnisse, die sich gegenseitig schmähten bzw. einander der Lästerung des wahren Glaubens bezichtigten. Zudem wurden radikalere Glaubenszweifel, wie etwa in Frankreich, als besonders abscheuliche Spielart von Blasphemie brutal kriminalisiert. Auf der anderen Seite begann sich die Auffassung darüber zu wandeln, was unter Gotteslästerung verstanden wurde. So proklamierte der englische Richter Lord Hale 1675, Religion müsse gegen die Gotteslästerer in Schutz genommen werden, weil sie die Grundlage der staatlichen und gesellschaftlichen Ordnung darstelle. Darin lag eine erste Distanzierung vom herkömmlichen Konzept der Blasphemie als Entehrung Gottes zugunsten einer eher funktionalen Betrachtung der Religion.

In der Aufklärung kam diese Entwicklung voll zum Durchbruch. Weitgehend obsolet wurde die Vorstellung, durch einen blasphemischen Akt werde Gott gleichsam persönlich beleidigt und sinne deshalb auf Rache. Damit entfiel ein zentraler Grund für schwere Körper- und Lebensstrafen. Zudem wurden zunehmend auch solche religiösen Vorstellungen salonfähig, die vordem als unorthodox gebrandmarkt worden waren. Nach und nach etablierte sich eine Ebene legitimer öffentlicher Kritik, die auch religiöse Überlieferungen einbezog und die fortan einer Kriminalisierung entzogen sein sollte. Stärker als früher wurde nun zwischen Inhalt und Form, zwischen *matters* und *manners* unterschieden: Vernunftgemäße Religionskritik sollte erlaubt sein, schmähende Herabwürdigung des Heiligen blieb jedoch weiterhin verboten. Nur in einer Minderzahl von Ländern, etwa in Frankreich, kam es deshalb zu einer völligen Abschaffung der gesetzlichen Bestimmungen gegen Gotteslästerung. Die weiter existierenden Blasphemie-Normen rückten aber nun andere Schutzziele in den Vordergrund, eben vor allem die Bewahrung der Religion als Fundament der öffentlichen Ordnung und / oder den Schutz von Religionsgemeinschaften vor der Schmähung durch andere. Verstärkt wurde nun über den Schutz religiöser Empfindungen debattiert.

Im 19. und am Beginn des 20. Jahrhunderts standen Blasphemie bzw. Blasphemie-Anklagen vielfach im Zentrum des öffentlichen Interesses. Häufig orchestrierten die herrschenden Eliten ihre repressiven Moralkampagnen mit Gotteslästerungs-Vorwürfen. Umgekehrt lieferte die Skandalisierung von Gotteslästerung in der Öffentlichkeit den Kritikern von Religion und Kirche willkommene Anknüpfungspunkte, um die herrschenden Verhältnisse in Frage zu stellen. Gerichtliche Auseinandersetzungen boten den Anklägern wie den Angeklagten eine öffentliche Bühne – ihr Ausgang war für keine der Parteien wirklich kalkulierbar. Endeten sie mit Verurteilungen, so schienen vordergründig die Ziele der Hüter von Moral und Ordnung erreicht. Andererseits konnten die Verurteilten in der Öffentlichkeit durchaus zu Märtyrern des Freidenkertums stilisiert werden. Und in Form von Freisprüchen gab es immer wieder empfindliche Schlappen für die Vertreter der Staatsmacht bzw. die konservativen Ankläger. Dabei hielt sich die Zahl von Äußerungen oder Manifestationen, die sich ausdrücklich als »blasphemisch« verstanden, lange Zeit in engen Grenzen. Das gilt insbesondere für die Sphäre der ›hohen‹ Literatur und der bildenden Künste. Eine Ausnahme machten bereits seit dem 17. Jahrhundert jene ›obszönen‹ Gedichte und Romane, deren Heiligung der Fleischeslust aus christlicher Sicht notwendig blasphemisch erscheinen musste. Im späteren 19. Jahrhundert nahm sich die Kunst größere Freiheiten: Ein Werk wie Oskar Panizzas »Liebeskonzil« von 1894, das den Autor ins Zuchthaus brachte und ihn letztlich das Leben kostete, zeigt drastisch das Verstörungspotenzial einer solchen Kunst: Noch einhundert Jahre später wurde dessen Verfilmung erfolgreich zensiert. Absichtsvoll als Waffe genutzt wurde die Gotteslästerung im Zeitalter der Ideologien vielleicht häufiger in der Sphäre ›niederer‹ Propaganda, ob bei den radikalen englischen Freidenkern, bei den französischen Antiklerikalen oder auch bei den deutschen Kommunisten.

In den Jahrzehnten vor 1989 gab es einen schleichenden Bedeutungsverlust der Blasphemie. Dass es trotzdem etliche einschlägige Skandale gab, zeugt sicherlich nicht zuletzt von der mit Verve und größerem Selbstbewusstsein zelebrierten Schmählust einer wachsenden Anzahl von Kirchen- und Religionsgegnern. In satirischen Texten, Bildern und Filmen wurde so offen wie kaum je die Lust an der Gotteslästerung ausgelebt. Dabei waren viele dieser Motive (etwa der Spott über die Jungfrauengeburt) wesentlich älter, als es den Akteuren selbst bewusst gewesen sein dürfte. Proteste und Prozesse dagegen wurden fast ausschließlich von den betroffenen Kirchen und Gemeinschaften getragen, kaum mehr von staatlichen Vertretern. Unübersehbar trugen sie den Charakter von Rückzugsgefechten. Selbst viele von denen, die nicht mit den Spöttern sympathisierten, dürften erwartet haben, dass die zugrundeliegenden Konfliktkonstellationen mit der allgemeinen Entchristlichung in naher Zukunft verschwinden würden.

Schlagartig änderte sich die Lage im Wendejahr 1989 mit der Fatwa Ayatollah Khomeinis gegen den Schriftsteller Salman Rushdie. Seither haben weitere Blasphemie-Skandale nicht nur die jeweiligen Ausgangsländer in Atem gehalten, sondern stets zu globalen Empörungswellen und Gewaltausbrüchen geführt. Vielfach bildeten zudem Anklagen gegen die Lästerung des Heiligen durch die »Anderen« eine willkommene politische Waffe in der Hand interessierter Machthaber, ob auf zwischenstaatlicher oder innerstaatlicher Ebene. Auf beiden Ebenen ist der Islam besonders involviert; das Beispiel Russland zeigt allerdings, dass Empörung über und Instrumentalisierung von Blasphemie kein Privileg muslimischer Imame und Machthaber darstellen. Ohnehin lässt sich die starke Empörung über gotteslästerliche Phänomene wie die Mohammed-Karikaturen kaum restlos mit gesteuerten Kampagnen erklären. Zweifellos mobilisierten die Bilder starke religiöse Affekte, über deren Stellenwert auch in der westlichen Welt zunehmend kontrovers diskutiert wurde. Viele Muslime und ihre Sympathisanten erblickten in blasphemischen Texten und Bildern nicht nur fehlenden Respekt gegenüber einer heiligen Person. Sie sahen darin zugleich den Ausdruck einer fehlenden Sensibilität gegenüber der muslimischen Bevölkerung im eigenen Land wie gegenüber dem Islam weltweit. Sie diagnostizierten einen grassierenden Antiislamismus bzw. eine ›Islamophobie‹ und sahen in gotteslästerlichen Äußerungen dementsprechend eine Variante rassistischer Hassrede. Ihre Kontrahenten dagegen stilisierten Gotteslästerung zum Fanal einer Meinungsfreiheit, die verteidigt werden müsse, indem man erst recht lästerlichen Spott ausübte – je kräftiger die Tabuverstöße, desto besser!

Erst in diesem Zusammenhang wurde Blasphemie vollends zu einem von vielen Menschen positiv bewerteten Sprechakt, gewissermaßen zu einer Spielart von Kritik. Was lange Zeit allenfalls zwiespältig bewertet und lediglich von einer Minderheit freidenkerischer Aktivisten offensiv verteidigt wurde, erschien nun als politisches Statement der (westlich-christlichen) Mehrheitsgesellschaft – vielleicht ist auch das ein Beleg für die These von der »Vereindeutigung der Welt« in der Gegenwart.[1] Die lange und lebendige Tradition der Gotteslästerung in der christlichen Welt dürfte, gleichsam subkutan, für diese moderne Einstellung eine nicht zu unterschätzende Rolle gespielt haben. Den lustvollen Blasphemikern der Neuzeit erschienen und erscheinen rüde Bilder und scharfe Texte, mit denen das Heilige attackiert wird, als eine Form von Herrschaftskritik. Sie wird, so ihre Sicht, von den Ohnmächtigen mit der Feder gegen eine Religion ausgeübt, die mit den Mächtigen im Bunde steht. Viele Muslime dagegen sehen in den lästerlichen Herabwürdigungen das, was Gotteslästerung eben immer auch darstellte, nämlich das Instrument zur Herabwürdigung einer konkurrierenden Gruppe. Dass muslimische Gemeinschaften im eigenen Machtbereich mit anderen Religionen oft ausgesprochen repressiv umgehen, trug allerdings nicht dazu bei, außerhalb des eigenen Lagers Verständnis und Sympathien für ihre Empörung zu wecken. Unter dem Strich wurden die Blasphemie-Konflikte seit 1989 von vielen Beobachtern als ein Beleg für die Virulenz des oft behaupteten ›clash of cultures‹ zwischen Orient und Okzident gewertet. Die Darstellung hat aber vor allem gezeigt, dass die dort herrschende Dynamik von Schmähung und verletzter Reaktion diesen Kulturkonflikt nicht einfach nur abbildet, sondern eigentlich erst hervorbringt und vorantreibt.

**Die Heiligung des Profanen – eine Ausweitung des Blicks**

Blasphemie, so wurde einleitend gesagt, ist die Schmähung und Herabwürdigung des Heiligen. Eine Person oder ein Objekt wird durch lästerliche Angriffe ihrer bzw. seiner Heiligkeit beraubt und entweiht. Man spricht von »Profanierung« und bezeichnet damit das Herausrücken aus einem »sakralen« Raum.[2] Wie eine heilige Sphäre jenseits der Alltäglichkeit entsteht, wie das Heilige produziert wird, darüber sagt die Definition nichts aus – logischerweise, so könnte man meinen, denn das scheint ja nicht Thema der vorliegenden Darstellung zu sein. Sind es nicht fromme Andacht, gemeinschaftliche Weihehandlungen bzw. – wie der Sozialwissenschaftler sagen würde – kollektive Rituale, die eine solche Sphäre produzieren? Haben diese, wenn es schon um Sprechhandlungen geht, nicht weniger mit Blasphemie (dem Schlechtreden, der Herabsetzung) als mit der »Euphemie«, dem Gutreden, der sprachlichen Aufwertung in Form etwa von Lobpreisungen und Gebeten zu tun? Und doch: Die hier dargestellten Phänomene deuten an vielen Stellen auf einen engen Zusammenhang von Euphemie und Blasphemie hin.[3] Denn auch die Gotteslästerung trägt auf verschiedene Weise zur Befestigung der Grenze zwischen »sakral« und »profan« bei. Stigmatisierung und Kriminalisierung der Blasphemie durch die Gläubigen können ebenso wie das Lob und die Anbetung Gottes Heiligkeit produzieren. Auch wenn der Lästerer mit Worten und Gesten das Heilige herabzusetzen sucht, er macht es zugleich sichtbar. Vor allem fordert er Reaktionen von Gläubigen, Öffentlichkeit und staatlicher Seite heraus, die die Geltung und die Hochschätzung der sakralen Sphäre untermauert: Die Bekämpfung der Blasphemie ist nur eine andere Form der Lobpreisung Gottes und der Religion. Deswegen kann es, gerade in einer säkularisierten Moderne, für religiöse Gruppen durchaus funktional sein, als Lästerung wahrgenommene Äußerungen zu skandalisieren. Die möglichst öffentlichkeitswirksam zur Schau gestellte und von möglichst vielen Menschen geteilte Verletzung über diese Äußerungen bezeugt zugleich den heiligen Status der angegriffenen Person oder Sache.

Offenkundig ist die Befestigung von Heiligkeit über den Weg der Blasphemie bzw. Blasphemie-Anklage gerade gegenwärtig durchaus attraktiv. Denn die Schmähung des Heiligen ist, anders als die gewöhnliche Beleidigung einer Person / Gruppe X gegen eine Person / Gruppe Y, nicht auf konkrete Adressaten begrenzt. Im Fall der Profanierung des Heiligen kann potenziell jeder sich betroffen zeigen und, stellvertretend, die Reaktion auf den blasphemischen Akt zur eigenen Angelegenheit machen. Im alten Europa klagten häufig die kirchlichen und weltlichen Autoritäten darüber, dass sich viele Menschen – trotz des drohenden Zorns Gottes! – dieser Verantwortung entzogen und es kaum je zu massenhaften Denunziationen kam. Im gegenwärtigen digitalen Zeitalter kann sich umgekehrt eine große Menge von Menschen in Windeseile durch Texte und Bilder beleidigt fühlen, von denen sie lediglich flüchtig und verzerrend Kenntnis erhalten haben. Die Gefahr, dass Anklagen gegen Blasphemie zur Diskriminierung oder gar Unterdrückung unliebsamer Personen oder Gruppen instrumentalisiert werden, ist groß.

Die Feststellung, dass Blasphemie häufig dazu dient, die Grenze zwischen »profan« und »sakral« deutlich zu markieren, ist nützlich; sie kann uns helfen, um die Funktionsweise von Schmähungen auf anderen, verwandten Feldern zu verstehen. Denn die Dialektik von Heiligung und Herabsetzung ist keineswegs allein auf das Feld des Religiösen beschränkt. Verbale und zeichenhafte Herabsetzungen tragen vielfach dazu bei, das eigentlich Profane, nicht genuin Religiöse, zu heiligen, das heißt in eine außeralltägliche, sakrale Sphäre zu versetzen. Eng verwandt sind ja seit jeher die Blasphemie und die Majestätsbeleidigung, die Herabwürdigung dort des himmlischen, hier des irdischen Herrschers. Auf den Vergleich beider griff das Alte Testament (Ex. 22,27) ebenso zurück wie es vormoderne Gelehrte taten, um den Schrecken der Gotteslästerung angemessen in Szene zu setzen. Wenn schon die Beleidigung des Königs als *crimen lesae maiestatis* streng bestraft werde, um wie viel schrecklicher sei dann die Verletzung der göttlichen Majestät *(crimen lesae maiestatis divinae)* zu sanktionieren! Aber auch umgekehrt ist dieser Zusammenhang gültig, dem Herrscher wurde – klassisch mit der Königssalbung – eine sakrale Aura verliehen und entsprechend seine Schmähung unter besondere Strafe gestellt. Eine Geschichte der Majestätsbeleidigung wäre also auch unter dem Gesichtspunkt zu schreiben, inwieweit gesetzliche Regelungen und ihre Verletzung zu einer Stärkung der außeralltäglichen Stellung des Herrschers beitrugen.[4]

In den neueren Epochen der Geschichte wurden Beleidigungen der Herrschenden mehr und mehr als Angriffe auf das gesamte Land betrachtet. Zahlreiche Beispiele dafür gibt es bis heute, von Thailand, wo die strikten Gesetze gegen die Beleidigung des Königshauses als scharfe Waffe gegen politische Kritik jeder Couleur eingesetzt werden kann, bis in die Türkei, wo der gewählte Präsident kaum weniger streng vorgeht. Aber es bedarf längst nicht mehr des Angriffs auf die konkrete Person eines Herrschers, um einen besonderen Akt der Herabwürdigung zu vollziehen. Der Angriff kann sich auch direkt auf die abstrakten Kollektivsubjekte ›Staat‹, ›Nation‹ oder ›Volk‹ richten, mit denen sich in der Neuzeit mehr und mehr quasireligiöse Deutungen verbinden. In der politischen Theorie werden Vorstellungen einer ›Heiligung‹ von Staat und Gemeinschaft seit langem unter dem Stichwort ›Zivilreligion‹ diskutiert und bis zum Philosophen Jean-Jacques Rousseau im 18. Jahrhundert zurückverfolgt. In der neueren Zeit wurde es vom Religionssoziologen Robert N. Bellah aufgegriffen.[5] Er zeigte am Beispiel der Vereinigten Staaten, wie der Staat bzw. seine politischen Institutionen und Text mit religiöser Rhetorik und Metaphorik aufgeladen wurden, bis hin zur Rede von den USA als »Gottes eigenem Land«. Umgekehrt können Elemente dieser Zivilreligion auch herabgewürdigt und profaniert werden, bzw. es kann mit der Behauptung einer solchen Herabwürdigung Politik betrieben werden. Ausgerechnet jene Französische Revolution, die mit der Tötung des Monarchen Ludwig XVI. 1793 die Axt an die Wurzel sakraler Herrschaft legte und die mit den Hostienschändungen, Bilderstürmen und antireligiösen Umzügen im Zuge der Entchristianisierungskampagne des gleichen Jahres die rüdesten Gotteslästerungen legitimierte, erschuf gleichsam im selben Atemzug einen neuen Heiligenhimmel, der von Göttern wie Volk, Vaterland und Nation bewohnt wurde. Diese waren zu lobpreisen und zudem vor Verrat und Lästerung zu beschützen. Führende Jakobiner wie Robespierre oder Couthon bezichtigten ihre Gegner nicht nur des Verrats, sondern explizit auch der Blasphemie gegen Republik und Revolution.[6]

Eine besondere sakrale Aufladung erfuhr, wie gegenwärtig wieder sehr greifbar wird, der Begriff »Volk« *(people, peuple)*. Eigentlich handelt es sich um ein Konstrukt der politischen Theorie (insbesondere bei Rousseau) bzw. einen imaginierten Akteur in neuzeitlichen Verfassungsentwürfen (Volkssouveränität), der in der Wirklichkeit ebenso wenig beobachtbar ist wie Gott. Gerade deshalb fällt es den verschiedensten Gruppen umso leichter, diesen Begriff zu okkupieren, für sich zu reklamieren, das Volk ›zu sein‹ oder jedenfalls stellvertretend in seinem Namen zu sprechen und es gegen seine Feinde zu verteidigen. »Der Begriff Volk führt stets die blutigen Kämpfe, die in seinem Namen geführt werden, mit sich: die Abgrenzungen nach oben und unten, nach innen und außen.«[7] Nicht ohne Grund wurde die »Volksgemeinschaft« im Nationalsozialismus zu einer zentralen Ideologie. Diese hatte zwei Stoßrichtungen: Nach ›innen‹ »wollte sie die in unterschiedlichen Traditionen, Schichten und Sozialmilieus zerklüftete Gesellschaft künstlich zu einer opferbereiten Leistungsgemeinschaft formieren; nach ›außen‹ wollte sie alle jene diskriminieren und letztlich ›ausmerzen‹, die aus realen oder eingebildeten Gründen in der Volksgemeinschaft keinen Platz finden durften: die ›Fremdvölkischen‹, die ›unverbesserlichen‹ politischen Gegner, die ›Asozialen‹, und vor allen anderen: die Juden«.[8] Die Überhöhung, ja Sakralisierung des Volkes ging stets mit der herabwürdigenden Schmähung anderer Gruppen von Menschen einher.

Es ist dieser doppelte Grundzug, der auch heute die Berufung auf das ›Volk‹ auszeichnet und zu einer gefährlichen politischen Waffe macht. Ideologischer Kern des modernen Populismus ist eine bestimmte, antipluralistische Politikvorstellung, »laut der einem moralisch reinen, homogenen Volk stets unmoralische, korrupte und parasitäre Eliten gegenüberstehen«.[9] Diese Eliten gehören nicht zum Volk, was ihre öffentliche Herabsetzung und den Ruf nach ihrer Bestrafung legitim erscheinen lässt. Von der nationalsozialistischen Verfolgung von »Volksfeinden« aller Art bis zum allgegenwärtigen Schmähruf gegen die »Volksverräter« führt eine deutliche Spur. Dabei lässt sich das Grundmuster einer manichäischen Entgegensetzung des »Wir« gegen »Sie«, blicken wir auf die vorstehende Darstellung zurück, bis zur mosaischen Unterscheidung in der Antike zurückverfolgen.

**Der Streit um das Sternenbanner**

Die Heiligung von Staat und Gemeinschaft jenseits persönlicher Repräsentanten und abstrakter Begriffe bedient sich oft eingängiger Symbole. Ein zentrales Symbol für die oben angesprochene amerikanische Zivilreligion ist die Nationalflagge, das Sternenbanner. An seinem Beispiel lässt sich die Dialektik von Blasphemie und Euphemie, von

Erniedrigung und Heiligung, besonders eindrücklich nachvollziehen. Das lange wenig bekannte *Star-spangled Banner* war im Kontext des amerikanischen Bürgerkriegs populärer geworden; an einer *flag raising ceremony* auf dem New Yorker Union Square sollen 1861 über 100 000 Menschen teilgenommen haben. Die wachsende Popularität der *Stars and Stripes* führte zu einer massenhaften kommerziellen Verwertung. Dagegen stemmten sich ab ca. 1890 die Mitglieder des *flag protection movement.* In den Verlautbarungen der Bewegung wurde die Flagge zum Gegenstand heiliger Verehrung. Ihr Sprecher Charles Kingsbury Miller erklärte sie zu einem »heiligen Juwel«, wie die Bibel und das Kreuz. Er propagierte einen regelrecht sakralen Kult um dieses Symbol und hielt es für selbstverständlich, das Banner wie alle religiösen Embleme vor Verletzungen zu schützen. Zunächst wandte er sich gegen jene skrupellosen Geschäftsleute, die durch ihre »Barbarei« ein Symbol beschmutzten, dessen »heilige Falten niemals dazu bestimmt waren, als Markisen, Pferdedecken, Geschenkpapier, Kissen und Überzüge zu dienen oder als Taschentücher, mit denen man sich die Nase putzt oder den Schweiß abwischt«.[10] Dieser Kampf gegen eine kommerzielle Profanierung des Sternenbanners sollte lange währen: Noch 1973 wurde in Hartford, Indiana, ein gewisser Gary Wardrip wegen der Nutzung des Banners als Gardine in seinem Minibus zu einer spektakulären öffentlichen Schandstrafe verurteilt, deren Verweigerung ihn ein Jahr ins Gefängnis gebracht hätte. Er sollte drei Stunden mit der Flagge in der Hand vor dem örtlichen Rathaus Buße tun. Nach einer Stunde flüchtete er vor einer aufgebrachten Menge, die ihn als *commie* (Kommunisten) beschimpfte, ins Innere des Rathauses. Seine traumatisierenden Erfahrungen schilderte er später einem Journalisten, dem er zugleich versicherte, bei der Gardine habe es sich doch lediglich um einen Akt des Patriotismus gehandelt.[11]

Spätestens mit dem Ersten Weltkrieg politisierte sich das Sternenbanner und wurde mehr und mehr zum Symbol eines konservativen Patriotismus. Das hauptsächliche Feindbild der Flaggenschutzbewegung waren Pazifisten, militante Gewerkschafter und speziell Kommunisten. Diese nutzten aber nun umgekehrt immer stärker die *Stars and Stripes* als Objekt ihres Protestes, indem sie das Banner beschimpften (»Zur Hölle mit der Flagge!«), als Wischlappen benutzten oder zertrampelten. Lange waren es kleine, isolierte Vorkommnisse; aber während des Vietnamkriegs kam es auch zu Massendemonstrationen mit spektakulären Flaggenverbrennungen wie am 15. April 1967 im New Yorker Central Park.[12] Dieses Ereignis stellte auch insofern eine Zäsur dar, als es fast einer Gesetzesverschärfung zum Durchbruch verholfen hätte: Zum ersten Mal in der Geschichte der USA gelang es, auf Bundesebene ein *flag desecration law* durch beide Häuser des Kongresses zu bringen. Bis dahin hatten vergleichbare Gesetze lediglich in – wenn auch vielen – Bundesstaaten existiert. Allerdings hatte das Bundesgesetz gegen die Entweihung der Flagge von 1968 vor dem Obersten Gerichtshof ebenso wie frühere Vorstöße dieser Art keinen Bestand: Der Supreme Court sprach dem Ersten Verfassungszusatz Vorrang vor dem Schutz des Sternenbanners zu und sah in Flaggenverbrennungen – ebenso übrigens wie in künstlerischen Verfremdungen – einen legitimen Ausdruck von Meinungsfreiheit. So verurteilte ein konservativer Richter in Wisconsin 1998 schweren Herzens den achtzehnjährigen Punk Matthew Janssen, der nach aufwändiger Fahndung überführt worden war, das Sternenbanner des örtlichen Golfklubs demontiert und darauf defäkiert zu haben, lediglich wegen Diebstahls.[13]

Die amerikanische Nationalflagge ist ein schönes Beispiel für die religiöse Aufladung eines ursprünglich säkularen Symbols, wobei die stärkere Sakralisierung dieses Objekts gerade im Kampf gegen eine vermeintliche kommerzielle Profanierung vollzogen wurde. Diese nämlich war es, die politische Gegner dazu motivierte, demonstrative Herabwürdigungen in einer neuen Qualität in Szene zu setzen. Die USA sind in dieser Hinsicht ein Extrem-, aber kein Einzelfall. Gerade in den jüngeren Blasphemie-Konflikten wurden immer wieder Nationalflaggen als Protestsymbole genutzt, und es wurde über ihren Schutz debattiert. Während des Streits um die Mohammed-Karikaturen wurden bei vielen muslimischen Protestkundgebungen dänische Nationalflaggen verbrannt. Und auch die französische Verordnung vom 23. Juli 2010, die eine Verunglimpfung der französischen Trikolore unter Strafe stellt, geriet in den Sog der Diskussion um Gotteslästerung. Der Chefredakteur von *Charlie Hebdo* nutzte in paradoxer Weise den Begriff der Gotteslästerung, um die Norm zu kritisieren: Er prangerte sie als eine Art von Blasphemie an, die sich gegen die Republik Frankreich richte; gleich ob »religiöse« oder »republikanische Blasphemie«, so Charb, Meinungsäußerungen wie die Herabwürdigung der Trikolore dürften nicht kriminalisiert werden.[14]

### Schmähen nach »oben«, Schmähen nach »unten«

In einem klassischen Essay hat der Historiker Peter Burke die Lästerung Gottes und der Heiligen in der Frühen Neuzeit als »die schwerwiegendste Beleidigung Ranghöherer« bezeichnet.[15] Und tatsächlich ist es bis in die jüngste Vergangenheit hinein ein Merkmal der Blasphemie, dass von »unten« nach »oben« geschmäht wird: Menschen verfluchen die Götter und die Heiligen; religiöse Außenseiter fordern mit ihren Äußerungen die religiöse Orthodoxie heraus; Freidenker provozieren die politischen Autoritäten, die als Fundament eines wohlgeordneten Gemeinwesens die christliche Weltordnung sehen. Im Zuge der Aufklärung wurde das Blasphemie-Delikt umkodiert, die Bewahrung der öffentlichen Ordnung löste die Verteidigung der Ehre Gottes als Schutzzweck ab, was das genannte Muster noch verfestigte. Auch die Heiligung von ›Staat‹, ›Nation‹ oder ›Volk‹ in der jüngeren Vergangenheit bewegte sich innerhalb dieser Logik. Die hohen Symbole der Gemeinschaft wurden davor geschützt, durch Außenseiter und Dissidenten, Minderheiten und Nichtzugehörige herabgesetzt zu werden, und die öffentliche Ordnung wurde gegen die potenziellen Störungen derjenigen abgesichert, die sich nicht zu ihr bekennen wollten. Das änderte sich, sehr allmählich, mit der stärkeren Anerkennung eines individuellen Rechts auf Meinungsäußerung und auf Kritik sowie mit der besseren Absicherung von Minderheitsrechten. Ziel wurde nun zunehmend (auch) der Schutz der ›Anderen‹ vor den ausgrenzenden Herabsetzungen einer – tatsächlichen oder lediglich »gefühlten« – Mehrheit.

Für Deutschland lässt sich dieser Wandel sehr plastisch an jenem Paragraphen 130 StGB verdeutlichen, der landläufig immer noch als »Volksverhetzungsparagraph« bezeichnet wird. Sein Ursprung liegt nicht zuletzt in einer dem Gotteslästerungs-Paragraphen verwandten Bestimmung des preußischen Allgemeinen Landrechts (ALR § 227 II 20). Diese stellte die Erregung von Hass und Verbitterung der Religionsparteien gegeneinander, etwa durch Predigten oder andere öffentliche Reden, unter Strafe. Auch andere Partikulargesetze deutscher Länder des 19. Jahrhunderts definierten »gruppenbezogene Hetze« zunächst in Bezug auf Religionsgemeinschaften.[16] Das änderte sich spätestens mit dem Paragraphen 130 des neuen Reichsstrafgesetzbuches von 1870: Er definierte als Gefährdung des öffentlichen Friedens die Anreizung »verschiedene(r) Klassen der Bevölkerung zu Gewalttätigkeiten gegeneinander« und bedrohte diese mit einer Geldstrafe von bis zu 200 Talern oder mit Gefängnis bis zu zwei Jahren. Unmissverständlich richtete sich diese Bestimmung gegen die Arbeiterbewegung, insbesondere gegen die Sozialdemokratie.

In den Strafrechtsreformdebatten des Nationalsozialismus löste dann der Begriff der »Volksverhetzung« den Terminus »Klassenhetze« ab. Nach der nationalsozialistischen Ideologie galt im neuen, völkisch geeinten Deutschland jeglicher Klassenwiderspruch als beseitigt. Aber es bestehe, so hieß es, dennoch ein Bedürfnis zur Bestrafung desjenigen, »der das Volk verhetze, indem er öffentliche staatliche Angelegenheiten hetzerisch erörtere«. Der Volksverhetzung macht sich nach diesem Entwurf schuldig, wer »öffentlich in einer den Volksfrieden gefährdenden Weise Angelegenheiten des Staates zum Gegenstand hetzerischer Erörterung« macht. Geschützt werden sollte also der Staat vor nichtkonformen Äußerungen. Nach der Auffassung von Roland Freisler, der später als Vorsitzender des Volksgerichtshofs berüchtigt werden sollte, bildete die Volksverhetzung ein Segment im größeren Deliktspektrum des »Volksverrats«.[17] Es ist aufschlussreich zu sehen, wie tief ein Schlagwort, das gegenwärtig wieder populistische Konjunktur hat, im nationalsozialistischen Gedankengut wurzelt.

Gesetzeskraft erlangten derartige Überlegungen jedoch nie. Stattdessen wurde der Paragraph 130, was einigermaßen paradox anmutet, nach dem Krieg zum Ansatzpunkt, um Rechtsextremismus zu bekämpfen und Minderheiten zu schützen.[18] Zu einer Beschlussfassung konnte sich der Bundestag allerdings erst im Sommer 1960 durchringen, nachdem eine Welle antisemitischer Hakenkreuz-Schmierereien die Öffentlichkeit erschüttert hatte. Im Rahmen des Sechsten Strafänderungsgesetzes im Sommer 1960 wurde einstimmig folgende Regelung beschlossen: »Wer in einer Weise, die geeignet ist, den öffentlichen Frieden zu stören, die Menschenwürde anderer dadurch angreift, dass er (1) zum Hass gegen Teile der Bevölkerung aufstachelt, (2) zu Gewalt- oder Willkürmaßnahmen gegen sie auffordert oder (3) sie beschimpft, böswillig verächtlich macht oder verleumdet«, habe mit Gefängnis nicht unter drei Monaten und mit einer Geldstrafe zu rechnen. In späteren Erweiterungen des Gesetzes wurden Tatumstände und Opfer konkreter benannt. Seither steht die Billigung, Leugnung oder Verharmlosung des NS-Völkermordes unter Strafe (1994) bzw. die Bedrohung des öffentlichen Friedens und die Verletzung der Würde der Opfer durch die Billigung, Verherrlichung oder Rechtfertigung der nationalsozialistischen Gewalt- und Willkürherrschaft (2005). Aus einem Gesetz zur Ausgrenzung von Minderheiten und Dissidenten war ein Instrument geworden, um den Hass gegen bestimmte Bevölkerungsgruppen und die Verherrlichung des nationalsozialistischen Massenmordes zu sanktionieren. Zu den Merkwürdigkeiten dieser Entwicklung gehört es, dass der Paragraph 130 öffentlich weiterhin unter dem Begriff der »Volksverhetzung« firmiert, was der SPD-Abgeordnete Arndt schon 1957 im Bundestag als unpassend kritisiert hat.[19]

Jenseits dieser problematischen Wortwahl scheint in der Bundesrepublik gegenwärtig ein breiter gesellschaftlicher Konsens darüber zu bestehen, dass die Aufstachelung zum Hass gegen bestimmte Bevölkerungsgruppen oder die Verherrlichung nationalsozialistischen Massenmordes unter Strafe stehen soll. Im Einzelfall ist natürlich stets zu prüfen, wo die Grenze zur schutzwürdigen politischen Meinungsäußerung zu ziehen ist. Allerdings sind solche Grenzen im Einzelfall immer wieder schwierig zu definieren, wie die neueren Blasphemie-Debatten gezeigt haben. Dazu gehört auch das Problem, dass die genaue politische, soziale und kulturelle Konstellation, in der sich eine Schmähung vollzieht, nicht immer eindeutig ist. Westliche Akteure wie zum Beispiel die Macher von *Charlie Hebdo* folgten dem Koordinatensystem des Schmähens ›von unten nach oben‹ und sahen sich als einfache Streiter der Feder, die gegen fanatische Mullahs und repressive politische Systeme die Macht der Satire einsetzen. Die Empörung vieler Muslime über die blasphemischen Bilder und Texte wiederum rührte aus der Überzeugung, eine diskriminierte Minderheit zu sein, deren religiösen Werten und Symbolen die Mehrheitsgesellschaft den Respekt versagte. Ihre Forderungen nach dem Verbot von Schmähungen des Propheten unterfütterten sie mit dem Hinweis auf die Sensibilität der westlichen Öffentlichkeit gegenüber antisemitischen Parolen oder feindlichen Äußerungen gegen Homosexuelle und andere Minderheiten. Es geht also bei kontroversen Bewertungen nicht nur um die Schmähung selbst, sondern ebenso um ihre Urheber und ihre Adressaten. Wer ist gemeint, lediglich die Fundamentalisten eines politischen Islam oder alle Muslime? Außerdem: Wer darf für sich beanspruchen, sich stellvertretend für die Gemeinschaft über eine Schmähung zu empören?

Was die Debatte über die Gotteslästerung offenbart, steht paradigmatisch für viele andere Kontroversen der letzten Jahre. 2016 stellte die amerikanische Künstlerin Dana Schutz ein Gemälde aus, das von einer Fotografie inspiriert war, die den 1955 von Rassisten getöteten Jugendlichen Emmett Till zeigte. Ihr Werk »Open Casket« (»Offener Sarg«) sollte, wie sie sagte, die Kunst zu einem Ort der Empathie mit dem Schmerz der Mutter des Getöteten machen. Afroamerikanische Aktivisten und Künstler sprachen jedoch der weißen Mittelklasseamerikanerin Schutz das Recht ab, dieses Motiv verwenden zu dürfen. Parker Bright protestierte vor dem Gemälde in einem T-Shirt mit der Aufschrift »Black Death Spectacle«, und seine Kollegin Hannah Black forderte in einem offenen Brief nicht nur die Entfernung des Gemäldes aus der Ausstellung, sondern dessen Zerstörung. Es sei »nicht akzeptabel, wenn eine weiße Person schwarzes Leid in Profit und Unterhaltung umwandle«. Auch andere Kommentatorinnen beschuldigten die Künstlerin der kulturellen Ausbeutung. Dagegen beklagte die kubanisch-amerikanische Künstlerin Coco Fusco den Geist der Zensur und bezeichnete die Forderung, das Kunstwerk zu zerstören, als Anmaßung.[20]

Selbstverständlich gibt es deutliche Unterschiede zwischen verletzenden Äußerungen, die sich gegen Gott richten, auf der einen und Angriffen auf die Rechte und die Integrität diskriminierter Gruppen auf der anderen Seite. Parallelen liegen aber doch auf der Hand, auch in Hinblick auf die Dialektik von ›Herabsetzung‹ und ›Heiligung‹. Geschlechtliche und ethnische ebenso wie kulturelle oder religiöse Identitäten werden in den gegenwärtigen Debatten nicht selten als Eigenschaften mit nahezu sakrosankten Qualitäten gehandelt. Ihre ›Heiligung‹ erfolgt, indem die Verletzung, Herabwürdigung und Profanierung dieser Identitäten beklagt wird, wie es im Fall der Malerin Schutz geschah. Noch dramatischer manifestierte sich die Sakralisierung von Minderheitenrechten in einem Gerichtsurteil des US-Bundesstaates Iowa vom Dezember 2019, dem ersten, das dort in Bezug auf ein ›Hassverbrechen‹ gefällt wurde. Ein vorbestrafter Mann wurde zu 15 Jahren Gefängnis verurteilt, weil er die Regenbogenflagge *(pride banner)* der LGBTQ-Gemeinschaft *(Lesbian, Gay, Bisexual and Transgender)* von einem Kirchenportal in der Stadt Ames heruntergeholt und in Brand gesetzt hatte: »Ich habe ihren Stolz *(pride)* verbrannt«, erklärte er gegenüber der Presse.[21] Das Gericht begründete die harte Strafe mit der Gefährlichkeit des Täters. Dennoch wurde über die Angemessenheit des Urteils auch innerhalb der betroffenen Gemeinschaft kontrovers diskutiert. Sollte das Urteil vorbeugend bzw. abschreckend wirken, um zu verhindern, dass die symbolische Herabsetzung von Minderheiten irgendwann in manifeste Gewalt mündete? Oder stand im Zentrum der Schutz der Regenbogenflagge als ›geheiligtes‹ Symbol für eine kollektive Identität, ähnlich dem Sternenbanner? Immer wieder gerät die Meinungsfreiheit in Konflikt mit dem Ziel, ›heilige‹ Werte zu schützen, ob es sich dabei um die Ehre Gottes, die Existenz des Staates und der öffentlichen Ordnung oder um die Integrität diskriminierter Minderheiten handelt. Die Geschichte der Blasphemie erweist sich so als Teil des sehr viel weiter ausgreifenden Ringens zwischen der Herabwürdigung des Hochgestellten und seiner Verteidigung; ihr letztes Kapitel ist noch längst nicht geschrieben.

# Dank

Das vorliegende Buch hat zwei Wurzeln. Seit Anfang der 1990er Jahre befasste ich mich mit der Gotteslästerung im späteren Mittelalter und in der Frühen Neuzeit. Als Synthese dieser Studien erschien 2004 meine Studie »Zungen wie Schwerter«. Die vielen Kolleginnen und Kollegen, die mich dabei unterstützten, will ich nicht noch einmal aufzählen, aber meine andauernde Dankbarkeit dafür nachdrücklich betonen. Dass ich in den letzten Jahren über das Thema noch einmal vertieft und in einem systematisch wie historisch breiteren Kontext nachgedacht habe, verdankt sich vor allem den Anregungen des seit 2017 an der TU Dresden arbeitenden, von der DFG geförderten Sonderforschungsbereichs 1285 »Invektivität. Konstellationen und Dynamiken der Herabsetzung« (www.invectivity.com). Allen Kolleginnen und Kollegen des Verbundes sei für ihre Inspirationen gedankt. Weiterhin unterstützten mich konkret mit Hinweisen und Material Martin Jehne, Alexander Kästner, Lars Koch, Bettina Lindorfer, Christoph Lundgreen, Jürgen Müller, Wilfried Nippel, Martin Przybilski, Henning Sievert und Klavdia Smola. Das Vorlektorat besorgte auf ganz eigene Art Antje Arnold – danke! Zu größtem Dank bin ich meiner Lektorin Tanja Hommen vom Fischer Verlag verpflichtet für ihr stetes (wenn vielleicht auch nicht immer erfolgreiches) Bemühen um Logik, Verständlichkeit und Lesbarkeit des Buches sowie um die korrekte Verwendung des Konjunktivs.

# Anmerkungen

Vgl. für die hier nicht aufgelösten Kurztitel die Auswahlbibligraphie. Vertiefungen und Erweiterungen einzelner Aspekte des Themas auf meinem Blog »Kliotop« (https://klitop.hypotheses.org).

## Einleitung

1 Vogel, Blasphemie, S. 184.
2 Stefan Jordan, Francis Fukuyama und das »Ende der Geschichte«, in: Zeithistorische Forschungen / Studies in Contemporary History, Online-Ausgabe, 6 (2009), H. 1, URL: *http://www.zeithistorische-forschungen.de/1-2009/id=4543*, Druckausgabe: S. 159–163.
3 Türcke, Blasphemie, S. 17 f.
4 Ebd., S. 23.
5 Jüngstes Beispiel ist das im französischen Original 2016 erschienene Werk von Saint Victor, Blasphemie; für die englische Forschung Nash, Blasphemy in the Christian World; an Materialreichtum unübertroffen Levy, Blasphemy. Vgl. zur Forschungslage meinen Blog-Beitrag: Noch eine Geschichte der Blasphemie? (26. April 2020) auf https://kliotop.hypotheses.org/92 (5. 8. 20).
6 Beste Diskussion bei Wils, Gotteslästerung.
7 Johann Huizinga, Herbst des Mittelalters. Studien über Lebens- und Geistesformen des 14. und 15. Jahrhunderts in Frankreich und den Niederlanden, Stuttgart 1975, S. 217.
8 Frans Ciappara, Society and the Inquisition in Early Modern Malta, San Gwann, Malta 2001, S. 91 f.
9 Ähnlich schon für die Frühneuzeitforschung Loetz, Mit Gott handeln; Villa-Flores, Dangerous Speech.
10 So Lawton, Blasphemy, S. 5.
11 Vgl. näher zum Ansatz Gerd Schwerhoff, Invektivität und Geschichtswissenschaft. Konstellationen der Herabsetzung in historischer Perspektive – ein Forschungskonzept, in: Historische Zeitschrift 311 (2020), S. 1–36.
12 Vor diesem Hintergrund plausibel Berkmann, Von der Blasphemie zur »hate speech«?
13 Zur Frage von Transzendenz und Unverfügbarkeit vgl. Hans Vorländer (Hg.), Transzendenz und die Konstitution von Ordnungen, Berlin / Boston 2013, S. 20 ff.
14 Sybille Krämer, Sprache als Gewalt oder: Warum verletzen Worte? In: Stef-

fen K. Herrmann u. a. (Hg.): Verletzende Worte. Die Grammatik sprachlicher Missachtung, Bielefeld 2007, S. 31–48.

15 Steffen K. HERRMANN / Hannes KUCH, Verletzende Worte. Eine Einleitung, in: ebd., S. 7–30, hier S. 10. Das war im Mittelalter etwas anders, vgl. Kap. 8.

16 Niklas LUHMANN, Soziale Systeme. Grundriss einer allgemeinen Theorie, Frankfurt / M. 1984, S. 149.

17 Elijah WALD, Talking 'Bout Your Mama: The Dozens, Snaps, and the Deep Roots of Rap, Oxford 2014.

18 Dagmar ELLERBROCK u. a., Invektivität – Perspektiven eines neuen Forschungsprogramms in den Kultur- und Sozialwissenschaften, in: Kulturwissenschaftliche Zeitschrift 2 (2017), S. 2–24, S. 7.

19 SAINT VICTOR, Blasphemie.

20 Die Begriffe werden im Folgenden synonym verwendet. Zum Ursprung dieser terminologischen Varianz, die andere Sprachen nicht kennen, vgl. Kap. 7.

21 Aribert REIMANN, Dieter Kunzelmann, Göttingen 2009, S. 88; vgl. Illonka CZERNY, Die Gruppe SPUR (1957–1965), Berlin 2008, S. 125 ff.

22 SCHWERHOFF, Blasphemie zwischen antijüdischem Stigma, S. 149 ff.

23 LEVY, Blasphemy, S. 46; LAWTON, Blasphemy, S. 84; vgl. aber schon ROO, Godslastering, S. 238.

24 Vgl. für den christlichen Bereich nur Arnold ANGENENDT, Toleranz und Gewalt. Das Christentum zwischen Bibel und Schwert, 5. aktualisierte Auflage, Münster 2009; spezifischer die Beiträge in Kaspar VON GREYERTZ / Kim SIEBENHÜNER (Hg.), Religion und Gewalt, Göttingen 2006.

25 KRÄMER, Sprache als Gewalt, S. 41. Vgl. jetzt Axel HONNETH, Anerkennung. Eine europäische Ideengeschichte, Berlin 2018.

26 SCHWERHOFF, Bildersturm und Blasphemie.

## ANTIKE FUNDAMENTE

1 ASSMANN, Die Mosaische Unterscheidung, S. 12 f., S. 38, S. 29. Vgl. zur Debatte Rolf SCHIEDER (Hg.), Die Gewalt des einen Gottes, Berlin 2014.

2 ASSMANN, Totale Religion, S. 29 ff., Zitate S. 31 f. Vgl. schon seine Wortmeldung in SCHIEDER, Die Gewalt des einen Gottes, S. 252 ff.

3 Ebd., S. 58 ff.

4 Dazu und zum Folgenden Matthias KÖCKERT, Die Zehn Gebote, München 2007; vgl. speziell PIATELLI, Daniela, L'offensa alla divinità, S. 403 ff.

5 Zu den unterschiedlichen Zählweisen KÖCKERT, Die Zehn Gebote, S. 26 ff.

6 Ebd., S. 49.

7 Vgl. zur Diskussion Christoph UEHRLINGER, Exodus, Stierbild und biblisches Kultbildverbot, in: Christof Hardmeier u. a. (Hg.): Freiheit und Recht. Festschrift für Frank Crüsemann zum 65. Geburtstag, Gütersloh 2003, S. 42–77.

8 Erich ZENGER u. a., Einleitung in das Alte Testament, 7. durchgesehene und erweiterte Auflage, Stuttgart 2008, S. 154.

9 KÖCKERT, Die Zehn Gebote, S. 51.

10 Thomas ELSSNER, Das Namensmißbrauch-Verbot (Ex 20,7 / Dtn 5,11). Bedeutung, Entstehung und frühe Wirkungsgeschichte, Leipzig 1999, S. 145.

11 Ebd., S. 274.

12 Kernbelegstelle ist Homers Odyssee 4. Gesang, Vers 499 ff. Für die weiteren Quellen zur Vergewaltigung und zum Kultbildfrevel W. H. ROSCHER, Ausführliches Lexikon der griechischen und römischen Mythologie, Band 1, Leipzig 1890, Sp. 133–140; vgl. MERKEL, Gotteslästerung, Sp. 1187 f.

13 Vgl. zur Ausdeutung des Zorn-Motivs bei Homer und Aristoteles Johannes F. LEHMANN, Im Abgrund der Wut. Zur Kultur- und Literaturgeschichte des Zorns, Freiburg i.Br. 2012, S. 47 ff.

14 Grundlegend Bernhard LINKE, Antike Religion, München 2014. Vgl. weiterhin Burkhard GLADIGOW, Strukturprobleme polytheistischer Religionen, in: ders., Religionswissenschaft als Kulturwissenschaft, Stuttgart 2005, S. 125–137; Walter BURKERT, Griechische Religion der archaischen und klassischen Epoche, Stuttgart 1977, vor allem S. 331 ff.

15 LEHMANN, Abgrund der Wut, S. 51.

16 Burkhard GLADIGOW, Präsenz der Bilder – Präsenz der Götter: Kultbilder und Bilder der Götter in der griechischen Religion, in: ders., Religionswissenschaft als Kulturwissenschaft, Stuttgart 2005, S. 62–72; SCHEER, Kultbild.

17 LINKE, Antike Religion, S. 48, S. 95 ff.

18 Ebd., S. 7.

19 BURKERT, Griechische Religion, S. 371.

20 John SCHEID, Quand faire, c'est croire. Les rites sacrificiels des Romains, Paris 2005.

21 Jörg RÜPKE, Pantheon. Geschichte der antiken Religionen, München 2016, S. 137.

22 SCHEER, Kultbild, S. 130 ff.

23 RÜPKE, Pantheon, S. 155; SCHEER, Kultbild, S. 307.

24 SCHEER, Kultubild, S. 312.

25 BURKERT, Griechische Religion, S. 372.

26 LEVY, Blasphemy, S. 7. Er folgt damit dem materiell immer noch grundlegenden, aber in der Bewertung z. T. überholten Werk von DERENNE, Les procès impiété , S. 9 ff.; vgl. auch RUDHARDT, La définition du délit d'impièté.

27 BURKERT, Griechische Religion, S. 408 ff. Zitat S. 411.

28 Aristoteles, De Virtutibus et Vitiis 1251a30; vgl. DRESSLER, Philosophie, S. 9.

29 BURKERT, Griechische Religion, S. 375.

30 SCHEER, Kultubild, S. 152 ff.

31 Ebd., S. 172 ff.

32 Zu dem Bericht von Pausanias (8.23.6) ausführlich SCHEER, Kultbild, S. 155 ff.

33 Klassisch Rudolf HIRZEL, Die Strafe der Steinigung, Leipzig 1909, hier vor allem S. 251 ff. Aus jüngerer Zeit z. B. Winfried SCHMITZ, Nachbarschaft und Dorfgemeinschaft im archaischen und klassischen Griechenland, Berlin 2004, S. 393 ff.

34 SCHEER, Kultbild, S. 158 ff.

35 Plutarch, Bíoi parálleloi / Perikles 32.1. Zum Folgenden DERENNE, Les procès impiété , S. 13 ff.; DRESSLER, Philosophie vs. Religion, S. 63 ff.

36 Vorsokratiker 59 A 12 (http://www.gottwein.de/Grie/vorsokr/VSAnaxag01.php).

37 DERENNE, Les procès impiété, S. 45 ff.; DRESSLER, Philosophie vs. Religion, S. 89 ff. Nicht betroffen von Asebie-Beschuldigungen war wohl der Tragödiendichter Euripides (gegen LEVY, Treason, S. 9 f.) DRESSLER, Philosophie vs. Religion, S. 137 f.

38 Vgl. aus der Fülle der Literatur zuletzt Robin WATERFIELD, Why Socrates died. Dispelling the Myths, London 2009; ferner DRESSLER, Philosophie vs. Religion, S. 113 ff.

39 Diog. Laert. 2.40.

40 Wolfgang WILL, Der Untergang von Melos, Bonn 2006, S. 54 ff., Zitat S. 59; SCHEER, Kultbild, S. 234 ff.; Oswyn MURRAY, The Affair of the Mysteries: Democracy and the

Drinking Group, in: ders. (Hg.): Sympotica. A Symposium on the Symposion, Oxford 1994, S. 149–161.

41 BURKERT, Griechische Religion, S. 426 ff. Zum Mysterienfrevel mit weiterführender Literatur WILL, Der Untergang von Melos, S. 48 ff., vor allem Anm. 87, S. 138 f.

42 Dagegen MURRAY, The Affair of the Mysteries, S. 155 f.

43 Zentrale Belegstelle Diodor 13.6.7. Vgl. dazu SCHEER, Kultbild, S. 230 ff.; weiterhin WILL, Der Untergang von Melos, S. 59 ff. WILL übersetzt S. 71 den Asebie-Vorwurf Diodors umstandslos mit ›Blasphemie‹, sinngemäß vielleicht richtig, aber jedenfalls anachronistisch. Zur neueren Forschungsliteratur zu Diagoras vgl. die Rezension von Jakub FILONIK zu: Marek WINIARCZYK, Diagoras of Melos. A Contribution to the History of Ancient Atheism, Berlin 2016, in: H-Soz-Kult, 15. 10. 2018, www.hsozkult.de/publicationreview/id/reb-25925 (5. 8. 20).

44 Cicero, De natura deorum III.89.

45 SCHEER, Kultbild, S. 231 f.

46 BURKERT, Griechische Religion, S. 411.

47 Generell zum Folgenden vor allem die pointierte Darstellung von Klaus BRINGMANN, Geschichte der Juden im Altertum. Vom babylonischen Exil bis zur arabischen Eroberung, Stuttgart 2005; Peter SCHÄFER, Geschichte der Juden in der Antike, 2. Auflage, Tübingen 2010; zur Frühzeit Manfred CLAUSS, Geschichte Israels. Von der Frühzeit bis zur Zerstörung Jerusalems (587 v. Chr.), München 1986.

48 Vgl. CLAUSS, Geschichte Israels, S. 102 ff.

49 Ebd., S. 137 ff.

50 Ebd., S. 199 ff.

51 BRINGMANN, Geschichte der Juden im Altertum, S. 46.

52 Vgl. SCHÄFER, Geschichte der Juden in der Antike, S. 42 ff. auf der Grundlage des bisherigen Forschungsstandes; jetzt aber Joh. Chr. BERNHARDT, Die jüdische Revolution. Untersuchungen zu Ursachen, Verlauf und Folgen der hasmonäischen Erhebung, Berlin / Boston 2017, hier S. 110 ff. und S. 217ff, der sowohl den Hellenismus eines Teils der jüdischen Oberschicht als auch die Religionsedikte des Antiochos IV. für fiktiv hält.

53 SCHÄFER, Geschichte der Juden in der Antike, S. 44; vgl. auch den Bericht über eine Opfergabe für Herakles in 1 Makk 4,1 ff.

54 1 Makk 1,21–24; 2 Makk 5,15.

55 SCHÄFER, Geschichte der Juden in der Antike, S. 51 ff.

56 BERNHARDT, Die jüdische Revolution, S. 274.

57 Ebd., S. 147 ff. S. 174 ff. Vgl. insgesamt SCHÄFER, Judenhass.

58 BRINGMANN, S. 218 ff.; SCHÄFER, Judenhass, S. 198 ff.

59 Vgl. Flavius Josephus, Contra Apionem, danach die folgenden Stellen. Vgl. insgesamt die eingehenden Analysen bei SCHÄFER, Judenhass, S. 85 ff. (Esel, Menschenopfer) bzw. S. 191 ff. (Schweinefleisch, Sabbat, Beschneidung).

60 Psalmen Salomos 2, 1–8, 24–31; vgl. BRINGMANN, Geschichte der Juden im Altertum, S. 166 f. Als Tempelfrevler, der von Gott gestraft wurde, erschien später auch der Triumvir Crassus, ebd., S. 169.

61 BRINGMANN, Geschichte der Juden im Altertum, S. 186 f.

62 Ebd., S. 225 f.

63 Ebd., S. 231.

64 Ebd., S. 240.

65 CLAUSS, Kaiser und Gott, S. 46 ff.

66 Elke BLUMENTHAL, Die Göttlichkeit des Pharao. Sakralität von Herrschaft und

Herrschaftslegitimierung im alten Ägypten, in: Franz-Reiner Erkens (Hg.): Sakralität von Herrschaft, Berlin 2002, S. 53–62, S. 53.

67 Clauss, Kaiser und Gott, S. 354 ff.

68 Sueton, Vita Tiberii 58; vgl. für andere Beispiele Clauss, Kaiser und Gott, S. 335 f.

69 Ebd., S. 383.

70 Niklas Holzberg, Racheakt und »negativer Fürstenspiegel« oder literarische Maskerade? In: Gymnasium 123 (2016), S. 321–339, bes. S. 326 f. Vgl. auch meinen Blog-Beitrag: Verkürbissung eines Kaisers (22. Mai 2020) auf https://kliotop.hypotheses.org/138 (5. 8. 20).

71 Schäfer, Judenhass, S. 200.

72 Ebd., S. 161 ff.

73 Ebd., S. 168 f. und S. 264.

74 Kurz Karen Piepenbrink, Antike und Christentum, Darmstadt 2007; reichhaltig, wenn auch in seiner Einseitigkeit durchaus umstritten, Clauss, Ein neuer Gott.

75 Vgl. dazu und zum Folgenden Friedrich Winkelmann, Geschichte des frühen Christentums, 4. aktual. Auflage, München 2007, S. 34 ff.

76 Winkelmann, Geschichte des frühen Christentums, S. 48 ff., Zitat S. 49. Dass König Agrippa I. aus dem Geschlecht des Herodes von den Engeln Gottes gestraft und mit einer tödlichen Krankheit belegt wurde, weil das Volk ihn als einen Gott verehrte, erscheint der Apostelgeschichte 12,23 logisch: Er habe Gott nicht die notwendige Ehre erwiesen. Schäfer, Geschichte der Juden, S. 138 spricht von dessen »Blasphemie«.

77 Schäfer, Geschichte der Juden in der Antike, S. 180.

78 Shaw, Sacred Violence, S. 287 ff.

79 Ebd., S. 211.

80 Winkelmann, Geschichte des frühen Christentums, S. 30 ff.

81 Tertullian, Apologeticum 16,12; Ad Nationes I,14. Shaw, Sacred Violence, S. 269 f.

82 Klassisch zur Wanderlegende Norman Cohn, Europe's Inner Demons. An Enquiry Inspired by the Great Witch-Hunt, Sussex 1975, S. 1 ff.

83 Joseph Walsh / Gunther Gottlieb, Zur Christenfrage im zweiten Jahrhundert, in: Gunter Gottlieb / Pedro Barceló (Hg.): Christen und Heiden in Staat und Gesellschaft des zweiten bis vierten Jahrhunderts, München 1992, S. 3–86, S. 21 ff. unterscheiden insgesamt zehn Gründe; zur aggressiven Sprache dort S. 38 ff.

84 Pedro Barceló, Fundamentalistische Tendenzen in Heidentum und Christentum des 4. Jahrhunderts, in: ders., Religiöser Fundamentalismus, S. 119–134, hier S. 122.

85 Clauss, Ein neuer Gott, S. 148.

86 Ebd., S. 146.

87 Ebd., S. 293 ff.

88 Piepenbrink, Antike und Christentum, S. 70.

89 Vgl. grundsätzlich Piepenbrink, Antike und Christentum; Jochen Martin, Spätantike und Völkerwanderung, 4. Auflage, München 2001; Peter Brown, The Rise of Western Christendom. Triumph and Diversity, A. D. 200–1000, Second Edition, Malden, Mass. 2003, S. 58 ff.; Betonung von Fundamentalismus und Gewalt vor allem bei Ramsay MacMullen, Christianity and Paganism in the Fourth to Eighth Centuries, New Haven / London 1997; sowie Clauss, Ein neuer Gott, S. 293 ff.

90 Vgl. insgesamt Karl Leo Noethlichs, Art. »Heidenverfolgung«, in: Reallexikon für Antike und Christentum 13 (1986), Sp. 1149–1190, hier konkret Sp. 1161.

91 Brown, The Rise of Western Christendom, S. 75. Vgl. Piepenbrink, Antike und Christentum, S. 84.

92 MacMullen, Christianity and Paganism, S. 12 ff.; Sauer, Religious Hatred, S. 114 ff. In polemischer Einseitigkeit hat jüngst Catherine Nixey, The Darkening Age. The Christian Destruction of the Classical World, London 2017, den Gewaltcharakter dieses Siegeszuges betont. Vgl. zur überwiegend kritischen Rezeption der Fachwissenschaft z. B. Stefan Rebenich in der »Süddeutschen Zeitung« vom 24.7.2019 oder https://en.wikipedia.org/w/index.php?title=The_Darkening_Age&oldid=932006207 (20.2.20).

93 Vgl. z. B. die Beiträge in Barceló: Religiöser Fundamentalismus.

94 Barceló, Fundamentalistische Tendenzen, S. 133.

95 MacMullen, Christianity and Paganism, S. 13, spricht von einem systematischen »touch of denigration«. Chronologische Beschreibung der sich verschärfenden Maßnahmen bei Noethlichs, Heidenverfolgung.

96 Martin Heimgartner, Art. ›Paganus‹, in: Der Neue Pauly, published online 2006, http://dx.doi.org/10.1163/1574-9347_dnp_e903690 (20.2.20). Vgl. Brown, The Rise of Western Christendom, S. 74.

97 Clauss, Ein neuer Gott, S. 374.

98 Vgl. zum Folgenden die Erläuterungen und die Edition bei Richard Klein (Hg.), Der Streit um den Victoriaaltar, Darmstadt 1972.

99 Vgl. Johannes Hahn, Gewalt und religiöser Konflikt. Studien zu den Auseinandersetzungen zwischen Christen, Heiden und Juden im Osten des Römischen Reiches, Berlin 2004, S. 78 ff.; ders., »Ausgemerzt werden muss der Irrglaube!« Zur Ideologie und Praxis christlicher Gewalt gegen pagane Kulte in der Spätantike, in: Barceló, Religiöser Fundamentalismus, S. 209–248, hier S. 223 ff.

100 Hahn, Gewalt und religiöser Konflikt, S. 87.

101 Almuth Lotz, Religiöse Intoleranz und Gewalt in der Spätantike, in: Barceló, Religiöser Fundamentalismus, S. 197–208, S. 202 ff.; Hahn, Gewalt und religiöser Konflikt, S. 110 ff.

102 Winkelmann, Geschichte des frühen Christentums, S. 44 ff. Vgl. etwa für die radikale Zwangsbekehrung der örtlichen Judengemeinde durch den Bischof Severus auf der Insel Menorca im Jahr 418 Severus of Minorca, S. 4 ff.; vgl. Clauss, Ein neuer Gott, S. 374 f.; Martin, Spätantike, S. 142 ff., S. 223 f.

103 Hahn, Gewalt und religiöser Konflikt, S. 212 f.

104 Hahn, Zur Ideologie und Praxis christlicher Gewalt, S. 218; ders., Gewalt und religiöser Konflikt, S. 223 ff.

105 Sauer, The Archeology of the Religious Hatred, S. 159.

106 Zitiert nach Shaw, Sacred Violence, S. 209 f. Vgl. allgemein Clauss, Ein neuer Gott, S. 394 ff.

107 Sauer, Religious Hatred, S. 79 ff., S. 89 ff., S. 157 f.

108 Hartmut Leppin, Justinian. Das christliche Experiment, Stuttgart 2011, S. 102.

109 Sauer, Religious Hatred, S. 71 f. nach Gregor von Tours, Frankengeschichte 8,15; ebd., S. 11 f. nach MGH SS rer. Merov. Bd. 4, 1902, S. 259 f., S. 289.

110 MGH SS rer. Germ. Bd. 57, ed. Wilhelm Levinson, Hannover 1905, S. 31 f.

111 Die Beiträge in Barceló, Religiöser Fundamentalismus, kommen in diesem Punkt zu unterschiedlichen Bewertungen. Die Gesamtdarstellung von Clauss, Ein neuer Gott, folgt dagegen konsequent (und, wie manche Rezensenten kritisieren, in einseitiger Zuspitzung) der Vorstellung eines Wahrheitsabsolutismus des frühen Christentums.

112 Shaw, Sacred Violence, S. 73 f.

113 Norbert Brox, Art. »Häresie«, in: Reallexikon für Antike und Christentum Bd. 13, Stuttgart 1986, Sp. 248–297, hier Sp. 283.

114 Epistola 59. Alle Angaben und Zitate im Folgenden nach der Bibliothek der Kirchenväter (http://www.unifr.ch/bkv/kapitel1999.htm).
115 Clauss, Ein neuer Gott, S. 13 ff., Zitat S. 23. Zur »Animalization« ausführlich Shaw, Sacred Violence, S. 332 ff.
116 Vgl. den Spannungsbogen der Beiträge bei Oda Wischmeyer/Lorenzo Scornaienchi (Hg.): Polemik in der frühchristlichen Literatur. Texte und Kontexte, Berlin 2010.
117 Clauss, Ein neuer Gott, S. 447 ff. Vgl. für die Zeit davor Shaw, Sacred Violence, passim.
118 Clauss, Ein neuer Gott, S. 375.
119 Wischmeyer/Scqrnaienchi, Polemik in der frühchristlichen Literatur, S. 9.
120 Augustinus, Sermo 62 (https://www.augustinus.it/latino/discorsi/discorso_077_testo.htm), hier zitiert nach Clauss, Ein neuer Gott, S. 20.
121 Shaw, Sacred Violence, S. 272 ff., S. 279.
122 Brox, Häresie, bes. S. 264; Alfred Schindler, Häresie II. Kirchengeschichtlich, in: TRE 14 (1985), S. 318–341, hier S. 320.
123 P. Labriolle, Art. ›Apostasie‹, in: Reallexikon für Antike und Christentum Bd. 1, Stuttgart 1950, Sp. 550 f.
124 Lexikon des Mittelalters, Bd. 7, München 1995, Sp. 1276 f. R. Naz, Sacrilège, in: Dictionnaire de Droit Canonique, Bd. 7, Paris 1965, Sp. 830–834.
125 Wolfgang Speyer, Art. ›Gottesfeindschaft‹, in: Reallexikon für Antike und Christentum Bd. 9, Stuttgart 1981, Sp. 996–1043, bes. Sp. 1034 ff.; Jean-Claude Fredouille, Art. ›Götzendienst‹, in: ebd., Bd. 11, Sp. 828–895.
126 Corpus Juris Civilis, Novelle 77 »UT NON LUXURIETUR«.
127 Vgl. Leppin, Justinian; wichtige neue Forschungsakzente setzte Mischa Meier, Das andere Zeitalter Justinians. Kontingenzerfahrung und Kontingenzbewältigung im 6. Jahrhundert n. Chr., Göttingen 2003.
128 Vgl. Meier, Das andere Zeitalter, S. 118 u. ö. zum Motiv der Sorge für die Untertanen.
129 Leppin, Justinian, S. 170 f.; Meier, Das andere Zeitalter Justinians, S. 115 ff.
130 Leppin, Justinian, S. 100 f.
131 Ebd., S. 105.
132 Zitiert nach Leppin, Justinian, S. 206.
133 Ulrich Buentgen et. al, »Cooling and societal change during the Late Antique Little Ice Age from 536 to around 660 CE«, Nature Geoscience, published online: 08 February 2016, DOI: 10.1038/NGEO2652, vgl. https://www.archaeologie-online.de/nachrichten/justinianische-pest-und-voelkerwanderung-folge-einer-kleinen-eiszeit-3043/); Meier, Das andere Zeitalter Justinians, S. 359 ff.
134 Ich folge hier in der Datierung und der Interpretation Meier, Das andere Zeitalter Justinians, S. 587 ff. Vgl. zur Novelle 77 weiterhin Leutenbauer, Gotteslästerung, S. 5 ff.
135 *Si enim impunitae non relinquuntur, multo magis dignus est supplicia sustinere.*
136 Vgl. Accursius: Glossa in Volumen, S. 249a.
137 So auch Accursius: Glossa in Volumen, S. 249a: *Supplicijs. vltimum supplicium solam mortem interpretamur vt ff. de pe. vltimum.*
138 Meier, Das andere Zeitalter Justinians, S. 598.
139 Vgl. zum Folgenden vor allem Merkel, Gotteslästerung; ergänzend Piatelli, L'offensa alla Divinità, S. 429 ff.
140 Vgl. Aug. serm. 71 (PL 38, 445–67); vgl. dazu Pierre-Patrick Verbraken, Le sermon

LXXI de saint Augustin sur le blasphème contre le Saint-Esprit, in: Revue Bénédictine 75 (1965), S. 54–108; zur Auslegungsgeschichte Baird TIPSON, A Dark Side of Seventeenth-Century English Protestantism: The Sin against the Holy Spirit, in: Havard Theological Review 77 (1984), S. 301–330.

141 MERKEL, Gotteslästerung, Sp. 1193.

142 Ebd. Sp. 1196.

143 Ebd. Sp. 1197.

144 PL 26, Sp. 516 f.

145 MERKEL, Gotteslästerung, Sp. 1200 f.

146 St. Johann Chrysostomus, De statuis I, 12 (https://www.unifr.ch/bkv/kapitel3227-12.htm).

147 Augustinus De moribus Manichaeorum (PL 32, Sp. 1354); vgl. PIATELLI, L'offensa alla Divinità, S. 431.

148 Augustinus, Enarratio in Psalmum 146 (PL 37, 1899): *Cum enim Deus laudatur de bono opere tuo, tuo laudas Deum; et cum blasphematur Deus de malo opere tuo, opere tuo blasphemas Deum.*

149 Vgl. dazu der Exkurs in SCHWERHOFF, Gott und die Welt, S. 263 ff., sowie wichtige Ergänzungen und Korrekturen bei LEVELEUX, La parole interdite, S. 59 ff. und LINDORFER, Bestraftes Sprechen, S. 136 ff. Vgl. auch meinen Blog-Beitrag: Ein Frühmittelalter (fast) ohne Blasphemie (23. Mai 2020) auf https://kliotop.hypotheses.org/143 (5. 8. 20).

## Streit unter den Kindern Abrahams

1 Vgl. für dieses Kapitel mit z. T. zusätzlichen Belegen SCHWERHOFF, Blasphemie zwischen antijüdischem Stigma und kultureller Praxis.

2 Vgl. dazu aus der Sicht der katholischen Theologie die Beiträge in Karl KERTELGE (Hg.), Der Prozess gegen Jesus, Freiburg i. Br. 1988, sowie komprimiert Thomas SÖDING unter http://www.ruhr-uni-bochum.de/imperia/md/content/nt/nt/dertojesu/jesuprozess.pdf (5. 8. 20); aus jüdischer Perspektive Chaim COHN, Der Prozeß und Tod Jesu aus jüdischer Sicht, Leipzig 2001, dort S. 503 ff. auch das die neuere Diskussion resümierende Nachwort von Christian Wiese; dazu auch http://www.juedisches-recht.de/rec_prozess_jesu.php. (5. 8. 20). Vgl. auch MERKEL, Gotteslästerung, Sp. 1191 f.

3 Vgl. mit weiterer Literatur Gerd SCHWERHOFF, Invektive Hände. Schmähgesten im Spätmittelalter und in der Frühen Neuzeit, in: Robert Jütte / Romedio Schmitz-Esser (Hg.): Handgebrauch, München 2019, S. 211–234, S. 218 ff.

4 Vgl. zum Folgenden zentral SCHÄFER, Jesus im Talmud; SCHÄFER, Jüdische Polemik.

5 SCHÄFER, Jüdische Polemik, S. 14.

6 SCHÄFER, Jesus im Talmud, S. 146.

7 Ebd., S. 167 ff.

8 SCHÄFER, Jüdische Polemik, S. 23 ff. Anders Yaacov DEUTSCH, The Second Life of the Life of Jesus: Christian Reception of Toledot Yeshu, in: Peter Schäfer u. a. (Hg.): Toledot Yeshu Revisited, Tübingen 2011, S. 283–295. Der komplizierten und nicht hinreichend erforschten Überlieferungsgeschichte der Toledot Jeschu kann die folgende Passage kaum hinreichend gerecht werden.

9 Hanne TRAUTNER-KROMANN, Shield and Sword. Jewish Polemics against Christianity and Christians in France and Spain from 1100–1500, Tübingen 1993, S. 57; vgl. systematisch zu diesem Punkt ebd., S. 118 ff.

10 Ebd., S. 143, S. 147.

11 Paola TARTAKOFF, The Toledot Yeshu and Jewish-Christian Conflict in the Medieval Crown of Aragon, in: Peter Schäfer u. a. (Hg.): Toledot Yeshu (»The Life Story of Jesus«) Revisited, Tübingen 2011, S. 297–309.

12 David NIRENBERG, Antijudaismus. Eine andere Geschichte des westlichen Denkens, München 2015; Stefan ROHRBACHER / Michael SCHMIDT, Judenbilder. Kulturgeschichte antijüdischer Mythen und antisemitischer Vorurteile, Reinbek bei Hamburg 1991.

13 L.-M. RIGOLLOT (Hg.), Ludolphus de Saxonia, Vita Jesu Christi, Tom. IV, Rom 1870, S. 500 f.

14 Franz X. ZACHER (Hg.), Die Passion des Herren (Passauer Passionale). Gepredigt im Passauer Dom im Jahre 1460 von Dr. Paul Wann † 1489, Augsburg 1928, S. 55.

15 Johannes Chrysostomus, Acht Reden gegen die Juden, eingel. v. Rudolf BRÄNDLE, Stuttgart 1993, S. 73; vgl. NIRENBERG, Antijudaismus, S. 122 ff.

16 Friedrich BATTENBERG, Das europäische Zeitalter der Juden. Zur Entwicklung einer Minderheit in der nichtjüdischen Umwelt Europas, Bd. I: Von den Anfängen bis 1650, Darmstadt 1990, S. 62.

17 Giles CONSTABLE (Hg.), The Letters of Peter the Venerable, 1. Bd., Cambridge / Mass. 1967, Nr. 130, hier S. 328. Vgl. Heinz SCHRECKENBERG, Die christlichen Adversus-Judaeos-Texte, 2. Band, Frankfurt / M. u. a. 1988, S. 180 ff.; Jeremy COHEN, The Friars and the Jews. The Evolution of Medieval Anti-Judaism, Ithaca und London 1982, S. 26 ff.

18 Yvonne FRIEDMANN, Petri Venerabilis Adversus Iudeorum Inveteratam Duritiem, Turnholt 1985, S. 127; Vgl. SCHRECKENBERG, Adversus-Judaeos-Texte Bd. 2, S. 184 für weitere Nachweise.

19 SCHRECKENBERG, Adversus-Judaeos-Texte, Bd. 2, S. 185 f.

20 FRIEDMANN, Petri Venerabilis Adversus Iudeorum, S. 186.

21 Zu den Vorgängen Karl H. RENGSTORF / Siegfried v. KORTZFLEISCH (Hg.), Kirche und Synagoge, Bd. 1, Stuttgart 1968, S. 227 ff.; COHEN, The Friars and the Jews, S. 60 ff.; Alexander PATSCHOVSKY, Der »Talmudjude«. Vom mittelalterlichen Ursprung eines neuzeitlichen Themas, in: Alfred Haverkamp / Franz-Josef Ziwes (Hg.): Juden in der christlichen Umwelt während des späten Mittelalters, Berlin 1992, S. 13–27, S. 16 ff.; Hans PETERSE, Jacobus Hoogstraeten gegen Johannes Reuchlin, Mainz 1995, S. 112 ff.

22 Vgl. zu den Quellen Hyam MACCOBY (Hg.), Judaism on Trial. Jewish-Christian Disputations in the Middle Ages, London u. Washington [2]1993, S. 153 ff.

23 Heinrich DENIFLE / Imile CHATELAIN (Hg.), Chartularium Universitates Parisiensis, Bd. 1, Paris 1889, Nr. 178, S. 209.

24 Shlomo SIMONSOHN (Hg.), The Apostolic See and the Jews. Documents: 492–1404, Toronto 1988, Nr. 171, S. 180; Nr. 211, S. 216; Nr. 228, S. 233; Nr. 229, S. 235 f.; Nr. 309, S. 321 f.; COHEN, The Friars and the Jews, S. 81, S. 86 Anm. 27; SCHWERHOFF, Blasphemie zwischen antijüdischem Stigma und kultureller Praxis, S. 130 f.

25 Bernard Gui, Practica Inquisitionis Heretice Pravitatis, hrsg. von Celestine DOUAIS, Paris 1886 II 48, 50–54, S. 67 ff.; V 5.4 S. 290–292; COHEN, The Friars and the Jews, S. 89 ff.

26 SIMONSOHN, The Apostolic See, Nr. 230, S. 236 f.; Nr. 236, S. 244; vgl. Heinz SCHRE-

CKENBERG, Die christlichen Adversus-Judaeos-Texte, 3. Band, Frankfurt / M. 1994, S. 434 ff.

27 PATSCHOVSKY, Der »Talmudjude«, S. 23.

28 Ebd.; vgl. weiterhin Carmen CARDELLE DE HARTMANN, Drei Schriften mit dem Titel Pharetra fidei, in: Aschkenas 11 (2001), S. 327–349.

29 Haig BOSMAJIAN, Burning Books, Jefferson / North Carolina 2006, S. 45; vgl. Henry KAMEN, The Spanish Inquisition. A Historical Revision, New Haven 1997, S. 103 ff.; Christopher F. BLACK, The Italian Inquisition, New Haven / London 2009, S. 177 f.

30 Joseph KLAPPER (Hg.), Erzählungen des Mittelalters in deutscher Übersetzung und lateinischem Urtext, Breslau 1914, Nr. 62, S. 73 f. u. 281 f.

31 Ebd., Nr. 91, S. 103 und 307.

32 František GRAUS, Pest – Geißler – Judenmorde. Das 14. Jahrhundert als Krisenzeit, Göttingen 1987, S. 286 ff.

33 Vgl. nur ebd., S. 275 ff.; Joshua TRACHTENBERG, The Devil and the Jews, New Haven 1943.

34 Wolfgang TREUE, Der Trienter Judenprozess, Hannover 1996.

35 Erich KLEINSCHMIDT, Rudolf von Schlettstadt, Historiae Memorabiles, Köln 1974, Nr. 1, S. 42.

36 Klaus SCHREINER, Maria. Jungfrau, Mutter, Herrscherin, München 1994, S. 450 ff.

37 SHACHAR, The Judensau, S. 30 ff. (Wittenberg), S. 36 f. (Frankfurt / M.); Birgit WIEDL, Laughing at the Beast. The Judensau: Anti-Jewish Propaganda and Humor from the Middle Ages to the Early Modern Period, in: Albrecht Classen (Hg.): Laughter in the Middle Ages and Early Modern Times, Berlin / New York 2010, S. 325–364.

38 WIEDL, Laughing at the Beast, S. 351.

39 Hans-Martin KIRN, Das Bild vom Juden im Deutschland des frühen 16. Jahrhunderts, dargestellt an den Schriften Johannes Pfefferkorns, Tübingen 1989, S. 8 bzw. S. 203; PETERSE, Jacobus Hoogstraeten, S. 22 ff.

40 Winfried FREY, Gottesmörder und Menschenfeinde. Zum Judenbild in der deutschen Literatur des Mittelalters, in: Alfred Ebenbauer / Klaus Zatloukal (Hg.): Die Juden in ihrer mittelalterlichen Umwelt, Wien 1991, S. 35–51, hier S. 35 f.

41 Martin Luther, Werke (Weimarer Ausgabe) Bd. 13, Weimar 1889, S. 505.

42 Ebd., S. 511–522.

43 Ebd., S. 520.

44 Thomas KAUFMANN, Luthers Juden, Stuttgart 2014, S. 22; S. 111 f.

45 LUTHER, Werke, Bd.53, S. 528.

46 Vgl. KAUFMANN, Luthers Juden, insbesondere 171 f.; auch NIRENBERG, Antijudaismus, S. 253 ff.

47 KAUFMANN, Luthers Juden, S. 134; SCHÄFER, Jüdische Polemik, S. 55.

48 LUTHER, Werke, Bd. 53, S. 600 f.

49 SHACHAR, The Judensau, S. 43 ff. und Pl. 39.

50 Ebd., S. 52 ff. und Pl. 41–52; TREUE, Der Trienter Ritualmordprozess, S. 452 ff.

51 VD 16 J 1028.

52 Vgl. dazu nur »Ains Judenbüchlins Verlegung« von Johannes Eck aus dem Jahr 1540 bei TREUE, Der Trienter Ritualmordprozess, S. 459 ff.

53 TREUE, Der Trienter Ritualmordprozess, S. 450 f.

54 Vgl. weiterführend SCHWERHOFF, Blasphemie als antijüdisches Stigma, S. 140 ff.

55 Christoph NONN, Eine Stadt sucht einen Mörder. Gerücht, Gewalt und Antisemitismus im Kaiserreich, Göttingen 2002; Helmut WALSER SMITH, Die Geschichte des

Schlachters. Mord und Antisemitismus in einer deutschen Kleinstadt, Göttingen 2002.

56 Hubert WOLF, »Pro perfidis Judaeis«. Die »Amici Israel« und ihr Antrag auf eine Reform der Karfreitagsfürbitte für die Juden (1928), in: Historische Zeitschrift 279 (2004), S. 611–658, hier S. 612. Vgl. https://de.wikipedia.org/w/index.php?title=Karfreitagsf%C3%BCrbitte_f%C3%BCr_die_Juden&oldid=187698544 (5.8.20).

57 Josef VAN ESS, Der Eine und das Andere. Beobachtungen an islamischen häresiographischen Texten, Berlin / New York 2011, S. 1310.

58 Jonathan P. BERKEY, The Formation of Islam. Religion and Society in the Near East, 600–1800, Cambridge 2003, S. 83 ff., 130 ff. und 159 ff.; Matthias ROHE, Das islamische Recht. Geschichte und Gegenwart, München 2009, S. 153 ff.

59 Vgl. Pim VALKENBURG in David THOMAS (Hg.), Routledge Handbook on Christian-Muslim Relations, Abingdon-on-Thames / New York 2018, S. 39 f. und 49 f.

60 Zit. n. THOMAS, Routledge Handbook, S. 169.

61 Zum Folgenden vor allem WIEDERHOLD, Blasphemy against the Prophet; weiterhin KHAN, Blasphemy in Islamic Law; ROHE, Das islamische Recht, S. 134 f.; TOLAN, Blasphemy and Protection, S. 38; SAHNER, Christian martyrs under Islam, S. 120 ff.; ADNANG, Accusations of Unbelief (Introduction); zur Verketzerung (*takfir*) ESS, Der Eine und das Andere, S. 1284 ff.

62 Vgl. die Beispiele von *Takfir*-Fällen, die ausdrücklich lästerliche (»blasphemische«) Äußerungen zur Grundlage haben, aus der Zeit spätmittelalterlicher Mameluckenherrschaft bei Amalia LEVANONI, Takfir in Egypt and Syria during the Mamlūk Period, in: Adnang, Accusations of unbelief, S. 155–188, z. B. S. 158–162, S. 172.

63 Janina M. SAFRAN, Defining Boundaries in Al-Andalus. Muslims, Christians, and Jews in Islamic Iberia, Ithaca N. Y. 2013, S. 50 f.

64 Ebd., S. 46 ff.

65 Ebd., S. 73 ff.

66 Christian MÜLLER, Gerichtspraxis im Stadtstaat Córdoba. Zum Recht der Gesellschaft in einer mālikitisch-islamischen Rechtstradition des 5./11. Jahrhunderts, Leiden 1999, S. 204 ff.

67 WIEDERHOLD, Blasphemy against the Prophet, S. 43.

68 KHAN, Blasphemy in Islamic Law, S. 62 f.

69 WIEDERHOLD, Blasphemy against the Prophet, S. 47 ff., S. 62 f.; vgl. ESS, Der Eine und das Andere, S. 101.

70 Meir LITVAK, Encouters between Shi'i and Sunni ›Ulama‹ in Ottoman Iraq, in: Ofra Bengio / ders. (Hg.): The Sunna and Shi'a in History. Division and Ecumenism in the Muslim Middle East, London 2011, S. 69–86, S. 71 ff.

71 Ebd., S. 77 ff.

72 Robert G. HOYLAND, Seeing Islam As Others Saw It. A Survey and Evaluation of Christian, Jewish and Zoroastrian Writings of Early Islam, Princeton / New Jersey 1997, S. 72 f.

73 Ebd., S. 100, S. 94.

74 TOLAN, Blasphemy and Protection, S. 42.

75 SAHNER, Christian martyrs under Islam, S. 130.

76 Kenneth Baxter WOLF, Christian Martyrs in Muslim Spain, Cambridge 1988; Jessica A. COOPE, The Martyrs of Córdoba. Community and Family Conflict in an Age of Mass Conversion, Lincoln / Nebraska 1995; Charles L. TIESZEN, Christian Identity and Islam in Mediaval Spain, Leiden 2013; SAFRAN, Defining Boundaries, S. 91 ff.; SAHNER, Christian martyrs under Islam, S. 140 ff.

77 Coope, The Martyrs of Córdoba, S. 19 f.; Tieszen, Christian Identity, S. 39.
78 Coope, The Martyrs of Córdoba, S. 47 f.; Tieszen, Christian Identity, S. 56 f.
79 Coope, The Martyrs of Córdoba, S. 17 f.; Tieszen, Christian Identity, S. 57.
80 Chronologie bei Coope, The Martyrs of Córdoba, S. XV–XVII; im Einzelnen Wolf, Christian Martyrs, S. 23 ff.
81 Wolf, Christian Martyrs, S. 116; vgl. Coope, The Martyrs of Córdoba, S. 14; Safran, Defining Bounderies, S. 96.
82 Coope, The Martyrs of Córdoba, S. 66.
83 Wolf, Christian Martyrs, S. 77 ff.; Coope, The Martyrs of Córdoba, S. 43; Tieszen, Christian Identity, S. 61 f.
84 Safran, Defining Boundaries, S. 98.
85 Rohe, Das islamische Recht, S. 262.
86 Zum Folgenden in aller wünschenswerten Klarheit Naef, Bilder und Bilderverbot.
87 Ebd., S. 129 f.

## Mittelalter: Das Zeitalter der Zungensünden

1 Zentral für dieses wie für die folgenden Kapitel Schwerhoff, Zungen wie Schwerter bzw. die z. T. etwas erweiterte Vorfassung ders., Gott und die Welt. Weiterhin Leveleux, La parole interdite; Lindorfer, Bestraftes Sprechen.
2 Peter Dinzelbacher, Handbuch der Religionsgeschichte im deutschsprachigen Raum II: Hoch- und Spätmittelalter, Paderborn 2000, S. 49; vgl. für einen problemorientierten Aufriss der ganzen Problematik John van Engen, The Christian Middle Ages as an Historiographical Problem, in: American Historical Review 91 (1986), S. 519–552, vor allem S. 539 zur Periodisierung; ferner z. B. Jacques Le Goff, Ludwig der Heilige, Stuttgart 2000, S. 36 ff.
3 Lindorfer, Bestraftes Sprechen, S. 53, auf deren Darstellung ich mich hier auch im Weiteren zentral stütze.
4 Johann Geuß, Tractatus de vicijs lingue, Nürnberg 1479; Johann Geiler von Kaysersberg, Das Buch der Sünden des Mundes, Straßburg 1518.
5 Bogner, Die Bezähmung der Zunge, S. 117 ff.
6 Vgl. den Aufriss im zweiten Teil von Casagrande / Vecchio, Les péchés de la langue, S. 173 ff.
7 Alle vorstehenden Zitate nach Schwerhoff, Zungen wie Schwerter, S. 28 bzw. S. 31. Vgl. weiterhin Leveleux, La parole interdite, S. 107 ff.
8 Zitiert nach Schwerhoff, Zungen, S. 29 Anm. 76.
9 Geiler von Kaysersberg, Das Buch der Sünden des Mundes, S. 19v.
10 Antoninus von Florenz, Summa Theologica, Bd. 2, Verona 1740, S. 839.
11 Vgl. dazu Schwerhoff, Zungen wie Schwerter, S. 32 ff.
12 Schwerhoff, Zungen wie Schwerter, S. 37.
13 Ebd., S. 40.
14 Bernardino von Siena, De orrendo peccato blasphemiae et de impietatibus eius, in: Opera Omnia, Bd. 2, Ad Claras Aquas (Quaracchi) 1950, Sermo XLI, S. 5–19.
15 Schwerhoff, Zungen wie Schwerter, S. 45 ff.
16 A. Lecoy de la Marche (Hg.), Anecdotes Historiques Légendes et Apologues Tirés du Recueil inédit d'Etienne de Bourbon, Dominicain du XIIIe Siècle, Paris 1877, Nr. 392, S. 343.

17 Ebd., Nr. 386, S. 341 f.; vgl. SCHWERHOFF, Zungen wie Schwerter, S. 49 ff.

18 Gerd SCHWERHOFF, Christus zerstückeln. Das Schwören bei den Gliedern Gottes und die spätmittelalterliche Passionsfrömmigkeit, in: Klaus Schreiner (Hg.): Frömmigkeit im Mittelalter, München 2002, S. 499–527, S. 512 ff.

19 SCHWERHOFF, Zungen wie Schwerter, S. 211.

20 Bernardino von Siena: De orrendo peccato blasphemiae, art. I, cap. 1, S. 7.

21 Thomas F. CRANE (Hg.), Jaques de Vitry, The Exempla or Illustrative Stories from the Sermones Vulgares, London 1890, Nr. 220, S. 91 f.

22 Albert WESSELSKI (Hg.), Heinrich Bebel, Schwänke, 2. Bände, München und Leipzig 1907, Bd. 1, S. 51.

23 LINDORFER, Bestraftes Sprechen, S. 128.

24 SCHWERHOFF, Zungen wie Schwerter, 216 f.

25 Alexander von Hales, Summa Theologica, Bd. 3: Secunda Pars, Secundi Libri, Ad Claras Aquas (Quaracchi) 1930, S. 466.

26 SCHWERHOFF, Zungen wie Schwerter, S. 38.

27 Georg STEER u. a. (Hg.), Die ›Rechtssumme‹ Bruder Bertholds. Eine deutsche abecedarische Bearbeitung der ›Summa Confessorum‹ des Johannes von Freiburg, Bd. 1, Tübingen 1987, B 64, S. 508–510

28 Vgl. den Artikel von Christian SCHWAB unter http://www.historisches-lexikon-bayerns.de/Lexikon/Geistliche_Gerichtsbarkeit (5. 8. 20).

29 Emil FRIEDBERG (Hg.), Corpus Iuris Canonici, 2 Bände, Leipzig 1879/81, hier Bd. 2, Sp. 826 f. Vgl. SCHWERHOFF, Gott und die Welt, S. 95 ff.; LEVELEUX, La parole interdite, S. 78 ff.; KÉRY, Gottesfurcht, S. 541 ff.

30 SCHWERHOFF, Gott und die Welt, S. 99.

31 SCHWERHOFF, Gott und die Welt, S. 97; LEVELEUX, La parole interdite, S. 88 ff.

32 LEVELEUX, La parole interdite, S. 82 ff.

33 Hermann CONRAD u. a. (Hg.), Die Konstitutionen Friedrichs II. von Hohenstaufen für sein Königreich Sizilien, Köln / Wien 1973, S. 348; vgl. SCHWERHOFF, Zungen, S. 119 f.

34 SCHWERHOFF, Zungen wie Schwerter, S. 123 f.

35 LE GOFF, Ludwig der Heilige, S. 208.

36 VD 17 23:677439H.

37 LE GOFF, Ludwig der Heilige, S. 187, 189.

38 Eine angebliche Ordonnanz des Königs Philippe Auguste von 1182 ist verloren. Es handelt sich wahrscheinlich ohnehin um eine Stilisierung aus späterer Zeit, vgl. LEVELEUX, La parole interdite, S. 293 ff.

39 Ordonnances des Roys de France de la troisiéme race, Bd. 1, Paris 1723, S. 99–102; vgl. LEVELEUX, La parole interdite, S. 299 ff.

40 LEVELEUX, La parole interdite, S. 306 ff., hier S. 312.

41 SCHWERHOFF, Gott und die Welt, S. 121.

42 Charles GIRAUD (Hg.), Essai sur l'histoire du droit française au Moyen Age, 2. Band, Paris 1846, S. 196.

43 Peter CSENDES (Hg.), Die Rechtsquellen der Stadt Wien, Wien 1986, Nr. 4, Art. 15, S. 36; vgl. SCHWERHOFF, Zungen wie Schwerter, S. 124 f.

44 Die Angaben bei MONTAGU, The Anatomy of Swearing, S. 108 über Zungenstrafen in der schottischen Gesetzgebung des 10. Jahrhunderts konnten nicht verifiziert werden.

45 Vgl. die Übersicht bei SCHWERHOFF, Gott und die Welt, S. 282; SCHWERHOFF, Zungen wie Schwerter, S. 133 ff.

46 Antoninus von Florenz, Summa Theologica, Bd. 2, Verona 1740, S. 840; vgl. FRIEDBERG, Corpus Iuris Canonici, Bd. 2, Sp. 827; SCHWERHOFF, Gott und die Welt, S. 101; HORODOWICH, Language and Statecraft, S. 59 ff.

47 SCHWERHOFF, Gott und die Welt, S. 102 f.

48 Ebd., S. 111 ff.; vgl. ausführlich für die Städte Basel, Köln und Nürnberg SCHWERHOFF, Blasphemie vor den Schranken, hier S. 59 ff.; für Zürich Susanna BURGHARTZ, Leib, Ehre und Gut. Delinquenz in Zürich Ende des 14. Jahrhunderts, Zürich 1990, S. 134–137 und 267–69. Für Frankreich LEVELEUX, La parole interdite, S. 373 ff. bes. Tab. S. 394, mit allerdings nicht immer konsistenten Zahlenangaben.

49 Peter SCHUSTER, Eine Stadt vor Gericht. Recht und Alltag im spätmittelalterlichen Konstanz, Paderborn 2000, S. 71 u. S. 74–76.

50 LECOY DE LA MARCHE, Anecdotes Historiques, Nr. 385, S. 340; ähnlich CRANE, Jacques de Vitry, Nr. 219, S. 91. Vgl. für den folgenden Abschnitt insgesamt SCHWERHOFF, Zungen wie Schwerter, S. 180 ff.

51 BELMAS, La montée, S. 23. Allerdings war die göttliche Majestät bereits im Gesetz Ludwigs des Heiligen erwähnt worden. Die Kanonistik des 13. Jh. kannte ein ähnliches Motiv, vgl. KÉRY, Gottesfurcht, S. 542, 545.

52 Jodocus Damhouder, Praxis Rerum Criminalium, Antwerpen 1601, cap. 61, S. 108 ff., hier 123 [eigentl. 113]. – 1565 sprechen die Rechtskonsulenten des Nürnberger Rates ganz selbstverständlich von der Blasphemie als *crimen lese Maiestatis divinae,* ohne dass damit übrigens besonders harte Strafforderungen verknüpft worden wären (StaatsAN Ratschlagbuch Nr. 17, fol. 67v-69v).

53 Johannes GERSON, Adversus Blasphemiae Crimen, in: Œuvres Complètes, Bd. 9, Paris 1973, S. 168–170, hier S. 169.

54 LEVELEUX, La parole interdite, S. 332 f. Vgl. BELMAS, La montée, S. 13 f.; HILDESHEIMER, La répression, S. 67.

55 Heinz ANGERMEIER (Hg.), Deutsche Reichstagsakten unter Maximilian I. V. Band, Bd. 1, Teil 1, Göttingen 1981, Nr. 458, S. 576. Vgl. insgesamt SCHWERHOFF, Zungen wie Schwerter, S. 148 ff. zum Mandat und ebd., S. 190 ff. zur Vergeltungstheologie.

56 SCHMIDT, Die Ächtung des Fluchens, S. 73 ff.; Sebastian FRENZEL, Die Ordnung des Zorns. Der Zorn Gottes in den Policeygesetzen der Reichsstadt Ulm, in: Alexander Kästner / Gerd Schwerhoff (Hg.): Göttlicher Zorn und Menschliches Maß. Religiöse Abweichung in frühneuzeitlichen Stadtgemeinschaften, Konstanz 2013, S. 45–71.

57 Johannes SCHNELL (Hg.), Rechtsquellen von Basel Stadt und Land, 1. Teil, Basel 1856, Nr. 185, S. 215. Vgl. SCHWERHOFF, Zungen wie Schwerter, S. 192 f.

58 SCHWERHOFF, Blasphemie vor den Schranken, S. 56; Hermann RENNEFAHRT (Hg.), Die Rechtsquellen des Kantons Bern, VI.1, Aarau 1960, VI.1, S. 109.

59 Vgl. zum Folgenden SCHWERHOFF, Zungen wie Schwerter, S. 180 ff.

60 Günter JEROUSCHEK, Die Herausbildung des peinlichen Inquisitionsprozesses im Spätmittelalter und in der frühen Neuzeit, in: Zeitschrift für die gesamte Strafrechtswissenschaft 104 (1992), S. 328–360, hier S. 353, 358.

61 LEVELEUX, La parole interdite, S. 352 f.

62 Ebd, S. 384 ff.; SCHWERHOFF, Blasphemie vor den Schranken, S. 51 ff.; SCHWERHOFF, Zungen wie Schwerter, S. 137 ff.

63 SCHWERHOFF, Zungen wie Schwerter, S. 139; BURGHARTZ, Leib, Ehre und Gut, S. 137.

64 SCHUSTER, Eine Stadt vor Gericht, S. 76.

65 Vgl. für das Folgende insgesamt, mit vielen weiteren Belegen, SCHWERHOFF, Zungen wie Schwerter, S. 196 ff.

66 Vgl. mit weiterer Literatur zum gesamten Komplex BLICKLE, Der Fluch und der Eid; Paolo PRODI, Das Sakrament der Herrschaft. Der politische Eid in der Verfassungsgeschichte des Okzidents, Berlin 1997; Peter FRIEDRICH / Manfred SCHNEIDER (Hg.): Fatale Sprachen. Eid und Fluch in der Literatur- und Rechtsgeschichte, München 2009.
67 Thomas von Aquin, *De juramento,* in: Kevin D. O'Rourke (Hg.), St. Thomas Aquinas, Summa Theologica, Vol. 39, Blackfriars 1964, quaestio 89, S. 202–235.
68 Ebd., S. 218.
69 Otto FEGER (Hg.), Vom Richtebrief zum Roten Buch. Die ältere Konstanzer Ratsgesetzgebung, Konstanz 1955, Nr 35, S. 139 f.; H. ZELLER-WERDMÜLLER (Hg.), Die Zürcher Stadtbücher des XIV. und XV. Jahrhunderts, Bd. 1, Leipzig 1899, Nr. 340, S. 164 f.
70 Vgl. HUGHES, Swearing, S. 13.
71 SCHWERHOFF, Blasphemie vor den Schranken, S. 115 f.
72 SCHWERHOFF, Christus zerstückeln, S. 520 f.
73 Johann Geiler von Kaysersberg, Des hochwirdigen doctor Keiserspergs Narrenschiff ..., Straßburg 1520 (VD 16 G 780), fol. 173raf.
74 SCHWERHOFF, Christus zerstückeln, bes. S. 516 ff.
75 MONTAGU, The Anatomy of Swearing, S. 115, 128, 130 f. – Auch ein Wandgemälde in der Kirche von Broughton (Buckinghamshire) zeigt das Motiv der Misshandlung Christi durch junge Rowdys, die bei seinen Gliedern schwören, vgl. Christopher WOODFORDE, A medieval campaign against blasphemy, in: The Downside Review 55 (N. S. 36) 1937, S. 357–362, S. 358.
76 Ordonnances des Roys de France, Bd. 1, S. 99; LEVELEUX, La parole interdite, S. 414 ff.
77 HORODOWICH, Language and Statecraft, S. 73; BLACK, The Italian Inquisition, S. 137.
78 VILLA-FLORES, Dangerous Speech, S. 196 f.; vgl. FLYNN, Blasphemy.
79 Vg. oben Anm. 66. Für das Folgende SCHWERHOFF, Zungen wie Schwerter, S. 222 ff.
80 Geiler von Kaysersberg, Das Buch der Sünden des Mundes, fol. 38va.
81 Vgl. Christian JASER, Ecclesia maledicens. Rituelle und zeremonielle Exkommunikationsformen im Mittelalter, Tübingen 2013, S. 40 ff.
82 SCHWERHOFF, Blasphemie vor den Schranken, S. 63; Otto FEGER (Hg.), Das Rote Buch, Konstanz 1949, S. 100; MONTAGU, Anatomy of Swearing, S. 52 ff.
83 SCHWERHOFF, Zungen wie Schwerter, S. 226.
84 Wilfried ENDERLE, Konfessionsbildung und Ratsregiment in der katholischen Reichsstadt Überlingen (1500–1618), Stuttgart 1990, S. 357 Anm. 170.
85 SCHWERHOFF, Blasphemie vor den Schranken, S. 47.
86 Vgl. SCHMIDT, Die Ächtung des Fluchens, S. 92.
87 RENNEFAHRT, Rechtsquellen Bern, S. 105.
88 SCHWERHOFF, Zungen wie Schwerter, S. 230 f. mit weiteren Beispielen.
89 SCHMIDT, Die Ächtung des Fluchens, S. 87 ff., vor allem S. 91 ff. u. 98 f. Vgl. dagegen SCHWERHOFF, Gott und die Welt, S. 272 ff. und LOETZ, Mit Gott handeln, S. 301 ff.
90 MONTAGU, The Anatomy of Swearing, S. 72.
91 SCHWERHOFF, Blasphemie vor den Schranken, S. 109 f.
92 Vgl. etwa Hans Folz, Ein spil ein hochzeit zu machen, in: ders.: Auswahl, bearb. v. Ingeborg Spriewald, Berlin 1960, S. 32 V.31–34; S. 33 V.55 f.; S. 36 V.33–44.
93 Vgl. für das Folgende SCHWERHOFF, Zungen wie Schwerter, S. 236 ff.
94 Ebd., S. 41.
95 Carl MOSER-NEF, Die Freie Reichsstadt und Republik Sankt Gallen, Bd. 5: Geschichte ihres Strafrechts, 1. Teil, Zürich 1951, S. 383.
96 Ebd., S. 385.

97 Jean-Pierre DEDIEU, La Modèle Religieux: Les disciplines du langage et de l'action, in: Bartolomé Bennassar u. a.: L'Inquisition espagnole, XV<sup>e</sup>–XIX<sup>e</sup> siècle, Paris 1979, S. 241–267, S. 245.

98 SCHWERHOFF, Zungen wie Schwerter, S. 238.

99 Staatsarchiv Basel Ratsbücher A 2, fol. 76a.

100 Vgl. für die Inzestaufforderung allgemein BURGHARTZ, Leib, Ehre und Gut, S. 132; Gerd SCHWERHOFF, Köln im Kreuzverhör. Kriminalität, Herrschaft und Gesellschaft in einer frühneuzeitlichen Stadt, Bonn / Berlin 1991, S. 316.

101 *Reniego de Diu e de nuestra dona puta fututa en el culo cornuda,* zitiert in FLYNN, Blasphemy, S. 32 übersetzt: »I deny God and our Fucking Lady, the whore of the cucolded arse-hole«.

102 BURKE, Beleidigungen und Gotteslästerungen, S. 103. – Jehan Pelart schwor 1391 ausweislich des Kriminalregisters des Pariser Châtelet-Gefängnisses »bei der blutigen Fotze Gottes« (*par le sanglant foutre Dieu*), vgl. LEVELEUX, La parole interdite, S. 416 A 243.

103 BURGHARTZ, Leib, Ehre und Gut, S. 136 u. 269 Anm. 75.

104 Karl HEGEL (Hg.), Die Chroniken der oberrheinischen Städte, Straßburg, Bd. 2, Leipzig 1871, S. 1021 f. Vgl. zum Exempel oben Kap. 7.

105 SCHWERHOFF, Christus zerstückeln, S. 513 f., 525 (Abb.).

106 Damhouder, Praxis rerum criminalium, cap. 61, S. 102v.

107 Philipp RUPPERT (Hg.), Die Chroniken der Stadt Konstanz, Konstanz 1891, S. 91 f. und S. 381 f.

108 SCHWERHOFF, Invektive Hände, S. 232.

109 HEHENBERGER, Blasphemie und Sakrileg, S. 190 ff.

110 Evelyne LUEF, Per Hinrichtung ins Himmelreich, in: https://www.univie.ac.at/fernetzt/per-hinrichtung-ins-himmelreich/ (eingestellt am 16. Juni 2017, eingesehen 20. 2. 20).

111 Vgl. zum Folgenden SCHWERHOFF, Zungen wie Schwerter, S. 246 ff. – Zu jener Äußerung Jesu, nach denen alle Blasphemien vergeben werden könnten, nur diejenige gegen den Heiligen Geist nicht (Mk 3,29) vgl. TIPSON, A Dark Side.

112 LECOY DE LA MARCHE, Anecdotes Historiques, Nr. 131, S. 112; SCHWERHOFF, Zungen wie Schwerter, S. 246.

113 SCHWERHOFF, Blasphemie vor den Schranken, S. 87 f., S. 79 Anm. 152.

114 LEVELEUX, La parole interdite, S. 417; vgl. ebd., S. 415.

115 BURKE, Beleidigung und Gotteslästerung, S. 102f:, BLACK, The Italian Inquisition, S. 137. Vgl. für die Neue Welt VILLA-FLORES, Dangerous Speech, S. 100.

116 Belege für das Folgende bei SCHWERHOFF, Zungen wie Schwerter, S. 249 ff.

117 SCHWERHOFF, Blasphemie vor den Schranken, S. 59; vgl. allgemein Gerd SCHWERHOFF, Das Ritual als Kampfplatz. Konflikte um Prozessionen in der spätmittelalterlichen und frühneuzeitlichen Stadt, in: Dietrich Boschung u. a. (Hg.): Raum und Performanz. Rituale in Residenzen von der Antike bis 1815, Stuttgart 2015, S. 309–332.

118 Fernand VANHEMELRYCK, De criminaliteit in den ammanie van Brussel van de late Middeleeuwen tot het einde van het Ancien Régime (1404–1789), Brussel 1981, S. 73.

119 Das Folgende nach SCHWERHOFF, Zungen wie Schwerter, S. 289 ff.

120 Alexander PATSCHOVSKY (Hg.), Quellen zur böhmischen Inquisition im 14. Jahrhundert, Weimar 1979, S. 226 f.; ders., Die Anfänge einer ständigen Inquisition in Böhmen. Ein Prager Inquisitoren-Handbuch aus der ersten Hälfte des 14. Jahrhunderts, Berlin / New York 1975, Nr. 22, S. 130–32.

121 PATSCHOVSKY, Die Anfänge, S. 14.

122 Ausführliche Analyse und Edition der Quelle bei SCHWERHOFF, Die alltägliche Auferstehung.
123 Lucien FEBVRE, Das Problem des Unglaubens im 16. Jahrhundert, Stuttgart 2002, S. 397; Überblick zur Forschung bei Dorothea WELTECKE, »Der Narr spricht: Es ist kein Gott«. Atheismus, Unglauben und Glaubenszweifel vom 12. Jahrhundert bis zur Neuzeit, Frankfurt/M. 2010; vgl. zum Folgenden auch SCHWERHOFF, Zungen wie Schwerter, S. 294 ff.
124 SCHWERHOFF, Die alltägliche Auferstehung, S. 322 f.
125 WELTECKE, Atheismus, S. 367 f.
126 Gerd SCHWERHOFF, Starke Worte. Blasphemie als theatralische Inszenierung von Männlichkeit an der Wende vom Mittelalter zur Neuzeit, in: Martin Dinges (Hg.): Hausväter, Priester, Kastraten. Zur Konstruktion von Männlichkeit in Spätmittelalter und Früher Neuzeit, Göttingen 1998, S. 237–263, S. 238 ff.
127 Vgl. zum Folgenden SCHWERHOFF, Zungen wie Schwerter, S. 255 ff.
128 HORODOWICH, Language and Statecraft, S. 85.
129 VILLA-FLORES, Dangerous Speech, S. 37.
130 Konstantin HÖHLBAUM (Hg,), Das Buch Weinsberg, Kölner Denkwürdigkeiten aus dem 16. Jh., I. Band, Leipzig 1886, S. 158.
131 BELMAS, La montée des blasphèmes, S. 21; FLYNN, Blasphemy, S. 53; CABANTOUS, Geschichte der Blasphemie, S. 116; LOETZ, Mit Gott handeln, S. 542. Zur weiblichen Redseligkeit zuletzt VILLA-FLORES, Dangerous Speech, S. 106 ff.
132 LEVELEUX, La parole interdite, S. 407 f. Für weitere Zahlen SCHWERHOFF, Zungen wie Schwerter, S. 264.
133 BURGHARTZ, Leib, Ehre und Gut, S. 135 f.; S. 268 Anm. 64.
134 CIAPPRA, Society, S. 90 f.
135 HAStK Verf. u. Verw. G 215, fol. 190bf. Vgl. SCHWERHOFF, Blasphemie vor den Schranken, S. 113 f.
136 Ebd., S. 113.
137 Adolf BUFF, Verbrechen und Verbrecher zu Augsburg in der zweiten Hälfte des 14. Jahrhunderts, in: Zeitschrift des Historischen Vereins für Schwaben und Neuburg 4 (1878), S. 160–231, S. 204, S. 223 ff.
138 Vgl. LOETZ, Mit Gott handeln, 318 f.
139 SCHWERHOFF, Zungen wie Schwerter, S. 260 f.
140 Paul HERRMANN (Hg.), Zimmersche Chronik, 4 Bände, Meersburg/Leipzig 1932, Bd. 2, S. 96 f.
141 Ebd., Bd. 1, S. 450 f.
142 Ebd., Bd. 2, S. 22; vgl. Bd. 1, S. 423, 433 u. 479. Für Hanns von Weitingen ebd. Bd. 3, S. 93, für Markgraf Christoph ebd., Bd. 2, S. 391 f.
143 BELMAS, La montée des blasphèmes, S. 19; für England z. B. MONTAGU, Anatomy of Swearing, S. 108 u. 132.
144 CABANTOUS, Geschichte der Blasphemie, S. 113.
145 Gerhard HIRSCHMANN (Hg.), Die Kirchenvisitation im Landgebiet der Reichsstadt Nürnberg 1560 und 1561, Neustadt a. d. Aisch 1994, S. 54, 78, 80.
146 VILLA-FLORES, Dangerous Speech, S. 58 ff.
147 CABANTOUS, Geschichte der Blasphemie, S. 101 f.
148 HERRMANN, Zimmersche Chronik, Bd. 2, S. 269.
149 Andreas Musculus, Der Fluchteufel (Von dem unchristlichen, erschrecklichen und grausamen fluchen und Gottslestern, 1556), in: Ria Stambaugh (Hg.): Teufelsbücher in Auswahl, 4. Bd., Berlin 1978, S. 62, 71.

150 Lecoy de la Marche, A. (Hg.), Anecdotes Historiques, Nr. 389, S. 342 f.
151 Martin Montanus, Schwankbücher (1557–1566), hg. v. Johannes Bolte, Tübingen 1899, Nr. 75, S. 333. – Vgl. auch Cabantous, Geschichte der Blasphemie, S. 112.
152 Leutenbauer, Das Delikt der Gotteslästerung, S. 29 f.; Frenzel, Die Ordnung des Zorns, S. 58.
153 Schwerhoff, Zungen wie Schwerter, S. 269 ff. Allgemein zum Spiel Walter Tauber, Das Würfelspiel im Mittelalter und in der frühen Neuzeit, Frankfurt / M. 1987; Jean-Michel Mehl, Les jeux au royaume de France du XIIIe au début du XVIe siècle, Paris 1990.
154 Bernhardino von Siena, Contra alearum ludos, in: Opera Omnia, Bd. 2, Ad Claras Aquas (Quaracchi) 1950, S. 20–34, S. 23.
155 Villa-Flores, Dangerous Speech, S. 82 ff.
156 Vgl. Petra Gehring, Über Körperkraft von Sprache, in: Herrmann / Kuch, Verletzende Worte, S. 211–228, S. 213 f.
157 Alois Niederstätter (Hg.), Vorarlberger Urfehdebriefe, Dornbirn 1985, Nr. 38, S. 46.
158 Schwerhoff, Blasphemie vor den Schranken, S. 65.
159 Ebd., S. 111 f. Vgl. ähnlich für das Herzogtum Bayern Leutenbauer, Das Delikt der Gotteslästerung, S. 111 ff.
160 Im Folgenden nach Schwerhoff, Zungen wie Schwerter, S. 281 ff.; vgl. schon Schwerhoff, Starke Worte, S. 248 ff. Später vor allem Loetz, Mit Gott handeln, S. 315 ff.; Villa-Flores, Dangerous Speech.
161 Vgl. dazu näher und differenzierend Loetz, Mit Gott handeln.
162 Joseph Gény (Hg.), Schlettstadter Stadtrechte, Heidelberg 1902, S. 629.
163 Ebd., S. 604.
164 Villa-Flores, Dangerous Speech, S. 89, 94 ff.
165 Flynn, Blasphemy, S. 50.
166 Ebd., S. 53.
167 So schon zeitgenössisch der elsässische Prediger Murner, vgl. Meier Spanier (Hg.), Thomas Murners Narrenbeschwörung, Halle a. d. S. 1894, cap. 81, S. 398.
168 Vgl. Michael Herzfeld, The Poetics of Manhood. Contest and Identity in a Cretan Mountain Village, Princeton 1985, S. 10 ff., hier vor allem S. 11, 16.
169 Huizinga, Herbst des Mittelalters, S. 225.
170 Norbert Schindler, Habitus und Herrschaft. Zum Wandel der aristokratischen Herrschaftspraxis im 16. Jahrhundert, in: ders.: Widerspenstige Leute, Frankfurt / M. 1992, S. 47–77, S. 59.
171 Wolfgang Beck, Protestantische Beispielerzählungen und Illustrationsmaterien. Ein Katalog aufgrund der Erbauungsbücher von Johann Jacob Otho, Würzburg 1992, Nr. 583, S. 112.
172 Vgl. differenzierend vorerst Gerd Schwerhoff, Early Modern Violence and the Honour Code: From Social Integration to Social Distinction? In: Crime, Histoire & Sociétés 17 (2013), 27–46; knapp Wolfgang Reinhard, Lebensformen Europas, München 2004, S. 523 f.
173 Huizinga, Herbst des Mittelalters, S. 217.
174 Kurt-Victor Selge (Hg.), Texte zur Inquisition, Gütersloh 1967, S. 37. Vgl. Hermann Conrad u. a. (Hg.), Die Konstitutionen Friedrichs II. von Hohenstaufen für sein Königreich Sizilien, Köln / Wien 1973, S. LXXXIV.
175 Levy, Blasphemy, S. 46. Vgl. noch Nash, Blasphemy, S. 48.
176 Joseph Zycha (Hg.), Aurelius Augustinus: Ad Consentium contra mendacium (CSEL 41), Prag 1900, V. 8, S. 479 f.; S. 480 f.; XIX, 39, S. 523 f. Vgl. aber seine Begriffs-

bestimmung in Johannes B. BAUER (Hg.), Aurelius Augustinus: De moribus ecclesiae catholicae et de moribus Manichaeorum libri duo (CSEL 90), Wien 1992, lib. 2, cap. 20, S. 106. Ferner MERKEL, Gotteslästerung, Sp. 1199 f.

177 Thomas von Aquin, Summa Theologica II–II. Vollständige, ungekürzte deutsch-lateinische Ausgabe, Bd. 15 [II-II, 1–16], Heidelberg 1950, *quaestio* 13. Vgl. die ausführlichere Darlegung bei SCHWERHOFF, Zungen wie Schwerter, S. 74 ff.; CASAGRANDE / VECCHIO, Les péchés de la langue, S. 153 ff.

178 W. N. FRANCIS (Hg.), The Book of Vices and Virtutes, Oxford 1942, S. 67.

179 Zitate nach SCHWERHOFF, Zungen wie Schwerter, S. 78.

180 Ebd., S. 208 f.

181 MONTAGU, The Anatomy of Swearing, S. 125.

182 Walter L. WAKEFIELD / Austin P. EVANS (Hg.), Heresies of the High Middle Ages, New York 1969, S. 90.

183 Ebd., S. 198.

184 Ebd., S. 341.

185 Ebd., S. 238 f.; vgl. S. 271

186 SCHWERHOFF, Zungen wie Schwerter, S. 81.

187 PATSCHOVSKY, Quellen zur böhmischen Inquisition, S. 94 ff.

188 Ebd., S. 272.

189 Vgl. insgesamt Gerd SCHWERHOFF, Die Inquisition, 4. Auflage, München 2019.

190 Kim SIEBENHÜNER, Bigamie und Inquisition in Italien 1600–1750, Paderborn 2006, S. 48.

191 Nicolaus Eymericus, Directorium Inquisitorum cum commentariis Francisci Pegnae, Venedig 1595, pars II, quaestio 41, S. 332 ff.

192 SIEBENHÜNER, Bigamie und Inquisition, S. 41.

193 Eymericus, Directorium Inquisitorum, pars II, comment. LXVI [Peña], S. 334 f.

194 Jean-Pierre DEDIEU, L'administration de la foi. L'Inquisition de Tolède XVIe–XVIIIe siècle, Madrid 1989, S. 247.

195 Vgl. z. B. Cesare Carena, Tractatus de Officio Sanctissimae Inquisitionis, Bologna 1668, pars II., tit. 7, S. 120 ff.; auch Francesco Albizzi, De Inconstantia in iure admittenda, Amsterdam 1683, cap. 31, S. 317 ff.; zu beiden Autoren SIEBENHÜNER, Bigamie und Inquisition, S. 49.

196 VILLA-FLORES, Dangerous Speech, S. 116 f.

197 CIAPPARA, Society, S. 93 f.

198 Ebd., S. 93.

199 KAMEN, Inquisition, S. 196.

200 DEDIEU, Le modèle religieux, S. 244 ff.

201 KAMEN, Inquisition, S. 40; BLACK, The Italian Inquisition, S. 132 f.

## Frühe Neuzeit: Blasphemie im Glaubensstreit

1 LEVY, Blasphemy, S. 58; LEVELEUX, Le parole interdite, S. 429; HORODOWICH, Language and Statecraft, S. 57 f.

2 Gerhard BAUER (Hg.), Johann Geiler von Kaysersberg: Sämtliche Werke, I 1.1, Berlin 1989, S. 193 f.; Uwe ISRAEL, Johannes Geiler von Kaysersberg (1445–1510), Berlin 1997, S. 261 f.

3 SCHWERHOFF, Gott und die Welt, S. 86.

4 Schwerhoff, Zungen wie Schwerter, S. 54 f.
5 Vgl. VD 15 W 3597, 3598, 3599. Die Darstellung bei Schwerhoff, Zungen wie Schwerter, S. 59 f. (mit weiteren Belegen und Abbildungen) ist entsprechend zu korrigieren.
6 Schwerhoff, Zungen wie Schwerter, S. 61 f. Vgl. zusätzlich zu den dort genannten Beispielen VD16 ZV 23733 (Flugschrift über eine vom Teufel geholte, gottlos fluchende Frau).
7 Vgl. Schwerhoff, Zungen wie Schwerter, S. 57 f.; jetzt VD16 ZV 24728.
8 Musculus, Fluchteufel, S. 35 und S. 323 f.
9 Schwerhoff, Zungen wie Schwerter, S. 64; Cabantous, Geschichte der Blasphemie, S. 11 ff.
10 Christoph Schleupner, Nothwendiger und trewhertziger Bericht [...] vom Fluchen: Was Gottslesterung für ein unverantwortliches / abschewliches / und hochstrräfliches Laster sey, Leipzig 1625 (VD 17 23:324916P), S. 75 ff., hier 76 f. Zur Topik von Ausflüchten und Entschuldigungen bei den Zungensünden vgl. Bogner, Die Bezähmung der Zunge, S. 94 f.
11 H.-G. Roloff (Hg.), Georg Wickram: Das Rollwagenbüchlein, Berlin 1973, Nr. 50, S. 97 f.
12 Leveleux, Le parole interdite, S. 289 ff., S. 321 ff.
13 Vgl. zum Folgenden Schwerhoff, Zungen wie Schwerter, S. 149 ff., hier S. 150.
14 Heinz Angermeier (Hg.), Deutsche Reichstagsakten unter Maximilian I., V. Band, 1.1, Göttingen 1981, Nr. 458, S. 575–577.
15 Schwerhoff, Gott und die Welt, S. 155.
16 Ebd., S. 125 ff.
17 Schwerhoff, Zungen wie Schwerter, S. 162.
18 Schwerhoff, Gott und die Welt, S. 85 f.
19 A. L. Reyscher (Hg.), Vollständige, historisch und kritisch bearbeitete Sammlung der württembergischen Gesetze, Bd. 12, Tübingen 1841, Nr. 21, S. 85 f. Vgl. für das reformierte Zürich Loetz, Mit Gott handeln, S. 113 ff.
20 Leutenbauer, Das Delikt der Gotteslästerung, S. 82 f.
21 Ebd., S. 102 f.
22 Schwerhoff, Zungen wie Schwerter, S. 248.
23 Schwerhoff, Gott und die Welt, S. 131 f.; Wolfgang Dobras, Reformierte Sittenzucht in Konstanz 1531–1534, in: Schriften des Vereins für Geschichte des Bodensees und seiner Umgebung 106 (1988), S. 59–105, S. 87, 93; ders., Ratsregiment, Sittenpolizei und Kirchenzucht in der Reichsstadt Konstanz 1531–1548, Gütersloh 1993, S. 168 ff.
24 Enderle, Konfessionsbildung und Ratsregiment, S. 357.
25 Horodowich, Language and Statecraft, S. 56 ff., hier S. 61 ff.; Cozzi, Religione, moralità e giustizia.
26 Horodowich, Language and Statecraft, S. 72; vgl. aber abweichende Zahlen bei Cozzi, Religione, moralità e giustizia, S. 26. Für das 17. Jahrhundert Vettore, Blasphemy on Trial.
27 Horodowich, Language and Statecraft, S. 65 ff.
28 Ebd., S. 63, S. 80.
29 Vgl. auch Stephen Haliczer, Inquisition and Society in the Kindom of Valencia, 1478–1834, Berkeley 1990, S. 297.
30 Dedieu, Le modèle religieux, S. 244 ff.
31 Haliczer, Inquisition and Society, S. 297.
32 Vgl. Black, The Italian Inquisition, Tab. S. 263 f., mit S. 48 ff. und S. 136 ff.

33 Richard E. GREENLEAF, Zumárraga and the Mexican Inquisition, 1536–1543, Washington 1961, S. 11 ff. u 100 ff.; VILLA-FLORES, Dangerous Speech, S. 5 f.
34 VILLA-FLORES, Dangerous Speech, S. 30.
35 GREENLEAF, Zumárraga, S. 102 f.
36 DOBRAS, Ratsregiment, Tab. 1, S. 379.
37 LOETZ, Mit Gott handeln, S. 181 (Tabelle), S. 183, Zitat S. 219; vgl. insgesamt SCHWERHOFF, Zungen wie Schwerter, S. 177 ff.
38 SCHWERHOFF, Blasphemie vor den Schranken, S. 95 (Baumans) u. S. 96 ff. für Nürnberg und Basel.
39 Ebd., S. 97; SCHWERHOFF, Gott und die Welt, S. 196.
40 SCHWERHOFF, Zungen wie Schwerter, S. 170 Anm. 652.
41 LEUTENBAUER, Das Delikt der Gotteslästerung, S. 94 f.
42 SCHWERHOFF, Blasphemie vor den Schranken, S. 72 ff., S. 84.
43 Johann Rudolph Engau, De Blasphemia, Jena 1736, § XX f.
44 SCHWERHOFF, Blasphemie vor den Schranken, S. 101 ff.
45 Andrea GRIESEBNER, Konkurrierende Wahrheiten. Malefizprozesse vor dem Landgericht Perchtoldsdorf im 18. Jahrhundert, Wien 2000, S. 83 f.; S. 180 ff. – Vgl. meinen Blog-Beitrag: Mildernde Umstände? Frühneuzeitliche Rechtsgutachten in Sachen Blasphemie (6. August 2020) auf https://kliotop.hypotheses.org/278.
46 Vgl. für Ulm exemplarisch FRENZEL, Die Ordnung des Zorns.
47 LOETZ, Mit Gott handeln, S. 188.
48 Georg Friedrich Harpprecht, Decisiones criminales, Tübingen 1746, XXXXVI, S. 332.
49 Achim LANDWEHR, Policey im Alltag. Die Implementation frühneuzeitlicher Policeyordnungen in Leonberg, Frankfurt a. M. 2000, S. 163 f. bzw. 343 ff. (Tabellen).
50 DOBRAS, Ratsregiment, S. 171 u. 203 ff.
51 Ebd., S. 184 f. u. 203.
52 BLACK, The Italian Inquisition, S. 230; vgl. DEDIEU, L'administration de la foi, S. 137 ff.
53 Georg Philipp Harsdörffer, Der große Schauplatz jämmerlicher Mordgeschichte, Hamburg 1656, S. 356–361 (»Das falsche Zeugnis«).
54 SCHNELL, Rechtsquellen von Basel, Nr. 286, S. 4115 ff.; vgl. SCHWERHOFF, Blasphemie vor den Schranken, S. 91.
55 SCHWERHOFF, Zungen wie Schwerter, S. 176.
56 LANDWEHR, Policey im Alltag, S. 158.
57 Ephraim PAGITT, Heresiography, London 1662, online unter https://luna.folger.edu/luna/servlet/detail/FOLGERCM1~6~6~847408~155465:Heresiography,-or-A-description-and (20.2.20).
58 https://commons.wikimedia.org/wiki/File:Catalogue_of_Sects.GIF (20.2.20); vgl. Eric PILTZ / Gerd SCHWERHOFF, Religiöse Devianz im konfessionellen Zeitalter – Dimensionen eines Forschungsfeldes, in: Dies. (Hg.): Gottlosigkeit und Eigensinn, Berlin 2015, S. 9–50, hier S. 30 f.
59 Vgl. Gerd SCHWERHOFF, Böse Hexen und fahrlässige Flucher: Frühneuzeitliche Gottlosigkeiten im Vergleich, in: ebd., S. 187–206. Vgl. ausführlicher meinen Blog-Beitrag: Rituelle Lästerungen. Die imaginäre Hexensekte und der Vorwurf der Blasphemie in der Frühen Neuzeit (6. August 2020) auf https://kliotop.hypotheses.org/270.
60 Martin Luther, Werke (Weimarer Ausgabe), Bd. 16, Weimar 1899, S. 466–473.
61 Vgl. die Beispiele bei SCHWERHOFF, Zungen wie Schwerter, S. 67 ff. Für den weiteren Kontext Gerd SCHWERHOFF, Radicalism and invectivity. ›Hate speech‹ in the German Reformation, in: Bridget Heal / Anorthe Cremers (Hg.), Radicalism and Dissent in the World of Protestant Reform, Göttingen 2017, S. 36–52.

62 Die Formulierung im Anschluss an Heiko A. OBERMAN, Luther. Mensch zwischen Gott und Teufel, München 1986, S. 242.
63 So fälschlich die Kapitelüberschrift bei LEVY, Blasphemy, S. 58.
64 LOETZ, Mit Gott handeln, S. 123 ff., bes. S. 127.
65 LEVELEUX, La parole interdite, S. 435 f. Im gleichen Jahr wird der junge Rechtsgelehrte Guillaume Jobert wegen ähnlicher Blasphemievorwürfe öffentlich hingerichtet, ebd., S. 445. Vgl. E. William MONTER, Judging the French Reformation. Heresy Trials by Sixteenth-Century Parlements, Cambridge / Mass. 1999, S. 62 f.
66 Der Text in Gabrielle BERTHOUD, Antoine Marcourt, Réformateur et Pamphlétaire du ›Livres des marchands‹ aux Placards de 1534, Genf 1973, S. 287–289, hier S. 287.
67 LEVELEUX, La parole interdite, S. 461, 468 f. Vgl. auch Barbara DIEFENDORF, The Saint Bartholomew's Day Massacre. A Brief History with Documents, Boston 2009 S. 58.
68 LEVELEUX, La parole interdite, S. 448.
69 MONTER, Judging the French Reformation, S. 4, S. 10, S. 18.
70 Ebd., S. 74.
71 Ebd., S. 200 f.
72 Denis CROUZET, La nuit de la Saint-Barthélemy. Un rêve perdu de la Renaissance, Paris 1994, S. 497.
73 Denis CROUZET, Les guerriers de Dieu. La violence au temps des troubles des religion (vers 1525 – vers 1610), 2 Bände, Seyssel 1990, S. 270 ff. zu den Steinigungen; vgl. auch S. 237, S. 341.
74 Vgl. zum Folgenden grundlegend Astrid von SCHLACHTA, Erzählungen von Devianz. Die »wiedertauffer« zwischen interner Absonderung und äußerer Exklusion, in: Piltz / Schwerhoff, Gottlosigkeit und Eigensinn, S. 311–332; Päivi RÄISÄNEN, Ketzer im Dorf. Visitationsverfahren, Täuferbekämpfung und lokale Handlungsmuster im frühneuzeitlichen Württemberg, Konstanz 2011.
75 Zum Folgenden Horst W. SCHRAEPLER, Die rechtliche Behandlung der Täufer in der deutschen Schweiz, Südwestdeutschland und Hessen 1525–1618, Tübingen 1957, S. 24 ff.; mit weiterer Literatur SCHWERHOFF, Zungen wie Schwerter, S. 89 ff.
76 Manfred KREBS / Hans Georg ROTT (Hg.), Quellen zur Geschichte der Täufer: Elsaß,1. Teil, Gütersloh 1959. Nr. 83.
77 Philipp Melanchthon, De Anabaptistis. Bedenken der Theologen zu Wittenberg: ob man die Wiedertäufer mit dem Schwert strafen möge, in: K. G. Bretschneider (Hg.): Opera quae supersunt omnia Bd. 4, Halle 1837, Sp. 737–740, hier S. 738 f., 740.
78 Kirchenordnung von 1559, VD 16 W 4527, fol. 194b.; RÄISÄNEN, Ketzer im Dorf, S. 121 f.
79 MONTER, Judging the French Reformation, S. ##.
80 LEVY, Blasphemy, S. 87 f., S. 89 f.
81 Vgl. Kaspar VON GREYERZ, Religion und Kultur. Europa 1500–1800, Göttingen 2000, S. 135 ff., S. 259 ff.; klassisch zu diesen Bewegungen Christopher HILL, The World Turned Upside Down, London 1972; mit neuerer Literatur Lionel LABORIE, Sex, Drugs and Rock n'Roll: Religiöse Devianz im England des späten 17. Jahrhunderts, in: Piltz / Schwerhoff, Gottlosigkeit und Eigensinn, S. 413–433.
82 LEVY, Blasphemy, S. 136.
83 HILL, The World, S. 200.
84 LEVY, Blasphemy, S. 141.
85 HILL, The World, S. 201 f.
86 Ebd., S. 208, S. 210 ff., S. 213 ff.; LEVY, Blasphemy, S. 156.

87 LEVY, Blasphemie, S. 219 f.; VISCONTI, The Invention of Criminal Blasphemy.
88 LEVY, Blasphemy, S. 176 ff., zu Nayler S. 184 ff.; vgl. HILL, The World, S. 248 ff.
89 LEVY, Blasphemy, S. 185, 186 f.
90 Ebd., S. 201 ff.
91 Ebd., S. 87 f.
92 Kęstudis DAUGIRDAS, Art. »Unitarier«, in: Enzyklopädie der Neuzeit Bd. 13, Stuttgart 2011, Sp. 995–1000.
93 Vgl. zum Folgenden detailliert und mit Nachweisen SCHWERHOFF, Zungen wie Schwerter, S. 91 ff.
94 Das Urteil bei Johannes Calvin, Opera quae supersunt omnia Bd. 8, Braunschweig 1870, Sp. 827 ff.
95 Vgl. Christopher J. BURCHILL (Bearb.), The Heidelberg Antitrinitarians, Baden-Baden 1989; Thomas MAISSEN, Thomas Erastus und der Erastianismus. Der innerreformierte Streit um die Kirchendisziplin in der Kurpfalz, in: Christoph Strohm (Hg.), Profil und Wirkung des Heidelberger Katechismus, Gütersloh 2015, S. 189–206; Martin MULSOW, Fluchträume und Konversionsräume zwischen Heidelberg und Istanbul. Der Fall Adam Neuser, in: ders. (Hg.): Kriminelle – Freidenker – Alchemisten. Räume des Untergrunds in der Frühen Neuzeit, Köln 2014, S. 33–59.
96 BURCHHILL, Heidelberg Antitrinitarians, S. 72.
97 Curt HORN, Johann Sylvan und die Anfänge des Heidelberger Antitrinitarismus, in: Neue Heidelberger Jahrbücher 17 (1973), S. 219–310, hier S. 277 f.
98 Hans ROTT, Neue Quellen für eine Aktenrevision des Prozesses gegen Sylvan und seine Genossen, in: Neues Archiv für die Geschichte der Stadt Heidelberg und der rheinischen Pfalz 8 (1910), S. 184–259, S. 248 f.
99 BURCHHILL, Heidelberg Antitrinitarians, S. 161.
100 LEVY, Blasphemy, S. 97.
101 Ebd., S. 112 ff., S. 120 f., S. 125 ff.
102 Vgl. Kap. 7.
103 Vgl. dazu umfassend Gerd SCHWERHOFF, Wie gottlos waren die »Gottlosen Maler«? Zur Rekonstruktion des Verfahrens von 1525 und seiner Hintergründe [mit einer Aktenedition], in: Jürgen Müller / Thomas Schauerte (Hg.): Die gottlosen Maler von Nürnberg, Nürnberg 2011, S. 33–48.
104 SCHRÖDER, Ursprünge des Atheismus, S. 404 ff.
105 Richard C. CHRISTIE, Étienne Dolet, the martyr of the renaissance 1508–1546, London 1899, S. 461 f., 470 ff.
106 BERRIOT, Un procès d'athéisme.
107 Ebd., S. 485 f.
108 Ebd., S. 582.
109 Ebd., S. 587 f. Vgl. Winfried SCHRÖDER (Hg.), Traktat über die drei Betrüger, Hamburg 1992, S. XV.
110 Vgl. zu diesen Fällen Alain MOTHU, Deux »jeunes éventés«: Geoffroy Vallée et Noël Journet, in: *Les Dossiers du Grihl* [En ligne], Les dossiers de Jean-Pierre Cavaillé, Libertinage, athéisme, irréligion. Essais et bibliographie, 2009 (http://journals.openedition.org/dossiersgrihl/2083, 20. 2. 20); Frédéric LACHÈVRE, Mélanges sur le Libertinage au XVIIe siècle, ND Genf 1968, S. 6 ff.; David WOOTTON, New Histories of Atheism, in: Michael Hunter / ders. (Hg.), Atheism from Reformation to the Enlightenment, Oxford 1992, S. 13–53, S. 13 ff., S. 29; Nicholas DAVIDSON, Unbelief and Atheism in Italy, 1500–1700, in: Hunter / Wootton, Atheism, S. 55–86, hier S. 73 f., S. 80 f.; SCHRÖDER, Ursprünge des Atheismus, S. 328 ff., S. 478 ff.

111 Baelde, Studiën over Godsdienstdelicten, S. 123 ff., bes. S. 127; vgl. Maaike Dirkx, The remarkable case of Johannes Torrentius (2014), https://arthistoriesroom.wordpress.com/2014/02/10/johannes-torrentius-1-life/.
112 Hill, The World, S. 209; auch Levy, Blasphemy, S. 167.
113 So Michael Hunter, ›Aikenhead the Atheist‹: The Context and Consequences of Articulate Irreligion in the Late Seventeenth Century, in: Hunter / Wootton (Hg.): Atheism, S. 221–254, hier S. 253.
114 Graham, The Blasphemies of Thomas Aikenhead, S. 103.
115 Lee Palmer Wandel, Voracious idols and violent hands. Iconoclasm in reformation Zurich, Strasbourg and Basel, Cambridge 1999, S. 53. – Das vorliegende Kapitel schöpft in manchen Aspekten aus Gerd Schwerhoff, Bildersturm und Blasphemie. Zum Spannungsfeld von Transzendenz und Gemeinsinn in der Reformationszeit, in: Hans Vorländer (Hg.): Transzendenz und die Konstitution von Ordnungen, Berlin 2013, S. 186–206.
116 Vgl. dazu Norbert Schnitzler, Ikonoklasmus – Bildersturm. Theologischer Bilderstreit und ikonoklastisches Handeln während des 15. und 16. Jahrhunderts, München 1996, S. 123 ff., insges. ebd., S. 131 ff. und 140 ff.
117 Arnold Angenendt, Geschichte der Religiosität im Mittelalter, Darmstadt 1997, S. 371 f.; Guy P. Marchal, Das vieldeutige Heiligenbild. Bildersturm im Mittelalter, in: Peter Blickle u. a. (Hg.): Macht und Ohnmacht der Bilder, München 2002, S. 307-332, S. 308 ff. Klassisch Hans Belting, Bild und Kunst. Eine Geschichte des Bildes vor dem Zeitalter der Kunst, München 1990.
118 Marchal, Bildersturm, S. 312 f. Vgl. für ein anderes Beispiel Lecoy de la Marche, Anecdotes Historiques, Nr. 130, S. 111.
119 Marchal, Bildersturm, S. 316.
120 Vgl. mit Nachweisen Schwerhoff, Blasphemie und Bildersturm, S. 191.
121 Schnitzler, Ikonoklasmus, S. 90.
122 Vgl den Quellenauszug und die Erläuterungen von Guy P. Marchal in Cécile Dupeux u. a. (Hg.): Bildersturm. Wahnsinn oder Gottes Wille? Zürich 2000, S. 108 f.; auch ders., Bildersturm, S. 320 f.
123 Connell / Constable, Sacrilege and Redemption; Farbabbildung in Dupeux, Bildersturm, S. 113.
124 Vgl. zum Streit zwischen Ikonoklasten und Bilderfreunden in Byzanz im 8. und 9. Jahrhundert Patricia Karlin-Hayter, Iconoclasm, in: Cyril Mango (Hg.): The Oxford History of Byzantium, Oxford 2002, S. 153–168; Belting, Bild und Kunst, S. 164 ff.; zum Ikonoklasmus in den Niederlanden und in Frankreich in den 1560er Jahren Olivier Christin, Frankreich und die Niederlande – Der zweite Bildersturm, in: Dupeux, Bildersturm, S. 57–66.
125 Emil Dürr / Paul Roth (Hg.), Aktensammlung zur Geschichte der Basler Reformation in den Jahren 1519 bis Anfang 1534, Band 1, Basel 1921, Nr. 439, S. 357.
126 Karlstadt, Von Abtuung der Bilder; vgl. zu den kontroversen Positionen Jean Wirth in: Dupeux, Bildersturm, S. 28–37.
127 Andreas Karlstadt, Von Abtuung der Bilder, in: Adolf Laube [u. a.] (Hg.): Flugschriften der Reformationszeit, Bd. 1, Berlin 1983, S. 105–127, hier S. 118.
128 Hieronymus Emser, Antwort auf Karlstadts Buch von der Abtuung der Bilder, in: Adolf Laube (Hg.), Flugschriften gegen die Reformation, Berlin 1997, S. 305–343, hier S. 324.
129 Olivier Christin, L'ikonoclaste et le blasphémateur au début du XVIe siècle, in: Delumeau, Injures et Blasphemes, S. 35–47, hier S. 43 ff.

130 WANDEL: Voracious Idols, S. 72 ff., 197 f.; SCHNITZLER, Ikonoklasmus, S. 131 ff.

131 Wilhelm VISCHER / Alfred STERN (Hg.), Basler Chroniken, Bd. 1, Leipzig 1872, S. 36 f. u. S. 383 f.

132 CHRISTIN, L'ikonoclaste, S. 45.

133 DUPEUX, Bildersturm, S. 118.

134 Sergius MICHALSKI, Das Phänomen Bildersturm. Versuch einer Übersicht, in: Bob Scribner (Hg.): Bilder und Bildersturm im Spätmittelalter und in der frühen Neuzeit, Wiesbaden 1990, S. 69–125, hier S. 69.

135 Extract eines schreibens / welches auß Prag / einem bekandten freundt [...] [1620], VD 17 14:006949B, online unter: https://de.wikisource.org/w/index.php?title=Extract_eines_schreibens_au%C3%9F_Prag_wegen_zerstoerung_der_Thumbkirchen&oldid=3167722 (5. 8. 20).

136 DUPEUX, Bildersturm, S. 116; weitere Nachweise bei SCHWERHOFF, Bildersturm und Blasphemie, S. 200.

137 SCHWERHOFF, Bildersturm und Blasphemie, S. 199; DUPEUX, Bildersturm, S. 120.

138 DUPEUX, Bildersturm, S. 128; zum Judaslied ebd., S. 125.

139 Vgl. für die entsprechenden Hintergründe der Forschung, die sich mit den Namen Dinzelbacher und Scribner verbinden, SCHWERHOFF, Bildersturm und Blasphemie, S. 190.

140 Zu dieser wichtigen Unterscheidung MICHALSKI, Phänomen Bildersturm, S. 97.

141 Ebd., S. 104 f.; SCHWERHOFF, Blasphemie und Bildersturm.

142 DUPEUX, Bildersturm, S. 128. Vgl. für ein ähnliches Beispiel in Basel DÜRR / ROTH, Aktensammlung Bd. 1, Nr. 155, S. 128; generell WANDEL, Voracious Idols.

143 BLICKLE, Macht und Ohnmacht der Bilder, S. 2.

144 BELTING, Bild und Kunst.

145 Vgl. oben Anm. 135.

146 Systematisch von der Forschung bislang noch zu wenig in den Blick genommen. Vgl. LEVY, Blasphemy, S. 304.

147 Dokumentation bei Frédéric LACHÈVRE, Le Procès du poet Théophile de Viau, Vol. 1, ND Genf 1968; vgl. weiterhin Joan DEJEAN, The Reinvention of Obscenity: Sex, Lies, and Tabloids in Early Modern France, Chicago 2002, S. 29 ff.; Michel JEANNERET, Éros rebelle, Littérature et dissidence au xviie siècle, Paris 2003, S. 123 ff.; übergreifend für das Folgende Robert MUCHEMBLED, Orgasm and the West. A History of Pleasure from the 16th Century to the Present, Cambridge 2008, S. 103 ff.

148 LACHÈVRE, Le Procès, S. 142.

149 Vgl. die Auszüge bei LACHÈVRE, Le Procès, S. 175 ff.; DEJEAN, Reinvention of Obscenity, S. 44 ff.

150 LACHÈVRE, Mélanges, S. 82 ff.; DEJEAN, Reinvention of Obscenity, S. 56 ff.; JEANNERET, Éros rebelle, S. 201 ff.

151 LACHÈVRE, Mélanges, S. 96, 120; DEJEAN, Reinvention of Obscenity, S. 63.

152 DEJEAN, Reinvention of Obscenity, S. 64 bzw. S. 153 Note 19; vgl. JEANNERET, Éros rebelle, S. 203.

153 Immer noch Frédéric LACHÈVRE, Les œuvres libertines de Claude Le Petit, ND Genf 1968; vgl. JEANNERET, Éros rebelle, S. 216 ff.

154 LACHÈVRE, Frédéric, Les œuvres libertines, S. XLVIII.

155 Ebd., S. 153; XXXf., 162 f., 122; 143; 107.

156 LEVY, Blasphemy, S. 306 f.; vgl. aber für sachliche Korrekturen Paul BAINES / Pat ROGERS, Edmund Curll, Bookseller, Oxford 2007, S. 155 ff.

157 Zitiert nach Dirk SANGMEISTER / Martin MULSOW (Hg.): Deutsche Pornographie in der Aufklärung, Göttingen 2018, S. 359 f.
158 Ebd., S. 104 ff., S. 723 ff.
159 Robert DARNTON, Denkende Wollust oder: Die sexuelle Aufklärung der Aufklärung, Frankfurt / M. 1996, S. 13 ff.
160 Peter PRANGE, Das Paradies im Boudoir. Glanz und Elend der erotischen Libertinage im Zeitalter der Aufklärung, Marburg 1990, S. 77.
161 Ebd., S. 17, S. 21 ff.

## Umkämpfte Blasphemie

1 SCHWERHOFF, Zungen wie Schwerter, S. 312.
2 HEHENBERGER, Blasphemie und Sakrileg, S. 197.
3 HILDESHEIMER, Françoise, La répression du blasphème, S. 74 f.
4 Ebd., S. 70 f.; LOETZ, Mit Gott handeln, S. 505; BLACK, The Italian Inquisition, S. 263 ff. Vgl. weitere Hinweise bei SCHWERHOFF, Zungen wie Schwerter, 312 f.
5 FORRER, Der Einfluss von Naturrecht, S. 11 u. S. 128.
6 Das macht nicht zuletzt deutlich CABANTOUS, Geschichte der Blasphemie, S. 150 ff., der sich allerdings vor klaren Aussagen hinsichtlich der Chronologie scheut.
7 Pars pro toto Barbara STOLLBERG-RILINGER, Europa im Jahrhundert der Aufklärung, Stuttgart 2000, S. 94 ff.; Winfried SCHRÖDER, Religion bzw. Theologie, natürliche bzw. vernünftige, in: Historisches Wörterbuch der Philosophie, Bd. 8, Basel 1992, Sp. 713–727.
8 David SORKIN, The Religious Enlightenment. Protestants, Jews, and Catholics from London to Vienna, Princeton 2008.
9 SCHRÖDER, Religion / Theologie, Sp. 719.
10 Christian Wolff, Vernünfftige Gedancken von Gott, der Welt und der Seele des Menschen [...], Halle 1720, § 945.
11 Ebenda § 1070.
12 Martin MULSOW, Moderne aus dem Untergrund. Radikale Frühaufklärung in Deutschland 1680–1720, Hamburg 2002, S. 118.
13 SCHRÖDER, Ursprünge, S. 424 ff., 452; SCHRÖDER, Traktat über die drei Betrüger.
14 SCHRÖDER, Ursprünge, S. 404 ff. und 493 f.
15 SCHRÖDER, Traktat über die drei Betrüger, S. XXXVIII.
16 Christian Wolff, Vernünfftige Gedancken von dem gesellschafftlichen Leben der Menschen und insonderheit dem gemeinen Wesen, Frankfurt u. a. 1740, II. Buch, 3 Kap., § 341 ff. Vgl. Charles de Montesquieu, Vom Geist der Gesetze, übersetzt und herausgegeben von Ernst Forsthoff, 2 Bände, Tübingen 1992, VI, 6.
17 Paul Johann Anselm von Feuerbach, Lehrbuch des gemeinen in Deutschland geltenden Peinlichen Rechts, Gießen 1801, § 344.
18 Anders für Frankreich CABANTOUS, Geschichte der Blasphemie, S. 150 mit Verweis auf Bayle.
19 Christian Thomasius, An Haeresis sit Crimen? Halle 1697; vgl. ders., Auserlesene und in Deutsch noch nie gedruckte Schriften, Halle 1705, S. 211 ff.; vgl. Matthias J. FRITSCH, Religiöse Toleranz im Zeitalter der Aufklärung. Naturrechtliche Begründung – konfessionelle Differenzen, Hamburg 2004, S. 48 ff. und zuletzt Ian HUNTER, Thomasius on the Toleration of Heresy, in: ders. u. a. (Hg.): Heresy in Tran-

sition. Transforming Ideas of Heresy in Medieval and Early Modern Europe, London / New York 2016, S. 155–167.

20 Julius von Soden, Geist der teutschen Criminal-Gesetze, Erster Band, Dessau 1782, § 86.

21 Thomasius, Auserlesene Schriften, S. 292; vgl. ders., An sit Haeresis crimen, S. 38 f.

22 Gottlieb Gerhard Titius, Eine Probe des Deutschen Geistlichen Rechts […], 2. Auflage, Leipzig 1709, III. Buch, 5. Kapitel, § 23–32, S. 495–499.

23 Montesquieu, Vom Geist der Gesetze XII, 4 (Bd. 1, S. 261).

24 Soden, Geist der deutschen Kriminalgesetze § 80.

25 Ernst Carl Wieland, Geist der peinlichen Gesetze, Zweiter Theil, Leipzig 1784, § 400.

26 Adam Fr. Chr. Voigt, Prüfung der Lehre des peinlichen Rechts von der Gotteslästerung, nach neuren Begriffen, in: Neues Juristisches Journal Bd. 1, Ronneburg / Leipzig 1799, S. 435–501, hier S. 445 f.

27 Karl Ferdinand Hommel, Philosophische Gedanken über das Criminalrecht, Breslau 1784, § 39; vgl. LEUTENBAUER, Das Delikt der Gotteslästerung, S. 208 f. mit einem weiteren langen Zitat.

28 Vgl. dazu Michael PAWLIK, Der strafrechtliche Schutz des Heiligen, in: Isensee, Religionsbeschimpfung, S. 31–61, hier S. 33, Anm. 13.

29 So 1902 Woldemar von Rohland, zit. nach ebd., S. 34.

30 Wolff, Vernünfftige Gedancken von dem gesellschafftlichen Leben, § 366 (ff.)

31 Ebenda, § 359 f. u. § 421.

32 Christian Wolff, Grundsätze des Natur- und Völckerrechts […], Halle a. d. Saale 1754, § 165 f.

33 Regnerus Engelhard, Versuch eines allgemeinen peinlichen Rechts aus den Grundsätzen der Weltweisheit, Frankfurt und Leipzig 1756, § 221 f.

34 Immanuel Kant, Anthropologie in pragmatischer Hinsicht (Gesammelte Schriften VII, S. 332, online unter: https://korpora.zim.uni-duisburg-essen.de/Kant/aa07/332.html): »Zum Charakter unserer Gattung gehört auch: daß sie, zur bürgerlichen Verfassung strebend, auch einer Disciplin durch Religion bedarf, damit, was durch äußeren Zwang nicht erreicht werden kann, durch innern (des Gewissens) bewirkt werde.«

35 Soden, Geist der deutschen Kriminalgesetze, § 74, § 80.

36 Wieland, Geist der peinlichen Gesetze, § 401 f.

37 Voigt, Prüfung der Lehre, S. 449, S. 451 f.

38 Feuerbach, Lehrbuch § 344.

39 Soden, Geist der deutschen Kriminalgesetze, § 78.

40 Vgl. [Carl Ernst] von Preuschen, Beiträge zu dem Verbrechen der Blasphemie, durch Rechtsfälle erläutert, in: Archiv des Criminalrechts N. F. 1841 S. 292–309 u. 1842 S. 188–198, hier S. 306 ff.

41 Engelhard, Versuch eines allgemeinen peinlichen Rechs, § 222.

42 Vgl. zum Folgenden Soden, Geist der deutschen Kriminalgesetze, § 80 ff.; Wieland, Geist der peinlichen Gesetze, § 402; Voigt, Prüfung der Lehre, S. 487 ff.

43 Günter OESTERLE, Das »Unmanierliche« der Streitschrift. Zum Verhältnis von Polemik und Kritik in Aufklärung und Romantik, in: Franz Josef Worstbrock / Helmut Koopmann (Hg.): Formen und Formgeschichte des Streitens. Der Literaturstreit, Tübingen 1986, S. 107–120.

44 Voigt, Prüfung der Lehre, S. 479; vgl. Wieland, Geist der peinlichen Gesetze, § 405.

45 Voigt, Prüfung der Lehre, S. 495.

46 Hans SCHLOSSER, Die »Leopoldiana«. Toskanisches Strafgesetzbuch vom 30. No-

vember 1786. Originaltext, deutsche Übersetzung und Kommentierung, Berlin 2010, S. 33.

47 Ebd., S. 115 (italienischer Originaltext S. 70); vgl. S. 23 (S. 34).

48 WEBERSINN, Die geschichtliche Entwicklung, S. 54 ff.

49 Stenglein, Strafrechtsbücher I, § 336, S. 424; zur weiteren Entwicklung detailliert Leutenbauer, Das Delikt der Gotteslästerung, S. 227 ff.

50 Melchior Stenglein (Hg.), Sammlung der deutschen Strafrechtsbücher, 3 Bände, München 1858, I, § 330, S. 341.

51 Ebd. I, § 192; II, § 195; II, § 193.

52 Ebd. III, § 135. Ähnlich das Braunschweigische Criminalgesetzbuch von 1840 (ebd. I, §177) und viele andere.

53 KOHLRAUSCH, Die Beschimpfung von Religionsgesellschaften, S. 33 ff.

54 PREUSCHEN, Beiträge, S. 300.

55 Vgl. zum Profil der Öffentlichkeit in England im Anschluss an Jürgen Habermas T. C. W. BLANNING, Das Alte Europa 1660–1789, Darmstadt 2006, S. 248 ff. u. ö. Zur Chronologie Peter LAKE / Steven PINKUS, Rethinking the Public Sphere in Early Modern England, in: Dies. (Hg.): The Politics of the Public Sphere in Early Modern England, Cambdrige 2007, S. 1–31; Dagmar FREIST, »The Staple of newes«. Räume, Medien und die Verfügbarkeit von Wissen im frühneuzeitlichen London, in: Gerd Schwerhoff (Hg.): Stadt und Öffentlichkeit in der Frühen Neuzeit. Köln u. a. 2011, S. 97–123.

56 Von der Materialfülle unerreicht LEVY, Blasphemy, auf dessen Darstellung für die älteren Epochen z. B. LAWTON, Blasphemy, oder NASH, Blasphemy in the Christian World, fußen; vgl. auch NOKES, Blasphemy.

57 LEVY, Blasphemy, S. 104 ff.

58 Ebd., S. 202.

59 Als Präzedenzfall für die Zuständigkeit von King's Bench gilt gewöhnlich ein Fall aus dem Jahr 1617, vgl. NOKES, Blasphemy, S. 21 ff.; LEVY, Blasphemy, S. 108.

60 Vgl. NOKES, Blasphemy, S. 48 f.; LEVY, Blasphemy, S. 220 ff.; NASH, Blasphemy in Modern Britain, S. 32 ff.; jetzt grundlegend VISCONTI, The Invention of Criminal Blasphemy.

61 VISCONTI, The Invention of Criminal Blasphemy, S. 38.

62 Alexander RAPOLTER / Karl-Reinhart TRAUNER, Die politische Philosophie des Niccolò Machiavelli, in: Brigitte Sob / Edwin Micewski (Hg.): Brennpunkte politischer und militärischer Ethik – Eine Einführung, S. 163–178, S. 164, wohl in Anlehnung an Herfried Münkler.

63 Vgl. zum Folgenden umfassend GRAHAM, The Blasphemies of Thomas Aikenhead.

64 Ebd., S. 130.

65 Ebd., 157.

66 Ebd., S. 143.

67 Ebd., S. 145; vgl. NOKES, Blasphemy, S. 131 f., LEVY, Blasphemy, S. 235 ff.

68 LEVY, Blasphemy, S. 288 ff., 302.

69 Ebd., S. 308 ff., Zitat 313. Auf dem Kontinent, wo Woolston schnell rezipiert wurde, stieß seine Methode auf ähnlich lautende Kritik. Er habe mit seinen Büchern »den Heiland verspottet, die Evangelische Religion verhöhnet, die H. Schrift auf das frevelichste verlachet, und unter dem leichtfertigen Schein, als vertheidige er die Christliche Religion, das Evangelium zu lauter Fabeln und Mählein gemachet«, vgl. Christopher VOIGT, Der englische Deismus in Deutschland. Eine Studie zur Rezeption englisch-deistischer Literatur in deutschen Zeitschriften und Kompendien des 18. Jahrhunderts, Tübingen 2003, S. 63.

70 LEVY, Blasphemy, S. 313; VISCONTI, The Invention of Criminal Blasphemy, S. 43.
71 LEYVY, Blasphemy, S. 318.
72 William Blackstone, Commentaries on the Laws of England in Four Books, in two Volumes. Vol. II, Philadelphia 1893, Book IV, Chapter IV, S. 59.
73 Philip Furneaux, Letters To The Honourable Mr. Justice Blackstone, Concerning His Exposition of the Act of Toleration, And Some Positions relative to Religious Liberty, London 1770, letter III, S. 62; vgl. insgesamt LEVY, Blasphemy, S. 326 ff.
74 Grundsätzlich Arthur C. CASH, John Wilkes. The Scandalous Father of Liberty, New Haven & London 2006; auch LEVY, Blasphemy, S. 322 ff.
75 Cash, John Wilkes, S. 63.
76 Vgl. Arthur C. CASH (Hg.), An Essay on Woman, by John Wilkes and Thomas Potter. A Reconstruction of a Lost Book, New York 2000.
77 Vgl. zum Folgenden CASH, John Wilkes, S. 29 ff., S. 151 f.; CASH, Essay on Woman, S. 85 ff. mit den Erklärungen S. 128 ff.
78 Ebd., S. 181 ff.
79 Ebd., S. 189 f.
80 LEVY, Blasphemy, S. 299 f.
81 CASH, John Wilkes. S. 148; ders., Essay on Woman, S. 173 ff.
82 CASH, John Wilkes, S. 153.
83 Ebd., S. 158.
84 Ebd., S. 225–227; ders., Essay on Woman, S. 66 mit FN 122; anders LEVY, Blasphemy, S. 324.
85 Der Fall wird in vielen einschlägigen Studien, im Detail oft abweichend, referiert, vgl. z. B. BAELDE, Studien, S. 153 ff.; CABANTOUS, Geschichte der Blasphemie, S. 143 ff.; SAINT-VICTOR, Blasphemie, S. 52 ff. Ausführliche Darstellung, vor allem auf Grundlage der älteren Studie von Marc Chassaigne (1920) bei René POMEAU, Ecraser l'Infâme, Oxford 1994, S. 293 ff. Maßgeblich heute wohl v. a. CLAVERIE, La naissance d'une forme politique, und das Themenheft der Revue Voltaire 17 (2017).
86 POMEAU, Ecraser l'Infâme, S. 301.
87 CLAVERIE, La naissance d'une forme politique, S. 106.
88 Ebd., S. 111.
89 Ebd., S. 122.
90 Vgl. jetzt Éric WETZEL, Les juges, les témoignages et les aveux forcés: l'affaire du Chevalier de la Barre au prisme de laprocédure criminelle de l'Ancien Régime, in: Revue Voltaire 17 (2017), S. 17–28.
91 [Voltaire], Relation de la mort du chevalier de La Barre, par Monsieur Cass***, avocat au Conseil du Roi, à Mr. le Marquis De Beccaria, écrit en 1766. Nouvelle Edition, Amsterdam 1768, S. 26.
92 Das Folgende nach Ingrid GILCHER-HOLTEY (Hg.), Voltaire: Die Affäre Calas, Berlin 2010.
93 Ebd., S. 14, S. 85.
94 Ebd., S. 278 f.
95 [Voltaire], Relation, S. 146.
96 CLAVERIE, La naissance d'une forme politique; vgl. schon Èric WALTER, L'affaire La Barre et le concept d'opinion publique, in: Pierre Rétat (Hg.): Le Journalisme d'Ancien Régime, Lyon 1982, S. 361–392; für einen Überblick über alle einschlägigen Voltaire-Äußerungen SAINTES, De la barbarie des robes noires.
97 Voltaire, OEuvres Complètes. Nouvelle Édition. Dictionnaire Philosophique II, Paris 1878, S. 1–5.

98 SAINT-VICTOR, Blasphemie, S. 58.
99 Ebd., S. 59; CABANTOUS, Geschichte der Blasphemie, S. 187.
100 SAINT-VICTOR, Blasphemie, S. 60.
101 Ebd., S. 59. Vgl. zum größeren Kontext Jacqueline LALOUTTE, La séparation des églises et de l'état. Génese et développement d'une idée 1789–1905, Paris 2005.
102 Vgl. zum Folgenden SAINT-VICTOR, Blasphemie, S. 63 ff., der sich weitgehend stützt auf Jean GAULTIER, Un délit d'opinion. L'outrage à la Morale Publique et Religieuse (1819–1881), Paris 1923.
103 GAULTIER, Un délit d'opinion, S. 25.
104 SAINT-VICTOR, Blasphemie, S. 66.
105 Benjamin CONSTANT, Die Religion nach ihrer Quelle, ihren Gestalten und ihren Entwickelungen, Berlin 1824, S. 14 f.
106 LALOUTTE, La séparation, S. 98 ff.
107 GAULTIER, Un délit d'opinion, S. 152 ff.; Yvan LECLERC, Crimes écrits. La lítterature en procès au 19e siècle, Paris 1991; SAINT-VICTOR, Blasphemie, S. 70 ff.
108 GAULTIER, Un délit d'opinion, S. 202.
109 Ebd., S. 243 ff.; SAINT-VICTOR, Blasphemie, S. 79 f.
110 Friederike HASSAUER / Peter ROOS, Félicien Rops. Der weibliche Körper, der männliche Blick, Zürich 1984, S. 20.
111 Jens Ivo ENGELS, Kleine Geschichte der Dritten französischen Republik (1870–1940), Köln 2007, S. 46 f.; vgl. Daniela KNEISSL, Die Republik im Zwielicht. Zur Metapher von Licht und Finsternis in der französischen Bildpublizistik 1871–1914, München 2010, S. 141 ff.
112 Ebd., S. 63; vgl. insgesamt LALOUTTE, La séparation.
113 ENGELS, Kleine Geschichte, S. 31 f.
114 LALOUETTE, La séparation, S. 335.
115 Vgl. dazu Lisa DITTRICH, Antiklerikalismus in Europa. Öffentlichkeit und Säkularisierung in Frankreich, Spanien und Deutschland (1848–1914), Göttingen 2014.
116 Vgl. für das Folgende als Materialsammlung Guilleaume DOIZY / Jean-Bernard LALAUX, À bas la calotte! La caricature anticléricale et la séparation des Èglises et de l'État, Paris 2005; Guilleaume DOIZY, Les Corbeaux contre la calotte. La lutte anticléricale par l'image à la Belle Époque, Paris 2007 – ich verzichte auf Einzelnachweise; analytisch DITTRICH, Antiklerikalismus, S. 431 ff.
117 DOIZY / LALAUX, À bas la calotte! S. 143.
118 Hans-Jürgen GOERTZ, Antiklerikalismus und Reformation, Göttingen 1995.
119 Trial of C. B. Reynolds For BlasphemyAt Morristown, N. J., May 1887. Defence by Robert G. Ingersoll https://www.gutenberg.org/files/38103/38103-h/38103-h.htm (20. 2. 20).
120 Zentral LEVY, Blasphemy, S. 331 ff.; NASH, Blasphemy in Modern Britain, S. 76 ff.
121 LEVY, Blasphemy, S. 333 f.
122 Ebd., S. 336 f.
123 MARSH, Word Crimes, S. 19.
124 Ebd., S. 79 f.; LEVY, Blasphemy, S. 345.
125 MARSH, Word Crimes, S. 55.
126 Ebd., S. 24 ff.; Levy, Blasphemy, S. 348 ff.
127 Die Texte Hones sind gut zugänglich unter http://honearchive.org/.
128 NASH, Blasphemy in Modern Britain, S. 83 ff.; MARSH, Word Crimes, S. 60 ff.
129 MARSH, Word Crimes, S. 67; LEVY, Blasphemy, S. 358.

130 NASH, Blasphemy in Modern Britain, S. 86.
131 Ebd., S. 90 ff., LEVY, Blasphemy, S. 443 ff.
132 LEVY, Blasphemy, S. 445.
133 MARSH, Word Crimes, S. 90 ff.; WALTER, Blasphemy, S. 40 ff.
134 LEVY, Blasphemy, S. 455.
135 NASH, Blasphemy in Modern Britain, S. 92 ff.; LEVY, Blasphemy, S. 449 ff.; MARSH, Word Crimes, S. 109 ff.
136 MARSH, Word Crimes, S. 115 f.
137 LEVY, Blasphemy, S. 476 f.
138 MARSH, Word Crimes, S. 128 ff.; NASH, Blasphemy in Modern Britain, S. 107 ff.
139 Zitiert nach WALTER, Blasphemy, S. 51.
140 MARSH, Word Crimes, S. 140.
141 Vgl. die Abbildungen in NASH, Blasphemy in Modern Britain, S. 116 ff.; MARSH, Word Crimes, S. 145.
142 NASH, Blasphemy in Modern Britain, S. 125.
143 MARSH, Word Crimes, S. 153.
144 Ebd., S. 146.
145 MARSH, Word Crimes, S. 147 f.; NASH, Blasphemy in Modern Britain, S. 147.
146 LEVY, Blasphemy, S. 487 f.; vor allem MARSH, Word Crimes, S. 158.
147 LEVY, Blasphemy, S. 495 ff.; NASH, Blasphemy in Modern Britain, S. 167 ff.
148 NASH, Blasphemy in Modern Britain, S. 189 f.
149 Ebd., S. 168 f.
150 Abb. ebd., S. 178; vgl. WALTER, Blasphemy, S. 60.
151 NASH, Blasphemy in Modern Britain, S. 170 f. und 181 f.
152 Ebd., S. 181.
153 LEVY, Blasphemy, S. 496 f., 498.
154 Vgl. NASH, Blasphemy in Modern Britain, S. 196 ff.
155 WALTER, Blasphemy, S. 61.
156 W. STARKE, Verbrechen und Verbrecher in Preußen 1854–1878, Berlin 1884, S. 160 ff.
157 Annalen der deutschen und ausländischen Criminal-Rechts-Pflege, 3. Folge, 3 (1837), S. 102–112.
158 Annalen der deutschen und ausländischen Criminal-Rechts-Pflege, 3. Folge, 5 (1838), S. 279–284.
159 Vgl. z. B. Juristische Wochenzeitung 16 (1887), S. 181; 19 (1890), S. 4, S. 394.
160 August BEBEL, Aus meinem Leben, bearb. v. Ursula Herrmann, München 1995, S. 197.
161 Dieter FRICKE, Handbuch zur Geschichte der deutschen Arbeiterbewegung 1869 bis 1917, Bd. 1, Berlin 1987, S. 128 f.
162 Dieter BREUER, Geschichte der literarischen Zensur in Deutschland, Heidelberg 1982, S. 19. Vgl. ausführlicher meinen Blog-Beitrag: Der Teufel gehört nicht auf die Bühne! Zensoren gegen Gotteslästerung in Literatur und Theater (18./19. Jahrhundert) (6. August 2020) auf https://kliotop.hypotheses.org/281.
163 Hans H. HOUBEN, Der ewige Zensor, Kronberg/Ts. 1978 (ND v. 1926), S. 157. Ähnlich eine preußische Kabinettsordre vom Januar 1843, vgl. ebd., S. 186.
164 Hans H. HOUBEN, Verbotene Literatur von der klassischen Zeit bis zur Gegenwart, 2 Bände, Berlin 1924 bzw. Bremen 1928, S. 250 ff., Zitate S. 263, 268.
165 HOUBEN, Der ewige Zensor, S. 73 ff., Zitat S. 74.
166 Zu den Vorläufern LEUTENBAUER, Delikt der Gotteslästerung, S. 266 ff.
167 STARK, Banned in Berlin, S. 154.

168 Ein differenzierter Blick auf das gesamte Waffenarsenal bei STARK, Banned in Berlin; vgl. weiterhin BREUER, Zensur, S. 188 ff.; HÜTT, Hintergrund, S. 15 ff.
169 STARK, Banned in Berlin, S. 160.
170 Juristische Wochenschrift 20 (1891), S. 499.
171 STARKE, Verbrechen, S. 160 ff. sowie Haupttabelle, Spalte 11; STARK, Banned in Berlin, S. 154.
172 Zum Folgenden STARK, Banned in Berlin, S. 164 ff. Vgl. zur Lutherbeschimpfung als Blasphemie differenzierend den Gerichtsentscheid bei Juristische Wochenschrift 13 (1884), S. 24.
173 Ebd., S. 175 f.; HOUBEN, Verbotene Literatur, S. 581 ff.
174 Andreas PÖLLINGER, Der Zensurprozess um Paul Heyses Drama »Maria von Magdala« (1901–1903), Frankfurt / M. 1989, S. 50; vgl. STARK, Banned in Berlin, S. 177 ff.
175 PÖLLINGER, Zensurprozess, S. 55 ff., Dokumentation S. 196 ff., hier S. 204 bzw. S. 208.
176 Ebd., S. 150.
177 Ebd., S. 150 f.
178 Maßgeblich Michael BAUER, Oskar Panizza, München / Wien 1984; STARK, Banned in Berlin, S. 157 ff.
179 BAUER, Oskar Panizza, S. 154.
180 Stefan HEMLER, Protest-Inszenierungen. Die 68-er Bewegung und das Theater in München, in: Hans-Michael Körner / Jürgen Schläder (Hg.): Münchner Theatergeschichtliches Symposium 2000, München 2000, S. 276–318, hier S. 293 f.
181 BAUER, Oskar Panizza, S. 152.
182 Ebd., S. 16.
183 Ebd., S. 20 f.
184 Ebd., S. 153.
185 Ebd., S. 157.
186 Ebd., S. 155.
187 STARK, Banned in Berlin, S. 168 ff.
188 Vgl. zum Tolstoi-Prozess Edith HANKE, »Wo ist der Ausweg?« – Die Tolstoi-Gesamtausgabe im Eugen Diederichs Verlag, in: Justus H. Ulbricht / Meike G. Werner (Hg.): Romantik, Revolution und Reform, Göttingen 1999, S. 135–155, hier S. 146 ff.; ROO, Godslastering, S. 60 ff. Vgl. darüber hinaus meinen Blog-Beitrag: Der Leipziger Tolstoi-Prozess 1901 (28. Juni 2020) auf https://kliotop.hypotheses.org/203 (5. 8. 20).
189 Vgl. den Kommentar eines Theologen [Georg Liebster] in: Christliche Welt 16 (1902), Nr. 31, S. 731 ff., Zitat S. 733; ähnlich »Thesen zum Leipziger Tolstoiprozeß«, ebd., Nr. 40, S. 947 f.
190 STARK, Banned in Berlin, S. 161; BREUER, Zensur, S. 204 ff.
191 Viktor KLEMPERER, LTI. Notizbuch eines Philologen, Stuttgart 2010, S. 30 f.
192 Klaus PETERSEN, Literatur und Justiz in der Weimarer Republik, Stuttgart 1988, S. 30; vgl. BREUER, Zensur, S. 219 ff.
193 Vgl. die kleine Dokumentation »Der literarische Hochverrat von Joh. R. Becher, Berlin 1928«, unter https://portal.dnb.de/bookviewer/view/1016480601#page/n0/mode/1up (5. 8. 20).
194 PETERSEN, Literatur und Justiz, S. 171 und S. 98.
195 Peter MASLOWSKI, Gotteslästerung. Religion und Strafrecht. Zu den Religionsdelikten ($ 181–183) im Entwurf zum neuen Strafgesetzbuch, Berlin 1930, S. 16; Kriminalstatistik für das Jahr 1928 (Statistik des Deutschen Reichs Band 384), Berlin 1931, S. 8.
196 MASLOWSKI, Gotteslästerung, S. 17. Dort auf den Folgeseiten die hier aufgeführten Beispiele.

197 Breuer, Zensur, S. 222 ff.
198 Ebd., S. 225 f.
199 Rosa von der Schulenburg, Was will, kann und darf Satire? Der Gotteslästerungs-Prozess gegen George Grosz, in: Sandra Frimmel / Mara Traumane (Hg.): Kunst vor Gericht. Ästhetische Debatten im Gerichtssaal, Berlin 2018, S. 249–265, S. 249. Zum Folgenden weiterhin Hütt, Hintergrund, S. 60–67 und S. 230–266 (Dokumente); Rosa[munde] Neugebauer [=von der Schulenburg], George Grosz. Macht und Ohnmacht satirischer Kunst, Berlin 1993.
200 Neugebauer, George Grosz, S. 137 und S. 256 Abb. 65. Zur Chronologie der Ereignisse ebd., S. 148 ff. Vgl. auch meinen Blog-Beitrag: Achtung, heilige Gefühle! Ludwig Marcuse zu Grosz' »Christus mit der Gasmaske« (1930) (19. Juli 2020) auf https://kliotop.hypotheses.org/260 (5. 8. 20) mit einem Link zum Bild.
201 Hütt, Hintergrund, S. 246.
202 Vgl. zum sog. ›Freidenker‹-Prozess als Fortsetzung der gerichtlichen Kontroverse um »Christus mit der Gasmaske« Maslowski, Gotteslästerung; Hütt, Hintergrund, S. 67 ff. und S. 263 ff.; Neugebauer, George Grosz, S. 171 ff.
203 Neugebauer, George Grosz, S. 168 f.
204 von der Schulenburg, Gotteslästerungs-Prozess, S. 258.
205 Neugebauer, George Grosz, S. 154 f.
206 Hütt, Hintergrund, S. 233, 235.
207 Neugebauer, George Grosz, S. 158, 165.
208 Ebd., S. 156.
209 Hütt, Hintergrund, S. 236 f.
210 Neugebauer, George Grosz, S. 155, 164; Hütt, Hintergrund, S. 250.
211 Hütt, Hintergrund, S. 236.
212 Neugebauer, George Grosz, S. 166.
213 Hütt, Hintergrund, S. 242.
214 Brunner, Blasphemieverbot, S. 148 f.
215 Hütt, Hintergrund, S. 253, 255.
216 Neugebauer, George Grosz, S. 264.
217 Hütt, Hintergrund, S. 259, 261.
218 Ludwig Marcuse, »Achtung, heilige Gefühle!«, in: Weltbühne, 26 (1930), S. 914–916.
219 Levy, Blasphemy, S. 401 ff. und 507 ff.
220 Heins, Sex, Sin and Blasphemy, S. 168. So definierte ein Referenzurteil obszöne Literatur, diese sei »without serious literary, artistic, political, or scientific value«. Weiterhin: »It also must appeal to the prurient interest in the view of an average person according to community standards, and it must describe sexual conduct or excretory functions in an offensive way« »Miller v California 1973«, https://supreme.justia.com/cases/federal/us/413/15/ (5. 8. 20); vgl. ebd., S. 18 ff.
221 Baelde, Studiën over Godsdienstdelicten, S. 199 ff. Roo, Godslastering, S. 95 ff.
222 Roo, Godslastering, S. 132 ff.
223 https://www.ris.bka.gv.at/Dokumente/Bundesnormen/NOR12029737/NOR12029737.pdf (5. 8. 20).
224 Koch, Die strafbare Beschimpfung, S. 37 f. Vgl. vor allem Leutenbauer, Gotteslästerung, S. 284 ff.; Brunner, Blasphemie, S. 152 ff. und als zeitgenössische Erörterung Schilling, Gotteslästerung, S. 93 ff.
225 Tim Busch, Die deutsche Strafrechtsreform. Ein Rückblick auf die sechs Reformen des Deutschen Strafrechts (1969–1998), Baden-Baden 2005, S. 53 f.
226 Schilling, Gotteslästerung, S. 100.

227 Brunner, Blasphemie, S. 156.
228 Zitiert nach Leutenbauer, Gotteslästerung, S. 286 f.
229 Vgl. die verschiedenen Fassungen bei Leutenbauer, Gotteslästerung, S. 305 f.; vgl. Busch, Die deutsche Strafrechtsreform, S. 66 f.
230 Dazu Czerny, Die Gruppe SPUR, S. 125 ff.; Reimann, Dieter Kunzelmann, S. 82 ff.
231 Neue Juristische Wochenschrift 1985, 1652.
232 NJW 1983, 1211.
233 NJW 1997, 1174. Weitere Beispiele bei Josef Isensee, Blasphemie im Koordinatensystem des säkularen Staates, in: Isensee, Religionsbeschimpfung, S. 105–139, S. 128.
234 Levy, Blasphemy, S. 536.
235 Zum ›Gay News Case‹ Walter, Blasphemy, S. 70 ff.; Levy, Blasphemy, S. 551 ff.; Nash, Modern Britain, S. 239 ff. Das Zitat bei David Nash, Blasphemy on Trial (15. Nov. 2017 published by https://www.historytoday.com/david-nash/blasphemy-trial).
236 Walter, Blasphemy, S. 71 ff.
237 Nash, Modern Britain, S. 243.
238 Levy, Blasphemy, S. 536.
239 Robert Hewison, Monty Python: the case against, London 1981, S. 61.
240 http://hudoc.echr.coe.int/eng?i=001-74315 (5. 8. 20).
241 Hewison, Monty Python, S. 61; vgl. Visconti, The Invention, S. 45.
242 Darl Larsen, A Book about the Film Monty Python's Life of Brian, Landham, Maryland 2018, S. 77.
243 Walter, Blasphemy, S. 79.
244 Vgl. The Law Commission, Working Paper No. 79: Offences against Religion and Public Worship, online https://s3-eu-west-2.amazonaws.com/lawcom-prod-storage-11jsxou24uy7q/uploads/2016/08/No.079-Offences-against-Religion-and-Public-Worship.pdf (5. 8. 20).
245 Vgl. The Law Commission No. 145. Criminal Law: Offences against Religion and Public Worship, online https://assets.publishing.service.gov.uk/government/uploads/system/uploads/attachment_data/file/235882/0442.pdf (5. 8. 20).
246 Zentral für das Folgende Hewison, Monty Python; für den Film und seine Kontextualisierung Larsen, Life of Brian; weiterhin Nash, Blasphemy, S. 211 ff.
247 Vgl. aber Charles Lyons, The New Censors. Movies and the Culture Wars, Philadelphia 1997, S. 155 ff.
248 Hewison, Monty Python, S. 67.
249 Vgl. zum Folgenden ebd., S. 69 ff.
250 Ebd., S. 84.
251 Ebd., S. 91 ff.
252 Larsen, Life of Brian, S. 40 ff.
253 Ebd., S. 151.
254 Ebd., S. 63 ff.
255 Vgl. zu diesem Punkt James G. Crossley, Life of Brian or Life of Jesus? Uses of Critical Biblical Scholarship and Non-orthodox Views of Jesus in Monty Python's' Life of Brian, in: Relegere. Studies in Religion and Reception 1 (2011), S. 93–114.
256 Dokumentiert unter https://www.youtube.com/watch?v=1ni559bHXDg (5. 8. 20); vgl. Hewison, Monty Python, S. 86 ff.
257 https://www.youtube.com/watch?v=SGI9UevrzGc bei 2:55 (5. 8. 20).
258 Boulègue, Le blasphème, S. 56 ff.
259 Ebd., S. 64. Vgl. die Ausstellungsdokumentation unter https://www.dhm.de/archiv/ausstellungen/inri/inhalt.htm (5. 8. 20).

260 Rox, Schutz religiöser Gefühle, S. 272 ff.
261 Nash, Blasphemy, S. 226 ff.
262 Berkmann, Von der Blasphemie zur »hate speech«?, S. 36 ff.
263 Boulègre, Le blasphème, S. 60 ff.; Nash, Blasphemy, S. 219 ff.; Heins, Sex, Sin and Blasphemy, S. 166 ff.
264 Heins, Sex, Sin and Blasphemy, S. 167.
265 Ebd., S. 166; Lyons, The New Censors, S. 165.
266 Lyons, The New Censors, S. 172.
267 Vgl. zum Folgenden Andreas Mertin, Iconoclash. Der Skandal um Madonnas »Like a prayer« als Streit um Zeichen und Bilder (2004), https://www.amertin.de/aufsatz/2004/madonna.htm (20. 2. 20); Marie Louise Herzfeld-Schild, »Like a Prayer (Madonna)«, in: Songlexikon. Encyclopedia of Songs (04/2017), http://www.songlexikon.de/songs/likeaprayer (20. 2. 20) (mit weiterer Literatur); ferner Heins, Sex, Sin and Blasphemy, S. 165; https://madonnainpopculture.weebly.com/like-a-prayer.html (20. 2. 20).

## Im globalen Zeitalter der Blasphemie

1 Benutzt wurde die englische Ausgabe Rushdie, Joseph Anton; zentrale Dokumente über die frühe Phase des Konflikts in Appignanesi / Maitland, The Rushdie File; interessante O-Töne finden sich in einer BBC-Dokumentation von Janice Sutherland von 2009, vgl. https://www.youtube.com/watch?v=tEHcaqcr-uM (5. 8. 20).
2 Vogel, Affäre Rushdie, S. 104 f.
3 Rushdie, Joseph Anton, S. 72; ganz in diesem Sinne eine frühe Besprechung des Romans, The Rushdie File, S. 16.
4 Vgl. für den Inhalt Vogel, Affäre Rushdie, S. 127 ff.
5 Ebd., S. 145.
6 Vgl. für dieses Bild und das Folgende Rushdie, Joseph Anton, S. 114 f.
7 Zur Chronologie der ersten Phase des Protestes vgl. Daniel Pipes, The Rushdie Affair. Second Edition, New Brunswick 2003, S. 19 ff.
8 The Rushdie File, S. 28 ff.
9 Rushdie, Joseph Anton, S. 116.
10 Ebd., S. 120. Vgl. zum Folgenden auch die Chronologie in The Rushdie File, S. XIII f. sowie https://en.wikipedia.org/wiki/The_Satanic_Verses_controversy (5. 8. 20).
11 The Rushdie File, S. 56.
12 Rushdie, Joseph Anton, S. 181.
13 The Rushdie File, S. 66.
14 Vgl. The Rusdie File, S. 68. Für die folgenden Angaben ebd., S. 71 ff.
15 Ebd., S. 75.
16 Rushdie, Joseph Anton, S. 129.
17 Ebd., S. 484, dt. S. 542.
18 Ebd., S. 393.
19 The Rushdie File, S. 200; vgl. Rushdie, Joseph Anton, S. 226, 260, 527 ff.
20 Rushdie, Joseph Anton, S. 260.
21 Ebd., S. 388 ff.
22 The Rushdie File, S. 97f, S. 99.; Rushdie, Joseph Anton, S. 145.
23 Rushdie, Joseph Anton, S. 273 ff.

24 Hannoversche Allgemeine vom 15.12.2017, http://www.haz.de/Sonntag/Promi-Talk/Wie-beeinflusst-die-Fatwa-Ihren-Alltag (5.8.20).
25 Rushdie, Joseph Anton, S. 128; vgl. Haig Bosmajian, Burning Books, Jefferson, North Carolina 2006, S. 137.
26 Pipes, The Rushdie Affair, S. 23.
27 Ebd., S. 70 ff.
28 Frank Bösch, Zeitenwende 1979. Als die Welt von heute begann, München 2019, S. 18 ff.
29 Thomas Bauer, Die Vereindeutigung der Welt. Über den Verlust an Mehrdeutigkeit und Vielfalt, Ditzingen 2018, S. 31 ff.
30 https://en.wikipedia.org/wiki/Cat_Stevens%27_comments_about_Salman_Rushdie (5.8.20).
31 Shabbir Akhtar, Be Careful with Muhammed! London 1989, S. 1 f.
32 Ebd., S. 35.
33 Ebd., S. 43.
34 Ebd., S. 67.
35 Vgl. u. a. The Rushdie File, S. 85 f., S. 87, S. 174 ff., S. 177 f.
36 The Rushdie File, S. 88 f. Vgl. die Systematisierung der Argumente bei Vogel, Affäre Rushdie, S. 221 ff.; Pipes, The Rushdie Affair, S. 106 ff.
37 Malise Ruthven, in: The Rushdie File, S. 190.
38 John Allemang, in: The Rushdie File, S. 215 ff.
39 Pipes, The Rushdie Affair, S. 163 ff.
40 The Rushdie File, S. 82 f.
41 Ebd., S. 130 f.; vgl. ebd., S. 116 f. zur Reaktion des Vatikans.
42 Ebd., S. 237.
43 Ebd., S. 197 f.; vgl. ebd., S. 101 f.; S. 125 ff.; Rushdie, Joseph Anton, S. 186 f.; 228 f.; dt. S. 214, 263 f.
44 Walter, Blasphemy, S. 87.
45 The Rushdie File, S. 239. Vgl. die kritische Stimme von Hesham El-Essawy zur fundamentalistisch anmutenden Fetischierung und Sakralisierung der Meinungsfreiheit in ebd., S. 124 f.
46 https://en.wikipedia.org/wiki/Article_19; www.article19.org/data/files/pdfs/publications/crime-of-blasphemy.pdf (20.2.20).
47 Rushdie, Joseph Anton, S. 180 (dt. S. 208); vgl. https://en.wikipedia.org/wiki/The_Blasphemers%27_Banquet (20.2.20).
48 The Rusdie File, S. 167.
49 Vgl. für die Chronologie der Debatte detailliert Anne Hoffmann, Islam in den Medien. Der publizistische Konflikt um Annemarie Schimmel, Münster 2004, S. 15 ff.; knapper, dafür aber mit pointierten Analysen Stefan Wild, Der Friedenspreis und Annemarie Schimmel. Eine Nachlese, in: Die Welt des Islam 36 (1996), S. 107–122.
50 Wild, Friedenspreis, S. 112.
51 Rushdie, Joseph Anton, S. 452.
52 Vgl. die Laudatio von Roman Herzog und den Dank der Preisträgerin unter https://www.friedenspreis-des-deutschen-buchhandels.de/sixcms/media.php/1290/1995_schimmel.pdf (20.2.20).
53 The Rushdie File, S. 121 ff.
54 https://www.independent.co.uk/voices/a-new-islam-for-the-west-five-years-on-yasmin-alibhai-brown-considers-the-impact-of-the-rushdie-1394121.html (20.2.20).

55 Rushdie, Joseph Anton, S. 420 (dt. S. 472 f.). Vgl. https://www.independent.co.uk/voices/commentators/yasmin-alibhai-brown/yasmin-alibhai-brown-lsquosatanic-versesrsquo-forced-me-to-declare-myself-a-muslim-1604607.html (20. 2. 20).
56 The Rushdie File, S. 112–114. Vgl. auch die Stellungnahme des berühmten Edward Said ebd., S. 164–166
57 The Rushdie File, S. 238 ff.
58 Vgl. zum Vorwurf der kulturellen Ausbeutung schon The Rushdie File, S. 225.
59 Vgl. zum Folgenden MAK, Der Mord an Theo van Gogh; BURUMA, Die Grenzen der Toleranz.
60 BURUMA, Die Grenzen der Toleranz, S. 177.
61 Alle Zitate ebd., S. 90 f.; vgl. MAK, Der Mord an Theo van Gogh, S. 9; vgl. weiterhin die rückblickende Stellungnahme von Leon de Winter zehn Jahre später unter https://www.welt.de/debatte/kommentare/article133890086/Ich-habe-dem-Gross-maul-Theo-Van-Gogh-verziehen.html (20. 2. 20).
62 BURUMA, Die Grenzen der Toleranz, S. 97 f. Vgl. zum »Eselsprozess« ROO, Godslastering, S. 113 ff.; Inge van der BIJL, Het ezelsproces, in: Blind 13 (2007), unter https://www.ziedaar.nl/article.php?id=288 (20. 2. 20).
63 BURUMA, Die Grenzen der Toleranz, S. 168.
64 Ebd., S. 14.
65 MAK, Der Mord an Theo van Gogh, S. 78.
66 Ebd., S. 94.
67 BURUMA, Die Grenzen der Toleranz, S. 24 ff.
68 MAK, Der Mord an Theo van Gogh, S. 74; dagegen BURUMA, Die Grenzen der Toleranz, S. 222.
69 Vgl. Lydia HAUSTEIN u. a. (Hg.), Feinbilder. Ideologien und visuelle Strategien der Kulturen, Göttingen 2007; BAATZ, Bilderstreit.
70 Zentral KLAUSEN, The Cartoons, hier S. 13 ff. und die Chronologie S. 185 ff.; SINRAM, Pressefreiheit, S. 245 ff.; komprimiert Sabine SCHIFFER / Xenia GLEISSNER, Das Bild des Propheten. Der Streit um die Mohammed-Karikaturen, in: Gerhard Paul (Hg,): Das Jahrhundert der Bilder. 1949 bis heute, Göttingen 2008, S. 751–759; VENINGA, Secularism, S. 9 ff. ROSE, The Tyranny of Silence, beschreibt die Vorgänge aus der Sicht eines Akteurs. Vgl. weiterhin die Beiträge in HAUSTEIN, Feindbilder, und DEBATIN, Karikaturenstreit.
71 ROSE, The Tyranny of Silence, S. 32; SINRAM, Pressefreiheit, S. 256.
72 KLAUSEN, The Cartoons, hier S. 91.
73 Ebd., S. 150.
74 Vgl. die Aufstellung in ebd., S. 107.
75 Vgl. ebd., S. 21 ff.; SCHIFFER / GLEISSNER, Das Bild des Propheten, S. 752 f.; VENINGA, Secularism, S. 12 f.; Andreas PLATTHAUS, Das geht ins Auge. Geschichten der Karikatur, Berlin 2016, S. 415 ff.; ROSE, The Tyranny of Silence, S. 40 ff.; SINRAM, Pressefreiheit, S. 260 ff.; die Karikaturen unter http://multimedia.jp.dk/archive/00080/Avis side_Muhammed-te_80003a.pdf (20. 2. 20).
76 PLATTHAUS, Das geht ins Auge, S. 418.
77 KLAUSEN, The Cartoons, S. 24.
78 SCHIFFER / GLEISSNER, Das Bild des Propheten, S. 753.
79 Andreas KNIGGE, Satanische Zeichnungen, oder: Kampf der Karikaturen. Chronik und Hintergründe einer Eskalation, in: Comixene 93, April 2006, online unter: http://www.acknigge.de/ack_a24_karikaturenstreit.html (20. 2. 20).
80 KLAUSEN, The Cartoons, S. 27 ff., S. 87 ff.

81 Ebd., S. 95.
82 Vgl. zum Folgenden ebd., S. 147 ff.
83 https://de.wikipedia.org/wiki/Einwanderung_und_Einwanderungspolitik_in_D%C3%A4nemark_seit_1945 (20. 2. 20). Vgl. zum sozialen Imaginarium VENINGA, Secularism, S. 91 ff.
84 KLAUSEN, The Cartoons, S. 156 f.
85 Vgl. SINRAM, Pressefreiheit, S. 338.
86 KLAUSEN, The Cartoons, S. 30.
87 Mirza Masroor AHMAD, Der Prophet Muhammad und der Karikaturenstreit, Frankfurt 2012, S. 78 f.
88 Vgl. die Beiträge in DEBATIN, Der Karikaturenstreit.
89 Ebd.; https://de.wikipedia.org/wiki/Internationaler_Holocaust-Karikaturen-Wettbewerb (20. 2. 20).
90 https://www.theguardian.com/world/2017/jun/02/denmark-scraps-334-year-old-blasphemy-law (20 .2. 20).
91 ROSE, The Tyranny of Silence, S. 169 ff.
92 KLAUSEN, The Cartoons, S. 59.
93 DEBATIN, Karikaturenstreit, S. 14 f.; Henner KIRCHNER, Micromedien in der arabischen Welt. Die Mobilisierung der Proteste durch personalisierte Informations- und Kommunikationstechnologien, in: Debatin, Der Karikaturenstreit, S. 97–102.
94 KLAUSEN, The Cartoons, S. 5.
95 Ebd., S. 125.
96 Vgl. Chris ALLEN, Islamophobia, Farnham, Surrey 2010; Christopher HITCHENS, Defending Islamofascism, in: Slate 22. Oktober 2007, online: https://slate.com/news-and-politics/2007/10/defending-the-term-islamofascism.html (20. 2. 20). Vgl. Salman RUSHDIE, Joseph Anton, S. 344 ff., der sich durch den Begriff an Orwells »Newspeak« erinnert fühlte.
97 KLAUSEN, The Cartoons, S. 47 ff.
98 Ebd., S. 33.
99 KUNELIUS, Reading the Mohammed Cartoons Controversy; EIDE, Transnational Media Events.
100 BOULÈGUE, Le blaspheme en procès, S. 154 ff.
101 https://www.welt.de/print-welt/article201259/Manifest-der-12-Gemeinsam-gegen-den-neuen-Totalitarismus.html (20. 2. 20).
102 BOULÈGUE, Le blaspheme en procès, S. 181 ff.; CHARB, Brief an die Heuchler, S. 45 ff.
103 SAINT VICTOR, Blasphemie, S. 77 ff.
104 BOULÈGUE, Le blaspheme en procès, S. 70 ff.; CHARB, Brief an die Heuchler, S. 75 ff.
105 Die meisten der folgenden Angaben wurden im Internet recherchiert, z. B. in den oft sehr qualitätsvollen Einträgen der deutsch-, englisch- und französischsprachigen »wikipedia«, und werden hier nicht mehr einzeln belegt.
106 http://www.spiegel.de/politik/ausland/mohammed-karikaturen-frankreich-sichert-seine-botschaften-a-856683.html (20. 2. 20).
107 CHARB, Brief an die Heuchler, S. 52.
108 https://www.englishpen.org/campaigns/salman-rushdie-condemns-attack-on-charlie-hebdo/ (20. 2. 20).
109 Fünfzehn Jahre zuvor hatte es in Amerika bereits »Ich-bin-Salman-Rushdie«-Sticker gegeben; RUSHDIE, Joseph Anton, S. 177.
110 Emmanuel TODD, Wer ist Charlie? Die Anschläge von Paris und die Verlogenheit des Westens, München 2016, S. 18 f.

111 Ebd., S. 20.
112 Ebd., S. 79.
113 CHARB, Brief an die Heuchler, S. 15 f.
114 Ebd., S. 43.
115 Vgl. zur Studie der *United States Commission on International Religious Freedom* FISS / GETGEN KESTENBAUM, Respecting Rights, mit einer Aufstellung der aktuellen Ländergesetzgebungen im Anhang. Eine Studie des Pew Research Center von 2012 kam auf 94 von insgesamt 197 Staaten mit Anti-Blasphemie-Bestimmungen, eine andere aus dem Jahr 2014 nannte lediglich 57 Staaten (Neil HICKS, The Public Disorder of Blasphemy Laws: A Comparative Perspective, in: The Review of Faith & International Affairs 13 (2015), S. 51–58, S. 51).
116 HICKS, The Public Disorder, S. 53 ff.
117 Rağip Bariş ERMAN, The Offence of Blasphemy in Turkish Law, in: Staat und Religion. 9. Fakultätstag der Rechtswissenschaftlichen Fakultät der Karl-Franzens-Universität Graz, Graz 2014, S. 133–140.
118 Alle nicht anderweitig nachgewiesenen Angaben im Folgenden nach der umfangreichen Dokumentation von MARSHALL / SHEA, Silenced, die auch zahlreiche Fälle aus der Rechtspraxis enthält.
119 Elham MANEA, In the Name of Culture and Religion: The Political Function of Blasphemy in Islamic States, in: Islam and Christian-Muslim Relations 27 (2016), S. 117–127, S. 120.
120 Zum Folgenden Dicky SOFJAN, Religious Diversity and Politico-Religious Intolerance in Indonesia and Malaysia, in: The Review of Faith & International Affairs 14 (2016), S. 53–64, und vor allem Paul MARSHALL, Exporting Blasphemy Restrictions. The Organization oft the Islamic Conference and the United Nations, in: The Review of Faith & International Affairs 9 (2011), S. 57–63.
121 Paul MARSHALL, The Ambiguities of Religious Freedom in Indonesia, in: The Review of Faith & International Affairs 16 (2018), S. 85–96, S. 89.
122 Ebd., S. 92.
123 Vgl. vor allem Linda S. WALBRIDGE, The Christians of Pakistan. The Passion of Bishop John Joseph, London 2003; Peter JACOB, Blasphemie – Vorwürfe und Missbrauch. Die pakistanischen Blasphemiegesetze und ihre Folgen (Missio Fachstelle Menschenrechte Nr. 50), Aachen 2012; Amjad Mahmood KHAN, Pakistan's Anti-Blasphemy Laws and the Illegitimate Use of the »Law, Public Order, and Morality« Limitation on Constitutional Rights, in: The Review of Faith & International Affairs 13 (2015), S. 13–22; Lisa CURTIS, Religious Freedom in Pakistan: Glimmers of Light on a Darkening Horizon, in: The Review of Faith & International Affairs 14 (2016), S. 23–30; Quaiser JULIUS, The Experience of Minorities under Pakistan's Blasphemy Laws, in: Islam and Christian-Muslim Relations 27 (2016), S. 95–115.
124 JACOB, Blasphemie, S. 13.
125 Vgl. die Übersicht bei JULIUS, The Experience of Minorities, S. 96; JACOB, Blasphemie, S. 17 ff.
126 KHAN, Pakistan's Anti-Blasphemy Laws, S. 17.
127 JULIUS, The Experience of Minorities, S. 97; JACOB, Blasphemie, S. 27 f.
128 Vgl. für diese und weitere Fälle JACOB, Blasphemie, S. 28 ff.
129 Vgl. dazu auch WALBRIDGE, The Christians of Pakistan, S. 89 ff.
130 Ebd., S. 93 f.
131 Asma T. UDDIN, Blasphemy Laws in Muslim-Majority Countries, in: The Review of Faith & International Affairs 9 (2011), S. 47–55, S. 47.

132 Hicks, The Public Disorder, S. 55 ff.
133 Zum Folgenden Paul Marshall, Exporting Blasphemy Restrictions; materialreich Marshall / Shea, Silenced, Kap. 11; Scholz / Heinisch, Charlie versus Mohammed, S. 19 ff.
134 Vgl. den Wortlaut unter http://ap.ohchr.org/documents/E/HRC/resolutions/A-HRC-RES-4-9.doc (20. 2. 20).
135 Dacey, The Future of Blasphemy, S. 5.
136 Shagun Sharma, Blasphemy Laws: Comparative Analysis in Context of India and Pakistan, in: International Journal of Science and Research 8 (2019), S. 1156–1161.
137 https://www.tagesspiegel.de/politik/dokumentiert-das-punk-gebet-von-pussy-riot/7013446.html (20. 2. 20); vgl. Lind, Blasphemy, S. 22 f.; zur Faktenlage Caroline von Gall, Vorerst gescheitert: »Pussy Riot« und der Rechtsstaat in Russland, in: Russland-Analysen 246 (2012), S. 2–5. Aus der Sicht einer Betroffenen Mascha Alechina, Tage des Aufstands, Berlin 2017 (engl. ›Riot Days‹).
138 Norbert Feldhoff, Der Kölner Dom – Schauplatz öffentlicher Proteste, in: Staat und Religion. 9. Fakultätstag der Rechtswissenschaftlichen Fakultät der Karl-Franzens-Universität, Graz 2014, S. 141–146, S. 145 f.; https://de.wikipedia.org/w/index.php?title=Josephine_Witt&oldid=189622719 (20. 2. 20).
139 Thomas Bremer, Der Fall »Pussy Riot« und die Russische Orthodoxe Kirche, in: Russland-Analysen 246 (2012), S. 6–8, S. 6 f. (auch zum Folgenden); für den historischen Hintergrund Thomas Bremer, Der »Westen« als Feindbild im theologisch-philosophischen Diskurs der Orthodoxie, in: Europäische Geschichte Online (EGO), Mainz 2012, http://www.ieg-ego.eu/bremert-2012-de (20. 2. 20).
140 Vgl. die Umfragewerte zum Punk-Gebet und zur Religiosität allgemein in Russland-Analysen 246 (2012), S. 9–14.
141 Bremer, Der Fall »Pussy Riot«, S. 8.
142 Thomas Krüssmann, Blasphemie nach »Pussy Riot«. Neufassung des einschlägigen Straftatbestandes in der Russischen Föderation, in: Staat und Religion. 9. Fakultätstag der Rechtswissenschaftlichen Fakultät der Karl-Franzens-Universität, Graz 2014, S. 120–126, vor allem S. 122 u. 126.
143 Heinrich Heine, Reisebilder. Nachträge. Hamburg, 1831, Kap. XIV.
144 Zur folgenden Darstellung zentral Lind, Blasphemy, S. 20 ff.
145 https://de.wikipedia.org/w/index.php?title=Die_Moskauer_Prozesse&oldid=191477061 (20. 2. 20).
146 Vasilina Orlova, Pussy Riot: Political Affect and Religious Feelings (2015): https://www.researchgate.net/publication/313000180_Pussy_Riot_Political_Affect_and_Religious_Feelings.
147 Lind, Blasphemy, S. 14.
148 Ebd., S. 8, S. 14.
149 Zitiert nach ebd., S. 19 f.
150 Boulègre, Le blasphème, S. 156 ff.; Charb, Brief an die Heuchler.
151 Vgl. House of Lords, Religious Offences in England and Wales (Juni 2003): https://publications.parliament.uk/pa/ld/ldrelof.htm (20. 2. 20); bündige Zusammenfassung der Debatte seit 1985 bis 2007 bei Wils, Gotteslästerung, S. 185 ff.
152 Vgl. konzise https://en.wikipedia.org/w/index.php?title=Blasphemy_law_in_the_Republic_of_Ireland&oldid=918208548 (20. 2. 20).
153 Koch, Die strafbare Beschimpfung, S. 38.
154 Martin Mosebach, »Vom Wert des Verbietens«, Frankfurter Rundschau 18. 6. 2012

(https://www.fr.de/kultur/kunst/wert-verbietens-11334557.html) (20.2.20). Vgl. Robert SPAEMANN in der Frankfurter Allgemeinen Zeitung 25.7.2013 (https://www.faz.net/aktuell/feuilleton/debatten/robert-spaemann-zur-blasphemie-debatte-beleidigung-gottes-oder-der-glaeubigen-11831612.html) (20.2.20) und Gerd SCHWERHOFF ebd. 16.9.2012 (https://www.faz.net/aktuell/feuilleton/debatte-um-blasphemieverbot-manchen-drohte-gar-eine-hinrichtung-11892377.html) (20.2.20). Zu den deutschen Reaktionen nach dem Attentat von 2015 SCHOLZ / HEINISCH, Charlie versus Mohammed, S. 54 ff.

155 LAUBACH, Kann man Gott beleidigen, S. 56; 59, 70; 104, 106; 115, 122.

156 Ludwig SCHICK, Blasphemie und der Glaube, in: Thomas Laubach / Konstantin Lindner (Hg.): Blasphemie – ein lächerlicher Glaube? Ein wiederkehrendes Phänomen im Diskurs, Berlin 2014, S. 11–23, S. 21 f.

157 PAWLIK, Der strafrechtliche Schutz des Heiligen, S. 59 f.; ähnlich ISENSEE, Blasphemie, S. 133.

158 Franziska A. STEFFEN, Strafrecht in einer multikulturellen Gesellschaft. Eine Erörterung anhand von Fallgeschichten, Baden-Baden 2015, S. 405 f.; ähnlich KOCH, Die strafbare Beschimpfung, S. 171 f.

159 So ROX, Blasphemie, vor allem S. 170; vgl. umfassend ROX, Schutz religiöser Gefühle, S. 81 ff.

160 KOCH, Die strafbare Beschimpfung, S. 39.

161 BT 14/4558. Vgl. STEFFEN, Strafrecht, S. 81 f.

162 PAWLIK, Der strafrechtliche Schutz des Heiligen, S. 43 ff.

163 ROX, Schutz religiöser Gefühle, S. 233 ff.

164 KOCH, Die strafbare Beschimpfung, S. 39; PAWLIK, Der Schutz des Heiligen, S. 46 ff.; ROX, Schutz religiöser Gefühle, S. 112 ff. Vgl. zu einer möglichen alternativen Begründung der Strafrechtsnorm, der sich an der Achtungswürdigkeit der Grundüberzeugungen und Werte einer Person orientiert und die Verspottung desjenigen, was anderen heilig ist, als »beleidigungsähnliches Delikt« begreift, PAWLIK, Der strafrechtliche Schutz des Heiligen, S. 49.

165 Zum Folgenden ROX, Schutz religiöser Gefühle, S. 261 ff.; BERKMANN, Von der Blasphemie zur »hate speech«?, S. 36 ff. Zu ›Otto-Preminger-Institut vs. Österreich‹ vgl. das Urteil No. 13470/87 EKMR unter https://hudoc.echr.coe.int/eng#{%22itemid%22:[%22001-57897%22]} (20.2.20). Allgemein zur Ebene des internationalen Rechts LANGER, Religious Offence.

166 ROX, Schutz religiöser Gefühle, S. 297.

167 Ebd., S. 299.

168 Kritisch zum Argument der verletzten Gefühle SCHOLZ / HEINISCH, Charlie versus Mohammed, S. 66 ff.

169 CHARB, Brief an die Heuchler, S. 75 ff.

170 Caroline FOUREST, Éloge du Blasphème, Paris 2015; vgl. SCHOLZ / HEINISCH, Charlie versus Mohammed.

171 CHARB, Brief an die Heuchler, S. 22 f.

172 ASAD, Is Critique Secular?, S. XII; Saba MAHMOOD, Religious Reason and Secular Affect: An Incommensurable Divide?, in: ebd., S. 58–94, hier S. 77.

173 Bernhard DEBATIN, Die Provokation des Banalen. Eine fehlgeschlagene Satire und das Gesetz der (nicht) intendierten Folgen, in: ders., Der Karikaturenstreit, S. 215–224; Shaheen MERALI, Sichtbarkeit und Ideologie. Künstlerische Strategien im Umgang mit Differenz, in: Haustein, Feindbilder, S. 115–125, hier S. 118 f.

174 Petra GRIMM, Reflexionen über Verzicht, Anerkennung und Toleranz im Karikatu-

renstreit, in: Debatin, Der Karikaturenstreit, S. 143–153, hier S. 149; Stephan ROSINY, Der beleidigte Prophet, in: ebd., S. 103–115, hier S. 108.

175 ASAD, Is Critique Secular?

176 BALIBAR, On »Freedom of Expression«, S. 151.

177 Vgl. MAHMOOD, Religious Reason, S. 74ff. mit CHARB, Brief an die Heuchler, S. 26f. Abwägend DACEY, The Future of Blasphemy, S. 50.

178 Vgl. dazu SCHOLZ / HEINISCH, Charlie versus Mohammed.

179 Talal ASAD, Free Speech, Blasphemy, and Secular Criticism, in: ders. u. a., Is Critique Secular?, S. 14–57, hier S. 30ff.

180 Vgl. Lydia HAUSTEIN, Kampf der kulturellen Kulturen statt Kampf der Kulturen – Überlegungen zu den Bilderkriegen, in: dies., Feindbilder, S. 25–35.

181 WILS, Gotteslästerung, S. 204.

182 DACEY, The Future of Blasphemy; vgl. auch sein Interview unter https://podcasts.apple.com/lu/podcast/austin-dacey-the-future-of-blasphemy/id107134018?i=1000113360631 (20. 2. 20).

183 So der Titel einer Ausstellung der Kunstsammlung Veste Coburg im Sommer 2013 (»Die Lust an der Lästerung – Bildpolemik zur Zeit der Reformation«).

## Rückschau und Ausblick

1 Thomas BAUER, Die Vereindeutigung der Welt. Über den Verlust der Mehrdeutigkeit und Vielfalt, Stuttgart 2018.

2 Gerd SCHWERHOFF, Sakralitätsmanagement. Zur Analyse religiöser Räume im späten Mittelalter und in der frühen Neuzeit, in: Susanne Rau / ders.: Topographie des Sakralen, Hamburg 2008, S. 38–69, hier S. 38f.

3 Mit anderer Stoßrichtung BENVÉNISTE, Blasphémie et euphémie.

4 Vgl. als Bausteine dazu Angela RUSTEMEYER, Dissens und Ehre. Majestätsverbrechen in Russland, 1600 – 1800, Wiesbaden 2006; Philip CZECH, Der Kaiser ist ein Lump und Spitzbube. Majestätsbeleidigung unter Kaiser Franz Joseph, Wien 2010.

5 Heike BUNGERT / Jana WEISS, Zivilreligion(en) – Alte Herausforderungen, neue Perspektiven, in: dies. (Hg.): »God Bless America«. Zivilreligion in den USA im 20. Jahrhundert, Frankfurt / M. 2017, S. 7–35, hier S. 9ff.

6 CABANTOUS, Geschichte der Blasphemie, S. 172ff., hier bes. S. 179f.

7 Michael WILDT, Volk, Volksgemeinschaft, AfD, Bonn 2017, S. 15.

8 Detlev PEUKERT, Volksgenossen und Gemeinschaftsfremde. Anpassung, Ausmerze und Aufbegehren unter dem Nationalsozialismus, Köln 1982, S. 247.

9 Jan-Werner MÜLLER, Was ist Populismus? Ein Essay, Frankfurt / M. 2016, S. 42.

10 Robert Justin GOLDSTEIN, Saving »Old Glory«. The History of the American Flag Desecration Controversy, New York 1995, S. 11, S. 13. Vgl. auch Michael WELCH, Flag Burning. Moral Panic and the Criminalization of Protest, New York 2000.

11 GOLDSTEIN, Saving »Old Glory«, S. 164f.

12 Ebd., S. 120ff.

13 WELCH, Flag Burning, S. 96f.

14 CHARB, Brief an die Heuchler, S. 84ff., S. 89.

15 BURKE, Beleidigungen und Gotteslästerung, S. 102.

16 Benedikt ROHRSSEN, Von der »Anreizung zum Klassenkampf« zur »Volksver-

hetzung« (§ 130 StGB). Reformdiskussion und Gesetzgebung seit dem 19. Jahrhundert, Berlin 2009, S. 12, S. 37.

17 Ebd., S. 126, S. 131.

18 Ebd., S. 190 ff., S. 301 ff.

19 Ebd., S. 188, 255 f. Plenarprotokoll des Dt. Bundestages 2/191, 10919.

20 Vgl. https://en.wikipedia.org/w/index.php?title=Dana_Schutz&oldid=928534253 (20.2.20); Habbo Knoch, »See what I've seen«. Das erneuerte Nachleben von Emmett Till, online unter https://moralicons.hypotheses.org/188 (eingestellt Juli 2017, 5.8.20); George Baker on painting, critique, and empathy in the Emmett Till / Whitney Biennial debate, online unter https://www.textezurkunst.de/articles/baker-pachyderm/ (eingestellt März 2017, abgerufen 20.2.20).

21 Vgl. die Meldungen unter https://www.bbc.com/news/world-us-canada-50861259 (20.2.20); https://www.zeit.de/gesellschaft/zeitgeschehen/2019-12/lgbtq-15-jahre-haft-verbrennung-regenbogenflagge (20.2.20).

# Auswahlbibliographie


Adang, Camilla u. a. (Hg.): Accusations of unbelief in Islam. A diachronic perspective on takfīr, Leiden 2015

Appignanesi, Lisa / Sara Maitland (Hg.): The Rushdie File, Syracuse 1990

Asad, Talal; Wendy Brown; Judith Butler; Saba Mahmood: Is Critique Secular? Blasphemy, Injury, and Free Speech, New York 2013

Assmann, Jan: Die Mosaische Unterscheidung oder der Preis des Monotheismus, München 2003

Assmann, Jan: Totale Religion. Ursprünge und Formen puritanischer Verschärfung, Wien 2016

Baatz, Ursula u. a.: Bilderstreit 2006. Pressefreiheit? Blasphemie? Globale Politik? Wien 2007

Baelde, Robert: Studiën over Godsdienstdelicten, Den Haag 1935

Balibar, Étienne: On »Freedom of Expression« and the Question of »Blasphemy«, in: ders.: Secularism and Cosmopolitanism. Critical Hypotheses on Religion and Politics, New York 2018, S. 149–158

Barceló, Pedro: Religiöser Fundamentalismus in der römischen Kaiserzeit, Stuttgart 2010

Belmas, Elisabeth: La monteé des blasphèmes à l'âge moderne du Moyen Age au XVIIe siècle, in: Delumeau, Injures et Blasphèmes, S. 13–33

Benvéniste, Émile: Blasphémie et euphémie, in: ders.: Problèmes de linguistique générale, Paris 1974, Bd. 2, S. 254–257

Berkmann, Burckhard Josef: Von der Blasphemie zur »hate speech«? Die Wiederkehr der Religionsdelikte in einer religiös pluralen Welt, Berlin 2009

Berriot, François: Un procès d'athéisme à Genève: l'affaire Gruet (1547–1550), in: Bulletin de la Société de l'Histoire du Protestantisme Français 125 (1979), S. 577–592

Blickle, Peter (Hg.): Der Fluch und der Eid. Die metaphysische Begründung gesellschaftlichen Zusammenlebens und politischer Ordnung in der ständischen Gesellschaft, Berlin 1993

Bogner, Ralf Georg: Die Bezähmung der Zunge. Literatur und Disziplinierung der Alltagskommunikation in der frühen Neuzeit, Tübingen 1997

Boulègue, Jean: Le blasphème en procès 1984–2009. L'Église et la Mosquée contre les libertés, Paris 2010

Bouwers, Eveline G. u. a.: Gotteslästerung in Europa. Religionsvergehen und Religionskritik seit 1500. Materialien für den Unterricht, Schwalbach / Ts. 2017

Brunner, Benedikt: Das Blasphemieverbot in Deutschland – Zentrale Debatten im 20. Jahrhundert, in: Gérard Bökenkamp (Hg.): Meinungsfreiheit und Religion, Berlin 2013, S. 135–166, hier S. 141 ff.

Burke, Peter: Beleidigungen und Gotteslästerung im frühneuzeitlichen Italien, in: Ders.: Städtische Kultur in Italien zwischen Hochrenaissance und Barock. Eine historische Anthropologie, Berlin 1986, S. 96–110, 205 f.

Burns Coleman, Elizabeth / Kevin White (Hg.): Negotiating the Sacred: Blasphemy and Sacrilege in a Multicultural Society, Canberra 2006

Burns Coleman, Elizabeth / Maria Suzette Fernandes-Dias (Hg.): Negotiating the Sacred II: Blasphemy and Sacrilege in the Arts, Canberra 2008

Buruma, Ian: Die Grenzen der Toleranz. Der Mord an Theo van Gogh, München 2006

Cabantous, Alain: Geschichte der Blasphemie, Weimar 1999 (franz. 1998)

Casagrande, Carla / Silvana Vecchio: Les péchés de la langue. Discipline et éthique de la parole dans la culture médiévale, Paris 1991

Charb[onnier, Stéphane]: Brief an die Heuchler und wie sie den Rassisten in die Hände spielen, Stuttgart 2015

Clauss, Manfred: Kaiser und Gott. Herrscherkult im römischen Reich, Darmstadt 2001

Clauss, Manfred: Ein neuer Gott für die alte Welt. Die Geschichte des frühen Christentums, Berlin 2015

Claverie, Elisabeth: La naissance d'une forme politique : L'Affaire du Chevalier de La Barre, in: Ph. Roussin (Hg.): Critique et Affaires de Blasphème à l'Epoque des Lumières, Paris 1998, S. 185–260

Connell, William J. / Giles Constable: Sacrilege and Redemption in Renaissance Florence: The Case of Antonio Rinaldeschi, in: Journal of the Warburg and Courtauld Institutes 61 (1998), S. 53–92

Cozzi, Gaetano: Religione, moralità e giustizia a Venezia: vincende della magistratura degli Esecutori contro la bestemmia (secoli XVI–XVII), in: Ateneó Veneto 178 (1991), S. 7–95.

Dacey, Austin: The Future of Blasphemy. Speaking of the Sacred in an Age of Human Rights, London 2012

Debatin, Bernhard (Hg.): Der Karikaturenstreit und die Pressefreiheit. Wert- und Normkonflikte in der globalen Medienkultur, Berlin 2007

Delumeau, Jean (Présentateur): Injures et Blasphemes, Paris 1989

Derenne, Eudore: Les procès impiété intentés aux philosophes à Athènes au V. et au IV. siècles avant J.-C., Lüttich / Paris 1930

Desmons, Éric / Marie-Anne Paveau (Hg.): Outrages, insultes, blasphèmes et injures: violences du langage et polices du discours, Paris 2008

Dressler, Jan, Philosophie vs. Religion? Die Asebie-Verfahren gegen Anaxagoras, Protagoras und Sokrates im Athen des fünften Jahrhunderts v. Chr., Norderstedt 2010

Dülmen, Richard van: Wider die Ehre Gottes. Unglaube und Gotteslästerung in der Frühen Neuzeit, in: Historische Anthropologie 2 (1994), S. 20–38

Eide, Elisabeth u. a. (Hg.): Transnational Media Events. The Mohammed Cartoons and the Imagined Clash of Civilizations, Göteborg 2008

Fiss, Joelle / Jocelyn Getgen Kestenbaum: Respecting Rights? Measuring the World's Blasphemy Laws. US Commission on International Religious Freedom Special Report 2017, online https://www.uscirf.gov/sites/default/files/Blasphemy%20Laws%20Report.pdf.

Flynn, Maureen: Blasphemy and the Play of Anger in Sixteenth-Century Spain, in: Past and Present 149 (1995), S. 29–56

Forrer, Dietrich: Der Einfluss von Naturrecht und Aufklärung auf die Bestrafung der Gotteslästerung, Zürich 1973

Graham, Michael F.: The Blasphemies of Thomas Aikenhead. Boundaries of Belief on the Eve of the Enlightenment, Edinburgh 2008

Hehenberger, Susanne: »Die beleidigte Ehre GOttes auf das empfindlichste zu rächen, in allweg gesonnen.« Blasphemie und Sakrileg im 18. Jahrhundert, in: Martin Scheutz / Vlasta Valeš (Hg.): Wien und seine Wienerinnen, Wien 2008, S. 179–201

Heins Marjorie: Sex, Sin, and Blasphemy. A Guide to America's Censorship Wars, New York 1993

Hildesheimer, Françoise: La répression du blasphème au XVIIIe siècle, in: Delumeau, Injure et blasphème, S. 63–81.

Horodowich, Elisabeth: Language and Statecraft in Early Modern Venice, Cambridge 2008

Hughes, Geoffrey: Swearing. A social history of foul language, oaths and profanity in English, Oxford 1991

Hütt, Wolfgang (Hg.): Hintergrund. Mit den Unzüchtigkeits- und Gotteslästerungsparagraphen des Strafgesetzbuches gegen Kunst und Künstler 1900–1933, Berlin 1990

Isensee, Josef (Hg.): Religionsbeschimpfung. Der rechtliche Schutz des Heiligen, Berlin 2007

Kästner, Alexander / Annette Scherer: »die heiliege dreyfaltigkeit, salva reverentia, angeschießenn«. Wahrnehmung und Deutung gotteslästerlicher Worte in Leipzig im 17. Jahrhundert, in: Stefan Dreischer u. a. (Hg.): Jenseits der Geltung. Konkurrierende Transzendenzbehauptungen von der Antike bis zur Gegenwart, Berlin 2013, S. 85–102.

Kéry, Lotte: Gottesfurcht und irdische Strafe. Der Beitrag des mittelalterlichen Kirchenrechts zur Entstehung des öffentlichen Strafrechts, Köln 2006

Klausen, Jytte: The Cartoons That Shook the World, New Haven / London 2009

Koch, Sebastian: Die strafbare Beschimpfung von Bekenntnissen, Religionsgesellschaften und Weltanschauungsvereinigungen, Hamburg 2009

Kohlrausch, Eduard: Die Beschimpfung von Religionsgesellschaften, Tübingen 1908

Kunelius, Risto u. a. (Hg.): Reading the Mohammed Cartoons Controversy. An International Analysis of Press Discourses on Free Speech and Political Spin, Bochum 2007

Khan, Siraj: Blasphemy in Islamic Law: in: Coeli Fitzpatrick / Adam Hani Walker (Hg.): Mohammed in History, Thought and Culture. An Encyclopaedia of the Prophet of God, Band 1, Santa Barbara / Cal. 2014, S. 59–68

LANGER, Lorenz: Religious Offence and Human Rights. The Implications of Defamation of Religions, Cambridge 2014

LAWTON, David: Blasphemy, New York 1993

LAUBACH, Thomas (Hg.): Kann man Gott beleidigen? Zur aktuellen Blasphemie-Debatte, Freiburg i.Br. 2013

LEUTENBAUER, Siegfried: Das Delikt der Gotteslästerung in der bayerischen Gesetzgebung, Köln / Wien 1984

LEVELEUX, Corinne: La parole interdite. Le blasphème dans la France médiévale (XIIIe–XVIe siècles): du péché au crime, Paris 2001

LEVY, Leonhard W.: Blasphemy. Verbal Offense against the Sacred, from Moses to Salman Rushdie, New York 1993

LIND, Tore Tvarnø: Blasphemy Cries over Pussy Riot's »Punk Prayer« (2015), in: https://www.forskningsdatabasen.dk/en/catalog/2261003824

LINDORFER, Bettina: Bestraftes Sprechen. Zur historischen Pragmatik des Mittelalters, München 2009

LOETZ, Francisca: Mit Gott handeln. Von den Zürcher Gotteslästerern der Frühen Neuzeit zu einer Kulturgeschichte des Religiösen, Göttingen 2002 (engl. als Dealings with God, Farnham / Surrey 2009)

MAK, Geert: Der Mord an Theo van Gogh. Geschichte einer moralischen Panik, Frankfurt am Main 2005

MANNING, David: Blasphemy in the Christian Idiom, c. 1500 – 2000, in: The Historical Journal 55 (2012), S. 883–897.

MARSH, Joss: Word Crimes. Blasphemy, Culture, and Literature in Nineteenth-Century England, Chicago 1998

MARSHALL, Paul / Nina SHEA (Hg.): Silenced. How Apostasy and Blasphemy Codes Are Choking Freedom Worldwide, Oxford 2011

MERKEL, Helmut: Art. ›Gotteslästerung‹, in: Reallexikon für Antike und Christentum, Bd. 11, Stuttgart 1981, Sp. 1185–1201

MOSER, Adolf: Religion und Strafrecht, insbesondere die Gotteslästerung, Breslau 1909

MONTAGU, Ashley: The Anatomy of Swearing, New York / London 1967

NAEF, Silvia: Bilder und Bilderverbot im Islam. Vom Koran zum Karikaturenstreit, München 2007

NASH, David: Blasphemy in Modern Britain. 1789 to the Present, Aldershot 1999

NASH, David: Blasphemy in the Christian World. A History, Oxford 2007

NASH, David: Analyzing the History of Religious Crime. Models of Passive and Active Blasphemy Since the Medieval Period in: Journal of Social History 41 (2007), S. 5–29

NOKES, Gerald D.: A History of the Crime of Blasphemy, London 1928

PAHUD DE MORTANGES, René: Die Archetypik der Gotteslästerung als Beispiel für das Wirken archetypischer Vorstellungen im Rechtsdenken, Freiburg / Schweiz 1987

PIATELLI, Daniela: L'offensa alla divinità negli ordinamenti giuridici del mondo antico, in: Atti della Accademia Nazionale dei Lincei. Memorie. Classe di Scienze Morali, Storiche e Filologiche. Serie VIII, Vol. 21,5, 1977, S. 401–448

ROBINSON, Olivia: Blasphemy and Sacrilege in Roman Law, in: The Irish Jurist 8 (1973), S. 356–371

Roo, Egon Johann de: Godslastering. Rechtsvergelijkende Studie over Blasfemie en andere Religiedelicten, Deventer 1970

Rose, Flemming: The Tyranny of Silence. How One Cartoon Ignated A Global Debate On The Future Of Free Speech, Washington D. C. 2014

Rox, Barbara: Schutz religiöser Gefühle im freiheitlichen Verfassungsstaat? Tübingen 2012

Rox, Barbara: Blasphemie im Spannungsfeld zwischen Meinungs- und Religionsfreiheit?, in: Laubach, Kann man Gott beleidigen, S. 161–177

Rudhardt, Jean: La définition du délit d'impiètè d'après la legislation attique, in: Museum Helveticum 17 (1960), S. 87–105

Rushdie, Salman: Joseph Anton. A Memoir, New York 2012

Sahner, Christian C.: Christian martyrs under Islam. Religious violence and the making of the Muslim world, Princeton, NJ 2018

Saint Victor, Jacques de: Blasphemie. Geschichte eines »imaginären Verbrechens«, Hamburg 2017

Saintes, Laetitia: De la barbarie des robes noires. L'affaire La Barre vue sous l'angle des discours voltairiens, in: Revue Voltaire 17 (2017), S. 29–43

Sauer, Eberhard: The Archeology of the Religious Hatred in the Roman and Early Medieval World, Stroud, Gloucestershire 2003

Schäfer, Peter: Judenhass und Judenfurcht. Die Entstehung des Antisemitismus in der Antike, Berlin 2010

Schäfer, Peter: Jüdische Polemik gegen Jesus und das Christentum. Die Entstehung eines jüdischen Gegenevangeliums, München 2016

Scheer, Tanja: Die Gottheit und ihr Bild. Untersuchungen zur Funktion griechischer Kultbilder in Religion und Politik, München 2000

Schilling, Werner: Gotteslästerung strafbar? Religionswissenschaftliche, theologische und juridische Studie zum Begriff der Gotteslästerung und zur Würdigung von Religionsschutznormen im Strafgesetz, München 1966

Schmidt, Heinrich R.: Die Ächtung des Fluchens durch reformierte Sittengerichte, in: Blickle, Der Fluch und der Eid, S. 65–120.

Scholz, Nina / Heiko Heinisch: Charlie versus Mohammed. Plädoyer für die Meinungsfreiheit, Wien 2016

Schröder, Winfried: Ursprünge des Atheismus. Untersuchungen zur Metaphysik- und Religionskritik des 17. und 18. Jahrhunderts, Stuttgart 1998.

Schwerhoff, Gerd: Gott und die Welt herausfordern. Theologische Konstruktion, rechtliche Bekämpfung und soziale Praxis der Blasphemie vom 13. bis zum Beginn des 17. Jahrhunderts, Habilitationsschrift Bielefeld 1996 (korrigierte und gekürzte Online-Fassung 2004 http://bieson.ub.uni-bielefeld.de/volltexte/2004/617/ (20. 2. 20)

Schwerhoff, Gerd: Blasphemie vor den Schranken der städtischen Justiz. Basel, Köln und Nürnberg im Vergleich (14.–17. Jh.), in: Ius Commune. Zeitschrift für Europäische Rechtsgeschichte 25 (1998), S. 39–120

Schwerhoff, Gerd: Blasphemie zwischen antijüdischem Stigma und kultureller Praxis. Zum Vorwurf der Gotteslästerung gegen die Juden in Mittelalter und beginnender Frühneuzeit, in: Aschkenas 10 (2000), S. 117–155.

Schwerhoff, Gerd: Die alltägliche Auferstehung des Fleisches. Religiöser Spott und radikaler Unglaube um 1500, in: Historische Anthropologie 12 (2004), S. 309–337

SCHWERHOFF, Gerd: Zungen wie Schwerter. Blasphemie in alteuropäischen Gesellschaften 1200–1650, Konstanz 2005

SHACHAR, Isaiah: The Judensau. A Medieval Anti-Jewish Motif and its History, London 1974

SHAW, Brent D.: Sacred Violence. African Christians and Sectarian Hatred in the Age of Augustine, Cambridge 2011

SINRAM, Jana: Pressefreiheit oder Fremdenfeindlichkeit? Der Streit um die Mohammed-Karikaturen und die dänische Einwanderungspolitik, Frankfurt / M. 2015

STARK, Gary D.: Banned in Berlin. Literary Censorship in Imperial Germany 1871–1918, New York / Oxford 2012

TOLAN, John: Blasphemy and Protection of the Faith: Legal Perspectives from the Middle Ages, in: Islam and Christian-Muslim Relations 27 (2016), S. 35–60

TÜRCKE, Christoph: Blasphemie, in: ders., Religionswende. Eine Dogmatik in Bruchstücken, Lüneburg 1995, S. 11–24

VENINGA, Jennifer Elisa: Secularism, Theology and Islam. The Danish Social Imaginary and the Cartoon Crisis of 2005–2006, London 2014

VETTORE, Luca: Blasphemy on Trial. Slinters of Deviant Recounts from 17th Century Venice, in: Jörg Rogge (Hg.): Recounting Deviance, Bielefeld 2016, S. 97–129.

VILLA-FLORES, Javier: Dangerous Speech. A Social History of Blasphemy in Colonial Mexico, Tuscon, Arizona 2006

VISCONTI, Elliott: The Invention of Criminal Blasphemy: Rex vs. Taylor (1676), in: Representations 103 (2008), S. 30–52

VOGEL, Gereon: Blasphemie. Die Affäre Rushdie in religionswissenschaftlicher Sicht. Zugleich ein Beitrag zum Begriff der Religion, Frankfurt / Main 1998

WALTER, Nicolas: Blasphemy. Ancient and Modern, London 1990

WEBERSINN, Gerhard: Die geschichtliche Entwicklung des Gotteslästerungsdelikts, Diss. Breslau 1928

WIEDERHOLD, Lutz: Blasphemy against the Prophet Muhammad and his Companions (Sabb Al-Rasūl, Sabb Al-Sahābah), in: Journal of Semitic Studies 42 (1997), S. 39–70

WILS, Jean-Pierre: Gotteslästerung, Frankfurt am Main 2007

# Abbildungsnachweis

1 Herzog Anton Ulrich-Museum Braunschweig, Inventar-Nr. MOstendorfer AB 3.8
3 Kupferstich-Kabinett Dresden, Inventarnummer A 1912-561
4 Staatsbibliothek zu Berlin VD 16 G 1177
5 © Foto: Nikolaus Hock. Abgedruckt in: Bettina Lindorfer: Bestraftes Sprechen, München 2009
6 Quelle: Jodocus Damhouder: Praxis Rerum Criminalium, Antwerpen 1601, cap. 61, S. 102v
7 Bayerische Staatsbibliothek München, Res / P. o. germ. 1691,31 (VD17 12:649168C)
8 Historisches Archiv der Stadt Köln, Best. 30N A 1525
9 Zürich, Zentralbibliothek, MS B 316, fol. 99r.
10 Arthur H. Cash (Hg.): An Essay on Woman, by John Wilkes and Thomas Potter. A Reconstruction of a Lost Book, New York 2000, S. 85.
13 Getty Images / Derek Hudson / Kontributor. Bildnr. 563421787

# Register

*Seitenzahlen, die sich auf Abbildungen oder Anmerkungen beziehen, sind kursiv gesetzt.*

Ute Frevert
**Mächtige Gefühle**
Von A wie Angst bis Z wie Zuneigung – Deutsche Geschichte seit 1900

Eine historische Reise durch die Gefühlswelten der Deutschen – von 1900 bis heute

Gefühle machen Geschichte. Sie bewegen nicht nur einzelne Menschen, sondern ganze Gesellschaften. Politiker nutzen sie, können aber auch darüber stolpern. Ute Frevert erzählt von machtvollen Gefühlen und was sie in der deutschen Geschichte anstellten, vom Kaiserreich bis zur Berliner Republik. Sie schildert, was Liebe und Hass, Scham und Stolz, Wut und Trauer jeweils bedeuteten und bewirkten. Und bietet damit eine ungewöhnliche und lebensnahe Geschichte des 20. Jahrhunderts.

ca. 496 Seiten, gebunden

Weitere Informationen finden Sie auf
*www.fischerverlage.de*

Jürgen Martschukat

**Das Zeitalter der Fitness**

Wie der Körper zum Zeichen für Erfolg und Leistung wurde

Wer nicht fit ist, ist irgendwie außen vor. Und wer dick ist, erst recht. Unsere Körper sind unser Kapital. Fitness ist ein Statement. Der Historiker Jürgen Martschukat erzählt, wie wir dahin gekommen sind. Warum werden Manager zu Marathonläufern? Tatsächlich ist Fitness mehr als erfolgreich Sport zu treiben. Wer sich fit hält, übernimmt Verantwortung. Für sich und die Gesellschaft. Er zeigt sich leistungsfähig – ob in der Arbeitswelt, beim Militär oder beim Sex. Eine spannende Bilanz zum Verhältnis von Körper und Macht im neoliberalen Zeitalter – vielleicht ist das Leben als Couchpotato die moderne Form des Widerstands …

352 Seiten, gebunden

Weitere Informationen finden Sie auf
*www.fischerverlage.de*

AZ 10-397365/1